景岳治印

—— TIAN WENCHANG ——

田文昌谈刑辩

TALKS ABOUT CRIMINAL DEFENSE

杨大民 / 编

北京大学出版社
PEKING UNIVERSITY PRESS

图书在版编目(CIP)数据

田文昌谈刑辩 / 杨大民编. —北京：北京大学出版社，2023.11
ISBN 978-7-301-34649-5

Ⅰ.①田… Ⅱ.①杨… Ⅲ.①刑事诉讼—辩护—研究—中国 Ⅳ.①D925.215.04

中国国家版本馆 CIP 数据核字(2023)第 223345 号

书　　名	田文昌谈刑辩 TIAN WENCHANG TAN XINGBIAN
著作责任者	杨大民　编
责任编辑	陆建华　陆飞雁
标准书号	ISBN 978-7-301-34649-5
出版发行	北京大学出版社
地　　址	北京市海淀区成府路 205 号　100871
网　　址	http://www.pup.cn　http://www.yandayuanzhao.com
电子邮箱	编辑部 yandayuanzhao@pup.cn　总编室 zpup@pup.cn
新浪微博	@北京大学出版社　@北大出版社燕大元照法律图书
电　　话	邮购部 010-62752015　发行部 010-62750672 编辑部 010-62117788
印 刷 者	涿州市星河印刷有限公司
经 销 者	新华书店
	880 毫米×1230 毫米　A5　21.125 印张　551 千字 2023 年 11 月第 1 版　2023 年 11 月第 1 次印刷
定　　价	98.00 元

未经许可，不得以任何方式复制或抄袭本书之部分或全部内容。
版权所有，侵权必究
举报电话：010-62752024　电子邮箱：fd@pup.cn
图书如有印装质量问题，请与出版部联系，电话：010-62756370

田文昌简介

田文昌，少年时期酷爱音乐，却数次与艺术院校擦肩而过，无缘成为音乐人。1968年下乡插队成为高中"老三届"知青，"文革"结束恢复高考时，越过本科直接考取西北政法大学硕士研究生，不经意间成了一名法律人。1983年硕士毕业后到中国政法大学任教，执教十几年，渐入佳境，将教学与科研视为己任。1995年，在近天命之年与自己心爱的学生们洒泪而别，半推半就迈进了专职律师行业，由教授兼律师转为律师兼教授。

田文昌现为中华全国律师协会刑事专业委员会顾问，兼任西北政法大学刑事辩护高级研究院名誉院长、博士生导师和中国政法大学、国家检察官学院等多所高校客座教授；曾获评北京市首届十佳律师、CCTV 2013年度法治人物、《亚洲法律评论》2013年年度中国十佳诉讼律师、香港卫视2015全球华人影响力盛典"最具影响力华人大律师"、美国刑事辩护律师协会"终身荣誉会员"。被中央电视台"东方之子""实话实说""三百六十行""面对面""人物"等栏目先后多次专访报道。

田文昌以擅长办理各类典型疑难诉讼案件而著称，并坚持不懈地从事理论研究和参与立法活动，为推动立法、司法改革和律师制度建设而不断探索，以各种形式提出关于国家法治建设、法学理论研究、法律实务研究及法学教育改革的理论观点和探索性建议。

多年来，田文昌曾出版《刑罚目的论》（专著）、《律师与法治》（专著）、《中国大律师辩护词精选——田文昌专辑》（一、二、三辑，专著）、《与法治同行》（个人论文选集）、《田文昌谈律师》（专著）、《刑事辩护学》（主编）、《〈中华人民共和国刑事诉讼法〉再修改律师建议稿与论证》（主编）、《律师制度》（主编）、《刑事辩护的中国经验——田文昌、陈瑞华对话录》（合著）、《刑事诉讼：控辩审三人谈》（合著）、《新控辩审三人谈》（合著）等著作和论文数百万字，主编国内首部刑事辩护律师培训教材"刑事辩护教程"系列图书。

序一
刑事辩护是一个专业更是一项技能

四十多年前的 1982 年，西北政法学院*刑法学硕士研究生田文昌，携带他的硕士学位论文《刑罚目的论》来见我，请我审阅并提出修改意见。我才知道，田文昌在西北政法学院的指导教师是周柏森老师。而周柏森是 1951 年至 1953 年我在中国人民大学读硕士研究生时的同班同学。我对青年田文昌倍感亲切，仔细审阅了他的论文，并于 1985 年 10 月为《刑罚目的论》的出版撰写了序文。

2016 年，已经身经百战、名满天下的田文昌大律师要出版他的论文选集《与法治同行》，我再一次为他的作品写序。

今天，当田文昌的学生杨大民律师把他编的《田文昌谈刑辩》送到我的面前，让我想起曾经撰写的两篇序文。这应该是我第三次为田文昌的作品撰写序文。

从《刑罚目的论》到《田文昌谈刑辩》，从时间上看，跨越了将近四十年；从书的内容和主题上看，角度不同了。

他起初关注和探究刑罚的目的：①惩罚犯罪，伸张社会正

---

* 注：西北政法学院经教育部批准，于 2006 年 1 月更名为"西北政法大学"。

本书中提及的人物职称、院校名称、网站名称等使用当时的叫法，与现在的叫法或有区别。

义；②威慑犯罪分子和社会上不稳定分子，抑制犯罪意念；③改造犯罪分子，使其自觉遵守社会主义法律秩序。后来转变为关注如何最大化地维护被告人的合法权益，通过坚持无罪推定、疑罪从无、证据规则和证明标准等司法原则去具体实现对被告人权益的保护。

这种转变，一方面是由于田文昌律师身份的转化，从辩护人的视角，站在被告人的立场思考法律问题，研究具体对策。另一方面也进一步证明，我国的立法理念和司法理念发生了实质性的变化，那就是国家把尊重和保障人权确立为宪法原则。刑事司法不仅要惩罚犯罪，维护社会秩序，更要尊重和保障人权。这是社会的进步，也是人类文明的标志。

阅读了《田文昌谈刑辩》，我认为这是一本法学理论指导律师实践，律师实践反思法学理论的书。

刑事辩护，是刑辩律师在刑事诉讼法规定的程序中，运用刑法和刑事诉讼法的原理、原则及规范性法律文件，针对指控事实和罪名，做出有利于被告人的辩护工作。但又不仅仅是单纯的法律适用，而是一项专业技能，需要理论基础和技能训练。

田文昌当过法学教授，具有深厚的法学理论功底。他在办案过程中，经常以学者的思维发现一些别人没有注意到的问题。他把这些问题的成因与解决的对策写成文章，编辑成书；他在各种学术会议上，把对这些问题的思考发表出来；他在媒体上呼吁"没有律师就没有法治"。

几十年的刑事辩护实践，让田文昌不停地思考，不停地写作。我认为，田文昌热爱刑事辩护，他把理论与实践融会贯通。刑辩律师，成为他思考法治问题的一个视角，也是他践行法治的一个舞台。他总想为中国的刑事辩护事业做一些基础性的工作。

田文昌长期关注刑事辩护事业，也关注法学教育事业。他经常发表文章对法学教育改革提出建议，并兼做博士生导师，为培养法学人才不遗余力。

通过这本书,我获悉由田文昌主编的第一套中国刑事律师行业培训教材,《刑事辩护教程(理论篇)》《刑事辩护教程(实务篇)》《刑事辩护教程(实训篇)》,也即将由北京大学出版社出版。

从教授兼律师转向律师兼教授的田文昌,不负众望、不辱使命,他的这本《田文昌谈刑辩》就是一个证明。

他一本又一本关于刑事辩护的著作,就是对中国刑事辩护事业最大的贡献和最好的支持。

是为序。

高铭暄

2023 年 1 月 18 日

序二
刑辩事业是关乎生命与自由的事业

北京市京都律师事务所的杨大民律师将田文昌律师四十年来关于刑事辩护的思考、实践、观点与感悟编辑成了这本《田文昌谈刑辩》，邀请我为该书写一篇序文，我欣然应允。

20世纪90年代初期，我在中国政法大学担任校长。田文昌是法律系的教授，也是一名兼职律师。他先后成功代理了几个重大案件并在当时引起社会的广泛关注，譬如黑龙江企业家朱佩金死刑改判无罪案、承德企业家商禄案、控告天津大邱庄禹作敏案、首例民航误机索赔案，等等。这些案件的成功代理也成为田文昌从兼职律师转型为专职律师的重要原因之一。1995年，48岁的田文昌辞去中国政法大学教授的教职，创建北京市京都律师事务所，成为一名专职刑辩律师。

从1995年到今天，又快三十年了。中国的法治建设在各个方面都日新月异、日益完善，《刑法》和《刑事诉讼法》也一修再修，刑事辩护事业更是从初创期走向成熟期。

刑事辩护，实际上就是辩护律师运用刑法和刑事诉讼法的原理、原则以及规范性法律文件，在具体案件中为被追诉人（包括犯罪嫌疑人和被告人）寻找无罪、罪轻的理由，其结果关系着每一个被追诉人的生命与自由。

阅读本书，让我看到了一位非常勤奋、敬业的田文昌律师。他数十年如一日地在刑事辩护的田地里，孜孜不倦，精耕细作。一次又一次出庭为被追诉人辩护，为被追诉人的合法权利呐喊，运用刑法和刑事诉讼法在个案中为一个又一个活生生的具体的被追诉人，进行有理、有据、有效的辩护。通过辩护，拯救了一个又一个当事人。

阅读本书，我发现田文昌是用法律学者的思维办案和思考。他将代理案件中遇到的疑难问题及时写成文章，研机析理。或者通过媒体采访指出问题的症结，这些问题既有理念问题，又有技能问题，更有立法问题。只有法学理论功底扎实的律师才能够发现并指出这些问题。他总能从理论的高度深入浅出地提出有价值的观点，为刑事辩护工作提供有效的指引。

阅读本书，让我感受到田文昌是一位具有强烈职业责任感的律师。他热爱刑事辩护事业，但他已经不满足于个案的成功，而是通过个案的辩护，努力推动立法，进而影响和惠及更多的人。最重要的是，他总是站在辩护人的角度，以学者的思维去发现问题、提出问题，并且总能找到解决问题的路径和方法。

刑事辩护制度的设计本身就是通过辩护方制约指控方，辩护人对指控事实提出疑问，质疑证据的证明能力，削弱证据的证明力，进而请求法庭否定指控事实以维护被追诉人的合法权益。

刑辩律师要在参与刑事司法活动的过程中，发现刑法和刑事诉讼法在个案具体运用中出现的问题，指出这些问题进而寻找解决问题的方法，开展有利于被追诉人的辩护。

刑事辩护事业，需要刑辩律师永远站在被追诉人的立场去提出问题、分析问题，指出案件存在的问题和症结，实现防错、纠错的作用和功能，去维护社会正义，追求公平与公正。

本书所谈的内容，既有刑事辩护的执业理念，又有刑事辩护的技能技巧，还有田文昌律师个人的刑辩感悟。有律师的实践、有学者的思考、有办案的细节、有理性的分析、有热情的寄语、有充分的表达、有积极的引导、有深刻的反思，还有一名资深律师对刑事辩护事业深深的爱。

这份爱，源于刑事辩护事业是一项尊重生命与自由的事业；是一项反对野蛮，拒绝暴力，捍卫权利，追求理性、文明与规则的事业。

刑事辩护事业在中国，从无到有，曲曲折折，对于中国的刑辩律师来说，任重而道远，需要一代又一代法律人去努力、去思考、去求索。

是为序。

陈光中

2023 年 1 月 16 日

序三
刑事辩护是实体法与程序法的运用

我曾经为杨大民律师编的《田文昌谈律师》撰写过推荐语，现在他又邀请我为《田文昌谈刑辩》撰写序文。

田文昌是中国刑辩律师界的领军人物，被媒体誉为"中国刑事辩护第一人"，他也是我的老朋友。田文昌老师曾在中国政法大学讲授刑法，而我是研究、讲授刑事诉讼法的。换言之，他研究实体法，我研究程序法。

刑事辩护在刑事诉讼中对控辩审三方有着非常重要的作用，刑事辩护既是实体法的运用又是程序法的运用，这种法律运用本身就是一门重要的学问，应该叫"刑事辩护学"。1995年，田文昌老师辞去中国政法大学教职，创建北京市京都律师事务所。那时他就已经开始了"刑事辩护学"的研究和实践。这是《田文昌谈刑辩》这本书给我留下的第一个印象。

我讲授刑事诉讼法和证据法，并参与过全国各地从中央到地方不同机构组织的各种各样的学术研讨会和疑难案件专家论证会，我深刻地感受到我国刑事辩护业务在依法治国战略的实施过程中仍有发展空间，在具体案件的辩护和代理过程中，步履维艰。究其原因，可能很多且很复杂，但以下四个原因却具有普遍性。

从传统观念上，刑事辩护的法治观念和理念还没有深入人心，对律师职业的定位和价值存在误解，甚至是曲解。

从制度设计上，控辩审三方的地位和作用尚不对等或不平等，从而导致辩方的权利得不到充分保护。

从司法实践上，整个刑事诉讼过程重实体、轻程序，缺乏程序意识，更重要的是，当案件出现程序违法时缺乏救济性制度保障和措施保障。

从辩护专业上，刑事辩护律师的专业化水平尚待提高，尤其是辩护原理的学习和辩护技能的提升。

中国的刑事诉讼制度发展曲折，从纠问式到抗辩式再到合意协商式，从庭审形式化走向庭审实质化，日益完善。刑事辩护事业也伴随着刑事诉讼制度的改革发展而陆续发展完善。

《田文昌谈刑辩》一书呈现出这个发展过程，让我看到了一位具有强烈社会责任感的刑辩大律师以"个案推动立法"的理念和"没有律师就没有法治"的信念，通过个案的辩护，去思考、总结和探索刑事辩护的原理、原则、理念、规律和方法。本书既有田文昌律师亲历的大案要案，又有他以律师的视角和法学家的功底深度思考之后归纳总结形成的文章。文章中提出的观点和建议对刑事辩护事业的发展具有开拓性和前瞻性。尤其对中国刑事辩护的一些基础理论问题，有很多原创性的思考和总结，它的价值和意义已经远远超出个案代理的胜负，对中国刑事辩护事业具有现实的指导意义。

《田文昌谈刑辩》一书也展现了田文昌大律师的言与行。他担任中华全国律师协会刑事专业委员会主任整整二十七年，也是他刑事辩护事业最辉煌、最有成就的二十七年。他现已年逾七十，还马不停蹄地在一线办案，带领着北京市京都律师事务所的律师们在祖国各地的法庭上出庭辩护，为维护当事人的合法权益奔走呼号。他也曾被误解、被非议，甚至被诋毁谩骂。但他总是以理性、平和、宽容的态度去面对。他把刑事辩护工作中遇到的问题进行系统的总结，出版了许多关于刑事辩护的书籍；他鼓励刑辩律师要做学者型的律师，做专家型的律师。

我认为田文昌律师对中国律师事业和刑事辩护事业的影响是理性的、深远的，是具有引领作用的。

我感到很庆幸，在今天，在这个伟大的时代，在我国刑事辩护事业从无到有的发展过程中，我们遇到了田文昌律师，他辩护了很多案件，思考了很多问题，撰写了很多文章，提出了很多非常有见地有创新的观点。无论是现在或将来，这些都会对中国的刑事辩护事业产生积极的影响。

祝贺《田文昌谈刑辩》出版，同时也希望有更多的人关注刑事辩护和刑事辩护律师。

樊崇义

2023年2月6日

目 录

第一章 刑辩理念

- 辩护律师的历史、定位与使命 …… 003
- 中国刑事辩护制度的回顾与展望 …… 052
- 中国刑事辩护制度的困境与出路 …… 062
- 刑辩律师在大案要案中的作用 …… 075
- 寻求程序正义的独立价值 …… 090
- 个案推动立法的使命、悲情与不懈努力 …… 095
- 辩护权独立性之内涵辨析 …… 103
- 走出刑事诉讼理念的误区 …… 116
- 刑辩律师职业伦理的三个核心问题 …… 147

第二章 刑辩技能

- 刑事辩护基本技能浅谈 …… 157
- 实体辩护 …… 202
- 程序辩护 …… 226
- 辩护思路的形成 …… 233

会见的注意事项 …………………………………… 247
阅　卷 ……………………………………………… 251
调查取证的困境与技巧 …………………………… 263
质　证 ……………………………………………… 272
法庭举证技巧 ……………………………………… 282
法庭辩论 …………………………………………… 286
辩护词的基本要素 ………………………………… 315

第三章　刑辩问题

改变"念稿子"刑辩模式 ………………………… 345
论辩方违法证据之证据能力 ……………………… 349
以律师的视角看中美庭审差异 …………………… 357
冤假错案的五大成因 ……………………………… 363
排除非法证据再不能流于形式 …………………… 371
律师应有权向被告人、犯罪嫌疑人核实人证 …… 383
看守所转隶的必要性与必然性 …………………… 389
刑事辩护全覆盖的问题与对策 …………………… 398
保障诉讼权利方能化解辩审冲突 ………………… 403
刑事辩护独立出庭资格制度的由来和设想 ……… 408
死刑复核的目的就是要找出不杀的理由 ………… 414

第四章　刑辩与谈

刑辩律师是什么 …………………………………… 419
中国刑辩的困境与突破 …………………………… 425

如何审判"落马高官" ・ 433
重视律师是法治社会的显著标志 ・ 438
本是同源生，相济匡公正：化解法官与律师冲突，共筑
　　法律职业共同体 ・ 442
关于"扰乱法庭秩序"，田文昌告诉你如何申诉维权 ・ 456
田文昌律师做客央视，谈"刑讯逼供，能否就此
　　打住？" ・ 460
聂树斌案复查，从保障律师权利开始 ・ 465
田文昌律师做客央视：连刑讯逼供都不能正视，避免新
　　错难 ・ 476
"播种"律师新执业理念 ・ 482
刘桂明对话北京市京都律师事务所田文昌律师 ・ 487

第五章　刑辩感悟

一起从死罪到无罪案件的思考 ・ 527
田文昌谈个人执业感悟和对刑事辩护的看法 ・ 534
刑辩才是律师的高端业务 ・ 545
田文昌主任在"刑辩密码与人权保障演讲会"上的讲话 ・ 549
中国刑事辩护的"春天"已然来临 ・ 555
蓄志养技，做合格的专业型律师 ・ 560
打造理论和实务相结合的制高点 ・ 572
律师既不是"天使"，也不是"魔鬼"，既不代表正义，
　　也不代表邪恶 ・ 577
我和我的律师人生 ・ 589

第六章 刑辩寄语

《中国名律师辩护词代理词精选：田文昌专辑》引言 ⋯⋯ 595
《中国大律师辩护词精选：田文昌专辑》前言 ⋯⋯⋯ 597
《中国大律师辩护词精选：田文昌专辑（第三辑）》
　再版前言 ⋯⋯⋯⋯⋯⋯⋯⋯⋯⋯⋯⋯⋯⋯⋯⋯⋯ 599
《诉讼律师的 25 大心法》序 ⋯⋯⋯⋯⋯⋯⋯⋯⋯⋯ 601
《刑事辩护实务操作指南——尚权刑辩经验与
　风险提示》序言二 ⋯⋯⋯⋯⋯⋯⋯⋯⋯⋯⋯⋯⋯ 605
《刑事辩护实务操作技能与执业风险防范》序 ⋯⋯⋯ 607
《刑事辩护的中国经验——田文昌、陈瑞华对话录
　（增订本）》序言 ⋯⋯⋯⋯⋯⋯⋯⋯⋯⋯⋯⋯⋯ 610
《新刑事诉讼法热点问题及辩护应对策略》后记 ⋯⋯ 615
《新控辩审三人谈》序 ⋯⋯⋯⋯⋯⋯⋯⋯⋯⋯⋯⋯⋯ 617
《中国大律师辩护词精选：王九川专辑》序 ⋯⋯⋯⋯ 619
《京都刑事辩护词选集》序 ⋯⋯⋯⋯⋯⋯⋯⋯⋯⋯⋯ 623
《有效辩护三步法——法官视角的成功辩护之道》序 ⋯ 626
《法槌下的正义——审判中心视野下两大法系辩审关系
　探析》序 ⋯⋯⋯⋯⋯⋯⋯⋯⋯⋯⋯⋯⋯⋯⋯⋯⋯ 630
《刑事辩护实务操作技巧》序 ⋯⋯⋯⋯⋯⋯⋯⋯⋯⋯ 634
《辩护的力量——一名北京律师的年度"刑辩
　手记"》序 ⋯⋯⋯⋯⋯⋯⋯⋯⋯⋯⋯⋯⋯⋯⋯⋯ 636
《刑辩三人谈：刑辩业务核心技能》序 ⋯⋯⋯⋯⋯⋯ 638
《说服法庭：讼辩高手进阶指南》序 ⋯⋯⋯⋯⋯⋯⋯ 640
《刑事辩护教程（理论篇）》前言 ⋯⋯⋯⋯⋯⋯⋯⋯ 642
下一个历史篇章，是你们的 ⋯⋯⋯⋯⋯⋯⋯⋯⋯⋯⋯ 645

刑辩是实现法治的一道光，需要追（代编后记） ⋯ 653

第一章

刑辩理念

关于刑事诉讼的诸多理念我们至今还没有走出认识的误区。这些错误的认识,既束缚了我们的思想,又束缚了我们的行为。冲破思维方式的桎梏,深入梳理和分析这些理念发展演变的过程和现状,有助于我们排除前行中的困扰。

要做好律师,首先要把法理学好,要把原理、原则学好,如果只是照葫芦画瓢、照猫画虎,那么永远都画不像,甚至会越描越黑。很多冤假错案的出现都与对法律原则的错误理解有很大的关系。做律师同样也不能犯这种错误,并且还要善于帮助其他人纠正这种错误。

从历史的角度来看,任何事物的发展都无法超越其必经的历史阶段,而在每一个阶段的提升和跨越过程中,都必然要面对理念的更新。滞后的理念无法适应新的机制,反之,新的机制也无法在旧理念的围困中正常运行。我们目前正处于这种痛苦挣扎的尴尬境况之中,而这也正是阻碍我们推进法治化进程的根源所在。

辩护律师的历史、定位与使命[*]

律师，既不是"天使"，也不是"魔鬼"，既不代表正义，也不代表邪恶，律师的职责就是最大限度地维护当事人的合法权益。

纵使在今天，仍然有很多人对律师的职责不甚了解。由于我国的律师制度起步太晚，社会大众对律师的价值和定位多有偏见，特别是对刑事辩护律师，更是有不同的理解和看法：有些人认为律师是要代表正义的；有些人认为律师就是拿人钱财替人消灾的；还有些人认为律师是坏人，因为律师是魔鬼的代言人。

那么，律师到底是好人还是坏人？律师的职责到底是什么？这需要从历史到现实，从西方到我国，梳理与分析律师制度的起源与发展，回归本源，提炼律师职业与律师制度的发展脉络，进而明确当代中国刑事辩护律师的职责与使命。

一、辩护律师的由来与发展

一般认为，近现代意义上的刑事诉讼制度诞生于英国。以律师为主体的刑事辩护，在人们的印象中就是律师作为被告人的代

---

[*] 本文节选自田文昌主编、门金玲副主编：《刑事辩护教程（理论篇）》，北京大学出版社 2023 年版。

言人,在刑事审判中与指控方(检察官)针锋相对、唇枪舌剑。而中国由于特殊的国情,近现代意义上的刑事辩护制度起步很晚,清末修律是其最早的起源,《大清刑事民事诉讼法草案》规定了刑事诉讼的犯罪嫌疑人可以聘请律师辩护。但是,由于清王朝随之灭亡,律师制度未能得以真正建立。直到1912年民国政府颁行了《律师暂行章程》,中国才正式建立律师制度。

在专门的刑事辩护制度成型之前,律师由何而来?世界历史上的"律师"都是刑事辩护律师吗?

(一)西方律师制度发展简史

律师制度的起源可以追溯到公元前的古希腊、古罗马时期。数千年前,当古希腊文明随着氏族时代的衰落而到来时,人类社会开始出现了国家、阶级、法律和监狱,随之也带来了研究法律的法学家、为统治者提供法律咨询服务的法律顾问,以及为当事人诉讼辩护的"辩护士"。在同时期的古罗马,也出现了专门从事法庭辩护的"代诉人"。随后,律师开始成为一种专门的职业,也就是开始出现了职业律师。正是这种职业的出现,为后来世界各国律师制度的形成和发展奠定了基石。

1. 古希腊时期的"辩护士"

考察律师的起源,有一个人是必须提及的,那就是古希腊时期的争议人物——安提丰(前426—前373)。可能有些人不知道安提丰这个名字,但是大家对他的亲兄弟——柏拉图却并不陌生。和柏拉图一样,安提丰也是古希腊时期著名的哲学家,并且有着十分犀利的口才,是雅典早期著名的演说家之一,被后世评为古希腊早期十大演说家之一。

公元前5世纪,雅典城邦的一切制度都以民主政治为基础,当时的雅典人尚未将司法职能与政治职能相分离,公民大会是实施直接民主的主要机关。由普通公民组成的陪审法庭是最高司法机关，几乎拥有对一切刑事案件和民事案件的管辖权。在诉讼中，没有专门的主审法官，案件结果通常由陪审法庭投票表决得出。陪审员则是在30岁以上、没有国库债务的雅典全权公民中抽签选举产生，他们没有受过任何专业的法律训练。

公元前5世纪，即梭伦①改革时期，古希腊的法庭在审判之时，还不允许有人为当事人代理诉讼或辩护。不管是原告还是被告，都必须自己为自己辩护。所以，谁要是口才欠佳，只好自认倒霉。而决定有罪无罪的陪审团，往往由非专业的普通民众组成。尽管他们自认为有能力对各种纠纷作出正确的判断，但实际上，他们的决定往往受到纠纷双方的雄辩演说的直接影响，而不是依据事实和证据。结果常常是狡猾者、善辩者无罪，无知者、口拙者受罚。众多平民有苦无处诉，有冤无处申。

安提丰发现了这一问题，突发奇想，为这些平民或不善言辞的受害者写法庭辩护词，以此作为谋生手段。他的这项业务一开张，便顾客盈门。不久，他便以"辞章厨师"的称号享誉希腊半岛。当时的农民大半不能识文断字，所以，安提丰除了为他们写诉状、辩护词之外，还得教他们背诵写好的文章，这实际上是教人讲话、演说的技巧，这就是修辞学课程的开端。他教人们何处停顿，何处连读，何处升调，何处降调，何处声大，何处声小，何处加讽刺笑声，何处用悲痛的声音修饰。当然，这一项服

---

① 梭伦（约前638—约前559），古希腊时期诗人、立法者。公元前594年，梭伦以其威望和功绩当选为雅典城邦的"执政兼仲裁"，即执政官，开始进行具有宪政意义的一系列经济、政治和社会改革运动。"梭伦改革"是雅典城邦乃至整个古希腊历史上最重要的社会政治改革之一，它为雅典城邦的振兴与富强开辟了道路，奠定了城邦民主政治的基础。而"正义"正是梭伦变法的一个基本原则，他设立了陪审法庭，每个公民都可被选为陪审员，参与案件的审理，陪审法庭成为雅典的最高司法机关。"用我的权力将蛮力与正义相互调谐"，是梭伦留给后代世人的一句名言。

务是另外收费的。这项业务也使安提丰有了丰厚的收入。因此，他被认为是律师职业的鼻祖。

对于谈话的价值，安提丰与苏格拉底之间还有一段有趣的"过节"。安提丰与人谈话时收取酬金，遭到了苏格拉底的诘难。安提丰对苏格拉底说："你不向与你交往的人索取报酬，你是正义的。但是，每一件衣服或每一所房子都是值钱的，不能白送。如果你的谈话有价值，那一定会要求别人付以适当的代价。"

对于替人辩护的人，苏格拉底不屑与之为伍，甚至他的弟子柏拉图也对这个行业没有什么好感，认为这些人无非摇唇鼓舌，玩弄真理与事实于股掌之间。讽刺的是，公元前399年，雅典民众陪审法庭上演了一出"悲情审判"：苏格拉底被指控"不敬城邦所敬的诸神"以及"败坏青年"两项罪名，他拒绝认罪，而且坚持在法庭上自我辩护，发表了慷慨激昂的演说。但是，由抓阄选出的501人陪审团认为苏格拉底顽固不化且蔑视法庭，最后以281票对220票判处苏格拉底死刑。

在安提丰之后，许多当时所谓的知识分子纷纷效仿，这些人就被称为"写逻辑斯者"①（logoropher）。此后，在大家的请求下，法庭不得不允许这些人以亲友的身份直接出庭为当事人辩护。后来，由他人出庭代为辩护的事屡屡发生，而且越来越频繁，以至于最后城邦立法机构不得不修改规定，以法律的形式承认了这种辩护形式。再后来人们便用"辩护士"（sophist，也称"诡辩士"）来专指那些靠说话、授人辞章为生的识文断字者，他们是一批以提供知识服务来收取佣金的知识分子。而"辩护士"也就成为此后世界各地律师的雏形。

---

① 此处"写逻辑斯者"为音译，其作用系为当事人在出庭前提供专业的庭前培训和辅导。

2. 古罗马时期的"代诉人"

公元前5世纪,随着手工业和商业的发展,商业活动中的契约行为日益增多。为了规范这些商业活动中各方的权利义务关系,保障社会经济活动的正常开展,当时的罗马共和国开始制定相应的法律。其中著名的代表是公元前449年颁布的《十二铜表法》。《十二铜表法》基本上是罗马人传统习惯法的汇编,虽然法律上仍然表现出维护贵族和富裕平民利益的倾向,但是它对奴隶主私有制、家长制、继承、债务、刑法和诉讼程序等方面都作了规定,限制了贵族法官随心所欲地解释法律的权力。

罗马法的特点是私法特别发达,是古代法中反映商品交换最完备、最典型的法律。而随着罗马法的发展,出现了许多"职业法律家",主要是作为国家立法和司法的顾问。到了公元前3世纪,这些法律家们第一次开始分化,除了其中的少部分人继续作为政府和法庭的顾问外,大部分人开始专门从事法庭诉讼辩护工作。

在诉讼制度上,罗马明显受到雅典的影响,但又有自己的特色。罗马也将诉讼分为公诉和私诉,在法庭上实行"辩论式"的诉讼。法庭允许民事诉讼中的当事人请人为他的债务诉讼充当"保护人"或"监护人",实际上也就是请"代诉人"或"辩护人"出庭代理诉讼。这些情况在《十二铜表法》中也有反映。

于是,在罗马共和国后期、罗马帝国(公元前1—公元5世纪)前期,法律开始允许刑事案件的当事人自行聘请辩护人出庭辩护,罗马的一个新兴职业——专门从事法律辩护的"代诉人"正式兴起。

3. 罗马帝国时期的"职业律师"

随着罗马帝国领土的不断扩张,诉讼的数量日益增多,原来的法律审和裁判审的诉讼模式也在不断发生变化,逐渐地,整个诉讼活动在执法官的主持下进行,审判人员完全由行使公共职权的执法官担任,不再由当事人挑选的私人审判员担任,也不再要求双方当事人必须出庭,这使得整个审判过程从自力救济变成一种国家行使管理职能的活动。由此,诉讼程序对诉讼参与人的专业性也提出了新的要求。"官员们开始对那些对法律一无所知的修辞演说家们华丽辞藻堆砌式的推论感到厌烦,裁判官逐渐不再接受没有学习过法律的演说家们为当事人进行辩护。"①

正如著名罗马法学家弗里茨·舒尔兹(Fritz Schulz)在《罗马法学史》一书中所言:"到公元4世纪,情况在东罗马帝国发生了变化:律师现在变成了真正的法律专家。"② 想要成为律师,必须在古希腊城市贝鲁特或西罗马帝国的罗马接受四年法律学校的正规教育,而不是在修辞学校学习作为辅修课的法律知识。

到了公元5世纪末,律师开始发展成为"自由职业",他们有自己的职业团体,收取报酬,出庭替人辩护。想要成为律师,必须在主要城市学过法律,通过指定的考试,才能取得执业的资格,而且必须是男性。律师的执业活动受当地执政官的监督,如果违反了职业操守,律师须承担一定的法律责任。

当时的罗马已有律师候补制度,律师分为从业律师和候补律师,每个区域从业律师的数量都有一定的限制,只有在从业律师名额空出来的时候,才能由候补律师递补。

可见,到了罗马帝国后期,律师职业已经形成,律师制度也开始建立,不仅通过法律设定了职业准入制度和行为规范准则,还形成了自己的团体,有一定的社会地位,而不像在古希腊时期,仅仅只是一种谋生的渠道,甚至还要遭到当时社会精

---

① Fritz Schulz, Storia della giurisprudenza romana, Firenze, 1968, pp. 485-498.
② 黄美玲:《律师职业化如何可能——基于古希腊、古罗马历史文本的分析》,载《法学家》2017年第3期。

英——哲学家们的鄙视。

关于"辩护人"的地位和作用,罗马皇帝利奥一世(457—474年在位)曾经表示:"那些消解诉讼中产生的疑问,并以其常在公共和私人事务中进行辩护,帮助他人避免错误、帮助疲惫者恢复精力的律师,为人民提供的帮助不亚于那些以战斗和负伤拯救祖国和父母的人。因此,对于我们的帝国来说,我们把身披盔甲、手持剑盾奋战的人视为战士,同样把律师也视为战士。因为那些受托捍卫荣耀之声,保护忧虑者的希望、生活和后代的诉讼辩护人是在战斗!"①

4. 西方律师职业发展的"暗黑"时刻

公元5世纪后,随着日耳曼人的入侵,西罗马帝国的灭亡,欧洲进入"暗黑时刻"——封建中世纪时代。

西罗马帝国的灭亡导致西欧政治体制崩溃,但却形成一个统一的基督教统治结构,基督教神权超越世俗政治权力。欧洲各地大大小小的封建领主和公国各自为政,大部分实行政教合一的体制,罗马法被教会法所取代,神明裁判成为诉讼裁决的主要方式。被告可能被要求把手伸入沸水之中,或者在火上行走,如果被告做了这些事情却没有受到伤害,那就一定是上帝在保护他,意味着他讲了真话,是无辜的。神明裁判认为,司法裁判的职能不是掌握在人的手里,而是掌握在神的手里。判决的结果必须得到遵守,无论它显得多么地不可理喻。

除了神明裁判,中世纪的欧洲还有一种在今天普通人看来也莫名其妙的司法裁判方式——决斗制。

当时,日耳曼法的发展水平比较低,许多制度都比较简单,但

---

① 〔意〕桑德罗·斯奇巴尼选编:《司法管辖权 审判 诉讼》,黄风译,中国政法大学出版社1992年版,第43页。

却非常重视程序正义，比如在诉讼证据的采信上，日耳曼法沿袭古老的神明裁判制度，通过让当事人承受某种肉体折磨作为考验来查证案件事实，但是此种方法查证的案件事实仍然经常真伪难辨。到了公元501年，日耳曼法开始改变，勃艮第国王贡多巴德坚信：世风日下，人心不古，众多臣民利欲熏心，发假誓，作伪证。为了终止这种可耻的行径，他制定法律：当两个勃艮第人发生争执，一方发誓宣告自己无辜时，双方用剑来解决纷争是完全合法的。对于双方的证人也是如此，每个人都必须准备好用自己的剑来捍卫他所证明的事实，也准备好听从上帝的判断。由此掀开了司法决斗的历史，并被日耳曼诸国普遍仿效，该方式在以后约600年的时间里成为一种重要的司法手段。

有一个有趣的故事，公元10世纪的德意志国王奥托一世时期，法学家为"丧父的孙辈是否能与其叔伯父平等地共享祖父的遗产"问题争论不休。最终，他们决定用决斗作出回答。论战双方各选出一名骑士作为代表相互厮杀。最后，支持孙辈获得遗产一方的骑士一矛刺死对手，难题迎刃而解，孙辈的继承权得到承认。

欧洲的司法决斗或者说决斗裁判，并不等同于私人的武力争斗，而是一种由法庭命令或认可，依据预定的规则，遵循固定的仪式，以武力方式证明案件事实和诉讼请求，旨在避免或结束暴力冲突的司法程序。司法决斗带有祈求神灵昭示正义之意，属神判（神明裁判）的一种。孟德斯鸠曾这样评价决斗制度："日耳曼人在一些特殊案件中把决斗看成是一种天意，并经常以此来惩罚罪犯和篡权者。"①

以12世纪神圣罗马帝国的法律为例，其法规中关于司法决斗的部分规定，参与决斗的双方配备剑和盾，可以穿亚麻布和皮革

---

① 徐昕：《司法决斗与现代诉讼制度》，载《法制资讯》2011年第2期。

服装，但头部和脚部必须裸露，双手只戴轻手套。原告可以指定一个地点等待被告来参与决斗。如果被告经三次传唤后依旧不到指定地点，原告可以在他想要且有机会的时候砍被告两刀和捅被告两下，且他将被视为胜诉。

可是，如果打官司的是老弱病残人群该怎么办呢？因此出现了类似于古希腊时期"辩护士"的另一种新兴职业，当时负责审判的法官允许当事人花钱雇人参加决斗。这些拿了钱替当事人上场决斗的人被称作"决斗士"，是一种正式的职业。后来，法律又逐渐放宽，无论当事人是否有能力决斗，都可以雇佣决斗士来替自己参加决斗。

在中世纪的欧洲，当"决斗士"代替律师在法庭上发挥作用的时候，律师职业的发展基本上陷入了停滞的"暗黑"时刻，日益萎缩和没落。

尽管如此，也有学者认为，存续了一千多年的决斗制度，对欧洲的法律制度和文化的影响是不可抹杀的，比如决斗制度中所体现的程序正义原则、当事人地位平等原则以及公开对抗制的纠纷解决机制等，都成为后来欧洲诉讼制度的基石。

决斗文化在西方历史上影响深远，敢于参加决斗并获胜，曾一度代表着荣誉和地位，练习剑术成了欧洲人的一项"必修课"，后来慢慢演变成击剑运动。西方历史中也留下了很多著名的关于决斗的故事，比如美国第七任总统安德鲁·杰克逊就是以决斗闻名，1806年5月30日他杀死了著名决斗者查尔斯·迪金森，自己则留下了终生未愈的胸伤，据说他还曾和一位律师决斗，双方都未受伤。

5. 英国——近现代辩护律师制度的出现

实际上，中世纪的教会是反对司法决斗制的，梵蒂冈更是多次发布通谕：摒弃一切司法决斗制度。但是，也有学者认为，就当时的社会政治结构而言,很难说他们的这种努力是出于人道主义,还是同敌对的世俗王权竞争的缘故。

在英国和法国,即便以决斗形式来判决成为一种习俗,但是也随之出现了很多血腥的乱象,因此很多人希望能够用制度加以约束。由此各个地方也出现了一些官方禁令,最后严格到只有严重的罪行,如谋杀及叛国,才允许用决斗的方式进行裁决。

因此,随着司法程序的完善和取证手段的进步,欧洲中世纪的世俗君主们也开始着手改革野蛮原始的诉讼制度。英国国王亨利二世(1154—1189年在位)在统治期间进行了重大的司法改革,其主要内容之一就是废除神明裁判的方式,禁止司法决斗,而代之以誓证法,即诉讼当事人向神宣誓,以证明自己所言的真实性。其他西欧国家也相继进行了司法改革,神判法和司法决斗制度因此开始衰落。各国法律对司法决斗制度的废止是一个极其漫长的过程,直到文艺复兴之后的16、17世纪,司法决斗这一在西欧法制史上一度盛行的制度才退出历史舞台。

在"神明裁判""司法决斗"消亡的同时,欧洲大陆和英国的诉讼制度开始沿着不同的方向发展,逐渐形成两种不同诉讼模式——大陆法系和英美法系。也正是借此契机,英国成为现代律师制度的摇篮,其中最直接的原因是英国实行陪审制和当事人对抗制。

(1)英国早期的"辩护律师"(出庭律师)

亨利二世时期实行的司法改革,为英国律师的职业化道路做了很好的铺垫,当时英国开创了通过陪审进行事实审理的制度,以及采用"令状"(即今天的起诉状)作为诉讼开始的制度。这些制度使得法院的审理程序变得复杂,当事人由于对程序和规则不了解,只能求助于精通于此的法律专业人士,并且请他们代为出庭。

公元11世纪,诺曼底人征服英格兰两个世纪之后,爱德华一世在1292年发布敕令,要求高等民事法院甄选"代理人和有识之士"参与庭审,从而正式开启了英国律师职业化的进程。

(2)英国近现代刑事辩护制度的确立

从欧洲法律制度发展的历史来看,就刑事案件而言,除了市民可以提告之外,在罗马时期就已经出现了"非常审判"的程序,即允许官员通过所掌握的治安机构主动调查犯罪,随后依职权的纠问式刑事诉讼模式开始出现。由此,由国家机关主动承担追诉刑事犯罪的责任成为近现代诉讼制度发展的必然趋势。

从公元5世纪西罗马帝国灭亡到15世纪中期文艺复兴之前的中世纪欧洲,刑事案件纠问式的诉讼模式由于顺应了强化王权和宗教专制统治的需要而得到全面的应用。因此,在纠问式的诉讼模式下,被告人的证词(供述)成了最重要的证据,刑讯逼供、有罪推定大行其道,并被合法化,辩护律师也就成了可有可无的摆设,很多地方甚至还不允许律师出现在刑事案件的法庭上。

在公元18世纪之前,英国刑事审判程序遵循这样一个原则:被控重罪的被告人受审时不应获得律师的辩护。法官常援引"法庭就是被告人的辩护人"这一格言以拒绝被告人聘请辩护律师的要求。在18世纪早期,英国的刑事审判时长非常短,平均一次审判不会超过半小时。审判之前,被告人只能在监狱里等待,他无法事前知晓被指控罪名的具体性质,难以获知控方证人的证词,也不能申请强制证人出庭。庭审中,法官起主要作用,被告人和证人都要接受法官的审问。被告人也可就相关问题向控方发问,陪审团也会就事实发问。1565年,史密斯(Sir T. Smith)记录了庭审中法官、陪审团、证人与被告人之间审问、辩驳等杂乱的情景,将之描述为"一场吵闹"。一旦法官对相关案情"心满意足",便会叫停这场"吵闹",并作出他认为恰当的结案评论,并指示陪审团作出裁决。①

不过，在当时的英国，犯轻罪的被告人是可以聘请律师为自己辩护的。有学者认为，其中的缘由是许多轻罪具有民事和行政属性，当刑事审判涉及财产权之类的问题时，禁止律师的参与是不适宜和不便利的。

改变的苗头出现在 17 世纪末期，当时的英国出现了著名的"天主教阴谋案"：两名神职人员编造了英国天主教团体意欲谋害国王的谎言，掀起了一场迫害英国天主教徒的冤狱，许多人因此被判死刑。1689 年光荣革命后，辉格党人为避免再受到以叛国罪为名的政治迫害，同时鉴于法庭内原、被告双方对抗能力的严重失衡，于 1696 年出台了《叛国罪审判程序法》，突破了不允许被告人聘请辩护律师的规定。

18 世纪 30 年代，真正的刑事辩护律师开始零星地出现在英国普通重罪审判中，随后越来越多的法官允许律师为重罪被告人辩护。但是，当时的辩护律师仍然受到很多限制，能为被告人做的只有询问、交叉询问证人和就法律问题发表意见。辩护律师不能代表被告人向陪审团发言，也不可以就证据所展示的事实问题为被告人进行辩护。

在 1821 年至 1836 年之间，英国议会开始讨论授予重罪被告人获得全面辩护权的法律草案。虽然当时社会上仍然存在很多不同的声音，但随着欧洲社会法律面前人人平等、保护公民人身权利、诉讼公开、被告人有权获得应有的辩护等理念的普及，英国议会最终于 1836 年通过了《被告人律师法》，规定任何一个重罪被告人都被允许在庭审中聘请执业律师代为回答问题和进行全面辩护，由此确立了刑事辩护律师在法庭上的全面辩护权。

---

① 参见何勤华、王涛：《论刑事辩护制度的起源》，载《现代法学》2015 年第 4 期。

总而言之，英国从 18 世纪以前控辩双方没有律师、直接对抗的"争吵式审判"，经由 18 世纪 30 年代的律师介入逐步嬗变，到 19 世纪形成由律师主导、至今仍盛行于普通法国家的"对抗式庭审"，与其特定时期的政治、文化和社会发展有着直接的关系。当时著名的启蒙思想家，如英国的李尔本、洛克，法国的狄德罗、伏尔泰、孟德斯鸠等人，提出"天赋人权""主权在民""法律面前人人平等"等口号，主张在诉讼中用辩论式诉讼模式取代纠问式模式，赋予被告人辩护权，在审判中实现辩护原则。

事实上，刑事诉讼新的审判模式的出现，也使得英国的法律体系进一步顺应了工业革命的需求，为英国刑事司法制度的现代化奠定了重要基石。在英国确立全面刑事辩护制度前后，美国、德国、法国等西方国家也先后通过立法的方式确定了律师全面参与刑事辩护的制度。

6. 当代西方刑事辩护权的发展

在经历"一战""二战"等人类的巨大磨难之后，从宏观上看，当代西方各国刑事辩护制度的发展总体上呈现出不断限制公权力，不断扩大被告人、辩护人权利的趋势。

在现代刑事诉讼中，律师扮演着极其重要的角色。如果将刑事司法制度比作一台机器，"没有刑事辩护律师，该机器便无法运转"这样的观念已经成为人们的共识。刑事辩护律师的诉讼权利也日益增加，比如，1993 年法国修改了《刑事诉讼法》，允许律师在刑事侦查阶段即可介入，规定犯罪嫌疑人在被拘留后就有权会见律师。①

此外，从 20 世纪 60 年代开始，欧洲法学界提出"保障公民获得司法正义的权利"的口号，继而掀起了世界范围内的"获得司

---

① 参见韩正武：《辩护权的基本权利之维》，法律出版社 2019 年版，第 31 页。

法正义的权利"运动。具体在刑事司法领域，法律援助制度的发展、对当事人公正审判权的保障、审判前程序公开化程度的提高、对刑事简易程序以及辩诉交易制度的讨论等，都是保障当事人辩护权理念的体现。①

(二)中国刑事辩护律师制度的发展脉络

比较中外历史，中国古代从未出现过像古希腊、古罗马时期的职业"辩护士"或"代诉人"，律师制度更是从未在法律上被承认过。因此，严格意义上说，在清末以前中国几千年的历史中，律师和律师制度是一个空白。但是，我们不能因此无视中国历史上曾经出现过的与律师职能相类似的比如"讼师""刀笔吏"等职业的历史作用。

1. 古代中国"讼师"（刀笔吏）

研究中国传统的诉讼文化，"讼师""刀笔吏"是一个无法回避的独特身份。

何为"刀笔吏"？在纸张还没有面世的时候，文字被记载在简牍上，如果有错，必须得用刀进行削改，所以当时的读书人、官员都得随身携带刀和笔，由此历代的文职官员就被称作"刀笔吏"。后来，人们又特将讼师、幕僚称作"刀笔吏"，既指他们了解法律规则，文笔犀利、用笔如刀，又暗指他们可以让许多案件扭转乾坤。②

（1）诉讼代理人的出现

关于我国诉讼代理人的最早记录，有学者认为是在西周时期。陕西出土的西周青铜器铭文上曾记录，当时案件开庭审理时

---

① 参见熊秋红：《刑事诉讼法学的未来发展》，载《法学论坛》2011年第2期。
② 参见(清)黄六鸿：《福惠全书·刑名一·词颂》："被告抄状入手，乃请刀笔讼师，又照原词多方破调，骋应敌之虚情，厌先攻之劲势。"

除原、被告外，还允许诉讼代理人或者证人出庭，并可以提交讼词或辩护词。① 但是，由于资料有限，无法判断这样的规定是针对所有的案件，还是只限定于特定的部分案件，也无法确定当时诉讼代理人的身份是如何取得的。

从时间上，与西周同期的欧洲，正处于从史前时代向古典时代过渡的时期，还没有到出现"辩护士"的古希腊文明时期，因此如果要作横向比较，可以认为我国出现诉讼代理人的时间并不比西方晚。但遗憾的是，基于不同的历史发展脉络，我国诉讼代理人并没有形成一个长期化、制度化的职业团体。

最早有较为详细记载的辩护人出现在春秋时期。《春秋左传·僖公二十八年》载有案例："卫侯与元咺讼，宁武子为辅，针庄子为坐，士荣为大士。"公元前632年冬，卫国大夫元咺状告卫侯杀人，晋文公邀请齐、鲁、宋、蔡、郑、陈、莒、邾、秦等国诸侯在温地（今河南温县）会盟，同时还请来了周天子。会盟期间，诸侯们临时组成了一个"国际法庭"进行审判。由于卫侯是卫国国君，元咺是卫国大臣，二人是君臣关系，按礼，二人不能平等出庭，因此卫侯指派宁武子为辅，相当于后来的诉讼辅佐人；针庄子为坐，相当于后来的诉讼代理人；士荣为大士，相当于后来的律师。此案审理的结果是卫侯败诉，晋文公逮捕了卫侯，把他送到京师关了起来，并且杀了士荣，砍掉了针庄子的双脚。至于宁武子，念其忠君，则被赦免。在晋国的干预下，元咺回到卫国，立公子瑕为国君。

有学者认为，这场诉讼可以算是我国古代诉讼中有代理人出庭进行辩护的最早记载。不过，那时的诉讼代理人仅仅是因为从《周礼》记载的"凡命夫、命妇不躬坐狱讼"的特权原则出

---

① 参见茅彭年、李必达主编：《中国律师制度研究》，法律出版社1992年版，第28页。

发,即凡是大夫以上的贵族及其妻子都有特权不亲自出庭受审,可派遣其部属或晚辈代为诉讼。所以,如果败诉,代理人或辩护人也要代人受过。①

(2)"讼师"(刀笔吏)的演变与发展

有文献记录的较早专门从事狱诉之事代理的人,是春秋末期时郑国的邓析。邓析是名家创始人,也是法家思想的传播者。他擅长辩论,虽然有人称他"操两可之说,设无穷之词""以是为非,以非为是",但当时的民众对他还是十分敬佩的。

《吕氏春秋》记载:邓析"与民之有狱者曰,大狱一衣,小狱襦裤。民之献衣襦裤而学讼者不可胜数"。实际上,这就相当于收取律师代理费,大的案件收取一件外衣,小的案件收取一件短裤。很快,大家发现此工作有利可图,于是又纷纷交费报名参加他的"律师培训班"。因此,也有人把邓析称为中国"讼师""刀笔吏"的"祖师爷"。

邓析曾编写过一部"刑法范本",因为书写在竹简上,所以被称为"竹刑"(相较于此前刻在鼎上的刑法,更宜于流传),邓析也因此招致杀身之祸。至于邓析之死,有不同的历史观点。其中一种观点认为,在他的倡导下,郑国出现了一股新的思潮,即依法治国,而不是以礼治国,与官府分庭抗礼,以至于"郑国大乱,民口欢哗",对当时的统治者造成严重威胁。继子产②、子大叔而任郑国执政的姬驷歂应付不了这种局面,于是"杀邓析,而用其竹刑"。

到了秦代,出于维护统治的需要,诉讼代理人的活动近乎绝迹。隋唐以前,虽然史料中未见关于讼师的记载,但经过汉代儒

---

① 参见王申:《中国律师探源》,载《政治与法律》1991年第1期。

② 子产最先打破一直以来"刑不可知,则威不可测"的传统,颁布了最早的法律制度,使得广大群众得以知悉这些法律,但是也有很多人对此不满,认为他的做法过于简陋,邓析就是其中一员。

家和法家的合流，各种经学、律学开始兴盛，为讼师文化的复燃和发展创造了较好的文化基础。隋唐时期，随着社会经济文化的大发展，讼师活动也开始逐渐成形，以至于当时的法律都要对其进行约束，如唐律规定："诸为人作辞牒，加增其状，不如所告者，笞五十；若加增罪重，减诬告一等。"①

在宋代，由于商品经济较为发达，科技、文化、思想等各方面都有了很大的进步，因此，民间的争讼也较多，南宋著名诗人陆游在其诗《秋怀》中就写道："讼氓满庭闹如市，吏胥围坐高于城。"由此可见，"讼师""刀笔吏"的活动也达到了历史的高潮。因此，有不少学者认为，我国的"讼师"正式形成的时间是宋朝。

宋朝法律规定诉状"不经书铺不受，状无保识不受，状字过二百不受，一状诉两事不受，事不干己不受……"②，也就是说普通老百姓要打官司必须提交书面诉状，而诉状必须盖书铺印，否则不予受理。这就是我国司法制度上有名的"官代书"——得到官方认可的民间专门代写诉状的机构，虽然这些"写状钞书铺户"是民间组织，但他们要严格遵守官府的要求和规范，如有违反会受到重罚或者吊销资格，实际上也是受官府控制的。

宋代以后的历代王朝，"讼师""刀笔吏"的作用没有重大的改变或突破，一直无法演变成一个合法化的、制度化的职业群体。相对于"讼师""刀笔吏"的代书作用，在元明清时期，中国法律上也曾出现过诉讼代理制度的规定，但这种代理仅限于两种对象，一是官吏，二是老废笃疾，代理人也仅限于家人亲属。例如，元朝有规定，年老、废疾、笃疾者，除了某些重大案件和涉

---

① 《唐律疏议·斗讼》，转引自谢佑平：《差异与成因：中国古代"辩护士""讼师"与现代职业律师》，载《比较法研究》2003年第2期。

② 党江舟：《中国讼师文化——古代律师现象解读》，北京大学出版社2005年版，第184页。

及告者本身利益的案件以外,可令家人亲属代理诉讼。

(3)"讼师"(刀笔吏)的历史地位

纵观中国古代,讼师的活动包括代写诉状、出谋划策、疏通关系、代打官司等。因为官府的打压,很多讼师书写诉状,都不署真实姓名。若官府询问代书人,当事人一般会推说随便找的算命先生,根本无从查找。有讼师出庭的,又都谎称是当事人亲属。

关于"讼师""刀笔吏"的历史地位,一方面,讼师因善于帮弱者维权,让普通老百姓告状有门而受到人们的尊重,出现了一些讼师"路见不平,拔刀相助"的正义故事。但另一方面,在强调国家权威、以和为贵的传统文化里,它又从未得到官方的正式承认,传统观念也认为讼师颠倒是非、咬文嚼字、播弄乡愚、不择手段。比如,很多朝代都有法律明文规定要查禁和严惩"讼师"。清雍正二年(1724)颁布的官修典籍《圣谕广训》共十六条,其中四条涉及讼狱主旨都是劝民息讼、无讼。皇帝苦口婆心地警告子民:"(讼师)操刀笔,逞词讼。告不休,诉不已。破身家,谁怜尔?……每一事,须三思。远棍徒,屏讼师。虑其终,慎其始。无大仇,辄自止。"讼师大体等于恶棍刁徒,皇帝如此看讼师,则讼师在传统社会的地位就被钦定了。① 正是基于这样的认识,讼师也被贬称为"诉棍",具有了很强的两面性。

(4)"讼师"为何没有发展成为律师职业

正如前文所述,我国历史上出现诉讼代理人的时间并不晚于西方社会,但为何几千年的中华文明却没有孕育出律师职业和律师制度?其原因主要在于我国封建专制制度影响下存续几千年的小农经济体系、重农抑商的传统观念以及以和为贵(息讼、无

---

① 参见王菲:《清末讼师群体消亡原因分析》,载《国家检察官学院学报》2014年第5期。

讼)、义务本位、家国天下的儒家文化。

而其中最重要的因素,则是我国几千年的专制统治和官本位思想,使代表民间社会力量的讼师难以与听讼断案的官府处于平等地位。在自上而下的权威主义政治氛围中,上下有别、贵贱有差,没有平等观念,哪有辩论可言?自然也就没有律师及律师职业的用武之地。此外,统治者还通过儒家文化教导民众"无讼"的意识,在舆论上对"兴诉"进行贬损,希望民众安分守己,形成稳定的社会秩序。《清稗类钞》的作者徐珂曾经说过:"讼师之性质,与律师略同。然在专制时代,大干例禁,故业是者十九失败。"[1]

因此,在我国古代,由于没有以民主、平等为基础的现代律师制度的土壤,而一直处于被压制状态的"讼师"也未能演变为"律师"。

(5)我国"重刑轻民"的制度渊源

相对于我国古代司法实践"刑民不分"的特点,"重刑轻民"的特点更显突出。实际上,我国早在西周时期就有了对"讼"和"狱"的明确划分,《周礼》记载:"讼,谓以财货相告者;狱,谓相告以罪名者。"只是,到了秦汉以后,在诉讼程序上没有延续这样的划分,而主要是根据案件的类型和适用刑罚的轻重来划分为"重案"(大案)和"细故"(小案)。比如,明朝将"户婚、田土、斗殴、相争"案件与"奸、盗、诈伪、人命"案件用"小事""重事"加以区分。"小事"一般须由本里老人、里甲断决,"大事"才许赴官陈告。"细故"也并非完全都是民事案件,其中还包括一些刑罚较轻的刑事案件。此外,这两类案件在管辖、审理方式上也有一定的区别。因此,古代的刑事与民事之间,不是没有区分的,只是概念比较模糊而已。

---

[1] 徐珂:《清稗类钞(第3册)》,中华书局1984年版,第1190页。

从立法内容可见，我国古代的立法历来是以刑为主，民附于刑。从夏代的禹刑（《左传·昭公六年》记载："夏有乱政，而作禹刑。"）到"秦律"，《唐律疏议》《大明律》《大清律例》，都是以刑为主，附带有一部分民事的规定，并同时兼具实体法和程序法的性质。

在国外，以罗马的刑法为例，虽然其已从原始社会末期的犯罪与侵权行为之混沌不分，公民所赖以受到保护、不受强暴或欺诈的不是刑法而是"侵权行为法"，处理犯罪行为时的"一罪但一法"，处罚犯罪的不是固定的法院而是执政官或者元老院等的状态中走了出来，但整体上还没有达到刑法文明成熟、定型之程度。比如，公元前449年完成的《十二铜表法》包含了大量真正的民法规范，刑法规范则很少，体现了以民为主、以刑为辅的典型特征。尔后经过300年，至公元前149年（我国的汉朝时期），罗马执政官古尔潘尼斯·披梭（L. Calpurnius Piso）颁布实施了《古尔潘尼亚贪污法》（Lex Calpurnia de Repetundis），专门针对盗用金钱的案件，赋予各"省民"对总督不正当征收的金钱有偿还的请求权，并且建立了永久的、正规的刑事法院"永久审问处"之后，罗马的刑法（包括刑事诉讼法）才真正定型。①

可见，相对于国外比较早的专门刑事法律以及专门刑事法院的形成，以及民事责任和刑事责任上的明确划分，我国也缺乏产生专门的刑事辩护群体的法律基础。虽然我国古代在法律规范上是以刑为主、以民为辅，但是由于没有刑事责任和民事责任的明确界限，再加上维护君主专制统治的需要，专门的刑事诉讼程序自然更是无从谈起。

---

① 参见何勤华：《法律文明的起源——一个历史学、考古学、人类学和法学的跨学科研究》，载《现代法学》2019年第1期。

2. 近代中国律师制度的正式建立

（1）清末时期

1840年鸦片战争以后，随着西方列强领事裁判权的确立，西方的律师制度开始被引进中国，律师先是在租界范围内的法庭上出现，随后又参与中外混合的会审案件，进而在中国公民之间的案件中参与辩护。慢慢地，律师的作用和地位开始得到社会的承认。

伍廷芳[①]实际上是第一位真正的中国律师。1874年，32岁的伍廷芳自费到英国学习法律，两年后取得律师资格，成为中国历史上第一个取得外国律师资格的人。三年后，伍廷芳回到香港成为执业律师，获委任为"太平绅士"，曾经代理华人被英国人酗酒后打死的案件，促成凶手判刑并为当事人争得赔偿。

清末预备立宪之时，伍廷芳和修律大臣沈家本一起提出，对于从律师业者，"俟考取后，酌量录用，给予官阶，以资鼓励"，将律师纳入职官之列；又说"国家多一公正之律师，即异日多一习练之承审官也"[②]。他们设置的律师制度，初见于1906年的《大清刑事民事诉讼法草案》，虽然这部草案由于种种原因未能实施，但却成为近代中国律师制度的起点。该草案规定律师有权代被

---

① 伍廷芳，清末民初杰出的外交家、法学家，1874年入伦敦大学学院（一说伦敦林肯法律学院）攻读法学，获博士学位及大律师资格，成为中国近代第一位法学博士，后回中国香港任律师，成为香港立法局第一位华人议员。他力主废除"凌迟""枭首""戮尸""缘坐""刺字"等酷刑，使中国流传数千年的野蛮重刑律法得以废除。他还先后主持起草了《大清商律》《大清印刷物件专律》《商会简明章程二十六条》《铁路简明章程二十四条》《各级审判厅试办章程》以及《大清刑事民事诉讼法》等新法；参与创办中国第一所近代法律学堂，培养了近万名法律人才。辛亥革命爆发后，伍廷芳为帝制的覆灭、司法制度的改革、国权的维护作出巨大贡献。他曾任中华民国军政府外交总长，主持南北议和，达成迫清室退位。中华民国临时政府成立后，他又出任司法总长。

② 商务印书馆编译处：《大清光绪新法令（第19册）》，上海商务印书馆1909年版，第2页。

告缮具诉词，同被告上堂辩护，代被告对质原告及证人，陈述辩词，将辩词尽情援据例案讨论等。

1910年，沈家本主持制定的《大清刑事诉讼律草案》更进一步规定了辩护人可以查验证据、阅视抄录文书、会见被监禁的被告人并通信等基本的辩护权，初步打造了近现代刑事辩护律师制度的雏形。后来，又在《各级审判厅试办章程》《法院编制法》中对律师代理、律师辩护等进行了更为具体的规定。

当然，清末律师制度只是我国律师制度的雏形，随着清王朝的灭亡，这些法规也没能正式颁布实施。但它们是我国律师制度形成的开端，对民国时期建立律师制度起到了极其重要的作用。

（2）民国时期

1911年10月10日的辛亥革命推翻了清政府的统治，以孙中山为代表的资产阶级革命派，在废除君主专制制度、打碎旧的国家机器的基础上，仿效西方资本主义国家，建立了民主共和政体性质的国家制度。孙中山在1912年3月内部警务局局长呈送的《律师法草案》的批文中指出："查律师制度与司法独立相辅为用，夙为文明各国所同行。现各处既纷纷设立律师公会，尤应亟定法律，俾资依据。"① 这表明临时政府已经对律师制度建立的必要性有了清醒的认识。此后的北洋政府时期，至少在形式上标榜所谓司法独立、公开审判、辩护等法律原则，并在《律师法草案》的基础上进行修改，1912年9月16日，北洋政府公布实施《律师暂行章程》，这是中国律师制度最终形成的标志。《律师暂行章程》对律师资格、律师证书、律师名簿、律师职务、律师义务、律师公会、律师惩戒等方面作了规定。

辛亥革命之后，国内的政治环境发生了巨大的变化。应该看

---

① 孙中山：《大总统令法制局审核呈复律师法草案文》，载《临时政府公报》1912年3月22日。

到，南京临时政府时期的政治环境以及政府对建立律师制度所持的积极态度，为中国律师制度的形成创造了良好的政治条件。随后的北洋政府时期，虽然政局动荡，甚至出现一定程度的倒退，但是最起码在表面上，统治阶层是愿意设立律师制度的。显然，辛亥革命对中国律师制度的形成在政治因素方面产生了积极的变化，直接促成了中国律师制度在民国初年的最终确立。

毋庸置疑，中国的律师制度是舶来品。1906年完成的《大清刑事民事诉讼法草案》和随后一些法律制度中对律师制度的相关规定只能表明中国律师制度的"被动移植"过程已经开始；1912年民国政府公布实施的《律师暂行章程》，标志着西方律师制度在中国"移植"成功，中国律师制度得以正式确立。清末律师制度虽然只是停留在纸面上，但对中国律师制度在民国时期的确立起到了极其重要的先导作用。正是因为有了清末修律的基础，中国律师制度才可能在民国初年得以确立。

需要特别指出的是，1911年的辛亥革命是中国律师制度六年形成期的"分水岭"。在此之前，清政府是被外国列强逼迫着、极不情愿地"移植"西方国家的律师制度；在此之后，民国政府则是积极学习和借鉴西方国家的经验，主动建立律师制度。①

3. 中华人民共和国成立后的律师与律师制度

（1）旧法与"学苏"——"文革"前的律师与辩护

我国律师制度萌芽于新民主主义革命时期。1932年6月9日颁布的《中华苏维埃共和国裁判部暂行组织及裁判条例》中，就确立了诉讼中的辩护制度，"被告人为本身的利益，经法庭许可派代表出庭辩护"。抗日战争时期各根据地政府相继颁布了一些条

---

① 参见赵朝琴：《论影响中国律师制度形成的历史原因》，载《史学月刊》2009年第6期。

例，使辩护制度得到一定体现。1948年2月，东北解放区制定了《法律顾问处组织简则》，其中规定在人民法庭设法律顾问处，为诉讼当事人解答法律及诉讼制度中的疑难问题。这些虽然还谈不上是律师制度，但也为中华人民共和国律师制度的建立积累了一定的经验。

我国律师制度是在彻底废除了国民党政权下旧的律师制度的基础上，依照新的政治理念重新创立的。

首先，产生于新民主主义革命时期的辩护制度在宪法和法律中有所规定。1950年7月20日，中央人民政府政务院颁布了《人民法庭组织通则》，其中的第六条规定："县（市）人民法庭及其分庭审判时，应保障被告有辩护及请人辩护的权利……"1954年9月中华人民共和国颁布的第一部《宪法》中"被告人有权获得辩护"的规定，事实上为律师制度在社会主义中国的建立提供了依据。

其次，1954年颁布的《人民法院组织法》第七条规定："人民法院审理案件，除法律规定的特别情况外，一律公开进行。被告人有权获得辩护。被告人除自己行使辩护权外，可以委托律师为他辩护……"此规定进一步从程序上确立了辩护律师的法律地位。

在确定了刑事诉讼中的辩护制度后，中华人民共和国取缔了旧律师，解散了律师公会。鉴于当时还有一些旧律师，以律师名义刊登"启示执行职务"，中央人民政府司法部于1950年12月发布了《关于取缔黑律师及讼棍事件的通报》，该通报指出，由于已经废除了国民党的"六法全书"，若旧律师仍有非法活动，对于法院威信及人民利益均有危害，应予取缔。

1954年，我国开始筹划学习苏联模式建立中国的律师制度。1954年7月31日，中央人民政府司法部发布了《关于试验法院组织制度中几个问题的通知》，该通知决定在北京、上海、南京、武汉、沈阳、哈尔滨等大城市开展律师工作。到1956年年初，全国已有33个市县建立了律师组织，有158人从事律师工作。

1956年1月，国务院正式批准了司法部提出的《关于建立律师工作的请示报告》，该报告对律师的工作机构、性质、任务、任职资格等问题都进行了明确的规定，并建议通过国家立法正式确认律师制度。与此同时，司法部于1957年上半年完成起草《律师暂行条例（草案）》。

至1957年6月，全国共建立了19个律师协会，800多个法律顾问处，有专职律师2500多人，兼职律师30多人，形成了律师制度顺利发展的局面。① 而且，在司法审判活动中，律师开始发挥独特的作用。据上海市1956年内9个月的不完全统计，1800多件有辩护律师出庭辩护的刑事案件判决后，被告人提出上诉、申诉的很少，基本上没有发现冤假错案，这不但减少了许多不应有的讼累，而且使法院和检察院提高了办案效率和质量。②

（2）彻底废除——律师成为右派分子

自1957年下半年起，由于受"左"倾思潮影响，律师制度受到极大的冲击。在席卷全国的"反右派斗争"中，中国的律师绝大多数被打成了右派分子。当时律师的主要职能就是刑事辩护，而律师被打成右派分子的主要原因就是"替坏人辩护"。1959年司法部被撤销，律师制度也随之夭折，其后二十多年特别是"文革"期间，律师制度实际上已被取消。

从1957年到1978年中国共产党的十一届三中全会之前，由于受"左"的政治思想路线的影响，律师制度因被当作社会主义制度的对立物而被彻底否定；律师机构及律师的执业活动完全被取

---

① 参见茅彭年、李必达主编：《中国律师制度研究》，法律出版社1992年版，第28页。
② 参见陶髦等：《律师制度比较研究》，中国政法大学出版社1995年版，第21页。

消；执业律师纷纷改行他业。不仅如此，由于律师的辩护活动受到政治上的否定评价，被打成右派的律师蒙受了长期的非难和迫害。例如著名律师张思之先生既是1954年受命组建北京律师队伍的发起人，又是被打成右派分子的代表律师。

（3）方兴未艾——改革开放后的律师制度

在经历了十年"文革"后，伴随着政治上拨乱反正的进程，律师制度得以在中国逐步恢复。这不仅反映了新时期法律制度建设的实际需求，同时也体现了国家领导层对"极左"路线的深刻反思以及社会公众对自身权益保护的强烈愿望。这种需求和愿望为律师制度的恢复提供了良好的社会基础。

1978年《宪法》恢复了刑事辩护制度。1979年颁布的《刑事诉讼法》及《人民法院组织法》又对律师参与刑事辩护作了原则性规定。随后的一个标志性事件是，1980年8月26日，第五届全国人大常委会第十五次会议通过了《中华人民共和国律师暂行条例》(以下简称《律师暂行条例》)，该条例对律师的性质、任务职责、权利、义务、资格条件及工作机构等作了明确规定。这是新中国成立以来有关律师制度的第一部法律，它的颁布使我国律师制度以法律形式固定下来，从而使我国律师制度的建立和发展走上了法制化轨道。

依据这些制度，自1979年起，全国从一些大、中城市继而到各个县、区，相继建立了法律顾问处或律师事务所；很快，到了20世纪80年代中期，律师执业机构已遍布全国各地；专职律师、兼职和特邀律师已具有一定规模；以刑事辩护为主导的律师的执业活动成为司法程序中的重要内容，律师制度在整体上得到全面恢复。

20世纪80年代中后期，在司法行政机构的倡导下，中国律师制度开始了探索和改革的进程。贯穿于这种探索和改革的深层思考是：中国律师制度及其实践如何更好地贴近和体现律师这一职业的社会本质；中国律师制度及其实践如何更好地适应并满足中国特定的社会要求，显示出其应有的功能和特色。

围绕这些主题，司法行政机构在广泛借鉴国外律师制度普遍性规则的基础上，认真总结我国律师制度恢复以来的运作实践，以国办律师事务所改制为主线，从扩大律师事务所权利，改革和调整律师事务所管理机制、用人机制以及分配机制入手，相继提出了一系列的改革方案。不少律师事务所也在司法行政机构及律师协会的支持下，以积极的姿态进行了富有创造性的改革尝试。

1993年，司法部根据我国社会主义市场经济确立和发展的要求，结合前期改革实践，提出并报经国务院批准了《关于深化律师工作改革的方案》（以下简称《方案》）。《方案》对中国律师的性质进行了重新界定，突破了以往在中国律师定性与定位问题上的禁区与束缚，恢复了律师作为社会法律服务专业人员、律师事务所作为社会法律服务中介机构的一般属性，拉近了中国律师制度与国际惯例的距离，为中国律师制度适应市场经济的确立和发展创造了条件。

该《方案》还对律师事务所的管理体制以及律师行业的管理体制提出了阶段性的改革思路和步骤。《方案》的出台适应了市场经济发展的需要。按照《方案》所提供的政策依据，大批合伙、合作律师事务所在各地成立，国办律师事务所也纷纷试行改制。各个领域的法学专业人才，包括在海外学业有成的专家学者踊跃加入律师队伍，不仅为律师队伍带来了活力，而且也在很大程度上改善了律师队伍的知识结构，提高了律师队伍的总体素质。中国律师业的发展也由此进入了一个新的阶段。

1996年5月，《中华人民共和国律师法》（以下简称《律师法》）正式颁布。这标志着中国律师制度的基本框架初步形成。《律师法（1996）》系统地吸纳了中国律师制度创立、恢复以及改革中所形成的实践成果，界定了律师职业所涉及的司法行政管理机构、律师自律组织、律师事务所和律师各自的法律地位以及各主体之间的相互关系，同时也在一定程度上涉及了律师与社会其他相关主体之间的职业联系。①

1980年到1998年期间，我国律师队伍发展迅速。据有关部门统计，截至1998年年底，全国共有律师101220人，其中专职律师60000多人，律师事务所已达8978家。

与此同时，律师的业务领域也有了较大拓展。1998年全国律师解答法律咨询4898647件，担任常年法律顾问235676家，代理民事诉讼526633件，代理婚姻家庭类案件166702件，代理经济诉讼414229件，担任刑事辩护296668件，办理涉外法律事务21618件。律师制度在保障和促进改革开放、经济发展，建立社会主义市场经济体制，健全社会主义民主与法制，维护社会稳定方面发挥了重要作用。在我国律师制度的发展历程中，《律师暂行条例（1980）》和《律师法（1996）》具有里程碑意义，前者标志着我国律师制度的恢复和重建；后者则集中体现了我国律师制度改革所取得的成就，也大大激发了律师队伍中蕴含的社会生产力，律师队伍因此得到了迅猛发展。

根据2022年8月司法部公布的统计数据，截至2021年年底，全国共有执业律师约57.48万人，其中专职律师约45.82万人，全国共有律师事务所约3.65万家。全国律师办理各类法律事务约1308.5万件，其中，办理诉讼案件约811.6万件，办理非诉讼法律事务约167.9万件。在律师办理的约811.6万件诉讼案件中，刑事诉讼辩护及代理约122.8万件，占诉讼案件的15.13%；民事诉讼代理约660.1万件，占诉讼案件的81.35%；行政诉讼代理约26.2万件，占诉讼案

---

① 参见巴能强、徐香花：《新中国律师制度建设及律师业的发展》，载《北京社会科学》2002年第1期。

件的 3.22%；代理申诉约 2.4 万件，占诉讼案件的 0.3%。

由此可见，经过几十年的发展，无论是律师以及律师事务所的数量，还是律师办理各类法律事务的数量，都有了大幅增长，反映出律师在社会活动中的地位和作用的日益凸显。

4. 我国当前辩护律师制度

（1）我国刑事诉讼法以及辩护制度的演变

辩护制度作为一个国家民主、法治、文明的象征，对于保障犯罪嫌疑人及被告人的合法权益、促进程序和实体公正、推动我国法治文明建设具有不可替代的重要作用。从中华人民共和国成立到"文革"，再到改革开放四十多年来，我国的刑事辩护制度在曲折中前进，得到了前所未有的建设与发展。

从中华人民共和国成立到 1956 年期间，我国没有正式的刑事诉讼法律、法规。最早的相关规定是 1956 年 10 月印发全国的《关于北京、天津、上海等十四个大城市高、中级人民法院刑事案件审理程序的初步总结》（以下简称《总结》）。该《总结》进一步明确了律师刑事辩护权的行使方式，比如法庭辩论阶段的辩论权以及辩论顺序等。1956 年至 1957 年期间，全国人大、最高司法机关等部门也先后以发布各种文件的形式对刑事辩护权，包括会见权、阅卷权、调查取证权等权利的具体行使作出规定。

该《总结》在中华人民共和国的刑事诉讼法发展过程中具有举足轻重的地位，为随后 1957 年《中华人民共和国刑事诉讼法草案（草稿）》（以下简称《刑事诉讼法草案（草稿）》）、1963 年《中华人民共和国刑事诉讼法草案（初稿）》（以下简称《刑事诉讼法草案（初稿）》）以及《刑事诉讼法（1979）》的出台提供了直接的文本基础。

1957 年的《刑事诉讼法草案（草稿）》明确赋予了被告人委托他人进行辩护的权利，规定每名被告人的辩护人不得超过 3 人；

规定了由人民法院指定辩护的事由和情形；规定了辩护人有与在押的被告人会见和通信的权利，还可以请求阅览卷宗、证物及摘录文件。需要特别提及的是，《刑事诉讼法草案（草稿）》还规定了被告人在有罪判决发生法律效力以前，应当被假定是无罪的人，即无罪推定原则。《刑事诉讼法（草稿）》还赋予了近亲属免除作证义务以及国家工作人员、医师、律师、助产士和宗教师等特定职业人员的拒绝作证特权。

1963年的《刑事诉讼法草案（初稿）》对辩护制度又有了一定的调整：首先，明确规定了自行辩护、委托辩护和指定辩护三种辩护类型；其次，规定辩护人（不限于律师）有阅卷权、会见权和通信权，但是必须经过人民法院的许可。但遗憾的是，这部在今天看来都依然不落伍的草稿，一直处在"草稿"阶段，始终没有进入任何的立法程序。

1966年"文化大革命"开始，这部《刑事诉讼法草案（初稿）》没有真正"落地"，但是，它为1979年首部《刑事诉讼法》的快速出台（三个月）奠定了坚实的基础。

1979年的《刑事诉讼法》是在《刑事诉讼法草案（初稿）》的基础上进行了两轮修改后形成的。关于辩护制度的内容，放宽了辩护律师的权利范围，辩护律师可以不经过法院许可而享有查阅案件材料、了解案情、同在押的被告人会见和通信的权利。其他的辩护人经过法院许可，也可以了解案情，同在押的被告人会见和通信。

伴随着《刑事诉讼法（1979）》的出台，还必须要提及的一部重要文件是《中共中央关于坚决保证刑法、刑事诉讼法切实实施的指示》（以下简称"1979年64号文件"），这份文件首次提出了"社会主义法治"的概念，理顺了党与法律、司法之间的关系，取消了党委审批案件制度，再次重申了《刑事诉讼法》中的法律面前人人平等、严禁刑讯逼供等规定。

1996年《刑事诉讼法》进行了第一次大修改。这次修改，再次扩大了辩护律师的权利，改变了过去被告人在法庭审理阶段才可以委托辩护人的规定，允许犯罪嫌疑人在侦查阶段委托律师为其提供帮助。在审查起诉和法庭审理阶段，则可正式聘请律师。此外，该次修改还明确了法院"可以指定"法律援助律师（经济困难或其他原因）以及"应当指定"法律援助律师（盲、聋、哑或未成年人或可能被判处死刑的被告人）的情形。

与辩护制度相关的法律，不仅体现在《刑事诉讼法》中，还体现在《刑法》《律师法》等其他法律。比如1997年修订《刑法》时，其中第三百零六条专门以辩护人诉讼代理人为特殊主体规定了"律师伪证罪"，即在刑事诉讼中，辩护人、诉讼代理人毁灭、伪造证据，帮助当事人毁灭、伪造证据，威胁、引诱证人违背事实改变证言或者作伪证的，处三年以下有期徒刑或者拘役；情节严重的，处三年以上七年以下有期徒刑。这被称为悬在律师头上的一把"达摩克利斯之剑"且备受诟病。

进入21世纪以后，我国刑事辩护权上的重大进步体现在《律师法（2007）》中。比如，关于会见权，根据《律师法（2007）》第三十三条的规定，犯罪嫌疑人被侦查机关第一次讯问或者采取强制措施之日起，受委托律师有权会见犯罪嫌疑人、被告人并了解有关案件情况；律师会见，不被监听。第三十四条关于阅卷权的规定，在审查起诉阶段，律师可以查阅的材料从以前的"与案件有关的诉讼文书、技术性鉴定资料"发展成"诉讼文书及案卷材料"。此外，《律师法（2007）》还对辩护律师的执业豁免权、执业保密义务、职业性质、执业特别许可制度、执业监管等作出了新规定。

回顾以上变革轨迹，不难发现，法律订立、修改进程在不断推进，社会大众的法治观念在不断进步，司法体制改革在持续深化，刑事辩护在各方因素的联动作用下逐渐在时间和空间上不断延伸，国家司法文明和人权保障事业在不断进步。

2012年《刑事诉讼法》再次修改，将"尊重和保障人权"正式确立为刑事诉讼法的任务，并在吸收司法经验的基础上对刑事辩护制度进一步予以完善。

一方面，根据《刑事诉讼法（2012）》第三十七条、第三十八条的规定，辩护律师在执业过程中遇到的"会见难""阅卷难"问题基本上得以解决；明确了律师在侦查阶段的辩护人身份，保障了律师会见在押犯罪嫌疑人的权利以及会见期间不被监听的权利；第三十三条、第三十四条的规定扩大了法律援助适用的阶段和案件范围，从审判阶段扩大到侦查、审查起诉阶段，增加了精神病人和可能被判处无期徒刑案件的指定辩护。

另一方面，相关证据规则的确立也为辩护工作的实质开展提供了重要的制度保障。此次修正吸纳了非法证据排除规则、不得强迫自证其罪规则、直接言词规则以及专家出庭制度。这一系列证据规则与证据制度的确立使辩护律师在庭审中逐渐呈现出由被动到主动、由"防御"向"攻击"的转变态势。

此外，《刑事诉讼法（2012）》还充分贯彻、体现了无罪推定原则的基本精神。根据该法第四十九条的规定，检察机关应当承担证明被追诉人有罪的举证责任。相应地，第三十五条删去了"辩护人的责任是根据事实和法律，提出证明犯罪嫌疑人、被告人无罪、罪轻或者减轻、免除其刑事责任的材料和意见"中的"证明"一词。这一做法并非多余，因为在法律未作此规定之前，实践中确实存在法院要求辩护人承担无罪辩护举证责任的情形。例如，在云南"杜培武案"中，原一、二审判决认为被告人及其辩护人没有提出证据证明被告人系无罪，故对其辩护意见不予采纳。

在随后的几年间，我国又陆续出台了一系列文件，包括中央深改组通过的《关于深化律师制度改革的意见》、两高三部《关于依法保障律师执业权利的规定》(以下简称《保障律师执业规定》)等,进一步完善刑事辩护律师的诉讼权利。

2017年,为了发挥法律援助值班律师在以审判为中心的刑事诉讼制度改革和认罪认罚制度改革试点中的作用,两高三部联合出台了《关于开展法律援助值班律师工作的意见》,最高人民法院、司法部还专门制定了《关于开展刑事案件律师辩护全覆盖试点工作的办法》(以下简称《刑事辩护全覆盖办法》)。

2018年,全国人大首次对《刑事诉讼法》以修正案的方式进行修改,在试点改革经验的基础上从立法上确立了值班律师制度,明确值班律师的职责是为没有委托辩护人的被追诉人提供"法律咨询、程序选择建议、申请变更强制措施、对案件处理提出意见等法律帮助",在身份和职能上将其与普通辩护律师进行了明确区分。

随着2018年《监察法》的出台,2018年修正的《刑事诉讼法》对律师会见权进行了一定的限缩,仅限《监察法》范围犯罪案件在侦查阶段律师是无法会见的。对于贪污贿赂犯罪及经最高人民检察院核准的严重危害国家安全犯罪、恐怖活动犯罪案件,建立了刑事缺席审判制度。

此外,随着认罪认罚制度上升到法律层面,修正案也明确了侦查机关对于认罪认罚制度的告知义务——"侦查人员在讯问犯罪嫌疑人的时候,应当告知犯罪嫌疑人享有的诉讼权利,如实供述自己罪行可以从宽处理和认罪认罚的法律规定";以及辩护律师或者值班律师的在场见证权——"犯罪嫌疑人自愿认罪,同意量刑建议和程序适用的,应当在辩护人或者值班律师在场的情况下签署认罪认罚具结书"。

(2)刑事辩护全覆盖——新改革、新突破

孟德斯鸠说:"在政治宽和的国家里,即使是一个最卑微的公民,其生命也应当受到尊重。国家在控诉他的时候,也必定要给他一切可能的手段为自己辩护。"① 无论在审判过程的何种阶段，被追诉人如果缺乏有效的辩护活动，那么该刑事司法活动就是不公正的。② 我国《宪法》第一百三十条、《刑事诉讼法（2018）》第十一条均规定了"被告人有权获得辩护"。但是，在实践中，由于各方面的原因，我国的刑事辩护率只有30%左右。③

2017年4月26日，司法部在当年的第一次新闻发布会上，首次提出要"逐步实现刑事案件律师辩护全覆盖"。2017年10月11日，最高人民法院、司法部联合发布了《刑事辩护全覆盖办法》，宣示我国在国家层面正式提出了"律师辩护全覆盖"的主张并实施。根据文件内容，我国目前的刑事案件律师辩护全覆盖主要是审判阶段的律师辩护全覆盖，具体而言包括以下内容：

①被告人除自己行使辩护权外，有权委托律师作为辩护人。

②被告人符合《刑事诉讼法（2018）》第三十五条、第三百零四条规定的情形，包括未成年人，盲、聋、哑人，尚未完全丧失辨认或者控制自己行为能力的精神病人，可能被判处无期徒刑、死刑的人，没有委托辩护人的，人民法院应当通知法律援助机构指派律师为其提供辩护。

③除上述规定外，其他适用普通程序审理的一审案件、二审案件和按照审判监督程序审理的案件，被告人没有委托辩护人的，人民法院应当通知法律援助机构指派律师为其提供辩护。这就将辩护范围扩大到法院适用普通程序审理的所有一审案件、二审案件和按照审判监督程序审理的案件，可以大幅度提升刑事案件的律师辩护率。

---

① 〔法〕孟德斯鸠：《论法的精神》，张雁深译，商务印书馆1959年版，第75—76页。
② 参见艾超：《辩护权研究》，武汉大学2010年博士学位论文，第70页。
③ 参见吴忧：《法庭上的那个位置，别空着》，载《四川日报》2017年11月1日，第13版。

④适用简易程序、速裁程序审理的案件，被告人没有辩护人的，人民法院应当通知法律援助机构派驻的值班律师为其提供法律帮助。

⑤在法律援助机构指派的律师或者被告人委托的律师为被告人提供辩护前，被告人及其近亲属可以提出法律帮助请求，人民法院应当通知法律援助机构派驻的值班律师为其提供法律帮助。

《刑事辩护全覆盖办法》的颁布和实行是我国刑事诉讼制度的新改革、新突破，主要体现在以下三个方面：

①扩大了指定辩护的范围。我国的辩护主要分为自行辩护、委托辩护和指定辩护三种类型。新的规定突破了《刑事诉讼法（2012）》中关于法定法律援助的案件范围，将指定辩护范围扩大到审判阶段适用普通程序审理的所有案件，更好地保障被告人的辩护权。

②明确规定了指定辩护中的律师职责。在法律援助案件中，由于法律援助案件补贴较低和律师自身情况等一系列原因，存在一些辩护效果欠佳的问题。为此，《刑事辩护全覆盖办法》第20条规定了律师应当"会见被告人"、应当"阅卷并复制主要的案卷材料"、要做好"开庭前的准备"、参加"全部庭审活动"并进行充分的"质证、陈述"，要发表"具体的、有针对性"的辩护意见等，对律师的辩护工作进行了具体、严格的要求，让法律援助有了"质"的保障。

③多渠道加强了"律师辩护全覆盖"的工作保障。在经费方面，《刑事辩护全覆盖办法》提出了要开展"建立多层次经费保障机制""有条件的地方可以开展政府购买法律援助服务""探索实行由法律援助受援人分担部分法律援助费用"等系列探索工作，并要求"提高办案补贴标准并及时足额支付"，完善律师开展法律援助工作的经济保障。此外，"建立律师开展刑事辩护业务激励机制"、评选表彰优秀的刑事辩护律师等工作，提高了律师在法

律援助案件中参与辩护的积极性。

"律师辩护全覆盖"制度的建立，有助于解决检察官在刑事案件中"少有对手"的"不平等对抗"的局面，帮助被告人解决由于自身法律知识不足导致举证不到位、质证不透明、辩论不充分的问题，使得控辩双方得以平等对抗。法官可以在双方的对抗碰撞中，更好地发现案件事实真相，这也符合"以审判为中心"的诉讼制度改革中"确保审查起诉的案件事实证据经得起法律的检验"的要求。"强化诉讼过程中当事人的辩护辩论权的制度保障"的要求也符合《世界人权宣言》中所要求的受刑事控告者所进行的公开审判要"获得辩护上所需要的一切保证"，顺应世界人权保障的潮流。①

但是，必须指出的是，受一些地方律师数量有限、经费保障不足、相关部门重视不够等现实因素的影响，"刑事辩护全覆盖"的完全落地，还有待时日，有待于从立法层面、制度层面进一步完善。比如，为了保障"全覆盖"的真正实现，可以从立法上规定法律后果：审判阶段没有辩护律师参与的，审判活动因违反正当程序而无效。

二、中国刑事辩护律师的职责定位

(一) 律师职业定位的嬗变

律师的职责定位是律师制度乃至法治建设中一个最基本的问题，同时也是最重要的问题。律师的职责定位首先取决于律师的职业定位，职业定位不同，职责定位亦不同；职业定位不清晰，职责定位也不可能清晰。

---

① 参见陈光中、张益南：《推进刑事辩护法律援助全覆盖问题之探讨》，载《法学杂志》2018年第3期。

我国在不同的社会历史阶段对于律师的职业定位有着不同的定性。回望我国律师制度的发展历程，从中华人民共和国成立后创建律师制度开始，到2007年《律师法》的修改，短短五十余年的发展充满着曲折坎坷。关于我国律师职业的立法，大致经历了以下几个发展阶段。

1. 制度内的国家法律工作者

1980年公布的《律师暂行条例》（已失效）第一条规定："律师是国家的法律工作者，其任务是对国家机关、企业事业单位、社会团体、人民公社和公民提供法律帮助，以维护法律的正确实施，维护国家、集体的利益和公民的合法权益。"将律师定位为"国家的法律工作者"是由当时的政治背景和社会环境所决定的。所谓"国家的法律工作者"，也就意味着律师以国家机构公职人员的身份从事法律业务，律师是"国家的人"，是"国家行政干部"。[①] 其包括两层含义：第一，"国家的法律工作者"表明律师是国家的公职人员。因此，虽然律师是接受当事人的委托处理具体案件，但是律师与当事人之间并不是单纯的委托关系，也就是说律师代理当事人处理案件还包含公益目的。第二，既然律师是国家公职人员，那么其理应接受司法行政机关的领导，服从其指挥。

将律师定位为"国家法律工作者"是特定历史条件下的产物，这种定位决定了律师首先要维护国家的利益，这就违背了律师服务对象的社会性原则，使之难以全力为当事人服务，同时也降低了当事人对律师的信赖度。因此，律师作为国家公职人员的身份与其维护当事人合法权益的使命有时会存在冲突。

---

① 参见张耕主编：《中国律师制度研究》，法律出版社1998年版，第2页。

2. 为社会提供法律服务的执业人员

1993年司法部在《关于深化律师工作改革的方案》中提出,要"充分发挥律师在国家经济生活和社会生活中的中介作用",将律师视为市场经济的中介组织,并认为"律师是为社会服务的专业法律工作者"。这种定位以"为社会服务"来代替"国家法律工作者",明确了律师服务对象的社会性。

继而,1996年5月15日,我国通过第一部《律师法》,其第一章第二条明确规定:"本法所称的律师,是指依法取得律师执业证书,为社会提供法律服务的执业人员。"从此,我国律师摆脱了"国家法律工作者"的定性,成为"为社会提供法律服务的执业人员",律师的国家干部身份逐步演变为真正的职业身份。①

3. 为当事人提供法律服务的执业人员

"律师是为社会提供法律服务的执业人员"的定性使律师职业能够与其他职业有较为明确的区别,但却缺乏了对律师服务对象特定性的考虑,致使社会公众对律师参与诉讼的作用存在疑虑。

2007年10月28日再次修正的《律师法(2007)》第二条第一款规定:"本法所称律师,是指依法取得律师执业证书,接受委托或者指定,为当事人提供法律服务的执业人员。"将律师的服务对象从"社会"修改为"当事人",使得律师的服务对象更加明确具体。

总之,中华人民共和国律师制度的恢复是一条曲折的道路。从1979年恢复律师制度到2007年,我国现代律师制度经历了近三十年的蜕变演化,律师职业属性从"国家的法律工作者"演化

---

① 参见郑杭生:《中国特色社会学理论的探索:社会运行论、社会转型论、学科本土论、社会互构论》,中国人民大学出版社2005年版,第319页。

为"为社会提供法律服务的执业人员",再到"为当事人提供法律服务的执业人员"。这一律师职业定位演化历程说明,我国律师制度基本上完成了从国家化到社会化的过程。这个社会化的成果集中表现为"律师业与国家(相对于社会)关系上发生的以律师业逐渐脱离对国家经费和编制的依赖为主要特征的社会化活动"①。在业务对象上,表现为从主要为国家利益服务演化为包括国家在内的不特定当事人提供服务,这个现实成果是我国律师制度发展的核心内涵。

(二)最大限度地维护当事人的合法权益

律师的职责定位是律师制度中最基本的问题,然而,关于这个问题的理念分歧在我国至今并未解决。伴随着对律师职业属性认识的演变,关于辩护律师的职责定位也一直处于争议之中。辩护律师的职责到底是什么?是正义的化身,还是邪恶的代言人?一会被誉为"天使",一会又被视为"魔鬼",到头来成了一个不伦不类的"怪物"。这样的认识既迷惑了社会大众,甚至也误导了律师自身。有的律师对自己的定位也不是很清楚,例如,有些辩护律师认为律师就应当代表正义,甚至有人认为辩护律师的职责是与公诉机关相配合等。这些都是对辩护律师职责定位问题认识的偏颇之论。

其实,辩护律师的职责定位并不复杂,简言之,就是依法最大限度地维护当事人的权益。律师并不代表公正,而只能通过参与司法程序的整体活动去实现公正;律师也并不代表邪恶,即使为邪恶者辩护或进行代理,也是实现法律公正不可缺少的一部分。

---

① 张志铭:《当代中国的律师业》,载夏勇主编:《走向权利的时代——中国公民权利发展研究》,社会科学文献出版社 2007 年版,第 89 页。

当维护当事人利益与维护社会公平两个价值目标冲突时，律师应当将维护当事人利益作为积极义务，而将维护社会公平作为消极义务。因为，律师的职责就是以维护当事人利益的方式去追求公平正义。律师在维护当事人利益的基础上，与公权力抗衡，防止公权力滥用，进而达到维护社会公平的价值目标。所以，律师维护当事人利益的价值目标与实现社会公正的价值目标在本质上并不冲突。律师与法治共同为实现公平、正义而服务，但辩护律师本身并不代表法律的天平，而只是扶正这个天平的砝码。辩护律师维护公平、正义的作用，只能在其为当事人提供法律服务的具体过程中得以体现，其服务的宗旨就是在尊重法律、服从法律的前提下，运用法律手段最大限度地维护当事人的合法权益。

三、中国律师的社会使命

(一)律师与社会发展

律师与社会的发展是相辅相成的。在现代法治国家，社会事务的处理和社会成员的活动都必须服从法律的规制，这使得律师在社会生活中的作用变得越来越重要。同时，这也为律师的发展提供了良好的政治空间，使得律师能够在法治大背景下"茁壮成长"。

在西方国家，自中世纪以来，律师一直是备受人们尊敬的职业。以美国为例，很多管理者都是律师，从事法律职业的人构成了这个社会的贵族阶层。[1]"正是律师决定着我们的文明，大多数立法者都是律师。他们制定我们的法律，绝大多数总统、州长、政府官员以及他们的顾问和智囊团都是由律师担任的。他们执行着国家的法律。所有的法官都由律师担任，他们解释和实施国家

---

[1] 〔法〕托克维尔：《论美国的民主》，董果良译，商务印书馆1998年版，第23页。

的法律。……我们的政府是一个律师的政府,而不是一个人民的政府。"① 著名法学家弗里德曼曾预言:"当代发展中国家的律师必须成为制订发展计划的积极负责的参与者。律师工作日益重要的作用,既非诉讼,也非解决争议,而在于决定政策所及的范围及其制定。"② 虽然目前中国律师的社会地位不及西方国家,律师参政议政的作用还有限,但律师对社会的发展也起到了很大的推动作用。

改革开放以来,我国经济建设飞速发展,为律师制度改革打下良好的基础。我国初步建立了社会主义市场经济,国家的经济生活日益多样化和复杂化,这为律师行业的发展提供了广阔的市场,对中国法治建设提出了更高的要求,也显现出对中国律师角色进行新定位的需要日趋迫切。

鉴于近四十年律师制度变迁和律师领域的良性互动,对于律师职业来说,需要继续推进律师社会化改革,并以立法的形式确保律师社会化的成果;同时,以立法的形式加强对律师权利的保障,积极应对导致律师执业困境的各种因素。我国律师制度的改革发展只有在促进律师自由和保障律师执业权利实现的基础上,才能够积极回应社会多元利益保护的需要,也只有在满足这些需要的基础上,我国律师制度的发展才能够成为社会发展的助推器。

(二)当代中国辩护律师的社会使命

1. 尽职尽责——为当事人利益最大化服务

律师的基本职能在于维护当事人的合法权益,律师通过担任

---

① 〔美〕伯纳德·施瓦茨:《美国法律史》,王军等译,中国政法大学出版社1990年版,第235页。
② 〔美〕迪亚斯等:《第三世界的律师》,陈乐康等译,中国政法大学出版社1992年版,第7页。

法律顾问、代理人和辩护人为社会提供法律服务。因此，律师是有别于法官、检察官和法学家的法律实践者群体。其不同之处在于，律师是接受社会上不同的当事人委托为其提供法律帮助的法律实践者，是当事人利益和权利的捍卫者。为当事人服务，是律师的天职。律师追求正义的职责绝不是一个抽象的概念，而是通过依法维护当事人利益的特定方式去实现的。这是律师职业区别于其他法律职业的基本特征。所以，尽职尽责，为当事人利益最大化服务，始终是律师孜孜追求的目标，也是律师义不容辞的义务。

2. 法律援助与公益诉讼

法律援助和公益诉讼，应当作为律师的一项职业伦理，它源于律师在法律实践中对司法正义的自觉追求和社会责任。中国律师有必要运用自身专业的法律技能服务于公益法律事务，以此来实现律师职业最基本的社会责任。律师职业就其内在职业伦理而言，要实现法律面前人人平等的基本目标，就必须保证人人都有平等接近正义的机会。

目前，中国仍有不少人由于经济、社会和文化等方面的原因陷入困境，属于处于不利社会地位的人群，即所谓的弱势群体。法律援助就是要向这些缺乏能力或经济困难的当事人提供法律帮助，使他们能平等地站在法律面前，享受平等的法律保护。实践中，律师是提供法律援助的主要力量。

公益诉讼是指组织和个人都可以根据法律法规的授权，对违反法律、侵犯国家利益、社会公共利益的行为，向法院起诉，由法院追究违法者法律责任的活动。公益诉讼的目的是促进和保护公共利益，从理论上说，公益诉讼提起的主体包括一般民众、社会团体和检察机关。实践中，律师是提起公益诉讼较为常见的主体。律师提起公益诉讼，运用司法程序，可矫正在经济发展以及社会管理过程中出现的损害群众利益的某些偏失。

法律援助、公益诉讼都属于公益性活动,是律师商业性活动之外的重要活动,是律师参与法治社会建设的又一渠道和手段。

3. 积极参与立法与社会政治生活

在不少西方国家,律师始终是政治力量的后备资源,律师在社会政治结构中居重要位置,他们直接参与并实际影响西方国家民主政治制度的运作。正如西方学者托克维尔所说:"国家常常需要一大批能干的律师去充实政治机构中的上层政治职位,以便不论在朝在野都能提出自己的政治建议。"① 在中国,律师基于其法律专业技术优势、角色优势和职业优势,积极参与立法与政治生活同样具有重要的理论意义和实践价值。一方面,可以促使立法机关创新立法理念,开拓和利用多种立法资源,提高立法质量。另一方面,律师通过参与立法,可以提高自身的专业水平和社会影响力。

一般情况下,律师可以通过当选人大代表或政协委员提出和审议立法议案和提案,通过当选人大立法咨询委员、立法助理等方式参与立法。除此之外,律师还可以在执业过程中对立法活动和社会政治决策发挥作用。例如,可以通过接受立法部门的委托参与立法,或通过直接上书和大众传媒向立法部门提出立法建议,还可以通过参加立法论证会、听证会、座谈会等多种方式参与立法。

通过个案推动立法,更是律师参与立法和社会政治生活最普遍和最有效的方式。律师是参与社会生活最广泛、最深刻的职业群体,可以在代理案件的过程中发现问题并提出立法和修法建

---

① 〔法〕托克维尔:《论美国的民主》,董果良译,商务印书馆1988年版,第211页。

议。这是律师履行社会责任最可行也是最必要的方式。

政府法律顾问制度的建立和推行，为律师参与政治生活拓宽了途径。法律顾问可以提供以下法律服务：为政府重大决策、重大行政行为提供法律意见；参与法律法规规章草案和规范性文件送审稿的起草、论证；参与合作项目的洽谈；协助起草、修改重要的法律文书或者以党政机关为一方当事人的重大合同；为处置涉法涉诉案件、信访案件和重大突发事件等提供法律服务；参与处理行政复议、诉讼、仲裁等法律事务；等等。这些活动中，律师们可以大显身手，他们对不同利益有着敏锐观察力，他们对法律规范能够精准把握，他们能够熟练运用论辩技巧和说服艺术。更重要的是，律师来源于社会，在社会管理中有着相对独立的身份和地位，有时更能让民众接受和相信，在处置涉法涉诉案件、信访案件和重大突发事件，参与处理行政复议、诉讼、仲裁等法律事务中有着难以替代的优势。这些活动使得律师成为与政府事务相关的法治社会建设中的重要角色。①

(三)实现使命的基础与方式

1. 提升理论水平与专业技能

如今社会上案件普遍增多，当事人对法律服务精细化和专业化的要求越来越高，律师需要具备扎实的理论功底和过硬的专业技能，才能更好地为当事人服务，最大限度维护当事人的合法权益。扎实的法学理论功底和丰富的法律实践经验，是成为一名优秀律师不可或缺的两个基本条件。

为此，律师要加强业务学习和知识更新，不断提升自我理论水平。现代社会已进入人类文明高速发展的时代，法律更新的速

---

① 参见陈柏峰：《法治社会建设的主要力量及其整合》，载《法律和政治科学》2019年第1期。

度很快，几乎每天都会有新的法律、法规出台。这就要求律师能够在第一时间内了解和掌握新法新规。而且，律师办案只熟悉法条是远远不够的，还需要加强基本理论的学习。很多案件在没有头绪时，就需要回过头来看看部门法的原理和原则，深入了解法律的精髓。要把律师做好，首先要把法理学好，要把原理、原则学好。一位合格的法律人必须吃准、吃透理念、原理、原则并可以运用自如。很多冤假错案的出现，都是源于对这些问题的错误认识。做律师不能犯这种错误，而且还要善于帮助其他人纠正这种错误。

律师还要积极参加各种业务培训，不断提升自己的专业技能。我国律师制度恢复以来，对律师基本操作技能的培训非常欠缺，可以说基本处于空白状态。绝大部分律师都是在摸索中前进，近年来，律师业务相关培训平台及各种线上、线下培训活动逐渐增多，律师应抓住各种学习机会，积极参加各种业务培训活动，并在自己的办案实践中，不断总结经验，将自己的培训收获运用到实践中去，不断提升自己的专业能力。

随着刑事诉讼制度的发展，庭审走过场、以书面辩护意见为主要载体的传统辩护方式将被摒弃。根据以审判为中心的刑事诉讼制度改革的要求，庭审实质化将是未来刑事辩护的重要方向。随着未来证人、鉴定人、专家辅助人、侦查人员出庭率的提高，对刑事辩护律师在法庭调查过程中的发问技巧等具体技能也提出了越来越高的要求。

因此，刑事辩护的专业化在未来将成为不可逆转的趋势。而不断提升理论水平与专业技能，则是每一位刑辩律师迫切而长期的任务。

2. 及时更新理念

在我国的特定环境下，人治理念与法治理念的冲突与碰撞会持续较长的时间。在这个特定时期内，滞后的理念无疑是法治化进程的阻碍。所以，对于专业法律人士来说，理念的更新显得至关重要。

从宏观角度而言，人治与法治的本质区别何在？人治与法治各自的人性论基础是什么？从微观角度而言，律师的职责定位是什么？律师与正义的关系如何？律师与当事人的关系如何？这一系列问题，都是一位专业律师无法回避的。一位专业法律人士，如果对法治的本质缺乏正确而深刻的理解，对自己的执业理念都模糊不清，对自己的职责定位都搞不清楚，何谈尽职尽责？但是，在当前的中国社会，这些问题至今并没有被真正厘清而且仍然争议不断。

所以，与法治发达的国家相比，及时更新理念是中国律师一项更为特殊的任务。为此，律师不仅要不断加强理论学习，而且要随时关注法律更新的进程和价值观的变化，及时更新和调整自己的辩护理念。

3. 修炼人格素养

律师的人格素养，主要是指律师的职业道德和责任心。

律师的职业道德，是律师在为社会提供法律服务的过程中，应当遵循的职业道德意识、职业道德规范和职业道德情操的合称。道德意识是律师内心深处对职业道德的理解和信服，对道德规范自觉信守的意念。而作为为社会提供法律服务的特殊行业，律师职业道德规范有其自身的特征。一方面，它是由中华全国律师协会通过规范性文件的形式来体现的，其中许多规范直接来源于有关法律、法规和行政规定。另一方面，律师违反律师职业道德规范一般会受到一定的制裁。

律师在办案过程中，要严格遵守《律师职业道德和执业纪律规范》的要求。律师应当忠于宪法和法律，坚持"以事实为依据，以法律为准绳"的原则出庭辩护。敬业勤业、尽职尽责、仗义执言、据理力争，是律师应当坚守的情操；举止端庄、诚恳谦逊，是律师不可缺少的风度。

律师的人格素养需要在长期的执业实践中修炼而成，刑辩律师应顺应社会发展潮流，自觉提高人格修养，使自己成为适应时代发展所需要的德才兼备的优秀人才。

责任心包括律师的立场性和原则性。律师的首要责任是依法维护委托人的利益，这也是律师的行为准则。所以，律师必须始终坚持对委托人负责的立场和原则。在任何情况下，律师都不能损害委托人的利益，即使在与委托人产生意见分歧而又无法取得共识的情况下，也不能违背委托人的意愿而提出不利于委托人的辩护意见。现实中，有的律师在被告人坚持不承认有罪的情况下，却以律师可以独立行使辩护权为由而坚持为其作罪轻辩护，以至于在法庭上与被告人发生冲突。这种做法是对律师辩护权独立性内涵的误解。律师独立行使辩护权的含义应该是独立于法律之外的其他各种因素的影响和干预，而不是独立于委托人的意志之外，因为律师的权利来自于当事人的委托，而不是国家的授权。

如果委托人的要求超出了法律规定的范围怎么办？例如，如果在有罪证据确凿的情况下，委托人坚持要求律师作无罪辩护，甚至公然要求律师帮助其伪造证据或者诬陷他人，律师应当如何应对？在这种情况下，律师首先应当以法律人的专业能力去影响和说服对方，力求与对方达成共识。在最终无法取得共识的情况下，律师则应当遵守三个原则：

①可以与委托人解除委托关系，放弃辩护，但不可以违背其意愿提出对其不利的辩护意见。

②律师不能提出不利于被告人的证据，因为律师负有对委托人隐私的保密义务，这种义务也是免作证权。

③在任何情况下，律师都不得帮助委托人伪造证据，这是律

师职业道德的底线。

4. 以个案推动社会发展与进步

从广义上说，律师的责任不仅包括对委托人的责任，还包括对社会的责任，因为律师执业所面对的各种权利义务关系涉及社会政治生活和经济生活的各个方面。律师的执业活动不仅关系到委托人的权利和义务，也关系到相对人的权利和义务。同时，律师的执业活动又与社会的法治大环境紧密相关。与某些单纯的技术性工作不同，律师的每一项执业活动乃至律师的自身权利都与社会生活中的各种权利义务关系相关联。正是律师职业这种特殊的社会属性，决定了律师所承载的社会责任更重要、更广泛。所以，律师的职业责任与社会责任具有十分密切的内在联系。

办好一个案件，可以防止一个错误，维护一次公正。如果因此能推动立法的改进，可以防止一类错误，维护一片公正，帮助一批人免受不公正的追究。这正是"个案推动立法"的意义所在。因此，一位具有强烈社会责任感的律师，应将"以个案推动立法"视为自己的使命。这也是其他从事法律实务工作的群体即司法人员的共同使命。

近年来，随着社会矛盾的不断多样化，实际案例日益复杂，因个案引发的立法或修法的契机不断出现。2003年3月，在广州务工的湖北青年孙志刚被收容并被打死一案，引发"《城市流浪乞讨人员收容遣送办法》是否应该废除"的全民大讨论。著名宪政学者、全国人大秘书局副局长蔡定剑主持了"公民上书全国人大常委会要求对《城市流浪乞讨人员收容遣送办法》进行违宪审查的案例分析会"。在会上，多名律师积极参与讨论、各抒己见。最终在同年6月，该办法被废除。遗憾的是，在这之前，收容遣送制度已经实施多年，近似的案例一再出现，都没有引起足够的重视，直到付出孙志刚被收容并被打死这样惨重的代价。

在新的问题出现时，如何更积极、更主动、更及时地发挥"个案推动立法"的作用，如何对典型个案深入分析和总结，以此考察立法的合理性和可操作性，及时提出修法建议，并大声呼吁，促使立法者及时解决这些问题，是律师应尽的责任。律师在办理案件的过程中，把自己的体会加以研究、分析、总结和提升，同时提出立法、修法的建议，提出司法改革的建议，这样就有了更重要的意义。律师不仅办了案子，做好了自己的事业，而且又推动了法治的建设，推动了司法改革的进程。因此，刑事辩护律师应时刻牢记"个案推动立法"的使命，通过个案推动法律的修订与完善，促进社会的进步与发展。

回顾过去，展望未来，刑事辩护业务一直都是挑战和机遇并存，尽管未来的道路布满荆棘，刑事辩护仍然是"皇冠上那颗璀璨的明珠"。

中国刑事辩护制度的回顾与展望[*]

中国刑事辩护制度的历史过于短暂,发展过程又充满波折,这种现实使中国刑事辩护制度的发展举步维艰,困难重重。但是市场经济与法治建设向纵深发展的大环境和世界现代文明与民主制度的影响和冲击,成为中国刑事辩护制度在曲折中快速发展的基础和动力。所以,中国的刑事辩护制度将出现一个迅速发展的时期,距离这个时期的到来将不会太久。

一、中国刑事辩护制度的短暂历史

由于历史的原因,与西方多数国家相比,中国刑事辩护制度形成的时间较晚,人们对于辩护权的认识在历史层面上相对陌生。

在西方国家,自古希腊时期就出现了古代"辩护士"的雏形,罗马共和国时期出现了"控诉式诉讼",又称"辩论式诉讼"。《十二铜表法》曾确认了保护人制度,允许保护人帮助被告人进行辩护,对控告进行反驳,并且在法庭上可以询问证

---

[*] 本文根据田文昌律师在 2000 年中华全国律师协会刑事专业委员会年会上的发言整理。

人，以及向对方证人交叉提问。罗马帝国时期，则出现了专门从事法庭辩护和以诉讼代理为业的人员，形成了历史上最早的律师团体。

在中世纪的欧洲，多数国家废除了古典控诉式诉讼，改变为纠问式诉讼。司法专横和罪刑擅断主义盛行，使辩护制度的发展受到遏制，并且出现了作为封建统治附属品的协助审判官说服被告人认罪的僧侣律师。但是，随着神权的逐渐削弱和王权的日益强大，世俗律师逐渐代替了僧侣律师。例如，在13世纪以后的法国，出现了大批受过系统教育，经过宣誓并注册登记的世俗律师。欧洲中世纪后期的律师制度的形成，为近代律师协会制度的确立奠定了基础。

而在中国，虽然在奴隶社会后期也曾经出现过类似于律师的诉讼代理人和"讼师"，但由于中国大一统的封建社会形成较早，在日臻完备的封建制度和法政合一的司法体系下，法律上不承认被告人的辩护权，所以，无论是刑事辩护制度还是诉讼代理制度都受到长时期的抑制，无法得以发展。唐朝以后，开始涌现了一批专门为人代写诉状的"讼师"。但是，一方面由于司法体系没有对辩护人和代理人的权利和地位进行确认，这些人无法出庭发挥作用；另一方面，由于封建统治者担心这些人的活动会动摇统治秩序，对于"讼师"的活动严加提防和限制，所以"讼师"的活动长期以来只限于为人代写文书的范围，"讼师"不仅没有合法地位，而且其职业性质也与律师有本质上的差别，因为"讼师"不能出庭辩护和代理诉讼。可见，中国漫长而发达的封建社会并没有辩护制度的萌芽。

近代辩护制度和律师制度的确立，以资产阶级革命的胜利为标志，而后日臻完备。然而，由于中国的资产阶级革命晚于西方社会几百年，直至1949年中华人民共和国诞生，律师制度在中国仅仅实行了几十年。并且，由于国民党政权统治时期的中国社会政治腐败，加上久经战乱，根本不存在民主与法治的社会环境，所以律师制度不可能得到完善与发展。相反，当时有一批接受民主思想，坚持民主与法治的律师却因勇于仗义执言而遭到压制乃至迫害。因此，在延续了几千年的封建社会已经瓦解而新的政权尚未建立的几十年里，中国实行的是一种残缺的律师制度。在这种情况下，人们对于律师制度、辩护制度以及律师职业和律师群体的认识，同样是残缺的。

中华人民共和国成立初期，新政权全面学习并吸收了苏联的立法与司法模式，并且坚持实行律师制度（主要是辩护律师制度），同时培养了一批法律人才。但遗憾的是，在1957年"反右派斗争"之后，受到法律虚无主义的影响，在"法治"思想遭到全面否定的同时，刚刚实行得极不健全的律师制度便匆匆夭折。

相隔二十几年之后，在1979年国家提出加强"法制"的同时，律师制度也开始恢复。到目前为止，律师制度已经实行了整二十年。回顾历史不难看出，在中国几千年的文明史中，律师制度的雏形曾经闪现过，但是很快就被封建社会的统治扼杀了；现代律师制度也确曾出现过，但是又在极不健全的情况下短时间夭折了。所以，可以认为，直至1979年以前，一个健全、完善的律师制度在中国并未真正得以确立。而1979年以来我国并不是简单地恢复了过去极不成熟的律师制度，而是在迅速地创立出一种与现代法治社会相协调的日趋完善的律师制度。

中国律师制度产生和确立的时间表明，直到今天，律师制度几乎还是一个崭新的事物。由此可见，中国律师制度的历史十分短暂。而这种历史的短暂性，也带来了中国律师制度发展和健全过程中的一系列问题。

二、中国刑事辩护制度发展中的波折与困惑

(一)律师职责定位的困惑,形成了律师在刑事辩护中的尴尬局面

1979年恢复律师制度后,由于全社会的法律意识普遍淡薄,对于律师作用的认识尚处于茫然状态,加之中国重刑轻民的传统,人们认为律师的业务主要是刑事辩护。又由于当时国家本位的思想过于浓重,许多人还认为律师也同样是国家专政机器的重要组成部分,所以,彼时的中国将律师定位为国家法律工作者,认为律师进行刑事辩护的作用同样是配合侦查,配合司法机关打击犯罪活动。在这种定位之下,律师事务所由国家设立,律师事务所的人员及业务管理完全是由司法行政机关负责,律师的职能直接置于政府的统一管理之下。这种定位,决定了律师是在政府的指派下去接受当事人的委托,而并不可能对当事人负责,因而也不可能取得当事人的完全信任。

律师制度发展的历史表明,律师制度应公正司法的客观要求而产生,是对罪刑擅断主义的否定。律师的作用就是在取得当事人信任的前提下,为维护当事人的权益而进行辩护活动。律师的职能决定了其与公诉机关的对抗性,同时也决定了其身份的非官方性。虽然辩护制度的根本作用是通过维护司法公正而维护国家的统治秩序,但是作为司法活动中一种制约性因素,其直接作用则必然表现为与公诉机关的对抗性关系。

然而,正是由于当初人们对于这种对立统一关系缺乏清楚的认识,形成了在观念上对律师职能的错误定位,使律师在辩护活动中难以发挥作用,也难以取得当事人的信任。与此相联系,在一部分社会公众的认识中,律师被看成是替坏人说话的人,甚至连律师自身也往往不敢于面对自己的职责,经常谨小慎微地履行

辩护职责，生怕引起司法机关乃至社会公众的谴责，被指责为立场错误。同时，被告人及其亲属也并不完全信任律师，更不热衷于求助律师。在这种尴尬的处境中，刑事辩护走过场的现象比较普遍，控辩双方的对抗关系并未真正体现。在外国人的印象中，中国律师不过是政府意志的执行者，不可能真实地维护当事人的权益。

对律师的职责定位感到困惑的最典型例子，就是对于律师保密义务问题的争论。在恢复律师制度的初期，法律界曾发生一场关于律师对当事人是否负有保密义务的争论。有观点认为，如果律师发现被告人或犯罪嫌疑人曾犯有司法机关尚未知晓的罪行，有义务向司法机关举报，而没有义务为其保密。理由就是律师作为国家法律工作者，首先应当对国家和法律负责。这场争论持续了几年时间，终于以承认律师对当事人负有保密义务而告终，并将这一原则在《律师法》中加以确认。可以认为，这场争论的结果标志着中国律师职责的定位问题得到了基本解决，即律师不再被定位为国家法律工作者，而是为社会提供法律服务的执业人员。

（二）律师参与刑事诉讼的被动局面，限制了刑事辩护的功能

在《刑事诉讼法（1996）》实施以前，法院一直采用职权主义的纠问式审判方式，并且，律师只有在检察机关提起公诉以后才可以接受委托参与刑事案件，行使辩护职能。

在纠问式审判方式下，法庭在事前全面研究案情之后，按照既定的思维框架主动审案，成为审判活动的核心。而公诉人事实上则成为法官的协助者，以举证、讯问甚至是审问的方式在协助法官审案。辩护律师则只能处于被动地位，既无法与公诉方平等对抗，也没有主动权，只能根据在案卷材料中发现的某些疑点和问题进行质疑和发表辩护意见。更被动的是，法官是在了解公诉人指控犯罪的单方面证据材料之后开庭审理案件，并不是同时了解控辩双方的不同证据和同时听取双方的不同意见。在这种法官已经先入为主的情况下，律师的辩护意见更加难以受到重视。

造成刑事辩护被动局面的另一个原因，就是律师介入案件的时间过晚。按照《刑事诉讼法（1979）》的规定，律师在侦查和审查起诉阶段不能接受委托介入刑事案件，致使律师既无法及时了解案情，调查取证，又无法保障犯罪嫌疑人和被告人在这两个阶段中的合法权益，更无法监督和制约侦查机关和起诉机关侦查起诉活动的合法性。虽然律师在审判之前可以看到全部案卷材料，但这种事后的知情权只是一种被动的权利，并不能改变既成的事实。所以，律师的作用就如同"鸡蛋里挑骨头"，只能从侦查、起诉机关的错误和疏漏中发现问题。在这种局面下，刑事辩护功能的局限性是显而易见的。

综上可见，在律师制度恢复的初期，由于律师定位的错误和立法上形成刑事辩护的被动局面，刑事辩护的功能受到了比较大的限制，与此相联系，控辩双方实质并未形成真正的对抗关系，可以说仅仅是种表面形式的对抗关系。在这种关系的背后，自然隐含着相互配合的意思，而制约作用却表现得相当薄弱。

（三）刑事诉讼立法的重大突破及其后果

在《刑事诉讼法（1979）》实施的过程中，随着人们对律师制度与作用的理解和认识不断深化，随着对发达国家的诉讼理念和诉讼模式的学习和借鉴，人们对于律师职能定位的认识发生了较大的转变。相应地，律师事务所由官办转为民办，律师的管理由行政管理过渡为行业自律；律师由具有国家工作人员身份的国家法律工作者转变为无公职、无工资待遇的社会法律工作者。在律师脱下了国家公职人员的外衣、去掉了官方色彩之后，无论是在社会公众的眼里还是在律师群体自身，其职业性质的定位都发生了巨大的转变。在摆脱困惑并形成这种转变的过程中，人们已经开始寻求一种控辩双方真正的对抗关系。正是在这种寻求和尝试中，立法中的弊端越来越明显地暴露出来：原有的刑事诉讼规范和审判方式无法体现控辩双方真正的对抗关系，从而无法保障刑事辩护作用的有效发挥。

《刑事诉讼法（1996）》正是在这种形势之下产生的。

《刑事诉讼法（1996）》的发布，在我国刑事立法史上具有重大意义，因为它在诉讼原则和立法的价值取向上都实现了重大突破。其中，规定了律师自侦查阶段就可以介入刑事诉讼，确立了无罪推定原则，改革了庭审方式。在中国这样一个法治历史十分短暂、公民的法律意识十分淡薄的国家，在第一部法律实施十几年后就能够进行如此重大的突破性修订，其历史意义是不可忽视的。根据《刑事诉讼法（1996）》的规定，刑事辩护业务的内容和工作方式发生了明显变化。例如，律师可以在侦查阶段介入刑事案件，为犯罪嫌疑人提供法律帮助并代理提出控告与申诉，申请取保候审；律师可以在审查起诉阶段调查取证并与公诉机关交换意见；在控辩式的审判方式中，法庭质证与辩论交叉进行，控辩双方可以相互针对地交叉举证、质证等。从总体上看，这些规定大大提高了辩护律师的地位，强化了刑事辩护的作用，也加强了对被告人权益的保护，应当被视为中国辩护制度向正常化发展的一个重要转折点。

然而，由于中国法治建设和司法结构尚不成熟的特定现状，《刑事诉讼法（1996）》在修订中也留下了一些难以避免的缺憾。例如，《刑事诉讼法（1996）》规定了律师调查取证时证人的拒绝权，作出了律师向被害一方调查取证时苛刻的限制性规定；与《刑法》配套，规定了辩护人（诉讼代理人）毁灭证据、伪造证据妨害作证罪。在规定公诉机关不向法院移交全部案卷的同时，却没有规定证据展示制度等。在《刑事诉讼法（1996）》的实施过程中，这些问题的副作用已经十分明显，致使律师的刑事辩护活动出现了许多难以克服的困难;律师参与刑事案件的时间虽然大大提前了,律师在庭审中的地位也在形式上变得主动了,但是,由于调查取证权的限制,由于充分阅卷权的取消,由于担心受到妨害作证罪的指控等,律师仅享有抽象的权利,而事实上却被捆住了手脚,无法充分行使律师应有的辩护职能。

在律师面临困境的同时,侦查机关和公诉机关也面临挑战和不同程度的困惑。由于职能和角度不同,也由于对律师的性质和职能的认识仍存偏见,他们对于立法修改后急剧扩张的律师权利难以接受,并且心存疑虑。

在《刑事诉讼法(1996)》修订过程中,律师提前介入刑事案件成为最敏感的问题和矛盾的焦点。侦查机关长期以来形成的侦查方式和思维定式,使他们难以接受在侦查环节允许律师参与的现实,担心律师会妨碍侦查甚至会帮助犯罪嫌疑人增强反侦查能力。检察机关对于立法赋予律师的平等对抗地位也缺乏认同感,其认为国家公诉机关与自由职业者不应当平起平坐,甚至认为律师为获取经济利益可以无所不为。因而,侦查机关和检察机关对于律师的刑事辩护活动产生了一定的抵触情绪并处于高度戒备状态。

思维惯性、行为惯性,加上《刑事诉讼法(1996)》修订中的种种缺憾,使刑事立法和司法改革因在快速前进中面临困境而突然刹车。具体表现为,在《刑事诉讼法(1996)》实施的初期,律师与侦查机关和检察机关之间的对抗关系急剧升级,控辩双方已经发展成为一种冲突性的对抗关系。这种局面所带来的直接后果是,一部分律师放弃或疏于办理刑事案件而另辟蹊径,刑案律师出庭率大幅度下降。

《刑事诉讼法(1996)》修改和庭审方式改革带来的前述现象,反映了我国刑事立法与司法改革的决心和力度与法治建设不成熟之现状的矛盾。我国法治建设的历史至今只有二十年,而观念的转变却需要时间,对新事物的认同也需要实践的检验。在短暂的时间里，推动改革则必须付出代价。

令人欣慰的是，目前，改革的成果已经开始显现。

在《刑事诉讼法（1996）》实施三年以后的今天，新的审判方式已经逐渐被接受并显出优越性，控辩双方的对抗关系已经开始缓和，刑事辩护的作用得到社会各界的广泛关注。这个事实表明，刹车的列车已经在新的起点上重新启动，也进一步表明了加大力度实行立法与司法改革的必要性。

三、中国刑事辩护制度发展的趋势与前景

《刑事诉讼法（1996）》实施三年以来，刑事辩护制度发展受阻引起了多方面的关注和思考：一方面，立法机关和最高司法机关针对此焦点问题相继颁布系列解释和补充性规定，以弥补立法中的缺憾，缓解各方矛盾。另一方面，人们注意到，在法庭上没有律师或者律师不了解控方证据的情况下，抗辩审判方式难以推行；如果在审查起诉阶段与辩护律师交换意见，反而有利于提高诉讼质量；在侦查阶段，律师的介入并未引起妨碍侦查的严重后果，反而促进了侦查人员素质的提高和侦查方式的改进。于是，控辩双方冲突性对抗的坚冰开始融化，双方的芥蒂逐渐消除。

一年以前，北京市东城区人民检察院与中华全国律师协会合作，率先进行试点，对全国律师作出十项承诺，以保障和支持律师在侦查阶段和审查起诉阶段充分行使辩护权。这一尝试收到了较好的效果，其他一些省市也相继作出了类似的尝试。法学理论界对于辩护制度的发展一直予以格外的关注，提出了大量有价值的理论依据和建议；而在律师界本身，则从未停止过对出路的探索和对权利的抗争。中华全国律师协会以各种议案和建议的形式向立法机关反映情况，并以各种形式与公检法三机关沟通、协调；中华全国律师协会刑事专业委员会制定了《律师办理刑事案件规范》，该规

范成为我国第一部由律师自行制定的自律性操作规则。

值得重视的是，在立法改革引起了司法实践中的某些冲突之后，这些冲突又引起了人们对诉讼理念的更深层次的思考，其思考的深度与范围已经超出了立法改革当时的预想。例如，证人出庭作证问题、证人作证义务问题、被告人沉默权问题、违法取证的排除问题、庭前证据展示问题、司法鉴定的启动权问题、鉴定人出庭接受质证问题等。这些问题目前已经受到立法机关和司法机关的密切关注，提上了立法机关的议事日程，其中有些问题已成为新闻界广泛关注的热点。而这些问题的解决，标志着我国刑事辩护制度正在走出摆脱困境，向更高层次发展的开始。

2000年3月，最高人民检察院和中华全国律师协会就庭前证据出示问题展开了实质性探讨。中华全国律师协会提出了证据出示规则的初步方案，有望在短期内，与最高人民法院和最高人民检察院达成共识后予以推行。同年4月，全国人民代表大会法制委员会专门针对证据立法问题召开了高层座谈会，与会者对前述热点问题进行了深入讨论，并认为证据法的出台势在必行。

这一系列现象表明，刑事辩护制度所面临的困境已经开始缓解，同时，在缓解的过程中又提出了立法改革与司法改革的新课题。这种过程无疑会促进刑事诉讼程序的科学化与完善化。

如前所述，在法治建设中，同时也是辩护制度恢复后的二十年短暂历史中，我国的辩护制度尚处于很不成熟的阶段。在这个阶段中，控辩双方的关系由形式上的对抗至《刑事诉讼法（1996）》修改后发展成为冲突性的对抗。到目前为止，人们已经比较清醒地认识到，这两种不正常的关系都是刑事辩护制度乃至法治建设本身极不成熟的表现。在一个成熟的法治社会中，控辩双方的关系应当表现为一种理性化的对抗。目前，这种理性化对抗关系的基础已经开始形成，这个事实预示了我国刑事辩护制度向成熟期发展的必然趋势与前景。

中国刑事辩护制度的困境与出路[*]

刑事辩护制度在中华人民共和国确立仅有二十年的时间。从第一部《刑事诉讼法（1979）》到 1996 年其全面修订；从《律师暂行条例（1980）》到《律师法（1996）》的颁行，律师辩护逐渐展现出它在建立现代法治国家中不可低估的作用。然而，与其他现代法治国家不同的是，中国的辩护律师仍未能在每一个刑事法庭必然见到，刑事案件的律师辩护率不足 40%，律师辩护倒像是某些刑事法庭的陪衬。尤其自《刑事诉讼法（1996）》施行后，侦查、起诉机关与律师的冲突不断升级，很多律师更是对刑事辩护唯恐避之不及。是律师避害就利吗？或许有这方面的原因。但更深一步地观察便会发现，在因袭多年的计划经济和"左"的思潮影响下形成的种种传统观念和做法，才是律师不愿办理刑事辩护业务的根本原因，而这种情况，正危害着我国正在建设中的法治大厦的根基。

---

[*] 本文载《2000 年全国律师大会论文精选（上卷）》，作者：田文昌、颜九江。本文的写作，得到德国奥格斯堡大学约翰·赫尔曼教授的慷慨帮助；北京市京都律师事务所孟冰律师对本文提出若干修改意见，在此一并深表谢忱。文中有两处分别引用林语堂先生《My Country and My People》以及〔英〕保罗·肯尼迪著《大国的兴衰》中的观点，不再注出。

一、波折与困境

(一) 历史渊源

中国几千年的封建社会，建制之大一统与思想之大一统一样严密。法家和讼师曾闪烁过光辉，但被统治者严加提防和限制。占据统治地位的是"礼法合一""礼不下庶人，刑不上大夫"的儒家观念。17世纪起，西方世界举起"自由、平等、博爱"的大旗，并由此建立和完善了现代法治制度。它曾一度传入中国，但中国却与它擦肩而过。为什么中国的权利观念不发达？为什么民主和自由当时未能在中国完整地确立下来？为什么中国律师制度曾经在历史上闪现过雏形却被扼杀掉？凡此种种，须于法律之外寻索答案。

1. 中央集权与经济保守

我国明朝比当时欧洲任何一个王国城邦都富丽堂皇，组织严密。明朝人口约为1亿至1.5亿，欧洲只有约5000万至5500万人口；中国有卓越的文化，有大片肥沃的原野；有等级森严的统治政府，由受过良好教育的儒家官僚掌权，使中国成为凝聚力强、高度发达的封建社会，国外来宾称羡不已。然而，高度发达的中央集权要求举国上下信念一致、行动一致；官僚集团具有十足的保守思想，对变革倍感憎恶，他们关心的是如何保留和重振昔日的辉煌，而不是解放生产力。自给自足的小农经济，限制了人们对自由的渴望和追求。私人资本的积累、贱买贵卖以及暴发户商人对财富的炫耀，都为有学识的官僚所不齿，这种不齿与劳动群众对这一切的憎恶一样强烈。市民阶层始终没能得到发展。而在当时的欧洲，则没有凌驾一切的最高权威，各王国城邦你争我夺，剑拔弩张，不断寻求提高生产力之途；竞争激烈、崇尚创业和冒险精神的环境又推动了科技和商贸的发展。欧洲社会对变革的阻碍比较少，面对变革的需求却非常强烈。

五四运动以后，革命先贤前赴后继，中国法律制度开始显现雏形，但随之而来的军阀混战，国民党政权独裁以及从未停歇过的战争与社会动荡，使法律制度长期处于濒临崩溃的状态。

2. "忍"与"耐"的大家庭制度

中国式的大家庭，正是中国封建社会的缩影。父子、母女、媳婿，三代或四代共处一堂，没有个性和隐私可言。唯有修炼出超常的"忍"和"耐"，方能和谐共处。人们只为家庭的生存与繁衍而活，不知为自己而生。争讼是最耻谈的事。中国人爱面子胜过爱正义。

大家族式的家庭制度在现在中国的大城市中已经崩溃了，但在农村仍占据着广大范围，并影响着数量巨大的人口。

3. 道德化的法律思想

道德是法律的目的，法律是道德的工具。一切皆"出于礼而入于刑"。以道德和其他非法律观念浸润到法律体系中固然有益，但在儒家思想统治下的中国，已到了绝顶过分的程度。封建思想家以人事解释自然界，又以人事化的自然界作人间的模范。空间的高低，本是自然现象，却成为尊卑贵贱的蓝本，居上位者以天地的招牌稳固其地位，一般民众也渐被催眠了。中国历史上儒家最后的胜利，把法学送进了坟墓，使之变成"木乃伊"达两千年之久。19世纪末期，在西方的影响下，中国才把法律精神从儒家传统的强制外衣下解脱出来。

中华人民共和国成立之初，在苏联的影响下开始建立社会主义的法律制度。但1957年"反右"斗争以后，中国对于法律的攻讦，对于法律工作者的迫害，对于公检法三机关的彻底破坏，几乎完全建立在与世界现代文明相对抗的基础之上。改革开放之初，仍将西方现代法治思想视为毒素，以批判为目的，总体上予以排斥。代替法律虚无主义的，是同样有害的法律工具主义。

4. 息事宁人的诉讼观

世上没有两个人的思想是完全一样的。社会生活中的人与人之间，难免产生各种各样的利益冲突和利害冲突，因此，争讼是避免不了的正常现象，虽用不着奖励争讼，但将争讼视为不道德的勾当，则是一种危险的倾向。应该说，法学的昌盛，法治精神的发达，乃以争讼为基础。

且不提中国历史上怎样封杀争讼，就连十几年前我国进行第一次普法宣传时，也几乎没有人来咨询。即使有人来咨询，也偷偷摸摸，左顾右盼之后才跑到普法者面前，拉着普法者的衣角走到小胡同里说话。在当时百姓的眼里，咨询法律问题仍是见不得人的丑事。息事宁人，大事化小、小事化了，是民族的"劣根性"之一，是中国社会普遍的处事原则。

(二)关于律师定位的谬误

法律制度的设立与政治体制有着密不可分的关系。改革之初，一如当时的政治思想和制度，律师制度和司法体制的设计，具有浓厚的前苏联斯大林时代的特点。律师的编制隶属于国家机关，律师被界定为国家法律工作者，成为人民民主专政的国家机器的组成部分。律师刑事业务的职责是配合司法机关打击犯罪。

结果是，律师无法取得当事人的完全信任。陷于困境，亟待帮助的被告人合法拥有的各项公民的基本权利得不到保护。天平的一端是被告人，天平的另一端不仅有公安局、检察院、法院,还要再加上辩护律师。《刑事诉讼法》的修改,本意在加强律师的作用并加强对被告人权利的维护,现实中却造成了控辩双方冲突性对抗的不正常局面,使律师走向了天平的另一端,难以发挥作用。

(三)证明责任的严重倒错

我国刑事诉讼制度曾力倡:"既不搞无罪推定,也不搞有罪推定,只讲实事求是。"然而,一定的目的,必须通过有效的手段才能实现,正如过河必须有桥梁。对客观真实的追求,若不制定具体可行的标准,放弃"求"的方法和途径,否定科学实用的规则,结果只能是把判断实事求是的标准和权力留给握有决策权的少数人。过度理想化的理念一定具有主观随意性。在各种观念的影响下,我国出现了严重的有罪推定的倾向。警察抓了人后,被抓的人问:"为什么抓我?"答:"为什么我不抓别人,单抓你?你说为什么?你想想你有什么问题?"关押以后,查不出问题,定不了罪,又不敢放。理由是:"我不能证明他无罪,怎么能放他?他要是真有罪,我怎么担得起责任?"如果不能证明他无罪就放人,司法机关岂不成为替犯罪嫌疑人洗刷罪名的机关了?于是,洗不清犯罪嫌疑即不放人的现象十分严重。

因此,超期羁押的问题十分严重。人们戏称,审前羁押趣事多,一年左右不算长,两年、三年很正常,七年、八年也不稀罕。什么是程序公正?谁承担举证责任?什么是合法取证?什么是证据的效力?在绝大部分人乃至一些司法人员的认识中,这些概念时常是模糊的。

(四)受到各种干预的审判独立

我国《宪法》规定,法院独立行使审判权,不受任何行政机关和社会团体以及个人的干涉。人们在多大程度上遵守这项规定不得而知,但可以肯定的是,至今在司法审判乃至诉讼程序的各个过程中,干预随时都有可能发生。

而涉及地方经济利益时,地方保护主义的干预更加难以抵抗,不仅涉及经济案件,而且累及经济犯罪案件的侦查和起诉。对于此类案件的审判,法院几乎丧失了自主权,甚至动辄被斥为"吃里扒外"。法院、检察院隶属地方财政,人事和财政完全由地方政府把握,这种体制成为影响司法机关独立行使职权的客观障碍。

除了体制原因,观念滞后也成为影响司法系统独立性的重要原因。长期以来,"官本位"的思想过于浓重,人们对"清官"的期待远远高于对司法程序的信赖。人们在反对干预司法的同时,又通过各种渠道寻求干预。在这种怪圈的包围之下,司法活动何谈摆脱干预?

(五)判而不审的审委会

我国法院一直实行审判委员会制度。设立初衷是严把审案质量,防止法官主观擅断。然而,审委会委员不阅卷,不会见当事人,不参加庭审,却能决定案件的判决结果,判决的依据是承办人员的案情汇报。

实践证明,审委会的设置弊大于利。其一,承办人汇报案情时,必带有个人主观色彩,有与事实存在出入的可能性,有时甚至差距很大;其二,审委会组成人员是正、副院长和各庭庭长。对于刑事案件而言,他们大多不是富有经验的刑案专家,对法律规定和刑法理念的熟知和了解程度差别很大,难以保证多数人发表的是具有权威性或专业性的意见,其少数服从多数的决策原则,很难说是明智的选择;其三,审委会断案,难以推行错案追究制。只要案件的复杂程度超过了正常的范围,法官和合议庭就不敢轻易作出判决,而是将之送交审委会讨论决定。如此一来，本为法庭上受审的人提供救济的错案追究制，却成了法官推卸责任的理由；其四，讨论案件耗用了审委会成员的大量时间。开一次审委会，往往要讨论十几个案件并决定其结果。在法院各类案件工作量大，人员紧缺的情况下，院、庭两级领导本已不堪重负，再要求他们频频开会，讨论本身不了解或不擅长的案件，不仅不利于其深入地参加讨论，也可能会碍于法院内部复杂的人事关系，不愿、不敢发表自己的真实观点。

（六）以协调冲淡制约的公检法

我国法律规定，公检法三机关分工负责，互相配合，互相制约，以使打击犯罪的刑事诉讼道路更加畅通。实际上，制约是虚，配合是实，互相协调已成为普遍现象。每当遇到公检法三机关处理某案件在认识上出现分歧的情况时，往往要通过长时间的沟通和协调以求得一致。协调是计划经济的产物，协调的背后是交易，而交易则以轻视法律、轻视原则为前提，它维系了司法机关间的关系，却侵犯了当事人的合法权益。本来，公正只能在制约中实现，把制约变成协调，司法机关之间的关系发生了质的转变。

公检法互相协调配合，律师的处境则十分尴尬。三机关是"同壕战友"，律师被排斥在外，视同社会异己力量。让律师与协调一致的三机关抗衡，无疑是"鸡蛋碰石头"。

三大司法机关中，权力范围最大的是公安机关。因为我国始终呈现对犯罪的高压态势，公安机关在我国一直拥有缺少明确限制的广泛权力。在公安机关的侦查活动中，几乎没有检察院和法院的参与。检察机关虽拥有批捕权，但是人们忘了，作为国家起诉机关的检察院，不可能成为侦查行为的中立评判者。

检察院的设立，因袭前苏联总检察长维辛斯基时期的做法，列最高人民检察院和最高人民法院同为国家最高司法机关,并同样拥有对法律的解释权。这种设计对检察机关的要求实在太高了,致使检察机关的位置处于两难之中,本来,它只是国家的公诉机关,职责是打击犯罪,但把它悬得太高,却使其难以实现自己的职能。

检察机关在侦查、起诉活动中,权力过大,又不受其他机关的有效制约,滥用权力自难避免。检察机关对于公安机关、审判机关和律师中的职业犯罪行为均有权进行侦查、起诉,但对于其内部的职业犯罪行为却没有别的机关予以制裁,只由其自行处理,难免导致机关内部的放任和庇护。

关于独立法官是自由的保护者这样一条现代法治原则,至今仍未被我国正统思想所接受。令法官成为检察官和辩护律师之上超然、中立的裁判者,在我国还有较大障碍,法官的专业素养和待遇同样存在问题。权威、尊严、神圣感,是与专业素养和待遇成正比的。待遇的低下,社会地位的不牢固,市场经济的冲击,使司法腐败的现象得以蔓延。而监督机制的不完善,又使这种蔓延趋势难以被遏制。

(七)倍受挤压的刑事辩护律师

《刑事诉讼法(1996)》关于律师提前介入刑事案件的规定,从立法层面加强了刑事辩护的作用,在实施中却引发了辩护律师与侦、控两方的激烈冲突。首先,侦查机关对律师提前介入存在抵触心理。长期形成的侦查方式和思维方式,使侦查机关难以接受在侦查环节允许律师参与的现实,担心律师会妨碍侦查,怀疑律师会帮助犯罪嫌疑人增强反侦查能力,抵制其打击犯罪的进程。其次,公诉机关对立法赋予辩护律师的平等对抗权利缺乏认同感,认为国家公诉机关与自由职业者不应当平起平坐,律师为获取经济利益会无所不为。因此,对于刑事辩护活动,侦查、起诉机关存在很强烈的对抗情绪,并对律师高度戒备。侦查、起诉机关与辩护律师之间的对抗关系一度急剧升级。在这种剑拔弩张的冲突性对抗关系中，律师群体受到了强烈的排挤。与此同时，《刑事诉讼法（1996）》的修改又使当事人对律师寄予过高的期望，而律师在无能为力的情况下常常会遭到指责和怪罪，甚至成为被迁怒的对象。

在如此艰难的境地之中，律师对刑事案件望而生畏，近几年来律师出庭辩护的比例急剧下降，控辩式的审判方式名存实亡。

基于前述原因，多年来中国律师被排斥于主流社会之外，倍受挤压。而社会公众却对律师期望太高，希望中国律师都像施洋大律师一样仗义执言、伸张正义。这种强烈的反差使律师的地位十分尴尬，甚至连律师自己也不敢正视自己的职责，履行辩护职责时谨小慎微，生怕引起司法机关乃至社会公众的谴责，被指责立场错误。《刑法》第三百零六条规定的辩护人、诉讼代理人毁灭证据、伪造证据、妨害作证罪，就像悬在律师头上的"达摩克利斯之剑"，而《刑事诉讼法（1996）》规定的律师提前介入，则成了"铺满鲜花的陷阱"。

对律师的偏见和敌视，对律师作用的限制和削弱，表面上看伤害的是律师，实质上，因此受损害的是需要律师提供法律帮助的当事人，律师可以少进行或不进行刑事辩护，转向其他案件，可是，被告人的权益谁来维护？犯罪嫌疑人和被告人不能没有律师的帮助，法庭上不能没有律师的声音。辩护律师面临的困境，从根本上损害的是国家的法治建设，阻碍的是我们通向现代法治国家的进程。

二、出路与前景

中国刑事辩护制度面临困境是不可忽视的现实，中国刑事辩护制度的变革与发展却是不可逆转的趋势。这种趋势，正以市场经济的快速发展为基础,以法治建设的大环境为背景,以司法公正的呼唤和司法体制改革的推进为动力。

(一)进步观念的先声——立法的价值取向

与二十年前的计划经济不同,更与一百年前的封建制度不同的是,市场经济建设中的中国,正呈现出前所未有的繁荣和自由。中国人民终于明白其所追求的应是幸福、尊严、繁荣和自由,而不是阶级斗争。市场经济的发展,为完善辩护律师制度提供了最坚实的经济基础。在计划经济体制下,镇压、打击、协调是国家调整社会生活的主要手段;在市场经济条件下,保障、规范、制约是法律的主要功能。市场经济具有自由化程度高、规律性强、流动性大、机会多、风险高等特征,离开法律的规范和调整,就无法正常发展。市场经济就是法治经济。成熟的市场经济是人治的天敌,是法治的基础。

在这种环境下,我国立法的价值取向发生了重大变化,如《消费者权益保护法》《行政诉讼法》《国家赔偿法》《合同法》等相关法律的颁行,表明我国的立法的价值取向已开始向个人本位转变,侧重保护公民和法人的合法权益和自由。《刑法》和《刑事诉讼法》的重大修改更在保护被告人权利方面进步显著。立法所反映的由国家本位向个人本位的倾斜,具有重大意义。

尽管立法所代表的进步力量与落后的观念和做法之间,必有艰苦的斗争,但毫无疑问,在经济基础的推动和国际法治大环境的影响下,变革的趋势不可逆转。

(二)通向司法公正的桥梁——证据规则

客观真实是司法公正追求的终极目标,证据真实是实现司法公正的必然要求。如果不管程序是否合法、证据是否充分,无视规则只追求客观真实,那么最后的结果可能会适得其反。结果真实的判断标准，只能以明确、具体且法定的方式加以确定，这就是程序规则和证据规则。

令人欣慰的是，近几年来，程序问题已经引起了理论界和实务界的高度重视，程序优先原则、证人出庭原则、非法证据排除原则以及沉默权等一些直接涉及司法公正的重大问题正被热烈讨论。立法机关已将证据立法问题提上议事日程。

毋庸置疑，证据规则的确立将会为公正司法建立起程序保障，成为刑事辩护制度的坚实基础。

（三）推进辩护制度的前提——为律师正名

律师既不是"天使"，也不是"魔鬼"，而只是为社会公众提供法律服务的专业人员。无论是将律师视为正义的化身，还是将律师当成社会和国家的异己力量，都会引起人们对律师的偏见和歧视。在刑事辩护中，依据事实和法律，最大限度地维护被告人的合法权益，与控方相对抗，这是辩护律师的职责。这种职责正是国家设定的以对抗和制约的方式追求正义的法定手段。

律师并不代表正义，但律师可以实现正义，因为正义的实现要靠整个司法系统的有效运作。律师更不代表邪恶，但律师可以为"邪恶者"辩护，因为即使真正的"邪恶者"也享有诉讼权利，并且，只有经过辩护的邪恶，才能够被证明为真正的邪恶。

因此，律师是国家法治建设的必要组成部分，没有律师就没有司法公正，没有律师就没有法治。

遗憾的是，迄今为止，这样最基本的道理却没有得到中国社会各阶层的普遍认同，甚至连律师群体自身对其定位都不甚了解。可见，中国辩护制度的发展之所以举步维艰、障碍重重，虽有诸多原因，但最根本的原因在于对律师职能定位的失之偏颇。

因此，为律师正名，为律师的职能进行客观定位，是推进刑事辩护制度的前提，是使律师摆脱困境的关键所在。我们应当以此为目标,进行探讨、论证、宣传、呼吁,这样的意义将远远胜于仅在细枝末节处纠结不清。

(四)除去律师的枷锁——废止《刑法》第三百零六条规定之罪

将毁灭证据、伪造证据、妨害作证的刑事责任加到律师身上,令其"口将言而嗫嚅,足欲进而趑趄",从根本上遏制了辩护权的行使。律师不是当事人,不应对证据的真实性负责,若如此,法庭就失去了作用。任何法庭都有举证、质证和认证的程序,这是认定证据的真实性的过程。控辩双方因其职能不同而追求的目标和搜集证据的取向不同,因此,取证过程存在倾向性自在情理之中。如果要求双方承担伪证责任,就会削弱双方的职能,使其因为避免承担责任而放弃对证据的全力搜集和对目标的追求,从而使法庭失去分析和作出判断的基础。

更何况,在本处于平等对抗的控辩双方之中只追究辩方的单方责任,这种歧视性的规定,严重背离了诉讼活动的基本理念。

《刑法》第三百零六条之规定,充分反映了对律师职能定位的误读,成为刑事辩护制度的枷锁,实为人类立法史所罕见。在现代国际立法例中,律师在执业活动中享有多种豁免权,而中国律师却因《刑法》第三百零六条之规定而付出了高昂的代价。

《刑法》第三百零六条之规定,如同高速前进的法治列车急转弯时的紧急制动装置,是《刑事诉讼法(1996)》超前性的副产物,反映了观念的滞后性。时至今日,其弊端和不合理性已经形成普遍的共识。可以断言,距其废止之时日已经不会太久。

(五)行使律师辩护权的基础——变革司法体制

刑事辩护活动是司法活动的重要环节之一,辩护活动只能依赖于侦查、起诉和审判活动而存在。与其说没有律师就没有辩护，不如说没有辩护的环境就没有辩护。因此，辩护活动来源于司法环境，而不是律师自身。

在当前的司法环境中，律师辩护的空间极为狭窄，主要是目前的司法体制所致。诸如地方保护问题，公检法三机关职能与关系问题，监督机制问题，人员素质问题等。正是这些问题在客观上形成了辩护权难以冲破的外部屏障，辩护的作用才难以发挥。

然而，变革司法体制，虽然已被提上日程并在进行之中，但由于课题太深，难以一蹴而就。这种局面是影响辩护制度发展的主要原因，也正是我们为之而共同努力的主要方向。

刑事辩护制度的春天，将伴随司法体制的改革而到来。

任何事物的发展都不能超越其必经的历史阶段，刑事辩护制度的发展也不能例外。在中国社会特定的历史条件下，刑事辩护制度的发展遇到更多的波折，存在着必然性。但是，历史的经验证明，任何一种冲撞都会产生更强烈的推动力。西方社会的法治建设是在渐进中完成的，中国社会的法治建设却在加速中发展。突变中的阵痛更加剧烈，要付出的代价更加高昂，而高昂的代价却可以使人猛醒，可以加速观念的转变。因此，挫折之后，便是飞跃。

刑辩律师在大案要案中的作用[*]

——田文昌律师在全国刑事辩护工作经验交流会上的发言

目前,律师在办理刑事案件过程中仍然存在一些困惑,其中大部分是老问题,也有一部分新问题。我想通过对这些困惑的分析,探讨一下律师自身和律师管理部门应当如何解决这些问题,同时又应该注意哪些问题。

一、律师在会见和调查取证中要严格依法执业,谨防风险

目前律师在办理刑事案件当中,会见难的问题仍然十分突出,在重大案件中,这个问题就更加突出。例如,会见受阻的情况仍然比较多,有的是拖延会见时间,有的是限制会见时间、次数,有的是限制谈话内容,还有的干脆不允许会见。在《刑事诉讼法(1996)》实施几年后的今天,这些问题仍然没有解决,这是一个严峻的现实。面对这种情况,律师界目前基本无能为力,通常的做法也只是据理力争,向律师协会,向司法行政机关,包括向公检法反映情况,但是效果十分有限。

---

[*] 本文载于《中国律师》2002年第1期。

目前在会见当中违法监控现象比较常见，甚至有的会见室的墙上明确贴有"你的一切言行都在被摄录中，请依法会见"字样。在暗中被摄录的情况也不少见。针对这种情况，对于律师来讲，一方面应该据理力争，另一方面就是要更加慎重。这种情况，我在一些相关会议上也谈过，公安部、最高人民检察院也比较重视，但是实际上很多地方并没有解决。看来这些问题的解决需要一个过程，但是，在解决之前我们又不能停止办案。这就要求我们的律师在会见中更加谨慎，要严格把握分寸，会见的方式和内容更不能违反法律规定。谈到这里，我想提出一个问题：如何正确处理律师和被告以及被告家属的关系？如何把握处理这种关系的分寸？这是我们应当重视的问题。实践中，律师接受委托之后的心态不尽相同，有两种比较极端的情况值得注意：有些律师是麻木不仁、不负责任的，这种态度显然是错误的；而另一些律师感情色彩太浓厚，这种心态也同样容易出问题。比如，当律师遇到一个冤情比较明显的案件，有时候就会特别投入，在这种情况下，有的人就会出于善意而忘记把握分寸，就可能在家属或被告的再三请求下做出一些出格的行为。这种心态是可以理解的，但这种以同情代替法律的做法是不可取的，在任何情况下都不能忘记自己的律师身份和执业规范。

有一个典型的例子：一位律师在办理一个死刑二审案时，家属问他有没有办法保住命，他说根据案情没有办法，除非被告有立功表现。恰好被告的哥哥掌握一个揭发线索，就写了一张字条，请求律师将字条传给被告，一开始他也不同意，后来经不住请求就同意了。后来被告利用这个线索写出了揭发材料，并且经查证属实，二审法院因此而改判为死刑缓期执行。事情发生后，检察机关查出了真相，就把这位律师抓了起来，以包庇罪提起公诉。后来这个案子经过三次开庭，检察院还抗诉一次，最后获得无罪判决。当然，这个案子获得无罪判决的理由很充分，因为包庇罪是指"做假证明包庇",而传纸条的行为并不是做假证明。但这种做法本身毕竟是有问题的,如果当时辩护的力度差一点,就很可能被定罪。值得一提的是,在这个案子中律师恰恰"栽在"被告哥哥的手里,因为被告哥哥跟他通电话求他办这件事的时候,居然还录了音。我历来主张律师应当尽职尽责、全力投入地办案子,这是没有问题的。但毕竟律师和当事人是委托人和被委托人的关系,这种关系的界限一定要把握清楚,否则就容易出问题。这种现象也是我们律师队伍不成熟的一种表现。

在会见中还有一个问题比较严重,就是最近这几年,在审判阶段乃至二审阶段,会见时仍然有侦查人员或看守人员在场。这种情况应当说是比较严重也比较典型的,《刑事诉讼法(1996)》实施以前也没有发生过这样的事。重要的是,这些问题律师自身是无法解决的,根本上的解决要依靠立法。在此之前,则只能依靠司法行政机关和律师协会去沟通协调,依靠上级公安机关和检察机关的约束。目前,在这些方面,律师协会的作用还比较弱,这是历史的原因所致。但我同时也相信,这种作用会尽快得到加强。律师散兵作战的状况如不能迅速予以改变,不仅不利于加强律师的管理,同时也难以从根本上提高律师的地位。

律师在办理重大案件中,调查取证的难度很大,可谓举步维艰,尤其是风险太大。关于律师调查取证时面临的障碍我不必多讲,这与人们的观念有关,也与《刑事诉讼法》规定的被调查人对律师有拒绝权有关。中华全国律师协会在制定《律师办理刑事案件规范》的时候,对调查中的风险防范问题考虑得比较慎重。按照法律规定,对律师调查没有限制,没有规定必须两个人调查取证,因为律师行为不是政府授权的行为。但从保护律师的角度出发,在规范中要求最好由两人进行。我想,在办理重大案件的时候,应该坚持由两个人共同办理,否则一旦出现问题就说不清楚,有时甚至两个人都难以说清楚。另外,调查取证的程序也应当严格按照办案规范进行。《律师办理刑事案件规范》是中华人民共和国成立以来律师协会内部自行制定的第一部自律性规范,这个规范既是对律师的约束,又是对律师的保护。检察机关、公安机关很重视这个规范,他们在一些法规汇编当中,把我们的规范也编进去,有时他们在投诉律师的时候,也引用这个规范,足以说明这个规范的重要性。

二、刑事辩护应坚持以证据真实为标准的原则

按照新的审判方式,现在办理刑事案件,事先形成完整的辩护意见是很不现实的,但是基本的辩护观点或者可能形成的几种思路,律师应当事先有所准备。那么,如何形成辩护观点?刑事辩护应当坚持什么样的原则?

我认为,最重要的就是应当坚持以证据真实为标准的原则。谈到以证据真实为标准,就必然涉及近几年来我们实务界和理论界所热烈讨论的关于证据真实与客观真实的关系问题。证据真实又叫法律真实,这个问题这几年争论得很热烈。由于我们过去对证据问题重视程度不够,研究得也很薄弱,在此情况下,我们经常强调的,是一个在理论上非常正确,但是在法律适用上却比较空泛的原则,就是实事求是的原则。必须指出,实事求是的原则无疑是正确的,但是,实现这个原则的手段和途径必须是明确而可行的。过去,我们往往用实事求是的原则来概括一切,却忽略了实现这个原则的手段和途径,所导致的结果就是轻视法律真实的作用,就是由于不切实际地过于强调客观真实而使这种真实性失去了证据基础,从而导致了对客观真实认定的主观随意性。实事求是所追求的是最终的结果,但是在现实生活中,在科学技术水平的限制下,有些案件的证据不可能收集得非常完整和精确,因此,有时候证据真实与客观真实就会发生冲突。比如,借

了钱没有欠条,怎么办?书面合同遗失,怎么办?一个杀人的刑事案件没有证据,怎么办?有时候,根据种种迹象分析,我们可以在内心确信有此事实存在,但是又苦于没有证据,那么,在法律上究竟应当如何加以认定?

有一种观点认为,我们追求的是最终的真实结果,所以,当我们对证据产生怀疑的时候,就不能仅仅以证据为依据,而应当将证据真实与客观真实结合起来,实事求是地得出客观真实的结论。另一种观点则认为,实事求是的观点没有错,追求最终的结果真实更是正确的,但是,当证据真实(或法律的真实)与这种结果相冲突的时候,当这种法律真实不能印证所推断的这种客观真实的结果的时候,就只能以法定的证据标准为依据。也就是说,当证据真实与客观真实相冲突的时候,二者不能兼顾,强调兼顾的观点更有可能导致主观随意性,而这就是一个法治国家最明显的标志,也是我们依法治国的原则之一。那么,我们律师所应坚持的是什么呢?我认为,律师所应当坚持的是法律真实或者是证据真实的标准。

去年来访的为辛普森辩护的美国律师德肖维茨谈到过这个问题,他的谈话很有意义。他说在美国,律师跟被告人谈话时,不会一味地追问被告人讲实话,而主要是了解证据。虽然律师有保密义务,但也没有必要必须探出实底。因为一则被告并不一定讲实话,二则即使被告承认犯罪,没有其他证据佐证也不能定罪,更何况有的被告即使承认有罪也不一定真正有罪。所以,律师的目的主要是了解和获取证据,用证据来说话。如确有证据证明有罪,就不宜作无罪辩护;否则,应当作无罪辩护。我想,这个原则没有错误。因为法律上认定犯罪的依据,只能是证据。我认为,不仅律师应当这样做,法官和检察官也应当这样做,而且我们律师界还应当对法律真实与客观真实的关系问题有更充分、更深刻的认识,应当展开进一步的讨论,这样才有利于实现依靠证据定罪的法治原则,才能推动依法治国和司法公正。

三、办理疑难案件应当集思广益以确保办案质量

办理重大疑难案件最好采取集体讨论的方式,集思广益。现在有些律师事务所是这样做的,但据我了解这种方式还不太普遍,多数律师事务所还做不到这一点。可以说,我们的律师目前基本上还处于一盘散沙的状态,各自为战,律师忙于应付自己的案件,很少有事务所能够坚持集体讨论的制度。如果律师办理重大案件时能够在出庭前集体讨论,开庭时有本所律师旁听,开庭后总结讲评,那么我认为是一种非常有益的方式。这样既可以充分发挥集体作用,减少失误,又有利于提高律师的整体水平。现在的案件太复杂,特别是《刑法》实施以后,增加了很多新的罪名。坦率地讲,《刑法》规定的若干新罪名,特别是有些经济犯罪、金融证券犯罪的罪名,到目前为止,立法者自身都没有搞清楚,学者也没有搞清楚,以至于在专家论证时也常有分歧。原因很简单,我们的法学专家并不是金融专家,也不是票据专家,并且,我们的证券市场、金融市场本身又处在初级阶段,市场的发育很不成熟。但是为了维护市场秩序,及时立法却是必要的,这是一种现实的、不可回避的矛盾。这种矛盾的存在,必然会使司法工作产生一些难题。有时候我们会埋怨司法人员水平低,这种现象确实有,但反过来想,一些连专家都在探讨的问题,怎么好过分地去要求法官、检察官和律师都能够准确把握呢?这是一种过渡状态,是一个客观存在的问题,但不管原因如何,既然问题已摆在这里了,我们就应当面对。作为律师来讲,面临这些复杂的问题,如果我们能够集思广益、充分讨论,甚至包括请教专家,把它搞清楚,对自己本身也是提高。我认为,律师办案失误确实责任重大,而且我了解到有的律师的失误确实相当严重。比

如对明显无罪的案子作有罪辩护,明显是防卫的案子却看不出防卫的性质,类似的事例并不少见。有时候会出现的一种可悲的情况是:侦查机关稀里糊涂地侦查,检察机关稀里糊涂地起诉,律师稀里糊涂地辩护,法院稀里糊涂地定罪,最后被告也稀里糊涂地认罪伏法。既然这四个方面都认为有罪了,被告还有什么可说的呢?虽然这只是个别情况,但出现这种结果的时候,不能说律师没有责任,司法机关办案要经得起检验,律师也不例外。尽管法律没有规定律师也有追究错案的义务,刑案中也没有经济赔偿的责任,但律师却不能没有责任感,不能原谅自身的失误。所以,我们律师在办理重大疑难案件的时候,一定要争取集思广益,要对办案质量负责。

四、对敏感性重大案件应尽量避免搞人情关系

据我了解,我们律师行业里有一部分人专门是"关系律师",专门搞关系,这些律师也不用学习太多业务知识,只要把法官、检察官请出来商量,"你们说怎么办吧,帮我解决就行",这种情况确实存在。形成这种风气的原因何在?我一直认为,既有客观原因,又有主观原因。有一种观点认为是律师腐蚀了法官、检察官,律师是"祸水"。我认为这种说法有问题,道理很简单,律师谁也不会傻到愿意把自己的钱主动去送给别人。从大的方面来说,还是司法环境的原因,具体一些讲,主要责任也不在律师,因为律师既不代表权力,也不掌握权力。确实有一种环境迫使你这样做,有些本应该正常办的事,你不去同人家拉关系也不行,这是我们面临的一个现实。但反过来,也不能说我们律师没有问题,至少律师不应当主动地去迎合这种风气,更不能将此作为办案的主要手段。我也听过一些法官说,一些法官和律师关系非常密切,经常一起吃、喝,同时又瞧不起这些律师,认为这些

律师只会拉关系，不会办正事。这种评价很能说明问题。所以，律师一定要注意纠正自身所处环境的风气。在重大敏感性案件中，这种作风更要尽量避免，一旦处理不好，可能会既害人，又害己，后果更加严重。律师办案，首先要依靠证据、依据法律，这是原则，是前提，万万不能本末倒置。

五、推动证据立法，力求从根本上解决刑讯逼供、证人出庭、证据展示等诸项难题

长期以来，刑讯逼供、证人出庭、证据展示等问题一直是困扰刑事辩护活动和妨碍司法公正的严重障碍。在重大案件中，这些问题相对更加突出，以至于直接影响到判决的公正性。遇到这种情况怎么办？律师应当尽职尽责地行使权利，向法庭及公诉机关反映和争取，这是一个重大原则问题，不能迁就，不能视而不见，听而不闻。但是，这种问题确实很难解决，尤其是涉及刑讯逼供问题，既难以找到证据，又会得罪侦查机关。多年来的司法实践表明，刑讯逼供、证人出庭、证据展示等一系列相关问题，已经明显地影响到司法公正和刑事辩护的作用，这些问题仅凭律师的努力是无法解决的。只有依靠立法上的明确规定才能得到解决。为此我们应当对这些问题进行深入研讨，积累案例，为推动证据法尽快出台创造条件。

目前，各方对证据立法都很关注，研讨热烈，立法机关、律师界、学术界、司法界都希望通过立法解决这些问题。从多次讨论的情况来看，有以下几个问题值得我们特别关注。

1. 沉默权问题

可以说，沉默权制度是防止刑讯逼供的一个重要途径。如果被告享有沉默权，口供就不是很重要，自然会减少刑讯逼供的驱

动力,这会从根本上削弱口供是证据之王的观念。事实上,沉默权制度与坦白从宽的政策并不矛盾,因为保持沉默是一种权利而并非义务,所不同的只是抗拒并不从严。

2. 明确控方对刑讯逼供的举证责任问题

这是防止刑讯逼供的另一个途径。在国外,关于刑讯逼供的举证责任都在控方,只要被告和律师提出了问题,控方就要证明没有刑讯逼供。为什么?因为你要被告举证是不可能的,他处在特殊的环境中,无法举证。在法庭上,我们经常遇到这个问题,当被告提出存在刑讯逼供问题时,控方就要被告举证,多数情况下,法庭也无可奈何。所以,应当在立法中把刑讯逼供的举证责任明确规定给控方。

3. 侦查机关讯问被告时应有律师在场的问题

在国外,警察讯问时必须有律师在场,而律师会见时警察却不在场,即使需要警察在场,也只能看见而不能听见谈话。目前,在我国,情况却恰恰相反。研讨中对这个问题的呼声也比较强烈,如能得以解决,对于防止刑讯逼供无疑具有重要作用。

4. 证人出庭问题

这个问题非常重要。多年来,我们常常依据不出庭证人的证言定罪,这种做法很不科学,因为背靠背的证言不能接受质证,可靠性与准确性难以保证。"文革"期间凭一些外调材料整人,出现了一大批冤案,这种教训很能说明问题。国外的法庭基本上拒绝证人证言,将证人证言统统视为传闻证据,要求证人必须出庭。因为如果证人不出庭,证人证言的取证过程、具体背景很难说清楚,而证人一旦出庭作证,在质证中就会暴露出问题。如果能解决证人出庭的问题,可能会防止很多错案的发生。

5. 庭前证据展示问题

关于证据展示问题已经讨论过多次，最高人民检察院、司法部和中华全国律师协会都起草过初步方案。争议的焦点主要有两个：一个是关于展示的地点和方式；另一个是控辩双方应否对等展示。检察机关坚持对等展示，我们则坚持不能搞对等展示。理由有两点：一是在诉讼原理上，不应当对等展示，因为在刑事诉讼当中，举证责任在控方，不在辩方。世界上没有一个国家是对等展示，都是控方向辩方作无保留的展示，而辩方向控方只作有限的展示，例如被告不在现场的证据，防卫、避险的证据，不足法定责任年龄的证据等，除法律列明的几项证据辩方要向控方展示外，其他可以不予展示。这是国际通行的原则。二是如果搞对等展示，律师会面临一些新的陷阱。辩方的证人证言和一些相关证据向控方出示以后，控方客观上有条件控制证人，也可能迫使证人改变证言，并可能以此而无端追究律师妨害作证罪的责任。我们应当推动这个制度尽快实施，但是原则问题必须坚持。

六、摆正控辩双方关系，提倡高水平的办案风格

在重大案件中，各种矛盾比较集中，敏感因素较多，律师办案既要有原则性，又要有诚恳、克制的态度和自我保护的意识。律师不能放弃原则，但要尽量避免发生不必要的冲突。

在控辩双方分歧较大的案件中，法庭辩论中很容易发生冲突，这不仅会影响审判效果，而且有时候对律师也很不利。所以，在这种案件中，更应当提倡采取一种平和、主动、充分的辩论风格，以理服人，防止情绪化的冲动。

随着辩护制度的不断成熟，法治建设的不断发展，目前，我认为控辩双方的关系应当走向正常化，即控辩双方应当对抗，但

这种对抗应当是理性的。所以，在辩护制度日益成熟的今天，我们应当努力寻求并推动控辩双方的对抗关系走向理性化。可以说，这就是控辩双方关系发展的第三个阶段——理性化对抗的阶段，也是走向正常化的阶段。

与这种对抗关系相适应，我们的法庭审理活动就应当上升一个层次，我们的法庭辩论应当在一种平和、主动、充分的气氛中进行。所谓平和、主动、充分，是指控辩双方在辩论中态度平缓，没有相互诋毁，没有剑拔弩张的架势；辩论时可以在宽松的气氛中主动对话；发表观点时可以充分表达、不受干扰。事实上，只有在这种辩论的方式和气氛中才能更充分地发挥控辩双方的作用，才能为法庭作出公正判决提供客观、真实的依据。可以说，近几年来，实现这种目标的基础已经开始出现，成功的尝试也不乏其例。其中，我经历过的在南京、北京、大连三个案子的开庭情况就非常典型。这三个案子都是涉及重罪与无罪的界限问题，有的一审已经判了无期徒刑，而辩方都是作无罪辩护。法庭辩论虽然激烈却没有冲突，法庭气氛理性而平和，以至于休庭后控辩审三方能够主动走到一起相互致意并继续诚恳地讨论案情。这样的法庭气氛对公正审理有重要意义，至少可以为法庭的兼听则明奠定一种基础。当然，这种气氛的实现需要三方配合，但我们律师有很大的主动权，应当努力争取创造这样的环境和气氛。

七、在执业中积极寻求律师主管部门的指导与支持，扭转孤军作战的局面

遇到困难的时候，及时主动地与律师主管部门取得联系，求得指导和支持，这一点很重要。前面说到，目前律师孤军作战的现象很普遍，这种现象应当尽快加以改变。我个人体会到，北京

律师协会和北京市司法局这些年来对这个问题比较重视，律师也尝到了甜头。这种相互配合有一个过程，越重视越愿意请示，越请示越重视，形成了良性循环，这样既防止了一些可能发生的问题，客观上也解决了一些问题。我认为，这种沟通、配合与支持不仅有利于律师的执业活动，而且可以进一步地体现司法行政机关和律师协会的作用。客观地讲，到目前为止，我国律师协会的作用远远没有受到应有的重视，有人说律师协会跟信鸽协会差不多，跟足球协会没法比。当然，扭转这种偏见需要有个过程，也需要一定的环境，但更重要的是需要我们自身的努力。如果我们律师的合力再大一些，律师协会做的工作再多一些，就更能体现出自身的作用，就会使社会公众有客观的认识。目前，北京律师协会有了一个很重大的突破：在北京市政法委开会时，律师协会的负责人可以参加。能够做到这一点很不容易，所以，许多事情要争取，要靠自身的努力。只有在律师协会的地位受到足够的重视，作用得到更充分的发挥，律师孤军作战、一盘散沙的局面得到彻底扭转的情况下，律师群体的整体地位才会真正得到提高，律师的作用才会受到全社会的重视。

八、刑辩律师亟须加强基础业务培训，迎接挑战

目前，我国律师的素质和水平差别较大，有的律师水平很差，甚至在办理人命关天的大案中连基本理由都说不清楚。这样的律师单兵作战，确实很成问题。所以，希望律师主管部门和律师协会对律师办理的重大案件能够予以特别关注，同时，能够加强对律师业务的培训。

应当承认，与法官和检察官相比较，在业务培训和素质培训方面，律师界存在较大的弱势，这种弱势主要反映在以下三个方面：一是财力与条件的限制，我们缺乏足够的经费和高效的组织

形式对律师进行集中培训；二是律师工作性质的限制，律师依靠执业活动而生存，在时间安排上常常身不由己；三是律师培训的内容缺乏针对性和系统性。在三个方面的问题中，前两个问题要从机制上加以探讨，比如如何调动和运用培训经费，如何规划培训制度和安排时间等。第三个问题比较容易解决，主要应考虑安排合理的培训内容。目前，我们开展的各种律师培训，"锦上添花"的内容较多，"雪中送炭"的内容较少。例如，律师从接到案子以后，怎么办手续，怎么会见犯罪嫌疑人和被告，怎么样调查，怎么样出庭，等等，在这些最基本的操作规程方面是缺乏训练的。我做了这么多年律师，没有人教过我怎样办案，都是自己摸索出来的，其他律师也是如此。所以，很多律师连基本的规则都不知道，实际上是在各行其是，在摸索中前进。有时候我在外地办案，发现有些律师办案的路子很有问题，这种状况必须引起重视。所以，我认为律师的培训首先要从基础做起。律师的业务领域很宽泛，每个领域都有各自的特点和要求。因此，应当根据不同业务领域的特点加强关于基本操作程序的培训。

九、关于律师职责定位和刑事辩护价值取向的深层思考

关于律师的职责定位和刑事辩护的价值取向，看起来是最基本的问题，但同时又是很深的课题。这是因为，由于我国律师制度恢复的时间太短，对于这个问题的研究还不够深入，人们对这个问题还缺乏正确的认识，甚至在观念上存在很大的分歧。可以说，到目前为止，无论是社会公众，还是司法机关，乃至律师自身，都存在这种问题。而这个问题又直接涉及律师辩护工作的角度、力度和社会评价。

我认为，辩护律师最基本的职责，是通过维护被告人的合法权益来实现司法公正，这种职责是以在诉讼过程中与公诉人相对

抗的方式来实现的，即以制约而求公正。可以说，对抗是一种手段，而实现司法公正是最终目的。辩护活动不仅可以实现司法公正，而且可以体现司法公正，因为司法公正如果不能得到公开的体现，就属于一种看不见的公正，就无法得到社会的认同，因而难以显示出公正的意义。体现司法公正的方式主要反映在司法程序的公正性和公开性上，在有律师参与的诉讼活动中，律师辩护不仅可以充分维护被告人的权益，减少错判的可能性，而且可以向世人证明这种判决确实是公正的。例如，一个罪大恶极的被告，在经过律师的有力辩护之后仍被证明为罪大恶极，人们就丝毫不会怀疑这个判决的公正性，因为这种公正性已经通过辩护活动得到了充分体现。所以，律师在辩护活动中不能简单地以胜败论英雄，而是要看其是否充分尽到了辩护的职责和体现了辩护的作用。如果律师可以每辩必胜，那么，世上也就没有真正的罪犯了，检察机关也就应当撤销了。反过来也是一样，如果公诉人可以每诉必胜，那么辩护制度也就没有存在的必要性。所以，由于抗辩双方的职能定位和角度不同，所追求的具体目标以及思维方式也必有差别，这正是控辩双方对抗关系存在的必要性。现实中经常会听到两种不同的说法：一些检察官对宣告无罪的案件感到遗憾，认为"诉了半天，白诉了，真是前功尽弃"；一些律师对于宣告有罪的案件则感到失望，认为"辩了半天，白辩了，真是白费力气"。对于一个公正的判决而言，这两种抱怨都犯了一个同样的错误：没有弄清楚自己的职责定位。

与辩护律师的职责定位相联系，对于辩护活动价值取向的深层思考更具有现实意义。具体地讲，在"严打"和反腐败斗争中，辩护律师应当如何发挥作用?是强化辩护职能?还是弱化辩护职能?哪一种选择对加强法治更有利?这就涉及辩护活动的价值取向。针对"严打"和反腐败斗争的现实情况，如果通过适当弱化辩护作用的方式，确实可以减少侦查和审判中的障碍，缓解很多矛盾。因为侦查、起诉和审判环节，也确实有很多困难，也有苦衷，而律师的"吹毛求疵"，也确实给这些工作形成了一定的障碍，这是一个很现实的问题。那么，究竟是应当强化辩护活动的作用，还是应当弱化辩护活动的作用？这是辩护活动价值取向的选择问题。

简单地说，这种选择涉及的是深层次配合还是浅层次配合的问题。虽然我个人的观点很不成熟，但我还是主张以强化律师辩护职能的方式来选择一种深层次的配合，否则，短期内看起来似乎有利，但是长久下来会使辩护制度发生蜕变，会使法治建设受到挫折。律师辩护制度的设立就是基于以对抗和制约求公正的这样一种原则，只有这样做才能实现和体现司法公正。目前社会上对律师的评价和要求，或者过高，或者过低，以至于连律师自身都无所适从，说到底还是对律师职责的定位没有搞清楚。事实上，律师既不是"魔鬼"，也不是"天使"；律师既不代表邪恶，也不能代表正义，律师的作用只是通过司法活动的整个过程来实现司法公正，从而体现正义。它只是实现司法公正环节中的一个部分，但这个部分却不可缺少。所以，如果从深层次配合的角度来强化律师的作用，长远来看，我认为是正确的，但眼前的困难就比较多，同时也会增加侦查机关和司法机关工作的难度，这是一种矛盾。如何解决这种矛盾，只能由大家来进一步探讨。

寻求程序正义的独立价值

——刑事辩护的价值之辩*

中国在历史上是最典型的法政合一的司法体制国家,县官是地方行政长官,同时也是法官,长期的法政合一的司法体系使中国的法制思想和法制的体系十分落后,但就是县官判案也需要通过一定的程序,例如击鼓升堂。

一、中国有一天到了开始重视程序的时候,法治才能看到一丝希望

我们也在学术圈里谈论过这个问题,说中国有一天到了开始重视程序的时候,法治才能看到一丝希望。现在,这一天到来了。大家可以看到,在刑事法学界,程序法的研究和突破比实体法要活跃得多。当然,仅仅是开始注意到了,还没有引起足够的重视。

实体正义和程序正义到底是什么样的关系?简单地说,程序是为实体服务的,程序正义是保障实体正义的,同时也是体现实体正义的。实务界和理论界在谈到实体正义和程序正义的时

---

* 本文载于《法律文摘》2006 年第 2 期。

候，常常涉及这样一些问题：程序正义如何保障实体正义？实体正义为什么要通过程序正义来得到保障？当两者之间出现冲突的时候，又该怎么办？在具体的诉讼活动当中，最典型的争论话题就是证据真实和客观真实。证据真实是什么？就是按照诉讼程序的规律，按照证据规则判断的证据真实，或者叫法律真实。客观真实是什么？客观真实就是应当存在的客观事实，且是实际存在的事实。

关于要法律真实还是要客观真实的争论持续了若干年，到目前为止也没有完全统一观点。目前大致有三种观点：第一种观点主张要以客观真实为第一位；第二种观点主张客观真实与法律真实并重，二者不可或缺，没有先后；第三种观点主张证据真实第一。

二、证据真实第一的观点是最现实和最合理的

我们来简单地分析一下。客观真实第一，是一种最公正、最理想化的观点。我们追求的当然是客观真实，不仅在法律问题上，在任何问题上我们都想穷尽真理，都想追求最真实的客观的存在。客观真实与法律真实并重这种观点应当说是最全面的，既照顾这头，又照顾那一头，但是它无法解决两者发生冲突时的选择，因此它是不可能实现的。证据真实第一这种观点可以说是最现实和最合理的。为什么这样说？因为虽然我们每个人都想追求客观真实，虽然我们每个人都想两者并重，但是在司法实践中，经常会出现客观真实和法律真实相冲突的情况。当没有办法来判断客观真实的时候，应该以什么为依据？一种观点认为以法律真实为依据，而另一种观点则认为法律真实并不能代表或等于客观真实，还是要想尽办法追求客观真实。在这种情况下，就会出现问题。这不是我提出的问题，而是多年来现实生活中出现的

问题。当我们没有办法通过各种途径来求得法律真实与客观真实相统一的时候，如果我们抛开法律真实去追求客观真实，那么，最终剩下的是什么呢？剩下的只有擅断。想想看，如果不依据任何证据和程序，那么谁有权认定最终的客观真实呢？必然只能由掌握较大权力的人来对所谓的"客观"真实作出认定。那又能有多少"客观"和"真实"可言呢？

法律真实或证据真实就是在现代科学技术水平和人类对很多事物的认识还很有限的情况下，在法律的领域内所能追求的认识客观世界的最好的水平。在这种无奈的情况下，法律真实当然不是我们追求的终极真理，但是我们人类连这些都抛弃的话，剩下的只有纯粹的擅断了，那才是最可怕的。

大家知道，在中国历史上，几千年来都是轻程序、重实体的，甚至到今天为止我们思想观念当中还滞留着这样的认识。但是这种轻程序重实体的习惯并不等于完全忽视程序，实际上程序早就有了，问题是它是什么样的程序。大家可以想一下，比如，中国历史上是典型的法政合一的司法体制，县官是地方官、行政长官，同时也是法官，长期的法政合一使中国的法制思想和法制的体系十分落后，但即使县官判案也有一定的程序，比如说，击鼓升堂。一升堂，很多衙役棒子一伸，跺三下，"威呜"，这也是程序。不同的国家、不同的历史阶段、不同的方式很多，击鼓升堂也好，由讼师写诉状也好，大刑伺候也好，神明裁判也好，都属于程序。但是这种程序的特点和我们现在不一样。第一，由于科学水平太低，它的应用是不科学的；第二，最明显的特点是这种程序正义不具有独立性，是它完全服从实体的。

三、程序正义不仅服务于实体，还有一定的独立意义

我们今天讲的程序正义有一个突出的特点，即它不仅仅为实

体服务，而且还有一定的独立意义。只有提到这种高度，它才能确实起到保障实体正义和体现实体正义的作用。程序正义是实现实体正义的桥梁或者手段，同时它也有一定的独立意义。我们并不是为了程序而讲程序，而是为了实体公正而讲程序。为什么我要说这个问题呢？轻视程序的人认为强调程序的目的就是为程序而程序，似乎把程序的主张者推向了一个形式主义的立场。这个观点很普遍，而且是比较顽固的。

在媒体、著作、演讲、课堂等许多方面，我们经常遇到这样的问题，我们实事求是地讲问题，我们不讲这个主义，那个主义。大家可能不知道，二十年前，无罪推定是不能提的，理由很简单，因为我们讲的是实事求是，既不是无罪推定，也不是有罪推定；实事求是是最客观的，多少年来许多领域都被实事求是的思想涵盖。从科学的角度来说，实事求是一点都没错，错不在于实事求是本身，而是把它运用错了。"实事"是客观存在，"求是"是求证的过程，"实事"涵盖了一切，却不去求证，这样，实事求是就成了一句空洞的口号。我们在法律领域，特别是在证据适用的时候，千万不能用"实事"代替一切，代替证据规则。

程序公正如何保证和体现实体公正？问题比较复杂，简单举几个例子：

一是沉默权问题，它主要保障犯罪嫌疑人和被告人不用自证其罪，防止被刑讯逼供。任何一部法律，要被告人自证其罪，就有很大的危险性，因为这等于要求自己控告自己。只要规定被告人有如实供述的义务，则口供证据之王的地位就无法动摇。口供如果仍作为证据之王，"撬开嘴巴"仍是最有效的手段，刑讯逼供自然而然产生。从人的心理认识来看也是这样，小孩犯了错，父母都要责打，要他说出实情，更何况对于犯罪嫌疑人和被告人。

二是律师在场权，也是为了防止警察滥用暴力；直接言辞原则，在发达的法治国家使用，就是为保证真实性。我们开庭时也偶有质证，有时质证占开庭时间一半以上，但这是质证吗？证言是证人写的，双方质辩都是双方凭自己的想象和发挥，证人都不在场，这是质证吗？实践中有很多次，证人到场后，证词就都变了。国外质证很严格，经过质证一般都能搞清楚。有时双方并没有矛盾，控辩方各取所需，只是侧重点不同而已。而在我国，证人在这个场合是这样说的，在那个场合是那样说的，争来争去，最后还认为证人胡说八道。如果能当场质证，这个问题不就解决了吗？但我们没有做到。

英国法律中传闻证据的含义，不是在于是否亲自感知，而是是否直接对法官陈述。如果没有亲自到庭陈述，仍被视为传闻证据，根本不被接受。传闻证据只有一种例外，即证人死亡，而且确实能证明证言出自其口。这样的证据才被允许拿到法庭。这个问题我们仍没有解决。证据排除规则、开示规则、证人证言规则等，都是为了保证司法审判的实体公正，我们都没有建立。因为这个题目太大，这次先讲到这里。

个案推动立法的使命、悲情与不懈努力[*]

办好一个案件,可以防止一个错误,维护一次公正。而推动立法的改进,却可以防止一类错误,维护一片公正,帮助一批人免受不公正的追究。这正是"个案推动立法"的意义所在。因此,一位具有强烈社会责任感的律师,应将"以个案推动立法"视为自己的使命。

虽然这也是其他从事法律实务工作的群体即司法人员的使命,但是,由于中国的法治现状,在这方面,律师的作用更显重要,因为律师的感受更加直接、深切。遗憾的是,改革开放以来,尽管社会实践已经为立法部门的立法和修法提供了大量的案例和建议,但是,立法部门的工作却跟进得不够,两者出现了较大的距离。加之基层司法机关常常"有法不依",以至于律师界出现了一种普遍的悲情,所谓"死磕"正是在这样的背景下出现的。

尽管如此,我依然认为,既然"依法治国"已经是大势所趋,既然"个案推动立法"是律师的使命,我们还是要为完成这个使命作不懈的努力。

---

[*] 本文载于《新京报》2014年7月16日版。

一、个案推动立法,这代人的使命

立法的发展离不开个案的推动。这种推动作用在法治化进程的初级阶段尤为重要。

我国法治建设三十余年来,立法的发展经历了几乎从无到有的过程,其规模之大,速度之快,举世瞩目。然而,立法不仅要有成熟的技术,而且还要有丰富的经验,更重要的,还需要以实践中千差万别的具体个案中反映出来的事实与规范之间的冲突作为参照。因为,有冲突,才有规范。冲突,既可以反映对规范的需求,也可以检验规范的合理性。对于立法,个案具有不可替代的推动作用。

近年来,随着社会矛盾的不断加深和多样化,实际案例日益复杂,因个案引发的立法或修法的契机不断出现。关键在于,立法机关能否抓住这种契机。

2003年3月,广州务工的湖北青年孙志刚被收容并被打死一案,引发了《城市流浪乞讨人员收容遣送办法》是否应该被废止的全民大讨论,我也在第一时间表态支持废止。由著名宪政学者、全国人大秘书局副局长蔡定剑主持的"公民上书全国人大常委会要求对《城市流浪乞讨人员收容遣送办法》进行违宪审查的案例分析会"就是在我们京都律师事务所召开的。同年8月,该法被废止。遗憾的是,在这之前,收容遣送制度已经实施多年,近似的案例一再出现,都没有引起足够的重视,直到付出孙志刚被收容并被打死这样惨重的代价。

和孙志刚案稍有不同,吴英案以一审死刑的恐怖代价只是换来了终审的免死,却没有导致法律的修改,也令我扼腕叹息。吴英案涉及的集资诈骗罪,来源于多年前的沈太福、邓斌非法集资案,针对的是非金融机构的个人或单位向社会上不特定多数人非法集资、扰乱金融秩序的行为。然而，经济的发展和市场的需求，以及国家金融体系的缺陷，催生了民间金融市场。在国有银行融资渠道不畅的情况下，民营企业只得向民间资本融资，以至于出现大量的民间借贷和相关冲突，冲突的根源还在于立法没有及时跟上，吴英案便是反映这种冲突的典型。

综上，大量的案例都表明，在新的问题刚刚暴露时，如何更积极、更主动、更及时地发挥"个案推动立法"的作用，是摆在立法者面前的重要问题。如何对典型个案进行分析和总结，以此考察立法的合理性和可操作性，及时提出修法建议，并大声呼吁，促使立法者及时解决这些问题，也是我们律师应尽的责任。而我们的立法机关应当多倾听律师的声音，做出积极的回应。

二、个案推动立法，现状不容乐观

诚如上述，近年来，实践中足以提醒法律修改的典型案例并不在少数，出自律师、法律研究者等群体的建议也不在少数，但引起立法者重视的不多。下面，仅仅根据我个人的办案实例，站在律师的角度，为这样的法治现实做一个见证。

（1）建议明确《刑法》第二百零五条规定的"虚开增值税专用发票、用于骗取出口退税、抵扣税款发票罪"的构成要件

立法机关设立这个罪名的背景是，1994年实行税制改革后，出现了一些个人和单位利用开具虚假增值税专用发票骗取国家税款的行为。这种行为不同于原来意义上的逃税罪，而是在没有任何经营活动的情况下，凭借虚假的增值税专用发票骗取国家税款，其危害后果十分严重。因此，1995年全国人大常委会以补充罪名的方式出台了专门规定，1997年的《刑法》则设立了这个罪名。

但是司法实践中的个案纷繁复杂，开具虚假增值税专用发票

的情形错综复杂,其中包括只有虚开行为并无骗税目的和骗税结果的情况。这些情况的出现,致使在理论和实践中对该罪构成要件的认识发生了重大分歧,以至于出现了"行为犯""目的犯""结果犯"之争。

事实上,这种行为侵犯的客体只是发票管理制度而并非税收管理制度,且客观上没有造成国家税款损失,其危害性远远小于作为结果犯的逃税犯罪。但一旦被定罪,其处罚却远远重于逃税罪。

出现这种量刑严重失衡情况的主要原因在于立法表述不明确。虽然立法的滞后性是不可避免的,但是,当问题已经显现时,就应该尽快修法以使其明确。否则,就会导致实践中出现大量同案不同判的现象,即对于同样性质的行为,在判决时出现罪与非罪,甚至死罪与非罪的天壤之别。

为此,我在2011年发表了题为《对虚开增值税发票罪构成要件的表述亟待修改》的专题论文,并向全国人大常委会法工委呈交了修法建议,建议明确该刑法条文表述的含义,强调构成该罪必须具有骗税的目的和结果。

遗憾的是,这个建议至今未被采纳,司法实践中仍是乱象丛生。

(2)建议设立行业舞弊罪

多年前发生在江苏扬州的全国首例彩票诈骗案,其行为特征类似内幕交易,应属于一种行业舞弊行为。由于我国《刑法》没有舞弊罪,这种行为又确实具有较严重的危害后果,检察机关只好以诈骗罪提起指控。开庭审理中,我们律师提出了不构成诈骗罪的辩护意见,法院虽然重视律师的意见,但迫于立法方面的局限,也迫于社会的压力,只好折中一下,认定为非法经营罪。其实,如果严格遵循罪刑法定原则,这个案子是不应当定罪的。

这个案例实际上提出了一个补充立法、明晰个罪界限的问题。同样遗憾的是，我们的立法建议没有得到立法机关的回应。立法的滞后迫使法官在无法可依的情况下，还是沿袭以前类推的做法，将《刑法》没有规制的具有社会危害性的行为纳入犯罪圈，破坏了罪刑法定的基本原则，也导致《刑法》中个别罪名成为典型的口袋罪。

（3）建议废除《刑法》第三百零六条规定的辩护人、诉讼代理人毁灭证据、伪造证据、妨害作证罪

早在1994年，即增设这个罪名之前，我就通过李强律师在代理案件中被非法拘禁一案，在《市场法制导刊》上提出了刑事辩护律师调查取证难的问题。

第三百零六条的立法依据是，1996年修改的《刑事诉讼法》将律师介入刑事案件的时间提前到了侦查阶段，设立这个罪名主要是担心律师会妨碍侦查。然而，这只是一种理论的假设，并没有也不可能有已经发生的案例为依据。因为在此之前，律师是不能在侦查阶段介入的。当时我就预感到，增设这个罪名更可能引发的后果是，司法机关借此对律师进行职业报复。

果不其然，设立这个罪名后，发生了一系列用这个罪名对律师进行职业报复的案例。因此，我加大了呼吁取消这个罪名的力度，如2004年，我在《西部法苑》上提出，《刑法》第三百零六条是悬在律师头上的一把利剑，随时可以被职业报复者用来斩断律师的职业生涯。

2009年11月，我将"律师向被告人宣示案卷内容"列为全国律师协会刑委会2009年年会的一个议题，进行研讨，并发表题为《律师有责任向被告人告知案卷内容》的演讲。不仅如此，我还多次给立法机关写信，要求取消《刑法》第三百零六条。

遗憾的是，在当时，我的呼声没有引起立法者，甚至没有引起律师同行足够的重视。

近年来，律师界和学术界关于废除《刑法》第三百零六条的

呼声日益强烈,我倍感欣慰,并继续呼吁。广西北海四律师被抓事件发生后,律师界和舆论界一片哗然,我旗帜鲜明地指出:"这是多年来利用《刑法》第三百零六条对律师进行职业报复的急剧升温,是对刑事辩护制度的严重冲击。"并再次呼吁废除《刑法》第三百零六条。

在强大的舆论冲击下,此次《刑事诉讼法》再修改总算修改了与《刑法》第三百零六条相对应的条款。这一修改表明,《刑法》第三百零六条的修改已成为必然。但是,在我看来,仅仅修改是不够的,彻底废除《刑法》第三百零六条才是正道。

我认为,在中国法治发展的初级阶段,出现立法跟不上实践的问题不足为怪。重要的是,不能对这些问题置若罔闻,更不能简单、盲目地去顺应和注释法条。应当发现和剖析这些问题背后的深层原因,干脆利落地立法和修法。

三、个案推动立法,同志仍须努力

个案推动立法,我们在忧虑之余还须看到立法机关并非毫无作为。近年来,律师界的努力,有的获得了成功,有的获得了部分成功,有的引起了立法者的重视,有的已经被提上了立法者的议事日程。

仅就我个人参与的实践来说,也获得过多次成功。仅举两例。

第一个例子,对于1997年《刑法》增设第一百九十三条规定的贷款诈骗罪、第一百九十四条规定的票据诈骗和金融凭证诈骗罪、第一百九十五条规定的信用证诈骗罪的新罪名,我建议增设过渡罪名。

对于这类罪名,由于司法实践中难以准确认定行为人主观目的,导致出现大量同行为不同罪名的比较严重的司法不均衡现象。有些司法机关出于谨慎原则，在难以认定行为人具有非法占有目的的情况下，作出不起诉或不定罪的判决；但也有些司法机关以后果推论目的，将那些因客观原因无法归还而造成危害后果的行为，视为具有非法占有目的而定罪，形成罪与非罪，甚至死罪与非罪的悬殊差异。这种差异不仅损害了被告人的权益，也影响了司法认定的统一性，使一些司法人员无所适从，造成很不好的社会影响。

针对这个问题，我曾结合一些具体案例发表了《金融诈骗罪的两个误区及立法构想》的专题论文，并向立法机关提出具体的修改建议——对以上几种犯罪增设相对应的过渡性罪名，即对于那些在取得金融机构贷款、票据承兑、信用证的过程中确有欺骗手段并给银行或者其他金融机构造成重大损失，却难以认定其确有非法占有目的的行为，增设一种处罚较轻的罪名。我认为，这样既可以避免因实践中把握界限不清而形成的司法不均衡，也可以惩处和警示那些虽不具有诈骗动机却向金融机构转嫁风险的行为。

后来，立法机关在《刑法修正案（六）》中增设了"骗取贷款、票据承兑、金融票证罪"的过渡罪名。这虽然不能说是某些人以一人之力促成的，却鲜明地体现了"个案推动立法"的重要作用。而我个人的努力，至少构成了民意表达的一个组成部分。

第二个例子，为犯罪嫌疑人、被告人争取对案卷内容的知情权。

关于律师会见时，能否向犯罪嫌疑人、被告人出示案卷，与之核实证据内容这件事，过去在立法上没有明确规定，并且在理论上颇有争议，以至于有律师因在会见时向犯罪嫌疑人、被告人核实证据而被追究刑事责任。由于律师不能行使该项权利，严重限制了被告人的质证权。这一问题的实质，是犯罪嫌疑人、被告人应否享有对案卷内容的知情权。

为此，我在反复研究和考察之后，在国内外学术会议上多次发表意见，并在《民主与法制时报》上发表论文《犯罪嫌疑人、被告人对证据享有知情权》。在《刑事诉讼法》再修改过程中，我还与其他有关人士据理力争。

最后，立法机关在《刑事诉讼法》第三十七条明确规定了律师会见时可以向犯罪嫌疑人、被告人核实有关证据，这一规定对于保障被告人充分行使质证权具有重大意义。

正因为"个案推动立法"还是有不少成功的案例，我们信心不灭。尤其是，我们认识到"个案推动立法"是我们这代人的历史使命，再难也会坚持下去。这样，当我们回顾人生的时候，至少可以说，我们努力过了！

有鉴于此，与同行或媒体人士谈起这方面的工作，我总喜欢说："没有别的办法，我就只有喊。不喊白不喊，喊了也白喊，白喊也得喊，喊多了就不白喊。"

正是本着这种精神，今年5月，知名演员黄海波嫖娼被收容教育一案发生，我们律师事务所立即采取行动，仅仅过了一个月，就做出一个重大举动，即媒体所言："6月18日，京都律师事务所联合江平、陈光中等133位知名专家、律师，向全国人大法工委递交建议书，呼吁废除收容教育制度。"

针对此事，我们所的发言人杨大民还对媒体表示："希望此举能够引起立法机关的重视，引起人们对限制人身自由行为的思考。律师不能像其他职业那样仅仅'老老实实演戏，本本分分做人'。通过典型的个案推动国家的法治建设，乃是我们律师应尽的社会责任。"这也应当是我们每一位律师的追求和使命。

辩护权独立性之内涵辨析*

我国的刑事审判法庭不止一次地出现过这样尴尬的场景：被告人坚决不承认自己有罪，辩护律师却坚持对其作以有罪为前提的罪轻辩护，律师坚持的理由是依法"独立行使辩护权"。或者相反，被告人承认自己有罪，律师却坚持无罪辩护，其理由还是依法"独立行使辩护权"。多年来，上述场景时常发生，但是这个问题却没有引起足够的重视。在一些人看来，律师"独立行使辩护权"似乎已成为定论，却很少有人去深究它的真正内涵。今天，在人权保障、程序正当已成为刑事诉讼基本原则的背景下，如何正确解读"辩护权独立性"的内涵，是一个值得深思且无可回避的问题。

一、传统独立辩护论之存在根据

独立辩护论最初源自德国的辩护理论，其产生的理论基础主要有三个方面："首先，在职权主义的诉讼构造之下，对客观真实的追求和检察官所具有的客观公正的义务决定了辩护律师应有独立的辩护地位；其次，辩护律师与被告人之间的关系兼具公法和

---

* 本文载于"财新网"，2015年6月18日发表，由田文昌、邹佳铭律师共同完成。

私法双重性质，辩护律师对法院的真实义务应当优先于对当事人的忠诚义务；最后，辩护律师基于专业法律素养作出的独立判断有利于维护被告人的最大利益。"①

由此可见，支撑独立辩护论的基本前提是：刑事诉讼以发现真相为目的，在这个目的之下，控辩双方都负有发现真相的义务，并且辩护人的这一公法义务优先于辩护人忠诚于被告的私法义务。其实，辩护权独立性问题不是一个孤立的关于如何辩护的问题，涉及的也不仅仅是当事人与辩护人观点不一致时如何协调，以及不能协调时法官如何采信的问题，更是我们如何处理辩护人在刑事诉讼中与国家和当事人两者关系的问题。所以，这直接关系到辩护制度的价值根基。

二、"发现真相"不是刑事诉讼的最终目的

古往今来，发现真相历来是刑事诉讼追求的主要目的。这是因为，人们一直以为，只有发现真相也就是查明事实，才能准确、公平地认定和惩罚犯罪，实现公平、正义。为了发现真相，不同的历史时期人们尝试过各种手段。从早期的"神断"（神明裁判）到后来的"大刑伺候"（刑讯逼供），直到现代不断创新的技术侦查措施，都是对发现真相手段的不断尝试。毋庸置疑，随着科学技术的进步，现代社会人类发现真相的能力在不断增强。但是，这种能力迄今还无法保证我们能够确凿无误地在所有个案中发现真相，并且也缺乏客观可行的标准去判断是否发现了真相。

正是基于发现真相理论在实践中遭遇的困惑，现代刑事诉讼已走出客观真实的幻影。发现真相并不是刑事诉讼的最终目

---

① 陈虎：《独立辩护论的限度》，载《政法论坛》2013年第4期。

的，这一点已在国内外刑事诉讼法学界形成了广泛的共识。日本松尾浩也教授认为："实体真实主义这一概念并不是支持美国刑事秩序的积极的构成要素。依照正当程序得出的裁判结果当然被看作是正确的结果，其重点是程序的正当性。发现案件的真相只不过是在一般情况下人们所期待的可能结果。"① 这说明现代刑事诉讼对于客观真实只具有可期待性，裁判结果的正确性是建立在程序正当性上的。

客观真实因其缺乏明确、具体的法定标准，在司法实践中容易为司法者所操纵，沦为权力的工具。"事实真相，如同其他好的事物一样，可能会受到不明智的热爱——可能会被过于热烈地追逐——因而可能需要付出太大的代价"②。这是因为在探求真相的过程中，有时候出于强烈的定罪动机，往往会以刑讯逼供等侵犯人权的方式追查事实。这就是说，在刑事诉讼中，一方面发现真相往往是不可求的，另一方面侵犯人权的危险却无时不在。在这种情况下，我们的选择是不言而喻的，不可能为了不可求的目标冒切实可能的危险。

"在自由社会的国家，国家的利益不是绝对的，即使实施了令人痛恨的犯罪，也要尊重个人的尊严，辩护权、正当程序等是为了防止在追求真相时发生错误所设计的程序上的安全措施。我们所关心的是超过追求真实以上的东西，这是司法体系所赋予我们的宪法权利，这是独立于追求真实的价值。"③ 美国学者将刑事诉讼的目的分为十一个项目，除"发现真相"之外，还包括"最大限度地防止错误的有罪判决"和"重视尊重个人的权利"

---

① 〔日〕松尾浩也：《刑事诉讼的原理》，东京大学出版会1974年版，第90—95页。
② 〔美〕约书亚·德雷斯勒、〔美〕艾伦·C. 麦克尔斯：《美国刑事诉讼法精解》，吴宏耀译，北京大学出版社2009年版，第28页。
③ 〔日〕田口守一：《刑事诉讼的目的》，张凌、于秀峰译，中国政法大学出版社2011年版，第74页。

等。"发现真相"当然可以惩罚犯罪,但是这并不意味着为了发现真相可以不择手段,尊重和保障被告人的人权,避免冤及无辜等也是不能摒弃的价值,刑事诉讼中的其他目的正是这一价值的体现。

其实,刑事诉讼以发现真相为目的,是建立在发现真相与司法公正同一化的认识之上的,这种认识实际上是将手段和目的混为一谈。实际上我们真正追求的并不仅仅是发现真相,而是为了公正审判寻求真相。无论在欧美,还是在日本,已经有越来越多的学者指出,刑事司法制度不应当仅仅着眼于发现事实真相。德国学者魏根特教授则认为:"查明真相本身并不是目的,而必须以恢复社会平和这一刑事秩序的机能来理解诉讼目的,查明实体真相只不过是诉讼的中间目的而已。"① 应该认为,以上观点既明确了发现真相与恢复社会平和的关系,即发现真相是为恢复社会平和这一基本的刑法功能服务的,从而把刑事诉讼的目的与刑法的功能结合起来。又厘清了发现真相与刑事诉讼目的之间的层次关系,即查明客观真相只是刑事诉讼的中间目的。还有一点必须强调的是,恢复社会平和不仅需要惩治犯罪,还需要通过正当程序惩治犯罪。否则,不仅恢复不了原有的社会平和,还会引发新的社会矛盾。

三、辩护人不负有发现真相的义务

在以发现真相为目的的刑事诉讼中,必会形成一种控辩审三方共同为发现真相服务的诉讼结构。例如,我国《刑事诉讼法(1979)》确立的是典型的职权主义诉讼模式,各种诉讼角色都被

---

① 〔美〕约书亚·德雷斯勒、〔美〕艾伦·C. 麦克尔斯:《美国刑事诉讼法精解》,吴宏耀译,北京大学出版社2009年版,第69页、第28页。

赋予了发现真相的不同功能：检察官应当承担客观公正义务，对有利和不利被告的各种证据和线索都应加以关注和搜集；法官不再消极中立，必须依职权调查核实证据，积极发现案件真相；辩护律师同样服务于发现真相的目的，其履行辩护职责必须依据事实和法律进行，而非被告人的意志，只不过其对发现真相的作用体现在对检察官、法官工作的监督、补充和引导方面。① 既然检察官和法官都负有客观公正的义务，必须收集对被告人有利和不利的证据，至少在理论上，就不需要为被告人增设一个代理人专门维护其利益，所以辩护人难以成为被告人的完全利益代言人，而是更接近于准司法官员。我国《刑事诉讼法（1979）》把律师定位为"国家法律工作者"，与其他诉讼主体一样承担发现真相的义务，由此在一定程度上可以脱离被告人，具有一定意义上的独立性。

由此可见，职权主义诉讼模式中，为达到发现真相的目的，控辩审三方实际上都模糊了其本来的定位，看似组成一个多方位的发现真相的共同体，实际上只有理论上的圆满，而不具有实践的可行性。首先，不可否认的一点，检察官的职责是指控犯罪，要其同时承担客观义务，积极主动地收集有利被告的证据，是与其职责相冲突的。德国学者在对客观义务探讨多年之后也承认"赋予检察官客观义务，从心理学的角度来看，与其控诉职能是冲突的"②。其次，该义务只是一种应然的义务，并不代表司法实践中的实然状态。即使检察官不是有意疏忽或隐瞒对被告人有利的证据，但是在积极追诉的动机之下，也难以对所有的证据予以同样的关注度。如果我们仅依赖此防范司法错误，保护无

---

① ［德］约阿希姆·赫尔曼：《东欧刑事审判改革的模式选择：比较法的视野》，陈芳译，载卞建林主编《诉讼法学研究》第13卷，中国检察出版社2008年版。

② 陈卫东、刘计划、程雷：《德国刑事司法制度的现在与未来》，载《人民检察》2004年第1期。

辜，很可能就是"竹篮打水一场空"。然而，最值得担忧的是，这种思路以检察官虚无的客观真实义务，置换辩护人的真相发现义务，更加拉开了原本悬殊的控辩力量，与辩护制度设置之初衷背道而驰。

按照制约与平衡理论，"社会系统规划或者明智的立法能够减轻对个人良知的一些束缚。在一个设计得很好的制约和平衡系统中的参与者只需要大胆向前履行他的职责，因为他确信他在履行职责的过程中有可能造成的错误或者带来的损害将会被该系统的其他部分矫正"[1]。这就是说在一个设计科学的诉讼模式中，控辩审三方各司其职，自然可以矫正或者防范任何一方可能带来的危险。现代刑事诉讼实际上就是一场控方为有罪进攻，辩方为无罪或罪轻防守，审判方居中裁判的活动。给控方施加公正客观的义务，和给辩方施加发现真相的负担一样，不仅在现实中是行不通的，还完全打乱了整个刑事诉讼的基本架构，使其偏离诉讼的基本目的，变得不伦不类。

当然这并不代表控辩双方为达到胜诉的目的可以不择手段，他们都有自己行为的边界，如控方不得隐瞒对被告人有利的证据，辩方不得伪造或销毁证据，也就是说，控辩双方都有不干扰真相发现的消极义务。控方是"勿纵"，辩方则是"勿枉"，而不是在诉讼中背离其角色的积极作为。重要的是，不论是何种诉讼模式，模糊各个诉讼主体之间的分工是极其有害的。把律师定位为发现真相的独立的诉讼角色，将直接摧毁当事人对辩护人的信任，并进而摧毁整个辩护制度。正如美国学者所言："如果律师成为一名真相发现者，而非委托人的斗士，从经济动机上和职业组织方面来看，可能会导致客户和律师的早期冲突：委托人如何

---

[1] 陈卫东、刘计划、程雷：《德国刑事司法制度的现在与未来》，载《人民检察》2004年第1期。

以及为何需要对破碎的忠诚（律师要对事实和委托人两者忠诚）付费？我们要求律师对他从事的案件真实性负责是否会造成他们对辩护失去动力和不愿投入？我们能否让一名律师英勇地保护他的委托人并对抗全世界——不只是对抗国家。同时，要求他将追求模糊不清、需要深入调查才能发现的事实真相作为自己的崇高目标？总之，这充满争议，单纯追求真相可能与我们那些更基本的理念不一致——尤其是将普遍尊崇个人自由和尊严置于政府的秩序和效率之下的理念。"①

辩护权设置的初衷，即是通过对抗公权力，最大限度地维护当事人的合法权益。辩护权的产生，源于当事人的自愿授权。如果我们置这两个基本命题于不顾，在当事人和辩护人的私权关系中镶嵌任何与此相悖的义务，或者将辩护权作为实现其他价值的目的，都将直接动摇辩护乃至整个刑事诉讼制度。所以，辩护权是从属于当事人的私权利的本质是不容撼动的。

四、被告人是其最大利益之最佳判断者

"在职权主义诉讼模式之下，以当事人为中心的诉讼理念不被强调，相反，却更为强调法律专业人士对诉讼进程和结局的操控权，认为辩护律师基于专业法律素养作出的独立判断有利于维护被告人的最大利益。虽然，被告人在事实问题上是当然的最佳辩护者，但在更多案件的审理中，都牵涉到大量复杂的法律适用问题，法律的技术性、复杂性以及难以理解性决定了被告人不可能作出正确的法律决定。只有受过专业训练、拥有特殊技能的辩

---

① 〔美〕马文·E. 弗兰克尔：《追求真实，一个裁判的观点》，虞平、何诗扬译，载虞平、郭志媛编译：《争鸣与思辨：刑事诉讼模式经典论文选译》，北京大学出版社2013年版，第345页。

护律师才知道如何最大限度地维护被告人的利益。"① 以上观点以辩护人具有法律专业知识和技能为由,认为他是被告人最大利益的最佳维护者,并以此作为辩护权独立性的又一根据。这种认识不仅忽略了被告人的主体性,也将实践中的问题简单化了。

首先,我们需要明确的是,什么是被告人的最大利益?所有的被告人都希望自己无罪或罪轻,这也是辩护人的职责,在这一根本利益上两者应该没有冲突,发生分歧的往往是在这一根本利益与其他利益不可兼得情况下的选择。中国台湾学者林钰雄教授举了一个例子:涉嫌杀人的被告人,案发当晚与情妇在外过夜,有不在犯罪现场的证据。但因顾虑外遇曝光,对声誉带来负面影响,而不愿辩护人出示该证据。这就关乎在人身权和名誉之间,何者是被告人的最大利益?也许对律师和一般人而言,当然是人身权最重要。但是我们不能否认,对不同的人而言,看重的东西是完全不同的。毕竟,所谓的最大利益,没有标准答案,只有个人权衡。更何况,不论如何选择,最终的结果都需被告人承担。如果没有选择的权利,为何要承担选择的后果?只有把选择的权利交给被告人,才能体现权利与义务的一致性,这也是一个文明国家应该给予个人的尊重。当然,辩护人在被告人面临选择时提供充分的法律咨询和意见也是完全必要和必需的,这才能避免被告人由于对法律的误解或无法理解辩护人的策略而做出无法反映其真实意愿的选择,但这种建议与选择权不应混为一谈。

其次,所有被告人与辩护人的分歧,都存在目标和路径的区别。什么是被告人最大利益,这是一个个人决定的目标,应该把权利交给被告人。如何达到这个目标,这是一个路径的选择,需要依靠辩护人的专业法律知识和技能做出选择,决定权可以交给辩护人。我们可以借鉴美国比较成熟的做法:美国律师必须忠实

---

① 陈虎:《独立辩护论的限度》,载《政法论坛》2013年第4期。

地执行被告人的意见,在所有重大实体问题上必须听从被告人的意见(如是否作有罪辩护、不在场辩护、精神病辩护——除非明显症状由法官判断等),而在具体的辩护中技巧性的做法,如质证、收集证据、反驳等一般由律师自己掌握。如果被告人不满意律师,有权利随时解除委托关系。判例一般认为:"属于当事人支配范围内的决策权应当被描述为是涉及'基本权利'的,而属于律师支配范围内的决策权则被认为主要是那些需要'一名经验丰富的律师所具有的超强能力'来处理的事项,并以此来评价律师的'辩护策略'。"① 最重要的是,一部尊重个人尊严的法律,应该承认被告人才是其最大利益的最佳判断者。

五、辩护权独立性之应然内涵

研究辩护权的独立性,必须解决两个问题:一个是辩护权与当事人之间的内部关系,一个是辩护权与当事人之外的其他外部因素的关系。简言之,辩护权独立性的含义,究竟是独立于当事人的意志,还是独立于当事人意志之外的其他因素,或者是两者兼而有之?

不同的诉讼目标必然形成不同的诉讼结构。当律师辩护的主要职责是服务于发现真相时,为践行该职责,他可以独立于当事人的意志而坚持自己的主张。然而,当我们承认发现真相只是刑事诉讼的中间目的,衡量司法公正的标准已经不单单是难以确定甚至无法查明的案件真相,当兼顾到人权保障、程序正当等多重价值时,辩护人的职责就不是与控审双方共同配合去发现真相,而是在制约与对抗的关系中,从维护当事人利益的角度体现

---

① 〔美〕伟恩·R. 拉费弗、〔美〕杰罗德·H. 伊斯雷尔、〔美〕南西·J. 金:《刑事诉讼法(上册)》,卞建林、沙丽金等译,中国政法大学出版社 2003 年版,第 657 页。

程序的正当性。因此，辩护权独立性的意义不能体现为独立于当事人，而只能体现为独立于当事人意志之外的其他因素。

（一）辩护权独立性的指向是当事人意志之外的因素

在以制约和对抗求公正的司法结构中，各司其职，独立行使职权是实现公正的前提。任何干扰和干预都会导致司法天平的倾斜。为充分保障当事人的诉讼权利，辩护权必须在可能影响当事人权利的各种因素面前保持充分的独立性。

现实生活中，影响和干扰辩护权的因素表现在很多方面，例如：有时候公权力机关或当权者会对辩护活动提出要求或施加压力；有时候当事人的亲朋或者上司会向辩护律师提出违背当事人意愿的要求；有时候委托律师的出资人会向辩护律师提出违背当事人意愿的要求；等等。根据辩护权的从属性和刑事诉讼中控辩抗衡的特性，凡是与当事人意志相违背和影响公正的因素，辩护权都应保持对它们的独立性，包括政府和政党的权力在内。正如美国学者Lieberman所言："只有辩护律师独立于国家或执政党，并且他们被允许甚至鼓励不遗余力地、有偏向性地为当事人辩护，我们才能确保国家不会指控那些无辜的人。"[①] 尤其在我国律师还没有完全走向市场，容易受到外部力量影响和牵制的情况下，强调辩护权外部独立性的意义更加重大。简言之，辩护权的外部独立性，才是辩护权独立性的真正所指。

（二）辩护权独立性的例外

辩护权独立性的例外，是指辩护权从属于当事人的例外情形。这种例外的前提是保障人权和不得故意妨害司法公正的法律底线。

---

① 〔美〕蒙罗·H. 弗里德曼：《美国宪法化的对抗制研究》，苑宁宁译，载虞平、郭志媛编译：《争鸣与思辨：刑事诉讼模式经典论文选译》，北京大学出版社2013年版，第357页。

①独立保障被告人人权。刑事诉讼区别于民事诉讼的最主要一点是，诉讼的一方主体是代表国家权力的公诉方，所以刑事诉讼中常态性的危险是国家权力越过界限侵犯个人权利。"刑事辩护只是整个法律体系当中很特殊的一个部分，其目的是保护人们免受国家的侵害，而不是讲求准确的判决结果。"① "刑事辩护中的勤勉代理的目的是要限制国家对其公民的权力。我们要对国家的权力甚至是合法惩罚我们的权力进行限制，是因为我们相信，根据政治理论和历史经验，如果国家没有被事先限制或者约束住，我们的政治自由和公民自由都会受到侵犯。"② 现代刑事诉讼的无罪推定、疑罪从无原则、沉默权制度、非法证据排除规则等都是基于以上考虑的设计。作为被告人权利的最重要维护者，辩护人更应该积极防御国家权力的侵犯，保障被告人人权，即使在被告人怠于行使的情况下，辩护人也可以不经过被告人同意独立行使。比如，被告人畏惧公权力的强大，不敢在庭审时提出排除被刑讯逼供取得的证据，辩护人应独立向法庭提出。因为国家对公民人权的侵犯，不仅影响个案的公正，还会从源头上污染一个国家的法治河流。辩护人独立行使保障人权的职责，不仅是对被告人个人权益的维护，更是对法治国家基本原则的捍卫。

②通过其法律技能帮助被告人达成其最大利益。被告人和辩护人在诉讼中就有罪或无罪辩护以及辩护策略等问题发生分歧时，决定权在谁，是一个很具体的问题。在辩护制度十分完善的美国，通常认为："根据第六修正案的规定，律师的作用是通过帮助参加审判的人作出应当由自己决定的事项这一方式来维护其尊严和自主权，而不是代替被告人作出决定，即使律师可能更善于

---

① 〔美〕戴维·鲁本：《律师与正义——一个伦理学研究》，戴锐译，中国政法大学出版社2010年版，第57页。
② 〔美〕戴维·鲁本：《律师与正义——一个伦理学研究》，戴锐译，中国政法大学出版社2010年版，第54页。

决定何种策略会更有效。在实际可行的情况下，进行辩护的权利如果没有被剥掉其被法莱塔一案所承认的'个人特征'，那么最终的决定权应当由被告人作出。"① 其还通过判例确立了如下基本原则：与法律相关的策略性的或战术性的事项，属于律师的排他性决定权范围之内。与被告人"个人选择"相关的事项，辩护人应尊重其自由选择权，由被告人自主决定。② 这些规则也可以为我们所借鉴，即在与法律相关的策略性或战术性的事项上，辩护人可以有独立的决策权。

例如，在我国司法实践中，时常发生被告人在无罪情况下坚持认罪以期望从宽处罚，或者由于不懂法律而对无罪行为自认有罪等情形。在此情况下，辩护人如果无法与被告人达成共识，从原则上来讲，自然应该尊重被告人本人的选择。但是，在不妨碍被告人认罪表示的同时，如果辩护人在被告人认可的情况下，从法律上进行无罪的分析和论证，则不失为一种可行的策略。

③消极地不阻碍真相发现。前文已经阐述，由于认识的有限性和侦查的滞后性，我们不可能发现所有的真相，也不存在一个客观的标准来检验真相。同时，基于辩护人在诉讼中的职责，他不负有发现真相的义务。但是，不可否认的是，刑事诉讼还是一个朝着真相迈进的程序，也许它无法抵达，但是方向是不可更改的。在这场游戏中，即使攻守双方各尽其职，也必须存在基本的竞技规则，否则游戏无法进行。辩方消极地不阻碍真相发现，控方消极地不隐瞒真相，都是这场游戏的基本规则，也是得到各国法律承认的律师职业准则。所以，辩护人可以拒绝被告人

---

① 〔美〕伟恩·R. 拉费弗、〔美〕杰罗德·H. 伊斯雷尔、〔美〕南西·J. 金：《刑事诉讼法（上册）》，卞建林、沙丽金等译，中国政法大学出版社2003年版，第654页。

② 参见〔美〕伟恩·R. 拉费弗、〔美〕杰罗德·H. 伊斯雷尔、〔美〕南西·J. 金：《刑事诉讼法（上册）》，卞建林、沙丽金等译，中国政法大学出版社2003年版，第653—654页。

提出的伪造或毁灭证据的要求，也可以在得知被告人隐瞒重要事实的情况下辞去委托。

结 语

律师辩护权是由当事人的委托而产生，因此，其本质上从属于当事人。只有在保障人权和违法性限制的特定情形下存在例外。辩护人的职责是在控辩对抗中充分维护当事人的合法权益，因此他不受当事人意志以外的任何其他因素的干扰和影响。辩护权独立性的内涵，应当是独立于当事人意志以外的其他因素，而不是独立于当事人本人的意志。相反，与当事人的意志保持一致，才是辩护权的基本属性。

走出刑事诉讼理念的误区[*]

在中国再度强调依法治国、奋力推进司法改革的大环境下,近年来陆续暴露出来的一系列冤假错案,带给人们太多的思考和困惑。而最重要的,应当是对深层原因的探究。法治建设四十年来,发生冤假错案的原因有很多种,诸如权力干预、地方保护、刑讯逼供、办案人员专业素质低、司法不公开、监督不力,等等。问题在于,这些原因虽然已经引起人们的关注,但迄今为止,消除这些原因的道路上却仍然阻力重重,对于消除这些原因的方法也争论不休。这种现状,似乎已经成为一种难以解决的困扰,成为了我国法治化进程的障碍。

那么,形成这种现状的根源又是什么?法治化进程中的阻力究竟来自何方?追根溯源,我们还是应当回到观念的自省上。从历史的角度来看,任何事物的发展都无法超越其必经的历史阶段,而在每一个阶段的提升和跨越过程中,都必然要面对理念的更新。滞后的理念无法适应新的机制,反之,新的机制也无法在旧理念的围困中正常运行。我们目前正处于这种痛苦挣扎的尴尬境况之中,而这也正是阻碍我们推进法治化进程

---

[*] 本文根据田文昌律师在 2017 年 11 月南京市律师协会和京都律师事务所共同举办的"民刑诉讼律师实务论坛"上的演讲整理。

的根源所在。

回顾和反思四十年来法治化的发展进程,可以发现一个十分令人困惑的问题:我们关于刑事诉讼的诸多理念至今还没有走出认识的误区。这些错误的认识,既束缚了我们的思想,又束缚了我们的行为。冲破思维方式的桎梏,深入梳理和分析这些理念发展演变的过程和现状,有助于我们排除前行中的困扰。

误区一:以实事求是否定无罪推定

无罪推定原则是以保障人权为宗旨的现代法治文明的体现,也是国际社会普遍遵行的诉讼原则。无罪推定与有罪推定的根本区别,在于对犯罪嫌疑人、被告人的身份定位。如果以无罪推定为原则,那么,在法律的判决生效之前,犯罪嫌疑人、被告人就被假定为无罪,他就应当以无罪之身而享有与其他公民同等的各项权利。如果以有罪推定为原则,那么,在法律的判决生效之前,犯罪嫌疑人、被告人就已经被假定为有罪,他就会被当作罪犯对待,至少也是一种准罪犯的待遇。由此,无罪推定与有罪推定两种不同的诉讼原则又形成了举证责任分配的不同依据。根据无罪推定原则,指控方当然负有证明犯罪嫌疑人、被告人有罪的举证责任,后者并没有义务自证无罪。而根据有罪推定原则,一个人一旦涉嫌犯罪,就陷入了需要自证无罪的被动境地。简言之,在无罪推定原则之下,刑事诉讼活动是证明犯罪的过程,在有罪推定原则之下,刑事诉讼活动则是洗清罪名的过程。实践中,在对于犯罪嫌疑人、被告人身份定位的问题上,只能有两种选择,要么按无罪的人对待,不得剥夺或限制其权利;要么按有罪的人对待,可以剥夺或限制其权利。除此,别无选择。很显然,无罪推定和有罪推定是两种既不可能同时存在,也不可能同时不存在的原则。如果同时存在,那么,犯罪嫌疑人、被告人的身份就会因既是罪人又非罪人而无法定位。如果同时不存在，那么对犯罪嫌疑人、被告人的身份也同样无法定位。所以，事实上，在古今中外的刑事诉讼模式中，无罪推定与有罪推定从来都是两种既不能共存又无法超越的原则，因为除此之外不可能作出第三种选择。只不过是伴随着法治文明的进步，实现了从有罪推定向无罪推定的转变而已。

然而，十分遗憾的是，这种"超越"的观点在我们国家却持续了相当长的一段时间。直至今天，无罪推定原则在我国推行起来仍然阻力重重。其根本原因，是我们依然没有彻底走出以实事求是否定无罪推定的理念误区。

几十年来，无罪推定原则在我国经历了一个由彻底否定到逐步被接受的漫长而艰难的过程。20世纪50年代就有一批法律人因主张无罪推定原则被打成右派分子而遭到迫害。直至20世纪80年代初期，无罪推定原则在我国还被视为反动理论而继续遭到批判，而批判无罪推定原则最自信的理由也是最响亮的口号就是"实事求是"，声称我们"既不要无罪推定，也不要有罪推定，只坚持实事求是"。但是，批判者却没有认真地思考过，这种"既不要无罪推定，也不要有罪推定"的观点在逻辑上存在冲突，而这种在否定无罪推定基础上所形成的冲突，其导致的后果却是有罪推定。因为，在无罪推定与有罪推定之间并没有中间道路可走，这种"超越"论只能是一种脱离实际的愿望而已。而司法实践中的无数事实已经不断地证明，有罪推定的倾向长期以来在我国占据主导地位的现状，正是我们否定和批判无罪推定原则所带来的直接后果。

以实事求是的抽象目标否定无罪推定原则，导致的后果不仅仅是走向了事实上的有罪推定，更可怕的，还在于因失去准则而放任了主观随意性。

从自身含义而言，实事求是作为一种追求真实的价值目标，其正确性和正当性显然是无可置疑的。然而，如果这种目标抽掉了方法论的支撑就会变得虚幻莫测。因为，一旦脱离"求"的方法和"是"的标准，实事求是就可以成为被任何人利用和歪曲的空话。关于实事求是被滥用的最典型例证莫过于"文革"动乱中的大批判、大辩论。当时，在轰轰烈烈、乐此不疲的大批判、大辩论中，对立的两派都打着实事求是的旗号背诵着关于实事求是的毛泽东语录，声称自己是实事求是。然而，这种延续了十年的论争却最终也无法达成共识，仍然是各执一词。由此，在缺乏作为方法论的具体原则和明确标准的情况下，实事求是只不过是一句可以被随意解读的可望不可及的空话。而更可怕的是，在实践中，当人们对"是"与"非"的标准莫衷一是，而又都以"实事求是者"自居的时候，最终的结局往往就只能以话语权来决定胜负。在权力面前，既可以做到"是也不是"，也可以做到"不是也是"。

同理，在认定犯罪事实的问题上，如果抽掉了无罪推定和有罪推定的具体原则，而只是以实事求是的抽象标准为依据，那么，就同样会导致判断"求是"标准的主观随意性。

虽然，随着法治建设的发展和诉讼理念的提升，目前无罪推定的理念已经被我国社会主流观点所接受，并且已经在《刑事诉讼法》条文中有所体现。但遗憾的是，我们仍然没有做到将无罪推定作为一种明确的原则堂堂正正地规定在《刑事诉讼法》中。这也就意味着，迄今为止，无罪推定与实事求是的关系仍然没有被彻底理清，以至于包括一些法律人在内的很多人还不能摆脱以实事求是否定无罪推定的思维模式，动辄以实事求是的抽象概念取代无罪推定的具体原则。这种状况严重困扰着人们对无罪推定原则的正确理解，致使无罪推定原则在推行过程中阻力重重。

误区二：以"不枉不纵"否定疑罪从无

多年以来，我们一直在坚守并宣传着一种原则，那就是在打击犯罪的时候,要坚持做到既不冤枉一个好人,也不放过一个坏人,即"不枉不纵"。然而,我们却似乎从来都没有认真地思考过这种口号的可行性。毫无疑问,这种"不枉不纵"的原则,从理论上讲并无不当,从理想上说更是一种最高境界。但是,当"枉"与"纵"二者之间发生冲突时,"不枉不纵"就难以两全了。重要的是,在难以两全而无法兼顾时,我们应当如何作出选择?这才是我们必须面对且无法回避的问题。美好的愿望与严酷的现实是不容易相提并论的,法律的原则更不能建立在脱离实际的理想主义基础之上。

近些年来,一桩桩冤假错案接连不断地暴露出来并引起全社会广泛关注的严酷事实,再一次对"不枉不纵"论提出了不容回避的拷问:在"枉"与"纵"二者之间发生冲突而难以两全时,还能否做到既不冤枉一个好人,又不放过一个坏人?

不可否认的是,在当代科学技术条件下,侦破案件是不可能完全准确无误的。只要证据的指向不具有排他性,对"是"与"不是"的疑点无法充分排除,就不可能达到既不冤枉也不放纵的理想目标。正因如此,才出现了"疑罪从无"和"疑罪从有"两种反映不同价值观的定罪原则。简言之,即"宁可错放,也不能错判"还是"宁可错判,也不能错放"?这是一种不得已的选择,二者必居其一。从社会效果而言,对于前者,"不能错判"所导致的后果是:有可能放过了真正的罪犯,却避免了冤枉好人,同时维护了司法程序的正当性。对于后者,"不能错放"所导致的后果是:有可能惩罚了真正的罪犯,同时也有可能冤枉了好人并污染了司法环境;而更大的危害还在于,一旦铸成冤案,就会使真正的罪犯因被他人替罪而彻底逍遥法外,甚至客观上还会增强他继续作恶、危害社会的信心。所以,"疑罪从无"显然是权衡利弊之后的科学选择。

在确立法律原则时,一个需要遵循的前提是:法律作为一种治国方略是一门科学,而绝不是一种理想化的口号,更不能意气用事。"既不冤枉一个好人,也不放过一个坏人"作为一种理想化的目标是无可非议的。但是,由于其在现实条件下的不可操作性,在逻辑上却形成了无解的冲突。

在定罪原则上的"不枉不纵"论与"实事求是"论一样,由于抽掉了以方法论为支撑的具体操作原则,最终必然会导致以话语权来决定胜负的主观随意性。所以,我们应当在理性思考中摒弃那些响亮的空洞口号,回到切实可行的现实中来。只有不折不扣地坚守无罪推定原则和疑罪从无原则,才能夯实司法公正的坚实基础。

为了公正,为了人权,为了社会和谐,"宁可错放,也不能错判!""宁可放过坏人,也不能冤枉好人!"应当成为我们坚决奉行的司法原则。

误区三:法律真实与客观真实并重

"重实体、轻程序"是我国自古以来的传统观念,也是导致司法不公正的重要原因。近十几年来,随着法治化水平的提高,刑事程序法在我国已经受到空前重视,对于程序公正的重要意义,理论界和实务界已经达成共识。但是,令人遗憾的是,关于证据标准的争议却至今也没有尘埃落定。这就是法律真实与客观真实之争。

法律真实也叫证据真实,是以法定的证明标准作为认定犯罪的依据,其所证明的事实只能做到相对真实,而并不追求绝对真实。客观真实则是要求以客观存在的事实真相作为认定犯罪的依据,其所反映的事实应当是绝对的真实。这两种证据标准相比较,就概念本身而言,客观真实论的主张显然更具有合理性。之所以发生两种证据观之争,原因显然并不在于其合理性而是在于其现实性。

事实上，追求客观真实的证据标准，是人们自古以来的理想目标。无论是古代社会中的神明裁判，还是一直延续至今的刑讯逼供，也都不过是寻求客观真实的不同方式。但是，直到今天，在人类社会的科学技术水平已经十分发达的情况下，还是无法做到以绝对可靠的技术手段来寻求所有犯罪的事实真相。所以，对客观真实的认定，至今仍然是一道未解的难题，同时也成为铸成错案的重要原因，因为对无解答案的解释权只能出自法官内心确信的主观判断。而法律真实的证据标准，正是在这种困惑中出现的。

法律真实所追求的结果虽然只能做到相对真实，却由于其证据规则的确定性而避免了主观判断的随意性。同时，由于法律真实的证据标准以有利于被告原则为前提，即使在待证事实不确定的情况下也有利于防止错判。所以，在客观真实的证据标准还不能充分实现的情况下，法律真实的证据标准显然更具有合理性与可行性。由客观真实走向法律真实，既是认识水平的提升，也是理念的转变，可以说是实现了由盲目走向理性的重要转变。

值得庆幸的是，经过论争之后，法律真实的主张终于得到认同。但遗憾的是，客观真实的标准却并没有被法律真实所取代。于是，又出现了法律真实与客观真实并重的主张。坚持"并重"的主张其实也不无道理，其强调即便以法律真实为标准，也不能忽视对客观真实的考虑，意在坚持对真相的探究。然而，"并重说"最大的误区就是发生了两难选择的冲突。因为，它无法解决客观真实与法律真实的冲突。当两者发生冲突时，首先，人们主观上一定会倾向于追求客观真实，因为它正是人们所希望得到的事实真相。其次，权衡两种标准的选择权由于失去了法定依据而只能取决于人的主观意志。于是，以话语权为主导的主观随意性不可避免。

历史和现实一再地证明，标准的唯一性才是公正的前提，双重标准就等于没有标准。"并重说"出自于全面、慎重的良好愿望，却因其标准的多元性而陷入了逻辑上的混乱。更危险的是，为认定证据的主观随意性留下了空间。

误区四：打击犯罪与保障人权并重

自 1979 年我国第一部《刑事诉讼法》问世以来，一直将打击犯罪作为刑事诉讼活动的首要任务。直至 2012 年修正的《刑事诉讼法》，才首次将尊重和保障人权写入《刑事诉讼法》的条文之中。

在刑事诉讼活动中如何体现保障人权的价值观，在我国一直是一个充满争议的话题，而以打击犯罪为主旨则体现为主流观点。保障人权的理念之所以在刑事诉讼活动中长期受到漠视，除了社会公众的报应刑观念比较强烈之外，还有一个重要原因，就是出于抚慰被害方的考量。当一个犯罪行为（尤其是暴力型犯罪）发生后，人们出于对被害方的同情，往往会将所有的愤怒都指向犯罪嫌疑人、被告人，甚至会忽略这个人的罪行能否被证实。司法实践中，在一些暴力犯罪尤其是杀人犯罪的诉讼过程中，即使在犯罪证据不足的情况下，被害方亲属也会不依不饶，甚至以死相逼地坚持要求严惩"罪犯"。因为他们已经把犯罪嫌疑人、被告人当成了侵害其亲人的真正罪犯，并且，他们认为如果这个人不是罪犯，他们的亲人就无法得到慰藉。在这种情绪之下，就容易将疑似的罪犯甚至假定的罪犯当成真正的罪犯。

值得关注的是，这种情绪普遍存在于众多人群之中。在讨论保障人权和刑事辩护的很多场合，都会有人提出一种很强烈的质疑："当你为罪犯辩护，强调保障犯罪嫌疑人、被告人的人权的时候，你有没有考虑到被害方的感受？"这种质疑在情理上是无可指责的。但是，质疑者却忽略了问题的另一方面，那就是当我们还没有充分的证据确认犯罪行为人时，不能用一个无辜者的生命或自由去平复被害方和社会公众的悲愤。

近几年陆续暴露出来的一系列冤假错案都表明，在以无辜的替罪者的生命去平息了当时的悲情和义愤之后，个人和社会将会背负多么巨大的代价！如此惨痛的教训表明，刑事诉讼活动中保障犯罪嫌疑人、被告人的人权，既不是对罪犯的仁慈，也不是对被害人的伤害，而是对无辜者的保护，更是对全社会的保护。

近年来，随着全社会人权保障意识的增强和国际社会对人权保障问题的关注，我国终于将保障人权写进了《刑事诉讼法》条文之中，表明我国已经在立法上明确规定了保障人权的诉讼理念。但是，由于前面所提及的原因，我们仍然未能将保障人权作为刑事诉讼的主要目标，而是提出了打击犯罪与保障人权"并重"的原则。

于是，又一次出现了两难选择的尴尬。有观点认为，"并重说"更全面，并无不当。也有观点认为，"并重说"是一种缓冲、过渡，可以给人们留出更多思考的空间，还能减少争议。可问题在于，有些冲突是无法绕过的，回避矛盾并不是解决问题的有效方式。

例如，在刑事诉讼过程中，严厉打击、从重从快、平息民愤与无罪推定、疑罪从无、排除非法证据，显然是矛盾冲突的两个方面。是强调在确保打击犯罪的前提下，有效地保障犯罪嫌疑人、被告人的人权，还是强调在确保犯罪嫌疑人、被告人人权的前提下有效地打击犯罪？这是两种不同的价值选择，是不可能并重的。若选择前者，就只能以打击犯罪为主，若选择后者，就只能以保障人权为主。二者不能两全，这是一个无法回避的现实。因此，只有正视现实、明确选择，才是解决问题的有效方式。而回避现实的"并重"说，则只能导致双重标准的混乱局面，当两种价值观发生冲突时，或忽左忽右，或无所适从。

误区五：犯罪嫌疑人、被告人没有阅卷权

关于犯罪嫌疑人、被告人的阅卷权，在我国是一个长期被忽略和否定的问题，无论是理论界还是实务界，对此问题一直都讳莫如深，甚至发生过律师在会见中向被告人出示案卷材料被追究刑事责任的情况。2012年《刑事诉讼法》修改时，虽然增设了第三十七条"自案件移送审查起诉之日起，可以向犯罪嫌疑人、被告人核实有关证据"的条款，但该条款不但在修法过程中就颇有争议，且一出台就遭到非议和抵制。直至目前，对该条款的设置和解读仍然争执不断。仍有观点坚持认为，犯罪嫌疑人、被告人对案卷没有知情权，更谈不上阅卷权。为此，律师会见核实证据时仍然阻力不断、顾虑重重。

在现代诉讼理念和诉讼规则中，阅卷权本应是被告人固有的权利。被告人是刑事制裁结果的直接承担者，其具有参与刑事裁判形成过程的听审权，而阅卷权则是其实现听审权的基本保障。

至于一直存在的辩护律师可以代行阅卷权的观点，不仅实质上侵犯了被告人自身的辩护权，而且颠倒了辩护律师与委托人的相互关系。辩护权来自于被告人的授权，经被告人授权，辩护律师才可以帮助被告人行使包括阅卷权在内的辩护权，而帮助的前提是被告人本人享有阅卷权。如果否认被告人的阅卷权，则意味着：作为派生权利主体的帮助被告人行使辩护权的辩护律师享有阅卷权，而作为权利主体的被告人本人却只享有辩护权而没有阅卷权，岂不形成了一种悖论？事实上，辩护律师的阅卷权，本身就是被告人的阅卷权。如果否认被告人的阅卷权，辩护律师的阅卷权也就失去了存在的基础。

阅卷权是犯罪嫌疑人、被告人有效行使辩论权和质证权的基

本保障。如果犯罪嫌疑人、被告人对指控的证据不知情,就相当于被蒙着眼睛挨打,无从寻找辩解的理由;而如果其只有在庭审质证过程中才可以知道相关证据内容,则无异于遭到证据突袭。在我国当前的庭审质证方式中,公诉人经常会以长时间连续宣读证据的方式举证,连辩护律师经过长时间的阅卷准备和摘录要点都会精疲力尽、难以应对。这种情况下要被告人不经阅卷而当场即席发表质证意见,纯属是自欺欺人的走过场。最简单的道理是,被告人在没有充分准备的情况下不可能有效行使质证权。

有观点以防止串供为由否定犯罪嫌疑人、被告人的阅卷权,这种理由并不成立。首先,经得起检验的证据不受被告翻供的影响,且口供并非定案的主要依据。其次,依据现行法律规定,律师只有在审查起诉阶段才能看到案卷和向犯罪嫌疑人、被告人核实证据。而此时侦查活动已经终结,证据已经固定,不会发生妨碍侦查的问题。

至于有人以辩护律师会以泄露证据内容的方式帮助串供为由否定犯罪嫌疑人、被告人的阅卷权,更是毫无道理。首先,就了解案卷的机会而言,在侦查、起诉和审判环节中,每一个接触案件的相关人员都具备这种条件,侦查、起诉环节中办案人员违规、违法的案例并不鲜见。而相比之下,辩护律师的这种机会却是最少的,因为辩护律师没有公权力的便利条件,知悉案卷内容的时间又最短。其次,辩护律师办案也有自身的职业道德和职业规范。如同任何一种职业群体中都有个别人会违规、违法一样,辩护律师中如果有此现象,对违反者依法查处即可,但绝不能以此为由而因噎废食,剥夺了被追诉人的阅卷权,更不能以歧视的心态,将律师打入另册。

需要强调说明的是,关于犯罪嫌疑人、被告人阅卷权的问题,在国际社会中早已成为共识和常识,且各国和地区的法律中都有明确规定。

《美国联邦政府刑事诉讼规则》第十六条（a）规定：由政府向被追诉人透漏证据的范围，包括①被告人陈述②被告人先前记录③文件和有形物品④检查、试验报告，共四个类别所囊括全部案卷材料。而被追诉人与辩护人在证据开示的时间、内容上都没有差异。

《英国刑事诉讼法》第三十五条规定："1、被告人和辩护人在诉讼过程中可以阅览或复印有关材料……"

《俄罗斯联邦刑事诉讼法典》第二百零一条规定："刑事被告人有权亲自或由辩护人帮助了解全部案件材料，以及提出补充侦查的申请。如果刑事被告人没有申请辩护人，将全部案件材料提供给他阅读……"

《德国刑事诉讼法典》第一百一十四b第二项第七款（向被逮捕之被告进行告知）规定："……被告无辩护人时，得依照第一百四十七条第七项之规定申请获得案卷讯信及案卷副本。"

《奥地利刑事诉讼法》第四十五条第二款规定："阅卷权仅能由被告之辩护律师行使，但依法而无辩护律师之被告，得由被告人行使。"

我国台湾地区"刑事诉讼法"第三十三条第二项规定："……无辩护人之被追诉人于审判中的预纳费用请求付与卷内笔录之影本。"

以上例证表明，无论是普通法系还是大陆法系的国家和地区，都无争议地明确规定被告人享有阅卷权，具体方式无非有两种：一种是被告人与辩护人同时享有阅卷权；另一种是被告人通过辩护人了解案卷情况，在其没有辩护人的情况下，可以直接行使阅卷权。

在两种方式中，虽然被告人了解案卷内容的途径有所差别，但前提都是被告人享有阅卷权。

由此可见，否定犯罪嫌疑人、被告人享有阅卷权，既无法理依据，也违背国际惯例。其直接后果就是侵犯犯罪嫌疑人、被告人的辩护权，影响司法公正。

误区六：辩方证据也需要具有合法性

真实性、关联性、合法性是刑事证据的基本属性，这是法学理论界和实务界的通说。然而，长期以来，由于这种"三性"说并没有将控方证据与辩方证据加以区分，致使这三个属性成了控方证据与辩方证据的共同属性。多年来，这种认识已经深入人心，无论是在教科书中，还是在司法实践中，都很少有人提出质疑。虽然《刑事诉讼法》关于排除非法证据的规定并没有指向辩方证据，但是，也没有明确规定辩方证据不在排除之列。以至于，在庭审质证过程中，控方常常会以证据不具有合法性或者证据来源不明为由，质疑辩方证据，而法庭也经常会支持控方的质疑，致使辩护律师陷于被动。

究竟应当如何评价对辩方证据合法性的质疑？辩方证据是否应当以合法性为必要条件？辩方以违法方法收集的证据是否具有证据能力？回答这些问题，必须面对现实。

多年来，辩方证据获取途径违法或者无法说明来源的现象时有发生。多年前有一桩投机倒把案，被告人被指控倒卖汽车和摩托车。按照当时的规定，只有具备相关批准文件才是合法经营，否则就构成投机倒把罪。该案中，被告人明明有合法手续，可这些文件却被办案机关隐匿了，而律师也没有正常途径可以获取。结果是被告人有口难辩，一审判处被告人罪名成立。但是在二审期间，被告人的一位朋友从公安局内部将放在卷柜中的这些文件偷出来并转交给律师，二审才改判无罪。

类似的情况还有很多，例如，被告人家属为辩护律师提供了一份关键证据，其真实性和关联性都没有疑问，但家属却不敢公开该证据的来源,也不敢公开提供者的身份。又如,一个通缉犯向法院寄送了一份能够证明被告人无罪的关键证据,但该通缉犯又无法出庭作证……

尽管上述证据都有机会递交法庭,却面临一个法律上的尴尬:辩方的确是通过一种非正常的途径和方式获取了该证据,那么,在这种情况下,我们能否仅仅由于这些证据收集程序违法或者来源不明,就在该证据真实性无疑问的情况下以其不具有合法性为由拒绝采信?也就是说,能否让被告人承担证据来源违法或者律师违法取证的不利后果?或者说,能否由于辩方证据不具有合法性而放任无辜的被告人蒙受冤狱?如果遇到一种更极端的情况:在一桩杀人案中被告人的律师以违法方法收集到了一项足以证明被告人无罪的证据,法官能否因该证据不合法而仍然判决被告人有罪并处以极刑?实践中应当没有法官会这样做。但是,这个法官在判词中又该如何解释?

面对这些问题,我们必须正视一个不容回避的简单话题:在有证据证明一个人无罪的情况下,能否仅仅由于该无罪证据来源不明或者系非法取得,而仍然判决其有罪?如果可以这样做,那么,公平与道义何在?如果不可以,那么,要求辩方证据合法性的理由又何在?

这种充满矛盾的现实,似乎提出了一个两难选择的问题,这正是导致此题难解的症结所在。但是,这却是每一个法律人必须面对的课题。

如果按照以往教科书式的理解,似乎这是一个不值一驳的伪命题。很多人会认为,与控方证据一样,辩方证据的合法性同样是不容置疑的。然而,如果我们正视现实,回归到法治理念和现行诉讼规则的层面来深入思考,答案却应当是否定的。

首先,从理论层面来看,非法证据排除规则是宪法的救济手段,所应对的是宪法性的侵权行为,而只有政府才可能构成侵犯宪法性权利的主体。所以，排除规则作为宪法权利的救济手段自然只能针对政府的违法取证行为，而不适用于私人违法取证行为，后者只能通过其他途径加以制裁。

正是基于这种理由，国外立法例在排除非法证据的规定中都不包括辩方获取的违法证据。美国联邦最高法院在1921年Burdeau V. MeDowell案中明确指出："第四修正案乃意图对统治权力活动的抑制；并非意图对公务员以外者加以限制。""第四修正案保护公民不受非法的搜查和扣押，正如先前判例所示，这种保护适用于政府的行为。它的起源和历史清楚地表明，修正案的目的在于抑制主权行为，而并非限制其他非政府机构的行为。"

在大陆法系国家，也没有立法例将辩方证据包含在排除非法证据的范围之内。

其次，从保障人权的角度来看，排除非法证据的价值在于捍卫人权，维护法治，防止冤假错案。所以，即使这种排除以放纵个别罪犯为代价，也有利于维护司法公信力，符合法治社会的整体利益。而排除辩方非法证据的代价，却可能会践踏人权，铸成冤假错案。这两种代价，一种是由国家承担，另一种则是由无辜的个人来承担，显然不能一视同仁。

基于以上理由可见，辩方证据的证明能力不应以合法性为前提，其法理依据充分，社会效果明显。然而，遗憾的是，这个在国际社会已成共识的原则在我国却至今未能明确，致使对辩方证据合法性的苛求成为实现被告人辩护权的严重障碍。

误区七：律师可以违背当事人的意愿独立行使辩护权

我国的刑事审判法庭不止一次地出现过这样尴尬的场景：被告人坚决不承认自己有罪，辩护律师却坚持对其作以有罪为前提的罪轻辩护。律师坚持的理由是依法"独立行使辩护权"。多年来，这种场景时常发生，但这个问题却没有引起足够的重视。在一些人看来，这似乎是律师辩护权独立性的应有之义，却很少有人去探究它的真正内涵。

律师辩护权独立性的含义究竟是什么？律师可以违背当事人的意愿去独立行使辩护权吗？这个问题，既涉及刑事诉讼的目的性，又涉及辩护律师的职责定位。

从刑事诉讼目的的角度来看，独立辩护论最初源于德国的辩护理论。在职权主义的诉讼构造下，由于将发现真相作为刑事诉讼的最终目的，则认为控辩双方都负有协助法院查明真相的义务，所以律师对法院的真实义务应当优先于对当事人的忠诚义务，赋予律师独立的辩护地位是为发现真相的目的服务的。

然而，事实却一再表明，将发现真相作为刑事诉讼目的的理论忽视了一个无法回避的现实：有些真相终究是无法发现的。而一旦如此，往往就会有一些假设的真相被制造出来填补空白，以求实现发现真相的诉讼目标。这是因为，如果没有真相就无法实现事先预设的诉讼目标。

发现真相的理论不仅脱离现实，而且也与刑法的基本功能相背离。作为国家机器的组成部分，刑法的功能是维护社会的整体秩序，而并非局限于对个案的是非评价。刑事诉讼活动的价值，则是以追求司法公正的方式去实现恢复社会秩序的总体目标。而在这种目标之下，发现真相仅仅是追求司法公正的一种必要手段。而且，由于当今社会还无法做到对所有案件都能够查明真相，所以，体现为客观真实的实体公正，并不是实现司法公正的唯一手段。与此同时，体现为证据真实的程序公正则对于实现司法公正具有不可替代的独立价值。

由此可见，发现真相与司法公正并不具有同质性。将发现真相作为刑事诉讼目的的理论，既背离了刑法的基本功能，也混淆了目的与手段的逻辑关系。

由于发现真相的理论在实践中屡遭困惑，现代刑事诉讼走出了客观真实的幻影，程序公正理论在现代诉讼理念中已经成为共识。近些年来，无论是在欧美，还是在日本，已经有越来越多的学者提出，刑事司法制度不应当仅仅着眼于发现事实真相。德国本土学者魏根特教授也指出："查明真实本身并不是目的，而必须以恢复社会平和这一刑事秩序的机能来理解诉讼目的，查明实体真实只不过是诉讼的中间目的而已。"显而易见，在以恢复社会秩序作为刑事诉讼的最终目的，查明真相只是一种手段即中间目的的现代诉讼理念中，辩护律师的职责是通过维护程序公正进而实现维护被告人合法权益的方式，实现恢复社会秩序的目的，并不负有发现真相的义务。

从辩护律师职责定位的角度来看，辩护权设置的初衷，即是通过对抗公权力，最大限度地维护当事人的合法权益。辩护权源于当事人的自愿授权，因当事人的委托而产生。因此，辩护权的本质是从属于当事人的私权利。正如美国学者弗兰克尔所言："如果律师成为一名真相发现者，而非委托人的斗士，从经济动机上和职业组织方面来看，可能会导致客户和律师的早期冲突：委托人如何以及为何需要对破碎的忠诚（律师要对事实和委托人两者忠诚）付费？我们要求律师对他从事的案件真实性负责是否会造成他们对辩护失去动力和不愿投入？我们能否让一名律师英勇地保护他的委托人并对抗全世界——不只是对抗国家。同时，要求他将追求模糊不清、需要深入调查才能发现的事实真相作为自己的崇高目标？"

由此可见，在现代刑事诉讼理念中，辩护律师应当以维护程序正义为目标，以坚持对当事人的忠诚义务为宗旨，依法最大限度地维护当事人的合法权益。而与这种辩护权的职责定位相一致，辩护权的行使则应当与当事人的意志保持一致，辩护权的独立性不应违反对当事人的忠诚义务。

那么，究竟什么是辩护权独立性的应然内涵？或者说，辩护权独立性的含义，究竟是独立于当事人的意志，还是独立于当事人意志之外的其他因素，或者是两者兼而有之？

简言之，不同的诉讼目标必然形成不同的诉讼结构。当律师的主要职责是服务于发现真相时，为践行该职责，他可以独立于当事人的意志而坚持自己的主张。然而，在现代刑事诉讼理念中，当司法公正的标准已经不单单是难以确定甚至无法查明的案件真相，而是兼顾人权保障、程序正当等多重价值，发现真相仅仅成为刑事诉讼的一种手段即中间目的时，辩护人的职责就不是与控审双方共同配合去发现真相，而是在制约与对抗的关系中，从维护当事人的角度去实现程序的正当性。因此，辩护权独立性的意义不能体现为独立于当事人，而只能是独立于当事人意志以外的其他因素。

现实生活中，影响和干扰辩护权的因素表现在很多方面，例如：来自权力的干预或影响；来自当事人亲属、上司或者帮助当事人委托律师的出资人提出的违背当事人意愿的要求；社会上的各种舆论干扰和压力；等等。根据辩护权的从属性和刑事诉讼中控辩抗衡的特性，这些与当事人意志相违背的其他外部因素，才是辩护权独立性的指向所在。概言之，辩护权的外部独立性，才是辩护权独立性的真正所指。中华全国律师协会 2017 年发布的修改后的《律师办理刑事案件规范》第五条第三款明确规定："律师在辩护活动中，应当在法律和事实的基础上尊重当事人意见，按照有利于当事人的原则开展工作，不得违背当事人的意愿提出不利于当事人的辩护意见。"这一规定集中表达了两层含义：一是律师提出辩护意见不得违背当事人的意愿；二是律师提出的辩护意见不得不利于当事人。

在辩护过程中，律师与当事人的意见分歧主要有两种情形：一种是被告人坚持无罪，而律师认为其有罪；另一种是被告人坚持认罪，而律师认为无罪。当律师与当事人发生意见分歧时，首先应当通过沟通、交流争取达成共识和理解。在最终无法取得一致的情况下，或选择顺应当事人的意愿提出辩护意见，或选择退出辩护。但须遵守一个重要原则：不得帮助当事人伪造或毁灭证据。

在我国司法实践中有一种特殊现象：有时候当事人出于各种难言之隐，为了自保而坚持违心认罪。在此情况下，如果律师确有认为其无罪的充分理由，可以在不影响其认罪态度的前提下提出有利于被告人的法律上无罪的辩护意见。这种做法不违背律师对当事人的忠诚原则，而且恪守了对当事人负责的职业道德，不失为辩护权独立性的一种合理表达方式。

误区八：律师保密义务不能对抗侦查权

我国《律师法（2017）》第三十八条规定："律师应当保守在执业活动中知悉的国家秘密、商业秘密，不得泄露当事人的隐私。律师对在执业活动中知悉的委托人和其他人不愿泄露的有关情况和信息，应当予以保密。但是，委托人或者其他人准备或者正在实施危害国家安全、公共安全以及严重危害他人人身安全的犯罪事实和信息除外。"《刑事诉讼法（2012）》第四十六条规定："辩护律师对在执业活动中知悉的委托人的有关情况和信息，有权予以保密。但是，辩护律师在执业活动中知悉委托人或者其他人，准备或者正在实施危害国家安全、公共安全以及严重危害他人人身安全的犯罪的，应当及时告知司法机关。"

《律师法》和《刑事诉讼法》关于律师保密义务的规定可以说是明确、具体且具有一致性的。但是，司法实践中办案机关（主要是公安机关）找到律师和律师事务所强行调查取证的情况却时有发生，或者向律师调取其曾经代理过案件的卷宗或相关证据材料,或者直接让律师做调查笔录,还有的要求调取律师事务所与客户的委托合同及律师费发票,甚至会以追缴赃款的名义冻结律师事务所的账号或者直接扣划律师费。当律师和律师事务所以保密义务为根据拒绝配合时,办案机关却提出了另一种理由:"律师保密义务不能对抗侦查权。"

在这种情况下,多数的律师和律师事务所都只好迫于压力予以配合。而律师的这种无奈之举,不仅侵犯了委托人的隐私权,也触犯了律师职业道德的底线。

律师对委托人的保密义务能否对抗侦查权,这本来是一个不言而喻的问题。因为,保密义务对于委托人而言是一种义务,对于公权力而言就是作证豁免权即免作证权,如果没有后者的免作证权也就无法履行前者的保密义务。所以,对抗侦查权的免作证权本身就是保密义务的题中应有之义,律师对委托人负有保密义务,对侦查机关即享有免作证权,保密义务的主要指向就是对抗公权力。

律师保密义务发生于执业活动中,需要保密的内容是其在执业活动中基于委托人的信赖关系而获取的。如果律师违背这种保密义务,就会导致委托人失去信赖而不愿向律师披露真情,甚至不敢再委托律师。所以,律师对委托人的保密义务是律师与当事人之间互信原则的集中体现,而这种互信原则是律师制度赖以存在的根基。律师对委托人保密义务的理论基础是利益均衡原则,根据利益均衡原则,当我们维护一项社会正义的时候,还应当考虑到其可能会造成的另一种不公正。而当其他社会价值大于追究某一特定犯罪人的刑事责任时,法律就会选择保护更重要的利益。在因律师免作证权而影响到一个特定的个案与维护律师制度根基这两种利益之间权衡利弊时,以维护律师制度为重,当然是不容置疑的选择。所以,律师保密义务同时也是对司法机关的免作证权,早已成为国际社会的通行原则。

1990年9月7日第八届联合国预防犯罪和罪犯待遇大会上通过的《关于律师作用的基本原则》第二十二条规定:"各国政府应确认和尊重律师及其委托人之间在其职业关系内的所有联络和磋商均属保密性的。"

世界刑法学协会第十五届代表大会《关于刑事诉讼法中人权问题的决议》第十四条规定:"一切证据调查必须尊重职业作证豁免权。"

同时,在美国专门有《律师作证特免权保护法案》,在英国、德国、日本等多数国家的刑事诉讼法中都明确规定了律师的作证豁免权。

在国际社会通行的作证豁免原则中,还包括神职人员和医生在内。因为,如果一个神父可以对于忏悔者披露的罪行向司法机关作证,一个心理医生可以对于患者披露的罪行向司法机关作证,也同样会毁掉这两种职业的根基。可见,以免证的特权履行对客户的保密义务是律师、神职人员和医生这三种职业中不可逾越的道德底线。

从理论上划分,律师保密义务分为绝对保密义务和相对保密义务。二者的区别主要在于律师对于其知悉的尚未发生的危害行为是否承担保密义务。按照绝对保密原则,律师对于在职业活动中知悉的委托人的一切信息都应当保密,也包括其准备和正在实施的危害行为在内。而按照相对保密原则,律师则只应对其知悉的已然(已经实施)的危害行为承担保密义务,对于未然(尚未发生或正在实施)的危害行为不承担保密义务。

从既维护律师制度又兼顾保卫社会安全的角度出发,国际社会中绝大多数国家的立法普遍采取相对保密原则,我国也不例外。为此,我国《律师法(2017)》第三十八条和《刑事诉讼法(2012)》第四十六条均规定,将"准备实施或者正在实施的"危害行为排除在保密义务之外。

需要特别强调的是,《刑事诉讼法(2012)》第四十六条的表述是"辩护律师对在执业活动中知悉的委托人的有关情况和信息,有权予以保密",这一表述恰恰明确了保密义务本身的权利属性。也就是说,它对委托人而言是一种保守秘密的义务,对公权力而言则是一种免作证的权利。二者之间是一种对应关系,即这种保密义务正是通过作证的豁免权来实现的,而且也只能通过这种豁免权才能实现。

接下来在第四十六条后面的"但书"部分又规定:"但是,辩护律师在执业活动中知悉委托人或者其他人,准备或者正在实施危害国家安全、公共安全以及严重危害他人人身安全的犯罪的,应当及时告知司法机关。"这一规定表明,只有对于排除在律师保密义务之外的那些未然的、危害到国家、公共及他人人身安全的重大犯罪行为,律师才具有作证义务。反之,对于保密义务范围之内的其他信息,律师当然没有作证义务。从而,法律进一步明确了律师保密义务的免作证权性质。

"律师保密义务不能对抗侦查权",是对律师保密义务性质的误读,也是对立法本意的曲解。由于实践中办案机关强制律师违反保密义务的现象时有发生,不仅使委托人的隐私权屡遭侵犯,而且也破坏了律师与委托人之间的互信原则,动摇了律师制度的根基。

鉴于这种现象导致后果的严重性,希望在理论上进一步厘清认识、走出谬误的同时,能够在立法上对律师的免作证权作出更直接、更明确的规定,以杜绝实践中以公权力强制律师违反保密义务的乱象。

误区九:举证责任倒置的思维惯性根深蒂固

刑事诉讼中的举证责任,是指公诉方和辩护方在审判中向法庭提供证据证明其主张案件事实的责任。举证责任又称证明责任，虽理论上对二者内涵有不同解读，但没有实质性分歧。在现代诉讼制度中，举证责任分配的规则以无罪推定理论为基础。

首先，无罪推定理论决定了刑事诉讼中举证责任应当由控方承担。因为被告在被证明有罪前被推定为无罪，没有证明自己无罪的责任。因此，举证责任首先应该由控方承担。

其次，无罪推定理论解决了举证责任的转移问题。在诉讼过程中，如果控方举证的事实已经被辩方认同而辩方又提出了一项具体的事实主张，如不在现场的事实主张、正当防卫的事实主张等，举证责任会因此发生转移。

最后，无罪推定理论决定了控辩双方承担举证责任需要达到的证明程度不同。根据无罪推定原则，当控方举证证据不足时，法庭应当作出有利于被告人的判决，因为控方的证明责任需要达到确实、充分，可以排除一切合理怀疑的程度。而辩方的证明责任只需要达到存在合理怀疑的程度。

值得重视的是，举证责任制度先于无罪推定理论而出现，但无罪推定理论却奠定了现代举证责任制度的基础。因此，正确理解和适用现代刑事诉讼中的举证责任分配规则，首先必须正确理解和适用无罪推定原则。

在现代诉讼理念中，以无罪推定理论为基础的举证责任规则已经成为法治国家立法和司法中的共识。但是，这个问题在我国却是至今尚未解决的一种困惑，有很多人仍然陷入举证责任倒置的误区之中。

导致这种现象的原因主要有两个：一是立法本身的问题，二是司法理念的问题。

在立法层面上，《刑事诉讼法（2012）》第四十九条规定"公诉案件中被告人有罪的举证责任由人民检察院承担"，明确了控方的举证责任。但同时，法律又在其他条款中体现了辩方也有举证责任的内容。例如，对照《刑事诉讼法（1996）》和《刑事诉讼法（2012）》可见：（1）《刑事诉讼法（1996）》第三十五条规定："辩护人的责任是根据事实和法律，提出证明犯罪嫌疑人、被告人无罪、罪轻或者减轻、免除其刑事责任的材料和意见……"，《刑事诉讼法（2012）》的同一条款则删除了"证明"二字。（2）《刑事诉讼法（1996）》第九十三条和《刑事诉讼法（2012）》第一百一十八条都规定："犯罪嫌疑人对侦查人员的提问，应当如实回答"，但《刑事诉讼法（2012）》第五十条又规定"不得强迫任何人证实自己有罪"。

立法中这两处修改表明：

①《刑事诉讼法（1996）》规定要求辩护人提出证明犯罪嫌疑人、被告人无罪、罪轻或者免除刑事责任的材料和意见，实际上是要求辩方承担一定的证明责任，这一规定与无罪推定原则是相违背的，反映出与有罪推定理念相吻合的举证责任倒置的思维方式。《刑事诉讼法（2012）》修改时取消了"证明"二字，即取消了辩方的举证责任，应该说是体现了立法理念的进步。但同时也说明，我们在立法上向无罪推定原则迈进的时间很晚且并不彻底。直到今天，无罪推定原则也还没有明确写进《刑事诉讼法》的条文，只是在《刑事诉讼法（2012）》第十二条中规定："未经人民法院依法判决，对任何人都不得确定有罪。"而这种中国特色的委婉表述形式却难以确证为明确的无罪推定原则，留下了可以见仁见智的解读空间。正由于如此，无罪推定的理念仍然难以深入人心，相应之下，举证责任倒置的思维惯性依然难以遏制。

②《刑事诉讼法》中关于犯罪嫌疑人对侦查人员的提问应当如实回答的规定，是对犯罪嫌疑人自证其罪的要求。虽然2012年修法时，增加了关于"不得强迫任何人证实自己有罪"的规定，却又仍然在第一百一十八条中保留了"应当如实回答"的规定，因而又形成了这两个条款的冲突关系。这种冲突事实上也给

以无罪推定为基础的举证责任制度的贯彻留下了隐患。

应该说,《刑事诉讼法》在立法中这种对无罪推定原则规定的滞后性和不彻底性,与人们对举证责任规则认识混乱的现象不无联系。在司法理念层面,由于多年来有罪推定思维习惯的普遍性,以及立法中对无罪推定原则贯彻的不彻底性,以有罪推定为基础的举证责任倒置的滞后理念并未被彻底革除,使得要求被追诉者"自证无罪"的举证逻辑仍然随处可见。在司法实践中,有些法律人常常会在办案过程中不自觉地表现出举证责任倒置的习惯性的思维方式,而且这种思维方式有时甚至会占据上风。例如,在法庭上控方经常会以辩方证据不足为由反驳辩方的主张,而这种理由有时还会得到法庭的支持。更典型的范例,莫过于法院判决书中以证据不足为由驳回辩护理由的表述。诸如"辩护理由缺乏证据支持""该辩解缺乏证据支持""辩护意见缺乏事实依据和证据支持"。实践中,具有这种同类表述的判决书并非罕见。应该说,这种判决书反映的理念与《刑事诉讼法(1996)》中关于辩方具有证明责任的规定一脉相承。但是,在《刑事诉讼法(2012)》已经修改多年以后,仍然还会出现这样的判决理由,足见司法现状的尴尬和理念转变的艰难。在这种以"自证无罪"为前提的"洗白式"的司法理念支配下,出罪难于入罪,岂不是"欲加之罪,何患无辞"吗?

举证责任倒置的思维方式所导致的消极后果,在排除非法证据的程序中反映得更为突出。在对控方证据合法性的审查上,由于被告处于无力取证、举证的被动地位,《刑事诉讼法(2012)》第五十七条第一款规定:"在对证据收集的合法性进行法庭调查的过程中,人民检察院应当对证据收集的合法性加以证明。"同时第五十六条第二款又规定:"当事人及其辩护人、诉讼代理人有权申请人民法院对以非法方法收集的证据依法予以排除。申请排除以非法方法收集的证据的,应当提供相关线索或者材料。"《最高人民法院关于适用〈中华人民共和国刑事诉讼法〉的解释（2012）》第九十六条进一步细化为："当事人及其辩护人、诉讼代理人申请人民法院排除以非法方法收集的证据的，应当提供涉嫌非法取证的人员、时间、地点、方式、内容等相关线索或者材料。"

以上规定明确了两条原则：一是明确在排除非法证据程序中由控方承担举证责任；二是要求辩方只负责提供相关线索或者材料。应当说，对于被告人而言，提供线索和材料已经是勉为其难了。但现实中，即使提供了相关线索和材料也很难进入排除程序，被告人方往往会面临更为苛刻的条件。绝大多数情况下，"线索和材料"都变成了证据的代名词，以至于排除非法证据的程序基本上流于形式，真正得以排除的案例极为少见。

排除非法证据程序的障碍背后，还隐藏着另一个原因，而这个原因也与举证责任倒置的偏见密切相关。排除非法证据阻力巨大的重要原因之一，是办案人员因担心承担刑讯逼供的刑事责任而顾虑重重，而产生这种顾虑的原因恰恰也是出自对举证责任规则的错误认识。根据法律规定，需要排除的是非法取证的可能性，并不是实然性。所以，即使证据被排除了，办案人员也并不必然构成刑讯逼供罪，二者之间并无必然联系。因为根据无罪推定原则，不可能仅仅以"可能性"为由追究刑讯逼供的责任。然而，正是由于有些人陷入以有罪推定为基础的举证责任倒置的偏见之中，才一方面在指控被告人有罪时要求被告人自证无罪，另一方面在承担合法取证的举证责任时又试图将举证责任转移给被告人。而一旦"排非"成立，又会从刑讯逼供犯罪嫌疑人的角度换位思考，把非法取证的可能性当成了刑讯逼供的必然性，从而将自己置于自辩无门的境地。

其实，这一切不正常现象背后的深层原因，都源于举证责任倒置的偏见。因为以有罪推定为基础的举证责任倒置的思维方式，总是从要求被指控者自证清白的角度去分配举证责任。

举证责任倒置的思维习惯与人治的理念一脉相承,因为在人治社会中,代表权力的主观判断比证据更重要,证据意识淡漠已成为社会常态。在中国社会走向法治之前,尤其是在"文革"动乱时期,先抓人后找证据,让犯罪嫌疑人自证清白的做法司空见惯、习以为常,很多人已经接受和习惯于这种思维方式。这应该是在我国形成举证责任倒置思维习惯的历史原因。

值得警惕的是,这种举证责任倒置的思维习惯不止体现在刑事诉讼中,在民事诉讼中也不乏其例。前些年引发举国关注的南京彭宇被告撞倒老人案,就是举证责任倒置的典型案例。在救助者与被救助者发生责任纠纷,原被告双方对撞与没撞的基本事实各执一词,而被救助者指责救助者并向其索赔的情况下,法院竟然要求救助者举证证明其没有撞倒对方的事实,并且因其举证不能而判决其败诉。该案虽然在舆论谴责之下终于得到纠正,但深刻地反映出这种举证责任倒置的错误观念在我国社会中的顽固性和普遍性。

举证责任倒置的思维方式,是有罪推定理念的延伸,是司法公正的天敌。在刑事诉讼中,则是铸成冤假错案的认识根源。

误区十:控辩审三方职责定位混乱

法治建设四十年以来,关于控辩审三方的职责定位问题至今未能厘清。由于辩护权被漠视,律师地位低下,控辩冲突一直难以缓解。同时,辩审双方、控审双方也时常发生冲突。前些年,辩审冲突曾经一度升温,法庭训斥律师、驱逐律师的现象时有发生。后来,控审冲突又日渐公开化。一方面,公诉机关因片面追求起诉成功率而时常发生以诉代审的倾向,加之检察机关对职务犯罪自侦自诉一体化的结构设计,使得诉权的地位不断提升,致使法院处于自嘲为"弱势群体"的尴尬境地。另一方面，实行以审判为中心的制度改革以来，法院一方又时常会以不适当的方式来表现出自己的强势地位，例如可以超越公诉请求的内容作出判决。

这一系列冲突之所以此起彼伏，难以平复，其根本原因是对控辩审三方职责定位存在认识误区。

律师之所以被边缘化而成为"弱势群体"，根本原因是对辩护律师职责定位存在认识错误。长期以来，人们始终未能真正认识到律师对维护司法公正起到的不可替代的制约作用，而将其视为干扰、对抗公权力的消极力量。之所以如此，就在于对刑事诉讼活动的规律和结构设计缺乏正确认识。而再究其根源，则是尚未走出漠视犯罪嫌疑人、被告人权利保障的滞后观念。在我国历史上犯罪嫌疑人、被告人一直被当作诉讼活动的客体对待，成为单纯的打击对象。2012 年修改《刑事诉讼法》时，虽然在条文中强调了保障犯罪嫌疑人、被告人权利的重要性，但由于理念的滞后，这个原则却无法得到有效贯彻。刑辩律师的职责就是帮助犯罪嫌疑人、被告人维护权利，而在犯罪嫌疑人、被告人的权利受到漠视的情况下，律师的权利必然会受到漠视，二者具有不可分割的必然联系。与此相适应，律师被视为司法活动中的异己力量也就不足为奇了。

由于在中国社会中，律师制度的历史过于短暂又几次中断这一特殊的历史现象，人们对律师十分缺乏了解。就控辩关系而言，在一个正常、合理的诉讼结构中，控辩双方本应是一种以制约求公正的理性对抗关系，但是法治建设四十年来，中国社会中的控辩关系却经历了一段由形式性对抗转向冲突性对抗的矫枉过正的弯路。在律师制度恢复初期，表面上处于对抗地位的控辩双方实质上却是在共同配合法庭办案，并没有形成真正的对抗关系。因为根据当时《律师法》的规定，律师的首要职责是维护法律的正确实施。后来，随着《律师法》的修改和律师管理体制的改革，控辩双方的关系又转向了冲突性对抗的另一个极端。控辩关系由形式性对抗转向冲突性对抗，是从一种误区走向了另一种误区。直至今天，这种冲突性对抗的僵局仍然没有被完全打破，控辩双方理性对抗的正常化关系仍然难以实现。现实中，有两句常见的抱怨：某公诉人说"诉了半天，白诉了"；某辩护人说"辩了半天，白辩了"。这种感受，恰恰是冲突性对抗的认识根源。

检察机关之所以在面对控辩冲突的同时又发生控审冲突，其根源同样出自于其对自身职责定位的认识误区。检察机关的基本职责是指控犯罪，追求超越职能的权力和目标则是其与辩审两方发生冲突的主要原因。

首先，检察机关对职务犯罪的自侦权不仅存在侦诉一体化的弊端，而且还延伸出对审判机关的威慑，致使法院和法官在裁判时不得不顾及公诉人的观点和态度。从而，因诉权过于强势而导致控审关系失衡。这种状况虽然随着其自侦权的分流而改善，但这种冲突的阴影却难以完全消散。

其次，检察机关监督权的扩张违反诉讼规律。司法监督属于检察机关的部分职能，但这种监督权如果运用失当就会适得其反。直至今天，在法庭上还经常听到公诉人当庭宣称"公诉人在法庭上依法行使监督权"。这种宣言是十足的角色错位，是宣称原告方有权监督裁判者，无异于给法官戴上手铐。遵循诉讼原理，检察机关的监督权不应在审判阶段行使，而应当前移至侦查阶段，侦查监督才是检察机关亟待强化的重要职能。

最后，对起诉成功率的过度追求，导致公诉权对辩护权和审判权的双面冲击。

在曾经坚持99%以上起诉成功率的目标下，检察机关为实现有诉必判的结果，一方面会导致与辩方的冲突加剧；另一方面也会产生公诉权冲击审判权的越权趋势，引发控审冲突。而更为尴尬的是，还会在检察机关内部造成进退两难的自身冲突。根据诉讼规则，侦查、起诉、审判三个阶段的价值目标和证据标准应当各有不同，侦查活动的价值目标应当是怀疑一切，而裁判活动的价值目标则应当是排除一切合理怀疑。公诉机关有诉必判的目标追求，不仅违背诉讼规则，而且给公诉人压上了有进无退的后果责任，迫使其陷于为定罪而不遗余力，不判有罪不罢休的尴尬境地。

法院作为裁判者本应处于相对超脱并至高无上的地位，但在我国却不断发生与控辩两方的冲突，这种反常现象同样是来源于控辩审三方职责定位的认识误区。

长期以来，由于检察机关的强势地位和实质上以侦查为中心的诉讼模式，公检法三机关似同一条击鼓传花的流水线，法院少有拒绝接受的主动权。再加之权力干预屡禁不止的复杂情势，法院一度处于难以自主的弱势地位。在这种情况下，法院中立性的弱化和偏移具有一定的必然性。而这种中立性的弱化和偏移，又成为了控辩审三方发生冲突的潜在因素。

前几年几度发生辩审冲突不断升级的现象，突显了职责定位误区所产生的后果。在一个正常的诉讼架构中，控辩冲突具有常态性，只是冲突的性质和程度会有所不同。但如果发生辩审冲突，却是一种反常情况。因为辩方没有理由和能力去挑战具有中立性和权威性的裁判方。如果在庭审活动中法庭能够严守程序规则并坚持中立性和被动性，这种冲突应该不会发生。即使有个别无理取闹的律师也会处置有据，绝不会发展为一种引起广泛关注的辩审冲突的社会现象。

以审判为中心的司法制度改革为庭审实质化铺平了道路，也提升了审判机关的权威性。然而，一方面，推进庭审实质化的道路仍然一波三折。另一方面，在法院试图强调审判权威性的同时，控审冲突又掀起新的波澜。诸如，认罪认罚案件中法检两方权力分配的纠葛，以及二审法院对抗诉案件裁判原则等一系列问题，又成了控审冲突的起因，不久前发生的二审法院对检察院抗诉求轻案件加重处罚的案例，进一步反映控审冲突的升级。

长期以来，控辩审三方之所以冲突频发、是非难辨，根本原因就在于三者的职责定位混乱。作为司法结构中的三个不可或缺的独立主体，在各自定位不明确的情况下，冲突就具有不可避免性。而多年来人们千呼万唤的法律职业共同体之所以难以形成，也是出于同样的原因。法律职业共同体是在顺应诉讼规律的前提下因需求而产生的，当控辩审三方职责定位合理、明确，在各司其职的前提下形成任何一方都不可或缺的真正的制约关系；当公诉人就是公诉人，律师就是律师，法官就是法官，每一方都能找到自己的准确定位，每一方又都能在不出偏差、恪守职责的基础上，感受到任何一方都缺一不可的时候，法律职业共同体就会自然形成。

控辩审三方职责定位问题，是司法活动正常运行、健康发展的前提和基础，也是考量一个社会法治化程度的标志。法治建设四十年以来，控辩审三者关系至今还没有理顺。这种局面的形成，既涉及理念问题，也涉及机制设计问题，但归根结底还是理念问题。只有在理念的自省中不断地发现问题，走出误区，才能打破这种困局。

中国的法治之路已经走过了四十年，成就的背后也暴露出法治化进程中的种种困扰。而其中亟待突破也是最难突破的，就是理念的滞后。因此，我们必须正视现实，冷静、理性、旗帜鲜明地走出理念的误区，才能摆脱思想的桎梏而转向真正的法治思维。

刑辩律师职业伦理的三个核心问题[*]

这个机会很难得,题目的设计我也觉得非常好,因为律师的职业伦理是一个最基本的问题,同时又是最复杂的问题。关于律师职业伦理的争论一直在持续,过去、现在和未来,基本的思路差不多,但很难做到完全统一,为什么?结合大家的发言,我发一点感慨。大家从实务和理论的角度都做了很深刻的分析,我把它梳理一下。我觉得有三个最核心的问题:一个是律师与公平正义的关系,一个是律师与委托人的关系,再一个是对律师保密义务的理解。

一、律师与公平正义的关系

首先,多年前我就谈过律师与公平正义的关系。律师既不是"天使"也不是"魔鬼",既不代表正义,也不代表邪恶。据我了解,我这个观点多数人是认可的,但是也有一部分人是反对的。其实,我认为这里有个哲学问题,也是个关于正义概念的问题,那就是我们在谈到正义时,对正义应作何解读?

---

[*] 本文根据田文昌律师 2021 年 5 月在西北政法大学第二届刑事辩护高峰论坛上的发言整理。

什么是公平正义？谁代表正义？正义只有一个，当某一个问题多方发生争论的时候，谁都认为自己代表正义。

民意也是如此，什么是民意？是否要服从民意？关于法律和民意的关系一直争论不休。有一次在电视台现场录节目，在场有三四十位观众，大家知道那种形式，当双方提出观点时候，由观众举牌来表示支持哪一方，但现场从来没有出现过所有人都举牌支持一方的情形，总是有两种观点。那么到底是哪一方代表民意呢？如果现场有四十多人，假如有三十个人占多数，那么你怎么知道场外会不会又有相反的结果呢？十几亿中国人，你怎么统计谁代表民意呢？

所以回过头来说正义，正义不可能是多种正义，正义只有一个。当任何人都没有理由和权力证明他是正义化身的时候，他怎么代表正义？所以我说，律师不代表正义，但可以追求正义，律师全心全意地忠实履行了职责，就起到了维护和追求正义，包括体现正义的作用。所以，从这个角度来讲，你既不能说律师代表正义，也不能说律师与正义无关。两种说法都是极端的。

所以在这个问题上，我是想表明一种观点，就是我们谈律师和公平正义关系的时候，首先要搞清楚什么叫公平正义，要搞清楚哪一种主体才能够体现公平正义，包括法官，法官站在主持公正的位置上，某种意义上来说，一个法官可以代表公平正义，但只是他应该代表，而能不能代表，这也得看事实。我觉得从这个角度来分析，就好理解一点。

二、律师与委托人的关系

首先要搞清楚一点，谁是委托人？对于这个问题，有些人并没搞清楚。谁是委托人？是给你出钱的人，还是委托你做案子的人，还是当事人？真正的委托人，只能是你的当事人，别人都是代为委托。我们有规定，签了委托协议以后，会见的时候要得到当事人的认可，如果他不认可，是没有效的，因为你是为你的当事人服务的。从这个意义上来讲，真正的委托人，只能是你的当事人，所以你只能为你的当事人服务，你不能听命于他人，包括出钱的人，或者是当事人的亲属、朋友，甚至家庭成员。实践中有这样的事，老板、领导、亲属出了钱，就要求律师按他们的意愿行事，实际上他们的有些要求是损害当事人利益的。那我们律师当然不能听他的，一定要遵从当事人的意愿。因为你真正的委托人是你的当事人。

另外，律师对什么负责，对事实负责还是对证据负责？这一点很重要，刚刚有人也谈到了。明知当事人有罪，你还能不能作无罪辩护？从表面上看不能，你明知道他有罪了还强词夺理，合适吗？但我们更深层次地想一想，你怎么就知道他有罪呢？我多次在法庭上讲，控辩审三方，谁都不是当事人，谁都不能再现现场，那么，你怎么知道当时的事实究竟如何？有的当事人死不认罪，并不代表他无罪；有的当事人虔诚地认罪，并不代表他有罪。有的证人指认了犯罪嫌疑人，照样出现了千古奇冤的冤案。人不是神仙，在很多情况下，如果你无法确认他是有罪还是无罪，怎么能得出一个明知道他有罪的前提？所以律师对什么负责？是对证据负责。律师没有权力去确认谁真正有罪或无罪，律师的职责就是依照法律的规定，从证据出发，只能提出证据足不足的问题。所以我们只能对证据负责，但无法对事实负责。

那么接下来，谈到事实问题，又涉及另一个有争议的理念，法庭审理的目的是什么？是发现真相，查明事实吗？这个理论最早来自德国。关于这个问题，我多年前到德国慕尼黑大学跟一个教授讨论过，德国有些教授现在还坚持这个观点。但是我们想想，法庭审理的目的是不是查明真相？首先，真相能不能查明？有些真相是永远查不明的，人类社会发展到今天，我们的科学技术手段还不具备可以还原一切真相的能力，当然多数真相可以查明，但有些不可能查明。其次，更重要的是，我们来分析一下司法活动的基本功能和目的，无论是按照西方的观点，还是按照马克思主义的法律观，有一点是没有争议的：法律的基本功能是维护社会的统治秩序，维护社会的安定局面。如果没有这个功能，法律为什么要多管闲事？国家为什么设计警察、监狱、法庭？如果仅仅是鸡毛蒜皮之事，为什么要大动干戈地去审判他、判决他？有这样的必要吗？不是这样的。是由于这些违法犯罪的行为危害了社会秩序，为了维护社会秩序的稳定，国家才设立法庭的。所以，法律的功能不是为了解决个人私事，它的目的是维护国家的统治秩序。

过去有一种极端的报应刑论，比如说大家知道的，典型的报应刑主义的鼻祖——康德，有一句名言，"当市民社会已经宣布解散的时候，也要在这个社会解散的前一天，把监狱的最后一个罪犯处决掉"，这是典型的报复主义，即法律的功能不是维护社会秩序，而只是对犯罪实施报应。犯罪了就要处决他，即使没有社会了，也不能饶了他。但是这种观点对维护社会统治是没有意义的。反过来再举一个爱斯基摩人社会的例子，爱斯基摩人没有什么严格的法律，但是他们的生存环境极其艰难，个人脱离了集体就无法生存。他们对于侵犯族群的人怎么处罚？既不杀他，也不关他，而是把他驱逐出去，族群不管他的死活了，目的很清楚，只要他不危害社会就行了。所以通过这两个极端的例子我们可以分析出来，当国家、社会出现的时候，法律的功能就是维护社会的稳定，而极端的报应刑论是没有价值的。

现在我们回到主题上来讲，既然法律的功能和价值目标是维护社会的稳定，那么法庭审理查明真相的目标是什么？法庭审理查明真相的目标是维护社会的稳定，所以查明真相只是维护社会秩序的一个手段。请大家注意，目的和手段差别很大，这又涉及哲学问题。我们法律上的一些争论，很多时候实际上要更深层次地从哲学层面来思考。我们想一下，如果从哲学层面分析，从目的和手段的关系上来分析，这个问题就好理解了。我们查明真相，是为了实现公平正义，而实现公平正义的最终目的是什么呢？是维护社会的稳定。查明真相——实现公平正义——维护社会稳定，这一过程体现了手段与目的之间相互关系的不同层级。那么，如何实现社会公平正义呢？当法庭内外所有人都接受了这个审判，如果程序公正了，大家认为这个审判很公正，不管真相是什么，大家接受了，就意味着正义得到了伸张，社会就稳定了，这是审判活动最终的目标。从这个意义上来讲，查明真相只是手段而不是目的，这一点就容易理解了。

最后回到证据真实和客观真实的问题。由于我们无法做到完全还原事实，无法永远做到对所有的问题都实现客观真实的目标，所以我们能够做到法律真实，得到大家认可就可以了。所以我们设定了证据规则，设定了法律真实的标准，只要标准不是多重的，而是一致的，大家认可了，就达到目的了。所以我认为，我们一定要透彻地分析好这个问题，即法庭审理的目标是实现司法公正，而发现真相、查明事实只是维护公平正义的手段。

为什么要说这个问题？回到律师的职责，如果以查明真相为目标，那么控辩审三方都要围绕查明真相去履职。如果只是把查明真相作为手段，为了维护公平正义的目标而进行庭审，那么作为律师，我们的职责是什么？就是维护公平正义。如何维护？如何尽职尽责？按照法律的规定，按照证据的规则，只要提出证据中存在的问题，作为天平一端的"砝码"，我们就尽职尽责了。无论真相能否查明，只要实现了法庭审理的维护公平正义的目的，我们就尽职尽责了。如果律师越俎代庖去帮助查明真相，或者律师发现当事人有问题,主动揭发当事人,从整体来讲都是违背了律师的职责,都有可能是为了维护暂时的、个别的公平正义,而损害了普遍的公平正义。这涉及个别正义和普遍正义的关系。所以我说这个问题很基本,同时也很复杂。我们把它搞清楚,才能够了解律师究竟应当如何履行自己的职责。

上述还有一个问题,就是律师与当事人的关系中还涉及辩护权独立性的问题,也是争论到现在也没有完全统一的问题。什么叫律师辩护权独立性?其实对辩护权独立性的理解跟我刚才说的法庭审理的目标是相联系的,如果以查明真相为目标,那么就可以抛开当事人的意愿,为了对查明真相负责,律师可以违背当事人的意愿,独立表达律师的辩护意见。但如果律师是为了维护公平正义,从这个角度出发,作为控辩审三方相互制约的一方,那就不一样了,律师就没有理由违背当事人的意愿独立行使辩护权。所以我理解的辩护权独立性体现于:独立于当事人的意志和法律规定之外的其他各种可能影响、干扰或者干预司法审判的因素,而不能独立于当事人的意愿。这个问题在律师协会制定办理刑事案件规范的时候,经过长期争论之后明确了:"律师不得违背当事人的意愿,提出不利于当事人的辩护意见。"

但是刚才有的人也谈到了,有时候实践中还有一种特殊的情况,当事人在实际无罪的情况下认罪,律师怎么办?到这里我稍微介绍几句,关于这种情况,美国律师协会的规则规定,如果当事人认罪了,你也不能作无罪辩护,理由是什么?当事人有各种各样的考量,他可能认这个罪是为了掩盖别的罪,你要非得作无罪辩护那不是害了他吗?所以你只能服从他的意愿。但在我们国家,情况不一样,我们有一种很特殊的现象,当事人迫于压力,迫于各种各样的考量,不得不违心认罪,只是为了得到一个认罪态度良好的认定。这种情况下,律师如果明知道内幕,我们主张在不影响对事实认罪的前提下,可以作法律上的辩护,可以针对适用法律的问题提出无罪的辩护意见。所以我们规定"不得违背当事人的意愿，提出不利于当事人的辩护意见"，这里面留下了一个空间，有的时候律师可以做具体分析，见机行事。当然，在律师和当事人意见有分歧的情况下，必须跟当事人充分地协商，最好达成一致。实在达不成一致的时候，如果他认罪，你作无罪辩护他也不同意，那你只能或者作有罪辩护，或者退出辩护。但是你不能跟他对着干，否则会跟你权利的来源相背离。别忘了你的权利是私权利，是基于当事人的委托而产生的权利。

三、律师保密义务的理解

关于律师的保密义务争论已久。年轻律师不知道，我们第一次在《律师法》中确定保密义务的时候争论了好几年。有观点认为，律师首先要对法律负责，为什么还给当事人保密呢？后来，终于在《律师法》中规定了保密义务。保密义务里边又有相对保密和绝对保密之分。当然了，我们与多数国家一样，采取相对保密义务，即对已然的行为保密，对未然的将会发生的危害社会行为，不能保密，这个是没有问题的。后来《刑事诉讼法》修改的时候也加上了律师保密义务。但是直到现在，对保密义务的理解仍然有很多偏颇。包括我说过多次的，公安机关找律师，找律师事务所调卷、做笔录、查收费、查合同，甚至查封律所收费的账户的情况频频发生。他们的理由是律师可以保密，但是不能对抗侦查权。这些做法都是错误的，有一点必须明确，律师的保密义务就是免作证权，如果说律师只是对个人保密，没有必要由法律规定。法律之所以明确规定律师对当事人有保密义务，就是为了对抗侦查权，所以律师的保密义务就是律师的免作证权，免作证权的含义，就是可以对抗侦查权。这点很重要，希望我们律师对这个问题的内涵有正确理解，同时要坚持我们的原则。如果律师的保密义务没有了，出卖了当事人的利益，律师就失去了当事人的信任。

律师之所以有对当事人保密的义务，是因为律师制度的建立有一个基本的根基，就是律师与当事人的互信原则。互信原则包括两方面，一方面是律师对当事人的保密义务，另一方面是当事人不能靠揭发律师来获得从宽处罚。如果司法机关接受这样一种做法，当事人一看自己的罪太重了，就会想到以揭发举报律师的方式求得从宽处罚，那么律师还能相信自己的当事人并为其尽心尽力吗？相反，如果律师不为当事人保密，可以出卖当事人的隐私，当事人怎么敢相信你，怎么敢跟你说真话呢？所以律师的保密义务和当事人不得揭发律师，从两个角度体现了律师与委托人之间的互信原则，这个互信原则正是律师制度赖以存在的根基。如果这个原则遭到破坏，就等于挖掉了律师制度的根基，从根本上破坏了律师制度。这不是危言耸听，这个问题非常严重！

谈到律师的职业伦理，我重点谈了这三个方面的问题，跟大家探讨，一个是律师与公平正义的关系的问题，一个是律师与委托人的关系的问题，再一个是对律师保密义务的理解应当如何把握的问题。

谢谢大家！

第二章

刑辩技能

由于中国律师的历史过于短暂，中国律师的专业技能缺乏传承。过去四十余年中，对律师的业务培训一直停留在知识讲授的单一层面，实务培训长期处于空白状态。以至于在人们的认识中形成了一种普遍性的误解，似乎只要学习了法律知识，通过了国家统一法律职业资格考试，就可以做执业律师了，甚至误以为就此便可以符合法官、检察官和律师共同的入职标准。正是这种误解，造成很多法律界人士对自己职责定位认识不清的尴尬局面，以至于在控辩审三方各自不同的岗位上，有很多人仍然停留在只懂法律知识而缺乏专业技能的初级水平。

随着刑事诉讼制度的发展，庭审走过场、以书面辩护意见为主要载体的传统辩护方式将被摒弃。根据以审判为中心刑事诉讼制度改革的要求，庭审实质化将是未来刑事辩护的重要方向。因此，刑事辩护的专业化将成为不可逆转的趋势。不断提升理论水平与专业技能，则是每一位刑辩律师迫切而长期的任务。

刑事辩护基本技能浅谈*

刑事辩护既是一门科学，也是一门艺术。刑事辩护的技能，既是经验的积累，也是智慧的结晶。它既有形成共识的范式，也有见仁见智的发挥。所以，刑事辩护是一项专门的技能。而这种技能是由刑事辩护律师们共同积累、共同创造的，也是在刑事辩护活动中不断成熟和不断提升的。

刑事辩护技能是一个需要不断探讨的大课题。任何人谈到这个课题，都只能是一孔之见、一家之言。所以，今天我讲这个课题，只是浅谈，只是探讨，仅与大家分析一些个人观点和体会。既不系统，也不全面，只希望引起大家的探讨，与大家共勉。

根据刑事诉讼程序的顺序，下面重点探讨几个方面的问题。

一、接谈案件和会见

（一）接谈案件

在接谈案件当中，我想谈三个方面的问题。

---

* 本文根据田文昌律师 2015 年在中华全国律师协会刑事辩护律师执业技能培训班的演讲整理。

第一，耐心倾听而不轻信。在接谈案件的时候，当事人的亲属、朋友或者相关的人来谈委托，他们既不懂法又心情急切，感到无依无靠，很惶恐。所以，我们可能会面临各种各样很难应付的情况，他们可能说了一些没有意义，甚至不着边际的话。但是，我的一个体会是，不管什么样的话，我们都要耐心倾听。就像医生面对患者，有时候找我们办案的人比求医的人更可怜，他们更需要帮助、同情和理解，所以千万不要对他们表现出不耐烦、居高临下、不屑一顾的态度。

当然，我们和国外不一样，国外按小时收费，律师把表一按，说话的人心里就发慌，会尽量少说。我们没有计时收费，他们就放开了说。我遇见有人几个小时都说不完，这时候我们可以适当地引导一下，但是不要粗暴地打断对方。一定要耐心倾听。

但是，倾听不等于轻信。

为什么不要轻信？因为你没有理由轻信。他可能不了解情况，可能只是分析判断，还可能说假话或者出于各种目的来和你谈一些他的想法。我有一个体会：我谁都不信——当事人不信，亲友不信，警察不信，检察官不信，连法官、判决书都未必信。为什么？都可能有假，都可能有错，都可能有各种问题。我信什么？信证据，只信证据。

我说不信不是太自信，而是一切都要从证据出发。我们办案，查明真相，澄清事实，根据就是证据，别的都不能作为根据。这涉及法律真实和客观真实的冲突问题。在当前条件下，我们所依据的只能是法律真实——证据真实。

不要期望当事人说的都是真话。换一个角度，即使他和你讲的是真话，如果没有任何证据，你也束手无策。在当前情况下，从法律角度最公平的认定依据是什么？就是证据，别的都没有意义。

有一年，我到德国考察，一位德国教授讲，按照德国的理论体系，庭审的目的就是查明事实真相。但是我对这个观点持保留意见，我认为把查明真相作为目的不对。我的观点是：查明真相是手段，维护司法公正才是目的，而司法公正的基础是证据真实。有的时候，真相未必能查明，但是让人家感到公正了，达到这个目的就行了。

我强调的是，我们依靠的是证据。但话说回来，谁说的你都得听，你不能拒绝别人说，也不能不听就简单地相信你自己。什么都要听，但什么都不要信。听是判断的参考，而不是判断的依据。最后还是要看材料、看证据，重调查、重研究，这才是办案子最坚实的基础。

第二，客观分析而不承诺。现在有些当事人的认知水平还比较低，一找到律师，就像找到了救星，最爱听的就是律师的承诺——能够办到什么程度，对这个案子承诺一个结果。这是最普遍的问题，我经常遇到。但我不敢给他承诺。当事人说某某律师都能够答应做到什么程度，你怎么做不到？我只能说人家比我强。但是我告诫大家：千万不要做这样的承诺。因为我们既没有承诺的能力，也没有承诺的条件。而且，承诺之后会出现副作用，会让人抓住把柄很难交代。所以，绝不能讲大话，最多可以客观分析——根据我们掌握的材料，根据法律的相关规定，我们认为应当是什么样的结果。但是不能对当事人说能够保证或者预测到是一种什么样的结果。

第三，告知权利，防范在先。为了保护我们自己，也为了给当事人一个比较稳妥的说法，我们要做到告知权利，防范在先。而且口头说还不够，签约时最好提供一个权利告知的回执，内容包括律师不能承诺结果，不能私自收费，等等。当事人确认后应在回执上签字。在给律师们讲课的时候，我向来都明确告诫大家不要讲大话，不要作出承诺。我本人也向来坚持这个原则，但是有的当事人还投诉过我讲大话，承诺了肯定能办到什么程度，我真是有苦说不出。什么样的当事人都有,所以,防范在先很重要。

(二)会见

会见当事人时要注意以下几个方面的问题。

第一,要摆正关系。要明确我们的权利是受委托而形成的,我们是委托人的代言人。为什么我要讲这个?因为到今天为止,还有的律师会煞有介事地训斥当事人:"我是代表公正、代表法律的。"不是,你只能是依法维护当事人权利的。你收了委托人的律师费,接受委托人的委托,委托人随时可以撤换你,可以解除这个委托,你只是私权利的代言人。你不代表法律,也不能代表法律,而只能是依照法律为委托人提供法律服务。一定要摆正这个位置,这样你才能放下身段,放下架子。依照法律是前提,为委托人服务才是目的。

第二,要有亲和力。你会见当事人,他见了你像见了亲人,像抓到了救命稻草一样。无论这个人罪轻罪重、官大官小、是好是坏,当他落入这个境地的时候,肯定把你当救星。当你了解到这样一种情况,理解对方这样一种心态,就一定要给他一种亲和力,让他有见到亲人般的感觉,让他信任你,这样他才能把想说的话都告诉你。

有的当事人不信任你,就会找各种各样的理由和原因,你很难和他沟通,你会觉得他眼睛后藏着一种东西。这有两种原因:一是当事人本人太狡诈,顾虑太多,城府太深;二是律师没有带给他亲和的感觉。

第三,耐心倾听,不可轻信。律师在与当事人会见的时候,当事人的话可能很乱,甚至不着边际,也有的滔滔不绝。针对这种情况,与接谈案件时应把握的原则是一样的,我们应当适当地引导、耐心地倾听,但是不能轻信。

第四,不能训斥、贬低当事人。这一条很重要。我经常遇到律师训斥当事人,这是非常忌讳的。法官、检察官可以教训他,但律师只可以帮助他,委婉地说服他。他把我们当成依靠,你若摆出一副教训的架势、贬低的态度,让他对你根本就没有信任感,你怎么能和他配合好呢?再说,有些当事人落到这个境地,心理本来就非常不平衡,你再训斥他,会对他造成非常大的打击,对你办案子也不利,更不要说我们要尊重他的人格了。

有一次模拟法庭培训,律师以训斥的方式与当事人沟通,在场的一位检察长和我说:"这是律师还是检察官?这个角色演得不对。"这说明我们没有从根本上搞清自己的角色定位。我国的某些律师,有些时候把自己定位成和官员差不多的角色——是因为官本位的理念太深。律师就是律师,一定要注意这一点,否则当事人不会真正相信你,也不会很好地配合你。

第五,依法行事,遵守规则。在有些情况下,当事人家属对我们寄予厚望,同时由于不懂法律、不懂规矩,经常要求我们做一些违反规则的事。如果我们动了感情而忘了规则,在会见时做了一些不该做的事情,这将是非常可怕的。

第六,谨言慎行,自我保护。要注意提问的方式。谈话的时候,问话的学问很深,可以利用问话先引出问题,引起互动,进而发展为更深入的交流。但问话的时候要谨慎,把握好原则,不能超出法律的界限。

接下来,在交流当中就会涉及解答疑问和解释法律的问题。比如行贿罪,谋取不正当利益构成行贿罪,没有谋取不正当利益就不构成犯罪。这个回答没有问题,如果再进一步说下去,比如说到应当如何回避谋取不正当利益的问题,这就越来越接近禁区了。律师怎么办?可以接近,但是不能越限。你可以把法律规定解释得很清楚、很具体,但是你不能告诉他如何说假话。要把握好界限,做到在解释法律和解答问题的合理范围内说清楚问题,这就是能力。

对于这类问题，我建议将来应当有专门的具体培训，模拟一些案例，比如问问题的时候该怎么问，回答问题的时候该怎么答，解释法律的时候该怎么说。这样，才能真正提高我们会见中谈话的能力。

二、调查取证和阅卷

(一) 调查取证

《刑事诉讼法（2012）》修正时没有涉及调查取证的内容，这是一个很大的遗憾。说是有进步，是指明确了侦查阶段律师的辩护人地位，原来侦查阶段律师没有辩护人身份，所以不能调查取证，这次有了辩护人身份，就可以调查取证了。但是我认为这只不过是一个纠正、一个反省。《刑事诉讼法（1996）》在这个问题上的表述就是错的。辩护律师从接受委托那天起，所做的一切工作都是围绕辩护进行的，就是辩护活动的开始，居然还能搞出一个侦查阶段没有辩护人身份的"提供法律帮助的人"的新概念，这本身就是一个错误。

更遗憾的是，虽然我们一再提出，向被害方的证人和被害人调查的时候，不应当经过法院或者检察院的允许。但是这一条仍然没有改。既然没有改，那么我们就要注意这些问题。在现有的规定下怎么做？我讲三点。

1. 调查取证的作用不容忽视

为什么特别强调这一点？因为我们消极辩护的效果有限，所以取证更加重要。辩护分为积极辩护和消极辩护两种。在一个法治健全、程序法受重视的法治环境下，律师主要进行的是消极辩护，因为举证责任在控方，只要打破控方的证据链，攻破控方证据，辩护就会获得成功。可是，在我们现有的体制和法治水平下，这种消极辩护的作用很有限，仅靠打破证据链还不够，往往要律师提出反证来，甚至判决书都经常出现"律师的辩护理由没有证据支持"的表述。所以，在这种环境下，积极辩护的作用就更加重要。什么叫积极辩护？就是要调查取证，拿出有利于被告的证据。

在立法过程中，我和立法机关反复地强调调查权的问题。有些人认为，我没有必要总是强调调查权，国外律师也没有进行那么多调查。我说他不了解中国的现状，国外律师本来就不需要那么多调查，在确实需要调查时，人家还可以专门找私人侦探调查，而我们没有。人家不用调查就可以否定指控，而我们否定不了，我们的司法环境摆在这里。这是一种现实。

所以，我特别强调调查权问题，尽管现在调查面临着很多风险，但调查取证的作用不能被忽视。

2. 知难而上，不能因噎废食

由于调查取证有这么多风险，很多人都不去调查。据我了解，有些律师迫于《刑法》第三百零六条的威胁不敢调查。这个状况我非常理解，每个人都很担心遇到这样的问题，这也正是我们呼吁废除《刑法》第三百零六条和《刑事诉讼法（1996）》原第三十八条最重要的原因。我曾经有一次说过："不管你取消不取消，我都要喊，绝对不允许有这样的法条存在，这是为了我们律师执业的安全。"

这次应当说有很大进步，对《刑事诉讼法（1996）》第三十八条进行了重大修改，这些修改很艰难，我们一而再，再而三地坚持提出来，最后总算有了程序上和内容上的修改。但是还没有达到我们希求的目标，没有彻底废除，还是保留了。尽管如此，我们还是不能因噎废食，要对案件和当事人负责，不能因为担心有风险就不去调查。很遗憾，有些地方的律师协会规定不准调查，虽然都是出于好意和对律师的保护，但与此同时，我们也绝不能放弃对委托人利益的维护，眼睁睁地看着存在应当获取的有利证据而不去获取。我觉得这一点非常重要。我们一定不要因噎废食而忽略了当事人的利益。

还要说到一个辩方证据合法性的问题。我们经常在法庭上遭到控方质问，当证据来源说不清楚或者来源不合法时，我们无言以对。所以这几年来，我一直在提出并想解决这个问题——辩方证据合法性问题。原来没有非法证据排除规定，这个问题还比较不受重视，现在排除非法证据的程序已经入了法条，这个问题必须解决。

排除非法证据是否包括辩方证据？绝大多数人，甚至有一部分的法学专家，都认为是包括的。我是1980年读的刑法学硕士，从我开始学习刑事诉讼法的那天起，我就知道证据有"三性"——合法性、真实性、关联性，从来没有对控辩双方证据进行区分。直到今天，很多硕士生、博士生，包括其导师，也都认为证据的"三性"是不分控辩双方的。

现在我可以非常自信地告诉大家，这是一种完全错误的认识。因为对辩方证据不可能要求合法性。举个非常简单的例子：假如我们都知道，有一个证据可以证明被告人罪轻或者无罪，能不能因为证据的来源不清或者不合法就仍然判他有罪？多年前，我与北大的陈兴良教授曾经合作过一起涉嫌投机倒把罪的案子，案由是倒卖汽车和摩托车。当时对这种行为定罪的条件很简单，有正式批文就合法，没有批文就是犯罪。被告人坚持说他有批文，但是又拿不出证据。结果一审被定罪了。但是二审期间，被告人的朋友居然在公安局内部把批文偷了出来，交给了律师。我们把批文交给法庭，二审改判无罪。正是这个案子使我受到了启发，开始思考辩方证据的合法性问题。我们可以进一步引申：一个人不是杀人犯，控方指控他，而辩方拿出一个反证证明他不是杀人犯，但由于这个反证来源不合法，能不能仍然认定他是杀人犯,把他枪毙掉?谁会这样做?可能没有人说应该这样做。那为什么没有在理论上解决这个问题?没有人思考和论证过。大家都会遇到一些案件,有的当事人的亲属或者朋友提供了一个证据,不敢说是谁给的,还有的甚至是被通缉的人出了一个证据,不敢露面,但是这个证据被证明属实。这种情况下,非法证据的不利后果能不能由被告人承担吗?这就涉及法律的价值取向问题。作为公权力一方,控方举证不合法,虽然能够证明被告人有罪或者罪重,但是由于它的取证手段不合法,不利后果应当由公权力方承担。这是为了维护法律的公正性,为了普遍正义而牺牲个别正义。而对于被告方作为一种私权利的主体来说,则完全不一样,不能由于律师取证的不合法,而把不利后果让委托人承担,这是一个基本原则。

我专门到国外做了一些考察,也查了一些资料,我还请陈瑞华教授帮我找理论依据。在他找到的美国和欧洲的相关法律中都有规定——应当排除的非法证据根本不包括辩方证据。这个问题在一个法治发达的国家已经成为常识,而在我们国家,虽然《刑事诉讼法》在排除非法证据的规定中也没涉及辩方证据,但由于没有人去思考它、论证它,在理论上却变成了一个被大部分人误解的问题。所以,辩护律师一定要搞清楚这个问题,而且要在理论上澄清它,否则我们很被动。我希望大家都关注这个问题,能够在教科书上、课堂上堂堂正正地讲,证据的"三性"是针对控方证据而言,是针对定罪的证据而言,辩方证据不要求合法性。当然,这不意味着鼓励律师非法取证,那是两回事,一定要分开。假如律师非法取证,从最坏的角度讲,律师可以承担非法取证的法律后果,但是不能让当事人来承担不利后果。

3. 运用智慧加强自我保护

在了解证据合法性这个概念的同时,我们还要注意取证要合法。我们遇到困难问题的时候可以采取各种方式，运用智慧，还要注意自我保护。

首先，我们一定要对当事人负责，如果不对当事人负责，就称不上是一位合格的律师，我一直这样坚信。有人批判、攻击我，说我只知道当事人而不坚持原则，甚至有人说我为了当事人而不顾法律。当然，我并不这样认为。前提是依照法律维护当事人的利益，我从来没有号召大家去践踏法律，这是律师不应该做的，但是律师的第一目标是服务当事人。可以这样说，我们是依照法律为当事人服务，不是为了维护法律才去帮助当事人。通过维护当事人合法权益的方式，最终达到了维护司法公正的目的——这是一个辨证关系，一定要搞清楚，绝对不能本末倒置。

其次，在坚持对当事人负责的同时，我们一定要注意，在取证过程充分运用智慧加强自我防范、自我保护。比如两个人以上去取证、取证时录音录像，等等。我们多年前第一次制订《律师办理刑事案件规范》的时候，就要求最好这样做。按理说，律师是私权利，根本没有任何依据和理由要求调查取证必须是两个人。但是为了自我保护，我们应当尽量用两个人，尽量录音录像。

在《刑事诉讼法》修改的时候，我们还一再强调另一个问题，就是希望明确规定律师在会见时有录音录像的权利，至少经被告人、犯罪嫌疑人同意就可以。但这一条没有被采纳。我们录音录像是为了保护自己。但是现在没有被写进来，当然也没有被否定，将来我们应当争取在实施细则里面写上去。

除此之外，还要注意谈话方式问题。谈话方式更重要，和证人谈话时也需要注意方式，以此保护自己。取证时很容易涉及《刑法》第三百零六条，稍不注意就容易陷进去。

除了直接进行调查取证，我们还可以采用调取书面自书材料的办法，还可以申请证人出庭作证，当然最后的办法也可以申请法庭去调取证据。

我前些年办了一个南方的案子，证人是受贿案件的突破口，证明被告人接受了他的贿赂，后来证人在住院期间谈到其作证完全是被逼的。我采取了一个办法，通过另外一个人给证人传递我的想法：如果他愿意做证，可以把材料寄给我。他先录了音，做成一个光盘，然后整理成书面的材料，从浙江寄到我的律所，我把这个完全相反的证言内容拿到法庭上出示了。到今天，我也没有和这个证人见过面。我做到了保护自己，就是接收了寄过来的特快专递，连封皮都留着。但遗憾的是，案子还是没有解决，后来证人又被抓起来逼供，证人又承认了。那当然是另外的问题，但我们这种做法是有效的。

(二)阅卷

阅卷的重要性是和国外对比来谈的。我国案卷的数量是超出其他国家的，国外没有这么多案卷。为什么？原因很简单，因为国外采取直接言词原则，证人出庭，一切都在法庭上当面解决，所以不会有那么多卷宗。我们的证人不出庭，有时候一个证人问十遍八遍，几百个证人就问了上千遍，并依此定案。我个人经历过最多的是700多本案卷，还有2000本的，这说明我们是靠案卷来定罪的，所以阅卷就非常重要。一定要注意这一点，这是我们国家的一种特色。我个人总结要注意以下几点阅卷的方法。

1. 必须全面通览

阅卷时，一定要全面通览，不管你认为有用没用，一定要通览一遍。几百本案卷，我们没有那么多精力细看，时间也不够，但是得先看一遍内容。很多案件有很多本卷是没用的，但是你不看怎么知道它没用？要先粗看一遍，然后再抓重点进行阅卷。

2. 善于抓住重点

前一段时间我在广东办了一个中国远洋公司广东某外代公司被指控走私食用油的案子，走私偷税额 25 亿元，是单位犯罪，一审还判了十几个自然人的刑罚。案情是一个集团公司让它的两个分公司从香港往广东走私食用油，走私手段很高明，每一船油的手续都是健全的，到了海关以后，把舱单一分为二，一部分正常进关，完全合法，另一部分放到保税仓里伺机走私进关。案发以后，走私这一部分的偷税额被认定是 25 亿元，判处第一被告人死刑，其他几个人被判无期徒刑、有期徒刑，该外代公司属于单位犯罪，十几个责任人都被判为共同主犯，判外代公司罚金 25 亿元。

外代公司委托我时，希望能够做到减少罚金数额，不要牵连总公司就行了。但我把单位犯罪"打"掉了，因为这个行为不能体现单位的利益和单位的意志。同时，又把单位十几个所谓的责任人由共同主犯变成了从犯，刑期减少了一半左右。我只是受单位的委托，那十几个人不是我的委托人。

另外，案件的卷宗是 370 多本，我在卷宗的半页纸中发现了一个重要问题。被判死刑的第一被告人说："我们是两个公司，上面有一个总公司。总公司老总给我的任务是船到港后分舱单，一部分进关，另外一部分放到保税仓，放保税仓以后再怎么进关是另一个分公司的事，我不知道。"我向法官分析说，保税仓是关外，还没有进关，你根据什么定这个被告走私？这个案子的问题在于：总公司老总和负责保税区公司的老总都跑了，证据链是断的。如果证明这个被告与他们有共谋，定走私罪没问题；如果不能证明有共谋，连定他走私罪都有问题，怎么还可以判死刑？就这样，这个人的死刑判决也改了。这十几个外代公司的人和第一被告人都不知道是我帮了他们。

对于这个案子,我主要想说的是,在这么多卷宗里面,这半页纸反映了一个很关键的问题——没有证据证明他与别人共谋实施了走私的行为。这么多卷宗,如果不细看可能就发现不了这个问题。

还有一个例子,广东珠海的另外一个走私手机案,走私金额78亿元。走私的事实确实存在,当场抓获。怎么走私的呢?用的是最低级的手段:腰里捆绑的,衣服兜里放的,还有在香港与深圳之间的铁丝网下面挖了一个洞,用塑料口袋往这边拽的,都是一些低级、原始的走私方式。当时截获的走私金额只有几十万元。但是,海关侦查的时候扩大了战果,在一个走私行为人的家中查到了一个复制的电脑移动硬盘,里面有一百多个没名没姓的账套。他们从这一百多个账套里面挑出了十几个账套,掐头去尾,改头换面连起来变成一个总账,就认定了78亿元的总数额。

我们一看,整个证据是复制件本身就不对,掐头去尾更不对,数额也完全对不上。这个案子的法庭质证非常典型。在法庭质证的时候,幸好有一个律师精通电脑,当场演示电脑里这个账套可以如何改动,并要求鉴定人也出庭,把他质问得无言以对,说明这个数字完全可以被随意改动。我对法官说:"走私确实有,有多少定多少就可以了。怎么可以凭空搞出78亿元?"当然,这个案子最后还是照此判了,这另当别论。

这一系列问题都是在阅卷时发现的,所以,一定要善于在案卷中发现问题。

3. 认真理清线索

有一个贪污罪的案子,非常典型,现在还在申诉。一个国企公司的老板,一分钱没出,把一个国企一而再,再而三地改制,股东先后变更了不下十几次,最后搞成了1亿多元的资产。他被指控的罪名是贪污,数额是1.16亿元,当地律师跟我讲怎样作罪轻辩护。刚看这个卷的时候，我第一感觉是这个人太厉害了，完全是通过空手套白狼的方式，把国有资产全部转变为了个人财产。

但是我提醒大家，不要轻信别人，也不要轻信自己的第一感觉，一定要对当事人负责。我反复地琢磨，和我的助手光画图就做了两个星期，反反复复地研究、修改。当我把整个资金流向、公司股东变化走向图画出来以后，我的结论是被告人无罪。为什么？当你手里的线索"一团乱麻"的时候，怎么理也理不清，一旦理清了就是一根绳，非常清晰。案子也是这样，把整个纷繁复杂的线索理清了，就会变得很简单。所以我说，分析案件的时候画图做表是非常重要的。

我曾经带过几个年轻的教授去办案，包括刑事案件和民事案件。他们都是顶尖的学科带头人，专业水平是没有问题的，但是分析案子的时候，他们就理不清楚，越理越乱。所以我说，学者的本事是把简单问题复杂化，律师的能力是把复杂问题简单化，否则做不了律师。正可谓是"术业有专攻"。当然，前提是你先得把简单问题复杂化，然后再简单化。就像毛泽东谈读《红楼梦》一样，要"钻进去"还得"爬出来"，"钻不进去"读不懂，"爬不出来"就中毒，就陷进去了。我们研究案子，先要把它复杂化，不把它复杂化，你就吃不透这个案子。然后一定要简单化，要理清楚，理不清楚你就陷进去了。画图做表就是把一个案子简化的过程，就是理清线索的一个重要方法。

阅卷的时候不能理清线索，可能会白费功夫，也可能误入歧途。大家可能都有体会，现在有的卷宗整理水平低得可怜，字看不懂，话说不通，这是次要的，更可怕的是，它会绕来绕去把你绕糊涂。多年前，黑龙江一个"死罪"变无罪的案子就是如此。二审期间，庭长和我说："我们承办法官看不明白这个案卷，太乱了！"后来我说："我帮你看，不是我水平高，是因为我看熟了，看很多遍才明白，我可以帮你去择一择。"确实有的案卷看不明白，稍不慎重就把你绕糊涂了。所以看卷也得"钻进去"和"爬出来"，这样才能看明白。

4. 切忌先入为主

分析案卷内容的思路要注意做到客观超脱，不能先入为主，更不能盲目乐观，一定要先从最坏处考虑。为什么？我们不是凭主观意愿给被告人辩护，而是在事实、证据的基础上进行辩护。有一点请大家注意，一定要从最坏处着眼，多找找被告一方的问题。有很多律师只愿意报喜不愿意报忧，而当事人就喜欢这样的律师。有些律师总是说得头头是道、天花乱坠，动辄肯定没有罪。还有的律师，一问他就说人家不对。你要是法官，说不对可以驳回，你是律师，光说不对有用吗？你的理由何在？你的权力何在？

我有几次开论证会，请专家论证疑难案子。承办律师介绍案情时，我一再强调千万要客观介绍，不能加入自己的认识，那样的话就说不清楚。结果我怎么说都没有用，他控制不了自己，一定要加进自己的观点，而且慷慨陈词，非常激昂，这个没有，那个不对。我问他有证据吗？他说有，结果什么都拿不出来，都是他想象或者分析的。无论你如何要求，他说的内容都带有他自己的认识，一听就听出来不是客观事实。这种做法就是自欺欺人，把自己也骗了。在这个基础上去思考问题，怎么能做到客观准确呢？

所以，要锻炼自己在分析案子的时候能够把一切偏颇的想法抛开，客观冷静地分析到底是有利还是不利，而且要先从最坏处着想，这也是一种基本功。当你对一个案子从最坏处分析已经很充分的时候，就有了充分的心理准备，之后只能越走越好。当你把这种可能性告知当事人及其亲友的时候，他们会有心理准备,否则即使你说得天花乱坠、充满信心,一旦事实不如此,从天上掉到地下,他们就全都崩溃了,你自己也会不知所措。

当然,我不是主张悲观思维,而是主张一定要从最坏处着想,客观、冷静地来分析案件。这一点,说起来容易,做起来并不那么容易。一个人最大的弱点就是摆不平自己,上了自己的当。我们成功与否有一个很重要的因素就在于不管做什么事都应超脱偏见,战胜自己。

5. 准确摘录案卷

摘录案卷内容的原则是认真、准确、忠于原文。不能摘录大意,更不能夹带个人的观点。

我要求我们律所的律师,包括听我讲课的律师,摘录案卷内容一定要加引号,一定要忠于原文,连错别字、标点符号都不能改,可以加注解,但是不能改。因为如果你改了一点点,法官或者其他人看了都会弄不清楚,到底是人家说的还是你说的?就像复印、照相一样,首先要忠于原文,其次可以再加上你的评说和解释。这一点非常重要。这样做,一方面会使你自己分析问题的时候避免失误——因为卷宗多,如果不严谨,就有可能会与原意不符,失去真实性,另一方面是避免别人对你失去信任。

6. 重视制表画图

我刚才说的那个案子,仅仅是画图就花费了两个星期,画出来图把走向弄清楚以后,我豁然开朗,证明他是没有罪的。

还有一个方法是做表。广东陈某某被控受贿的一个案子,几乎没有有利证据,言词证据严丝合缝,但是被告人坚决否认。我和我的助理说,"仔细阅卷,一个字都不要漏掉,仔细地分析"。最后做表对比,把所有人前后的供述和证人证言、若干笔工程的受贿时间全部核对并制表对比以后,再做分析评论,结果暴露出了一系列问题——被告人口供、证人证言的相互矛盾和自相矛盾，工程时间和受贿时间的矛盾，等等。对于这个案子，我的体会是：如果不做到最细的程度，就很难发现这些问题，但是做细了以后，问题超乎你的想象，这个指控完全不能自圆其说。

回到刚才说的中国特色——当时只有中国才有这么多卷宗，才能仅凭案卷就给被告人定罪，所以办案子就必须重视案卷，对案卷进行全面、仔细的地毯式梳理和分析，有时候鸡蛋里面也真能挑出很多骨头来。所以，中国律师的难点也是亮点，做好了也很有成就感，通过阅卷确实能发现一些非常重大的、关键的、意想不到的问题。所以我再次提醒大家，对于复杂的案子，制表画图非常重要。

1985 年，我办理过一个多起盗窃的案子，死刑改判死缓，那是我做律师以来救过的第一条命。那个时候连电脑都没有，是我第一次做表，拿一张大纸贴来贴去，画了一张大表，把时间、地点、次数做出来以后，拿给二审法官。这个法官很认真，他也拿出一个表，几乎和我差不多，我俩一对表格，案子就清晰了。我时常会在法庭辩论的时候，和搭档两人，一个人拿着表格，另一个人根据这个表格来讲解，很直观，很清晰，比单纯的表述说得更明白。这种直观、生动的可视化方式在分析案件和法庭辩论中都有很好的效果。当可以用电脑做表制图时，这种方式就更加方便也更加有效了。

我的学生蒋勇律师通过自己多年的尝试和体验，进一步梳理、总结了"用图表说话"的规律和作用。对诉讼可视化进行了更深入的研究，并进行广泛传播。在这一方面，他的贡献很大。

7. 帮助法官看卷

我们做的表和图可以提供给合议庭，帮助法官看卷。我有时候把阅卷时制作的图表交给法官作参考，他们说："没想到你们这么认真，还没见过你这么办案子的。"

有些复杂的案件，我们做的图表非常有价值，要下大功夫才能做好。我们想一想，哪个法官可以像我们这么细致地看卷？法官也承认，他们案件的压力很大，连夜工作也没有那么多时间。所以我们把卷宗看完后做了摘录和表格或者画图交给他，作为辩护意见的附件给他参考，他们非常高兴，看了这个材料以后可以去查找、核对。为什么说摘卷时一定要忠于原文？因为加上自己的观点，法官看了就没有可信度。如果完全是原文，再引上页码，法官一看重点，一找就找到了。帮助法官看卷不是瞧不起法官，而是尊重法官，是律师认真履职的一种表现。律师本来就应该是法官的助手，把阅卷笔录和图标提供给法官参考既是一种责任，也有利于法官接受自己的观点。

我多年前在加拿大考察，和加拿大大法官有过一次对话，感触很深。当时，三个最高法院的大法官接待我们，我问他们一个问题："在中国，法院都是分业务庭的，因为法官的专长不同，可是你们九个大法官同时出庭，平等表决。你们也不会是全才，怎么来解决这个问题？"法官说："你这个问题提得很好，也很对。我是刑事专业的，他是民事专业的，他是知识产权专业的，我们的专业都不同，但是有一点，我们依靠律师。在重大案件里，案件的律师都是这个领域的专家，我们的能力和责任就是认真倾听、分析、判断律师提出来的证据和理由。"

在法治发达的国家，律师是法官的朋友和助手，法官的层次很高，虽然不一定是某一方面的专家，但他是法学大家，有能力通过倾听律师的辩护和代理来判断律师的理由和证据，所以法官是离不开律师的。在同样的案子里面，如果双方律师强弱不一样，有时候弱势一方的当事人是有可能要吃亏的。所以律师的作用是非常重要的。有的法官和律师对立起来，这是不正常的现象。我举这个例子是想进一步地说明，我们应当真正起到法官朋友和助手的作用,真正尽力把案卷里的问题、证据、观点、矛盾、冲突研究透,列出来,再加上我们的意见交给法官,会很有说服力,是利用证据去说服法官。

三、形成辩护思路

(一)对案件事实要分析透彻

形成辩护思路,首先要对案件事实进行充分分析,实体和程序两个方面都不可以忽视。当我们阅卷、取证以后,所有材料都准备得差不多了,就要开始分析。当然,这不是绝对的,阅卷、搜集证据也是分析的过程,最后要进行综合分析。我要强调的是,不仅要对实体问题进行分析,对程序问题也要进行分析。我非常提倡集体研究论证案件。简单案件不一定都要这么做,复杂一点的案件集体研究还是有作用的。我们律所经常集体研究案件,大家都各有各的长处,没准研究的时候就会提出很有启发性的观点。

对于重大疑难案件,请专家论证也是分析案件的一个好方法。可以说,对于在中国请专家论证案件的模式,我是发起人,从20世纪80年代就开始了。前些年有些人批判专家论证,说是"拿专家压人""收买专家",这是没有道理的。我们自己论证不清楚,请专家帮助研究法律问题,有什么问题?靠行政干预、靠权力干预才能起到"压人"那种副作用,专家意见不会干预司法。专家论证案件我认为是非常正常的,北京的法院、检察院,各省的法院、检察院,包括中纪委都找我论证过案件,他们找我论证就可以,为什么我们找别人论证就不可以?这也是没有道理的。一个人的智慧是有限的,我们充分发挥集体智慧和专家智慧,是对当事人、对案件、对法律负责,是对司法公正负责,这是很有必要的。

在分析、研究案件的时候,吃透法律原理和条文表述非常重要,我举几个例子。

例如,虚开增值税专用发票罪。上次修订《刑法》时,我针对此罪的问题发表了专题论文,并且提出了修法建议到人大法工委,但由于时间来不及,最后没有改。

虚开增值税专用发票罪的出现是因为当时出台了增值税发票退17%税款这个政策,就出现一些人伪造虚假的增值税发票骗钱的情况,这种行为确实很恶劣。后来立法修改时增加了这一条,法定最高刑为死刑。但是,后来实践当中虚开发票的现象发生了变化,有些人确实虚开了增值税发票,但是没有骗税的故意,也没有骗税的行为。最典型的一个案例是上市公司为增加业绩虚开增值税发票,还有就是"张三供货李四开票"的情况。

我办过一个虚开增值税发票8亿多元的案子,钢铁公司需要大量废钢,但大部分卖废钢的公司没有票,结果只好从那里买了废钢后,又去找别人开票。也就是从张三那买了货,又找李四开票。每吨货都是过秤的,票与货相对应,只是换了开票主体,一分钱便宜也没占,国家也没受损失。可是按照法条的规定和最高人民法院原来的司法解释——"给他人虚开""接受他人虚开",无论发票项下有没有真实交易,都可以定罪。

这个问题我和最高人民法院、最高人民检察院、立法机关的有关领导都探讨过,都认为应当理解为有骗税目的和骗税结果才能定罪。但是由于立法表述不清楚,司法解释也有问题,所以在实践当中就变成了客观归罪的一种做法。甚至有些学者把虚开增值税发票论证为行为犯。理论和实务脱节的现象太可怕了。

我仍用逃税罪和虚开增值税专用发票罪进行对比:逃税罪是结果犯,而且数额较大才构成犯罪,法定刑是三年以下,最高档才三年到七年,就是说,发生最严重的结果才可以判七年。而且，按照最新的修正，如果补税就可以不定罪，基本就不追究了。可是，对于虚开增值税专用发票罪，如果按照行为犯解释，没骗一分钱税，一点损失结果都没有，就可以判死刑；虽然后来修正案取消了死刑，还可以判无期徒刑。这样一对比就可以看出，所谓虚开增值税专用发票是行为犯的说法，完全是错误的解读，如果不搞清楚，问题就太大了。

我多年前在北京办过一个虚开增值税专用发票的案件，虚开的目的就是公司想要虚增业绩。被告被判了八年，后来经最高人民法院"过问"，宣告无罪了。这说明什么问题？有些情况下，立法表述有问题，理论解释也有限，我们一定要下功夫把它搞清楚；有些情况下，立法上没有问题，理论上也没有问题，我们同样也需要搞清楚，因为有些人理解上有问题。对律师来讲，首先要搞清楚对犯罪构成的认识，一旦搞错了，后果不堪设想。

对案件的理论问题一定要吃透。例如，"以非法占有为目的"是诈骗罪的基本特征，但实践中出现了一系列问题：在贷款或者取得票证的过程完全正常的情况下形成不了案件，形成案件的都是在取得贷款、票据的过程上有瑕疵的。那么，一旦还不了，怎么样判断有没有非法占有目的？有时候是人为判断。有的法官、检察官比较慎重，选择不定罪或者不起诉；有的法官、检察官不够慎重或者认识上比较激进一点就会定罪或者起诉，而且常常会是重罪。

这个问题在理解上偏差很大，后来我写了一篇论文，也提出了增加过渡性罪名的立法建议。大家看到《刑法修正案（六）》第十条，增加了三个新罪名：骗取贷款、票据承兑、金融票证罪，就是指在确实用不正当手段取得贷款和票证，又无法确认有没有非法占有目的的情况下，增加一个过渡性罪名，作为轻罪处理，缓解司法的不均衡。从另一个角度来看，这些行为也确实有社会危害性，因为至少是把经营风险转嫁给了金融机构，以一种相对较轻的犯罪论处也有一定理由，同时也会有一定的警示作用。有些人胆大妄为，把钱弄来投资，赢了，就成了大亨，输了，责任就推给金融机构。这种行为也有一定的危害性，由于他们不负责任，转嫁风险，定一个轻罪，可以缓解很多矛盾。

金融诈骗罪的立法缺陷所引发的这些现象都是立法不成熟的表现，也是立法不断修正、完善的必要性所在。我们做律师首先要把它搞清楚，同时，根据具体案件所暴露出的问题，提出修法建议，也体现出个案推动立法的作用。

说到分析案件，不得不再说说吴英案，现在能够取得把吴英的命保住这样的结果已经来之不易。但是从专业角度来看，我坚持并且坚定地认为，吴英是无罪的。这不只是为了吴英，更是为了千千万万的类似吴英的人，法律上必须搞清楚。为什么？我分三个层次进行分析。

第一个层次，集资诈骗。诈骗罪以非法占有为目的，目的罪必须是直接故意，这没有争议。按照最高人民法院的相关司法解释，认定非法占有目的，是要把集资来的钱款多数或者主要用于挥霍。如果她都用于经营，那就不能说是以非法占有为目的。吴英案当中，按照检察机关的指控，涉案金额总数近7亿元，有3.8亿元不能偿还，有400万元挥霍了，有600万元购置了豪华汽车、珠宝。她自己的解释是用于经营。退一步讲，假定检察机关指控这1000万元确实都用于个人挥霍了，它也只占这7亿元的不到1.5%。我们客观冷静地分析一下，在7亿元的巨额数目当中，被指控为挥霍的只有1.5%，能说她具有非法占有的目的吗？说不通。既然如此，没有这个依据，怎么认定她是诈骗？

第二个层次，非法吸收公众存款。立法过程和原意很清楚，集资诈骗罪的前提是构成非法吸收公众存款罪。如果以非法占有的目的去非法吸收公众存款，就构成集资诈骗罪，如果没有非法占有目的而非法吸收公众存款，就只构成非法吸收公众存款罪。那么，吴英是否构成非法吸收公众存款罪呢？非法吸收公众存款罪的立法原意很清楚：非金融机构的单位或个人向社会上不特定多数人许以高额回报的方式集资。中国非法集资案第一例沈太福案，第二例邓斌案，都是很典型的案例。中国的语言再复杂、再微妙，什么叫"不特定多数"，大家都能说清楚。吴英向她认识的和不认识的11个放高利贷的地下钱庄的人借款，那是特定的少数还是不特定多数？能说11个人是多数吗？能说有一多半认识的人是不特定的吗？分析一个案子要拿事实、证据和法律依据来说话。我认为，向不特定多数人集资和向特定少数人借债是两个概念。有很多企业家和我讲："我们借的钱和借贷的人比吴英还多。吴英要被判死刑，我们都该死，没有办法做了。"有人甚至主动和我说："你要开吴英案研讨会，我们出钱，多少都行。"所以吴英案反响才这么大。

第三个层次，因果关系问题。吴英借钱的那11个人，多数人也被判了非法吸收公众存款罪。一种理论观点认为，虽然吴英的借款人是特定的，但她的债权人是向社会集资的。我认为持这种观点的人犯了一个最基本的常识性错误，混淆了两个不同的法律关系。刑法上的因果关系怎么来划定呢？整个物质世界是一个因果链条无限循环的过程，人从生到死无不处在无限循环的因果链条当中。所以，刑法有一个基本原则——刑法的因果关系不能往复循环，必须在一个链条上截取，就是要在一个链条之内，截取一因一果。如果往复循环下去，就会出现一种可笑的逻辑，我常给学生讲一个例子，一个人不小心出了交通事故，撞伤了另一个人。伤者妈妈一着急眼睛看不见了，伤者儿子有病没人管去世了，伤者老婆得了精神病。那这个人就可以构成交通肇事罪、故意伤害罪、故意杀人罪了，可能吗？不可能的。所以，学过刑法的人都知道，因果链条的关系不能往复循环，无限延伸。从这个原则出发，借给吴英钱这些人的集资行为和吴英是一回事吗？每个人向银行借贷的时候,银行的钱都是从数亿的储户那里吸收来的,我们的借款人能直接对储户负责吗?储户对银行,银行对借款人,这是铁的逻辑。所以,应当是那些存款人对地下钱庄的人,地下钱庄的人对吴英,所产生的法律关系是两个完全不同的因果链条。现在却"隔山打炮",把吴英和那些人联系起来,因为那些人是多数,所以吴英集资的对象就是多数,这个逻辑明显说不通。

这里还有一个前提,如果吴英和这 11 个人有共谋,那么另当别论。如果证据证明,吴英是非法吸收公众存款罪的共犯,甚至主谋,都没有问题,但是证据显示双方没有共谋。对这个事实,我有发言权,因为吴英案子找到我,我安排杨照东和张雁峰两位律师办理。在整个五年多的过程当中我都参与了,相关证据材料我都了解,我还亲自会见了吴英,考察了吴英投资的那些店铺和公司。别人可以有不同观点,但是要有证据和法律依据,这很重要。不管结果怎么样,最后怎么判,作为律师,我们要负责任,要把道理讲清楚。

(二)寻找辩点要打开思路

我多年前办过一个包庇案。一个兼职律师代理一个死刑案二审,被告没有从轻处罚的余地,被告家属问怎么办,他说唯有立功。被告家属说有一个举报线索需要传给被告,然后律师就给他传了一张纸条,被告按照纸条上的线索举报了,后来经查证属实,二审改判了。检察院对此产生怀疑,逼问被告和家属,他们全承认了,被告家属还把跟律师的通话录音交给了检察院,结果把律师抓了。

律师的这个行为确实有问题,但是构不构成犯罪呢?

我请了专家们反复研究,大家都认为确实不该定罪,但是又找不出合适的理由。因为包庇罪就是让被告人逃避惩罚,这个案子由死刑改成了无期徒刑，确实起到了这种作用，而且他又确实给人传纸条了。在论证这个案子的时候，我也陷入了困惑。最后我自己找到了答案，就是回到法条上来。刑法关于包庇罪的规定——"做假证明包庇"，这六个字让我找到了问题的关键所在：律师没有做假证明的犯罪手段。所以，公诉人提出，"律师采取'移花接木'的方法做假证明包庇"的说法显然不能成立。

什么是立功的证明？第一要有线索，第二要查证属实。线索不是证明，查证属实才是证明。那么，只有公安机关才能查证属实，所以，提供证明的只有公安机关，不可能是律师。所以，律师不仅没有提供假证明，而且连证明也没有提供，因为他没有条件和权力提供证明。律师的做法不对，但是按照法律规定，他没有提供假证明包庇。说他"移花接木"也不对，他没有"移花接木"，因为他提供的线索是真的，通过提供线索，被告人本人写了揭发材料也是真的，揭发的内容经过查证属实更是真的。所以"移花接木做假证明"的说法违背了基本事实，混淆了基本概念，如果纠正，应当是"借花献佛"，"花"是指犯罪的线索，"佛"是指国家、政府，被告人把别人的"花"借过来献给政府，律师只是起到了传"花"的作用，而传花没有罪。

这个案子，大家仔细分析一下，我说得有没有错？找到这个答案确实很费劲，绞尽脑汁、挖空心思，最后终于找到了突破点。如果我们不去找它，可能就发现不了。这个案子最后宣告无罪了。

所以，这些机会和理由存在于法律规定的条文当中，同时也存在于法理之中，我们要吃透它，就要下功夫。我拿这几个案例简单作一个说明，不是为了讨论哪一个具体案子，而是要说明如何分析案件，如何寻找依据。

除此之外还有一个中国特色问题，我们还要研究案件背景。在国外不需要这个东西，但是中国的很多案件是有背景的，不了解背景有时候我们就很困惑，所以要适当地、有条件地了解一下案件背景。

四、庭前会见和庭前准备

(一)庭前会见

庭前会见与之前的会见在目的和重点上有所不同，有两项内容是必不可少的。

1. 商谈辩护思路

在开庭前应当与被告商谈辩护思路，形成共识，这一点很重要。我几次在法庭上见识到，被告人坚决不认罪，律师坚持做罪轻辩护，两个人吵起来了，律师却振振有词，"本律师依法独立行使辩护权"，太悲哀了！

这又涉及另外一个问题。课堂上、教科书上都在讲律师独立行使辩护权，此说法没有问题，但是对于如何理解律师独立行使辩护权却分歧很大。有些人理解成了律师应当独立于当事人行使辩护权。我们想一想，律师的权利来源是什么？律师的辩护权是基于当事人的委托而形成的。律师接受当事人委托，收了当事人的钱，还要独立于当事人的意志行使辩护权，这种逻辑合理吗？

为了弄清这个问题，我做了详细的国内外资料考察和实地考察。我终于弄明白了，美国律师协会的规章规定，律师独立行使辩护权的真正含义是"独立于法律之外和当事人意志之外的其他一切因素的干扰"。相反意思是，要忠实于当事人，与当事人要保持一致。他们还向我举例说明。亲属、父母出钱给当事人请律师，如果当事人的意见和他们相左，听谁的？听当事人的。老板出钱请律师，要求你达到有利于老板的目的，但你的职责和职业道德必须忠实于你的当事人，不能忠于出钱的老板。更普遍的是，在美国，90%甚至95%以上的刑辩律师是国家提供的律师，是政府出钱的法律援助律师，还是得替当事人讲话，还是要忠实于当事人的意志。

但是，直到今天，很多人都理解为律师可以独立于当事人的意志行使辩护权，这是一个严重的误区。这个问题我到处在讲，一定要把它纠正过来。律师制度本来就是从西方学来的，可是到了我们这儿却给弄错了、弄反了。所以这个问题我们律师一定要弄明白，在教科书上、理论上、课堂上也要弄明白，不能继续错误下去了，这是非常可怕的。

那么，要怎么样跟被告人沟通呢？首先要和他达成一致，实在不一致的争取一致，仍然不一致，律师可以拒绝辩护，但是不能和被告人拧着来。

2. 解释庭审程序

解释庭审程序，指导庭审的应对，这是开庭前会见时的重要工作内容。在美国律师工会的规定中，这项工作不只是律师的一种权利，还是一种义务、责任，甚至要和当事人在会见的时候进行模拟审判，每一个细节都要教他怎么做。但是这又提到一个理念问题，这一次修法时我也提出来了，虽然我知道做不到。在英美国家的法庭上，被告人都是和律师坐在一起，每一个问题都在律师指导下应对。而我们在法庭上与被告话都说不成，有时候被告人给律师递了一个求助的眼神，都会被公诉人和法官指责为暗示。

我在加拿大观摩过一个比较简单的法庭，为了节省资源，线上开庭，被告人在看守所不到庭，控辩审三方在法庭上，面前各放一个电视屏幕。开庭一会儿，被告人说："等一下，有个问题，我不知道如何回答，要问我的律师。"法官马上宣布休庭，法庭角落有一个封闭的电话亭，律师关上门和被告人密谈，谈话结束以后再开庭。这是被告和律师当然享有的权利，是法律赋予的堂堂正正的权利。而我们连对一下目光都不行，这是很可笑的。所以我提出来，要像英美法系那样，当事人和律师坐在一起，控辩双方坐在一面，都面向法庭，可以随时沟通交流，虽然没有实现，但这是我们要坚持的一个理念、一个要求。

尽管我们理念上还有一些问题，制度上还有一些缺陷，但是我们应当知道律师在做什么，在为谁服务。99%的被告人都是第一次上法庭，可我们有些律师站着说话不腰疼，指责被告说："你怎么什么都不懂？"有些律师第一次上法庭的时候，都会战战兢兢、不知所措，却要求当事人什么都知道，可能吗？所以，一定要换位思考，不要强人所难。律师的责任是指导被告人怎么开庭，一定要在开庭前会见时把辅导开庭的工作做好。

(二)庭前准备

庭前准备中有这样几个问题需要大家注意。

第一点很重要，是要做好举证的充分准备。当然，关于质证的准备更重要，但是这一点大家都清楚，不必多说，可是关于举证的准备却很容易被忽略。具体说，就是对本方需要出示的证据进行整理、分类，准备证据清单和目录。我们必须承认，律师的举证能力不如公诉人，因为他们的主要责任就是举证，有这样的训练和经验，而我们没有。既然不如人家，我们更要做充分的准备。我见过很多律师在法庭上举证杂乱无章、不知所措，被人问得张口结舌，很被动。

在举证环节，我要强调的另外一个更重要的问题，可能有些律师不注意这一点。那就是，举证包括两方面，一个是自行调取的证据，另一个是案卷中有利于被告的证据。一般第一个方面我们都知道，但是第二个方面就忽略了。有的法庭也不让你举证，理由是卷宗里有就不必举证了。按照庭审规则来看，《刑事诉讼法》明确规定，一切证据都要经过当庭质证，才能作为定案的依据。控方举证常常是只说有利于其自身而不利于被告的证据，断章取义的做法是很普遍的。那么，如果法官较真，他可以认为虽然是卷宗里面有的证据，但是你没有在法庭上出示，没有质证，当然可以不认。虽然实际上多数情况下法官也没想那么多，往往把卷宗里有的证据都认为可以使用，但严格说这是有问题的，因为这些证据毕竟没有经过当庭质证。所以，我们应当周全，避免失误。

怎么办？开庭前，要把有利的证据摘出来，最好单独装订在一起并做好证据目录；庭审时，要向法官指出，这些证据是卷宗当中已经有的有利于被告的证据，但是由于控方没有出示，辩护律师向法庭要求出示。如果法庭同意，就当庭出示并接受控方质证，或者运用这些证据作为质证时反驳控方证据的依据。如果法庭认为可以不出示，就要提请法庭记录在案，庭后交给法庭。这样做，就不会出现遗漏和失误。

第二点是要做好关于证人出庭的准备。如果有出庭证人，那么要提交申请出庭证人的名单，还要通知证人做准备。

第三点就是要准备好三个提纲。一个是准备法庭询问的提纲，一个是质证提纲，再一个是草拟辩护思路的提纲。我说的这个准备是指心理准备和书面准备两个方面。你没有把握就要做好书面准备，把握很大就要做好心理准备。法庭询问会问什么，质证的目标和方式是什么，辩护思路是什么。最重要的不是准备好自己一方的问题，而是如何应对控方的问题。就是不仅要研究你问的时候对方会怎么答，而且要研究该怎么回答对方的提问，要知己知彼。

五、庭审技能

庭审中需要注意的问题其实有很多，我简单地总结这几个方面，供大家参考。

(一)法庭询问

法庭询问要注意四个方面的问题。

第一，在控方询问的时候要注意分析控方意图，这一点非常重要。每一方在询问的时候都有他的意图，都要达到某种目的。聪明的人通过对方的问话来摸清他的意图，加以应对。不要以为有的时候询问是没有意义的，就不听了。法庭上控方询问时虽然有时候没有用处的问话占多数，但是也不能懈怠，万一哪一句话有用了怎么办？所以，律师必须认真听每一句问话内容，更重要的是分析控方问话的意图。

第二，对控方的不当询问方式及时提出反对，这一点也非常重要。控辩双方在询问当中，进行诱导式发问是一种必然倾向。主观上，双方都想通过诱导发问的方式来得到自己需要的内容，客观上，双方不由自主都会有诱导的倾向。高明的做法是不用诱导式发问也能达到目的。万一难以避免时，聪明的做法是，问话时的诱导绝不过限，或者刚说一句马上收住，对方反对的时候你已经问完了，一啰唆就会被打断。另一方面，对于对方的发问，一定要高度警惕，随时发现问题，及时提出反对，问完了再反对就没有意义了。

多年前在山东有一个案子，当地法院的领导请我现场指导，结果看到热闹了。法庭上，控辩双方都和法官吵起来了。为什么？控辩双方都在诱导，而对方都提反对。法官急了，要求双方一定要举手经过允许才能发言。我写了一个纸条告诉法官，双方反对时得允许他先提出反对意见，不要等举手，不能不让他及时发言，要不然反对就没有意义了，法官的权力是裁判反对有效或者无效。院长把我的纸条亲自递给审判长，审判长一看纸条就不再制止双方提反对意见了。但是，由于他弄不清楚诱导的界限，所以凡是反对的，他都认定有效。结果，情况又乱了。

更可悲的是，我在珠海参加的走私手机案的庭审，控方在询问中充满了诱导式发问，我反对几次，都不起作用。公诉人是一个副检察长，居然在法庭上质问法官："我告诉你，这是中国的法庭，不是西方的法庭，怎么能允许律师这样反对？"后来我说："我告诉你，这是中国的法庭，根据中国的法律，开庭时律师有权提出反对意见。"不管他懂不懂，如果我们不能及时提出反对，他诱导的效果已经产生了，你就陷入被动了。所以一定要注意。

很多律师和公诉人问问题诱导倾向太明显。有一次我开庭就遇到这种情况，每问必"诱"。我提出几次反对后，都不好意思再提了，但是我又不能不提。那个法官很尊重我，说："田律师，先休庭一下，你说说什么是诱导，什么不是诱导？"那个公诉人实在是不明白，不是有意地诱导，但事实上诱导倾向十分明显。现在检察官水平也在不断提高，我们也同样存在这样的问题，也需要不断提高。不仅自己不要过分诱导，还要善于发现对方的问题并及时提出。

第三，要把握询问的技巧。提问要简单明确，一次只问一个问题，这是非常重要的。很多法庭上控辩双方都有这个问题，问了一大串，自己都糊涂了，被问的人更听不明白，没法回答。公诉人往往更是自问自答了，律师不能这样做。问话的作用是要问明白、答明白，更主要的是让听的人明白。一个最基本的原则是，一次只问一个问题，越简单越好，不可能再拆分最好。我在美国培训的时候，讲课的培训者从上衣兜里拿出一支钢笔，再把它扔在桌子上。针对这一个动作，让学员至少提出 20 个问题。看这支钢笔是什么颜色,钢笔或是圆珠笔,多粗或者多细,怎么拿出来,轨迹怎么走……如果换了第二个人不能比你问得更细致,你就算成功了。

为什么这样做?原因有三。一是清晰、明确、没有歧义,仔细询问以后这些具体的动作都固定了。二是现场再现。如果有录音录像,就没有必要问了。由于没有录音录像,就用语言表达的方式再现这个场景的行动轨迹。通过这样的问答,别人一听就相当于他看见了当时现场的影像,留下了印象。三是固定证据。通过这么细致的提问,大家都听明白了,都记录在案了,就不可改变了。如果漫无边际地问了一大堆,说完了你都忘了就没有意义了,只能是把水搅浑,混淆视听。

第四,在发问的时候,不要暴露问话的意图,这也很重要。多年前,我在广东办过一个海关扣押走私船的行政诉讼案件,我代理被扣船的一方诉海关。其中有一个关键问题,海关认定走私的主要证据是船上有三份未发出的电报底稿,底稿的内容中显示出有走私的意图。但是,据我了解,根据案卷中记载的电报底稿的起草时间,是在该船遇到十二级强台风抛锚避险以后,而且当时船上的发报机天线已经被风刮断,不能收发电报了。在那种情况下,还连续起草不可能发出的电报底稿是不合乎逻辑的。更重要的是,根据时间推算,我觉得这个电报底稿起草的时间是船被扣的第二天。但我没有机会找证据,就想当庭问清楚电报底稿的起草时间是在扣船之前还是扣船之后。如果是在扣船之后,人都被抓了,不可能再去起草证明自己走私的电报底稿,显然就是假的。

开了两天庭,我怕对方发现我的意图后不讲实话,就在对方不注意的时候突然问起扣船的时间。对方律师比较蛮横、浅薄,嘲笑我这是不沾边的问题,我就故意装傻,不加解释。可是审判长当时就打断了,说:"这个问题先不用回答,一会儿专门安排时间调查。"之前我已经清楚,这个审判长是有倾向的,而且他比对方律师更清醒。我怕被他绕过去,就在纸上写一个大字提醒自己。过了几个小时我又间或提出两次,对方想回答,但是都被审判长打断。这时,我心里就有八分谱了,断定审判长就是要把这个问题绕过去。后来,直到宣布法庭调查结束时也没提这个事,我就向审判长提出:"我三次提出调查扣船时间和限制船员自由的时间,三次被你制止,你告诉我会专门安排时间进行调查,现在宣布法庭调查结束,什么意思?是忘了,还是不让调查?"法庭上几百人都听着,审判长没有办法,说可以调查。对方律师这时还没有反应过来,理直气壮宣读办案记录,表明头一天下午两点钟公安和海关已经上船控制了所有船员,并将他们单独关押起来做了笔录,而用于证明走私的电报底稿起草时间是第二天早上八点。这时候,另一个代理人急了,不让念了,可惜主要内容已经念完。

抛开法官不讲,如果我们过早暴露这个意图,对方就可能警觉,会找借口不讲实话。因为在那种特殊情况下,没有时间和条件取证,只能让他们自己暴露出这个问题。

双方都有各自的意图,我们要善于摸清对方的意图,同时不要轻易暴露自己的意图。

此外,在目前现状下,我主张对被告人应当少问为佳,主要是纠正对方问话的偏差,澄清事实。如果没有必要,有时候真的可以不询问被告人。不必要的询问,有时候会适得其反。

(二)庭审质证

庭审质证往往是法庭审理中最重要的环节,目前律师的质证水平亟待提高。在庭审质证中应当特别重视以下几个方面的问题:

第一,质证成功的前提,是熟悉控方证据。尤其是在目前控方长时间连续举证情况下,质证更重要。按照《刑事诉讼法(2012)》的规定,一证一质一辩,但现在我们根本做不到。我在珠海开庭遇到了连续举证四个半小时的情况,还扣除中午休息,然后让你质证,完全是走过场。这种情况下,只有充分熟悉控方证据,才不用仅凭控方现场举证去应对,而可以根据准备好的提纲来应对。这是不得已而为之的办法,如果不是非常熟悉,就会陷入极大的被动。事实上,现实中我们经常都是这么做的,所以对控方证据要非常熟悉。

第二,质证成功的基础,是深厚的理论功底。质证中随时会涉及法理问题。如果没有功底,一句话说错,就像泼出去的水一样收不回来,一旦被对方抓住,就会陷入被动。

第三,质证成功的保证,是精力高度集中。我们在法庭上一定要处于高度戒备状态,甚至闭着眼睛的时候思维也不能停止。我给律师培训时说过,律师在法庭上就像一只警犬,一旦发现对方有情况,马上跳出来猛咬一口。即便是再熟悉案情,再懂法理的律师,一旦懈怠了,被对方钻了空子,也会很被动。

第四,质证成功的技巧,是才思敏捷、及时应对。质证应对必须是及时的,事后诸葛亮是没有用的。律师庭下可以深思熟虑,在法庭上必须才思敏捷,反应迅速。三国志中有这样一个故事:孔明说张昭"坐议立谈,无人可及。临机应变,百无一能。"可见,张昭只能做谋士,却做不了律师。因为他缺乏应变能力。

第五,质证的重要性及与辩论的区别。在抗辩式的审判方式当中,一定要处理好质证和辩论的关系;在纠问式的庭审当中,质证时只让你说真实性、合法性和关联性,不能展开辩论。但是按照《刑事诉讼法(2012)》对庭审方式的要求,法庭质证的重要性越来越高,有时候比辩论还重要。很多问题要在质证当中解决,一证一质一辩,这样才有针对性。但是,质证中的辩论不宜展开,不能长篇大论,只能就一个问题点对点进行论证。过去就只注重精彩的法庭辩论,质证没人听,现在如果质证不好,辩论的意义就会减弱很多。有些问题在质证当中已经解决,记录在案,所以质证绝不能忽视。辩论是总结陈词,有些写在辩护词里面,但庭上发言时不一定面面俱到,质证提到了,你再强调一下就可以了。但辩护词必须是一个完整的内容。

质证与辩论的作用差别很大。前几年陈瑞华教授组织了一个排除非法证据的模拟法庭项目,由中国香港和内地两拨真律师、真公诉人、真法官当场演示,用同样的案例来搞排除非法证据的模拟审判,请我做点评。我发现一个非常严重也非常明显的问题:中国香港的法庭,控辩双方打破砂锅问到底,问得特别细。问完了,旁听者也基本听明白了,然后是简短的总结陈词。内地的法庭,没话找话,问不到点子上,三言两语问完了,谁都听不明白问的是什么,答的是什么,然后双方拿出来事先写好的几页纸念辩论词。

中国香港的法庭是以问为主,以论为辅;内地的法庭是以论为主,以问为辅。人家是在交叉质证,针锋相对把问题搞清楚;我们是平行的论证,两股道跑的车,各执一词,找不到交叉点。

这就暴露出一个非常重要而且非常基本的问题——我们不会交叉询问。原因很简单,我们没有这个条件,缺乏经验和训练。证人都不出庭,我们问谁去?关于证人出庭问题,这次《刑事诉讼法(2012)》修改也强调了,但是,没有救济性条款和保障措施。我当时在会上提出来,应当写上一句话——"关键证人不出庭,其证言不能作定案依据"。但是这个建议通不过,因为很多情况不是证人不出庭,而是公诉人不让他出庭,甚至法官也不让。直接言词原则在立法上就没有明确,这是最大的问题。但这个问题肯定是要逐步解决的。后来制定细则时,我们坚决要求对证人出庭问题至少应当明确有适当的法律后果,遗憾的是仍然没有得到解决。但不管怎么说,证人出庭的趋势是肯定的。所以律师必须有这样的训练。俗话讲,会说的不如会听的,你问到位了,连旁听的人都能听明白了，这比什么都重要，光靠自己论证是没有太大意义的。质证是辩论的基础，二者既有区别，又有联系，不能混为一谈。

(三) 辩方举证

前面说过关于辩方举证的准备，现在主要讲一下庭审中应当注意的问题。

第一，举证是我们的弱项，要充分重视。

第二，要有应对的预案。举证不是举完证就结束了，还要回应对方的质证。举证可以事先准备好，对质证的回应却可能会措手不及。所以在举证的时候我们想到的主要不是举证，更重要的是回应。

第三，一定不要忘记，对案卷中有利被告的证据要申请单独出示。

第四，还有一个问题，就是我们要注意坚持辩方在法庭上的平等质证权。有很多法院把举证质证搞成一轮半——控方举证，辩方质证，控方回应，完了就不让辩方说了。这种做法是违背控辩平等原则的。其实质证和辩论是一样的，应当是你先我后，你回应后我再回应，开始于控方结束于辩方。我和最高人民法院的人就这个问题达成了共识，但是下面很多人不知道。中华全国律师协会刑事专业委员会给最高人民法院起草的《庭审规则建议稿》也把这个问题写上了，希望能引起他们重视。但是至今这个问题还是没有得到解决。但无论如何，我们要坚持平等的质证权，不应放弃这个权利。

(四) 询问出庭证人

1. 向出庭证人质证

交叉询问主要是指对出庭证人面对面的质证。这种能力非常重要,将来一定会有更多证人出庭,那证人证言会退居次要地位,主要是在法庭上面对面地问明白。这种质证的作用非常显著。

有一个贪污案,认定被告人从他的朋友手里面拿了几千美金出国考察的行为是受贿。朋友的证言承认"他从我这拿了几千美金出国考察"。但被告坚持是借款关系。所以,"拿"的含义究竟是"要"还是"借"就成了问题的关键。后来我找证人了解,发现他们是从小一起长大的朋友。我要求证人出庭。在质证中我问他:"在你们之间,拿的概念是什么?是借,还是要?"他说:"少了就是要,多了就是借。因为我们的关系到那了。"我问:"多少算借?多少算要?""几百、几千块钱根本就谈不上借了,我也拿过他的,他也拿过我的。上万就是借,谁的心里都有数,那就得还。因为我们的经济条件也没有那么好。"经过这样一步一步的追问,就把这几千美元的事情弄清楚了,至少不能排除是借款的关系。像这种问题,如果证人不出庭根本弄不清楚,要是没有策略可能也问不清楚。

还有一个贪污案。出纳员证明,每次都是在被告人授意下,给他取上几千块钱单独送去,加起来有几万块钱。后来我发现,这里面有两个疑点:一个是,卷宗里面记载这个证人说,有一次送钱,被告人告诉她坐几路车、在哪个站下车,再拐几个弯到哪个房子。后来我一调查,这个房子是这个证人男朋友的家,怎么还用被告人告诉她坐几路车、拐几个弯?另一个更大的疑点是,最后一次取钱时间是在被告人被关起来以后。

于是我要求她出庭,针对这两点,我仔细地追问她,特别是关于最后一次取钱的时间。我首先问,"每一次你取钱有没有根据?""有,但是都扔了。""为什么扔了?""我怕他事后不认账,所以我把票根都扔了。"慢慢问题就出来了,我接下来又问:"让你送钱的那个地址是不是你男朋友家?"她无法否认。最后又步步紧逼问她:"最后一次取钱的时间准确吗?肯定吗?"她回答非常肯定,而且银行也查到了,时间全固定了。我又问她:"最后一次取钱的时候,你送到哪了?"她回答:"是送到他家了。"再问:"最后一次他是在看守所里面,你怎么送进去的?"她当场就哭了。开完庭这个出纳员就被抓了,实际上钱都被她自己留下了,侦查人员再往被告身上一引,她就顺水推舟推给被告了。

像这样的问题,证人出庭是非常重要的,律师质证水平也非常重要。将来随着证人出庭规定的落实和进一步实现,我们事先要进行这种训练才行。

2. 交叉询问的技巧

交叉询问,一般就是指开放式询问和诱导式询问两种情况。开放式询问就是询问本方证人,这种询问一般事前是有沟通的,你给开个头,让他在法庭上陈述,主要是正面的提问和回答。诱导式发问就是反问,是问对方证人,这种询问对技巧性的要求很高,最基本的要求是一次只提一个问题,步步紧逼问对方证人,挑对方的毛病。向对方证人发问的诱导式询问,是在他先前陈述的基础上展开的。

一般情况下,对方证人先前已经有过对开放式询问的回答。比如,他说某年某月某日到某一个大楼,穿着黑色西装、红色皮鞋,拎着黄色皮包,8点钟到。那么,你质疑、核实或者要固定证据,主要是核实或质证他陈述的内容,比如:你是到了某某大楼吗?你是穿黑色西装吗?你是穿红色皮鞋吗?你平时的穿戴都喜欢用红色皮鞋与黑色西装搭配吗?你是拎着黄色皮包吗?皮包是深黄色的还是浅黄色的?你是8点钟准时到的吗?8点钟大楼开门了吗?如果他答错了就会暴露,这种询问是合理诱导。但还有的律师或者控方会反诱导,比如问,你穿着黄色的皮鞋吗?(本来他说是红色的)你穿着白色的西装吗?(本来他说是黑色的)你是到了5层吗？有时候不注意，你可以要点小计谋，他如果有假就可能上当。但是这种诱导就越界了，是不允许的。当然主要技巧是在正面询问的基础上找出对方的漏洞，前面对那个女出纳员的询问就属于这种情况，就是从她自己的回答中抓住问题。

整个询问就是开放式询问和诱导式询问这两种方式，必须要熟练掌握。交叉询问的技巧是大有学问的，既要训练有素，也要有经验积累，并非一日之功。

3. 向鉴定人质证

按照《刑事诉讼法（2012）》的规定，要求鉴定人出庭。这里又有一个问题，控方对司法鉴定具有单方启动权，辩方没有启动权。修法时我一再提出来，但没有被重视。

前些年我在珠海办理的一个案子做了一次鉴定，当场被控方否定，理由就是辩方没有鉴定启动权。法官最后也没有办法，但同意我作为质证意见提出。控辩双方平等的鉴定启动权是理所当然的问题，但是现在还没有解决。

2007年，我们中华全国律师协会刑事专业委员会出了一本《〈中华人民共和国刑事诉讼法〉再修改律师建议稿与论证》，后来又把《刑事诉讼法》修改最后阶段增加的几部分内容，包括后来写的《最高法院庭审规则建议稿》《律师会见规则建议稿》，作为增补内容全写入新的建议稿，出版了建议稿的增补版。这是全国刑辩律师的集体成果，希望大家能够密切关注，认真研究。在建议稿中也明确提出了鉴定启动权问题。我们要争取把鉴定权的问题解决。目前法律没有禁止，也没有规定，但实践中受到一定限制。我考察过的大陆法系和英美法系国家，控辩双方都具有平等的鉴定启动权，然后双方的鉴定意见都拿到法庭去质证，最后由法庭认定哪个有效和哪个无效。如果都不能认定，法庭有权再委托鉴定机构重新进行鉴定，这是正当的程序。

抛开鉴定启动权问题不谈,鉴定人出庭已经被法定化。所以,我们首先要能够适应鉴定人出庭的质证方式,这个问题很有难度。增加专家证人可以出庭参与质证很有意义,一个是我们可以向专家请教,一个是法律允许可以请专家出庭协助质证。这样我们就可以借助专家的力量帮助我们质证,但无论如何,我们自身首先要具有这种质证能力。

多年前我办过一个案子,对鉴定的质证就起了作用。案情是一帮小青年和一帮警察(互不认识)同时在一个饭馆喝酒,双方都喝多了,一个无意碰撞的举动引发了一场命案,最后交警队副队长倒地而亡,小青年作鸟兽散。过了几年,小青年的头目被抓到了。证据是一个人证和一个物证。人证是饭馆操作音响的女服务员,距离斗殴现场8米远,又隔着两米的玻璃隔墙,她证明看见一个高个子向另一个高个子的左太阳穴打了一拳。还有一个法医鉴定,结论是死者是外伤性脑出血死亡,可是在尸检报告里却没有任何对外伤的描述。

看了这个结论以后,我在北京请了最高人民检察院、最高人民法院、公安部五个权威的法医专家论证,论证结果是不存在没有任何外伤的外伤性脑出血。于是,我提出质疑,强烈要求鉴定人出庭。当时不允许专家出庭,出庭质证时,我根据专家事前的指点,步步紧逼,最后达成一个一致的认识,一般情况下不可能造成没有外伤的外伤性脑出血,但是存在一种例外——在包着厚厚的柔软物质的情况下才有可能出现这种情况。当我说到这种例外并不存在的时候,公诉人说:"你没有到过现场,没有调查。"我说:"我到现场亲自勘查过。"公诉人说:"既然你到过现场,你有没有看到现场铺着厚厚的地毯?"我说:"我看见了厚厚的地毯是铺在地上的,既没有包在手上,也没有包在头上。"这个质证问题解决了。后来,无期徒刑改成了七年有期徒刑(实际上是无罪的)。

这种专业性问题我们不可能是专家,所以要学会:第一,请教专家；第二，可以请专家到庭质证。但是质证时，要将专业问题和法律问题结合起来，这样才能真正发挥作用。

(五) 排除非法证据

排除非法证据是一个比较复杂的问题。

第一，在目前情况下，对出庭侦查人员进行质证，基本上是一种自欺欺人的做法。我们规定了不得自证其罪，却要求警察出庭自证其罪，这可能吗？

我遇到过一起珠海的发回重审案。8个警察出庭，都背好证词了，说得完全一样，基本上没有用。

这里有一个理念问题，就是要强调两方面的无罪推定原则，这很重要。一般说来，如果警察真是那么干了，那就不会承认，若真想承认就不会那么干了。更重要的是，他有顾虑，承认了，万一追究他刑讯逼供的刑事责任怎么办？所以，在分析这个问题的时候，我们也应当注意强调两方面的无罪推定原则：我们在排除非法证据的时候，只要有这种可能性，就应当排除，这是第一个原则。但是反过来，排除了非法证据，能不能肯定它就是刑讯逼供？这也只是一种可能性。所以，如果给侦查人员定刑讯逼供罪也得按照无罪推定原则，如果只有可能性，但又不能证明他确有刑讯逼供行为也不能定罪。也就是说，非法取证的可能性可以成为排除非法证据的根据。但是，这种可能性却不能成为给侦查人员定罪的根据。这是第二个原则。对这两个原则，不仅从原理上要有这样的认识，在法律解释上也要落实，更重要的是，在质证时也要特别强调。这样也可能会促使警察出庭时的回答相对客观一些。

第二，要特别注意排除非法证据中对录音录像的质证。这是一个很难的问题。从两高三部的"两个证据规定"出台以后，在我经办的一系列案件当中，没有一次出示了全程同步录音录像，这几乎做不到。所以首先我们要强调，全程同步不间断的录音录像才有质证意义，对现在截取式的播放必须坚决抵制。有一种说法是没时间全程播放，这根本不是理由。我们可以庭下看，看完和被告商量哪一段需要播就可以。但控方根本就拿不出来，要么就没有录，要么就录而不交，要么就是播而不全，断章取义，根本没法质证。所以我们必须要求纠正，这一点一定要坚持。

第三，排除后再供述的重复性内容必须排除。北京有一个案子，我们冒着风险调取了十几份证据，证明确实存在明显的刑讯逼供。法官当庭宣布对这部分内容予以排除，但是对下一次的重复供述内容却不予排除——理由是这次没有逼供。这种做法其实和截取播放同出一辙。如果允许这样的情况可以不被排除的话，那所有的排除都没有意义。

还有一种情况，在排非程序中对言词证据合法性进行质证的时候，证明主体必须到庭。我在北京办过一个案子，证人否认当时的证言，强调证言是被逼供形成的。法庭允许证人出庭，但是在进入排除非法证据程序时，我一再要求播放证人庭前取证录像时证人在场观看，结果却被法官明令制止了，说是排除非法证据只能对被告而不能对证人，并告诉我这是常识。大家想一想，在观看对证人庭前取证的录像时不让他本人在场，怎么排除？但无论如何我们一定要坚持证明主体出庭参与非法证据排除程序，否则就纯属自欺欺人！

我在佛山办过的一个案子，可能是排除非法证据成功的第一例，但是也并没有按照"两个证据规定"的程序走。比如，提出逼供的线索后应该走排除程序，在法院没有认定之前不能再往下宣读被告人庭前供述，但是公诉人坚持宣读，法庭也不予制止，这明显就是违法。那个案子的非法证据最终能够被排除是各种因素的综合作用。最后做了一个法医鉴定——被告人被逼供时，脚上大拇指的指甲被鞋跟踩掉了，一年后的鉴定证明有这个痕迹。

这个案子最后终于翻案，但是其中的奥妙和难度太多了。春节前一天，一审宣告无罪，春节后上班第一天，检察院抗诉，又拖了好几个月，最终二审维持原判。

(六)法庭辩论

法庭辩论涉及的内容比较多，前些年我曾经做过一个关于法庭辩论技巧的专题演讲，内容大家应该已经看过了，这次就不再重复。因为时间关系，只讲几个在法庭辩论中应当注意的基本问题。

第一，在对抗式的庭审方式中，法庭辩论只是总结陈词，要和前面的质证有机结合起来。这是因为在法庭质证中已经包含了一些辩论观点。

第二，辩论理由要对公诉人有针对性，不宜面面俱到。

第三，反驳法官的观点要有策略应对。在我们的法庭上，有的时候法官的主观能动性太强，参与意识太强，经常越俎代庖，站在辩护人的对立面，我们却无可奈何。这种情况，就要注意策略。比如，有时候法官暴露出他的观点，我们可以把它假设成公诉人的观点来反驳，争取能够说服法官。这是一种策略方法，即以控方作为假定目标。另外，要委婉地表达对法官的说服。法官再不对，但也是主持法庭的，律师可以和控方对抗，但法官不是对抗目标。所以我们很难，但还要委曲求全、尽量委婉地解决问题。有些时候，甚至法官也不是有意的，怎么办？我给大家举个例子：多年前我在黑龙江办理过一个防卫过当的案子，被告人带着老婆、孩子，和一帮同学二十多人在饭馆楼上吃饭，时间是冬天晚上8点多。楼下有两伙人吃饭打起架来，很激烈。打完后，被打的一方回家取一根粗木棒回来报复。可是打他那帮人已经散了,正好赶上被告一伙人下楼,黑乎乎的,目标错误,一棒子就把被告人打倒。被告人以为是抢劫犯,当然就反抗,被告朋友也与对方争抢棒子,在抢棒子的过程当中没有停止侵害。被告晕倒起来后发现还在争抢,拿出随身带的一把水果刀,一刀上去就把对方捅死了。

该案能不能成立正当防卫,前提就是是否正在发生不法侵害。抢棒子过程当中,棒子有没有停止动作,有没有制止住他的侵害行为?与被害人抢棒子的证人出庭作证,说当时被害人正在与自己抢棒子。可是法官在问话时总是带着一种习惯的语气,每一次都说"你把他搂在怀里","他在你怀里时你是怎么样做的?",等等。这就有问题了,搂在怀里,这就难说是不是已经搂住了,是不是还在抢棒子。证人没意识到这一点,也不纠正,我又没有办法反驳法官。后来,我提出一个请求,说为了说明当时的真实情景,要求和证人现场演示一下。法官允许了。于是我就模拟被害人,让证人搂住我——怎么搂?哪个方向?有没有搂住?怎么拿棒子?是不是还在抢?搂了多长时间?通过当场演示把这个问题澄清了。说明当时那个证人根本就没有搂住被害人,没能够制止住他的侵害行为。

所以,法官不能过于发挥能动性是有道理的,法官参与容易先入为主。国外的法官没有那么主动、积极的,中国法官参与性太强。针对这种情况我们得有策略,慢慢把这个问题化解掉。

第四,辩论的理由一定要全面、周延、不留余地。我们辩论当中所提出的针对性观点,绝不仅仅是控方已经提出或者坚持的观点,而是控方和审方都可能会想到的观点。这一点很重要。我们的法庭不是当庭宣判,庭后的事还很多。当庭可能控方和审方都想不了那么多,你好像赢了,事后一琢磨,他又想出几个理由,你就弥补不了了。所以,我们的一种做法是,要想的更多、更远、更全面。虽然他没有提出来,但是我想到他可能会提,最好也在辩护词中给"堵严"了，没有任何余地，这样才能避免遗漏，减少遗憾。

第五，二审辩护要注意两个问题。一是二审的开庭顺序是颠倒的。谁主张，谁先说。我们有人认识不到，不注意。没有准备，还在等着控方先发言，结果会措手不及。但有些法庭就不颠倒，法官是随意发挥的，我们得适应人家的方式。他怎么安排你都能应对就可以了，就是要做到随机应变。二是繁简也不确定，我们也要适应。有的法官就是按照一审程序走，简化的流程不多。当然多数情况是简化的流程比较多，一审举过的证就不重复说了。但是由于不同法庭的做法不一样，我们就必须做好两手准备，这样才能灵活应对。这都是一种对应变能力的检验。

时间关系，简单谈这么多内容与大家分享，供大家参考。

谢谢！

实体辩护[*]

从传统的实体性辩护中,逐渐分离出无罪辩护和量刑辩护两种形态。特别是 2010 年两个量刑规范的出台,为量刑辩护的发育创造了更好的外部条件。2010 年,最高人民法院通过了《人民法院量刑指导意见(试行)》,在此基础上,两高三部又通过了《关于规范量刑程序若干问题的意见(试行)》,由此开始构建出一种相对独立的量刑程序,把量刑程序纳入法庭审判的过程中。根据这种相对独立的量刑程序,我们的法庭调查开始分为定罪调查和量刑调查两个阶段,实现了证据调查的相对分离。前半部分调查无罪证据,后半部分调查量刑证据;法庭辩论也分为两个阶段,即定罪问题的辩论和量刑问题的辩论。前半部分,由控辩双方围绕着被告人是否构成犯罪展开辩论;后半部分围绕着量刑幅度和种类展开辩论。

一、无罪辩护

(一)实体上的无罪辩护

实体辩护当中无罪辩护成功的案例是最多的,这是因为目前

---

[*] 本文节选自田文昌、陈瑞华:《刑事辩护的中国经验——田文昌、陈瑞华对话录(增订本)》,北京大学出版社 2013 年版。

我们实体法的立法往往缺乏明确性，因此，在案件定性这样的实体问题上，无罪辩护的空间显得比较大。尤其在经济犯罪的一些重大疑难案件中，由于立法所表述的那些犯罪构成要件并不是很具体，有的在理论上甚至存在着很大的分歧，所以问题很多，辩护空间也很大。比如我多年前办的大兴安岭朱佩金涉嫌贪污、诈骗、行贿罪一案，就是一起案件事实基本没有争议，但控辩双方对罪与非罪、死罪与无罪存在重大争议的案件。朱佩金被关押了五年，当时是属于一定要判死刑的案子，但经过律师的有力辩护，最终辩到无罪，是一个成功的实体上的无罪辩护。在这个案子中，双方对案情基本没有争议，我们就从一个承包合同下手，从不同的承包性质和承包方式中如何分清公私财产关系入手，找到了无罪辩护的关键点。当时朱佩金签订的是一个"死包"合同，"死包"的合同内容不是按照盈利的比例来上缴利润的，而是不论盈亏，承包方都要交固定的利润，剩下的钱就都属于承包方所有了。"活包"就是按照比例上缴利润，赚多少钱，就按照事先约定好的比例上缴利润。在这种承包方式中，承包方为了少交利润，可能会存在做假账、掩盖利润的现象，这就有可能构成贪污、挪用等罪。但"死包"却不存在这样的问题。所谓"死包"，是指不论盈亏多少，上缴的数额都是固定的，剩下的都是承包人的，亏了也得自己掏钱赔。在这种承包方式中，承包方既没有必要去隐瞒利润，也没有条件去侵吞公共财物。本案既然是"死包"，自然不存在贪污、挪用的问题。所以，这个案子，弄清"死包"合同的性质，就可以排除贪污问题。这是一起非常典型的实体上的无罪辩护。还有原辽宁抚顺市司法局副局长肖元华被控贪污的案件，也是采用这个思路进行的无罪辩护，最终也是被宣告无罪了。

也就是说，从犯罪构成的客观要件入手，论证被告不存在贪污行为。在这种情况下，事实上没有贪污的客观条件，该上交的钱是一个固定数。所以,肖元华案件在法庭上发表辩护意见时我就指出,被告人不仅交了该交的钱,而且还多交了钱,因为当时不到半年就赚了不少钱,钱来得太快,让人眼红,她还比合同约定多上交了一些。所以,在法庭上我甚至说,被告人不是拿多了,而是拿少了,本来她还应该多拿些,可是现在认为自己挣得多,多上交了一些,这即使不能认定为奉献,也无论如何不能构成贪污。后来肖元华在一审被判十五年有期徒刑的情况下,二审改判无罪。

很多案件看似复杂,其关键点往往就在那几处,只要独具慧眼,抓住一点,把文章做足就能达到最好的辩护效果。这一点对于律师辩护很重要,我可以披露一下案件背后的小细节。朱佩金那个案子是在大兴安岭,当时我去调查时,气温是零下四十几度,我骑着一辆除了铃铛不响哪儿都响的破自行车,全身冻得发僵地去当地调查。我记得非常清楚,整个案件一共有3860页的案卷,当时只能到法院阅卷、摘抄,还不能复印,我只有两天时间,根本就不可能看完。但是凭借经验,我发现了这个承包合同的问题,对别的案卷内容就大致浏览了一下,抓住了主要问题之后,我就心里有数了。因为这个案子十分重大,我就直接去找院长沟通情况,院长是科班出身,当时我们也互不相识,院长一见面第一句话就问我:"你看完卷了吗?"他的意思是,因为时间那么短,我是根本不可能看完卷的,既然如此又凭什么能跟他交流案情呢?我当时笑了一下,回答说:"我看明白了。"院长听我谈完观点以后也会心地笑了。肖元华贪污案也是同样的问题,这个案子比朱佩金案的卷还要多,但我同样抓住了最主要的问题,其他内容就可以相对忽略了,从而可以把更多的准备时间放在关键问题的准备上。

再举个例子,最近媒体报道的上海颜某的案件也是我辩护的。颜某被指控合同诈骗罪和挪用公款罪两个罪名。这两个罪的主要分歧完全是实体问题，基本事实虽有争议，但都是细枝末节的问题。在辩护中，我同样抓住了两个最基本的主要问题。第一，控方指控被告利用合同诈骗，数额达十几亿元。实际情况是，颜某在哈尔滨建了一个商城，并就有关商城的转让签订了一系列合同。控方指控被告诈骗的理由是：项目本身并不值那么多钱，项目质量有问题，而且项目尚未得到报批等，因此，构成合同诈骗。我们对指控事实虽然有些小的争议，如质量没有问题，报批问题也可以解决。但更重要的问题在于，合同约定本身就已经充分说明了不可能形成诈骗。为什么呢？因为双方就商城转让签订了一系列合同，最后一份合同叫作"最终处置协议"，这个"最终处置协议"约定了最后卖出工程的验收标准，并约定买方如果认为不合适，卖方按照原价全额回收。就是说买方买多少尊重其意愿，买方想退回多少，也全都原价收回。那么，根据这个"最终处置协议"，我们就有充分理由提出质疑，被告究竟诈骗了什么？又能够骗到什么？所以在法庭上我说："本案涉及几十份合同，请公诉人明确指出是哪一份合同存在诈骗？"控方答不上来。接下来我就对这几十份合同一份一份地分析，分析到最后的"最终处置协议"时，问题完全清楚了，因为双方明确约定，所有的项目，对方都是既可以买，也可以退，既然可以一律照原价收回，对方就没有任何损失，所以被告根本不存在诈骗的问题。从这份协议的内容入手，就把控方指控诈骗的理由否定掉了。第二，指控挪用公款罪。某集团是一个很大的投资公司，本身是个金融机构。公诉机关因为该集团给被告发放贷款的行为而将该集团的领导定为挪用公款罪，同时把使用人颜某定为共犯。这里面也有一些事实上的争议，比如是谁使用了贷款？有没有损失？但更重要的一点，是在金融机构贷款过程当中，使用人不可能构成共犯，这就是这起指控的最主要问题所在。这也反映出我们司法水平的问题。1997年《刑法》修改之前，在挪用公款罪中，将使用人定为共犯的案例是存在的,这是因为在当时刑法没有违法发放贷款罪,在金融机构违法放贷的情况下,曾经将其当作挪用公款罪处理过。后来在1997年《刑法》修改的时候,正是由于将贷款行为定位为挪用公款有问题,才增设了违法发放贷款罪,那么就把这种行为从挪用公款的性质里剥离出来了,这属于特别条款的问题。剥离出来后,违法发放贷款的行为就不存在挪用公款的问题了。所以,首先,金融机构在发放贷款过程中出问题,从理论上就排除了挪用公款的可能;其次,在违法发放贷款行为中,使用人不可能成为共犯,因为使用人本身就是在向金融机构贷款,如果贷款过程中有欺骗行为,可以定他贷款诈骗,但他绝不是违法发放贷款的共犯,更不能成为挪用公款的共犯,也就是说,第一,金融机构放贷,金融机构本身的人不存在挪用公款的问题;第二,退一步,如果金融机构的人构成违法发放贷款罪,使用人也不可能成为共犯。

这个案件最后虽然否定了原指控的两个罪名:合同诈骗罪和挪用公款罪,但还是定了一个违法发放贷款罪,并且还是把我的委托人颜某定为共犯。不过从结果上看,对我的委托人而言,完全是个交易,判决之后,人就被放出来了。而对该集团的那几名被告而言,因为原来指控的那两个罪可以判无期,而违法发放贷款罪的量刑幅度则相对轻了许多。

这一类案件,虽然事实问题有部分争议,但真正的根本争议焦点还在于定性问题,这属于是实体上的无罪辩护。至于从法律条文本身出发进行无罪辩护的典型案例,比如李某包庇罪。这个案子很有意思,当时我们京都律师事务所开论证会,请了很多专家来研究,但大家都觉得确实很有难度。李某接受委托担任一个故意杀人案的二审辩护律师,该案一审判了被告死刑。由于案件事实很清楚,李某对当事人说,要保命就只有一个办法——立功。被告人的哥哥正好有一个立功线索,就写了个纸条,让李某给他弟弟传进去，让他弟弟立功。李某就照做了，后来被司法机关查证属实，结果二审改判他死缓。检察院认为有问题，把这位哥哥抓来一逼问，就了解了事件的整个过程，于是把李某抓起来，以包庇罪起诉到法院。这个案子为什么大家都觉得难办呢？因为包庇罪的主要特征就是帮助犯罪嫌疑人、被告人逃避惩罚。那么，本案中，事实上确实是传纸条了，被告也确实被从轻处罚了，但又觉得这个案子确实不该定罪。那么，究竟以什么理由来分析罪与非罪的界限，似乎很难说得清楚。

　　本案关键问题就是在"作假证明包庇"这几个字上。最后我也是围绕这为数不多的几个字作出了文章。挖空心思，反复琢磨法条，终于从犯罪构成条件上找出了关键问题。这个过程我印象太深了，现在仍记得非常清楚。《刑法》中关于包庇罪的描述有关键的六个字"作假证明包庇"，我反复琢磨这六个字，到底有没有"作假证明"？什么是"证明"？按照法律规定，揭发的立功线索必须经公安机关查证属实才能认定为立功，也就是说，认定立功的证明只有公安机关才能出具，那么，公安机关出具的证明是"假证明"吗？显然是一个真证明。至于律师给被告人传纸条的行为，是不对，但绝不是作假证明，而且根本就不是证明。找到了这个突破口，真的是眼前豁然一亮，从条文本身就找到了反驳指控的有力理由。后来，法庭上出现了非常精彩的一幕：公诉人觉得胸有成竹，发表了五十多分钟的公诉词，论证这个律师如何没有职业道德，如何采取"移花接木"的方式，帮助将别人的立功加到他的当事人头上，作假证明包庇。当时我想到了很多理由当庭反驳公诉人，但如果全面出击，效果未必很好。为了取得最佳的辩护效果，必须抓住一个要害切入，要选择最有针对性的部分入手。我听到公诉人用"移花接木"这个词，就立即顺着话茬，从"移花接木"说起。我说，"移花接木"的形容是完全错误的，准确地说，本案事实不能称之为"移花接木"，而应当是"借花献佛"。"移花接木"是把别的"花"移到另一个"木"上,而本案根本不存在这个问题。为什么说是"借花献佛"呢?本案中,所谓的"花"就是认定为立功的那条犯罪线索,而所谓的"佛"则是我们的司法机关。律师向被告人传递立功线索的行为就是把别人的"花"借过来,传给被告人,再由被告人献给了"佛"——司法机关,"花"是向被告人哥哥借的,最后是由被告人完成了"献"的行为,而律师在整个"借花献佛"的过程中仅仅起到了"传花"的作用。

然后我接着论证第二点:与自首、坦白等具有悔罪、认罪的含义不同,立功本质上仅仅是一种交易,我帮你破案,你给我从轻发落的处理。既然如此,就不应追究交易背后的动机是什么。只要犯罪线索是真实的,只要帮助司法机关破了案,节省了破案的时间,达到了交易的目的,实现了立功制度设置的初衷,就应该为检举者记功,为什么还要追究犯罪线索的来源和途径呢?虽然后来最高人民法院出了一个司法解释,但我个人认为实际上这个解释是不正确的,查出是买线索、借线索的就不认定为立功,没有查出的就认定,并予以区别对待,这是不公平的。

中国之所以在实体问题上进行无罪辩护的空间比较大,就是因为我们的实体法条文太抽象、太缺乏具体性。像国外的法律条文就很细、很具体,并且还有判例进行细节上的支撑。所以,国外的法庭上很少有仅就实体问题、就法律条文的表述进行辩护的,而主要是针对程序问题进行辩护。而我们的法庭辩护恰恰相反,程序辩护相对较少,而纠缠于法律条文的表述、纠缠于犯罪构成要件,甚至纠缠于学术和理论观点的辩护相对较多。

这进一步反映了实体法本身的问题。同时还有另一个重要问题是,我们的立法和司法活动当中,部门法之间严重脱离,实体法和程序法脱节,刑法和民法脱节。而恰恰很多案件都是实体法与程序法的问题同时存在,民法与刑法的问题相互交叉,许多案件的民事法律关系与刑事法律关系是交错在一起的,既有区别,也有联系。而我们许多理论界和实务界的人都没有意识到这个问题,而且受知识面所限,导致思维单一、片面。就是我常说的一句话:"搞刑法的不懂民法,搞民法的不懂刑法,搞刑法的看什么都像犯罪,搞民法的看什么都像侵权。"

目前在中国,学科脱节这种现象非常普遍,许霆案就是一个典型的例子。中国人民大学搞了一个论坛,一名教授、三位律师坐在一起讨论许霆案,只有我一个人的观点是无罪,他们三个都认为应该定罪。最有意思的是,当时坐在下面的所有民法专家都支持我的观点,而刑法专家多数反对,这非常有意思。当然,在对这个案子的争议中,我是少数派,我也并不认为只有我正确。但是,这种现象反映出一个值得思考的问题:为什么研究民法的人多数认为无罪?是不是分析问题的角度不同?这就反映出民刑交叉的问题,非常值得研究、值得重视。对许霆案,马克昌教授跟我的观点是一样的,可以说,老一代刑法学家里他是唯一一个持无罪观点的,中年的也可能我是唯一一个吧。在中国人民大学的那次论坛上,甚至还有一个刑法学博士当场对我的观点表示遗憾,因为刑法界主流观点是有罪的。其实,我们仔细分析一下许霆案,是盗窃吗?有秘密窃取吗?没有。是诈骗吗?有隐瞒真相、虚构事实的行为吗?也没有。打个比方,就像是疯子遇到了傻子,许霆是个疯子,取款机是个傻子,因为取款机完全取代了人的功能。相当于我到柜台上去取钱,一句假话都没说,拿着自己的卡,卡里只有1元钱,我就说取10元钱,因为我是疯子嘛。结果没想到你是傻子,就愿意给我,我看你愿意给我,第二次,我还找你要。一没有编造虚假情况,二没有秘密窃取,因此这仅仅是一个民事问题。但是你说他有社会危害吗?当然有。如果在立法上增加关于这种行为的刑法条文就可以了。但是在没有相应定罪条文的前提下,就不能定罪,这不仅是一个对实体法认识的问题,还是一个罪刑法定的观念问题。

比如,金融诈骗罪中的信用证诈骗罪、票据诈骗罪、贷款诈骗罪,这是在1997年《刑法》修改的时候增设的几个新罪名。当时的立法背景是,因为金融领域异常混乱,出现了一些很不规范的行为,包括诈骗的行为。为了打击金融界的诈骗行为,可以说是比较匆忙地补充了一些相关的罪名。但是,客观地说,对金融业操作的一些规律、一些具有专业性和行业特点的行为,立法者并不是很了解,致使条文的表述不够完善。所以,在实施过程中就逐渐地暴露出一些问题,包括我办过的一件信用证诈骗罪案,本来是一种信用证交易的通行规则,而检察官、法官却完全用一手交钱,一手交货的简单思维来断案,就认定是诈骗,判个十几年,实在很冤枉。关于实体上的无罪辩护,我还想补充一点。有的时候,由于立法的不完善,本来应该判无罪的案件,最后只能取得从轻量刑的结果,这是很无奈的一种现象。比如虚开增值税专用发票罪,这个罪名原来也是个有死刑的罪名,《刑法修正案(八)》取消了死刑,但是问题还不在这儿,关键在于定罪的条件上。对于虚开行为,最高人民法院有一个司法解释,自己虚开、替别人虚开和接受别人虚开都算,不仅如此,不管票据项下有没有真实的交易,都认定为虚开。在这个解释的指引下,更遗憾的是有一些专家学者,竟然把虚开增值税专用发票罪解释为行为犯。这种解释太可悲了。怎么能是行为犯呢?道理特别简单,这个罪名的立法背景是:抵扣增值税17%的政策出台以后,有些人确实非常恶劣,伪造了假发票,骗取抵扣税款,比如他伪造金额100万元发票,就能骗到17万元抵扣税款,确实是诈骗行为。针对这种行为,增设了这个罪名。但是后来发现,在实际生活当中,虚开增值税发票的行为有许多不同的动机,有很多情况根本就一分钱也没有骗取,而是为了虚增业绩或者出于一些不得已的原因而虚开这些发票的。比如我办过的一个指控虚开增值税发票8亿多元的案子，是什么情况呢？甲是钢铁公司，去乙处买废铁，用于炼钢，乙偷税，没有发票，甲不得已之下，找到废钢公司丙，由丙来开票。关键在于，事实上每一吨废铁都要过秤，一点假没掺，只是"张三供货，李四开票"，找了一个代替开票的人，该交的税一分钱没少，一分钱没骗，一分钱也没占，能说甲有什么问题啊？结果把甲和丙都定重罪，理由是他们之间没有真实交易。后来我就提出，关于虚开增值税专用发票罪的立法表述有问题，因为它不可能是行为犯。理由很简单：只要横向比较一下偷税罪就可以看出，偷税罪是结果犯，而且偷税要数额较大才构成犯罪，刑期三年，有严重后果的最高刑期才是七年。而如果对一分钱税都没有骗的虚开行为，就可以判到死刑，而且是行为犯，这能说得通吗？这样一对比，道理显而易见。我与最高人民法院、最高人民检察院，全国人大法工委的一些同行深入交流了这一看法，他们大多认为我的理解是对的，即应当具有骗取税款的目的和结果才能构成犯罪，否则不应以犯罪论处。但是，下级司法机关却并不这样认为，多数都还只是根据现有条文的表述，以虚开发票的行为事实认定犯罪，也有一些人经过反复交流后接受了我的观点，但是，又认为依据现在的条文规定不能不判，否则没法交代。最后这个案子的判决结果很有意思，罪名没改，但是判刑很轻，因为根据现有的条文他们不敢不定罪。

后来我正式提出了一个立法建议，对虚开增值税专用发票罪构成要件的表述提出修改建议，增加"骗取税款"的表述，强调构成该罪必须具有骗税的目的和结果，而对于单纯虚开发票，没有骗税目的和结果的行为，如果从立法角度考虑也应当予以处罚，那么，由于其侵犯的客体只是发票管理秩序，而非税收管理秩序，可以单列一款，设定一个轻微的刑罚幅度。这样规定既可对虚开发票行为予以严格规制与防范，又可保证司法的公正性。

(二)证据上的无罪辩护

从程序的角度出发,但最后又转化为证据上的无罪辩护的情形,我举几个案例。

发生于1991年的商禄贪污、挪用公款等案,四罪并罚判了被告十八年有期徒刑,后来经过省高级人民法院提起再审,最后宣告无罪。这个案子主要是贪污问题,其中有一个细节,控方指控被告一年报销的出差补助天数超过了365天,这肯定是有问题的,为了查清问题,我把仓库里堆放的半屋子的票据全找出来了,在财务人员的帮助下一页一页地翻,下了很大功夫,最后从证据的分析和论证上把指控推翻了,从证据的真实性和关联性入手,主张票据与案件事实没有关联以及重复计算票据等最后得出结论——全案事实不清,证据不足。

还有前几年发生的一起走私大案——广东省高级人民法院审理的惠州外代公司单位犯罪,仅依据走私偷税额本数就判处罚金25亿元,是全国判处罚金数额最大的一起走私案。25亿元的罚金还没有加倍,仅是按照一审认定偷税额25亿元的原数判罚,但即使按照这个罚金数额,公司也会彻底垮掉。二审时总公司找我为外代公司辩护,当初的期望是:如果罚金打不掉,能否不要株连到总公司?最终,我辩护的结果是单位无罪,比他们的期望高了很多。具体案情是这样的:主犯第一被告所在的公司走私的事实确实存在,手段非常高明,他们连续几年从香港往广东运食用油,每次都有合法手续,但是到港以后采取分仓单的形式,比如把100吨分成两半,其中一半正常入关,另一半则放在保税仓储存起来,再伺机走私。惠州外代公司有十几个职工都参与了这些行为——货到港后帮忙分仓单,把一个单变两个单,一船货收一点手续费。这十几个人确实参与了走私行为,最后我得出的结论是:第一,虽然这些外代公司的职工参与了走私行为,但并不能代表整个公司,因为公司没有获利,只是参与的人获利了。单位犯罪要求必须基于单位意志,而且单位受益,可现在既不是出于单位意志实施的走私行为,单位也没有获取利益,显然只能认定为个人犯罪,而不构成单位犯罪。第二,一审判定被告是共同主犯,但是指控走私仅偷税额就达25亿元,获利额应当远远超过25亿元吧,而这十几个职工加起来总共才得了一百多万元,只占整个偷税金额的0.06%,最多是一个帮助犯。其实,我的辩护还面临着一个两难境地——如果把单位犯罪打掉,而主犯打不掉,那十几个人就变成个人犯罪了,处罚可能会更重。所以,我一方面给单位作无罪辩护,另一方面,在共同犯罪的地位上,坚持论证外代公司的职工都是从犯,而不是主犯,这样就将单位和个人两方都救了。最后的结果是,单位不构成犯罪,个人由主犯变成了从犯,刑期也减了一半左右,这是非常理想的辩护结果。

本案我是从证据和单位犯罪的构成条件上进行辩护的。这起案件证据的问题比较多,特别是第一被告的问题,更值得一说。第一被告不是由我担任辩护人的,我也不认识他的辩护律师。这起案件有三百七十多本卷,我不能全看,有些不重要的地方就稍微浏览一下,但我在卷宗里发现了半页纸,记载了一个重要信息:上级公司甲有两个分公司乙和丙,其中有一个负责保税仓的人,是丙公司的法人代表,现在总公司甲的老板跑了,丙公司老板也跑了,而第一被告是乙公司的老板。他在整个犯罪过程中承担了什么样的角色呢?总公司的货进港,分了仓单之后,他负责正常进关的那一部分,把另外一部分货物则放在保税仓里,而保税仓的货物却不归他管,而是由另一个分公司即丙公司负责。所以,那一部分货物什么时候走私进来他根本不知道。但就是这样一种情况,一审法院竟然判处第一被告死刑。看到案卷中的这种情况之后我发现,第一被告不仅不构成死罪,甚至能否构成走私犯罪都值得研究。现在,在甲和丙公司的负责人都在逃的情况下,没有任何证据能够证明乙与他们之间存在共谋。现有证据只反映出第一被告按照总公司老板的指令,把仓单分了,一部分按照指令合法进关,另一部分放在保税区仓库。由于保税区属于关外,所以并没有进关。至此,第一被告的任务已经完成。至于他是否与丙公司老板共谋走私,由于丙的外逃而无法证实,所以,这个证据链条就断了。于是,我就跟法官说,保税区属于境外,是关外的保税仓,还没有进关。所以,除非证明第一被告与其他人有走私的共谋,否则连定罪的证据都不充分,更不能判处死刑了。后来,这个第一被告的死刑判决也改了过来。

对这个裁判结果,外代公司感到非常意外,简直是欣喜若狂,因为原本的期望只是不要株连总公司,根本没想到能彻底打掉单位犯罪,结果我不仅把单位犯罪彻底打掉了,罚金撤销了,涉案员工也减轻了一半刑罚。当然,他们到现在都不知道是谁救了他们,特别是第一被告,把命都保了下来。

还有一个比较典型的案例,深圳市人民检察院以被告人何勇、高斌(长城葡萄酒公司的原副总)涉嫌贷款诈骗罪向深圳市中级人民法院提起公诉。案情是这样的:在贷款过程中,本案第一被告何勇,利用与高斌签署保兑仓合同意向书、核保书等文件,骗取了银行 2000 万元授信额度和承兑汇票。办案机关认为,高斌与何勇一起构成诈骗罪的共犯。这个案子就是从证据角度进行的辩护,最后获得了无罪的结果。

这个案子我完全是从证据的角度形成无罪辩护思路的:首先,没有任何证据证明高斌主观上有诈骗的故意,或者与何勇有诈骗的共谋,高斌完全是按照正常工作流程实施了一系列行为。其次,通过研究保兑仓的特点,我们发现,保兑仓业务实质上是一种营销行为,而高斌是主管营销的副总,在保兑仓合同意向书上签字是他职权范围内的事项,而且,高斌并没有对银行人员进行虚假陈述。如果严格按照保兑仓协议履行合同,何勇根本骗不到任何资金。而正是由于何勇私刻财务印章，冒领承兑汇票的行为，才导致了银行受损，何勇才最终将资金占为己有。所以，高斌与何勇不构成贷款诈骗罪的共犯。这个案子中一个十分关键的问题是，由于对保兑仓业务操作模式的误解，公诉机关对高斌的犯罪指控出现了行为与结果之间因果关系的错位，正是这种错位的认识，形成了认定犯罪性质的错误前提。所以，这个案子还有一个重要的启示是，当案件涉及特殊的专业领域时，首先要将这些专业问题弄明白，千万不能回避自己不懂的问题，更不能不懂装懂。

以上这些辩护思路完全都是从证据角度切入的，所有认定高斌诈骗的证据都不能成立，结果开庭后公诉机关主动撤回了对高斌的起诉，并最终作出了不起诉的决定。

二、量刑辩护

（一）量刑辩护的技巧

我举一个大家都知道的案件作为素材对量刑辩护加以分析。以云南省省长李嘉廷受贿案为例。本案的受贿金额是一千八百多万元。到最后，法院认定的数额没降，但我在量刑情节上提出了比较充分的辩护意见。我个人认为，这是一个高难度的量刑辩护案例。这个案子当初给我提出了一个非常严峻的挑战，整个案件几乎没有任何辩点，李嘉廷的认罪态度很好，对指控事实全部承认。这起案件的典型之处在于：在被告人本人认罪态度很好，基本事实也比较清楚的情况下，律师怎么选择辩护的角度？我最后在这种无奈境地当中找到了一条出路——主要从受贿罪的情节角度进行深入的分析论证，我的辩护词就相当于一篇受贿罪量刑的专题论文。在五六千字的辩护词里，我结合案情，重点论证了斡旋贿赂罪的构成条件和特点，并且在辩护词中做了一张表格，用对比的方式具体剖析了受贿犯罪的各种情节，比如，索贿的、主动的、被动的、谋利的、不谋利的，几乎列出了受贿罪中所有的表现形式，并逐一作出分析。最后得出结论，李嘉廷的受贿行为是所有受贿表现形式当中情节最轻的一种，强调对被告人从轻处罚的理由，从这个角度请求法院在量刑时对其予以从轻处罚。

我可以把这个表格画出来，这样就更直观了。（见表2-1）

表 2-1　受贿罪情节一览

以上图示的排列顺序可以反映出受贿行为的不同表现形式中所反映出危害程度的差别（自上而下呈现出由重到轻的趋向），其中连线处所标明的本案被告人所实施的行为方式，即直接（或间接）利用职权——为他人谋取正当利益——被动收受财物。由此不难看出，从行为方式的角度，在受贿罪的多种表现形式中，相对于其他形式而言，本案被告人的行为显然是属于情节最轻的一种情况。据此，辩护人希望法庭在量刑时不仅要注意到受贿的数额，还应当充分考虑到被告人受贿的具体行为方式，不应忽视这一方面的从轻情节。

通过这个表格可以明显区分不同表现形式的受贿行为社会危害性是不同的，只有这样辩护，才能在无法减少受贿数额的情况下，争取到对被告最有利的裁判结果。这个案子的辩护词是有一定借鉴意义的，该案主审法官是当时北京二中院的耿景仪副院长，法庭主持得也很好。公诉人是北京二分检的副检察长，水平也较高。最后案子判了死缓。客观地说，如果没有深刻的理论功底，这个案子真的很难办，我真是下了很大的功夫。

既是死刑辩护，又是量刑辩护最成功的一个案子是吕某某盗窃案。这是我律师生涯中救的第一条人命，是我在1985年办理的一起案件。时间虽然很久，但比较典型。吕某某这个人很传奇，当时还不到20岁，是电脑天才，后来在监狱里发明了两项排除计算机病毒的专利，引起了全球性的反响，成为各大跨国公司和国外企业争抢的人才。被告的姥爷是早年的特工，为了保密，他们家一直是反革命家属待遇，家境很惨，直到退休移居美国之后才公开这一身份。姥爷为了补偿对他的愧疚，专门买了台丰田轿车送给被告人。在1985年的时候，他的家里有1辆轿车和1台电脑，这是很不得了的，根本就不会有盗窃的动机。但是他年轻精力过剩，业余时间就开着丰田轿车出去拉黑活。就在拉黑活的过程中遇见了5个人，其实是个盗窃集团，都是从新疆刑满释放的人。这5个人一看他是黑车，就提出要包租他的车，并且车坏了还包修，于是双方一拍即合。谈好之后，那伙人说用他的车帮朋友"搬家"，搬了几次后，被告人发现所搬物品都是冰箱、彩电之类的，就觉得不对劲，开始怀疑他们是在盗窃，还就此事专门问过这伙人。他们当然不承认，被告人也就没有再追究，抱着半信半疑的态度继续为他们开车。十几天后案发，警察顺着轮胎印找到被告家里把他抓了起来，因为他对那伙人早有怀疑，就带着警察去把那伙人抓获了。由于那伙人恨他出卖了自己，就异口同声地咬定被告人是他们的同伙。其中还有一个情节：包车的那些天，由于被告人的车胎被偷，这几个人就偷了轮胎给他装上，轮胎、车轴盖、车顶灯等所有东西评估作价有两万多元，1985年两万多是个很大的数目了。本来前面他并没有参与盗窃，但由于后来接受了轮胎，就等于是接受了盗窃的财物，于是就被认定构成共犯。由于其他几个人一口咬定他是主犯，结果这个案子判了五个死刑，他排第四。

因为他明知轮胎是偷来的，可还是接受了，构成共犯的性质就不好否定了，所以辩护的重点只能是量刑问题。这个案子辩护的要点就在于他是不是主犯，因为那 5 名被告人咬得很死，因此推翻的难度很大。我后来发现一条非常重要的线索，被告人母亲告诉我，她曾经看到过被告人有一个小本，上面记载了为他们拉活儿的公里数，并每隔一段时间根据公里数和他们算钱结账。我立刻意识到这个记录非常重要，因为这个小本能够证明他们之间只是承租关系，这种关系与同伙的关系性质是不同的。我在卷宗里没有找到那个本子，后来就去找公安局负责这起案子的预审员，很不巧，两个预审员正在休假，为了救命，我又想办法把预审员从家里请出来。他们也很配合，都觉得被告即使有罪也罪不至死，经过回忆，他们的确想起有这个本子，但当时觉得没有什么用，就没有入卷。在我说明了这个本子的重要作用之后，他们还真的把它找了出来并交给了我。于是我就把这个小本拿到二审法庭出示，证明他不是同伙，只是承租关系，充其量只是从犯，而不是共同主犯。就是凭借这个证据，二审判决采信了我的辩护观点，把死刑改为死缓。在当时"严打"的大形势下，这种改判的难度是很大的，这是在量刑辩护中非常典型的一个死刑辩护成功的例子。

常见的量刑情节无非就是自首、立功，再就是认罪态度、犯罪形态和罪行程度，还有就是共同犯罪中的地位和作用等。在经济犯罪里面，犯罪数额是最大的问题。通过降低犯罪数额，最终达到量刑辩护的效果。这是一个很重要的辩护内容。

另外，实践中防卫过当和避险过当的案例也很常见，尤其是防卫过当的案件更多。我曾经办过几个以防卫过当的理由辩护成功而改判死刑判决的案件，其中有一个案子也很有意思，是大兴安岭一审判处死刑的一起故意杀人案，时间大概是 20 世纪 80 年代末。基本案情是：被告人宋某某在新婚之日带着新婚妻子和弟妹们去看电影,途中遇到了一群小流氓,看到新娘子穿着崭新的红棉袄,就动手动脚耍流氓,被告的弟弟与那些人冲突起来。被告不想破坏新婚气氛,就息事宁人,委曲求全,向对方做了让步,进电影院去看电影了。但是,电影散场后那一群人却在电影院门口截住了他们,要报复他的弟弟,于是双方又打了起来。在对方主动袭击的情况下,被告情急之下顺手拔出身上携带的一把军用刺刀刺向了袭击者,结果对方跑出了二十多米之后倒地死亡。仔细研究案情后,我发现这是防卫过当的行为,但在死亡结果已经发生而又缺乏目击证人的情况下,进行正当防卫的辩护是很困难的。为了支持辩护理由,我的确下了很大功夫,除了尽可能搜寻目击者之外,还进行了案发现场的实地考察和测量,绘制了案发现场的方位图和打斗位置及路线图,结合各方面因素提出了防卫过当的辩护理由。

这一场辩护虽很艰难,但终于成功了,被告人在二审中被改判为死缓,这个被告人早就出狱了,由于这类案件发生的前提是危害后果已经发生,因果关系也已经确定,要做防卫和避险的辩护就要举出证据,就是说在这种辩护中发生了举证责任的转移,辩方要承担举证责任。所以,辩护的难度是非常大的。但是,如果功夫下到还是有可能找到突破口的。我的经验是,遇到这类案件时要知难而上,千万不能轻易放弃努力,不能丧失信心。

(二)消极的辩护与积极的辩护

量刑辩护分为两种:一种是消极辩护,另一种是积极辩护。具体而言,积极辩护又分为两种,一种是主动取证,另一种是动员、帮助被告人自行创造从轻、减轻处罚的条件。

我从三个方面分开来说。举几个例子,比如自首。尽管关于自首,最高人民法院多次进行司法解释,但实践中在很多相关问题上仍然没有形成统一的认识，比如原来刑法中规定有一个"接受审判"，有人认为，只要被告人在法庭上进行任何辩解，他就是不接受审判，就不能认定为自首。我认为，被告人站在法庭上这一行为本身就应视为"接受审判"。当然，后来刑法将自首界定为"自动投案，如实交代"，而不再要求"接受审判"了。但现在仍然存在着两个认识上的盲区：什么是"自动投案"？已经被公安机关通缉，但无路可逃了才投案，是不是自动投案？最高人民法院对此有明确的解释，通缉之后自动投案的也算自首。什么是"如实交代"呢？很多人把如实交代罪行和正当合理的辩解混淆起来，实际上这里面的辩护空间很大。比如有人投案，交代了他杀人的行为，但他的杀人其实是正当防卫，这就完全可以作为辩护的理由。但实践中往往认为自动投案就不能有任何辩解，这是错误的。

我办过一个非常典型的案例，某行贿案件的被告人有自首情节，但检察机关一会儿认为是自首，一会儿又否定，反复了几次，到了起诉前又否定了。否定的理由是第二被告人交代的时间比第一被告人早一天，所以第一被告人就不能认为是自首了。我详细地研究案卷后发现了问题，提出两点意见：第一，自首是主观态度，与立功不同。相同的线索，有人拿去立功，其他人再提出就不能认定为立功。但自首只是一种认罪态度，只要第一被告人和第二被告人是分别审讯，分别供述的，就不应当影响自首的成立，完全可以分别成立自首。第二，第一被告人和第二被告人的审讯笔录显示，两人的讯问时间都跨过了零点，但却没有显示具体讯问时间，只是办案机关给第二被告人记的是前一天的日期，给第一被告人记的是后一天的日期。虽然记载上差了一天，但笔录中显示都跨过零点了。那么，既然记录中不能说明哪一个人是在几点几分即哪一个具体的时点上交代的，就没有证据区分他俩谁在先谁在后，既然不能否定其中任何一个，就只能都认定为自首。这是一个无可辩驳的理由，这个自首后来被认定了。这就是利用控方案卷笔录材料，论证被告人构成自首的消极辩护成功的例证。

实际上一个是对同一情节认识上的不同，再一个是办案机关的忽略。从控方的角度，它容易忽略掉对被告有利的东西，律师要通过细致的工作把它找出来。

这也恰恰反映出，在诉讼过程中，不同角色、不同职责的不同作用。因为控方侧重于有罪和罪重的材料和论证，这是他的职责所在，没有问题。那么，这个时候恰恰需要律师从另一种角度做更多的工作，这是律师的职责所在。所以，从某种意义上说，如果律师在这方面没有尽到职责，应当是一种失职。

所以，消极辩护很有意思，在量刑辩护中，事实证据是由控方提供的，但辩护律师完全可以从法律评价的角度重新对其解读，为我所用。至于积极辩护，是律师要去发现、寻找有利的证据，用证据去否定有罪指控。在一个正常的法治环境中，绝大部分辩护是消极辩护，而在我们国家，需要更多积极辩护，为什么？就是在一个严格执行罪刑法定和无罪推定原则的法治环境当中，只要驳斥了对方证据，打破对方的证据链，就可以得到法庭的认可，获得辩护的成功。而在我们现在的法治环境下，还远远不能做到这一点，往往在律师驳斥控方证据的同时，法院经常要求由辩方承担举证责任，甚至判决书上都会出现这样的表述——辩方没有证据支持自己的观点，辩护观点不予采纳。因此，在这种特定的环境下，在我国的辩护活动中，需要最大限度地进行积极辩护，才能使辩护理由得到认可。但是，同时又面临着一种现状，就是在中国调查取证的难度和风险都远远大于其他国家，所以又产生了强烈的冲突：一方面，律师更需要主动调查取证，积极辩护；另一方面，律师调查取证又受到极大的限制，面临巨大的风险，这是一个两难的局面。尽管如此，我仍觉得，律师要尽到自己的辩护职责，还是应当尽最大努力去进行积极的辩护。

还有另一种积极辩护，就是我们通常所称的"促成新的量刑证据，制造新的量刑情节"的积极辩护，这其实是一种很人性化的辩护，但很容易造成误解和风险。律师给当事人解释立功条件，或者说服他能够正确对待自己的行为，积极赔偿，正确对待法律的裁判，不仅在量刑辩护上是积极的，对于促进整个司法活动也是积极的，甚至对促进社会和谐，也是有积极作用的。律师给当事人解释法律，解释法律后果，然后帮助当事人怎样自己创造条件去取得法律的宽容，这种事将来会有越来越多的需求。按理说，在法治社会中，法律是公开、透明的，涉嫌犯罪的人更有必要且有权利了解法律的具体规定和确切含义，而这正是律师提供法律服务的重要内容之一。使犯罪嫌疑人、被告人了解法律与其规避法律、逃避制裁是两回事。在犯罪嫌疑人、被告人不懂法律，或者对法律规定有错误认识或重大误解的情况下，不仅容易作出不真实的供述，而且容易在被欺骗、诱导下作出不真实的有罪供述，这恰恰是形成冤、假、错案的重要原因。所以，律师为其解释法律不仅是正当的，而且是必须的。但是，这又是一个两难的冲突：一方面是责任，另一方面是风险，不冒风险就是不尽责任，尽责任就会冒风险。比如律师会见的时候向犯罪嫌疑人、被告人解释法律，就会被指责说律师是在通过解释法律的方式引导其改变供述，这种指责完全没有任何道理。又比如量刑，向当事人解释各种情况的量刑，又会被指责在暗示、诱导当事人在供述时避重就轻。所以，律师在做这些事情的时候一定要慎重，但又不应当不作为，不能不尽职责。

对于律师在促成立功情节形成的过程中，该如何扮演角色参与其中，从积极的角度来讲，这是律师的职责所在，应当做，并且应当做充分。但是在方式上一定要注意，像前面讲过的律师向被告传递立功线索被指控包庇罪的案例中，律师的做法显然是有瑕疵的。那么应当怎么做呢？必须采取正当的方式，不能造假。我以一个最近代理的制造毒品罪为例来加以说明，这个案子一、二审都判处被告人死刑，现在正处于死刑复核阶段。这个当事人知道一起重大恶性杀人案件的线索，非常详细，连凶手的姓名都知道，但这个线索的背景非常复杂，涉及当地的一些黑恶势力，他担心一旦说出来更加无法保命。因此在一、二审当中都没有说，一开始和律师也不敢说，我会见时，他犹豫再三，最后才告诉我，他问我怎么办？我经过慎重的考虑以后，让助手给他做了笔录，然后直接找到最高人民法院，与法官沟通，把这个情况作了说明，希望最高人民法院通过省一级以上公安机关去查证这件事，避开地方的影响。毫无疑问，这个线索一旦能够查证属实就可以构成重大立功，如果律师不做就是失职，但要是做得不好，也会出问题。所以，我认为，遇到这种情况，可以在会见的时候把被告人的话记录下来，形成一份书面申请，再和司法部门沟通，提出要求，然后由司法机关去具体操作，这是一种方式。实践中还可以给当事人说明法律后果，动员他积极地创造条件，包括帮助他审查哪些能够构成立功，哪些不够，这些都是律师职责范围之内的事情，底线是不能帮他作假。

(三) 轻罪辩护

下面谈谈重罪改轻罪的辩护。这样的辩护很多。比如抢劫变抢夺，挪用公款变挪用资金，贪污变侵占，等等。这种辩护实际上跟无罪辩护有类似之处，就是不构成此罪，但却构成彼罪。按理说，律师觉得不构成指控罪名，只要推翻原指控罪名就可以了，而不用再论证被告人构成另一个罪名，但这在现实中很难做到。这和法院是否有权变更指控罪名有极为密切的关系。其实，对这一问题理论界一直存在争论，占主导地位的观点是，法院可以变更指控罪名，只能从重罪改为轻罪，将轻罪改为重罪就不允许。

同时，还存在这样一种观点：法院在任何情况下都不能改变指控罪名，否则就是侵犯了被告人的辩护权，法院充当了第二公诉人，正确的做法应当是由检察院重新起诉或者变更起诉。

我刚刚在吉林办了一个案子，就涉及这一问题。控方指控郭某行贿，而律师则认为不构成个人行贿，而是单位行贿。将个人犯罪改为单位犯罪，量刑上就可以轻很多。律师提出来这一辩护意见后，法院没有直接判决，而是由检察院撤回起诉，按单位行贿罪再次起诉，法院又重新开庭审理。实践中的做法五花八门。

在目前通行的做法中，在同一个事实的基础上，法院是可以进行罪名变更的。实践中这种辩护的成功率还是相对较高的，因为它没有根本颠覆对犯罪的认定，但又确有根据。

说到这里我又想起一个典型的例子，被称为"中国彩票第一案"的扬州彩票诈骗案。事实很清楚，抽奖分为两次，第一次抽取第二次抽奖的资格，而在第二次抽奖的奖项中有大奖。那个案子中，彩票公司确实在卖彩票的过程中违规操作了，安排公司内部人员去把某一个区的第一次抽奖彩票全部买了。这里面肯定包含有第二次抽奖的资格，然后在第二次抽奖时，在摸奖球的时候做了手脚。他们知道奖球的位置，而别人不可能知道，即利用掌握内部情况的特殊条件达到摘取大奖的目的。通过这个方法共获得大奖数额达千万元，非法抽取的大奖转回彩票公司，用于弥补经营亏损。按被告人自己的解释，这样做是不得已而为之，这是因为开拓市场是赔钱的，这样做是为了减少经营损失，否则公司就做不下去了。同时，也并没有完全剥夺别人中奖的机会，而只是减少了别人中奖的机会，通过作假自己拿走了其中的一部分。这个事实已经查清楚，损失了几千万，最后按照诈骗罪起诉。那么，我的辩护观点是什么呢？我的辩护观点是不构成诈骗罪。因为不符合诈骗罪的构成要件，对象是不特定多数人，也没有虚构事实。但是如何解释危害性呢？我提出来，这起案件的确有危害性，而且还不小，但这是典型的行业舞弊行为，就相当于赌场出老千，或者是内幕交易。我的辩护当时引起了很大的轰动，案子一路请示到最高人民法院，法院认为我的辩护理由确有道理，可这个案子社会影响很大，不判就无法交代，就想往非法经营罪名上"靠"。当时最高人民法院也觉得定非法经营罪太勉强，非法经营是没有经营资格的非法，而这个案子准确地说不是非法经营，而只是经营非法，因为他们有合法的经营资格，但在经营过程中违法了。可见，一个概念颠倒就相差了很多。最后还是判了，这么大的损失，不处罚没法交代，还是按照非法经营罪定罪，判了十四年有期徒刑。但和诈骗罪相比，还是不错了，要不然就是无期，相当于在夹缝中变了一个罪名。我和全国人大法工委的同行专门谈过这个问题，立法上应当补充一个行业舞弊罪，判几年就可以了。在没有补充这个罪名之前，如果严格执行罪刑法定原则确实是无法定罪的。但是，在我们国家目前还做不到。

程序辩护*

一、程序性辩护的困境

应当说虽然程序辩护的规定描述了程序性辩护的美好前景,但是在现阶段的现实却是非常暗淡的。我国现阶段对程序性辩护的理解和重视程度与实际需要相差太远,可以说《关于办理刑事案件排除非法证据若干问题的规定》和《关于办理死刑案件审查判断证据若干问题的规定》(以下统称"两个证据规定")的颁布为程序性辩护的应用打下了基础,虽然这个基础还比较薄弱,但毕竟是开了个头。

比如,《关于办理刑事案件排除非法证据若干问题的规定》第五条第一款规定:"被告人及其辩护人在开庭审理前或者庭审中,提出被告人审判前供述是非法取得的,法庭在公诉人宣读起诉书之后,应当先行当庭调查。"第十条也明确了"经法庭审查,具有下列情形之一的,被告人审判前供述可以当庭宣读、质证:(一)被告人及其辩护人未提供非法取证的相关线索或者证据

---

* 本文节选自田文昌、陈瑞华:《刑事辩护的中国经验——田文昌、陈瑞华对话录(增订本)》,北京大学出版社 2013 年版。

的；（二）被告人及其辩护人已提供非法取证的相关线索或者证据，法庭对被告人审判前供述取得的合法性没有疑问的；（三）公诉人提供的证据确实、充分，能够排除被告人审判前供述属非法取得的。对于当庭宣读的被告人审判前供述，应当结合被告人当庭供述以及其他证据确定能否作为定案的根据。"这一条规定采取列举的方式，明确规定了不符合列举情况的就不能当庭质证，能够确定庭前供述的取得具有非法性的时候，就不能当庭宣读。这个规定是很好的，问题在于，在现实当中能否做得到这些要求。在"两个证据规定"出台前我曾对其寄予很大希望，在其制定的时候我也参加了讨论，当时大家是充满期待的，普遍认为是开了一个好头。但是现状如何呢？不能说没有进步，但是作用十分有限。在"两个证据规定"没出台之前，我们的法庭审理对证据取得合法性的问题、刑讯逼供的问题都避之不谈，律师一提就会被打断，法官说其没有权力调查，法庭审理没有这个程序，谈都不能谈，使被告陷入绝境，律师也无可奈何。"两个证据规定"出台的主要作用在于使审查证据合法性成了法庭审理的必经程序，至少从形式上给了被告人一个机会，被告人和律师可以对庭前供述的合法性进行质疑。但是这种作用也仅此而已，因为控方通常都会一口否认，用主张代替证据，实际上还是把非法取证的举证责任推给被告一方。更严重的是，连最起码的出示全程同步录音录像的规定都不能实现。最高人民检察院和公安部都有明确规定，尤其是最高人民检察院的规定非常明确，所有经济犯罪的讯问都要有全程同步不间断的录音录像。但是在实践中，当被告人和律师进行质疑时，控方几乎不会出示全程同步不间断的录音录像，绝大部分是拒不出示或者是部分出示，至少目前为止，我亲自办理的案件中还没有一个先例。部分出示其实没有任何意义，所以，非法证据的调查最后往往还是流于形式。

另一方面，刚才提到的《关于办理刑事案件排除非法证据若干问题的规定》第十条的规定同样也得不到落实。第十条的规定是说当不能排除存在非法取证可能性的时候,证人证言和被告人的口供就不能当庭宣读。可是我们现在没有一例,至少我参加过的庭审没有一例是这样操作的。如果严格贯彻程序性制裁的理念,不能排除非法取证可能性的证人证言和被告人的口供是不应该在法庭上宣读的,但是实践中根本做不到,对这样的证据仍然会在法庭上宣读,导致非法证据就可以直接对裁判者的心证形成影响,非法证据排除制度的设计初衷就根本没有办法实现。

我曾经在一个法庭上提出抗议,指出既然控方没有办法证明其取证是合法的,而辩方却能够证明取证是非法取得的时候,该非法证据就不应该在法庭上继续宣读。但是控方仍然继续宣读非法证据,法庭也是听之任之,不加制止。因此,实践证明,《关于办理刑事案件排除非法证据若干问题的规定》的第五条和第十条在现实当中都是很难落实的。这涉及两方面的问题:一方面,人们越来越深刻地认识到了程序辩护的重要性及其对实体结果的影响;另一方面,我们也必须承认,程序辩护在我国现阶段要想发挥积极的效果难度是非常大的。尽管"两个证据规定"在立法上走出了一步,但在现实当中的应用仍然存在重重困难。

二、程序性辩护的技巧

程序性辩护中最棘手的问题就是调查取证,既有难度,又有风险。需要调查取证的一般有两种情况:一种情况是由于控方证据不真实,律师通过调查取证去否定或者纠正控方证据。另一种情况是,由于控辩双方角度不同,关注点不同,控方调查的是一个方面的问题,但是律师需要查明的是另一个方面的问题。比如贪污受贿类案件中有一个现象,普遍但却十分典型。控方证据显示被告人取得了一笔钱,该证据内容是真实的,但被告人却辩称其取之于公、用之于公。控方对此案的调查只侧重于认定被告人是否拿了钱，认为只要拿了钱就构成贪污，却忽略了钱的去向和用途。这种情况下，可以说举证责任在某种程度上转移到了被告方身上，律师必须证明款项后来确实是用于公务。如果律师不帮助被告人调查取证，被告人往往就无法举证。而钱的去向，只要积极调查，有时是可以查清楚的。比如有一个案件，被告人在柬埔寨拿了好几个大项目，众所周知，在柬埔寨，受贿是公开的，连首相、将军都会受贿。被告人拿了很多大项目，肯定要大量行贿。这些款项在公司账上不可能记载，但又确实是为了拿项目花出去的，这就需要律师去调查取证。可见，很多案件中，公诉人的证据虽然是真实的，但却是片面的，只查清了一部分事实，即只认定被告拿了钱，却并没有证明其占为己有。严格来说，依据该证据证明被告构成犯罪，是没有达到证明标准的。但是，在无罪推定原则并没有真正贯彻落实的司法环境下，作为辩护律师，要为被告作理由充分的辩护，就应当把钱的去向调查清楚。但客观来说，多年以来，由于特殊的司法环境和律师职业风险的客观存在，使得我们的律师在调查取证的时候，往往要注意对自身职业安全的保护。如果有证人称其目睹了侦查人员刑讯逼供的过程，为了让法院能够采纳律师调查来的这份证言，律师甚至会通过公证的方式进行调查取证，希望以此来加强该证据的说服力，并防止发生执业风险。

采取公证的方式调查取证在我办的一个案件中第一次被用到，是佟林律师做的，后来被认定不合法，我认为是毫无道理的。公证本身没有问题，完全是符合法律规定的，证明调查取证的真实性与合法性，为什么不可以做？主动寻找证人进行调查取证的方式，很多律师出于各种考虑，使用得不多，因为一旦证人改变证言，尤其是控方证人，律师往往就要面临巨大的、来自于控方职业报复的风险，加上广西北海"11·14故意伤害抛尸案"

的负面影响,大部分律师都放弃了调查取证,放弃了积极辩护,而更倾向于从控方已有的卷宗材料中找到程序性辩护的线索和依据,"以子之矛,攻子之盾"。律师被逼得无可奈何才采取这种方式以寻求自我保护,这不失为一种自我救济的措施。

在很多案件中,控方证据体系漏洞非常之多,这就涉及律师阅卷的重要性和阅卷方法的问题。在许多案件中,律师只要肯下大功夫,认真阅卷,就能够在字里行间找出很多问题。比如陈瑞华教授刚才列举的几个问题,实践中都确实存在。比如时间问题,从讯问笔录的时间里可以找出很多矛盾;又如地点问题,法律规定必须在看守所内提审,但是讯问笔录上记载很多情况下都是在看守所外提审,如在警犬训练基地、某某宾馆、公安局派出所的审讯室等,仅凭这一条理由,法庭就应当认定其为非法证据;再如证人证言之间的相互矛盾和自相矛盾,因为控方多次取证,往往会出现很多冲突和矛盾,证人证言之间或者是极其相似,高度一致,甚至完全一样。现在互联网技术运用较为普遍,发达的现代手段其实更容易暴露出问题,很多笔录都是从电脑上复制粘贴下来的,包括标点符号、错别字都完全一致。针对这些问题我主张采用一种阅卷方法,即对每个案子都要求律师做成表格,把几十本、几百本卷宗消化以后列表、画图、分析、论证。画图是为了把资金的走向、行动的方向等用图表的方式表示出来。列表是为了发现证据冲突,当我们把所有的证人证言、被告人供述的相关内容进行摘录后,并在一个表格上列出来时,就会一目了然地发现大量证人证言、被告人供述之间的矛盾和冲突。而且我对列表的要求非常严格,有的律师用概括的大意来写,这是不允许的,必须原文引用案卷内容,加上引号,对标点符号和错别字都不能改,要原汁原味地摘录出来,然后按照时间顺序或者证明内容列出表格,最后列出一个分析栏加以分析论证。这样做就会一目了然、清清楚楚,矛盾冲突点也会非常明确。所以我提出律师有一个重要责任，就是帮助法官阅卷。说实话，法官面临的案件压力很大，很难像律师那么仔细地阅卷，有时候难免会出现一些遗漏。如果律师把所有关键问题都提炼出来，有关出处的卷数页码都标记清楚，法官在阅卷时如果有疑问可以按照标记查阅原文，就能帮法官节省大量的阅卷时间，而且可以将主要内容提炼出来，作用非常大。有些法官看了我们这个材料都很吃惊，说头一次看见律师是这么办案的，这样使他们省了很多力气，而且也便于找到问题的关键。所以我们在提交辩护词的同时，把这些图表都附上去作为参考材料交给法庭，法官也会特别高兴，这种做法对法庭采纳辩护观点是非常有利的。

  我们国家的案件卷宗太多，一个案件的卷宗比国外要多上几倍甚至上百倍，我经历过的就有一个案件七百多本卷宗的。通过列表的方式，利用控方卷宗里证据暴露的自身冲突来打破指控证据体系，这是我办案中的一个经验。其实我更希望所有律师都能这样来做，包括在给法官学院的法官们讲课时我也常跟他们讲，法官应该重视律师这种工作，甚至可以主动要求律师这样做，律师阅卷作表以后交给法官作为参考，这对大家都是非常有利的。我曾经办理过一个案件，体会非常深刻，那是20世纪80年代的一起盗窃案件，一审被告人被判处死刑，我在二审阶段接受委托担任辩护人。为了将案件的具体情况弄清楚，详细阅卷之后我制作了一个表格，当时没有电脑，只能在一张很大的白纸上一点一点地画，工作量很大，但是画好了之后，整个案件情况就一目了然了。我将表拿到法院交给法官，这个案子的法官是最高人民法院在北京市高级人民法院挂职锻炼的，法官很负责，详细地研究了案情，也画了一张表，我们两个人就对表格，边对边沟通，案情很快就变得十分清楚了。当然，这个案子还有一些其他问题，最终二审纠正了一审的判决，改变了原来的死刑判决。在申请排除非法证据，对证据的真实性进行质疑的时候，列表的方式虽然是一种无奈之举,但却是一种比较有效的做法。

《关于办理死刑案件审查判断证据若干问题的规定》里有一条,"证人证言的收集程序和方式有下列瑕疵,通过有关办案人员的补正或者作出合理解释的,可以采用",就是说违法取证如果作了合理解释就可以补正,这实在是强词夺理,是向公安机关、检察机关妥协的结果,以前的相关规定里并没有这样的内容。我国《刑事诉讼法》规定,审判阶段人民检察院可以撤回起诉,补充侦查。基于此,实践当中有很多案件法院都开完庭了,检察院还撤回起诉补充侦查,重新起诉。按照严格的刑事诉讼法规则,这种做法本身就是有问题的,在这个阶段检察院撤回起诉,就是有新的证据也不应当再重新起诉。更严重的是,现在实践中还有一种现象,就是检察院撤回起诉,在没有任何新的证据的情况下仍然重新起诉,这是完全没有法律依据,甚至严重违反法律原则的。这个问题也导致了我国非法证据排除规则的适用出现困难,即便非法证据排除规则得到贯彻落实,也会被这种做法所架空。

所以,程序性辩护和其他辩护最大的不同就是,其严重依赖于《刑事诉讼法》及其司法解释,如果没有一个良好的司法环境,程序性辩护要想取得理想的效果是非常困难的。

辩护思路的形成[*]

一、开庭前辩护思路的形成

以往,我们对辩护活动的理解主要局限于法庭审理阶段。庭审前的准备虽然也是律师的工作,但是通常不把它理解为辩护的一部分。这一点在立法上也有所反映,1979年《刑事诉讼法》规定,律师是在审查起诉活动以后才开始介入诉讼。这种规定本身就意味着辩护活动的起始时间是在法庭审理阶段,至少是从起诉以后、准备开庭的阶段才开始。1996年《刑事诉讼法》将律师介入案件的时间提前到了侦查阶段,但此时律师还不具有辩护人的身份,而只是提供法律帮助的人。这种尴尬的身份定位导致律师在侦查阶段无法进行实质性的辩护准备活动,既不能阅卷,也不能调查取证,更不能在讯问时在场。正因如此,过去在研究刑事辩护的时候,人们往往忽略或者很少关注到审判前阶段的辩护活动。

庭前辩护是庭上辩护的前提和准备,同时,也有其自身的独

---

[*] 本文节选自田文昌、陈瑞华:《刑事辩护的中国经验——田文昌、陈瑞华对话录(增订本)》,北京大学出版社2013年版。

立价值。在律师调查取证权难以实现的情况下,律师就只能针对控方的证据加以质疑和挑战,进行消极辩护。实践当中,如果律师有线索或者有条件发现和调取有利于被告人的证据,在庭上就能采取积极进攻的姿态进行积极辩护。一个完整的法庭辩护应当包括积极性辩护和消极性辩护两种不同的方式。而如果剥夺律师庭前调查取证的权利,或者是予以极大限制,律师在法庭上就只能进行消极的辩护,这对维护被告人的合法权益是非常不利的。不仅如此,事实上律师在整个诉讼过程中的每一个阶段都可能有所作为,此次刑事诉讼法的修正案也扩大了律师庭前辩护的空间,但是这种空间仍然有限。所以,在会见、阅卷、调查取证等方面出现的一系列问题都反映出我们当前立法的缺陷和观念上的认识误区,而这些缺陷和认识误区导致律师的辩护活动在庭前审理阶段的独立价值受到了极大的削弱,法庭辩护的作用也受到了很大的限制。

审判前的辩护活动是法庭辩护的准备阶段,同时也是整个辩护活动的有机组成部分,而且是非常重要的、不可缺少的组成部分。把辩护活动提升到这样一个高度来认识十分重要,也就是说,律师只要介入案件之后,每一个阶段都是在进行辩护活动,都要受到刑事辩护中所有法律规范、规则的约束和保护,都要行使律师的辩护职责。由于现行立法规定的限制,律师在审判前的辩护活动受到很多限制,比如讯问时不能在场,侦查阶段不能会见,等等。所以,对我国现阶段而言,审判前阶段的辩护可以称之为是一种有限辩护,并不能充分地履行全部辩护职责。尽管如此,审判前的辩护活动还是非常重要、不可忽视的。那么,在这个阶段中会出现什么样的问题也常常被人们所忽视,而没有深入地去研究。这种现状也导致很多律师在审判前的辩护活动当中,容易在某一个阶段出现失误甚至是错误。

按照诉讼的进程,我从接手案件开始谈起。律师在刚刚接触一个案件的时候，对案情了解的程度还非常有限，因为在刑事案件中，与律师谈案件的通常不是当事人本身，而是他的亲友，他们对案情的了解程度是不同的，有的亲友了解的都是一些片面甚至错误的信息。有的律师在听了这些情况之后，比较草率，为了揽下案源，轻易地作出一些没有依据的判断，更可怕的是，有的律师甚至还对诉讼结果作出不恰当的承诺，这些都是非常忌讳的做法。我认为，既不能随便作出承诺，让当事人盲目乐观，也不能过于顾虑，让当事人没有任何信心，而是应该冷静、耐心地倾听来访者的陈述，然后内心作出一种初步的判断，但这种判断不要轻易地表达出来。即使案件事实已经非常清楚了，最多也只能作出一种在某种假设前提之下的可能性的判断：如果情况确实如你所说，在这个前提之下，按照现行法律的规定，我认为应该做到什么程度，而绝不能就诉讼结果作出任何承诺。在中国现行的法治环境中，不仅律师，甚至连法官都没有办法保证每个案件的结果都往自己预想的方向发展，因为影响一个案件结果的因素太多了。同时我们一定要记住，在没有充分调查、充分研究案件的证据材料之前，谁都不要相信，包括委托人的陈述、起诉意见书、起诉书等，甚至在二审案件中，对于一审判决书也不要相信，所有这些都只能作为我们独立判断的一种参考。

所以，我们接谈案件要特别注意两个问题：一是耐心倾听，二是不可轻信。或者反过来说，既不可轻信，又要耐心倾听。即只听不信，不信也听。这两点非常重要，切不可忽视。同时，万万不可对结果作出承诺。

我的辩护思路一般是在审判前阶段逐步形成的，有一个过程。

辩护思路的形成，千万不能仓促，也不能简单。我们现在的做法是：接到案件以后，第一步是了解案情，具体途径包括会见、阅卷、调查取证、分析论证。这个环节中最为关键的地方在于，事先不要带有任何预断和成见，在会见、阅卷、调查、论证的各个环节，都应当客观地审视案件，而不带任何个人色彩。关键是要研究证据，凭证据说话，绝不能只凭感觉去判断，办案子不能跟着感觉走。我们有时开论证会，向专家介绍案情的时候，我就要求律师一定要不加任何个人色彩、客观真实地汇报案情，但有的律师做不到这一点。曾经有一次开会的时候，我听出有个律师的汇报明显带有个人倾向性，就要求他提供相应的证据，最后发现该证据没有任何诉讼意义，是个人情感完全压倒了理性的分析。当然，相反的情况也有，有些案件刚一接手，律师就认为肯定有罪，然后在确信其有罪的前提下去分析案情。如果我们抱着上述两种态度去判断案件，进而形成辩护思路，都是非常可怕的。应当说，客观理智地分析案件，并在此基础上形成辩护思路，这是律师的一项基本功，很多律师办不好案件，就是因为在最开始形成辩护思路的阶段就已经先入为主了，一旦如此，就跳不出来，容易得出错误的结论。

整个辩护思路一开始就确定下来的情况非常少，这样的情况一般都体现在一些案情比较简单、事实比较清楚的案件中。我曾经办过一个案子，是我办案史上最短、平、快的一个案子。头一天晚上8点接案，第二天早上8点就开庭。这是一起故意伤害致人死亡的案件。按理说，这么短的时间，根本不可能进行充分的辩护准备，接手就等于不负责任，所以刚开始我根本就没考虑要接手该案件。但这个案子通过一位老前辈找到我，坚持要我辩护，让我不要有顾虑，第一，案情简单，第二，另外两名律师已经完全了解情况了，可以和我配合。就这样生拉硬扯地把我拉到河北某县。晚上8点找到我谈委托，谈完后乘车到县里，见到那两个律师的时候已经是半夜12点了。我们一起讨论案情直到凌晨2点才睡觉，早上8点又要在三十里外的法庭开庭。从接案到开庭整个过程总共只有12个小时，中间还包括在路上的时间和睡觉的时间。案情的确很简单：一个农民开车到山西拉了一车煤，回到县城附近某地时遇到一个路霸，路霸骑摩托车往车上一靠，然后就要车主赔钱，不找司机而是直接找车主赔钱。车主上前理论，结果被痛打一顿，车主跑回车里拿了一个铁器，刚刚拿下来，路霸追过来又打。在第二次殴打的时候，路霸一脚踢到了车主阴部，车主疼痛难忍，就拿铁器猛刺对方，对方跑出二十多米后就倒在了地上，后来死了。在这期间还有一个情节，就是正在打斗的时候，来了一辆汽车，上面拉了几个都是被害人同村的人，被害人就告诉他们回去叫人，这个车子就回去叫人去了，叫过来十几个人。这时候，司机一看要出大事了，就告诉车主："你快跑，这里我来应付，因为我没有动手打人。"于是车主拦了个大巴，跑到天津去了。结果这十几个人把司机打了个半死。

这起案件很简单，一听就是防卫过当。但当我提出防卫过当的观点的时候，当地的两个律师竟然大吃一惊，不同意我的观点，说这哪是防卫啊，顶多只能从初犯、对方有过错和义愤犯罪的角度来作情节较轻的辩护。因为时间太紧张，我也无法和他们辩论，只能强行要求他们按我的辩护思路准备开庭，并作了具体分工。两人中的一个相对年轻的律师和我一起出庭，负责说出我已准备好的辩护观点和理由，其他的事项都由我来负责。很有意思的是，第二天开庭的时候，公诉人把这两个律师原本要说的理由都说了，指控的罪名是故意伤害致人死亡，但提出很多从轻处罚的情节，除了不承认被告人的行为属于正当防卫的性质之外，从轻的理由与那两位律师想到的理由基本一致。后来，那个律师在庭上先把我教他的辩护理由一一表述清楚，我在补充辩护的时候，又进一步阐述了防卫过当的理由。结果这个案子一审就采纳了律师防卫过当的观点，判处被告人十年有期徒刑。这个案子防卫过当的思路，是我在了解案情的过程当中形成的，但这个案子比较特殊，案情较为简单，所以能够较快地形成辩护思路，复杂的案子很难立即作出结论。

对辩护思路的形成而言，阅卷比会见更重要。过去我们往往都是先阅卷，后会见。当然，那时候律师是在审判阶段才介入案件，所以有条件先阅卷。后来律师介入案件的时间提前了，当然就只能是先会见，后阅卷了。但律师不能盲目地相信任何人的说法，无论当事人说得再好，或者说得再不好，还是要以案卷里大量的证据材料为依据，最后开庭的时候，还是要拿证据讲话。所以说，阅卷是最重要的一个环节，也正因为如此，律师一直特别强调要求阅卷权。说到这里，又涉及当事人陈述的作用问题，会见当事人的重要作用，就在于与当事人面对面的交流具有直接性和互动性，很多时候，这种交流既直观，又生动，甚至具有感染力，你可以从中捕捉到对方一些真情的流露，或者发现某些疑点，你对案情可以感受得更深刻。从这种感受中得到的信息，与从案卷中得到的信息是不一样的。所以，我强烈主张，不开庭审理的二审法官和负责死刑复核案件的法官一定要与当事人见面，要直接听取他的陈述。这个理由与被告人必须出庭接受和参与质证，以及证人必须出庭接受质证的理由是一样的。而作为辩护律师更应该通过面对面的沟通，全面了解和挖掘与当事人有关的各种信息。这种方式是任何其他方式所不能替代的。但是，我们万万不能忽视的另一个问题是，当事人的陈述毕竟也是一面之词，正像我在前面提到过的那样，我们并不是案件的亲历者，所以我们没有理由轻易去肯定或者否定任何一种可能性。再说，一方面当事人跟你说的未必都是实话；另一方面，即使是实话，也要通过证据来证明，否则，实话也无法被法庭采纳。在此情形下，既要善于和乐于倾听当事人的陈述，又不能盲目地陷入其中而轻信这种陈述，更不能带上情感的色彩去分析问题。也就是说，不能使自己有任何先入为主的认识。探询、分析、怀疑、调查、判断，这都是我们必须要做的。但最终我们必须回到证据上来，一切以证据为基础。可以说，这也就是会见、调查与阅卷的关系。

除了会见与阅卷外，律师还可以调查，也应当调查，但是它不能作为唯一的依据。常言道，知己知彼，才能百战百胜。如果律师没有阅卷，只是自己调查了，这是只知己而不知彼，因为对方掌握了什么材料你不清楚。所以，这就是律师全方位思考问题的重要性。有些律师总是想得非常乐观，喜欢把自己的观点说得头头是道，这是非常可怕、非常幼稚的做法。有的律师跟我研究案子，我问他对这个指控有什么意见，怎么应对？他很不屑一顾地说，指控观点不对，站不住脚，可是又没有证据和充分的理由，全凭个人主观想象，或者全凭自己的反方面论证，盲目自信，实在让我感到很无奈。

一般来说，调查要以会见和阅卷为前提，有以下几个原因：首先，会见当事人能够使律师对案件情况有基本的了解。会见当事人，通过听取当事人讲述整个事件的过程，虽然他描述的整个过程不一定是完全真实的，但是至少有基本的框架，给律师提供了基本的线索，形成对于案件的初步认识。但是我要强调，这个认识不等于辩护的思路。其次，对案件的进一步了解，还是要通过阅卷分析，知道控方的观点和证据是什么，这就是知己知彼的过程。有了前面的基础工作，才能形成调查的思路。那么，律师需要调查什么问题呢？既要看案卷材料里反映的内容与当事人陈述的内容有没有冲突，还需要看要调查的问题案卷里是否已经有所反映。如果案卷里已经有与你想要调查取证的内容一致的材料，就没有必要重复调查取证，只需要补强或者是再作进一步核实就可以了。真正需要律师调查取证的是案卷材料中没有或者内容相反的证据，而这种调查取证存在一定的风险。为什么呢？在案件发生后，一般情况下都是控方调查在前，律师调查在后，律师的调查具有明确的针对性和目的性，就是对控方的证据有所怀疑，要否定或者改变其证据内容，否则律师的调查就没有必要了。所以，凡是律师调查取证，目的都很明确，就是要发现控方证据的问题，找寻有利于被告的证据，这其中就存在风险。现在经常有律师正常的调查取证行为被办案机关职业报复，以《刑法》第三百零六条的规定追究刑事责任，这就使律师普遍不愿调查，不愿以取证的方式否认办案机关的调查结果。

此外，在我所在的律所，我提倡集体研究案情。一个值得重视的问题是，现在有些案件特别是经济犯罪案件，涉及的法律关系很复杂，往往涉及各种法律问题，有刑事、民事的交叉，有与行政法的交叉，还有一些专业技术问题的交叉。由于刑法是最后的法律手段，所以，刑事案件中可能涉及各种专业领域的问题。比如前面说到的那个高斌的案子，严格按照保兑仓协议履行合同，根本就不可能出现所谓的贷款诈骗结果。正是由于控方不了解这一点，只是从普通贷款关系角度来认识这个案子，才把高斌当成了共犯。我们原来也不懂，但经过被告的解释后，又去查阅资料，请教专家，才弄明白。如果我们自己不弄明白，就很难发现问题，找不到辩点，甚至会认同控方的观点。对于此类案件，当我们在法庭上结合专业问题提出辩护理由时，往往会产生无可辩驳的说服力。实践中，这种类型的案例还有很多，比如前面提过的信用证诈骗罪，有的法官根本就不懂信用证交易的基本规则，只是从"一手交钱，一手交货"的普通交易方式去理解信用证交易，结果将正常的信用证交易认定为犯罪。

律师办理一个刑事案件，有时候需要临时补课，学习很多东西，律师自身需要去学习一些各方面的普及性知识，同时也要借助不同行业的专家，包括律师同行的智慧。另一种情况就是当我们觉得自行论证并不足够，还不足以产生一种说服力的时候，就可以借助专家的力量，请相关的法律专家或其他领域的业务专家来会诊。有人只是简单地把专家论证理解为施加影响，这种认识是不对的。我们论证的主要作用是一种会诊，一种专家会诊，帮助律师来形成正确的辩护理由，在法律上把关，或者是在相关的专业领域把关。有许多案件，经过专家论证后纠正了律师原有的观点，甚至否定了律师辩护的理由。这样就会避免律师走弯路、犯错误。专家们不会支持律师在辩护的时候颠倒黑白、强词夺理。所以，很多案件经过这样的研究、分析、论证以后，辩护质量会有很大的提高。但由于我国律师还很分散，单兵作战的情况比较多，这种集体研究案件的做法还比较少，因此应当进一步提倡，它会形成一种专业氛围。任何时候，向专家请教都是没有错误的，这既是一种辩护技巧，更主要的还是一种责任，我们对自己负责是次要的，更主要的是对案件负责，对委托人负责。

二、开庭前与被告人的沟通与协商

开庭前与被告人进行沟通和协商，这个工作不仅是非常重要的，而且是必须做的，否则律师就没办法进行有效辩护。前段时间去美国考察的时候，我发现，美国律师协会的律师职业操守里明确规定，律师在开庭前必须与当事人沟通，要向他解释法律，并对其进行必要的辅导，有时甚至还要模拟演练开庭的过程，告诉他开庭时怎么和律师配合。而且国外开庭时当事人是和自己的律师坐在一起的，开庭的时候可以随时商量，随时沟通。而中国的法庭，律师离被告太远，一旦开庭，根本无法及时沟通，连讲话都要受到限制，甚至在休庭期间与被告说话也不被允许。这种位置安排决定了开庭前辅导的意义更为重要。我在加拿大曾经观摩过一次庭审，由于案情比较简单，被告人本人没有到法庭上来，法庭上只有控辩审三方，每个人面前有一个电脑屏幕，被告人在羁押场所通过视频参加庭审。审判过程中，被告人提出有问题要和律师商量，理由是有些话不知道怎么向法庭陈述。法庭立即休庭，律师在法庭角落设立的一个电话亭里和被告人私下通话，这个电话亭是密闭隔音的，通话完毕后再回来继续开庭，法官和检察官就在旁边等着。

实际上我们现在每次开庭前也都要去会见被告人，庭前的会见是非常重要的，至少要向当事人讲解开庭的整个程序，让他们知道每个程序的重点，被告人在法庭上应当如何回答一些问题，与他沟通整个辩护思路。律师的想法一定要取得被告人的认可和配合，以避免在庭审时产生分歧甚至冲突，这都是律师的基本职责。但是，不能不承认，现实中就有律师因为这样做而遭到质疑，甚至受到追究。

当有的被告人固执己见，不愿接受律师的辩护意见时，按照律师的职责，我们只能尽力去说服被告人。遇见特别极端的情况，以至于没有办法沟通或者冲突非常大时，律师只有选择拒绝辩护。当然，这是最无奈的一种做法。比较常见的另外一种情况是，双方之间只存在小的分歧，律师可以通过解释说服当事人，一般双方都可以达成一致。

三、一审中辩护思路的调整

无论律师庭前与被告人沟通得多好，也不能排除在法庭上发生被告人突然改变立场，与原先商定的辩护思路相左的情况。此时律师违背被告人的意志而按照自己的观点辩护是不对的，遇到这种情况一般会有三种选择：第一，最好能够申请法庭休庭，与被告人协商解决；第二，如果不能休庭的情况下，在不违反原则的前提下，适当地迁就被告人，对自己的辩护思路进行调整；第三，如果实在迁就、调整不了，就只有放弃，选择退出辩护，没有其他的办法。退出辩护与罢庭不能混为一谈，退出辩护所指的是在与被告人实在无法达成一致的情况下，解除委托关系，拒绝辩护。罢庭则往往是在与法庭有冲突的时候发生的。曾经发生过有一次因为罢庭，我差点被抓起来的案件。

这是一个发生在石家庄的案子。庭审的时候，还在法庭调查阶段，律师的具体辩护观点还没有提出，由于控辩双方在质证中争议较大，法官就压制律师。11位律师都不被允许讲话，只要一举手，就不许发言，再举手，还不允许，只要律师请求发言，法庭就会粗暴地制止，非常霸道。后来，我实在忍无可忍，在法官又制止了其他的律师好几次发言申请后，我连续举手三次，每次都不被允许发言，而且态度十分粗暴。最后我用非常严肃但又平静的语气说："鉴于法庭一再剥夺辩护人的发言权，辩护活动已经失去意义，辩护人选择退庭。"话音一落，审判长就厉声说："法警，把辩护人给我带出去。"十几个人就立即冲了上来。这个法庭是在一个大礼堂开的，有台阶，要抓我他们必须得先上台阶，这个时候我就站在那儿，非常镇静地指着审判长，义正词严地说："在这种情况下，退庭是律师的权利，你要是敢对你的行为的后果负责，可以把我铐起来。"说完我就把双手伸出来了。当时那些人都凝固了，站在那儿，进也不是，退也不是，整个法庭都沉寂了，审判长也不知所措了，一句话都说不出来。最后还是我打破了沉默，我说："是我自己走，还是你把我铐走？你来决定。"没人说话，过一会儿后，我自己主动退庭。这时，10位律师跟着我排成一行，全都走出去了。我们离开法庭后，全体律师准备联名给全国律师协会写个材料反映情况，还没开始动笔，最高人民法院一位领导的电话就打了过来，原来是法院恶人先告状，扬言要以扰乱法庭秩序罪把我抓起来。我也很生气，对这位领导说："您放心，我没有问题，我什么都不用说，既然事情闹大了，就看庭审录像吧，如果11个律师中有任何一个人说错任何一句话，我都会承担全部责任。"后来最高人民检察院、最高人民法院和司法部三个部门的有关领导一起观看庭审录像，虽然提交录像时他们做了一些手脚，把法官恶劣的表现删除了，但尽管如此，也没有找到律师的毛病，只好不了了之。

后来石家庄中级人民法院因为这件事而受到了批评，但还是有人对律师的退庭行为进行质疑，认为律师无权退庭。律师退庭影响的是被告人的利益，只有被告人可以投诉律师，法庭有什么理由指责律师对不对呢？在法庭违法审判的前提下，律师到底有没有权利退庭？既然不让律师讲话，那么律师参加庭审还有什么意义？为什么不能退庭呢？这个问题将来可以作为一个专题加以研究。

案件在一审开庭审判过程中，经常会有需要对开庭前形成的辩护思路进行调整的情况。所以，我们的辩护不能先入为主，案件客观事实已经形成，不会发生变化，但你掌握的证据有可能随时发生变化，证人证言和被告人陈述都有可能发生变化，新的证据可能向有利的方向发展，也可能向不利的方向发展。所以，辩护思路不仅要逐步形成，而且要逐步调整，甚至可能会发生重大的改变，这都是有可能的。所以，在法庭上宣读开庭前事先写好的辩护词的做法很容易流于形式，是不可取的。

现在有相当多的律师在开庭前通过自己或者通过助理起草一份完整的书面辩护意见，在法庭上进行宣读。这是一种比较低级的辩护方式，当然，其中也有能力的问题。在过去纠问式的庭审方式中基本都是这样做的，易使庭审流于形式。在现在的庭审模式下，我们主张不能当庭宣读庭前准备好的辩护词。但是有时候法院庭审一结束就向律师索要书面辩护词，要是提交不上来，就指责律师不负责任。我认为，庭前形成完整的书面辩护词是不合适的，顶多准备一个初稿、一个提纲，然后随着庭审的发展，根据案件的审理情况，形成最终的辩护意见。我本人都是在法庭上根据庭审情况现场发表辩护意见，然后在庭后再整理辩护词。只是，在庭审之前一般会列出一个初步的辩护提纲。目前阶段,这样做的律师也许并不多,但还是应当向这个方面努力。

虽然大部分情况下并不会遇到当庭调整辩护思路这种情况,但是偶尔还是会遇到,因此必须考虑在内。按理说,控方不应当进行证据突袭,但在实践中经常会出现这种情况。那么,遇到控方证据突袭怎么办?通常有两种做法:第一,对于有些不太重要的,不痛不痒的证据,当庭可以反驳的,可以当庭予以质证,或者要求休庭一会儿,研究后予以质证;第二,对于一些十分重要的证据,应当要求休庭,庭下核实以后再开庭质证。

与此相对应的另外一个问题是,辩方可不可以也进行证据突袭?我认为可以,因为《刑事诉讼法》有明确的规定,法庭审理过程当中被告方可以提出新的证据,申请新的证人到庭。就像辩方证据合法性的道理一样,证明被告人无罪的证据怎么不能随时在法庭上出现呢?在影视作品中经常可以看到,在国外法庭上,突然闯进一个证人证明被告人无罪。所以,在有利于被告人的时候,不存在证据突袭的问题。控方认为自己的指控证据已经充分、到位了,才能够提起公诉,这是控方基本的责任。如果出现新证据证明被告人无罪,说明这是指控的失误,这种指控就不能成立。

一方提出新证据,法庭宣布休庭让另一方做准备是没有问题的。但是法庭没有理由对被告方突然出现的证据拒绝接受。现实中,我不止一次遇到过这种情况:法官甚至要求开庭三天之前必须提交证据,过时则拒收。这属于将刑事诉讼程序混同于民事诉讼程序。

四、二审中辩护思路的再次调整

在二审中,律师不应该受到原来律师辩护思路的影响,但原辩护思路也是一个重要的参考。关键是,这是一个独立的审判程序，律师当然要有独立的分析和判断。这种思路与一审律师是否一致或不一致，并没有必然性，各种可能性都会有。总之，二审的辩护不应当完全受一审辩护的影响。二审辩护意见所针对的必须是一审判决书，这一点非常重要，我遇到过这样的案例，一审判决书与起诉书的观点基本一致，一审辩护词观点基本上也没有什么改变，思路都是一样的。在这种情况下这样做并无不可。但是，二审辩护意见也还是要调整，要以一审判决作为目标，反驳一审判决，而不是反驳起诉书，这一点很重要。

会见的注意事项[*]

会见问题既十分重要，又十分复杂，会见被告人并与其交流和沟通，这是开庭前辩护活动中一个非常重要的组成部分。但是，正是在如此重要的问题上，却存在着很多障碍。从委托关系开始，就面临着需要进行重大改革的问题。按照《刑事诉讼法》的规定，刑事案件的犯罪嫌疑人被采取强制措施之后，只有"近亲属"可以为其委托律师，这就给犯罪嫌疑人聘请律师制造了非常大的障碍，因为犯罪嫌疑人根本无法和近亲属取得联系。更为突出的问题是，很多外来人口、农民工等，在当地根本没有亲属，所以在委托律师这一环节就形成了无法逾越的障碍。针对此问题，在这一次《刑事诉讼法》修改的时候，我们以全国律师协会的名义提出的修改意见当中有一条很重要的建议，明确规定"亲友"可以委托律师，也就是说，通过任何一个熟悉的人，都可以为其委托律师，只要接受委托的律师在会见的环节得到了当事人的确认就可以。这是讨论律师会见权的前提。特别不能容忍的是，现实当中有个别司法机关在执行法律的过程中存在一些不正当行为：律师在申请会见的时候，以当事人本人不同意为

---

[*] 本文节选自田文昌、陈瑞华：《刑事辩护的中国经验——田文昌、陈瑞华对话录（增订本）》，北京大学出版社2013年版。

由，不让律师会见。其实这一问题很好解决，只要让律师会见，当面听取犯罪嫌疑人、被告人的意见就可以了。但是个别司法机关既不让律师与当事人见面，又说当事人不同意委托律师，明目张胆地剥夺犯罪嫌疑人、被告人聘请律师的权利。

中华全国律师协会2000年2月21日发布的《律师办理刑事案件规范》第二十七条规定："律师会见在押的犯罪嫌疑人时，应当征询其是否同意聘请本律师。如表示同意应让其在聘请律师的《授权委托书》上签字确认；如表示不同意应记录在案并让其签字确认。"而不能仅仅以口头方式通知律师当事人不同意会见。无论怎样规定，前提是要保证律师能与犯罪嫌疑人见面和对话，由犯罪嫌疑人当面亲自表达他的意愿。一些办案机关硬是不让律师与犯罪嫌疑人见面。比如山东的一个案件，当事人请会见他的律师传信点名要找我辩护，我去了山东，但办案机关就是不允许会见，说犯罪嫌疑人不同意委托我，也不愿意见我，还写了书面的意见。我说那让我看看当事人写的书面意见吧，也不让看。最不讲理的是，办案机关说当事人夫妇经济条件不好，请不起我，我说我是免费代理，不收费。但办案机关就是不予安排会见，为此还编造了各种理由，阻碍我接受委托。这种做法事实上是公然剥夺犯罪嫌疑人委托律师的权利。遇到这种情况，律师完全没有办法。我本人就遇到过不止一次。

话又说回来，如果要当事人确定才能成立委托关系，那么会给律师带来不利影响，很有可能会见不到当事人。我遇到过这种情况，司法机关为了不让律师介入案件，给当事人施加压力，甚至胁迫当事人与律师解除委托关系，有时候即使已经确认了委托关系也可能被强迫解除，这种情况也并不少见。

下面我围绕法律规定和诉讼程序当中如何排除既存的障碍和如何进行会见工作，有哪些具体的技巧和注意事项这几方面展开讨论。比如律师在会见过程中能否录音录像的问题。这应当是嫌疑人、被告人的权利，只要他本人不反对就可以进行，无须得到看守所的允许。既然司法机关办案人员可以录音录像，为何律师不能录音录像？法律法规要求办案人员录音录像，而办案人员常常不录，可是律师需要录音录像又不让录，这又应作何解释？在道理上显然是说不通的。我自己在会见的过程中，也很少对会见过程录音录像，但是会见环境越险恶，录音录像就越有必要。我觉得这个问题应该特别提出来。律师与当事人之间的这种关系是一种自愿形成的私权利，没有理由被限制。录音录像至少能起到以下一些作用：第一，保证会见时犯罪嫌疑人、被告人陈述内容的完整性，有时律师笔录无法记载过多的信息；第二，可以保证谈话内容不被人怀疑和误解，对律师也是一种自我保护，防止被告人揭发律师立功；第三，必要时也可以作为证明刑讯逼供的证据。

在会见的过程中，犯罪嫌疑人、被告人一见到律师，就有种见到亲人的感觉，因为他正处在一种所有情况都不利于自己的无助状态中，律师是他唯一可以见到的支持他、帮助他的人。所以律师应当首先给犯罪嫌疑人、被告人一种可依赖、可信任的感觉。如果当事人对律师抱有敌视或者防范的态度，律师也就无法得到当事人的真正配合，无法了解真实情况。可是我发现，很多律师在跟犯罪嫌疑人、被告人谈话的时候，喜欢采取训斥的态度，这是一大忌讳。很多律师还没有把自身的定位搞清楚，以公职人员身份对待当事人，甚至把自己当成了检察官。如果这个问题处理不好，律师就无法得到当事人的信任，也无法了解真实情况。所以，我的观点很明确，律师会见要给犯罪嫌疑人、被告人营造一种与侦查人员、公诉人员会见不同的气氛。但是，律师在这样做的同时，还要避免另一方面的问题，就是不能忘记自己的身份，不能对当事人言听计从，从私人感情的角度来思考法律和事实问题。绝不能为了迁就当事人而不顾法律的现行规定和律师职业操守。这样的话，一方面能够和当事人拉近距离，建立信任关系；另一方面，也能保持思维的客观性、独立性。只有这样，律师才能通过会见形成正确的辩护思路。

还有一点，律师要善于倾听。这一点我在前面说过，现在还是要特别强调。律师会见犯罪嫌疑人、被告人，就是要倾听他对案件所有情况的陈述。犯罪嫌疑人、被告人既不懂法律，又很急切、很无助。还有的犯罪嫌疑人、被告人文化水平很低，素质很差，甚至人格存在缺陷。总之，什么样的犯罪嫌疑人、被告人都会有。所以，他对案情的陈述可能是没有重点、没有逻辑的，什么都想跟律师讲，有用的、没用的、真的、假的、猜测的，讲起来没完没了。这个时候律师的职责应当是引导，而不是粗暴地打断陈述，更不能动辄采用训斥的口气。所有内容律师都应当认真倾听，也许在他那些没有逻辑的表述当中，就可能发现一些重要的线索和问题。所以，这是律师职责的基本要求之一：要耐心地倾听当事人的陈述。但是，耐心倾听不等于盲目轻信，而只是把当事人的陈述作为分析、判断的线索和基础。虽然每个律师都希望当事人能和自己讲实话，以便于了解全部案情，但事实却未必能完全如愿。所以律师还是要有自己的判断能力和分析能力，这都是会见当事人时需要注意的问题。与当事人进行沟通还有一个基本的技巧，就是律师要理解、迁就和引导当事人，将谈话逐渐转入正题。所以，首先，要学会倾听。其次，要全面倾听。最后，要善于倾听。但也要防止走向另外一个极端：有的律师陷入了整天陪当事人聊天的境地，真正重要的辩护工作反而被耽误了；有些当事人家属甚至要求每天或隔天去见当事人，这种事情一定要把握分寸，不能因小失大。最后，要独立思考和分析，不能陷入当事人的情绪和描述之中，把自己变成了当事人，失去律师独立判断的能力。

阅　卷*

一、阅卷权问题

2001年河南焦作曾经发生过一起案件,就涉及阅卷权这一问题。某律师事务所主任于萍律师,带着一名姓卢的助理担任马某某贪污案一审辩护人。于萍让助理卢律师去法院复印了全套案卷笔录材料,与卢律师同行的被告人家属,在路上提出看卷的要求,卢律师就在请示于律师之后将案卷交给了家属,但没想到的是,家属在很短的时间内将案卷全部复印了一份,而没有告诉卢律师和于萍,事情到这里一般还不会出事。第二天,家属拿着自己复印的材料,对案件里所有证明被告人马某某贪污的证人一一重新调查取证,用了3天时间,做通了五六个证人的工作,这些证人相继改变了证言。在法庭上,面对这一突然变化,检察院要求休庭,立即对家属采取强制措施,经过调查后立即拘留了两名律师,最后正式逮捕,以泄露国家秘密罪提起公诉。一审定罪,二审经全国律师协会、河南律师协会多方协调和努力,也经

---

* 本文节选自田文昌、陈瑞华:《刑事辩护的中国经验——田文昌、陈瑞华对话录(增订本)》,北京大学出版社2013年版。

过很多专家的论证,都认为律师最多是违规,不构成泄露国家秘密罪,这才平息了下去。

因此,结论很明确,案卷笔录对诉讼参与人来说不能算是国家秘密,但对近亲属、家属来说是否属于秘密,这个问题还须作进一步研究。

律师向犯罪嫌疑人、被告人出示案卷内容、核对证据,与唆使他人作伪证是两回事,要分开来看,前者是律师依法履行职责,后者是违规违法行为。如果律师没有唆使他人作伪证的行为,就不能追究其刑事责任。那么,作为案件当事人的犯罪嫌疑人和被告人是否享有阅卷权呢?

目前,反对赋予被告人阅卷权的声音不小。反对者的主要理由是:第一,被告人一看卷,就有可能改变口供。被告人既是辩护权享有者,同时又是证据的来源。作为辩护权的享有者,他可以阅卷,以有效地进行防御准备,为将来法庭质证做好准备。但是作为证据的提供者,一旦阅卷,改变了口供,证据的真实性怎么保障?第二,看什么卷,看哪些卷,不好操作,究竟是全面阅卷,还是只允许其看其中一部分?设定阅卷范围的标准不好掌握。所以有的律师就提出一个观点:安全起见,和被告人讨论辩护思路,或者征求他的意见就可以了,卷宗则尽量不要让被告人看到。第三,尽管阅卷权来源于辩护权,辩护权来源于被告人的委托,但是被告人和犯罪嫌疑人并不是什么权利都可以亲自行使的。比如,没有律师资格的辩护人就不享有完全的阅卷权。这在辩护理论上称之为律师的固有权和传来权。

我认为应该赋予被告人阅卷权。在庭审前,律师向犯罪嫌疑人、被告人宣读、出示案卷材料并与之核对证据,可以达到以下几个方面的积极效果:其一,如果控方证据扎实,有助于说服犯罪嫌疑人、被告人正视现实,放弃对抗,主动认罪以争取从宽处罚,也可以节省大量的诉讼资源。其二,在核对证据的过程中，有利于尽早发现控方证据中的重大缺陷，便于律师及时向控方指出，这样既可以维护当事人的权利，也可以减少控方的指控失误。其三，有利于庭审活动有序、连贯、高效地进行。在庭前不知悉案卷内容的情况下，如果被告坚持要求对控方证据当庭一一进行查阅、核对、辨认，不仅会导致庭审的混乱和中断，严重影响庭审的效率，甚至会使整个庭审活动陷于停滞状态。这种案例实践中已经发生过很多。

更重要的是，第一，阅卷权是犯罪嫌疑人、被告人知情权和质证权的保障。《刑事诉讼法（2012）》第五十九条规定，证人证言必须经过当庭质证才能作为定案的根据。《最高人民法院关于执行〈中华人民共和国刑事诉讼法〉若干问题的解释》第五十八条也规定，"证据必须经过当庭出示、辨认、质证等法庭调查程序查证属实，否则不能作为定案的根据"。但是，这项权利如何得以有效实现，在认识上却存在分歧。有一种观点认为，该项权利只有在庭审当中才能行使，在开庭之前，犯罪嫌疑人、被告人无权知悉案卷中的证据内容。更有甚者，有律师还因会见中与犯罪嫌疑人、被告人核对案卷证据而被视为串供、泄密，最终被追究了刑事责任。这种认识和做法严重侵犯甚至剥夺了犯罪嫌疑人、被告人对证据的知情权。虚设的权利等于没有权利。质证权行使的前提是对证据的知情权，而这种知情权的意义则在于能够对质证活动进行有效准备。所以，犯罪嫌疑人、被告人在庭前应当具有知悉指控自己的证据的权利，这不仅因为他们是诉讼的主体，更因为他们是享有质证权的权利主体。第二，一个不容否认的客观现实是，在我国的刑事诉讼案件中，案卷数量之多、内容之复杂远远超出其他国家，一个案子的案卷多达几十本、几百本的情况非常常见。面对大量言词证据和实物证据的相关内容，由于内容的庞杂和时间的久远，往往需要经过仔细的回忆和思考才能提出质证意见。尤其是在经济犯罪中，经常会有大量的账目、单据和数字需要计算、核对……对于如此复杂的问题，作为法律专业人士的控辩双方，在长时间研究、消化全部案卷材料的基础上，还要经过反复研究和充分准备，甚至事先列出详细的质证提纲，才能参与庭审质证活动。那么，对于非法律专业人士的被告人来说，又如何能在毫无准备的前提下，当庭进行有效的质证呢？目前的庭审中许多被告都是在毫无准备和无暇思考的情况下，极其被动甚至是被迫地应付质证，几十页的账目和单据一翻而过，几十份的证人证言一并宣读。其结果只能是流于形式，走过场。我曾经亲历过一个法庭，控方一次连续宣读证言长达四个多小时。这样的质证实际是剥夺了被告的质证权。而在刑事诉讼中，如果被告方没有质证权，就意味着单方指控也可以入罪，则无异于缺席审判。其次，赋予犯罪嫌疑人、被告人阅卷权也是庭前证据开示制度建立的必然结果。在保障被告人庭审质证权的问题上，国际上通行的做法主要有两种：一种是庭前证据开示，另一种是律师向犯罪嫌疑人、被告人告知并核对案卷中的证据内容。在证据开示这一方式中，在开庭前，控方向犯罪嫌疑人、被告人出示全部指控证据，在开示中，一方面可排除双方无异议的证据以节省庭审时间，另一方面可以使犯罪嫌疑人、被告人有充分准备后再去行使庭审质证权。在没有庭前证据开示的情况下，就是由律师在会见过程中向犯罪嫌疑人、被告人告知并核对案卷中的证据内容，一方面了解其对相关证据的态度，另一方面则是便于其对庭审中的质证进行准备。由此可见，律师在会见过程中向犯罪嫌疑人、被告人告知并核对案卷中的证据，不仅是一项正当权利，而且也是一种责任。在欧盟国家，立法或判例均有规定：在没有律师的情况下，犯罪嫌疑人、被告人可以从检察官处获得案卷材料的副本；在有律师的情况下，犯罪嫌疑人、被告人可以从律师处获得案卷材料的副本。这些国际上通行的原则均表明：获得全部案卷材料的副本，知悉指控的证据，是犯罪嫌疑人、被告人的一项当然的权利,而这项权利必须是在庭审活动之前实现的。在有律师的情况下,这项权利应当在律师的帮助下实现。第三,指控证据迟早都是要向被告公开并接受其质证的,影响被告翻供的只是证据内容本身而并不在于时间的早晚,如果以担心被告翻供为由而对其封锁证据,那只能解释是为了对被告搞突然袭击,导致其在当庭质证时措手不及,这恰恰是对被告辩护权的侵犯。第四,经得起检验的指控证据不会受被告翻供的影响,且口供并非定案的主要依据。第五,依照我国《刑事诉讼法》的规定,律师只有在审查起诉阶段才能阅卷,那么,被告人最多也只能在此阶段了解案卷内容,而在此阶段侦查活动已告结束,证据已经固定,如果已取得的指控证据确实客观真实,是不易发生变化的。所以,犯罪嫌疑人、被告人在审查起诉阶段应当知悉案卷内容。至于担心律师以泄露证据内容的方式帮助或者唆使被告人与证人串供,那就更是毫无理由的。因为在侦查、起诉及审判活动的每一个阶段中,每一个接触案件、了解案情的相关人员都有这样的机会和嫌疑。现实中公检机关的办案人员涉嫌违法的不乏其例,而相比之下,律师的这种机会却是最少的,因为律师既无公权力的便利,知悉案卷内容的时间又最晚。所以,如果以此为由对被告封锁证据,无异于因噎废食,从而在根本上否定了刑事辩护制度,背离了刑事诉讼的正当性原则。第六,有的证据材料无法口头告知。比如专业术语、账目、图表、签字等问题。尤其是原始票据,必须让他亲自查阅,对于诸如此类的内容,不亲自看卷是说不明白的。所以我一再呼吁要确立犯罪嫌疑人、被告人对案卷的知情权。第七,按照《刑事诉讼法》的规定,辩护律师和犯罪嫌疑人、被告人之间可以通信,通信意味着什么?在会见中,律师经常会把辩护提纲或辩护词给当事人留下,这样做行不行?当事人把他写的辩护思路和控告材料交给律师,这样做行不行?其实这些都应当是情理之中的,是律师与被告人通信交流权的题中应有之义。既然他们之间有通信权,被告人的阅卷权自然没有理由反对。

在我看来,将阅卷权的范围限定在审查起诉阶段以后,是有一定道理的:在侦查阶段,一般来讲,案件尚处于不确定状态,证据体系尚不稳固,控辩双方也尚未形成实质性的对抗。在这种情况下,为了确保侦查机关能够有效地打击犯罪,暂时性地牺牲犯罪嫌疑人的案卷知悉权尚可接受。但是,案件一经移送起诉,就表明控方的证据收集过程已经完成,控辩双方已形成实质性对抗。在这种情况下,限制犯罪嫌疑人、被告人对案卷材料的知悉权以确保控方有效收集证据的必要性已大大减小,相反,确保犯罪嫌疑人、被告人知悉案卷材料以有效准备质证的必要性则大大增强了。因此,我们认为,自审查起诉阶段起,辩护律师便可以向犯罪嫌疑人、被告人出示案件材料,核对证据。此次《刑事诉讼法》修正案明确规定了律师会见时可以向犯罪嫌疑人、被告人核对证据,这是律师界反复呼吁的成果,值得庆幸。

关于犯罪嫌疑人、被告人的亲属能否知晓案卷内容的问题,由于目前争论还很大,慎重起见,我也认为至少在开庭前还是不要让其知悉为好,但是一旦开庭之后,也就没有限制的必要了。

二、阅卷的技巧

2001年辽宁一位辩护律师给黑社会性质组织案——李俊岩案件作辩护,有一份案卷笔录上写道,讯问开始时间是2000年7月1日晚8点,讯问结束时间是7月6日凌晨5点,持续了一百多个小时,不让喝水,不让吃饭,不让睡觉。

案卷笔录本身就给律师提供了大量的信息,办案过程违法,诉讼文书违法。这个案件后来一审判了死刑,二审改为死缓。

阅卷的重要性必须得到重视，为什么我特别要求重视阅卷、重视阅卷的技巧呢？因为现实中经常不会给辩护律师留出充分的阅卷时间，有些案件卷宗多达几百本，卷多、卷乱的情况非常严重，卷宗内容的重复、矛盾、混乱甚至到了不可想象的程度。如果律师没有充足时间阅卷，甚至不能看到全部案卷，根本就无法行使辩护权。在这种现状下，律师提高阅卷的效率、学习阅卷的基本技巧是十分必要的。面对这个问题，不仅要有认真的态度，而且要有比较高的理论和实践水平，在一团乱麻的材料当中，去伪存真，去粗取精，整理、梳理出有用的内容来，这是一个很费力气，要下大功夫的事情。除了下功夫之外，律师还得要善于从这些复杂的现象当中发现问题、梳理问题。所以，经验告诉我，如果没有梳理的过程，是达不到阅卷目的的。

我来举个例子说明阅卷的方法和技巧。

温州余小唐一案，罪名是贪污罪，涉案金额是116000000元。依照起诉书指控的基本案情是，被告人在一分钱没出的情况下，空手套白狼，通过国有企业改制和数次股东变更，把国有企业变成私有，控方指控的贪污数额就是案发时的企业资产。

从当地律师给我进行案情介绍并表达观点的情况来看，人们普遍认为被告人确实构成犯罪，因而只期望能够进行量刑辩护。我的第一印象也是这样，甚至认为这个被告人作案手段很高明。但是，我进一步翻阅主要材料并仔细看了两三遍之后，发现情况不是那么简单，于是我就开始和另两名律师一起，花了几个星期的时间，把公司改制过程、资金走向和股东变化走向等问题做了详细分析之后，制作出了一张关系图。图表既要准确无误，又要简单明了、脉络清晰、一目了然。这张图形成之后，我茅塞顿开，恍然大悟，这才发现被告人其实根本不构成犯罪。所以，我经常说一句话，也就是我的经验之谈："学者的能力，是要把简单问题复杂化；而律师的本事，则是要把简单问题复杂化，之后再把复杂问题简单化,两个环节缺一不可。"这个案子就非常典型。既要钻进去,又要爬出来,不钻进去就读不透,不爬出来就会陷进去。无论是研究问题还是分析案件,这都是一种有效、可行的方法,无非就是一个由简到繁、由繁到简的过程。

我来具体地分析一下,全案可以分成三个阶段。

第一阶段:企业改制是第一个阶段,把一个国企改制成一部分职工持股,一部分国企原有资金持股,个人股份又占一部分的公司。但是这个公司后来因为不盈利,有人要求撤销公司。由于个人股东不想撤销,于是就进行了第二次改制。

第二阶段:第二次的股东变更,职工股和国有股全部退出,又拉进一个私营公司,和原来的几个个人股东一起,这两部分股东又形成一个新的公司,这是第二个阶段。

第三阶段:之后又发生的多次股东变更。该公司成立以后,由于经营等种种原因,又进行了七八次的股权变化。

将这三个阶段划分清楚之后,问题就很明确了:当第一次改制的时候,是国有股控股,虽然还有私人股和职工股存在,但公司还有国有资金。所以,这个阶段如果发现财务上有问题,是可能存在贪污行为的。但是,第二次改制,当国有股和职工股全部退出,又拉进一个私营企业入股的时候,这个企业的性质就完全变成私有了。在这个阶段,贪污的问题就不存在了,即使出现财务问题,也不是刑法上所说的贪污了。至于之后的股权变更,就算7次、8次,哪怕是100次,也都与贪污无关了。

所以,这个案子案卷材料虽然很多,乍一看好像就是以贪污为目的,改制那么多次,变来变去,最终把国有公司的财产变成了自己的,其实完全不是这么一回事。这个图表一目了然地显示出整个过程中不同阶段公司性质的变化,我们只需要判断第二次股东变更之前,即国有股退出前,公司有没有财产,这是判断被告是否构成犯罪的重要依据。即公司当时如果有资产,还会有贪污的可能性，如果公司当时没有资产了，就没有贪污的可能性了，这是第二个层面的问题。第三个层面，检察院提供的所有证据表明，在第二次股权变更之前，公司资产是负一百多万元。这样一看，结论不是很清楚吗？就算被告人没有出资，但是把负债一百多万元的公司接过来，还是贪污吗？难道是贪污债务吗？所以我在法庭上说，被告人不但无罪，而且有功，将一百多万元的债务接过来了，是救活了公司。所以，经过详细的阅卷分析，把图表画出来之后，就会一目了然。这个例子很典型。过去，我经常拿着大纸张的图表在法庭上进行质证和辩论，现在有屏幕了，可以用幻灯片，过去就是画一张大纸，在法庭上举着说明，效果非常好。余小唐的案子后来结果并不理想，那是由于案外因素所致。其实两级检察机关都和我沟通过，也都同意我的观点，达成了共识，即在企业改制当时如果公司没有资产就不构成犯罪，有资产才可能有罪。结果二审的时候通过十年后的重新评估把负一百多万元的资产变成了正一千多万元，其中强词夺理的内容就不多说了。

在阅卷过程中，从控方案卷中发现有利于被告的证据当然是非常重要的，但前提是确有这样的证据存在。首先，我们必须认真对待案卷中对被告不利的证据，因为这种证据是案卷中的主要内容甚至是全部内容。有些律师不重视不利的证据材料，或者不愿意正视这个问题，这是非常影响辩护效果的。律师必须勇敢地面对不利证据，并积极寻找化解的方式。如果真的是客观事实，那就没有办法，律师不能强词夺理、颠倒黑白，但是也要寻找出一切有利的理由据理力争，不能采取掩耳盗铃的方法漠视不利证据，不能消极地对待，而要积极地应对。其次，卷宗中也可能存在对被告人有利的证据。我前面说了，现在有很多办案机关卷宗制作得不认真，有些卷宗漏洞百出。比如讯问时间问题，讯问地点、主体问题，内容的重复粘贴问题，还有多次取证、多次讯问当中的漏洞,以及各种言词证据的自相矛盾和相互矛盾问题等,这些问题或者是办案机关没有发现,或者是由于案件本身就有问题而无法避免。对于这些问题,如果不认真阅卷就不容易发现。

深圳有一起受贿案,律师几乎完全是从卷宗材料中找到对被告人有利的证据去进行辩护的。起诉书指控涉及8个行贿人的几十笔行贿款。初看起来证据体系非常完善,行贿人与受贿人供证都一致,很难找到突破点。阅卷的时候,我们对每一笔行贿款都作了具体的分析,对案卷材料从若干个不同的角度分别做表对比。通过十分细致的阅读和分析,最后发现,仅从案卷材料反映出来的内容看,就存在着诸多重大的问题。主要体现在:

第一,我们发现,起诉书指控有一些所谓的谋取利益的事项,说是向被告人行贿是为了让他帮助获得一些工程,但这些工程是否存在却没有任何证据加以证明。

第二,通过列表比对,我们发现指控行贿的时间与工程发生的时间有矛盾。行贿人供称,由于拿到了某个工程,而给被告人酬谢,但从工程的时间推算,却证明行贿的时间与实际工程发生的时间相隔过久,没有一个合理的对应关系,与其自身证言也互相矛盾,显然行贿人的证言内容是虚假的。

第三,我们还做了一个表格,对每一份证人证言都进行了细致的比对,最后发现同一个证人的证言前后之间自相矛盾,不同证人证言之间互相矛盾之处非常多。

第四,证人证言与客观事实之间也有矛盾,比如有一些行贿时间是在过年的时候,但是当事人当时根本就不在当地,回老家过年了,根本没有收受贿赂的时间。

第五,被告人的供述与证人证言之间也有矛盾,无法形成一致。

第六,被告人的供述和证人证言之间有些内容高度一致,明显是把被告人的供述剪切粘贴到证人证言，连标点符号、错别字都一模一样，这样的证言显然不具备真实性。

第七，行贿数额与工程利润的矛盾。在这一点上，我们同时还做了一些积极的调查取证，最后证明，按照通常的市场行情来看，如果该工程按照指控的行贿数额，除非行贿人"倒贴钱"行贿，否则工程就是白做的，不可能挣钱，我在庭上指出了这一不合情理的地方。

第八，笔录的时间与笔录内容的矛盾。比如讯问笔录的时间，某份笔录显示，讯问时间只有20分钟，但是笔录的内容却很长。我们还专门做了实验，找若干人按照正常语速读笔录，结果发现在那么短的时间之内根本不可能形成那么多内容的笔录，读都读不完，何况讯问当时还有中断、思考、重复、打字等其他因素的影响；又如，还有一些笔录的内容，正常人根本不可能在某个时间段内打这么多字，做那么多笔录。

以上所有对被告人有利的证据几乎都是通过细致的阅卷，在控方卷宗里找出来的。做过这个工作以后，辩护思路确实有从"山重水复"到"柳暗花明"的感觉。但这种阅卷方式的确是要下大功夫的，要认真、细致、不厌其烦，还要善于发现问题、抓住问题。

谈到阅卷，又涉及庭前证据开示的问题，虽然现在还没有这样做，但是多年来，我们一直在研究和争论这个问题，刑事案件的庭前证据开示为什么称为"开示"，而不称为"交换"？正是因为它和民事审判活动是有区别的。民事审判证据交换是在两个平等主体之间，原告与被告之间进行平等的证据交换。而在刑事案件中的证据开示是不对等的，因为刑事审判中是国家公诉机关指控被告人，诉讼地位本身是不平等的。所以，指控犯罪的举证责任在控方，辩方没有举证责任，而且控方调查取证在先，辩方调查取证在后。所以，在任何国家的证据开示中，一个基本原则就是：控方应当向辩方无条件、无保留地开示全部证据，而辩方并没有义务向控方开示证据。

但是有一种观点强调，刑事案件中证据开示的原则也应当对等，刑事案件的证据开示也称为"证据交换"。这种观点完全违反了刑事诉讼的基本原则和基本规律，是错误的。

由于证据开示问题多年来一直争执不休，无法达成共识，所以此次刑事诉讼法修正案又恢复了律师阅卷制度，但我认为有朝一日还是要走向证据开示。此外，一些有关于有效辩护的救济机制问题也十分重要，在此次的《中华全国律师协会修改〈刑事诉讼法〉的意见稿》中也涉及这个问题，遗憾的是没有被采纳。但这样的问题实践中是很重要的。目前，在有些案件的办理过程中，因种种原因律师仍然无法看到全部案卷，但法院照样开庭、照样判决，这种违反程序的审判理应成为程序辩护的理由。

调查取证的困境与技巧[*]

中国律师的调查有以下三种功能：收集新证据、核实对方的证据、收集证据证明程序违法。但调查取证问题是至今没有得到解决的难题。《刑事诉讼法》仍然规定，律师在调查取证的时候，要征得被调查人同意，特别是向被害方证人调查取证的时候，还要得到公诉方和法院的允许。我认为这个规定和这种观点违背了刑事诉讼的基本原则。在刑事诉讼中，控辩双方的调查取证权本来就是不平等的，控方具有强制性的调查取证权，而辩方的调查取证权却没有强制性。在这种情况下，如果对辩方的调查取证权加以限制，事实上等于剥夺了辩方的调查权，就会导致律师在调查取证权难以实现的情况下，在法庭上只能进行消极的辩护。可是，由于无罪推定的原则在我国得不到有效落实，司法人员在观念当中还保留了相当程度的有罪推定的认识，消极辩护的效果十分有限，法庭往往会加大辩方的举证义务，很多时候都需要辩方用有利于被告的证据去反驳控方证据。因此，在中国现阶段，我们对积极辩护的需求就显得更加强烈。

其实，即使被调查人当时很配合，但是回过头来，当控方去

---

[*] 本文节选自田文昌、陈瑞华：《刑事辩护的中国经验——田文昌、陈瑞华对话录（增订本）》，北京大学出版社 2013 年版。

找他再次核实的时候，在某种压力和诱导之下，仍有可能发生变化、出现问题。这又涉及一个重大的法律问题，我也在多种场合提出过，当侦查机关已经侦查终结，交由控诉机关提起控诉的时候，控方有没有权力单方面核实辩方调查的证据？尤其是在法庭开庭以后，控方还要核实辩方调查的内容，符不符合刑事诉讼法的原则？诉讼程序进入法庭审判阶段，控方还有没有调查权？这都是值得研究的问题。

我们调查取证的禁区和限制确实太多了。在法治发达国家，根本不存在这样的限制，律师甚至不用亲自调查，而是转委托调查公司、私人侦探去调查，分工非常明确。但是，我们现在既不能委托其他机构或者个人调查取证，自己取证又受到诸多限制。所以，调查取证很困难。由此可见，一方面，我们对积极辩护的需求强烈，另一方面，调查取证又受到诸多限制，所以，就形成了一对难以解决的冲突。《刑事诉讼法》规定律师调查要征得被调查人同意，在没有这个规定的时候，实际上律师调查也要征得被调查人同意，而多数证人都是愿意配合的。可是一旦在法律中明确规定之后，就等于引导和提示被调查人可以不配合律师的调查。所以，这些年形成这样一种怪象：在很多情况下，不懂法的被调查人，配合调查的还比较多，但凡是知道这条规定的，多数都不愿意配合。事实上，律师调查属于私权利的范围，并不具有强制性，被调查人本来就可以拒绝，并不需要特别提示，而在法律上专门作出这种提示性的规定，其结果就会强化被调查人的拒绝意识。所以，规定"律师有权进行调查取证"与规定"律师调查取证要经过被调查人同意"或者"被调查人有权拒绝"，在实际效果上就会有很大差别。至于律师向被害方证人调查取证时还要得到司法机关允许，就更加没有道理。《刑事诉讼法》现在的规定实际上起到了一种消极的引导作用，加剧了调查难的现状。遗憾的是，此次《刑事诉讼法》修正案仍然没有改变这一现象。

在《律师法》里还出现了这样的规定：当自行调查遇到困难的时候，有权申请检察院和法院调查，我们也称之为申请调查权。实际上申请法院调查的制度在民事诉讼中早已经建立起来了，但是在刑事诉讼中却仍难以实现，申请只是一种请求权而已。

尽管现状如此，由于律师消极辩护的效果十分有限，为了履行律师职责，依照法律最大限度维护当事人的合法权益，我们还是应该勇敢地面对现实，没有理由放弃调查。当然，退一步讲，对于那些因无奈而放弃调查的行为也无可指责。但是，如果从律师责任感的角度，对当事人、对社会负责的角度，我还是主张应当坚持必要的调查取证。

大致有以下几种情形需要律师进行调查取证：

第一种情况，律师通过会见阅卷了解到，控方并未搜集有利于被告方的证据，或者控方的调查并不全面，与事实存在出入。比如，控方证人证明，被告人收到了一笔钱，这一事实虽然客观真实，但被告人辩称自己已经上交或用之于公，并未占为己有的这一部分事实却被忽略，未予调查。显然，这种情况下控方的调查并不完整，需要律师对其进行补充调查。

第二种情况，律师对控方收集的证据真实性存有疑问，也需要律师进行调查予以核实。当然，这种调查的风险很大，因为它容易改变证言的内容。

第三种情况，律师需要及时收集和保存一些物证。

有一起伤害致人死亡的案件非常典型，发生在北京。多年前，在某市场上摆摊的一个卖肉的小伙子，被一帮人追打，几个人打得他死去活来。在最后一刻，对方几个人拿起一个铁凳子砸他，他在万般无奈之下，拿起剔肉的尖刀低着头一通乱刺，结果造成对方两死一伤。

案件发生后，律师在侦查阶段通过会见和向他人了解案情时发现，当时打斗现场的确有一把铁凳子，而这个铁凳子并未被办案机关注意。于是律师及时找到并且保存了这份物证，在法庭审理的时候加以出示。律师指出：多人用铁凳子砸被告，足以证明打击的强烈程度，进而证明在这种情况下，被告人进行防卫是有理由的。最后法庭认定被告人的行为属于防卫过当，判了十年有期徒刑。这个案子如果只按照故意杀人或者故意伤害致人死亡来处理，不认定防卫的性质，被告人恐怕就必死无疑了。不言而喻，铁凳子这个物证在辩护中发挥了重要的作用，由于律师及时收集到关键物证，最终取得了辩护的成功。

其实很多案件调查取证的空间都是很大的，有时候律师一定要意识到调查取证的重要性。除此之外，律师还要收集控方程序违法的证据，这种取证的难度就更大了。

相对而言，上面第一种情况风险要小得多，因为这种调查相对比较独立、简单，与控方调查不会发生冲突。第二种情况的风险比较大，因为这种调查势必要跟控方调查发生冲突，会涉及《刑法》第三百零六条的问题，收集程序违法性的证据风险也很大。正是由于这种风险，很多律师放弃了积极调查，最终直接损害的是当事人的利益。

根据《刑事诉讼法》的规定，律师向控方证人调查，必须征得公诉方的同意。我认为这是错误的立法，本来侦查权就先于调查权，律师调查还要经过公诉方的同意，这完全没有道理。《律师法》已经作出了修正，《刑事诉讼法》再修改也应对此作出改动，否则，对整个诉讼制度的公正性都将产生冲击。这个规定不仅不合理，而且不具有可操作性。实践中，不仅有控方证人、辩方证人，还有无法明确分清立场的一类证人，如果证人证言中既有对被告人不利的内容，也有对其有利的内容，如何判断他是哪一方的证人呢？按照原来的立法逻辑，好像谁先找到的就是谁的，这显然是没有道理的，而且，因为控方调查总是在先，这对辩方也是不公平的。

至于证人不愿出庭的问题，其实证人不愿意出庭只是一部分原因，很多情况下是控方不让证人出庭，甚至有时候法院也不想让证人出庭，因为证人证言不扎实、不可靠，甚至取证程序都有问题，他们担心证人一旦出庭，会经不起质证，因此不敢让其出庭。应当说这种情况是极不正常的。律师申请调查往往也很难得到支持，因为既然不想让证人出庭，就是不想改变证言的内容，当然也就不会支持律师进行调查。所以，实践中法庭支持律师调查取证的案例实在是少之又少。因为律师申请法院、检察院调查得不到支持，迫不得已只好自己调查。所以，只能采取下面这几种办法，比如要求被调查人自书材料，但这样也不一定没有风险，被调查人还是可以说是律师教的。再比如，取证时经过公证处公证，这种方式我们以前尝试过，实属无奈之举。其他的方法只有录音录像了，这种方法也比较可行，通过录音录像，留下证据，在客观上起到了保护的作用。但是，录音录像有时候也会对被调查人产生影响，甚至会导致其不愿意配合。

一个正常的调查过程中，律师有理由向被调查人做思想工作，消除其思想顾虑，在对方心平气和、心态放松的状态下陈述客观事实。可是，律师一旦给被调查人做思想工作，进行解释，就又会发生风险。众所周知，侦查机关在调查中，也经常会向证人施加各种影响，软硬兼施，律师在没有任何强制力的情况下，怎么就不可以向被调查人作出解释呢？可是现在的环境下，律师还是不敢做。因为一做工作就会说不清楚，就可能依照《刑法》第三百零六条被追究刑事责任。所以，在目前情况下，想按照正常的途径，在正常的环境下进行调查取证，风险几乎是不可避免的。在一些研讨会上，我也曾提出过，如果证人实在不能出庭，法庭调查应当带着控辩双方一起去取证，这是一个原则。但是这样做必须有两个前提：一是该证人确有足够理由不能出庭；二是在找证人核实证据时，控辩审三方必须同时到场。

在英美法系国家，遵循的是直接言词原则，法庭根本就不接受传闻证据。而我国目前法庭上却将未到庭证人的证言作为定案依据，这正是形成错案的重要原因，不改变就无法实现司法公正。

我办过一起受贿案，在案卷材料中，行贿人是作为控方证人出现的。被起诉以后，这个行贿人主动写了一份证词给律师，推翻了原来的证言，说当初证明行贿的证言是假的。不仅如此，他还亲自录了录像，刻成光盘，把光盘和原话整理的书面材料一起寄到了律师事务所。开庭的时候，我们将这些材料提交给了法庭，而且被告当庭翻供的内容与证人后来改变的证言完全一致。法庭休庭之后，法官让律师做被告人的工作，能不能要被告少承认一点，法庭可以少判一点，否则可能后果更严重。我直接向被告人转达了法庭的意思，但是被告人非常坚决，说自己完全无罪，决不妥协。后来这个案子检察院撤诉，但撤诉之后，控方就把证人抓了起来。这个证人年纪很大了，而且身患重病，住在医院里，检察院完全不顾这些情况，抓起来严刑逼供，证人挺不住又把证言改了回去。同时又把被告人换了几个监所，由同监号的人轮番折磨，被告人受不了，只好又认罪了。于是检察院又重新起诉，再次开庭时，被告人又当庭翻供，控诉遭到刑讯逼供。但此时检察院已经把证人关起来了，不让他出庭。结果法庭完全支持了有罪指控，并对被告处以重刑。这个案子，幸好证人的自书材料是他寄给律师的，律师和他没有任何的沟通联系，也没见过面，所以没有任何理由说是律师唆使的，否则后果不堪设想。

除了一般的调查取证外，还有必要说的另一个问题是司法鉴定权。现在很多案件当中，鉴定环节最容易出问题。前几年我发表过一篇论文——《司法鉴定制度亟待改革》，我将司法鉴定环节称为司法腐败的一个黑洞,因为司法鉴定权如果不能很好地加以制约和完善,很容易失去控制,这样的例子是很多的。怎么解决这个问题呢?现在司法鉴定权的垄断(当然严格说,我不主张叫司法鉴定,它是个技术鉴定,刑事技术鉴定,我们暂且叫技术鉴定)是个非常严重的问题。我在国外专门考察过这个问题,大陆法系国家也好,英美法系国家也好,在一个正常的法治环境下,控辩双方都有权启动鉴定程序,但是鉴定结论要拿到法庭上质证辩论,鉴定人必须出庭,最终由法官来决定采信哪一份鉴定结论,如果都存在怀疑,还可以由法院重新委托鉴定。但在我国,辩方没有这种鉴定的启动权,而申请法庭鉴定,又常常被否决。这个问题如果不解决,是对辩护权的一个重大限制。实践中,个别律师采用了请专家对控方的鉴定人作鉴别的方法,实际上就是专家意见。这是不得已退而求其次的手段,它也充分显示了中国律师的智慧。这种方式我早就尝试过,而且不止一次,这也是无奈之举。

十几年前有一个山东青岛的案子,案情很简单,两伙人在饭店里吃饭,喝醉酒打起来了,一帮人是警察,另一帮人则是一群无业青年。后来交警支队的队长被打倒在地,死了。过了好几年之后,这帮小青年中的为首者在北京归案。但无法查清致命一击是谁造成的,这个人也不承认是自己打的。唯一的证据是饭店里的一个操作音响的小姑娘,当时站在一扇玻璃后面,离玻璃还有两米远,而打斗的现场在玻璃另一面七八米远的位置。她隔着玻璃,看到一个穿着大衣的高个子(死者)被另外一个高个子往太阳穴上打了一拳,然后就倒在了地上。这是可以证明被害人被打的唯一证据。办案机关最后认定,是被告人一拳把被害人打死了。除了那份唯一的证言之外,另一份证据就是一份法医鉴定,结论是被害人死于外伤性脑出血。

我反复研究这份鉴定结论,注意到一个问题,尸检报告中,没有任何对外伤的描述,连太阳穴部位的瘀血都没有记载,那又是如何形成被害人死于外伤性脑出血的结论的呢?我专门请教了最高人民检察院、最高人民法院和公安部五位知名的法医,请他们论证这个问题。当时尸体早就被处理了,重新鉴定也没有可能,只有对鉴定结论进行分析。几个权威专家研究之后指出,不可能在没有外伤的情况下出现外伤性脑出血。经过专家的充分论证和我对相关问题的逐步了解,我强烈要求鉴定人出庭。鉴定人带了个专家出庭,我没法带专家,就用我从专家那儿学到的一点知识,当庭进行质证。最后攻破了这个没有外伤的外伤性脑出血的结论,辩护获得成功。

庭审中还有一个很有意思的情节,鉴定人在质证时被我逼得实在没办法了,说这种情况有一个例外,如果是隔着很厚的柔软物或者像是拳击手套那样的东西,是完全有可能造成显示不出外伤的外伤性脑出血。我说,即使会有这种例外,也不符合本案的情况。公诉人被逼急了,说:"辩护人不了解情况,你有没有到过现场?"我说:"我到过现场,而且在现场做了详细的调查。"公诉人又说:"那你没有看到现场铺着厚厚的地毯吗?"我说:"我看见了,我看见现场的地毯是铺在地上的,而不是包在手上,也不是包在头上的。"公诉人无言以对了。

结果这个案子由无期徒刑改判为七年有期徒刑,实际上应当是无罪的,但改判为七年有期徒刑已经很不容易了。这个案子就是用对鉴定结论的质证来打破对方的鉴定结论。

之前在珠海有一个更大的案子,认定走私数额74亿元。详细的案情我不讲了,案件最后维持原判,这个判决是有问题的。我主要说鉴定的问题,鉴定的时候,原始的审计账目完全是乱的,我就找了一个审计机构做了重新审计,他们把问题全指出来了。我就把这份重新审计的结论提交给法庭,结果公诉方提出异议说辩方没有鉴定的启动权,不承认这份审计结论。法庭退了一步，说这份结论只能作为质证意见看待。于是我就只好根据鉴定结论的理由提出质证意见，同时也把鉴定结论交给法庭，作为对控方鉴定结论质疑的质证意见，效果还不错。等于我是重新做了一份鉴定，但是公诉方不认可，于是我只能把这个鉴定结论作为一种专家质证意见，拿出来提交给法庭。

质 证[*]

一、对控方言词证据的质证

对控方证言的质证，一般情况下包括两种方式：一种方式是从证据"三性"的角度对证人证言进行质疑，指出其中的问题所在；另一种方式是用相反的证据对控方证言进行质疑，这又可细分为三种情况：

第一种情况，在同一份证言自身当中寻找问题。因为实践中，控方往往把一份证言分成不同的部分，只宣读对被告人不利的内容，而对有利于被告的内容则不予宣读。在这种情况下，律师可以把控方未宣读的有利于被告的证言内容宣读出来。

第二种情况，在两份证言或者两份以上的证言中寻找矛盾之处。因为在多份证言中，控方通常只宣读不利于被告的某一份证言，而对有利被告的部分却不予出示，我们也可以用另一份有利被告的证言内容来进行反驳，进行质疑。

第三种情况，就是用相关联的其他证据反驳控方证言。但

---

[*] 本文节选自田文昌、陈瑞华：《刑事辩护的中国经验——田文昌、陈瑞华对话录（增订本）》，北京大学出版社2013年版。

是，实践中有些法庭却只让辩护人进行质疑的意见，不让辩护人宣读具体的证言内容，我认为这种做法是不妥当的，因为这样做将会错过反驳和质证的最佳时机。面对实际情况，作为辩护律师要有两手准备，既要积极争取当场宣读的机会，也要准备好仅仅进行质疑的意见和理由，等待辩方举证时再提出反证。

如果证人出庭，当庭询问应该步步紧逼，抓住破绽，指出证言的瑕疵，揭露其证言的虚伪性。

比如之前我曾提起过的那起贪污案，我在阅卷中发现，作为证人的出纳员最后一次取钱的时间是在被告人被逮捕之后，证人出庭时我就问她："笔录里记载的取钱时间肯定没错吗？"证人当庭回答："没错。"我又问："那你把钱送到哪儿了？"证人回答："送到他家里了。"我马上追问："他家住在哪里？是原来的家里还是在看守所里？你难道是送到看守所里，让被告人贪污的？"证人此时无言以对，彻底崩溃了。

这个案子指控的另一项受贿事实则出现了另一种情况。行贿人是被告人的好朋友，在庭前取得的证言笔录中，他说被告人出国的时候，到他家里拿了几千美金。被告人供述和证人证言比较一致，但被告人强调这笔钱是借的，而公诉意见却说是索要。我申请证人出庭。

在法庭上，我反复向证人核对细节，我问他："你和被告人是什么关系？"他回答："是朋友关系。"问："多少年的朋友？"答："很多年了。"问："你们经常有经济上的往来吗？"答："经常。"问："你们之间相互借钱吗？"答："经常。"问："会互相给钱吗？"答："也有。"问："你们之间的交情深到什么程度？多少钱可以给？"答："几百几千块没有问题，上万的就只能算借，不能白给了！"问："你们之间借钱一般会怎么说？"答："都是朋友嘛，就直接说拿点钱。"问："拿点钱是给还是借？"答："那要看具体数目。多了就算借，少了就是给。"问："几千美元是多是少?"答:"多,肯定是借,不可能给。"

就这样,通过逐步追问,最后终于证明这笔钱不是给而是借,从而推翻了受贿罪的指控。

如果证人不出庭,类似这样的细节问题就无法解决,而如果一定要弄清楚,就只能去找证人核实,而证人说法一变,律师又会大祸临头了。

再如,我曾经提到的受理的一起广东的行政诉讼案,质证的作用是很明显的。在二审阶段,对方拿出了一组王牌证据——3份电报底稿。海关向法庭上提交了船上尚未发出的8份电报底稿,其中3份是关键证据,这3份底稿可以反映出该船具有走私的嫌疑。因为按正常手续应该是从香港运货到越南,在越南办完手续后不卸货,然后再从越南转到广西,这样做是当时的边贸政策允许的,并不违法。而海关却认定该船假借到越南的名义,直接驶入广西,这样就会由于没有从香港到广西的合法手续而构成走私。这3份电报稿的内容,确实可以反映从香港直驶广西的嫌疑,至少可以反映被告人在主观上有这种动机。所以,海关将这3份电报稿作为关键证据。但是,经过分析之后,我们发现这些电报稿的真实性却值得怀疑。

第一,这些电报稿是在该船搁浅后草拟的,而在拟稿之前,船上的发报机天线已被风刮断,收、发电报已经无法进行。这种情况下拟写电报稿是没有意义的,这种做法明显违反常理。

第二,这8份电报稿都是复印件,海关拒不提供原件。

第三,据原告方初步调查,这3份电报稿都是在船被扣押后,船员已经失去自由的第二天拟定的。这是最大的疑点,若果真如此,这些电报稿肯定是假的,因为任何人都不会在失去自由的情况下再主动为自己制造罪证。但是,由于时间紧迫,当时又无法直接取得证据来揭穿这个伪证。于是就只能在法庭上设法在质证环节寻找对方的破绽。

为了揭露对方，防止他们说谎，我并不直接提出这个问题，而是东一下、西一下地将各种问题混在一起连续发问，在他们摸不清我方思路并且公开嘲笑律师的提问不着边际的情况下，我突然轻描淡写地问起了扣船的时间和船员第一次被讯问的时间，但是，就在对方准备回答这个问题的时候，却被审判长制止了，说是后面专门安排时间调查这个问题。于是，我在纸上写了几个大字摆在面前，防止在混战中这个问题被漏掉。果然不出我所料，在之后漫长的法庭调查中，我又两次提出这个问题，每当对方要回答的时候，都被审判长制止了。这样，总共提出 3 次，也被制止了 3 次。由于我每次都故意避开电报底稿的问题，所以，对方一直没有弄清我提问的真实用意。最后，直到审判长宣布法庭调查结束的时候，也没有调查这个问题，显然，审判长带有明显的倾向性。这个时候，我立即向审判长提出质问："审判长，我 3 次提出扣船时间的问题，你 3 次制止，说要专门安排时间进行调查，现在却宣布法庭调查结束，是你忘记了，还是不允许调查？"审判长迟疑了半天，只好说："可以调查。"这时我当即要求对方回答这个问题，而对方还是没有防备地宣读了办案记录。结果真是不出所料，的确是前一天下午 2 点扣的船，限制了所有船员和船长的人身自由，并于当时进行了第一次讯问，录了口供，而这 3 份电报稿的拟稿时间却是第二天早上 8 点。宣读完之后，对方律师才反应过来，企图改变说法，但为时已晚。我们当即要求法庭将此记录在案，并提请法庭责令对方将办案记录提交给法庭。经过这一段艰难的调查、质证，终于揭开了电报底稿之谜。接下来，我便开始了充分占有主动权的步步紧逼的辩论，攻破了对方的王牌证据。这个案例很典型，抓住了发问的时机，让对方在不注意的情况下说出了事实真相。就在我提出这一关键问题以后，对方律师又说，还有很多份已经发过的电报底稿。我指出，两种电报稿的纸张是不一样的，一个有颜色，一个没有颜色。一对比纸张和内容,完全是对我方有利的,这时候对方彻底乱了阵脚,无言以对了。电报底稿的问题攻破以后,对方的防线就完全崩溃了,因为其他证据更不能证明走私的行为和动机。当时那艘船是在琼州海峡的国际航线避险,还没有进入中国海域,扣船是在外海,还没起航就把人给扣了,怎么能认定是走私呢?

这个案子最后一审我们赢了,二审输了。即使有这种关键性的疑点,但最后还是判海关赢了。这完全是案外干预的结果。但我们已经尽到最大程度的努力了。

我还想补充谈一下对证人质证时的基本技巧。在询问证人的时候,包括对被告的提问,其中确实有很多技巧问题。由于目前我们法庭的询问时间不多,特别是证人出庭的机会太少,缺乏交叉询问的训练和经验,所以,控辩双方的询问水平都不高,差距很大,有些干脆就不知道怎么问问题。比如控辩双方经常都犯的一个毛病,就是一下子提出一大堆问题,把证人都问糊涂了,甚至连自己也不知所云了;还有的公诉人自问自答、自说自话,证人还没有回答就不让别人说了,自己进行总结或者作扭曲的概括。这不仅仅是诉讼水平的问题,更是诉讼作风问题。当然,辩方也有这样的情况。归根结底,是我们在法庭询问这个环节上缺乏基本的训练。我在美国参加了几次培训,很有体会。举个例子,询问当中最基本的一个要求是,一次只能问一个问题,绝不能问两个以上的问题,这样才便于被询问人回答,便于把问题说清楚,逻辑性也比较强。为此培训课上做了一个基本训练:教师把一支钢笔从衣袋里拔出来,举起来看看,然后再扔到桌子上。就这样一个动作,要求学员分解提问,从每一个动作开始,每一个眼神开始,让提问者把这个动作分解到细到不能再细,直到谁也不能再分解了,最后可以问出二十多个问题。这样的提问,就相当于通过提问和回答,回放了整个过程。这是一个很简单的训练,但非常能说明问题。

之所以要具体地设计问题,目的就是让证人将其了解的情况完整地再现一次。如果有录像就不用问了,正是在没有录像的情况下,才要用语言表达的方式达到现场再现的效果。这样的询问方式不仅容易回答,一次问一个问题,被询问人听得很清楚、很明白,问得很详细、很具体,回答得也很详尽。而且,通过这样的回答可以起到现场固定证据的作用。这种回答一旦固定下来,就难以改变了。这是最基本的技巧。证人在法庭上接受这样的询问的时候是很难说假话的,因为控辩双方步步紧逼,说假话是很容易露馅的。询问又分为开放式询问和封闭式询问两种,开放式询问一般用于询问本方的证人,这种问话事先有过交流,律师通过发问开一个头,让证人放开了说,引导他把整个故事情节说清楚;封闭式询问又叫诱导式询问,通常用于询问对方证人,答案已经在问题之中,被询问者只要回答是与不是。这个技巧实际上经过训练并不是很难做到。但是我们没有这方面的意识,也很少有这种训练,以至于在法庭询问时经常提出一大堆问题,问的人自己不清楚,被问的人也蒙了,听的人更是听得云里雾里。

律师必须善于及时发现对方询问中的问题,及时提出反对意见。在控辩双方的询问当中,有一个规律,也是一种自然的倾向,就是询问难免带有一定的诱导和提示,这个问题很难完全避免。首先,我们应当避免自己这样做。其次,我们也要及时发现对方这样的错误,一旦发现必须及时提出反对。因为这种诱导式的询问一旦得逞,影响法官心证的目的就达到了,及时反对是为了不让这种效果发生。有的法官不懂这样的规则,要求控辩双方发言必须经过审判长的允许,连提出反对也不例外,这种认识是不对的。正常情况下,控辩双方在法庭上发言要经过法庭允许,这是没有问题的,但是在交叉询问中提出反对意见的时候,不能先经过允许再发言,必须先提出反对,然后审判长再裁判反对是有效还是无效。因为,如果审判长未能及时发现反对者举手或者未能及时允许其发言,反对就失去意义了。因为反对的目的就是为了及时制止对方的不当发问,如果等对方问完了再反对,对方不当发问的目的就已经达到,而这种发问所造成的后果就无法挽回了。

多年前我在山东旁听过的一场庭审,是我们所的律师出庭辩护,当地政法界的领导请我去旁听和指导,政法委书记、法院院长、检察长陪着我坐在第一排旁听。在法庭调查的时候,控辩双方吵起来了,控方不会发问,辩方总是反对,后来控方也轮番地反对,法庭秩序很乱。审判长急了,要求双方发言必须先经其允许,结果控辩双方又同法官吵起来了。此时台上台下都有些不知所措,这时候,我就写了一个纸条,把反对的及时性的道理讲了,说正常的发言要经过审判长的允许,但在双方提反对的时候要允许其先反对,之后审判长再裁判反对有效还是无效。所以,反对的表示必须先行提出。法院院长亲自把我的纸条送了上去,审判长看了我的纸条之后,又走向了另一个极端,对反对的表示不加制止,但对于任何反对都裁判为有效,法庭秩序又乱了。当然,这也说明这个法官没有经验,不会主持法庭。但是作为律师,无论在什么情况下都应当做到要善于及时发现问题、及时提出反对的意见,这样才能保护本方证人,防止证人出现偏差。

二、对控方鉴定结论的质证

这段时间以来,我在一些案件的开庭审理中,也尝试着运用"两个证据规定"的内容提出了一些辩护观点。

我在珠海办了一起走私案件。一伙人从香港往深圳走私手机,通过最原始的方式,雇了很多人,有的将手机零部件绑在身上,有的则从边境上偷挖地洞将其运输入境,案发现场查获的走私物品价值是几十万元。但是后来在其中一个成员家里搜出来一个复制的移动硬盘,里面是一些记账的账套。侦查机关推定这是走私集团的记账凭证,委托鉴定机构对移动硬盘中的一百多个账套进行审计,认定其中有13套账是他们走私手机的账目,依据审计结果,认定走私数额多达70多亿元。

我们对这个数据进行了质疑。首先,我们委托了另一个鉴定机构制作了一份鉴定意见,指出控方审计报告内容的错误和矛盾。其次,我们强烈要求控方鉴定人出庭接受询问。鉴定人承认,其鉴定时的检材既非原件,也无原始凭证,更未对会计主体进行审查,只是对委托人提供的13个账套(复制件)所反映的信息进行鉴定,并明确表示,其实就是"对这些信息的汇总"。

接下来,我们又分析了硬盘数据的提取过程,进一步证明数据的真实性存在问题。控方则坚持数据是真实的,理由是:记账用的"金算盘"软件,必须用"加密狗"才能打开修改,如果没有"加密狗",任何人都无法打开,更无法修改原始记载,并当庭出示了金算盘软件公司技术人员的证词。可他们万万没有想到,庭上我们有一位懂电脑的律师,当庭操作,在没用任何密码,也没有任何特殊手段的情况下就把账套打开了,并可以对记账内容任意修改且不留任何痕迹。接下来辩方要求金算盘软件公司的技术人员出庭。

根据我们委托的鉴定机构作出的鉴定意见,我当庭对其进一步追问:"这几个账套的内容中,相互之间首尾的数字都不能衔接,你是根据什么认定它们是同一本账目?"他回答:"因为他们做账不规范,所以连不上,实际上是应该相连的。"我说:"那你怎么处理呢?"答:"我把它改规范了,头尾数字给变了,所以就连上了。"我说:"你是说,因为他们很不规范,所以做出了前后连不上的账?"他回答:"是。"我接下来问:"又由于你人为地将其规范化,作了修改以后就连上了,是不是?"他答:"是。"我说:"请你再明确一下我总结得对不对。他们做得不好、不规范,你把它规范化了?"答:"是。"我说:"又通过你的技术处理,人为修改过后就连上了,是这样吗?"答:"是的。"

通过询问,证人当庭承认了他对硬盘内账套按照自己的理解和认识进行了改动、取舍,而不是单纯的提取。至此,事实就已经很清楚了:他是先推定这些账套为同一会计主体,然后再按照这个思路进行修改、截取,他修改账套的目的是证明他自己预先的推断,这是典型的先入为主。更重要的是,在质证中,他当庭承认了在鉴定时修改原始账套的事实。这样就有力地否定了这个鉴定结论的真实性。走私74亿元的指控自然无法成立了。

还有一点要特别注意,实践中已经开始出现一种新的辩护策略,就是委托另一个鉴定机构或鉴定人对官方提供的鉴定结论进行再次鉴定或是鉴别。这种鉴别要注意以下几个方面:第一,律师找的必须是本专业领域的权威专家;第二,请来的专家对鉴定人和鉴定结论作鉴别时一定要有理有据,只对鉴定人是否有资格和鉴定结论作形式审查,而不要对案件本身发表任何意见,否则可能会适得其反。

三、对控方实物证据的质证

对实物证据合法性的质证比较容易一些,根据收集证据的程序比较容易判断它是否合法,可以明确提出来。当然,提出的意见不太容易被采纳。现在法庭对实物证据的合法性还不够重视,实物证据真实性的问题恐怕主要还是得靠鉴定,因为我们不是专业人士,我们的责任就是及时提出问题,然后找专业部门进行鉴定。所以,被告方享有对鉴定的启动权这一问题就非常重要了,《刑事诉讼法(2012)》规定被告方没有鉴定启动权是不合理的。相关性是律师比较能够直接提出来的问题,这类问题出现得不是很多,但是在有些案子中很明显,我前面谈到的珠海雇凶杀人的案子就非常典型。但我们有些律师对这个问题重视不够。

　　珠海这个案子有两个重大疑点:第一,凶手没有到案;第二,凶器没有找到。关于凶器,这里很明显有一个证据相关性的问题。被告人有一把手枪,而所谓的受雇者在杀人的时间段内曾经借用过这把手枪,指控称杀手就是用这把手枪杀死了被害人。问题在于,被害人确实被枪杀了,但是不仅凶手没有到案,而且经过弹道检验鉴定结论显示,杀人现场遗留的弹壳不是从这把手枪里射出的。这就是典型的没有关联性的证据,被指控为雇凶者的被告人虽然有一把枪,但是这把枪与杀人的枪却不是同一把。最后的鉴定是公安机关作的,一审的时候控方没有出示这个鉴定结论,后来经过律师的一再要求,拖了很长时间才被迫出示,这时候已经开了几次庭了。如果律师不细心阅卷就出问题了。这个证据显然没有关联性。案件一审判无期,二审发回重审,由于凶手和凶器都没有找到,显然无法定罪,可是重审时居然以雇凶杀人预备判了八年有期徒刑。后来又第二次上诉,现在又发回重审了。

法庭举证技巧*

在现有的法律框架下,辩方获取证据的机会和数量虽然较少,但毕竟还是有的,因此,我有必要谈一下对辩方证据进行举证的问题。辩方举证包括两方面:一方面是律师自行调取的证据,这类证据一般很少,有时甚至根本没有,另一方面是案卷中有利于被告人的证据。举证目录要提前交给法庭,举证的思路和提纲也要在庭前准备好,免得开庭的时候自乱阵脚。在举证水平上,客观地说,就目前而言,我们律师的举证水平普遍不如公诉人,因为公诉人举证的机会多,经验也比较丰富,律师举证机会少,因此经验自然也比较少,平时也不太重视这方面的训练。

辩护律师在法庭举证方面最常见的弱项有两个,一是忽略,不重视;二是乱,不熟练。有时候只顾自己举证,经不起质证,没有防御,对方一质证就无言以对了。举证中还有一个需要注意的重要的问题,就是对控方证据中有利于被告证据的举证,这个问题往往容易被忽略。我们律师在法庭辩论,包括写辩护词的时候,经常引用卷宗里有利于被告方的证据内容,而这些证据有些并未经过举证质证,严格说这样做是有问题的。为什么

---

* 本文节选自田文昌、陈瑞华:《刑事辩护的中国经验——田文昌、陈瑞华对话录(增订本)》,北京大学出版社 2013 年版。

呢?《刑事诉讼法》规定,一切证据都应当经过当庭质证以后才能作为定案依据。一旦控方或者法庭找律师的毛病,以证据未经质证为由,不作为定案依据,律师就会陷入被动。而且,由于控方往往会忽略或者回避案卷中有利于被告的证据,如果辩方不能当庭出示并强调这些证据,就容易使法庭和旁听者形成对被告不利的印象,产生对被告不利的后果。所以我总是强调,卷宗里控方提供的证据中有利于被告的证据,我们应当作为辩方证据在法庭上专门举证。这种举证有两种不同的方式:一种是在对控方质证时,以出示反证的方式举证,用证据反驳控方证据;另一种是在辩方举证时一并出示。具体运用哪一种方式要根据庭审情况见机行事,当然还要尊重法庭的意见,不同的法庭会有不同的要求。

实践中,也有法庭不允许辩方出示这类证据,认为案卷中已有的证据一律不必出示。遇到这种情况,虽然律师的确很难有所作为,但至少应当明确提出来,请求法庭将这些证据作为定案依据。

案卷材料中有利于控方的证据就成为控方证据,而其中有利于辩方的证据就成为辩方证据。从不同的角度来利用卷宗,就会形成不同的证据体系。所以,我们最好把这些证据都整理出来,专门装订成册,列出目录,像举本方证据一样举证。对举证的方式要征求法庭意见,如果需要,就一个证据一个证据地举,如不需要,就把证据名称和证明内容阐述一遍。这样做了以后,就会使有利于被告的证据得以强化,引起重视,充分尽到律师的举证责任,至于是否采纳就是法庭的问题了。比如,控方截取了证人证言的部分内容宣读,断章取义,那么,律师就要将同一份证言中有利于被告的那部分提出来,单独举证,这是完全可行的,效果也比较好。

我办的很多案子,乍一看难度很大,没有任何突破点,但经过大量细致的阅卷、分析、研究,就会发现问题,甚至是很大的漏洞。就像我前面列举的深圳的那个受贿案,原来的律师跟我说没有什么突破点了,乍一听介绍,看案卷,好像也是板上钉钉了。但是我们在信念上面一直没有放弃,相信能够找到突破的地方,结果挑出来那么多问题。所以说,很多时候是功夫还没下到,或者办案的角度不对,以至于没有发现问题。还有就是尽量争取让法庭允许本方证人出庭,同时争取说服证人本人同意出庭。在证人出庭之后,如何向本方证人发问,达到证明的效果,也是非常重要的。

至于如何应对和防范公诉方的质证意见。第一要善于举证,第二要有攻也有防,在举证的时候必须事先预设好对方可能进行什么反击。这一点非常重要,因为你举证时要面对的就是对方的质证,如果你出示的证据经不起质证,就意味着举证失败了。所以,在举证前就应当做好应对质证的充分准备,具体说,也就是必须预见到对方会提什么样的质证理由,并做好反驳的准备。

我遇到过一些法庭,法官组织举证质证的能力比较差,控方举证完了之后,让辩方进行质证,辩方质证完,再让控方回应,控方回应完之后,就不给辩方再回应的机会了。这是对举证质证的错误理解,认为辩方对控方的质证是开始,控方对质证意见的回应是结束。实际上举证是开始,质证是结束,回应是新一轮的开始,对回应的回应才是结束。法庭辩论也是一样,不管多少轮,谁后辩谁结束,但是现在很多法庭举证都是搞一轮半。这种做法是不公平的。

所以,从举证的角度来讲,按照正常、合理的质证规则,辩方举证应当是在控方第二轮质证之后。那么,辩方对控方第一轮质证意见的回应就非常重要,即最好能起到一锤定音的效果,能够使对方在第二轮质证时无言以对。

还有一个问题必须提出来,有些律师在取证时不注意规范化操作，控方经常攻击辩方收集证据的程序和过程，这往往让律师非常被动。由于辩护律师缺乏这方面的训练，实践经验也比较少，往往容易被忽略。正确的做法应当细致入微，一丝不苟地做好证据调查的工作，包括对证人身份证件的核实、复印，取证时的时间、地点、过程、场景要有说明和签字。总之，能对取证的整体过程作出合理解释是最好的，以防止被对方攻击。

我们过去对控方提出这种要求，可自己做得也不好。这是一个很突出的问题，因为律师调查取证的机会少，因此经验也少。所以，我们一定要加强这方面的训练，以避免出差错，同时，也要增强辩方证据的可信度，尽量能够将取证过程的来龙去脉交代清楚，这是一方面。另一方面，有些取证过程是没有办法得知或者没有办法公开的，这就涉及另一个更重要的问题，即对于辩方证据取证合法性如何理解的问题。

法庭辩论[*]

一、法庭辩论的技巧

在某些情况下，有些律师在进行法庭辩论的时候，并不知道自己辩论的目的何在，往往会进行演讲式的辩论、宣泄式的辩论、吵架式的辩论、法制宣传式的辩论，甚至完全是表演、作秀式的辩论，等等。其千奇百怪的辩论方式，都偏离了法庭辩论的主题，背离了法庭辩论的目的。简单而言，律师进行法庭辩论的目的就是说服法官采纳律师的辩护观点，然后通过各种证据的列举和理由的阐述，力争辩护观点被法庭采纳。紧紧围绕这样的目标进行法庭辩论，才会取得良好的辩护效果。

随着庭审方式的变化，法庭辩论在我国实际上也经历了不同的发展阶段。在纠问式审判方式下，法庭辩论和法庭调查相分离，法庭审理中偏重法庭辩论，法庭辩论容易成为单纯的演讲和论证式的发言，律师往往事先准备好完整的法庭辩论的书面材料，进行照本宣科式的宣读。随着庭审方式向抗辩式的过渡，法

---

[*] 本文节选自田文昌、陈瑞华：《刑事辩护的中国经验——田文昌、陈瑞华对话录（增订本）》，北京大学出版社 2013 年版。

庭调查质证在庭审中的分量逐渐加重，在这种情况下，质辩分离的单一的法庭辩论演变成法庭审理最后阶段的总结陈词。在法庭调查质证阶段，需要一证一质一辩，存在一定的针锋相对的辩论，但又不充分展开。直到法庭辩论阶段，才把前面的观点加以提炼和总结。在这种抗辩式审判方式的庭审当中，法庭辩护词不应该是事先准备好的，因为只要是真正的而不是走过场式的审判，在这种抗辩式审判方式当中，就可能出现各种事先难以预料的问题。所以，开庭前准备的辩护词应当只是一个提纲、一个思路的总结和概括，在法庭辩护当中还需要有临场的发挥，最终在庭后形成辩护词，这才是形成法庭辩护词的一个正确的方式。

第一轮的法庭辩论一般是有备而来的，而第二轮的法庭辩论则主要是临时应对。所以，最能发挥辩论水平的当然是第二轮的法庭辩论。有些律师和公诉人，在第一轮法庭辩论中侃侃而谈、头头是道，在第二轮中却一下子陷入被动，无言以对，就像计算机一样，对事先编制好的程序运用自如，一旦死机、乱了程序，就不灵了。

具体说来，每一个人的辩护风格、辩护方式、特点都有所不同，体现出来的就是法庭辩论的技巧，这主要是要根据自己多年的经验总结提炼。但还是有一些值得统一遵循的规律和要求，可以予以总结、加以注意。我很愿意把自己的一些经验和体会总结出来与大家分享。

首先，我想谈谈律师在法庭辩论中的位置和立足点的问题。其实，影响法庭辩论胜负的因素很多，这些因素既包括案件事实本身，也包括律师的水平和工作成效。但值得强调的是，律师能否正确认识到自己在法庭辩论中的位置和立足点，往往会影响到展开辩论的整体基调和方向，从而影响到辩论的效果。而正是这个问题，恰恰被有些律师所忽略。由于控辩双方在法庭辩论中的位置不同，所具有的优势与劣势也各不相同。因此，在不同的辩论内容中，准确地把握自己的位置，对于赢得法庭辩论至关重要。

从形式上看，辩护律师在法庭上并不处于优势地位。控方是主动的，辩方是被动的，控方掌握证据在先，处于攻势，辩方掌握证据在后，处于守势。所以，从这个角度上讲，辩方处于天然的劣势。但是，从另一个角度看，辩方律师也有天然优势，这个优势就是举证责任。控方承担举证责任，辩方只要反驳即可，这是很大的优势。控方不仅必须保证证据的真实性、合法性和关联性，还要保证证据的一致性和排他性，这一点对控方来讲压力很大。因为，谁主张谁举证，这是诉讼活动的基本原则，在民事诉讼中也是这样。

第一，控告的证据要真实，要经得起推敲；第二，要合法，不能违法取证；第三，要与案件有关联性；第四，证据内容之间要一致，不能自相矛盾；第五，证据要有排他性，特别是间接证据。我们知道，间接证据必须形成一个完整的、一致的、无法攻破的证据链条，必须具有排他性，才能成为定案的依据。否则，多少个证据加起来也没有用。所以，从举证责任的角度来讲，一般情况下，作为辩方律师只要攻破控方的证据就可以取胜，并不一定要举出反证。这个优势很大，也就是说，只要攻破一点，这一证据就不能成立，就打破了控方的证据链条，控方就会失利。在司法实践中，有些人曲解了举证责任，认为被告方既然主张自己无罪，就应当举出无罪的证据，把举证责任推向了被告方。这是举证责任倒置，是有罪推定论。被告一方可以举证来证明自己无罪或罪轻，但这是权利而非义务。所以，在举证责任的角度上，辩方律师具有明显的优势。

辩方的优势并非绝对的，比如正当防卫等积极的辩护事由，就需要辩方承担证明责任。在防卫案件的辩论中，辩方律师的位置会发生变化，往往会处在劣势的位置，这是因为举证责任发生了转移。在防卫的案件中，由于危害结果已经发生，且危害行为与危害结果之间的因果关系也已经确定，所以，其指控犯罪的基本事实已经不可否认。在此情况下，如果辩方律师认为这是防卫，就要提出防卫成立的证据。所以，此时对防卫成立的举证责任就落在了辩护人身上。这时候，辩方律师就处于劣势。而且，实践当中防卫案件常常是没有多少证人的，有时候往往是一对一，这个问题难度相当大，紧急避险的问题也一样。在这一点上，辩护律师应当有充分的思想准备，遇到这样的案件，要尽可能充分地寻找证据。否则，即使明知是防卫，举不出证据也无济于事。还有涉及精神病的问题，举证也比较困难。你怀疑他有精神病，你就要举证。当然精神病需要有鉴定机构来认定，但提出鉴定要求本身就要有一定的证据作基础，至少要有一定的证据线索来支持这种理由才行。否则，这种要求就不会被采纳。在目前《刑事诉讼法》规定中被告方还不具有鉴定启动权的情况下，这个问题的难度更大。在这方面，辩方律师也处于劣势的位置。所以说，律师在举证责任方面的天然优势并不是绝对的，在有些问题上也要承担举证责任。因此，为了让自己的辩护观点能够说服法官，律师还必须找到法庭辩论的目的和立足点，以期能够打动法官，使自己的观点被法庭采纳。

既然律师进行法庭辩论的目的是使自己的观点能够被法庭接受，就不应该采取哗众取宠式的辩论风格，这一点非常重要。有些律师口才很好，思维也很敏锐，但在辩论中却只注重以华丽的辞藻展示自己的语言才华，以期博得旁听群众的掌声和喝彩，而忽略了辩护的实际效果。当事人和家属往往也喜欢这样的律师，他们会感到解气，感到精彩，感到压抑了多时的情绪终于得以宣泄。作为当事人和家属，这种心情是可以理解的，但是作为专业人员，律师却不能这样去做。这种表演式的辩论不但无法充分表达辩护的理由，还很容易"刺伤"控方，甚至"刺伤"法官。法庭辩论的目的不是表演，而是使辩护理由被法庭采纳，这一点是不言自明的。既然如此，法庭辩论就应当晓之以理，动之以情，要言之有据，而并不在于攻击和讽刺对方，或把对方反驳得无话可讲。我见到过一些法庭辩论，律师在庭上慷慨陈词、旁征博引，甚至大话连篇、手舞足蹈，竭尽哗众取宠之能事，把被告和听众哄得兴高采烈、振奋无比。但是，其辩护理由却空洞无物、逻辑混乱，毫无说服力。这样的辩论除了能够起到一时渲染气氛的作用之外，不仅毫无意义，甚至会适得其反。俗话说，外行看热闹，内行看门道。在业内人士眼中，这种拙劣的表演只会产生消极效果。

所以，在法庭辩论中，论题的确立、辩论内容的展开与调整、辩论方式与技巧的选择和运用等一系列问题，都不能偏离法庭辩论的目的和侧重点，这是法庭辩论取得成功的首要前提。在这个前提确立之后，法庭辩论技巧才可以得到有效的发挥，才会有用武之地。

至于法庭辩论的具体技巧，实在是一言难尽，一是它涉及的内容太多，谁也说不全面；二是见仁见智，谁也说不明白，更不能自以为是。我也只能结合自己的体会，说一点个人的见解，仅供大家参考。我个人体会，法庭辩论中主要应当注意以下几方面：

法庭辩论要抓住要害，突出重点。在法庭审理过程中，由于案件本身的复杂性，控辩双方的分歧也会表现在许多方面。在一些情况下，法庭辩论很容易形成一种混战的局面，即控辩双方各执一词，面面俱到，互不相让，任何一方都企图尽可能全面地阐明自己的观点，担心由于一点点的疏漏而被对方占了上风。这种心理是正常的，是可以理解的，但是这种做法却并不高明。因为，法庭辩论的目的并不在于堵住对方的嘴，而在于自己的观点能够使人信服。任何一个案件，无论案情多么复杂，对于定罪和量刑起决定作用的关键性问题也不会太多。如果能够抓住这些关键性问题，紧紧围绕这些问题展开深入的分析、论证，不去纠缠其他的枝节问题，反而会使论证的理由重点突出，脉络清楚。反之，如果因担心疏漏而面面俱到，虽然全面却会冲淡主题，甚至本末倒置。所以，在法庭辩论中能够抓住要害，突出重点，在多轮辩论中不乱方寸，对于控辩双方都是至关重要的。

这个问题的重要性，在第二轮以后的辩论中表现得更为突出。在第二轮以后的辩论中，双方都以反驳对方为重点。在此情况下，如果不善于把握自己的主攻方向，就会形成有观点必反驳的简单对抗局面，甚至形同答卷，有问必答。一旦陷入这种局面，就很容易被对方牵着走，偏离了自己的主攻方向而处于十分被动的地位。

事实上，无论发生几轮辩论，主要论点都是万变不离其宗。反驳对方是必要的，抓住破绽，及时、准确地驳斥对方的错误观点更是不可忽视的。但是，并不意味着有问必答才更有针对性。一个高明的律师通常并不在乎对方提出了多少个具体的问题，而是善于在短暂的时间里将这些问题进行归纳、整理，对于被动的问题则可以巧妙地回避或者淡化。采取这种方式就会使自己处于临危不乱的主动地位，并且始终把握辩论的主题而不会顾此失彼。

抓住要害，突出重点，不仅在法庭辩论中十分重要，在法庭调查和庭前准备中也同样重要。因为这一系列环节都是密切关联、环环相扣的，一招失误，就可能招招失利。有些比较复杂的案件，内容既多又乱，甚至卷宗材料就有几十、几百本，而关键性的情节和证据常常被掩盖在无关紧要的，甚至与案件毫无关联的各种庞杂的材料之中。在分析案情和法庭调查质证时，如果不能准确地找出要害问题，就难以理出案件的基本线索而处于茫然失措之中，甚至被误导而得出错误的结论。在这种情况下，如果当事人被误判，辩护律师显然是有责任的。

黑龙江省大兴安岭地区朱佩金贪污、诈骗、行贿案就是典型的例子。如果不是抓到了经营合同的性质和方式，把个人承包的性质和大包干的承包方式弄清楚了，在短短两天的时间里想要阅读完3860页的卷宗都不可能，何谈进行成功的法庭辩护？正是因为事先的准备工作，我抓住了重点，庭审的辩护才可以集中火力，攻击对方的要害。假如律师陷入那些琐碎的枝节问题中，就很难把握住重点，甚至连基本案情都吃不透，法庭辩论的时候就更会无所适从、不知所措了。事实上，那起案件的开庭情况表明，公诉人和审判长也没有抓住该案的要害，没有理清其中的法律关系，尽管他们研究、调查了几年的时间。

《刑事诉讼法（2012）》实施后，法庭调查质证必然融进辩论的内容，在这种情况下，如何进行交叉质证和辩论，是个值得研究的新问题。法庭调查中，对于举证和质证，事先一定要有一个基本思路，在庭上要不失时机地寻找对本方有利的线索和机会。一方面要善于发现对方举证的矛盾点，另一方面也要避免自相矛盾。有些情况下，特别是对于某些事实需要当庭求证的时候，在法庭调查中不宜过早地暴露自己的思路，以免对方有所戒备，使得一些重要证据无法核实。法庭调查当中这些技巧是很重要的，不仅在刑事案件中，在民事案件和其他案件中也一样，凡是涉及法庭辩论的都有这样的问题。实际上，法庭辩论与法庭调查质证本来就是不可分割的，两者或是环环相扣，或是前呼后应。在法庭审理中如何能够及时、准确地击中要害，利用矛盾，不失时机地运用证据，发现、寻找证据或者否定证据，确实有许多技巧。在庭审方式改革之后，这些问题更加突出。

李强律师诉贵州遵义公安局的行政诉讼案就是个典型的例子。李强是中国政法大学的教师、华联律师事务所兼职律师。他代理一起经济纠纷案件时，遵义市公安局非法干预，将他的委托人非法关押，他向公安部和最高人民检察院等机关反映了情况。结果，公安局恼羞成怒，索性把他也给抓了起来，非法拘禁16个小时，殴打致其轻伤。这个案子经过两审，一审对方拒不出席，缺席判决李强胜诉。后来对方提起上诉，二审维持原判。

这个案子在当时影响力很大，国内外律师纷纷通电声援。在二审开庭时，对方精心设计制造了一个抓李强律师的借口，称李强律师唆使委托人进行诈骗，但在法庭质证中这个谎言被揭穿了。

作为李强的代理律师，在法庭调查中我问了以下几个问题：第一个问题是公安局对李强的立案时间，对方回答是1994年3月31日。过了一会儿，我问的第二个问题是，公安局认定李强涉嫌诈骗的根据是什么？回答是李强唆使委托人转移赃款。我又问了第三个问题，认定李强唆使委托人转移赃款的根据是什么？对方回答是根据他的委托人即案件当事人韩某某的供述，说韩某某供认是李强让他转移的。

三个问题问完，真相已经十分清楚了。因为韩某某即李强的委托人被抓走的时间是1994年4月7日，而他们对李强的立案时间却是3月31日。这里发生了明显的时间倒置，根据这个时间，委托人供述李强唆使其转移赃款在后，而对李强立案在前，所以，对李强立案根据的谎言不攻自破。在接下来的法庭辩论中，我们在代理词中列出了一份公检法三机关在李强案和韩某某经济纠纷案中详细的活动时间表，前后进行对照，发现破绽百出。这时候，对方已经没有任何反驳余地了，因为，他们犯了一个无可挽回的错误，而这个错误——时间差的问题被律师及时抓住了。后来，《中国青年报》等一些报纸在报道这个案件时把这个时间表也登了出来。这些关键性的问题千万不能忽略，不仅要抓住不放，而且还要及时指出，不可错过时机。

刑事案件中这种例子更多。

前些年，辽宁有一起影响力很大的企业家贪污受贿案。其中有一笔涉及贪污两万元的证据问题，就是被律师在法庭上攻破的。公司出纳员证明说，这两万元是她分成若干次送给被告的，每次都是被告指示出纳员到银行取款，取款后不许让别人知道，单独交给被告。但在证词中却出现了几处矛盾，一处是出纳员说："我每次给他钱都没有留存根。"又说："我怕他不认账，所以就把存根都给他了。"这两句话是互相矛盾的。另一处证言称："有一次是他让我到一个地方去送钱，我不认识那个人的家，是他告诉我如何走，他在门口接我，也不让我进屋，把钱交给他后我就走了。"而在另一次调查笔录中证人又说："送钱时看见屋里有人在打牌，有人在睡觉。"更重要的是，经调查得知，送钱的地方就是她原来的男朋友家，既然如此，她为什么还需要在被告的指导下才能找到家门呢？根据这些疑点，我坚持要求法庭传该证人出庭作证。法庭调查时，我步步紧逼，穷追不舍地向出纳员发问，结果，她在慌乱中破绽百出，无言以对，竟然在法庭上哭了起来。接下来，我根据她在证言中所说的每次给被告送钱的时间和每次从银行取钱的时间，每笔都进行核对，反复要她确认，是否每一次取钱都是受被告指使并且都及时交给了被告，之后，在她充分肯定，无法反悔的情况下，我突然又抛出了一个关键性的反证：这个出纳员最后一次取款的时间是在被告被抓起来之后。这时候，这个证人已经完全崩溃了，其虚假证言彻底暴露无遗。举证之后，我当即向法庭指出："很显然，作为证人的出纳员是不可能到看守所去送钱供被告贪污的。因此，贪污两万元的真正罪犯是谁，已经不言自明。"

通过这一场质证，被告贪污两万元的事实被否定了，而真正的罪犯——作为证人的女出纳员却被抓了起来。

二、第二轮辩论的技巧

在进行第二轮辩论的时候,控方要针对辩方第一轮的辩护意见进行质疑、反驳,辩方则要进行第二轮的反驳,就是对控方反驳意见的反驳。这种情况下,最需要的是针对第一轮辩护中出现的争议焦点问题,针对控方反驳辩方的主要问题和控方的错误、漏洞来进行针对性极强的论证。第二轮辩论有一个突出的特点,它的形成时间是在第一轮辩护结束之后,发表第二轮辩护意见之前,就是在公诉人发表第二轮辩论意见的过程中形成的。由于准备时间极其短暂,就需要律师及时抓住对方观点中存在的问题,迅速加以整理、判断和分析。要有很强的针对性,必要时也需要引经据典,或者引用法条或司法解释,而且能够简短就绝不啰嗦,有非常清晰的逻辑。有的时候,控方的论点比较整齐,可以一对一有针对性地驳斥;有的时候,控方的论点比较混乱,东一下,西一下,甚至来来回回兜圈子,这就需要律师在短时间内及时梳理出主要观点,不一定要按照控方顺序一一驳斥,只要辩护观点中包含主要问题,有所针对性地进行反驳就可以了。

很多律师还有一种经验,就是事先对案件的法律问题做好预案,估计、猜测公诉人有可能提出哪几种意见,并分别给出必要的回应。我认为这种方式十分必要,但不要期望能够解决所有的问题。真正高水平的律师辩护不能停留在这个基础上,必须要做好随机应变的准备。我曾多次遇到过精心准备的对手,有的公诉人庭前准备过七八套方案,最多的准备过十套方案,结果哪一套的效果都不好。就是因为他们在法庭上完全依赖于预先准备的内容,结果在紧张的交锋中一旦被打乱就不知所措了。我有时候经常形容没水平的法庭辩论发言就像计算机一样,只能按照事先输入好的程序运行,程序一乱就全完了。有时候在法庭上会遇到很可笑的事情，公诉人在宣读事先准备好的公诉词的时候，振振有词，侃侃而谈，但一个回合下来，一旦对方提出新的问题，超出了其准备的范围，思路就乱了，什么都说不出来了。控辩双方都存在这样的问题。所以，精心准备毫无疑问是必要的，但绝不可以完全依赖这种准备，一定要真正锻炼出机敏的应变能力。

这和律师本身的综合素质相关，而理论功底是第一位的。有些律师，包括公诉人，嘴皮子很厉害，思维很敏捷，辩论的能力和水平是超群的。但是，由于理论功底薄弱，就更容易出错，同时由于其意识不到错在何处，从而造成很被动的局面。

我遇到过一个很典型的例子。我曾办过一个挪用公款数额巨大的案子，一审判决无罪，理由就是用款一方是单位而不是个人。这个案子争议的焦点是用款单位的性质问题。辩方依照法律规定，强调挪用公款为个人使用才构成犯罪，而控方强调用款单位实际上是挂靠企业，名为国有实为个人。针对控方的观点，辩方又指出，被告人在借款时并不知情，认为对方就是国有公司，所以主观上认为就是借给国有公司使用。最后，法庭采纳了律师的辩护意见。这个案子开庭的时候，虽然控辩双方争议很大，但是气氛是理智而平和的。休庭后，公诉人主动与我进行了十分坦诚的交谈。他对我说，为了同我对庭，他花了几个月的时间，几乎读遍了我所有的著作、论文，还看了我讲课的录像和一些辩护词，自认为已经把我研究透了，没想到还是没弄明白。他说，在我办过的企业人员贪污、挪用公款的案子中，针对有些公司名为集体或国有，而实际上却是私人所有性质的情况，就对这些人进行了无罪辩护，理由就是应当以实际出资情况来界定企业性质，从而认定涉案资金不属于公共财产。所以，在这个案子中他也提出了同样的理由，他认为，既然应当以实际出资情况来界定企业性质，那么，这种挂靠企业的真实性质就应当是私人所有。所以，被挪用公款的实际使用人就是个人，那么，挪用人就应当构成挪用公款罪。为此，他怎么也弄不明白，为什么在这个案子中，我又提出了用款人是国有公司而不是个人的观点。他感到很困惑，为什么我总是有理？他甚至怀疑我是在强词夺理。这个例子充分反映出理论功底的问题，因为这两种情况是不同的。在指控贪污、挪用公款的案件中，犯罪对象必须是公款，在事实证明涉案资金不是公款的情况下，当然就不能构成犯罪，这是没有问题的。在我列举的这个挪用公款的案件中，对公款的性质没有争议，问题出在使用这笔公款的主体上。挪用公款罪的另一特征是，挪用公款归个人使用才是犯罪，而归单位使用就不是犯罪。那么，在这个案子中虽然用款单位实际上是挂靠性质的私营公司，但是，被告人在借款的时候并不知情，主观上并不知道借款的一方是私人的公司，即并不知道这笔资金是归私人使用。所以，他也就不具有挪用公款归个人使用的主观故意，当然就不构成挪用公款罪。由此可见，这两种情况是有重大区别，不能混为一谈的。这位公诉人之所以下了那么多功夫，后来还是弄错了，根本原因还是在于挪用公款罪的理论没有弄明白。

这些年，一般情况下在法庭第一轮辩论中我都不讲话，主要是应对第二轮辩护。有时候在准备第一轮辩护提纲时，我的助手就总想给我留一点内容，担心在第二轮时我会不会无话可说。我每次都告诉他们不必担心，而且第一轮发言一定要全面、系统，没有遗漏才行，不能有任何保留。而事实上，我在每一次第二轮辩论时都会有很多可以针对和可以发挥的内容，从没有出现过无话可说的情况。

有些能力和具体的技巧，真可谓是只可意会，不可言传。所以带年轻律师，只靠讲课是不行的，有的东西是讲不清楚的，有的年轻律师，悟性强会学习，或者说会"偷艺"，能够从切身体会中找到感悟，提高很快，不会学的人，把经验强加给他，他也不知道，学不会。年轻律师跟在老律师身边，观察、感悟老律师怎么研究案子、怎么思考、怎么发言、怎么应对,会形成一种感受,要身教言传,耳濡目染才行,所以,这种能力不是那么简单就可以练就的。特别注意的一点是,不要搞花拳绣腿,很多人用华丽的词语,虚幻的表达,这是没有用的。我的体会是,法庭辩论的语言用不着多么华丽和美妙,最重要的是逻辑,第一是逻辑,第二是逻辑,第三还是逻辑!强有力的逻辑论证才是最重要的。

三、法庭辩论的语言艺术

抓住主要矛盾是一方面,能够用简洁明确的语言将主要问题阐述清楚,在有限的时间里有针对性地将一个复杂的理论问题深入浅出,也是律师不可缺少的重要能力。否则法庭辩论就会冗长、拖沓,让听的人一头雾水,自然达不到很好的辩护效果。我们都知道,法庭调查一般是查案件事实,而法庭辩论则一般是辩论法律适用和争议焦点,因而往往会涉及一些较为复杂和疑难的法律问题。同时,由于辩论的对手不同,有时候简单的问题也会变得复杂化。这种情况下,辩论中的语言表达尤为重要,是一个律师综合素质的集中反映。

前面提到的大兴安岭朱佩金案中就有一个典型例子:其中有一项指控是被告人诈骗20万元,理由是被告人制造了两份假文件实施诈骗。所谓的两份假文件其实是两份便函,这两份便函的内容是完全真实的,唯独查不清的就是这两份便函怎么产生的。被告人说是单位的"一把手"(书记兼经理)让他起草的,写好后交给文印室打印盖章。公章是真的,内容也完全属实,只是当时没有备案,文印室找不到底稿。实际上,一个地区的林业公司没有那么严格的程序,没有备案也并不稀奇,由于是"一把手"让他起草的,又是他让文印室打印的,所以文印室的人不能证明是

"一把手"亲自指示的,"一把手"又没有书面指示。更重要的是此时"一把手"已经病故了,死无对证。所以,公诉人和法官都一致认定这是假文件,被告则有口难辩。

就这么一个问题,法庭上调查了将近一个上午,还是说不清楚。当时我一再强调,真假的区别关键在于内容是否真实,伪造是指虚构事实,现在已证明文件的内容是百分之百真实的,充其量就是文件怎么形成的说不清楚。退一步讲,即使是他私自制作的,但他没作假,而只要内容是真实的,就不能说是"伪造",不能说是假文件,最多也只是滥用职权。所以,不能成为认定诈骗的根据。在法庭辩论中,任凭我从事实、法律和理论上反复论证,也还是无法说服对方。

后来,无奈之中,我急中生智,打了一个比喻:"私生子是不是假孩子?如果公诉人认为私生子是假孩子,那么,认定这两份便函是假文件似乎情有可原,否则,就没有理由认定是假文件。但是,私生子无非是程序不合法,可生出来的仍然还是人,只要生出来的是人,你就不能说孩子是假的,除非是'狸猫换太子',才能说是假孩子。"

出乎意料,这句话真的起了作用,法庭上的真假文件之争就此结束。休庭以后,包括公诉人在内,很多人都心悦诚服,法官也认为这个比喻用得好,采纳了律师的辩护理由。后来,上级法院也对这个比喻大为称赞,认为有些情况下用这种恰当的比喻比讲道理更有说服力。应当说,这种比喻很通俗,虽谈不上文雅,但有的情况下确实能起作用。在紧张激烈的辩论中难免有人一时反应不过来,这种情况是在情理之中的。但"私生子不是假孩子"这样的一个比喻确实很容易点中要害,既通俗,又有效果。可见,生动形象的比喻往往会取得意想不到的效果,可以使一些复杂的理论问题深入浅出,使人们更加信服,并且留下深刻的印象。

在法庭辩论中，一定要注意语言本身的表达艺术，其中很重要的一条，就是让大家听得进、听得懂，给人留下反应和理解的余地。虽然律师的口才在法庭上是需要充分表现的，但是滔滔不绝、连珠炮似的发言并非贯穿始终的唯一方式。我们发言的目的是让别人听懂，一定要留下充分的余地让听者反应、理解和思考。否则，法官怎么可能在你听都听不懂的情况下，接受和采纳你的辩护观点呢？有的法庭辩论非常精彩，虽然双方的争执到了白热化程度，但每当律师发言的时候，全场都鸦雀无声，静到连地上掉一根针都能听见的程度。这种气氛首先是由律师讲话的内容和方式创造出来的，继而又为律师更充分、更自如地表达自己的意思提供了条件。所以，人们会认真地听律师讲的每一句话，而律师又会在高度放松的状态下充分地敞开思路。这就叫"扣人心弦"。当法庭辩论达到了这种气氛的时候，可以说已经进入了最佳状态。

四、法庭应变

正是因为法庭辩论具有交锋的性质，在法庭审理中，经常遇到这种情况：双方辩论得十分激烈，水火不容，陷入僵局，又各有道理，在这种情况下，如果仅仅各执一词，一味地僵持下去，也不见得是上策。反过来，如果能够不失时机地跳出来，找到一个可能打破僵局的新思路作为切入点，侧面迂回地发起新的攻势，却很可能取得更好的效果。

多年前我办过一起受贿案，被告是当地的一名领导干部，行贿人是邓斌非法集资案的同案犯，姓黄。被告托黄某买了一所房子，价值12万元，没给黄某钱。被告供称，因为他只有9万元钱，不足以支付房款，所以，他将9万元作为集资款交给黄某，待集资返利后就会远远超过12万元（因集资利率很高），再用这些钱补齐房款。后来，黄某将房子过户手续办了，钥匙也交给了被告。这时被告感到房子比较贵，找到了更便宜的房子，于是他没有办房产证，也没有住进去，房子一动没动。同时，他又找好目标，打算把房子转卖给别人，他另买的一处房子也联系好了，后来就把房子钥匙还给了黄某。但是，在此期间该房子的钥匙已经在他手里放了一年多。起诉书认定他对这套房子占有的性质是受贿，价值12万元，主要理由是：第一，买房没有交钱，集资款和房款是两码事；第二，钥匙在他家放了一年多，退还钥匙是在邓斌案发之后，是为了掩盖罪行。

对于这起案子，可以说控辩双方都比较欠缺证据，如果从无罪推定原则出发，作无罪辩护还是比较容易的，但在当时的环境下非常困难。针对这种情况，我在第二轮辩论中就采取了一种新的思路：我先客观地摆出了控辩双方对此案认识的两种截然相反的思路，而后再对此两种思路加以分析。

我提出"被告为什么要黄某以被告妻子的名义买房？""为什么自己有9万元却不交房款而交集资款？""为什么房子钥匙在他手里放了一年多？""为什么归还钥匙发生在邓斌案发生之后？"等一系列问题。

如果将这一系列问题联系起来，站在控方的角度，越分析越像是受贿。反过来，我又从辩方的角度提出了另一种被告不构成受贿的思路，比如，集资返利确有其事；交了9万元集资款也是事实；转卖房子和在他处另买房子有证可查；没办产权证也没有人住无可争议；向行贿人黄某归还钥匙的时间是在找好别的房子之后，与邓斌案发没有必然联系，等等。然后指出，从这两种完全相反的思维模式来看，虽然见仁见智，各有理由，都有合乎逻辑的一面，但是，在这两种可能性之中事实却只有一种，因此，如何认定，以什么原则来认定被告的行为性质，就成为问题的关键。接下来我又指出，首先，辩方的思路比控方的思路有更多的证据支持,更有说服力;其次,退一步讲,即使前后两者分量相等,那么,在控方的思维模式和证据不具有排他性,从而无法否定辩方证据和思维模式的情况下,也同样不能作出有罪认定的结论,至少应该作出"证据不足的无罪判决"。这种辩论方式超出了公诉人和法官的意料,但是效果很好。庭上公诉人顿时无法反驳,休庭后,公诉人表示律师的理由有一定道理,值得考虑。法官态度则更明朗,赞同无罪辩护的意见,并明确表示辩护意见精彩而客观。所以,辩论的策略与方式非常值得重视。有时候,换位思考、全方位综合论证,比攻其一点、偏执一词更有说服力。

法庭辩论时,一定要把握住自己的思路和主攻方向,不要被对方牵着走,以免误入歧途。在法庭辩论中,控辩双方都会有预先设定的思路和主攻方向,也各自具有不同的优势和劣势。出于策略的考虑,任何一方都有可能采取避重就轻、避实就虚的方式,避开对本方不利的问题,然后抓住对方的弱点,攻其一点,不及其余,达到转移辩论主题的目的。因此,辩论中应当对此有所防范,一旦发现这种苗头,必须及时控制局面,切勿陷入圈套。辩论过程中,有些律师正处在辩论的激情中,出于急于反驳对方的迫切心理,往往会来者不拒,有论必驳,不由自主地忽略或忘记了自己的主攻方向,结果被引入歧途而难以自拔。一旦出现这种局面,不仅会顾此失彼,而且还会由于对新的论题缺乏准备而陷于被动。

前些年,广西省玉林市某法院审理了一起133名客户诉农业银行的期货纠纷案件。这个集团诉讼的案子影响比较大,国内有十余家媒体曝光,新华社也发了国内动态清样。基本案情是:农业银行与外商合作,进行非法外汇金融期货交易,结果加拿大外商把钱全骗走了。这个案子开庭前被告没有提交答辩状,我作为原告代理人当时就有警觉,估计对方可能要进行突然袭击,但对袭击的方式和内容却无法预料。这次开庭阵容很大,原告方有5位律师(除了集团诉讼之外,还有其他的共同原告单独委托的律师),被告方是2名被告3位律师,再加上十几名诉讼当事人和诉讼代表人,庭上一共坐了20多人,简直是一场混战。应当说,被告方的律师阵容是比较强的,不出所料,答辩一开始被告方就企图转移话题。原告起诉的是被告非法经营外汇期货,经营中又有大量欺诈的行为。可对方一开口就说他们根本没有经营外汇金融期货,他们开展的是外汇鉴证业务,然后就大谈鉴证业务的内容和鉴证业务与金融期货的区别,简直像做学术报告。有的律师一时反应不过来,就顺着这个话题去同他辩论。如果跟着他的思路去理论,不仅偏离了主题,而且还会因缺乏准备,势必陷入被动。所以,我在辩论时立即跳出了外汇鉴证业务的圈子,针锋相对地直奔主题。我首先宣读了广西壮族自治区有关部门的几份文件,指出这些文件已经明确认定了玉林农行非法经营外汇期货的基本性质,所以,关于被告开展业务的性质和内容已经不存在争议。然后指出,关于外汇鉴证业务的内容及其与外汇期货业务的区别问题与本案无关。如果作为学术探讨可以专门安排时间,但在法庭辩论中无此必要,除非法庭同意把开庭变成学术讨论会。这样一来,终于破了对方突然袭击、避实就虚的招数,使辩论的基调回到了主题。如果当时稍不慎重,只是出于急于反驳的心理,顺着鉴证业务与外汇期货业务两者区别的思路去辩论,就会被引入歧途,不仅偏离了辩论的主题,而且会使自己陷入一个陌生的领域,造成被动局面。这场辩论再拉回主题之后,原告方便占据了绝对的优势地位,我又运用大量证据证明了被告非法经营和经营欺诈的事实,进而指出了被告不可推卸的法律责任,最终取得了胜诉的圆满结果。

这应当是诉讼律师区别于其他法律工作者而具有的基本能力。应变的前提是冷静,尤其是遇到突发情况时,律师一定要冷静,只有冷静下来,才能生出解决问题的智慧。反过来,一旦找到了反击的对策,对方就会陷入尴尬的境地。《三国演义》中孔明说张昭"坐谈立议,无人可及,临机应变,百无一能",就是说张昭没有应变能力。可见缺乏应变能力的人只能做"谋士",不适合做律师。1990年至1993年承德发生的河北省企业家商禄案,就出现过这种情况。这个案子影响较大,很多媒体都报道了,《民主与法制》曾连载8期,题目是"一著名企业家为何被四罪并罚"。这个案子历时三年,从有期徒刑十八年改为无罪。商禄案开庭审理时曾有过这样一段插曲:公诉人借发表公诉词的机会宣读了一篇"文革"期间大批判式的文章,历时50分钟,严重地侮辱了被告的人格。商禄当时59岁,公诉词从他十几岁上初中时开始,分析他所谓犯罪的思想根源。例如,从十几岁开始,就借别人的钢笔不还,从小养成了爱占便宜的恶习,所以,导致了后来贪污公款的犯罪行为。还说当时厂里有句顺口溜,"商禄说话,十句话九句空",罗列出一大串罪状,但是,没有任何一件具体事实。当时商禄气得脸色发白,我作为辩护律师也感到十分气愤。这种情况是万万没有料到的,如果不加驳斥,就等于放任控方的行为,而这将严重损害被告的合法权益,还会使被告因心理严重失衡而过于激动,影响审判效果。可是驳斥的角度又不好选择,因为对方是在分析犯罪根源的幌子下进行上述行为的。所以,当时真有些无可奈何的感觉。后来,我强制自己冷静下来,考虑对策,终于找到了反攻的突破口。对方花了足足50分钟,洋洋洒洒地宣读这篇精心撰写的杰作,然而,这50分钟也给辩护人留下了充分思考的时间。公诉词不仅充满侮辱性语言,而且还列举了一大堆起诉书中没有指控的"罪行",如果按照公诉词的说法,其中有些行为不仅构成犯罪,而且比起诉书中指控的罪行还要严重。

于是,我把其中的一些内容和数字迅速记录下来,这些内容成了驳斥对方的"重磅炮弹"。在开始辩论的时候,我针对公诉词首先作了一些一般性的驳斥,比如法庭上控辩双方应有的态度、公诉人的立场、公诉人和辩护人的关系和地位，等等。进而指出："法庭既不是控辩双方互相攻击的场所，也不是控方侮辱、攻击被告人的场所，法庭上的每一句话都要以事实和法律为依据。'十句话九句空'，空在何处？必须拿出事实来。难道顺口溜也可以作为公诉词的内容？也可以作为指控犯罪的依据吗？如果可以这样做，那么，'以事实为依据，以法律为准绳'，岂不成了一句空话？"最后，则直指要害，点中了对方致命之处。我重复了公诉词中列举的几项已经足以构成犯罪的却又在起诉书中没有指控的事实，严肃地指出："上述行为早已经构成犯罪，而且犯罪的程度远远超过了起诉书中指控的其他罪行，但是，对于这些罪行公诉人却没有向法庭提出指控。原因何在？这个问题公诉人必须作出解释。辩护人认为，这种解释只存在两种可能：要么是公诉人袒护被告人，避重就轻，在起诉书中回避了更加严重的罪行，若如此，就是徇私枉法；要么就是公诉人无中生有，侮辱诽谤，将莫须有的罪名强加到被告人头上，借发表公诉词之机肆意贬低被告的人格。除此之外，不可能再有第三种解释。因此，公诉人必须对此承担责任！"

这个问题，的确是个要害，一旦抓住，对方是无法摆脱的，因为他无法作出解释。这样一来一下子扭转了整个局面，法庭上一片骚动。休庭后，十几名旁听的记者找公诉人要公诉词，但公诉人就是不给。此后，任何人都再也没有见到过这份公诉词。

还有在我前面提到的那起出纳员作假证指控东北企业家贪污的案子中，在最后一轮法庭辩论中，辩护人指出："认定被告有罪的证据明显不足，但被告作为一名企业管理者，在改革的大潮中放松了警惕，确实犯了一些很严重的错误，对此应当引以为戒。"辩护人是从客观角度来谈这个问题的，意思是要分清犯罪与错误的界限。可是公诉人不假思索，自以为抓住了话柄，立即反击：

"看来,连辩护人都不得不承认被告确实犯有严重的错误,问题不是很清楚了吗?既然如此,还有什么好辩论的呢?"

这句话本来是多余的,完全可以不讲,他只想找个漏洞攻击辩护人一下,结果反把自己绕进去了。当然,辩护人也可以不作回击,但作为律师在那种情况下似乎不应该放过反击的机会。所以,我立刻回答:"我非常赞同公诉人刚才所说的一番话,不能否认,被告人确实犯有非常严重的错误,但是必须提醒公诉人,错误不等于犯罪。"话音刚落,听众席上立刻反应过来,前排有人说:"掉进去了,掉进去了。"意思是说,公诉人掉进自己的圈套了。很明显,错误和犯罪怎么能混为一谈呢?

这样的案例举不胜举。

例如,前面讲到的商禄案中,有一个非常荒唐的贪污情节,商禄率先搞承包,救活了一个企业,采用的方法是:他发动全厂职工缴纳承包风险股金,按风险金的比例承担风险和分红。风险金数额分成几个等级,工人最少,只有几百块钱,他个人最高,要缴1万元。当时,他拿不出那么多钱,他就在大会上表态,他用全部家当作抵押,如果不够,再用四个子女的家当作抵押。由于经营有方,第一年年底就盈利了。厂里成立了一个班子,研究分红的问题,关于如何给商禄分红还专门做了研究,后来决定,虽然商禄的风险金没有缴足,还是应当按照全额计算比例分红,因为他已经用财产作了抵押,如果亏损了,他同样也要全额承担风险。就是这么明显的一个问题,却被指控为贪污,说他贪污了那笔分红款,理由就是他没有缴足风险金。

在法庭辩论时,我一再指出公诉人在此问题上混淆了民事法律关系与刑事法律关系的界限。因为,首先,这笔分红款的取得是公开的,经过认真研究的,不存在私自侵吞或占有的问题。其次,这笔分红款的取得是合理的,符合风险与利益对等的原则。退一步讲,即使这笔款不该得,充其量也只是民事上的不当得利,根本不存在贪污问题。这个问题本来是非常简单而明确的,但公诉人却纠缠不休,不依不饶。后来,他很自信地打了一个比喻。他说:"其实,这个问题很简单,打个比方说,我们大家都把鸡抱到一个地方去下蛋,人家的鸡都抱去了,你的鸡还没抱去呢,你就去找人家收鸡蛋,这不是贪污是什么?"

这个比喻恰恰使他自己栽进去了。我们想一想,既然是找人家去收鸡蛋,而不是利用职权私自去拿鸡蛋,这种行为怎么会构成贪污呢?这种时候,我当然不会放过反击的机会。我当即指出:"关于分红款的问题,我本来打算从民事法律关系与刑事法律关系的界限上作进一步的分析,现在看来已经没有这个必要了。因为公诉人刚刚讲过的'鸡生蛋'的故事已经非常生动、非常准确地证明了自己的错误。很显然,'鸡生蛋'的故事反映的内容恰恰是典型的民事法律关系。因为,即使如公诉人所说的情况,他去找人家收鸡蛋,而并不是利用职权把鸡蛋私自占为己有,那也不可能构成贪污罪。可见,公诉人在分红款问题上所犯的错误正是在这种错误认识的支配下形成的,由此看来,公诉人的错误也就不足为怪了。"

这个例子充分说明理论功底的重要性。理论功底深的人,是不会犯这种错误的,如果他自己都搞不清楚,犯这种错误就毫不奇怪。

还有一个更典型的例子,又回到刚才前面讲过的行政诉讼案。我在前面讲过,越南的货船是在分航点之前,在国际航线上避险时被查获的。所以,我在法庭辩论时强调说:"既然船还没到分航点,你怎么能断定它是去越南还是广西呢?认定走私必须以一定的行为事实为依据,在走私的行为事实还没有发生之前,就认定是走私,显然是没有根据的,纯属主观推断。"这时候,对方律师作了一个更加可笑的比喻。她用嘲笑的口吻对我讲:"被上诉方代理人怎么会连这一点常识都不懂?比如贼进了屋,还非得等他拿了东西才能确定是贼吗?他只要进了屋就已经是贼了。这么简单的道理还值得一辩吗?"当时,对于这种说法我简直是哭笑不得,不客气地讲,我感到对于这种无知的比喻如果不加纠正简直就是一种失职,就是对不起良心。所以,我抓住机会,很不客气地反击了一番。我说:"上诉方代理人所讲的'贼进屋'的故事非常深刻而又生动地反映了被上诉人在本案中贯穿始终的思想脉络。首先,我提醒一下,《最高人民法院关于审理盗窃案件具体应用法律若干问题的解释》刚刚公布,建议被上诉人的代理人先认真学习一下这个司法解释,做律师是不能忽视学习的。俗话说得好'捉贼要捉赃,捉奸要捉双',这句话甚至连小孩子都知道,掏包的还要按住手腕才能认定盗窃呢,我实在无法想象,进了屋,没拿东西也是贼,这样的语言居然也会出现在法庭上!"接下来,我进一步指出:"'贼进屋'故事的真正荒唐之处还并不在于'进屋是贼',因为对方代理人刚才所讲的是'贼'只要进了屋,没拿东西也是'贼'。所以,事实上她把对贼的定性又向前推进了一步,就是说在进屋之前就已经认定是贼了。这种逻辑如果可以成立的话,恐怕只有一种例外,那就是,除非那个屋是个贼屋,不是贼不往里进。"

接着我开始进一步发挥,指出:"'贼进屋'的故事讲得非常好,因为它充分暴露了上诉人的思维方式和违法行为的思想根源。从违法扣船到制造伪证,直至在法庭上的种种表现,一切都是先入为主,主观推定,就像丢斧子的人一样,把别人都当成偷斧子的人。正是在这种思想支配下,人为地杜撰了一部推理侦探小说。所以,上诉人在法庭上所讲的纯粹是一部推理小说,根本没有事实根据,更没有法律依据。"说实话,我这一席话讲得比较尖刻,但这也是被逼无奈,因为对方讲话实在太难听、太过分,而且太荒唐。

"鸡生蛋"和"贼进屋"这两个例子反映了同一个问题,就是理论知识的重要性。如果理论功底深,即使再紧张、再慌乱，也不会犯这种明显的错误。如果理论知识不足，功底太浅，临场发挥时犯错误就在所难免。而且，一旦出现错误就容易紧张，就容易乱了阵脚，乱了方寸。这是一种连锁反应，而且是合乎规律的连锁反应，这种现象在法庭辩论中经常可以遇到。所以，有时候主动者越战越勇，失利者节节败退的现象，就是这种效应造成的，这也属于一种心理效应。这种效应与讲课的效应类似，我是做教师的，对这一点体会很深。当你讲课效果很好，学生愿意听的时候，会越讲越好，发挥得很充分。反过来，当你讲得不好，尤其是当你察觉到下面出现不满情绪的时候，你就会紧张，甚至会越讲越糟，比你原有的水平还要差得很多，这种情况与法庭辩论中的状态是同一个道理。避免这种现象发生的前提就是要有坚实的理论基础。所以，理论基础至关重要，它是赢得法庭辩论的前提，是发挥辩论技巧的基础。广义上讲，也可以说它是法庭辩论技巧的一部分。

应变的前提是冷静，冷静的前提是良好的心理素质，因此保持良好的心理素质也是律师需要具备的重要能力之一。影响心理素质的因素很多，就我个人的体会而言，最突出的一点就是自信。记得有一次在政法大学开展讲座时，学生问我："您成功的秘诀是什么？"我说："我不敢说我已经取得了成功，我只是在不断地争取成功，如果让我谈奋斗的感受，那么，我个人的感受就是努力加自信！"我的回答不一定恰当，但我的体会确实如此。在生活中没有自信是不行的，在法庭上更是如此。我想做一个比喻，不知道是否正确：当我在舞台上表演的时候，如果我的状态是"目中无人"，这样我就能进入角色，不受干扰。相反，如果我总是想着台下的人比我强，谁会挑我的毛病，我就会心慌意乱。当我在讲台上讲课的时候，我的状态还是"目中无人"。否则，我也会过于拘谨，放不开思路。当然，我所说的目中无人并不是看不见人，而是讲一种自信心。有一次在课堂上，我对学生讲："我说句话,请大家不要介意,既然我现在在这里讲课,我就觉得我现在比你们强,至少在某个问题上如此。反之,如果我觉得你们都比我强,那我肯定就底气不足,就会慌张,就讲不好。诸位不要觉得我太狂妄了,不是这个意思,谦虚与自信并不矛盾。反过来,诸位要是上来讲,首先你也要建立自信,你上来讲,我到下边去听,首先你要认为你一定有你的优势,这样你才能有自信,否则,你就讲不好。"同样地,在法庭上我也是这种感受,因为法庭也是一个舞台,也是一个课堂,至少我感觉是这样。很多时候,失败的原因就是缺乏自信,包括我们的一些教授在内,常常由于缺乏自信而在课堂上或法庭上失利。有些人的理论水平很高,但一旦有一点失误,就乱了阵脚,就像计算机的程序被打乱了一样,死机了,这时候必败无疑。所以,自信是保持良好的竞技状态、控制和扭转法庭气氛的重要心理支柱。有了这个支柱,天就塌不下来,出一点点的偏差并不可怕,而支柱一倒,必然"天塌地陷"。

  自信可以使人保持一种良好的心理状态,这样就能充分发挥其应变能力,善于应付各种环境和场面。由于我国的司法环境并不尽如人意,所以,有些案子该输的不一定输,该赢的不一定赢,特别是当这种迹象在法庭上显露出来的时候,就可能影响律师的情绪。在这种情况下,保持自信会帮助摆脱困境。

  我曾经对学生讲,律师办案子,赢,要赢得光彩;输,要输得潇洒。就是说,赢,不是乱赢的,不是靠拉关系,走后门,搞不正当手段赢的;输,要输得潇洒,因为输的因素很多,不能都怪律师。也许当事人本身就"没理",律师又不能只打"有理"的官司,"没理"的,我们要给他提供必要的法律帮助,最大限度地维护他的合法权益。所以,输了官司不等于失败。更重要的是,由于各种案外因素的影响,本来"有理"的官司也会输,这就更不能怪罪于律师。所以,只要我们在任何情况下都能充满自信不乱方寸,充分发挥才智,尽到责任,该说的都说到,该做的都做到，即使输了，也问心无愧。但是，作为律师，我们不能在法庭上输得狼狈不堪，不能被人家驳得张口结舌、体无完肤；更不能强词夺理、胡搅蛮缠；那样就输得不够潇洒了。例如，在前面提到的那件诉海关的行政诉讼案中，虽然我们二审败诉了，但我并不觉得有什么不光彩，只能说那是法律的悲哀。我的学生曾经写了一篇文章，叫做《田教授潇洒走麦城》，就是写这个案子。确实，这个案子办得很成功，而且法庭辩论也很精彩，直到现在，都被我视为精品。虽然二审输了，但我认为该赢，不该输。所以，任何时候我都可以大言不惭地谈论这个案子，我认为输得很潇洒。相比之下，对方虽然赢了，但赢得并不光彩，而且在法庭上的表现也很狼狈，那就并不能算是成功，也不光彩。

五、法庭辩论的风格

我认为，法庭辩论的风格，是指律师在法律辩论中表现出的一种气度和一种姿态，这种气度和姿态会影响法庭辩论的整体气氛。这些年来，我无论在讲课中还是在开庭过程中，都不厌其烦地宣传和提倡"平和、主动、充分"的法庭辩论风格，我也是这样要求自己和我们律所的律师的。但遗憾的是，到目前为止，我国的法庭辩论中，控辩双方剑拔弩张的气氛较为多见，这个问题也至今为止并没有引起人们的重视。事实上，这种气氛并不一定会取得最佳的法庭辩论效果。

1998年曾经在北京大学举办过一次"香港与内地诉讼程序研讨会"，会上香港法学界举办了一个模拟法庭，模拟法庭的气氛给人的印象是："平和、主动、充分"。也就是说，在这个法庭上没有控辩双方的剑拔弩张，而是气氛平和，发言主动、有序而不受限制，说理充分、自如且广泛、深入。在国外的法庭上，也多是这样的气氛。这个例子的启示是，法庭上平和、有序的气氛，是充分说理的环境基础。而这种气氛的创造和保持,与控辩双方的辩论风格是分不开的。

中西方法庭辩论风格的差别和两种法律体系下不同的庭审方式有关,除此之外,也和我国法治建设和律师制度的历史太短有关,人们对于法庭辩论的环境还缺乏一种成熟的认识。有的人认为控辩双方各持针锋相对的强硬态度,才能既压倒对方,又表明自己尽职尽责,甚至有的法庭主持者也用厉声呵斥的方式对被告人讲话。这种认识和做法都是不成熟的表现,而许多人却已经对此习以为常。事实上,近几年来这种现象已经开始有所转变,但这种转变似乎处在一种不自觉的自然过渡状态中,多数人并没有深入地思索这个问题并主动地去改变法庭辩论的风格和气氛。

至今,我国法治建设已经经历了一段不短的历程,律师制度也逐渐走向成熟。因此,法庭辩论风格的转变应当成为一个重要的课题。对于一名律师来说,法庭辩论的成功并不在于语言的激烈和态度的强硬,而应当更注重于说理的充分和态度的平和。在近几年的庭审实例中,有些律师不失风度的充分说理风格不仅赢得了法庭和旁听公众的赞赏,也同样得到了控方的钦佩。更重要的是,这种风格和气度又在无形中增强了辩护词的说服力。前些年我在北京市和江苏省有两次开庭的效果很有代表性。在北京市西城区人民法院开庭的一个挪用公款案,控方指控被告挪用公款两亿元,我作的是无罪辩护,此案一审宣告无罪。在江苏省高级人民法院二审开庭的是一个贪污案:一审判处无期徒刑,二审时,我也是作无罪辩护,此案当庭裁定发回重审,后来改判为六年有期徒刑。在这两个案子中虽然控辩双方对本案的认识差距甚远,存在重罪与无罪的原则性分歧,但是,在法庭辩论过程中控辩双方都能够在尊重对方的基础上,冷静、充分地阐述各自的主张,审判长也能够客观公正地主持法庭,因而形成了良好的法庭辩护气氛。辩论过程中,控辩双方虽各执一词,互不相让,却不失风度。休庭后，控辩审三方又能够以诚相待地当场交换意见。这种情况，在我国目前的刑事审判中并不多见。这两次开庭的范例表明，在这种气氛中，控辩双方真正找到了各自职责的准确定位。可以说，这种辩论风格的转变体现了律师辩论才能的升华，是律师走向成熟的体现，也是司法审判活动走向成熟的体现。客观地讲，达到这种境界并非易事，但要想成为一个成功的律师却不可忽视对这个方向的努力。

当然，法庭辩论的气氛会受各种因素的影响，有时法庭的整体气氛也会反过来影响律师的辩论风格，激烈的言辞和紧张的对峙难以避免。但对于律师自身来讲，至少不应以此作为追求的目标。一方面，要端正法庭辩论的态度，树立法庭辩论的基本风格，把握此原则；另一方面，当遇到攻击性语言的刺激的时候，要把握住自己，尽量不要"睚眦必报"。所以，我多年来一直提倡"平和、主动、充分"的法庭辩论风格，本着这样一种原则进行法庭辩论，才能真正达到说理的目的，既易于表达清楚，又易于被法官接受，也易于让对方接受，避免冲突。当然，有的时候对方可能会出现某种很不礼貌的做法，必要的还击不是不可以，但是从律师的风度和效果角度上讲，要尽量把握尺度。

三十余年来，中国控辩双方对抗关系发展的过程，可以划分为三个阶段。

第一个阶段是在律师制度刚刚恢复，律师还以国家工作人员的身份出现在法庭上，律师的定位是协助司法机关办案，所以控辩双方之间的关系是一种形式上的对抗，更多的是配合，并没有真正的对抗。这个阶段当然不存在冲突。

第二个阶段是随着律师制度的发展，律师体制的改革和《刑事诉讼法》的修改，律师介入案件阶段提前，抗辩式审判方式的出现，促使控辩双方的关系发生了重大的变化，似乎回到了双方对抗的本位当中。但是由于矫枉过正，一下子走向了极端，发生了冲突性的对抗,控辩双方在法庭上剑拔弩张,法庭下横眉冷对,甚至两眼好似冒着火星互相敌视。这是角色的错位,也是内心的扭曲,是一种不正常的对抗状态。在这种情况下,当然难以形成正确的辩论风格和语言。

第三个阶段开始走向正常的理性对抗的阶段,抗辩双方逐渐找到了各自的定位,各自在理性的认识中依法履行自己的职责。但是,目前这种理性对抗的阶段还只是刚刚开始,尚未完全形成。客观地说,中国的法庭要达到国外法治发达国家那种程度,还需要一段时间。我经历过很多庭审,有的秩序很乱,很不可取;有的秩序虽然规范,却显得很别扭,气氛极不协调。例如,有一个开了好几天的庭,举证、质证、辩论过程都很漫长,特别是举证阶段花的时间比较多。在举证阶段,公诉方每举出一个证据都要重复向法庭陈述,现在公诉人准备举出什么证据,请法庭准许。然后审判长正襟危坐地说:"本庭准许。"这种对话在庭审中重复了几百遍,特别无聊,特别烦琐,极其生硬。虽然庭审秩序中规中矩,但由于没有形成平和、主动、充分的法庭气氛,每次发言都要经过第三者的同意,表面上看来法庭秩序很好,实际上似乎却不像是庭审,因为控辩双方没有交流。

需要再次强调的是,所有这些技巧,都要建立在深厚的理论功底和扎实的辩护准备工作的基础之上。否则,空谈技巧不但无法发挥应有的效果,甚至会严重影响我们律师自身的形象。这些技巧都是影响法庭辩论现场效果的因素,但绝对不会完全决定案件的胜败。律师真正能够打动法庭的还是对案件事实和法律问题的精准把握。我们很多律师恰恰是在这些实质问题上缺乏准备或者水平不够,反而把精力放在那些只能"锦上添花"的技巧上,片面追求形式化的辩论风格,必然会给人哗众取宠的感觉,无法提升辩护的层次。

辩护词的基本要素[*]

辩护词的风格，因人而异，见仁见智。辩护词的内容，也会因案而异，各有不同。不同的受众，对辩护词的评价也会各取所需，各有所好。所以，辩护词不会有统一的模式和标准。

尽管如此，辩护词所应当具备的基本要素还是具有共性并且值得研究的。当然，这些要素包括哪些内容，也同样是见仁见智，没有标准答案。本文只是以经验之谈，一己之见，与大家分享。希望作为引玉之砖，唤起大家对辩护词质量的关注。

辩护词的内容、风格、表达方式等诸多要素体现了辩护词的整体水平。归纳起来，主要有以下几个方面：

一、内容全面，重点突出

写辩护词的目的是反驳控方的指控理由，博取法庭采纳。辩护词的内容全面、重点突出是实现这一目的的基本前提。

内容全面，是指辩护词的论点全面，论据充实，不能遗漏需要坚持和强调的主要观点，更不能留给对方易于攻破的漏洞。在一个案件中，会涉及定罪与量刑的一系列问题，凡是存有争议需

---

[*] 本文于 2022 年 2 月 24 日载于"京都律师"微信公众号。

要反驳的内容,都必须在辩护词中充分体现而不可有任何疏漏。因为在控辩博弈的过程中,"攻其一点,不及其余"的做法时有发生,一旦一方在观点上有所疏漏,就会陷于被动地位。所以,在构思辩护词的时候,首先要搭建好辩护观点的整体框架,之后再去充实需要论证的具体内容,不要随心所欲地发挥,以防止思维失控,顾此失彼,遗漏了重要的辩护观点。

论点与论据的关系,犹如骨骼与肌肉,二者相互依存而作用不同。如果肌肉不发达则会软弱无力,若是骨骼有缺陷就变成了残疾。论点全面,又如同考试答卷中的要点覆盖。在一份答卷中如果覆盖了全部要点,即使论述不够充分,至少也可以获得基本分数,而如果遗漏了一个要点,就会丢掉几分之一的分数。所以,论据不充实的辩护词只会缺乏力度,而论点缺失的辩护词就成了残缺不全的辩护词,就失去了辩护的根基,甚至会全盘皆输。简言之,一篇合格的辩护词首先要做到论点全面,论据充实,二者缺一不可,而论点全面,更是重中之重。

重点突出,是在全面系统地表述辩护观点的基础上对关键问题有所侧重,不能平铺直叙、面面俱到地论述所有问题。如果辩护词过于烦琐而没有侧重点,就会使一些重要的观点和理由淹没在无关紧要的内容之中,从而被淡化,甚至会喧宾夺主,误导法庭。

20世纪90年代初曾经轰动全国的大兴安岭朱佩金案在此问题上就很典型,这是一件因承包经营被指控贪污犯罪欲判死刑而最终判决无罪的案件。朱佩金被羁押长达五年,被罗织了多个罪名,证据材料十分混乱而庞杂。在法庭辩论中,辩护人牢牢抓住了一个重点,就是承包合同的性质和方式。在辩护词中,辩护人强调:"首先,朱佩金与林产公司之间,是一种合法的合同关系。其次,在起诉书指控被告人朱佩金贪污两笔木材款的事实中,决定被告人是否构成贪污罪的关键并不在于合同是属于集体承包还是个人承包的性质,而是在于合同所约定的内容。'定销承包合同书'约定的是按固定数额返利的'死包'方式,并不涉及承包方实际获利的多少。在这种方式的承包合同中,只会存在是否履约的问题,不可能发生贪污犯罪的问题。"仅此两点,便足以否定对贪污罪的指控。

法庭上常见一种盲目应对的被动防御式辩护,辩方出于慎重的考虑,对控方每一个观点都不放过,有来必往,甚至对那些逻辑混乱、啰唆重复的理由也要逐一应对。这种辩护看似严防死守、滴水不漏,实际上,却因失去重点而显得苍白无力。而且,由于盲目地跟随控方进行被动防控,反而被带进了与控方同样的逻辑混乱之中。这种辩护思路陷入了控方有意无意的误导,是一种自我迷失。

重点突出的目的在于将辩护的锋芒直指主题,击中要害,同时也是为了避免被控方误导。所以,必须心有定力而不能盲目应对。对于控方的各种观点和理由,无论其如何繁杂和混乱,都不宜简单回应,而要将其归纳总结和提炼之后,形成自己的论证体系,理性而有序地加以反驳。而且,反驳的理由和依据一定要和辩护总体思路保持一致,不能在点对点的应对中顾此失彼、自相矛盾。重点突出,既可防守也可进攻。可以坚守对本方有利的理由和证据据理力争,一辩到底,致使对方没有反驳的余地。对于关键问题,要不吝笔墨,必须在辩问中说深说透。

内容全面,重点突出,二者缺一不可,相辅相成。但是,在个案当中如何将辩护词把握适度,运用得当,则是一个"没有最好,只有更好"的永久话题。

二、立论明确,针锋相对

辩护词的生命力在于它的说服力,而鲜明的立论则是具有说服力的前提。模棱两可、不知所云是辩护词最大的忌讳。

作为法庭审理中辩护活动的总结陈词，法庭辩论是控辩博弈的最后阶段，也是全面、完整论述辩护观点的阶段。发表辩护词的目的在于说服法庭，所以，辩护词绝不能含糊其词，顾左右而言他，而应当开门见山，直奔主题，开宗明义地亮明观点。而且，表达辩护观点时应当有的放矢，直接反驳控方的观点，没有必要也不应该含糊其词。发表辩护词不同于宣讲学术论文，不能自说自话，也不必面面俱到，侧重点和针对性才是第一要义。立论不明确，辩点就不突出，听者就难得要领。而针对性不强，就难以与控方观点形成明显对照，从而降低反驳的力度。

立论明确，简言之，就是首先要亮明观点，如作无罪辩护，罪轻辩护，还是量刑辩护？例如，在律师李某某被控包庇罪一案的辩护词中，辩护人开宗明义："我们认为，起诉书对李某某犯有包庇罪的指控是不能成立的。李某某的行为仅仅是违反律师执业纪律的行为，不构成犯罪，不应受到刑事追诉。"接下来，辩护均围绕着无罪的理由展开。

实践中，有的律师发表辩护词的时候口若悬河，洋洋洒洒，可听者却不知所云，连法庭都听不出他究竟想表达什么意思，甚至会当场打断，要求他首先表明自己的观点，场面非常尴尬。这种情况属于典型的立论不清。

针锋相对，就是辩护意见必须针对控方的指控内容而展开，不能无的放矢地自说自话。如果不能驳倒控方观点，即使辩护观点看似有理，充其量也只能达到一种见仁见智的效果，并不能真正实现法庭辩论的目的。因为，既然是辩论，就应以驳倒对方为目标。而最有力的反驳，就是一语中的，直击要害。

仍以律师李某某被控包庇罪一案为例：李某某作为高某某的二审辩护人，受高某某兄长之托在会见时向高某某传递了一个他人知悉的犯罪线索。高某某借此犯罪线索向司法机关举报，经办案机关查证属实后认定其构成立功,二审法院为此将高某某由死刑改判为死缓。在法庭辩论中,公诉人义正辞严地强调,李某某向高某某传递他人知悉的犯罪线索,是以"移花接木"的手段为高某某提供假证明,帮助其逃避惩罚,显然构成包庇罪。

为了更有针对性地回应公诉人的观点,辩护人直接对应地借用"借花献佛"的比喻来反驳"移花接木"之说。指出:公诉人的"移花接木"一说混淆了事实,偷换了概念。因为,本案中使高某某构成立功的原因行为并不是李某某"移花接木",而是高某某"借花献佛"。本案中律师李某某将他人知悉的犯罪线索传递给高某某的行为,并没有也不可能成就高某某构成立功的条件,只有当高某某亲自将该犯罪线索向司法机关举报并经办案机关查证属实后,才能构成立功。而对于高某某的这种行为,借用公诉人的比喻倒可以说成"借花献佛"。本案中的"花"即是他人知悉的犯罪线索,而"佛"即是指司法机关。正是高某某借用他人知悉的犯罪线索向司法机关举报的这种"借花献佛"行为才成就了其立功的条件,而李某某向高某某传递犯罪线索的所谓"移花接木"行为与包庇罪并无关联。包庇罪以提供虚假证明为要件,但在本案中律师李某某既没有提供高某某构成立功的虚假证明,也不可能提供这样的虚假证明。因为,对于立功线索查证属实的证明只能由办案机关提供。

运用"借花献佛"之喻直接对应地反驳"移花接木"之说,法庭效果立竿见影,得到了法庭上下的一致赞同。

实践中,中国的法庭上有一种常见的现象:控辩双方各执一词,自说自话。控方按照预先准备好的公诉词照本宣科,无论辩方提出什么样的理由和论据,都会听而不闻、无动于衷。什么"抽丝剥茧""由表及里""透过现象看本质""程序合法,证据确实充分",等等,成为不变的套路。而辩方也不去深入分析控方观点的具体指向、证据基础和法律依据,只局限在自己思维逻辑的框架之内,引经据典,振振有词地论证自己的观点。如此一场辩论下来,双方慷慨陈词,理直气壮,甚至有些人还会情不自禁地沉浸在自己雄辩成功的感受之中。但是,在外人看来,双方的观点却好似处在一对永不交汇的平行线上,互不交锋。这种缺乏对抗性的辩论,无法实现辩论的效果,也不能称之为辩论。

值得注意的是,由于辩方处于被动反击的地位,有针对性的辩护就更加重要。如果辩方在辩论中不能做到与控方针锋相对,直击要害,无异于空喊口号,失去了辩护的意义。

三、主题清晰,贯彻始终

立论明确之后,清晰的主题就成为辩护词的重中之重。所谓主题,就是为了支持立论观点而展开论证的内容主线。在论证过程中,无论旁征博引还是临场发挥,都不能偏离这条主线。有时候,出于反驳对方观点的需要,可能会超越主题而引申出一些新的论点或涉及一些相关联的其他内容。但是,最后还是要回到主题上来,不能出现"下笔千言,离题万里"的"跑偏"现象。这就是所谓的万变不离其宗。

主题清晰的辩护词才能使人听得清楚,看得明白,并且留下深刻的印象,领会到其中的价值。这种效果就如同文学作品和音乐作品一样。一篇好的文章,读起来轻松易懂且不烦不累,既容易理解又令人印象深刻。一首成功的乐曲,主旋律会贯穿始终而使人难以忘怀。比如歌剧《白毛女》的乐曲,无论如何变奏,一首《北风吹》都会贯穿始终,看过《白毛女》的人,无人不记得《北风吹》的曲调。而在小提琴协奏曲《梁山伯与祝英台》中,《化蝶》更是贯穿始终、百听不厌的主旋律。人们说起《梁山伯与祝英台》时,没有人会记起三十多分钟的全部曲调,却人人都会哼几句《化蝶》的乐句。但有些乐曲,虽然听起来也很美,却很快会被遗忘,就是因为它缺乏一个清晰而贯穿始终的主旋律。

每个人都有过听课的感受,有的教师讲课照本宣科,少有发挥,听起来信息量少且很乏味,所以,学生们都喜欢旁征博引、即兴发挥的授课方式。但是,这种发挥和扩展应当有限度并且不能跑题。有些教师即兴发挥,引出一个话题就无限延伸以至于离题万里,俗称为"沾边儿就跑",而忘记了归途。结果,课程主题被冲淡甚至忘记了。这种现象在课堂上时有发生,结果是一堂课下来,学生们只是听了个热闹,对于课程主题内容却模糊不清,印象不深。产生这种效果的原因并不在于教师对授课内容的发挥和扩展,而在于没有把握好发挥的限度和没有及时地回归主题,就如同不能回归主题的变奏会冲淡主旋律效果的道理一样。

法庭上也时常会有一些语出惊人却不得要领的辩护发言,发言者义愤填膺、慷慨陈词、旁征博引、滔滔不绝。听起来振奋人心,甚至会博得喝彩,但事后回味起来却无法归纳出其中的要点,不知道他想论证的究竟是什么问题。尤其是将发言整理成文字的时候,甚至连基本的逻辑层次都找不到。这即是典型的"内行看门道,外行看热闹"的渲染式演讲,或者叫"忽悠式"演讲。这种辩护词不仅对于法庭分析判断案情没有参考价值,甚至会适得其反。

在主题清晰的前提下,为了加强辩护词的说服力,在内容上可以有所发挥和适当延展,但不能不着边际,并且一定注意要适时拉回主题,做到万"辩"不离其宗。

四、分析证据,辨析法理

辩护词的根基是证据和法律,其他内容只能起到辅助和补强的作用。

分析证据,主要是指反驳控方证据,辩护词以反驳控方证据为目的。在现代诉讼理念中,证据真实已经被视为认定事实的法定标准。"以事实为依据",在法律层面上也就是以证据为依据。控辩双方的博弈始终都围绕证据而展开,都是一场关于证据的论争。所以,用尽可能充分的理由反驳控方证据是写辩护词的第一要务。在构思和撰写辩护词时,首先要全面梳理控方证据,根据法律对证据"三性"的规定和对八类证据的具体分类,以及认定证据的基本原则,有主有次、有繁有简,对控方证据进行深入具体的分析和论证。对于无效证据和瑕疵证据等逐一进行反驳,指出其中不具备证据资格和缺乏证明力的理由和依据,打破其证明体系。例如,在一起受贿案中,涉及8个行贿人,65笔受贿事实,仅从案卷笔录的字面上看,行受贿双方的供述十分一致,且描述具体,相互印证。但被告人却坚称自己无罪,并陈述了非法取证的详细情节和供述内容的不实之处。在无法排除非法证据的情况下,为了论证被告人供述的不真实性,律师下了大量的功夫,将全部案卷内容重新拆分组合,对每一份笔录形成的时间、地点、内容逐一比对分析,发现矛盾,研究变化,从不同维度制作了多份比对表格。通过对比分析,终于冲破谜团,找出了控方证据中自相矛盾,相互冲突和内容重复,时空错位等一系列无法破解的疑点和无法弥补的漏洞。以彼之矛攻彼之盾,打破了指控的证据体系。

在刑事辩护中,以反驳控方证据打破其证据体系为目标的辩护方式,被称为消极防控式的辩护方式,这是辩方首选的也是常见的辩护方式。但是,在有条件的情况下,利用有利于被告的证据去对抗和破解控方证据会更有说服力,这就是以攻为守式的积极辩护方式。在刑事诉讼中辩方没有举证义务,这种辩护方式并非必要方式,而且机会也不是很多,但是,辩方虽然没有举证的义务却有举证的权利。为了确保辩护成功,律师应当重视这种积极辩护的方式,并且不应该放过这样的机会。尤其在中国现阶段有罪推定理念尚难消退的诉讼环境下,这种积极辩护的方式绝非自作多情,更需要高度重视,充分运用。

需要注意的是,辩方举证的内容包括两种:

一种是辩方自行调取的证据,这些证据辩护人已经提交给法庭,在质证环节不会被忽略。

另一种则是虽已入卷但控方没有向法庭出示或者被忽视的有利于被告人的证据,这些证据由于散见于案卷之中,是常常会遭到忽视的重要内容。在法庭调查中,公诉人进行选择性举证不足为怪,但辩护人忽略了其中有利被告人的证据则实属不该。尤其是在公诉人选择性地宣读言词证据的内容时,辩护人应当及时、敏锐地发现其中有利被告人的内容,或作为质证的理由从质证角度及时向法庭出示,或作为辩方证据适时向法庭出示。因为,依照法律规定,只有经过当庭质证的证据才能作为定案的依据。严格意义上说,有些案卷里的证据没有经过法庭质证,也是不能作为定案依据的。所以,作为辩护律师,一定不能忽略对这些证据的质证。一是在庭审中应当向法庭申请出示这些证据并进行质证,如果法庭表示不需出示则应当提请法庭记录在案,表明辩方已经当庭提出了这些证据。二是应当将这些证据体现在辩护词之中。

有一个因故意杀人被判处死刑立即执行的案件,案件事实清楚、证据确凿,被告人供认不讳。在最高人民法院死刑复核程序中,辩护律师阅卷时发现,弹道检验报告中显示:一枪致命的子弹是由被告人的腰间射入后从锁骨穿出的。带着疑问,辩护律师在会见被告时了解到,被告人是在与被害人夫妇二人抢夺枪支的厮打过程中摔倒在地后,子弹走火射出枪膛的。当问及被告为何不向法庭说明这个过程时,被告人说:"反正人已经杀了,怎么杀都一样，说什么都没有用。"辩护人根据这一情节向最高人民法院提出了不宜核准死刑的辩护意见。

如此重要的情节，在案卷中已有明确记载，只是由于被告本人没有说起，居然在一、二审程序中都没有得到重视。尤其对律师而言，忽略了如此重要的有力证据，实属重大失误。

辨析法理是指对于证据认定和案件定性的法理分析。具体包括两方面的内容：

一方面是充分阐述法律依据，即有针对性地找出相关的立法和法律解释的具体规定，依照这些规定提出对控方证据和案件定罪量刑观点的反驳意见；另一方面是深入阐述法理依据，即从立法原意、学理解释的角度，分析、论证对法律条文的正确解读。

寻找法律依据的功夫体现在熟知法律规定和工作细致入微，只要努力、认真即不难做到，但现实中却仍有很多人连这一点都做不到。在许多庭审中，控辩双方或其中一方只顾一厢情愿地坚持本方观点，却提不出可以支持本方观点的法律依据，或者提出了一些针对性不强，甚至与本方观点毫不相干的法律依据，而这种依据并不能支持自己的主张，甚至会反为对方所用，这是对法律规范不熟悉和理解肤浅的表现。而在司法审判活动中，离开法律依据的单纯说理，显然是苍白无力的，这样的辩护只能给人一种强词夺理的感觉。

寻找法理依据的功夫则体现在深厚的理论功底和对法治理念的融会贯通。在我国法治历史短暂、法治理念滞后的现状下，许多案件中的认识分歧源于对立法原意和法治理念的误读。例如，有的人连对举证责任、证据能力等一些最基本的原则和概念的理解都常常会发生偏离，更不要说无罪推定，疑罪从无，排除合理怀疑等一些与入罪出罪密切相关的理念问题。尤其需要重视的是，关于对案件定性问题的分析和论证，在我国的刑事辩护中占有很重要的分量。诸如在经济犯罪、职务犯罪、金融犯罪等许多领域的案件中,控辩双方会在同一种事实的基础上对案件的定性和罪名争执不休,甚至会坚持罪与非罪的相反观点。这种争议主要是基于双方对适用法律的认识分歧和理念的差异。所以,更需要在法理层面上进行深入的分析论证。

在某钢铁公司被指控虚开增值税专用发票罪一案中,该公司需要大量废钢,因供货方没有发票,只好找其他废品公司代开增值税发票,数额达8亿元之多。但其所开发票与购买废钢的吨数是对应的,即发票项下确有真实交易,且票与货数量相符,并未骗取税款。直白地说,就是"张三供货,李四开票"。对于此类问题,因过去曾有司法解释认为有无真实交易并不影响入罪,所以,实践中有大量没有骗税目的和结果的虚开增值税发票行为被定罪重罚。在该罪尚未废除死刑的时候,甚至对于同一种事实在不同的判决中会出现无罪与死刑的反差。更有甚者,理论界还有人将该罪论证为行为犯,认识十分混乱。针对这种认识误区,辩护人在法庭辩论时对虚开增值税专用发票罪的特征进行了深入的法理分析,指出该罪的本质特征是以虚开增值税专用发票的手段骗取国家税款,而并非仅仅是虚开增值税专用发票的行为本身。其侵害的客体是国家税务征收管理制度,其犯罪形态是结果犯。在深入分析论证的基础上,再结合本案只有"虚开"行为而没有骗税的目的和结果的具体事实,得出不构成犯罪的结论。

案件过后,辩护人又针对此类问题,在《民主与法制》杂志发表了《虚开增值税专用发票罪的表述亟待修改》的文章,并在《刑法修正案(八)》草案讨论期间,向全国人大常委会法制工作委员会提交了修法建议稿。2014年,再次发表了《再论对虚开增值税发票罪构成要件的表述亟待修改》的论文。通过个案进行法理分析,起到了推动立法和修法的重要作用。

在法庭辩论中,对案件定性问题进行深层次法理分析的情况在国外的刑事辩护中并不多见,而在我国却经常发生。究其原因,一方面是立法表述不够明确而形成了较大的争议空间,另一方面则与司法理念和认识水平有关。这种中国刑事辩护中所特有的现象,加大了刑事辩护的难度,同时也保留了更多的辩护空间。而且,事实证明,很多情况下这种进行法理分析的方法效果十分明显,是很有必要的。

但需要注意,这种分析和论证的目的只是从法理和理念上改变对这些问题的认识误区,为辩方的观点提供更深层的理论依据。所以,这种分析和论证应当有的放矢,简明扼要,具有明确的针对性。切不可长篇大论、泛泛而谈。否则,不仅于事无补,而且会画蛇添足,甚至事与愿违。

五、逻辑严谨,层次分明

诗歌的魅力在于意境,散文的魅力在于辞藻,小说的魅力在于情节,音乐的魅力在于旋律,而辩护词的魅力在于严谨而强劲的逻辑。逻辑是辩护词的灵魂,没有逻辑,辩护词就没有生命力,更不可能有雄辩的说服力。鼓动人心、文采飞扬,固然可以为辩护词添彩,却不能形成辩护词特有的内在动力。实践中,有的辩护词文采很好,读起来也很顺畅,但就是缺乏雄辩的力量,既看不出反驳对方的充分理由,也缺乏坚守己见的力度。究其原因,就是在于缺少逻辑的力量。

在辩护词中,逻辑的作用无处不在,贯穿始终。以下几点尤为重要:

1. 观点要贯穿一致,不能相互冲突

一个复杂的案件,争议焦点不止一处,如果涉及数罪的案件,争议会更多。所以,在构思整理辩护思路时,要形成贯彻始终、统一不变的辩护观点。在争辩任何问题时都必须遵循同一种

理念和同一个原则，对自己的观点要能够自圆其说。不能在面对不同问题的争辩时，仅仅为了驳倒对方而顾此失彼地仓促应对，使自己的观点自相矛盾。值得注意的是，这种现象在实践中并不鲜见。法庭辩论中，控辩双方时常会为了反驳对方而随时变换观点，失去了固守的底线，以至于陷入自相矛盾。这种只顾眼前不顾全局、只逞一时之快的狡辩式应对，也许一时会占据上风，却无法赢得全局。辩护词一旦陷入逻辑混乱，无异于设置了一个自毁机制，辩护理由会不攻自破。但现实中有些人对这种逻辑混乱的危害却不以为意；有的人事后察觉到了而悔之莫及；而有的人则自始至终都不知不觉；更可悲的是，有些人面对批评仍执迷不悟。

2. 内容要层次分明，不能模糊不清

辩护词的目的是反驳对方，所以内容必须要层次分明，不能逻辑混乱，含糊不清。辩护词的内容就好比一批配置好的基础材料，若组合得当，就会搭建成宏伟的建筑；若组合失当，就会大大降低其利用价值；而如果将其杂乱无章地堆放，就只能是一堆等待加工的材料而已。所以，对辩护词逻辑层次进行合理安排非常重要。有的辩护词观点正确，内容全面，只因逻辑关系缺乏条理，各种观点和理由零乱分散，使人读起来如览天书，不知所云。这样的表述会使人越听越糊涂，越看越困惑，很容易被带入误区。

在指控的犯罪事实数量繁多且类别混杂的情况下，通过分类与归纳，再针对各种不同情况分别发表辩护意见，可以避免辩护词陷入逻辑混乱，又可以破解被误导的谜团，使辩护思路更加明确，逻辑层次更加清晰。在此情况下，如果对公诉意见不加以分类归纳，而只是顺应其指控的逻辑关系被动应对，势必会陷入连自己都难以理清的逻辑混乱，越说越乱。

辩护词的逻辑混乱往往有两种情况：一种是自身表达的混乱，另一种是被对方带入了混乱，后者更值得警惕。

3. 说理要环环相扣，不能相互脱节

说理是针对观点的论证，有力的说理应当使各种理由形成一个闭环，环环相扣，相互印证，不能相互脱节，支离破碎。

例如，在陈某某被控利用经营管理某血站的职务便利犯贪污、挪用公款等罪一案中，争议的核心是对血站经济性质的认定。如果血站属于私人所有而非国有性质，指控的基础就不复存在。

对此，辩护律师首先对该血站的出资情况进行了环环相扣的分析、论证：一是建设血站所用资金至少100万元；二是政府无投资；三是陈某某个人有出资；四是陈某某个人出资与建设血站的资金相对应；五是除陈某某之外并无任何其他人出资。接下来，再结合当时全国上下"名为国有、实为私有"的"红帽子"企业现象盛行的特定社会环境，根据"谁投资、谁拥有产权"的民法原则，指出该血站"名为国有、实为私有"的真实经济性质。在此基础上，又通过该血站改制的原因、过程及合法性等各方面的证据相互印证，进一步否定其国有性质。这样的论证方式，逻辑清晰，环环相扣，说服力可想而知。

一系列环环相扣的理由，会形成一种由简到繁、由浅入深、由远及近、由弱到强的层层递进的增量效应，从而产生难以反驳的力量。这正是逻辑的力量所蕴含的内在动力。反之，如果对于辩护理由缺乏合理的逻辑安排，只是就事论事地分散运用，针对不同争点东一榔头西一棒子地单打独斗，被动招架，就如同组合拳被拆了招数，很容易被各个击破。

实践中，有的辩护词观点虽然有理有据，但是看起来却似一盘散沙，软弱无力，原因就在于此。

4. 论据要扎实可靠，做到无懈可击

论据是观点的基础，论据失守则观点自破。论据与观点不同，观点可以争论，可以各执己见而互不相让，而论据是一种客观实在，只有真伪之分，二者不能并存。所以，论据必须扎实可靠，无懈可击。在前述列举的陈某某贪污一案中，为了支持血站为陈某某个人投资的观点，律师提出了大量论据，包括："组建血站的可行性报告"，证明经测算成立血站需要资金至少 100 万元；调取了多名证人证言和书证，证明陈某某个人投资财物累计在 100 万元以上；调取了多名证人证言和银行票据，证明陈某某花钱购买了土地，等等。通过大量扎实的论据，证明血站确属陈某某个人投资。

只有以扎实的论据为支撑，论点才能底气充足而无可辩驳，仅凭高谈阔论而缺乏证据支持的辩护词是没有说服力的。而且，必须谨记，论据是为整体的辩护观点服务的，使用论据不能随心所欲，顾此失彼。在构思辩护观点和撰写辩护词时，有人为了支持自己的观点而随意寻找论据，甚至针对不同问题使用相互矛盾的论据。这种有失严谨、自欺欺人的思维方式，是逻辑运用的大忌。

合乎逻辑的思维方式是分析和判断问题的方法论基础，而运用逻辑的论证方式是赢得辩论的有力武器。学习逻辑，运用逻辑，是辩护律师的基本功和必修课。

六、以法为据，动之以情

对于在辩护词中能否融入情理，人们有不同的理解和认识。也许有人会不假思索地认为，法律无情，所以司法与情理无关。但如果深入思考，就会发现，法律并不排斥情理，法律无情亦有情。所谓无情，指的是个别人的感情，因为任何时候法律都不能迁就个别人的情理，更不应为个别人的感情所左右。而所谓有情，指的是社会公众普遍的情理，因为法律是人民整体意志的体现，应当服从于整体的民意。所谓天理、国法、人情三者关系的统一性，正体现了法律无情亦有情的辩证关系。

所以，在辩护词中融入情理，不仅是可以的，而且是必要的。问题是，应当如何处理好情理与法律的关系？

以法为据，动之以情，就是要以法律规范为依据，在法律规范的框架之内来论证天理与人情。坚持法律规定不可动摇的原则，这正是法律无情的体现，而在此前提下对情理的深刻剖析，则正是法律有情的体现。

实践中，这样情与法交织的案例时有发生，2014年河南某大学生掏鸟窝案就很有典型性。2014年7月14日，未满20岁的大学生闫某某和朋友王某某在老家土楼村的一个树林里掏了两个鸟窝，一共得了12只燕隼，其中一只出逃，一只死亡，后来他们就将剩下的10只燕隼卖了出去。7月27日，两人在树林里又捕获了2只燕隼和其他同类型鸟2只。因这些鸟属于国家二级保护动物，闫某某被判处有期徒刑十年六个月，王某某被判处有期徒刑十年。此案曝光后，舆论哗然。两个大学生，因掏了16只鸟而被判刑十余年，于法、于理、于情应当如何评价？

单纯从法律的角度来看，此案的定罪量刑并没有错。但是，如果从情理上分析，问题并非那么简单。从立法规定本身考量：原来《刑法》规定贪污、受贿犯罪10万元以上可以判处十年有期徒刑，后来已经修改为300万元以上才处十年以上有期徒刑，而掏了十几只属于二级保护动物的小鸟，就判十年有期徒刑。二者有没有可比性？如此比较，至少可以提出两个疑问：一是贪污受贿300万元与掏十几只小鸟的社会危害性相比，能否相提并论？法律的公平性何在？二是人权与"鸟权"孰大孰小？如果掏了十几只小鸟换来十年有期徒刑,那么对于人权与"鸟权"的关系应当如何权衡?如此量刑能否为天理、国法、人情所接受?

还有一个更为典型的案例就是2016年山东发生的轰动全国的于欢正当防卫案。于欢母子被讨债者非法拘禁且遭受侮辱,为逃离险境,于欢情急之下持刀反抗,致侵害者一死三伤。一审以故意伤害罪判处于欢无期徒刑,二审认定防卫过当改判为有期徒刑五年。

在于欢案之前的司法实践中,我国关于正当防卫的认定标准一直过于严苛,这种司法裁判的价值观限制了被侵害者防卫权的行使,也在一定程度上放任了不法侵害行为的肆意横行。而于欢案在各界舆论的呼吁下,不仅纠正了法庭的不当判决,而且从整体上转变了对正当防卫标准认定的价值取向,促进了司法水平的提升,以至于于欢案以后陆续发生的几起正当防卫案件都得到了法律与情理相得益彰的判决结果。为此,于欢案件成为"2017年推动法治进程的十大案件"之一。

"小鸟案"和"于欢案"具有情理之辩空间的典型意义在于:法律与情理之间虽有差别却没有根本冲突,而如何正确处理二者关系,则是律师进行情理之辩的合理空间。

在"小鸟案"中,从形式上看,根据《刑法》第三百四十一条的规定依法判处十年以上有期徒刑并不算错。但是,根据该案的特殊性和社会舆论的导向,在大学生掏鸟窝与官员贪腐对比之下,在人权与"鸟权"的权衡之下,如果能够提出说服力强烈的情理之辩,是有理由要求适用《刑法》第六十三条规定的特殊减轻处罚条款的。试想,如果从亲情的角度换位思考,以长辈之心来审视此案,会不会出于怜悯之心而在法律允许的限度之内竭力地寻求尽可能宽容的处罚方式?而适用《刑法》第六十三条则正是实现情理与法律相统一的合理选择。再试想,如果法院适用了《刑法》第六十三条规定而作出了减轻处罚的判决,是否会产生更符合天理、国法、人情相一致的积极的社会效果?而这种可能性,正是律师进行情理之辩的合理空间。在于欢案中,从形式上看,是否认定正当防卫,都没有突破法律的规定,但由于司法价值观的不同,对于正当防卫的标准却会因人而异。

司法实践中,与"小鸟案"和"于欢案"类似的案件其实并不鲜见,尤其在我国法治社会的初级阶段更是如此。所以,在司法实践中,情理之辩的必要性与重要性是值得重视的。而且,这种辩护的成功也具有以个案推动法治的重要意义。

但需要注意的是,情理之辩的底线是不能超越法律,这也是处理民意与法律关系的基本原则。法律应当体现民意,但这种民意应当是整体的民意而不是个别人或部分人的意志。整体的民意已经体现在立法之中,所以,如果突破法律的底线,就违背了整体民意。而"小鸟案"和"于欢案",既有情理之辩的合理空间,又不必突破法律的底线。在此类案件的辩护中加入情理的因素,不仅无可厚非,而且很有必要。所以,以法为据,动之以情,不失为辩护的一种必要方式。关键是要运用适度,恰到好处。

但是,情理之辩不同于某些煽情式辩护。实践中有的辩护词形似一种文学作品,感人肺腑、扣人心弦,甚至催人泪下。这种辩护词,如果建立在证据和法律的基础之上且运用得当,就会锦上添花。而如果缺少了证据和法律这两项最基本的要素支撑,就只是哗众取宠。有些听起来振振有词,甚至博得了掌声的辩护词,认真分析起来竟然逻辑混乱、不知所云。这种辩护词起不到辩护的作用,甚至会引起法庭的反感。

情理之辩与游离于法律之外的纯粹煽情式辩护并不能一概而论。简言之,以法为据,是情理之辩的前提和基础。

七、态度诚恳，语气平和

辩护词的说服力，源自理由的充分而不在于态度的强势。平和理性的表达方式更容易使人接受，而措辞严厉的强势表达却并非最佳方式。在有些文学作品中，对辩护词的渲染会把人们带入一种亢奋的境界，诸如：口若悬河、唇枪舌剑、气势如虹、无地自容，等等。有些时候，法庭上确实也会有此类场面，但那都是在一些特殊的案件和特殊的氛围之下才会发生的情景，并非法庭辩论的常态。

辩护词的表达风格，与辩护词的目的密切相关。

首先，辩护的目的是说理而不仅仅是赢得辩论。所以，法庭辩论的风格不同于辩论比赛。在辩论赛中，正反两方抽签选题，论题的结论没有对错之分。辩论比赛中可以强词夺理，狡辩巧胜，胜负之分主要看点是思辨的能力和口才，无理狡辩者也可以获胜。而法庭辩论则不同，法庭辩论中控辩双方的立场分明而且不可互换，双方争执的目的只在于观点的对错而不在于能力的表演。法庭辩论与辩论比赛的最大区别在于，在辩论比赛中，只要思辨和口才占上风即可获胜，观点对错并不重要。而法庭辩论却相反，与口才相比，观点正确更重要。即使庭上的辩论咄咄逼人，如果观点不能成立，同样达不到辩护的效果。实践中此类例子并不少见，有些律师的辩护发言态度强势，语言尖刻，气场强大，或有一种替当事人出气的感觉，一时会博得当事人的认同和旁听者的喝彩，甚至会以与控方形成非理性的冲突而自诩。但仔细思考，却发现这种逞一时之快的辩护风格带来的却是更多的负面效应：因加剧了控辩双方的对抗情绪而使双方都进入了超乎理性的激辩境界之中，法庭辩论成了一场闹剧，以至于使法庭失去了可以辨别是非的环境基础。这样的辩护甚至会帮倒忙。

其次，法庭辩论的对象是控方，但能否实现辩护效果却取决于法庭而并非控方本身。击败控方并不必然取胜，只有辩护意见被法庭采纳才能发挥作用。所以，诚恳的态度与平和的语气，主要为了说服法庭。当控辩双方将截然对立的意见呈现给法庭时，法庭更容易接受的显然是诚恳和理性的意见。在法庭辩论中时常会发生两种不同的场景：有时候，当控辩双方或其中的一方态度失控、言辞过激时，不仅会遭到法庭的一再制止，而且，法庭也会由于反感而对于其发言的内容不屑一顾。这种辩论发言只会起到相反的作用。与此相反，当控辩双方或其中的一方以诚恳的态度、平和的语言娓娓道来地陈述观点时，法庭上下都会全神贯注，目不转睛地认真倾听，生怕漏掉其中内容。有时候，整个法庭竟然如空气凝固般寂静，静到了银针落地而有声的程度，甚至直到发言结束还不能立刻打破沉静，似乎人们还想继续倾听。这种效果的辩论发言除了说理充分外，都会伴随着诚恳、平和的语言风格。而正是这种打动人心的辩护词，才更能引起法官的重视和思考。

态度诚恳、语气平和与坚持原则、不卑不亢并无冲突。前者是律师的辩护风格，后者是律师的辩护底线。在立场问题、原则问题、涉及被告人权益的问题上，律师必须坚守底线，不能提出任何不利于当事人的辩护意见。

态度诚恳、语言平和并不意味着忍让与迁就。在有些情况下，犀利的语言和必要的反击当然很有必要，但必须保持用语文明不失风度，柔中有刚的策略表述往往会更有杀伤力。发表辩护词与宣讲学术论文的不同之处在于，辩护词需要在与对方激辩的状态下把握分寸和保持理性，这种分寸把握起来并非易事。这也正是成功的辩护词的魅力所在。

八、语言简练，惜字如金

语言简练，是任何文章都应该遵循的行文风格，辩护词更是如此。文章是写给别人看的，应以简明易懂为原则，而辩护词是为了说服法庭的，具有十分明确的目的性，更需要用最简明的语言把辩护的理由表达清楚。现实中，无论是学术论文还是辩护词，表达的方式虽然各有千秋，但简练与烦琐的效果却有明显不同。

简言之，呈现给法庭的语言和文字，每句话和每个字都应当是有价值的，都应当与案件的定罪量刑具有紧密的关联性。多余的表达不仅没有必要，而且会冲淡主题。法庭在听取或者阅读辩护词的时候，既无兴致去品味写作的技巧和文字的美妙，又无精力去接受那些与案件无关的内容，更没有耐心去研究那些画蛇添足的解释和铺垫。

目前的学术文章有一种常见的通病：晦涩加烦琐，或者叫造词加堆砌。有些文章常常会充满一些晦涩难懂或者自己创造出来的词汇，使人难以琢磨，似乎会令他人越读越感到自己的知识太浅而对作者心生敬畏。然而，这种文章读起来却很累。这样难为读者的文章即或真有深度，也会因门槛过高而贬值。因为很多人会望而却步，失去了阅读的兴趣。还有些文章常常会旁征博引、漫无边际，使人似乎越读越感到作者的知识渊博而自己相形见绌。然而，这种文章读起来却很烦。这种堆砌知识的文章即便信息量再大，也会因水分过多而失色，因为很多人并不想去关注那些与主题无关的内容而浪费自己的时间。出现这种现象的原因可能与信息通信技术的发达有关，因为，在信息高度发达的当下，获取信息较为容易和便捷。但是这种以粘贴信息来充数的文章，只会自欺欺人，害人害己。因为这种文章在浪费别人时间的同时，也贬低了自身的价值。

可叹的是，这两种现象如果同时出现在一篇文章中，后果可想而知。而如果同时出现在一篇辩护词中，后果就更不堪设想了！

就说理的角度而言，一篇好的论文，不一定会成为一篇好的辩护词，但一篇好的辩护词，同时也应当是一篇好的论文。因为，论文不必兼顾辩护词的论证方式，而辩护词则应当兼具论文的理论水平。重要的是，学术论文的这些通病如果出现在辩护词当中，后果就会非常严重。试想，如果一篇辩护词让法庭感到又累又烦，又如何能够被接受并采纳其中的观点呢？

实践中，有人为了充分表达辩护观点，不吝笔墨，不厌其烦地将辩护词写得很长，不仅语言繁琐，生怕挂一漏万，而且旁征博引，尽情发挥，认为越是全面细致就越能说清楚问题。有的辩护词长达数万字，有的甚至成了一本书。这种认识值得商榷。

辩护词究竟是越长越好，还是越短越好？当然是越短越好。准确地说，应当是在能够说清观点的前提下，越短越好，这个道理很简单。但是，难点在于对能够说清楚问题标准的理解是因人而异的，正是由于有人认为只有长篇大论才能说清楚问题，所以才会写出长篇大论的辩护词。但是，这种认识忽略了两个重要的问题：一是精练的文字才更有分量。一篇水分很大的辩护词，虽然洋洋洒洒却不得要领，而且会由于废话过多而稀释了主要观点。只有榨干了水分的辩护词才会重点突出，更有分量。二是观点明确，表达清晰的辩护词才能吸引听者。一篇枯燥无味、不胜其烦的辩护词，会使法官由听觉疲劳进而转向情绪抵触，这种抵触在屏蔽了那些无价值信息的同时，也可能会屏蔽掉其中有价值的内容。

曾有律师在法庭上喋喋不休、不厌其烦地长时间宣读空洞无物的辩护词，任凭法庭上下都被他带进了瞌睡状态，仍然视若无睹,无动于衷,继续振振有词。这种辩护如同梦呓,毫无价值。

辩护词不仅仅是为了表达自己的观点,更不是为了自我欣赏,而是为了反驳对方并期待得到法庭认可。所以,辩护词必须超越自我,换位思考,以期能够最大限度获得认同为原则。语言简练、惜字如金,则是实现这一原则的要求之一。简言之,在一篇辩护词构思完成之后,要反复阅读、字斟句酌,不惜删除每一句多余的话和每一个多余的字。当精练到无可挑剔的时候,才是最有分量的辩护词。

九、通俗易懂,深入浅出

辩护词是法律人说给法律人的专业之作,必须善用法言法语而不失水准。但是,辩护词毕竟不是切磋观点的学术论文。辩护词应当以更直观、更明确、更无可争议的方式表达自己的观点,这种观点应当易于接受且不易产生歧义,应当一语中的、一针见血而不留回旋余地。所以,辩护词的语言应当通俗易懂、深入浅出,而不能晦涩难懂、高深莫测,更不能去炫耀知识、故弄玄虚。

在法庭上有时候会看到两种极端的场景:

一种是置法律原则和法言法语于不顾,废话连篇,仿佛是在演讲、在宣传,而且津津乐道。另一种则是动辄犯罪构成理论,动辄学者观点,将实务问题学术化,将简单问题复杂化,到头来真正的辩护观点却说得不清不楚。

辩护词的语言之所以应该通俗易懂、深入浅出,是由法庭审判的环境所决定的。

法庭辩论的环境是对抗,是控辩双方在对抗的状态中当庭博弈,力图用本方的观点驳倒对方的观点。在这种环境下,双方都面临三类需要应对的角色:

一是对方。在法庭辩论的对抗氛围中，控辩双方都处于精神高度紧张、思维高速运转的亢奋状态中，无暇思考深层次的学理问题，都希望以最直接的方式表达自己的观点和反驳对方的观点。这时候若只是无的放矢地论证学理，而不能直指对方要害，无异于在实战中纸上谈兵。而且，有时双方思维不在同一个频道之中，常常会形成鸡同鸭讲、答非所问的错位式对抗局面。这种对抗中的辩护只是白费口舌。而如果能将复杂而深刻的法学原理和法律原则简化成通俗易懂的语言，深入浅出地表达出来，关键时恰到好处地引出一个典故，巧用一个比喻，则会收到意想不到的效果。对于击败对手而言，通俗的语言远胜于枯燥的说教。

二是法庭。法官是借助法庭辩论来判断案情的，法官需要倾听的是最有价值的内容，是控辩双方关于案件定罪量刑问题的明确理由和充分依据。而双方在激辩的状态下，哪一方的表达更恰当、更中肯、更生动，就会更有说服力、更容易被接受。辩护词是经过深思熟虑才形成的，而别人却是第一次聆听你的观点，需要有一个接受和消化的时间差。所以，当你滔滔不绝地论证自己观点的时候，不要期望别人会与你同步思维。在法庭辩论的有限时间和特殊语境中，人们无暇对那些高深的概念追根溯源、细嚼慢咽，而更注重的是生动形象、一语中的的直观感受。要善于将复杂的问题简单化，将深刻的问题浅显化，用生动、易懂的语言和最短的时间直击问题要害，将复杂而深刻的问题说清楚。

三是旁听公众。发表辩护词主要是面向法庭，辩护成功的标志是辩护理由被法庭采纳。但同时，旁听公众的感受也不可忽视。既然是公开审理，旁听公众的感受就具有独立的价值，而在现场直播的情况下，这种价值就更加重要。相比于法庭和控方而言，旁听公众有两个明显区别：一是不懂法律，二是不了解案情。所以，旁听公众对辩护词语言的接受标准就更加苛刻。

在针对法庭又兼顾旁听公众的情况下，如何做到将深刻的法理与大众的认知完美融合，既能博得法庭对辩护观点的采纳，又能让既不懂法也不知情的旁听公众听明白，这才是辩护词应当达到的最佳效果。在前面提到的朱佩金被控贪污、诈骗、行贿罪一案中，起诉书指控被告人以私自制造两份假文件的手段实施诈骗，这个问题的辩论难度很大。因为该两份文件确系经朱佩金之手起草并打印下发的，虽然文件内容合法有效，且朱佩金坚称是奉总经理之命行事，但案发时总经理已经离世，又无其他旁证，朱佩金有口难辩。为此，辩护人先是从理论上一再说明：既然已经查明文件的内容完全属实并且合法，那么，区分真与假的界限关键在于文件的内容，不能因为发文的程序查不清楚就认定是假文件。但是，公诉人却一直抓住这个问题紧追不放。法官也一再追问，似乎只要说不清楚就一定有鬼而难脱诈骗之嫌。可以理解的是，在法庭辩论的特殊气氛下，纯学术化的理性论证往往会受到抵触而难以被接受。情急之下，辩护人提出了一个通俗而浅显的设问："私生子是不是假孩子？"继而指出："私生子虽然出生的程序不合法，但不能据此认定他是假孩子，程序不合法不等于内容不合法，更不等于内容也一定是虚假的。"这个浅显易懂的比喻不仅驳倒了公诉人，而且说服了合议庭。事后，合议庭成员和高、中级两级法院的负责人都对这个比喻深表赞同，认为确有说服力。也可以说，是这个比喻帮助赢得了最终的无罪判决。

所以，掌握好语言艺术也是辩护律师的基本功。

十、首尾呼应，画龙点睛

画龙点睛，是辩护词的收官之笔。这一点做起来并不难，但却常被忽视，因为很多人并没有意识到首尾呼应的重要性。许多辩护词内容全面，论证有力，只是由于缺少收官之笔而失去了根基，淡化了辩护观点和主题。犹如一首乐曲加入了多次华彩的变奏之后却迷失了方向,没有回到主旋律。这样的乐曲虽然美妙,却由于主题分散而难以打动人心,更不容易给人留下深刻的记忆。

在控辩式审判方式下,辩护活动贯穿于庭审的全过程,法庭质证阶段,辩论就已经开始了,法庭辩论阶段的辩护内容应该是对庭审全过程辩护理由的总结陈词。而画龙点睛的收官之笔,则是对总结陈词的"总结陈词"。与包括学术论文在内的其他文章相比,辩护词的收官之笔更加重要,因为辩护词以驳倒控方和说服法庭为目的,必须在论证的最后明确和重申自己的辩护意见,用简明的语言提炼出辩护理由的核心内容。这种收尾的内容很简单,其实就是把辩护词的主要观点用最简明的语言归纳一下,使之与辩护词的主题相呼应,强调观点,加深印象。这种收尾的文字要尽可能言简意赅,切忌烦琐。而对一些影响重大、背景特殊的案件,也不妨有所针对地适当加以高瞻远瞩式的分析论证。如在朱佩金案件中,在辩护词的最后,律师就跳出案件本身,站在更宏观的层面对案件的处理提出建议。辩护人指出:"纵观全案,辩护人认为本案具有十分突出的典型性。因为,在当前形势下,司法机关如何正确理解立法精神,准确运用法律,如何贯彻邓小平同志南方谈话的精神实质,如何以'三个有利于'为出发点,充分发挥为改革开放保驾护航的作用,是评价司法机关工作的一项重要标准,也是对每一个司法工作者的重大考验。对于承包经营中所发生的有关问题如何正确处理,更是涉及国家经济腾飞和改革开放的基本政策和方向问题,尤其应当持以格外慎重的态度。本案被告人朱佩金在几年前就能够在公司亏损、木材滞销的形势下,勇于探索,担起了个人承包的重担,虽然在工作中难免出现一些错误和失误,但不可否认地为改革开放的持续推进做了一定的贡献。对于这样的人,究竟是捕风捉影地兴师问罪,还是在客观、公正地评价是非的前提下,促使其扬长避短,为改革开放发挥出更大的作用，无疑是个十分重大的原则问题。为此，辩护人希望法庭对本案予以高度重视，辩护人也真诚地愿意为司法机关提供尽可能的协助，尽到一个法律工作者应尽的职责。最后，希望本案能够得到公正的裁判。"

同样内容的辩护词，有或没有画龙点睛的收官之笔，效果会大相径庭。究其原因还是要换位思考：主讲者与听众的思维进度是有时间差的，听众的思维进度不可能与深思熟虑的主讲者保持同步。所以，即使辩护的理由头头是道、雄辩有力，也不要指望他人能轻而易举地理解清楚。而辩护词最后点回主题的归纳总结，则是将他人的思维拉回主题和加深印象的重要方式。这也正是点睛之笔的意义所在。

辩护词的风格千姿百态，辩护词的水平各有千秋，成功的辩护词不乏其例，但辩护词却没有最好只有更好。辩护词的学问高深莫测，是摆在辩护律师面前的一个学无止境的永恒课题。没有人可以单独做好这个题目，只有经过律师群体的共同努力，不断探索，才能把这个题目越做越好。

第三章

刑辩问题

> 任何事物的发展都不能超越其必经的历史阶段,刑事辩护制度的发展也不能例外。在中国社会特定的历史条件下,刑事辩护制度的发展遇到更多的波折,存在着一定的必然性。但是,历史的经验证明,任何一种冲撞都会产生出更强烈的推动力。西方社会的法治建设是在渐进中完成的,中国社会的法治建设却是在加速中发展的。突变中的阵痛更加剧烈,要付出的代价更加高昂,而高昂的代价却可以使人猛醒,可以加速观念的转变。因此,挫折之后,便是飞跃。

改变"念稿子"刑辩模式[*]

一、"刑辩系低端业务"须反驳

三十多年以来,我们律师队伍发展迅速,召开中华全国律师协会专业委员会主任联席会议时,有领导提出,2010年全国律师人数突破了20万大关,数量很可观。

可是,当前中国刑辩环境不尽如人意,刑辩业务不仅一直没有提升,而且处于下降的趋势,勇于投身刑辩业务,而且能够坚持做刑辩业务的律师越来越少了。

刑辩业务是律师最传统的业务,同时也是一种高难度的业务。然而我经常听到一种流行的说法,动辄将刚刚出现的律师业务称为高端业务,相比之下,刑辩业务反倒成了低端业务。

我还经常听到一种说法,很多自认为是大律师、名人律师的人,在很多场合都说,我现在都不会做案子了。这还是一种很自豪的说法:我是大律师,就不会做案子了;亲自做案子的人,都是小律师。

我听了以后,觉得很悲哀,就好像学者说他不会教书了,不

---

[*] 本文载于《民主与法制时报》2011年4月25日版,记者:刘炜。

会写论文了,如果律师都不会办案子了,那还是律师吗?我从来不说这样的话,我不办案子就不是律师,这就是我的感触。

我在一些场合纠正过这些说法,这些完全都是对律师业务的误解,难度最高的刑辩业务,眼下变成了低端业务、被人瞧不起的业务,我希望在座的律师们应该利用各种机会进行反驳和纠正。

二、控辩三阶段

我个人总结,我们国家三十多年来,控辩双方的关系经历了三个阶段。

第一阶段,20 世纪 80 年代到 90 年代初期,刚刚恢复律师制度的时候,律师协助法官和检察官办案。律师根本没有独立的思考空间和独立的立场,所以控辩双方的关系是形式上的对立,实质上的配合,不是真的对抗。

第二阶段,是 20 世纪 90 年代后,律师制度改革,律师事务所从国有变成了私有。结果是走极端,矫枉过正。控辩双方变成了冲突性对抗,法庭内外,激烈对抗,甚至互相仇视。这是一种非理性的冲突性对抗。

第三阶段,随着对控辩双方职责定位的正确引导,对诉讼程序认识的加深,现在可以说是开始走向正常——理性对抗。真正的控辩双方关系,应该是理性的对抗,在各司其职的同时,能够理性地表达自己的观点。我们在这种气氛、风格下各自表达自己的意见,为法庭的最后裁决创造一个条件,创造一个兼听则明的基础。

三、技能培训缺失

但是,由于我们的培训、基本训练太过缺乏,我们律师的业务能力、技巧也有待提升。到今天为止，我们的培训还停留在单一的授课方式上。

记得在1996年《刑事诉讼法》修改的时候，在司法部举办的刑辩律师高级培训班上，我就讲过这样的事情，我跟司法部的领导提过，我说授课是非常必要的，但是更需要技能培训。当时领导说，你来培训吧。我非常为难地苦笑了一下，谁给我培训过呢？

最早我还在中国政法大学的时候，跟刘文元律师一起，都是"摸"着干的。做法官没有人教，做律师更没有人教，都是"摸"出来干的，我说我"摸"出来的（方法）对不对还不知道，怎么能培训别人呢？

这几年来，我们下了很多的功夫，和美国、加拿大等国合作搞培训，我自己也接受培训，深受启发，这样的培训并不是很难。就像业余运动员和专业运动员的差别一样，有一些人很有潜力，素质非常高，但是由于动作不规范，拿不了金牌，一旦动作纠正了，就可以拿金牌，可以拿银牌。

我曾在美国接受培训的时候，跟他们争论过，他们说，给我们的老律师培训，老律师们会不会不理解西方等。我说不会，我们中国不乏一批素质很好的选手，他们一旦动作规范了，一定会冲到最前端，不是说他们不行，只不过是他们需要接受正规的训练而已。

后来，事实证明我这种说法是对的。在一些基本的培训当中，其实我们在座的每个人可能都参与过，但是我们没有归纳、总结和提升，我们不知道动作规范的要领在什么地方。

四、各自掏出写好的稿子在念

比方说，律师法庭发问的能力普遍是比较差的，包括我在内。前几年有一个模拟法庭的项目，一队是我国香港的律师、法官、检察官，另一队是我国内地的律师、法官和检察官，庭审完，让我去评论。

我很感慨地评论：我国香港的法庭是"打破砂锅问到底"，在交叉询问当中，每一个听众都听得非常清楚，最后总结陈词的时候，三言两语就完了；而我国内地的法庭完全不一样，无话可说，问来问去都是自问自答，最后长篇大论，控辩双方各自掏出写好的稿子在念。

我国香港的法庭是以问为主的交叉询问，而内地是以论为主的自说自话、自问自答，根本就交叉不起来。是内地的法庭水平不高吗？不是，内地没有那个环境，内地法庭有多少机会让你交叉询问呢？既没有类似培训，也没有类似锻炼，这是内地非常缺乏的。

在培训中，我们发现很多问题，比如说，国外和我国香港的法庭发问一句话只问一个问题，为什么？因为这样回答得明白，听得也清楚。我国内地的法庭发问经常是一大串问题问出来了，问完以后自己都忘了问的是什么，被问的人更是没有办法回答。

在培训中，（有这样一幕）培训者拿出一支笔，举了一下，扔在桌子上，对这个动作，要提出二十多个问题，拆分提问。后来我问他，为什么要拆分提问？他回答，其实就是要把凡是能想到的问题都提出，直到不能再分，问完以后，不会再有任何变化，任何细微的空子都钻不了。

在没有影像记录的情况下，拆得非常细的讯问，相当于一个现场再现，通过语言的表达，把现场的情景能够再现出来。当进行这样技巧性的提问以后，这个问题就完全固定，不能再篡改了。

论辩方违法证据之证据能力[*]

真实性、关联性、合法性是刑事证据的基本属性，这是中国法学理论界和实务界的通说。然而，长期以来，由于这种刑事证据三性论并没有将控方证据与辩方证据加以区分，致使这"三性"成为了控方证据与辩方证据的共同属性。多年来，这种认识已经深入人心，无论是在教科书中，还是在司法实践中，都很少有人进行质疑。在这种认识的基础上，排除非法证据的原则，理所当然地被认为可以适用于辩方证据。以至于在法庭上，律师经常会遇到一些尴尬的局面：在举证质证过程中，控方常常会以证据不具有合法性或证据来源不明为由，对辩方证据进行质疑，并要求法庭对该证据予以排除，导致辩方律师陷入被动，甚至法庭也会轻易地支持控方的质疑。

自律师制度恢复三十余年来，刑事诉讼程序中非法证据排除的规则并未得到有效确立，故刑事证据三性论的解析尚不足以引起关注。但是，随着刑事诉讼法修正案中排除非法证据原则的初步确立，这个问题则成为亟待解决的重要课题。

从最高人民法院、最高人民检察院、公安部、国家安全部、司法部五部门联合出台，2010年7月1日起实施的《关于办理刑

---

[*] 本文载于《中国审判》2012年第9期，由田文昌和陈虎共同完成。

事案件排除非法证据若干问题的规定》,到 2012 年《刑事诉讼法》的正式出台,对于非法证据排除的范围、排除程序的启动、证明责任的分配等一系列问题进行了初步明确的规定,中国式的非法证据排除规则终于得以初步建立。这种排除规则的建立,意味着非法证据排除的问题可以堂堂正正地进入诉讼程序,并基本上可以做到有章可循。

但是,由于排除非法证据的规定并没有将辩方证据与控方证据加以明确区分,或者说并未明确涉及辩方证据的合法性问题。所以,在启动非法证据排除程序的过程中,势必会涉及辩方证据应否予以排除的问题。由此可见,在目前非法证据排除规则已经得到初步确立,非法证据排除程序已经得以逐步完善的情况下,对刑事证据三性论的明确解读,对于辩方违法证据之证据能力的认可,已经成为一个不容回避的重要问题。

这一问题并非空穴来风,事实上,在司法实践中,已经出现大量相关案例。比如,十几年前,有一起投机倒把案,被告被指控倒卖汽车和摩托车。众所周知,按照当时的规定,只有具备相关批文才属于合法买卖,否则就构成投机倒把罪。而被告明明有合法手续,却因为这些文件被办案机关收集后未提交法庭,导致辩护律师也没有正常途径可以获取,结果一审法院判处被告罪名成立。二审期间,被告的一位朋友从公安局内部将藏到卷柜中的这些文件偷了出来并转交律师,二审法院才改判无罪。类似的情况还有很多,比如,被告人家属为辩护律师提供了一份关键物证,其客观性和真实性都没有任何疑问,但家属却不敢公开该物证的来源,也不敢公开提供者的身份;再比如,一通缉犯向法院寄送了一份能够证明被告人无罪的关键证据,但该通缉犯又无法出庭作证……尽管上述证据都有机会呈交法庭,但却面临一个法律上的尴尬:由于辩方的确通过一种非正常的途径和方式获取了该证据,在上述情形中,我们能否仅仅由于证据本身收集程序违法或者来源不明,就在该证据的客观性和真实性没有疑问的情况下,拒绝采纳能够证明被告无罪或者罪轻的证据?能否让被告人承担证据来源违法或者律师违法取证的不利后果?能否因辩方证据不具有合法性而放任无辜的被告人被错误地定罪?

若回答这个问题,我们首先必须正视一个不容回避的简单话题:在有证据表明一个人无罪的情况下,能否仅仅因该无罪证据来源不明或者系非法取得,而仍然判决其有罪?如果可以这样做,那么,公平与道义何在?如果不可以,那么,要求辩方证据合法性的理由又何在?

如果说,在过去非法证据排除问题尚未得到真正关注的情况下,关于辩方证据合法性的问题常常被忽略,因而也难以引起重视。但是,在如今控方非法证据排除的问题已经进入审判程序的情况下,这个问题就再也不能避而不谈了。

一、辩方违法证据应当排除吗

辩方证据是否应与控方证据一样也要求具有合法性?通过违法方法收集的辩方证据是否应该加以排除?如前所述,从常理上讲,这个问题其实不难回答。而真正容易引起人们困惑的,却是该问题的另一个方面:既然对控方的非法证据必须排除,为什么对辩方的非法证据却不能排除?这样做是否也会有失公平?

要从理论上解答这些问题,首先必须准确认识非法证据排除规则的性质和功能。

非法证据排除规则从诞生的那天起,就与宪法权利有着极为密切的联系。作为现代非法证据排除规则发源地的美国,一直都将该规则视为宪法权利的救济手段。根据英美法"救济先于权利""没有救济的权利无法实现"的普通法理念,虽然排除非法证据规则没有被明确写在联邦宪法之中,但经过联邦最高法院判例的解释，却日益成为了宪法权利的必要组成部分。在1961年的马普诉俄亥俄州一案的裁决中，大法官克拉克代表联邦最高法院发表了对该案的判决意见，他指出："坚定不移地把排除规则作为沃尔夫案所承认的那一权利的基本要素之一，既是逻辑上的必然结论，又是宪法的客观要求。"如果不把排除规则作为宪法权利的必要组成部分，就必然造成这样的后果："尽管法律赋予了公民不受不合理搜查和扣押的宪法权利，但是，在实践中，却在抑制该权利的兑现和行使。"长此以往，《美国联邦宪法第四修正案》将会沦为一纸空文。

既然非法证据排除规则是宪法权利的救济手段，那么，其所矫正的对象也就只能是那些宪法性的侵权行为，而非公民之间实施的私人侵权行为。根据程序性制裁理论，程序性违法主要可以分为两个层次：公益性违法和侵权性违法，后者又可细分为一般性侵权和宪法性侵权两种。其中，宪法性侵权所侵犯的就是犯罪嫌疑人、被告人的宪法权利。而根据宪法理论，宪法属于公法的范畴，承担宪法义务的主体只能是国家与政府机构，而不可能是公民个人或私人机构。虽然宪法也规定了诸如公民隐私权等私领域的权利，但其针对的义务对象仍然是公权力。换句话说，以私人身份出现的公民只可能违反普通法律，不可能违反宪法，因而不可能构成宪法性侵权。既然只有政府才可能成为侵犯宪法权利的主体，而排除规则作为宪法权利的救济手段，自然只能针对政府的违法取证行为，而不适用于私人违法取证行为，后者只能通过其他途径加以制裁。

可见，非法证据排除规则主要是为了抑制国家公权力而设置的，正如美国联邦最高法院于1921年在Burdeau V. McDowell案中明确指出的那样，"《美国联邦宪法第四修正案》条款乃意图对统治权力活动的抑制，并非意图对公务员以外的人加以限制"。

正是由于以上原因，英美法系国家的非法证据排除规则才将私人违法获取的证据作为排除规则的例外不予排除。比如，1921年，美国联邦最高法院在 Buedeau V. McDowell 一案的裁决中就对这一问题首次表明立场。该案的被告人是一家公司的经理人，公司派人采取强制手段在被告办公室获取文件并将文件作为证据交给警方，被告主张这些文件为失窃之赃物，法院不得将其作为证据，并要求返还。联邦最高法院认为，本案不适用非法证据排除规则，理由是私人非法取得的证据不应被排除。"《美国联邦宪法第四修正案》保护公民不受非法的搜查和扣押，正如先前判例所示，这种保护适用于政府的行为。它的起源和历史清楚地表明，修正案的目的在于抑制主权行为，而非限制其他非政府机构的行为。"

由此可见，在刑事诉讼中，证据合法性原则并非平等地适用于控辩双方。

民事诉讼中也有非法证据排除规则，2002年起正式实施的《最高人民法院关于民事诉讼证据的若干规定》明文规定："以侵害他人合法权益或者违反法律禁止性规定的方法取得的证据，不能作为认定案件事实的依据。"这是因为，民事诉讼有一个基本的特征：它是平等的法律主体之间平等的讼争。双方的取证手段和取证机会是均等的，所以对原告和被告不作区分，证据都应具有合法性。

但刑事诉讼却不相同，辩方的取证手段和取证机会与控方远远不可相提并论，因此，在合法性的要求上，自然应该有所区分。刑事诉讼中公诉方的力量太过强大，双方无法势均力敌，天平理应倾向弱者，让控方承担更多的义务，这就是所谓的诉讼关照，要在制度设计上给予辩护方特殊的权利保障，所以非法证据排除规则不应适用于辩方。

更重要的是，排除控方非法证据的价值在于捍卫人权，维护法治，防止冤假错案。所以，即使这种排除以放纵个别罪犯为代价，也应当在所不辞。而排除辩方非法证据的后果，却是可能会践踏人权，制造冤假错案。这两种后果，一种是由国家来承担，另一种则是由无辜的个人来承担，显然不能一视同仁。

其实，不仅排除规则是为了防止公权力的滥用而存在，其他一系列证据规则都具有类似的目的。以无罪推定原则为龙头而建立起来的现代证据规则体系，无一例外，都是以防止公权力滥用定罪权而设置起来的。正如陈瑞华教授所指出的那样："传统证据法从其理论根基到制度安排都将定罪权的滥用视为主要的假想敌，证据规则在不同程度上被塑造成防止法院任意定罪的制度保障。"既然其设置的目的就是防止滥用定罪权，那么该规则针对的对象仅限于控方证据也就不难理解了。

二、律师违法取证的后果应当由被告人承担吗

辩护律师通过非法手段取得的证据究竟可否采纳，还可以从辩护律师与被告人责任分担的角度加以论证。

众所周知，在公权力违法的情况下，必须由违法主体的雇主（政府）承担替代责任（vicarious liability，罗马法谚：respondeat superior，指的就是雇主责任的不可脱免）。而与公权力违法不同的是，在私权契约关系中，代理人超出代理权限的行为以及一切违法行为，其后果都应由代理人本人承担，而不应由被代理人承担，否则就会对被告人产生极不公平的结果。辩护律师和被告人之间是一种委托代理的契约关系，具有私法属性。在私权契约关系中，代理人超出代理权限的行为以及一切违法行为，其后果都应由代理人本人承担，而不应由被代理人承担。辩护律师的辩护活动应当以获得被告人的授权或同意为前提，以维护其最大利益为目标。在刑事诉讼中，被告人由于缺乏专业法律知识，人身自由处于被限制或被剥夺的状态，无法收集相关证据和有效地组织辩护活动，因而聘请辩护人为自己提供法律帮助，协助其完成辩

护活动。辩护人基于当事人的委托而取得法律上的地位,从事诉讼活动,其目的是达成委托人的诉讼目标,实现委托人利益的最大化。从这个角度而言,辩护人与诉讼代理人并无本质上的不同,都是基于委托人委托和授权而取得代理资格,并因为委托人的聘请而实际上处于被雇佣的地位,"严格说来,被告人才是辩护权的行使者,辩护律师不过是协助被告人行使辩护权的法律代理人"。由于刑事诉讼涉及国家和社会利益,因而必须考虑公共利益,但其与委托人关系的本质仍然是一种委托代理关系。所以,委托人不应当承担因代理人行为而产生的不利后果。在刑事案件中,辩方违法获得的往往都是有利于被告的无罪或罪轻证据,一旦排除该证据,就会让无辜之人蒙受不白之冤。因此,正是为了让无辜的人不至承担被冤枉的不利后果,对辩方的非法证据才可以更加宽容而不予排除。美国对待私人非法证据的不予排除模式体现的就是这样一种理念:宁愿放过十个坏人,也不冤枉一个好人。基于这一原则,即使采取了非法的方式,只要收集的证据有利于被告人,证据就可以作为认定无罪或罪轻的根据。

这项有利于被告人的程序事项被放宽要求的做法在各国再审程序理由设置中体现得尤为明显。以日本为例,日本于"二战"之后公布了《刑事诉讼应急措施法》(昭和二十二年法律第76号),依照这一法律,旧刑事诉讼法中对被告人不利的再审制度被停止适用。现行刑事诉讼法不仅没有采用根据实体真实主义设定的不利于被告人的再审理由,甚至连根据程序合理主义设定的不利于被告人的再审理由也被彻底抛弃。根据这一理念,对已经确定无罪的判决改判为有罪,或是对已经确定有罪的判决改处较重的刑罚的再审行为,都是对《日本宪法》第三十九条的违反,理应被视为无效。现行法律只承认有利于被告人的再审理由,如:根据新发现的确凿证据,应当对受有罪判决的人宣告无罪或免诉,应当对被判处刑罚的人宣告免除刑罚,或者应当对原判决认定的罪宣告较轻的刑罚。只承认有利于被告人再审理由的国家还有法国,即使是保留了不利被告人再审制度的德国,也对其提起条件进行了严格的限制:"如果要提起对被告人不利的再审,除了依据被告人的自白之外,只能以程序上的问题,即诉讼参与人等有重大的职务上违反义务的行为为理由方可进行,至于实体上的有关新证据的发现则不能引起这类案件再审。"

由此可见,无论诉讼程序或实体审理发生了何种错误,被告人不受错误定罪的实体权利都具有价值上的优先性,应当首先保障不会冤枉无辜。既然会造成更大损害的公权力违法都无法否定有利于被告人的裁判结果,辩护律师的违法行为就更不应阻碍被告人不受错误定罪的实体权利的实现。换言之,即使辩护律师通过违法手段获取到了被告人无罪或罪轻的证据,只要该证据是真实的,就应采纳该证据,作出对被告人有利的判决。

综上所述,准确地讲,真实性、关联性、合法性应当作为控方证据的基本属性,或者说是定罪证据的基本属性,但合法性并非辩方证据的基本属性。因此,辩方证据不应适用排除非法证据规则。

以律师的视角看中美庭审差异*

"美国的法庭看起来真的像电视上那样吗?"美中说法系列座谈新一期的这句宣传语,想必定会勾起很多人的兴趣。

的确,中国人了解美国的法庭审判,甚至是法律,多数是从美国本土的影视剧作品中开始的:激烈的辩论,由浅到深的案件分析,法官、律师、检察官等法律工作者的庭审风采,以及作品中反映出的美国民众对于法律及法律工作者的崇敬之情等,都深深地吸引着远在大洋彼岸的人。而再观我国,伴随着近年"依法治国"的深入人心,越来越多的案件侦办、审判工作成为百姓日常生活的关注点,法律工作也逐渐揭开了往日神秘的面纱。在法庭庭审过程中,尤其是对于刑事案件的审判,中美法律对于实体认定与程序要求究竟存在哪些根本的差别?这一期的美中说法系列座谈,就迎来了深入了解中美庭审制度差异的机会。

京都律师事务所名誉主任、著名刑事辩护律师田文昌老师作为中方嘉宾参与了此次美中说法系列座谈话题的探讨;美方嘉宾则是曾经担任美国最高法院大法官助理、联邦资深检察官,现为美国驻华大使馆法律顾问 Steve Kwok 先生。由资深的国内著名律师和地道的美国检察官,两位中美刑事领域的顶尖专家对中美庭

---

* 本文载于"京都律师"微信公众号。

审制度进行的地道深刻的解读，以及与活动参加者之间的精彩互动，让长久以来对于中美庭审制度好奇的观众大呼过瘾。

座谈会开始，美方嘉宾 Steve Kwok 先生结合自己的亲身经历对美国刑事案件庭审程序，特别是大家最为感兴趣的陪审团的产生过程进行了简要的介绍，随后田律师对中国目前庭审制度与美国制度的一些关键问题进行了更深一步的介绍，听众们的好奇心被彻底激发。进入提问环节后，大家争先恐后地就中美庭审制度进行发问，二位嘉宾的精彩回答又激发了大家更高的求知热情，整场活动掀起了精彩的头脑风暴。

座谈会期间，田律师作为主讲人，针对以下几个关于庭审的关键问题，从资深律师以及学者的角度出发，进行了深刻的评析。

一、直面"直接言词原则"

(一)揭开"直接言词原则"的面纱

直接言词原则，也被称为"口证原则"，是指法官亲自听取双方当事人、证人及其他诉讼参与人的当庭口头陈述和法庭辩论，从而形成案件事实真实性的内心确认，从而对案件作出裁判。它是现代各国审判阶段普遍适用的诉讼原则。根据该原则，参加诉讼的当事人必须当庭采用言词形式进行质证辩论，办理案件的法官、陪审员只能以当事人包括证人在法庭上谈话获取的证据材料作为裁判的基础。直接言词原则有效地防止了庭审外其他因素的干扰，最大程度确保当事人的实体权利通过法院的审理得到保障。然而在我国，尽管在 2012 年《刑事诉讼法》修改中，以田律师为代表的法学家团体、律师团体强烈建议将直接言词原则在立法中予以明确规定，但遗憾的是，这一观点至今未被采纳。目前，我国的刑事案件的庭审过程依旧围绕庭审前已经形成的书面材料进行。控辩双方依据对书面材料的推测甚至是揣测进行辩论，证人不出庭仍然是被广为采用的主流庭审模式，而该模式一定程度上给我国的刑事辩护朝着实质质证的方向发展带来了障碍。

(二) 纠正对"原始证据与传闻证据"的误读

让很多法律专业人士也出乎意料的是，哪怕是正统法学科班出身，法律人士对传闻证据也一直处于误读状态。

传闻证据，原本与直接言词相对，是指证人在本案法庭审理之外作出的用来证明其本身所主张的事实的各种陈述，因其未经过当庭的直接质证，不能作为认定案件的证据。而在我国的刑事诉讼教育中，长久以来该专业词汇被翻译成了"传来证据"，与原始证据相对，指的是以直接感知或直接体验待证事实的人的陈述为基本内容，由其他人或者采用非直接表达的方式加以叙述的供述证据。这与最初的理论本意实在相去甚远。

二、再议死刑的存废

死刑制度的存废，在我国是一个经久不衰的热点话题。目前，放眼全球，废除死刑的观点已被绝大多数国家所接受和采纳，即使保留死刑的国家，对待死刑的适用也慎之又慎，规定了极为严格的实行程序。这也就是世界其他国家每年实施死刑的案件都远远低于我国的原因。

中美两国目前在刑法中均保留了死刑，田律师在座谈会中提到，根据《美国死刑辩护纲要》的介绍，在美国，进行死刑辩护需要有四个人参加，即两名律师、一名减刑专家和一名心理专家，这么做的目的，则是力争通过专业人士的努力，在严格的法庭审理过程中,极尽一切可能找出对被告人不实施死刑的理由,彰显美国仍适用死刑的地区对于死刑适用的谨慎。

然而,中国目前尚不能更加充分地限制死刑,抑或是废除死刑制度。其中的缘由非常复杂,我们不应简单地归结于司法制度和法治理念的落后。在浩瀚的历史海洋里,每个国家都展现着其鲜明的制度特点,这与这个国家人民的生活环境是密不可分的。纵观我国法制史,集权统治在很长一段时间里都是依靠残酷的肉刑而得以实现的,而长久以来死刑制度都是作为威慑犯罪、严处罪大恶极的罪犯最强有力的法律武器而被大家所接受认可,很多人一度坚持死刑的存废直接关乎社会安危。时至今日,伴随着信息时代向大数据时代的变迁,人们的视野不断开阔。然而,这种变迁并没有给我们的思想以足够的空间和时间。在很多情况下,人们既痛恨死刑,又对被判处死刑的罪犯施以悲悯之情。有时,又对犯罪分子深恶痛绝,认为他们死不足惜。在这种情况下若是盲目追求死刑制度的改革,也许更会激起民怨,反而破坏了社会的安定与和谐。可如今人权保护的问题同样是政府工作中的重中之重,并且社会舆论也逐渐对这一问题呈现多元的观点和看法。那么,调整死刑的适用标准和方式以及被害人及家属、社会对于刑罚的心理认知,是一个需要在多方权衡作用下耐心发展的过程。

三、"一案不再审"的两国差异

在美国的刑事诉讼程序中,一审结束后,除非对法律适用等程序性问题有异议,否则是不可以对一审判决的实体问题进行上诉的,这与我国有很大的差别,根据《刑事诉讼法(2012)》的相关规定,在我国,二审依然可针对案件的实体问题进行审理。美国的这种做法,充分体现了直接言词原则在庭审中的重要地位，因为经过当庭充分的辩论质证，具体案件的实体问题已经得到充分的解决。而在我国，由于广泛地适用审判监督权，对判决已生效的案件依然可以重新审判，严重增加了司法审判的不确定性。例如之前的李昌奎案，在判决已经生效的情况下，迫于社会舆论的压力，司法机关又对案件进行重新审理，从程序角度来讲，这一做法在一定程度上影响了人民对于司法判决权威性的信任，如果过分依赖审判监督权，更是可能对树立我国司法审判的权威造成很大的威胁。

四、我国庭审制度的演变

田文昌律师自从事法律工作到现在，经历了几十个年头，也见证了我国庭审制度的演变与发展。他对我国庭审制度的演变进行了精妙的总结。

第一阶段，是形式对抗阶段。在我国实行律师制度的初期，律师是由司法行政机关负责监督管理的。在那个时期，律师与公诉人的对抗只是"走过场"，没有实质意义，因为律师本身即公务员，与公诉机关的职责一致，都是纠察、侦办犯罪案件。所以，那时也出现过律师持枪威吓被告人的荒唐情景。

第二阶段，是冲突对抗阶段。当律师独立于司法行政机关以后，司法界开始纠正前一个阶段的做法，然而，在这个时期出现了矫枉过正的情况，律师与公诉人在庭审过程中过激地对垒，引起双方情绪上的对抗，从而使庭审甚至演变成为冲突的现场。

第三阶段，是理性对抗阶段。伴随着律师、司法机关工作人员执业不断专业化，我国庭审制度大量借鉴、吸收英美法系控辩式刑事庭审运行模式中民主性、科学性的内容，依法治国的深入、理性发展，我国的庭审实现了从"审问式"到"控辩式"的重大转变。时至今日，在刑事庭审运行模式中，法官在庭审中基本能够保持中立，控辩双方享有平等的诉讼权利和对抗机会，庭审活动更具有民主性和科学性，并且从立法上能够确保通过公正程序实现程序正义从而实现实体正义。以上种种，都标志着我国庭审制度终于进入了理性对抗的阶段。

很多精彩的内容不能在一期座谈会中一一详尽，然而，对中美法律体系、法律制度、法律理念等问题的探究并不会因为此次座谈会的结束而终结。相反，这次座谈会应当是探索法律知识，在大同的法律世界中寻找差异，又从差异的法律文化、体系中探求共同的法律核心价值的开端。在这里，或许可以改写一下奥古斯特·海尔的名言："每个时代、地域都有它自己的语言，而且通常各个时代、地域词汇的差异要比思想的差异大得多。法律的主要工作就是把其他时代、地域的思想译成能够实现这个时代公平、正义的语言。"

冤假错案的五大成因[*]

关于冤假错案的成因分析几乎是一个永无休止的课题,有史以来,在任何社会中这个课题都会令人关注。这是因为,在不同社会、不同时代冤假错案的成因和数量并不相同。所以,任何时期对冤假错案的研究都应当有针对性。

我国产生冤假错案的高峰时期是"文革"时期,那时形成冤假错案的主要原因是无法无天的"去法律化",此现象是我国法律体系和法律制度被彻底否定的结果。"文革"结束后,改革开放以来的三十多年中,中国经过拨乱反正,已经向法治社会迈进,并且已经形成了初步的法律制度和法律体系。但是,却仍然存在相当数量的冤假错案。

在法治建设深入发展的过程中,如何纠正和防止冤假错案,应当成为一项更值得重视的课题。在当前形势下,形成冤假错案的原因仍然很复杂,其中最主要的原因,可以概括为以下五个方面:非法取证、权力干预、利益驱动、理念误区和排斥律师。

---

[*] 本文载于《中外法学》2015年第3期。

一、非法取证

以刑讯逼供和变相刑讯逼供等方法非法获取犯罪嫌疑人、被告人口供或证人证言,是形成冤假错案的直接原因,也是与现代司法理念和司法制度相对抗的一种顽症。这种顽症至今仍然没有消除。无论是近年来相继发现的冤假错案还是仍然在不断生成的新的冤假错案,绝大部分都来自于刑讯逼供。遏制刑讯逼供之所以难以奏效,最主要的原因并不是无计可施,而是决心不强。决心不强的理由无非两个:一个是观念使然,有人仍然因认为逼出来的口供具有可信性而迷信其效果;另一个则是功利角度上的需要,刑讯逼供可以达到其预先设定的目标。

刑讯逼供在人类社会历史上是一种存续千年的顽症,但是在现代诉讼理念和诉讼制度的土壤中已经难以生存。如果直到今天在我国诉讼程序中仍然不能有效遏制刑讯逼供,防止冤假错案只能流于空谈。

《刑事诉讼法(2012)》对刑讯逼供做出了更加严格的限制,但是,由于规范本身不够严谨和缺少救济条款,并未收获明显效果。排除非法证据程序效果甚微,甚至多数情况下流于形式,足以表明刑讯逼供的势头还相当猛烈,也足以反映出遏制刑讯逼供措施的不彻底性。遏制刑讯逼供,关键在于决心。只要进一步明确立法中的限制条件,真正落实司法中的非法证据排除规则,并对刑讯行为予以严厉制裁,定会收获显著成效。遏制刑讯逼供与追求破案率之间会有一定冲突,但权衡利弊,防范冤假错案显然比追求破案率更重要。

二、权力干预

权力干预司法是司法行政化的体现,也是我国法治建设中的突出问题。权力干预司法在我国多年来已经成为一种惯性,人们已经习以为常而且形成了一种怪圈:人人都在反对权力干预,同时又都在寻求权力干预。这种以权力干预对抗权力干预的现象,客观上进一步强化了权力干预的作用,加剧了权力干预的恶果。

权力干预的理由主要有两种。

一种是善意的干预,即领导层出于正义感和责任心而对个案做出的指示。这种干预的动机纯属善意,而且实践中也确实防止和纠正过一些冤假错案,产生过积极效果,但同样也产生过导致冤假错案的消极效果。其原因就是在于这种干预背离了程序的正当性,缺乏正当程序的权力干预显然无法保证公正性。

另一种是恶意的干预,即领导层因追求个别人的私利或部分人的私利而干预个案。这种干预直接表现为以权力左右司法,必然导致冤假错案的形成。

无论是善意干预还是恶意干预,都是对审判独立和司法公正的严重破坏,也是形成冤假错案的重要原因。排除权力干预的唯一途径,就是从机制设计上真正实现审判独立。否则,任何对于权力干预的禁令作用都是有限的。

三、利益驱动

办案机关基于利益驱动而破坏公平甚至不惜制造冤假错案,是当前中国司法实践中存在的一个十分严重的问题。这种利益驱动的理由主要来自于两个方面。

一是办案机关与利益相关人的权力寻租。在我国法治环境和市场环境都不完备的情况下，有些人因利益纠纷而利用司法机关的权力加害对方，而司法机关中的个别人则为攫取经济利益而与利益相关人沆瀣一气，利用公权力达到个人非法目的。这种权力寻租的方式可以发生在侦查、起诉和审判的不同阶段，但比较集中地发生在侦查阶段。虽然多年前公安部就不止一次发布文件，严格禁止办案机关非法越权干预经济纠纷案件。但此种现象至今仍然屡禁不止，足见其问题的严重性。值得注意的是，这种现象愈演愈烈，在某些地方，这种做法已经达到了肆无忌惮的程度。

二是将部分涉案资金提留作为办案经费的利益驱动。前些年，由于办案经费不足，有些办案机关即从罚没的涉案资金中提留一部分作为办案经费使用。这种做法虽然一定程度上弥补了办案经费短缺的问题，却造成了严重的消极后果。实践中，有些办案机关为了得到涉案资金更倾向于对案件做出有罪结论，也有不同地区的办案机关为了争夺涉案资金而不惜越权管辖，还有的办案机关因在移送案件时截留涉案财物而争执不休，更有的办案机关由于在判决生效之前先行处置了涉案财物，而妨碍法院作出无罪判决。将罚没的涉案财物提留作为办案经费，虽然并非用于个人也非出于个人私利，但是，这种对单位形成的利益驱动同样可以破坏司法公正性。更严重的是，这种以获取公权利益为理由而实施的违法行为，有时候甚至可以更加明目张胆，为所欲为！

允许将涉案财物作为办案经费，在一定程度上会导致办案机关为获取更多经费而倾向于得出有罪结论。所以，任何一个法治社会都不能容许将办案经费与涉案财物混同处理。因办案机关利益驱动而妨害司法公正导致冤假错案，其原因与监督机制有关，更与涉案资金提留的政策有关。这是我国目前所特有的、严重的，也是亟待解决的问题。

四、理念误区

在形成冤假错案的原因中，除了立法和司法体制上存在的一些问题之外，一些刑事诉讼理念上的认识误区更值得引起重视。迄今为止，我们在一些刑事诉讼的基本理念上还存有争议和误区，这种现状已经严重束缚了我们的思想，甚至已经成为妨碍推进司法改革的障碍。

例如，无罪推定、疑罪从无、法律真实和保障人权，这些重要原则体现了现代刑事诉讼活动的基本理念，也是构建现代刑事诉讼制度结构的前提和基础。但是，直到今天，这些原则在我国仍然没得到充分贯彻，而且在认识上还有很多分歧和误区。遗憾的是，这个问题直到今天也没有引起足够的重视。

我们曾经以实事求是来否定无罪推定原则，理由是我们既不要无罪推定，也不要有罪推定，而只坚持实事求是。直到今天，虽然已经在立法中认可了无罪推定原则，但仍然未能将这个原则堂堂正正地规定在刑事诉讼法条文之中，足见我们对这个原则的认可度还不够明确。

我们直到今天还坚持宣扬一个理想化的口号，"既不冤枉一个好人，也不放过一个坏人"，但是，却并没有深刻地研究过，这种"不枉不纵"的主张除了可以表达一种理想境界之外，在实践中却是一个存在逻辑冲突的命题。因为，当具体案件因证据不足而面临"宁可错放"和"宁可错判"的冲突时，只能要么选择疑罪从无，要么选择疑罪从有，并无中间道路可走。

以"实事求是论"去否定无罪推定和以"不枉不纵论"去否定疑罪从无，都是在以一种理想化的抽象概念去否定作为方法论的具体原则。这种认识的结果，不仅模糊了刑事诉讼的价值目标，而且导致了价值选择的主观随意性。因为在标准不明确的情况下，话语权则成为得出结论的决定因素。所以，一些有争议的案件，在权力面前，既可以做到"是也不是"，也可以做到"不是也是"。

多年来，在刑事证据标准问题上，"客观真实论"长期占据主导地位。虽然经过多年讨论，如今"法律真实论"已经在理论界和实务界得到认可。但令人遗憾和担忧的是，"客观真实论"并未因此而退出舞台，反而出现了客观真实与法律真实并重的认识。毋庸讳言，"并重说"又是一种理想状态，形式上全面、周延、无可挑剔，但是，"并重说"同样也存在一种逻辑冲突。因为，当客观真实与法律真实两种标准发生冲突而难以并重时，我们必须在两难之中做出一种选择。故而面对"并重说"的双重标准，或者会使当事者无所适从，或者又会导致以话语权为中心的主观随意性。

打击犯罪与保障人权并重的观点，也同样体现了十分明显的逻辑冲突。我国长期以来一直将打击犯罪作为刑事诉讼活动的主要目标，在《刑事诉讼法（2012）》中首次加入了保障人权的内容，体现了刑事诉讼理念的进步。然而，却又将保障人权定位到与打击犯罪并重的地位。这种认识实际上是回避了打击犯罪与保障人权两种价值取向内在冲突的自欺欺人。因为，这两种目标有时候是无法并存的。或者，强调以确保打击犯罪为前提，兼顾保障人权；或者，强调以切实保障人权为前提，兼顾打击犯罪。无视或者回避这种冲突，只能导致人们在对诉讼价值观问题上的忽左忽右或者无所适从。

以"实事求是论"否定无罪推定原则，以"不枉不纵论"否定疑罪从无原则，以及"客观真实与法律真实并重论"和"打击犯罪与保障人权并重论"，不仅暴露出其认识自身的逻辑冲突，而且还反映出证据标准和诉讼理念的不确定性。更重要的是，正是由于这些理念上的误区，人们难以摆脱有罪推定、疑罪从有、客观真实论和重打击而轻人权的滞后观念。而这些滞后观念则是铸成冤假错案和阻碍纠错的深层原因。

五、排斥律师

在陆续发现的冤假错案中，绝大部分都是武断粗暴地排斥律师辩护意见的，这一事实充分反映出律师辩护对维护司法公正的重要性。历史和现实一再证明，律师辩护是实现司法公正不可或缺的环节。但是至今为止，中国律师仍然没有在主流社会争得一席之地，甚至被贬低为社会的异己力量，从而被排斥于法律职业共同体之外，甚至形成公检法三家三位一体与律师对抗的态势。这种现状，无疑是冤假错案生成的重要原因之一。

作为私权利的代言人，律师是唯一可以适用法律手段维护当事人合法权益的专业法律人士，律师以维护当事人合法权益为宗旨，所追求的是法律的公正性。在没有律师辩护的案件中，法律的天平就会因为控辩失衡而发生倾斜。一个没有律师的法治结构是残缺的，一个排斥律师的法治环境是扭曲的，而一个真正的法治社会是不可能排斥律师的。可以说，排斥律师对于铸成冤假错案来说也具有一定程度的必然性。

至今为止，律师参加刑事诉讼活动的空间仍然受到限制，律师辩护的作用更是十分有限。这种现状不仅与对律师的轻视有关，而且也与人们对诉讼理念的误区有关。因此，要重视律师就必须更新诉讼理念，必须把律师视为法律职业共同体的一部分，把律师视为维护司法公正必不可少的积极力量。

一个最简单的道理，也是人人皆知的道理："偏听则暗，兼听则明。"只有当一个法官公正审理案件时离不开律师，在听不到律师的意见难以作出判断时，才表明法官真正有了"兼听则明"的需求。这时候，律师的作用才会真正受到重视。相反，只希望听

"一面之词"的法官和缺乏中立性的法官一定是排斥律师的。

形成冤假错案的原因有很多,以上五种相对突出。值得引起更多思考的是,分析原因并不困难,困难的是如何消除这些原因,更困难的是如何排除造成这些原因的深层阻力!

排除非法证据再不能流于形式*

排除非法证据是维护司法公正的前提,这已成为一种不容置疑的共识。然而,迄今为止,刑讯逼供、非法取证作为刑事诉讼中的一种顽症,却始终无法根除。近年来,排除非法证据的种种规定频频出台,却仍然流于形式,其原因何在?

我国自1979年颁布第一部《刑事诉讼法》开始,就明确规定禁止刑讯逼供、非法取证。但是,至今为止三十多年来,这种现象却屡禁不止,甚至愈演愈烈!

2010年7月1日,两高三部制定的《关于办理刑事案件排除非法证据若干问题的规定》和《关于办理死刑案件审查判断证据若干问题的规定》开始施行。这是我国首次以法定形式明确规定排除非法证据规则。继而,又在短短几年中连续不断地以各种形式发布了关于排除非法证据的相关规定。

例如,2010年12月30日最高人民检察院发布《最高人民检察院关于适用〈关于办理死刑案件审查判断证据若干问题的规定〉和〈关于办理刑事案件排除非法证据若干问题的规定〉的指导意见》,直至后来又将排除非法证据制度明确规定在2012年修正的《刑事诉讼法》中。

---

* 本文载于"财新网",2016年7月21日发表。

然而，事实表明，这些规定自实施以来，司法实践中排除非法证据制度仍然停留在口号中，刑讯逼供、非法取证的行为还是无法得到真正遏制。

更值得我们关注和深思的是，党的十八大以来，立法者在全面推行依法治国战略部署的大环境下，以前所未有的力度，再次强调排除非法证据问题，并在短时间内密集发布了一系列相关法律法规和政策性文件。

但是，实践中这些规定和政策还是依旧难以落实。

面对这种怪异的现状，我们不得不进行更深入的思考，造成这种现象的症结何在？是无可奈何、无计可施，还是不能痛下决心刮骨疗毒？

其实，排除非法证据的一系列规则和规定之所以流于形式而无法落到实处，并不是存在不可逾越的障碍，其根本原因就是在这些规则中缺乏作为救济措施的保障性条款，即没有规定违反者应当承担的不利法律后果。任何一种缺乏救济措施的约束性规范，都只能流于形式。

为什么会有这样的缺憾？这正是需要我们重视并认真思考的问题。

如果我们真正认识到刑讯逼供、非法取证的危害，如果我们能够痛下决心遏制这种顽症，更重要的是，如果我们能够意识到这种现象已经严重危害了司法公信力甚至已经侵蚀到法治社会的根基，那就必须通过切实可行的有效方式实现由口号到行动的真正转变，即必须明确设立能够确保非法证据排除程序得到有效执行的保障性规范，并且这种规范不能停留在一般性的规定和政策性文件中，而应当明确具体地体现在立法中——在《刑事诉讼法》中对排除非法证据问题设立专章加以明确规定。

值得我们高度关注的是，在中央全面深化改革领导小组第二十五次会议2016年6月27日通过的《关于推进以审判为中心的刑事诉讼制度改革的意见》(以下简称《意见》)中,再一次强调"要着眼于解决影响刑事司法公正的突出问题,把证据裁判要求贯彻到刑事诉讼各环节,健全非法证据排除制度……"。该《意见》将健全非法证据排除制度列为亟待解决的"影响刑事司法公正的突出问题",再一次表明了中央对落实非法证据排除制度的决心。中央的决心是建立在对司法现状调查研究的基础之上,是有针对性提出的解决司法公正问题的重大决策。

为此,再也不能任由非法证据排除制度继续流于形式,而必须痛下决心,加大力度,尽快制定关于非法证据排除制度的保障性规范。

总结近年来司法实践中的实际情况,保障性规范主要应当包括以下内容。

一、明确规定非法证据的含义和范围

对于非法证据的基本范围,刑事诉讼法虽有规定,但因在内容表述上不够具体,实践中一直存在较大争议,主要反映在两个方面:一是关于行为性质的争议,如暴力取证行为之外的其他变相逼供行为应否排除;二是关于对词语内涵解释的争议,如威胁、引诱、欺骗包括哪些形式,等等。

近些年来,由于赤裸裸的暴力取证被明确禁止且容易暴露,各种变换方式的刑讯逼供已成为非法取证的主要表现形式。其中,冻、饿、晒、烤、疲劳审讯以及威胁、引诱、欺骗等变相逼供,已成为造成冤假错案的普遍手段。但是,由于缺乏明确规定,实践中这些情况却难以纳入非法取证的范围,甚至一直有观点主张对以威胁、引诱、欺骗手段获取的证据不应予以排除。对此,应当明确规定这些取证方式的非法性质,并明令应当予以排除。同时,对于诸如威胁、引诱、欺骗等手段的相关含义和具体表现形式也应进行不容产生歧义的解释性规定。

二、保障落实录音录像的证明作用

迄今为止,虽然法律界三令五申强调录音录像的重要性,但事实上,录音录像的证明作用并未落到实处。其实,真要落实并不复杂,做到以下几点即可:

①对全程同步录音录像的含义作明确解释。实践中,常有对"全程同步"录音录像的含义做歪曲解释,即将某一单次讯问全过程的录音录像称作"全程录音录像",导致律师能查阅的录音录像明显少于提讯次数。在此种解释的掩盖下,有些讯问则会采取先逼供再录像,或者以逼供与录像交叉进行的方式进行非法取证。因此,必须在准确解释"全程同步"含义的前提下,明确规定只要不能提供全程同步录音录像即不能自证清白,因而不能排除非法取证嫌疑。

②明确规定录音录像的起止时间,即从将犯罪嫌疑人提出监室开始直到将其送回监室为止,每时每刻都不能间断,以避免在此时间段内发生逼供行为。其中有间断的录音录像,不具有证明力。

③明确录音录像的画面规格。录音要清晰,录像画面要全面,能够反映出录像的时间、地点、环境,被讯问人与讯问人之间的位置关系等,避免在极寒、极热等恶劣环境下进行讯问,或者办案人员在画面外进行肢体威胁等情况的发生。

④提讯时录音录像应当由看守所安排专人操控,不能由办案人员自行掌控,且每份录音录像都应及时封存并在看守所留有备份,未经法院允许任何人不得拆封。

⑤有些案件中,录音录像所反映的供述内容与讯问笔录有重大出入,甚至完全是两回事。因此,审查取证合法性时,应当审查讯问笔录与录音录像所反映的内容是否相符合。无论是时间不

相符还是内容不相符,其讯问笔录均无证明力。

在对以上五点加以明确后,则应进一步明确规定违反前述规定的法律后果,即只要违反其中一个条件,就应当由控方承担不利后果,该供述就应当被视为有违法取证嫌疑而归于无效。对于依法应当录音录像而无法提供或者拒绝提供的,则应当承担举证不能的不利后果,即不能排除非法取证的嫌疑。

三、保障律师查阅、复制全部录音录像的权利

关于辩护律师能否复制侦查机关讯问录像的问题,最高人民法院刑事第二审判庭在2013年有一个批复:"根据《中华人民共和国刑事诉讼法》第三十八条和最高人民法院《关于适用〈中华人民共和国刑事诉讼法〉的解释》第四十七条的规定,自人民检察院对案件审查起诉之日起,辩护律师可以查阅、摘抄、复制案卷材料,但其中涉及国家秘密、个人隐私的,应严格履行保密义务。你院请示的案件,侦查机关对被告人的讯问录音录像已经作为证据材料向人民法院移送并已在庭审中播放,不属于依法不能公开的材料,在辩护律师提出要求复制有关录音录像的情况下,应当准许。"

据此,对于侦查机关的讯问录音录像,如公诉机关已经作为证据材料向人民法院移送,又不属于依法不能公开的材料的,在辩护律师提出复制要求的情况下,应当准许。实践中,尽管律师提出非法证据的质疑,要求查阅录音录像,但公诉机关却不作为证据向法院移送,导致律师实际上无法查阅录音录像;或者移送了,但不全面;还有的法院不同意律师复制录音录像,只能到法院查阅观看,而且只能用法院的电脑看。

如果公诉机关不将录音录像作为证据向法院移送,或者律师无法看到全部录音录像,那么就意味着律师即使怀疑存在刑讯逼

供,但由于看不到录音录像,也无法提供明确线索。这些人为制造的阻力,都应该通过进一步的立法予以消除。即应当明确规定,对于律师提出查阅录音录像要求的,法院应该提供,公诉机关没有向法院移交的,法院应该依职权向公诉机关调取,要求其补充移送。

四、落实明确当事人一方申请启动非法证据排除程序的权利

《刑事诉讼法(2012)》第五十六条第二款规定:"当事人及其辩护人、诉讼代理人有权申请人民法院对以非法方法收集的证据予以排除。申请排除以非法方法收集的证据的,应当提供相关线索或者材料。"

《最高人民法院关于适用〈中华人民共和国刑事诉讼法〉的解释(2012)》第九十六条规定:"当事人及其辩护人、诉讼代理人申请人民法院排除以非法方法收集的证据的,应当提供涉嫌非法取证的人员、时间、地点、方式、内容等相关线索或者材料。"

但是,对于如何理解前述规定要求的"相关线索和材料",实践中经常会争论不休,致使法庭常常会以申请理由不充分为由驳回排除非法证据的申请。事实上,被告处于被关押状态尤其是处于被刑讯逼供的状态之下,往往不可能提出涉嫌非法取证的人员、时间、地点、方式和内容。该项要求实属强人所难,因此没有理由将此设定为提出排除非法证据申请的前置条件。凡提出排除非法证据申请的,原则上均应予以准许,因为录音录像是最有力的证明。既然要求录制就应当体现价值,如果没有非法取证,就不怕启动排除程序。现行规定给被告方启动非法证据排除程序设立了无形的障碍,常常在庭前会议中提出申请后就直接被否定了,甚至在法庭审理中连提都不能提。这种现象已经无数次

被大量案例所印证。

提出排除非法证据应当是被告方的一项法定权利,应受到充分保护,即能否予以排除的权力在法庭,而能否进入排除程序的权利则应当在被告人一方。

五、杜绝监所外提讯,规定监所外提讯为非法

1991年施行的《看守所条例实施办法(试行)》第二十三条第一、二款规定:"提讯人犯,除人民法院开庭审理或者宣判外,一般应当在看守所讯问室。提讯人员不得少于二人。因侦查工作需要,提人犯出所辨认罪犯、罪证或者起赃的,必须持有县级以上公安机关、国家安全机关或者人民检察院领导的批示,凭加盖看守所公章的《提讯证》或者《提票》,由二名以上办案人员提解。"

2013年施行的《公安机关办理刑事案件程序规定》第一百二十二条规定:"拘留后,应当立即将被拘留人送看守所羁押,至迟不得超过二十四小时。异地执行拘留的,应当在到达管辖地后二十四小时以内将犯罪嫌疑人送看守所羁押。"第一百三十九条规定:"逮捕后,应当立即将被逮捕人送看守所羁押"。第一百五十二条规定:"犯罪嫌疑人被送交看守所羁押以后,侦查人员对其进行讯问,应当在看守所讯问室内进行。"

2013年施行的《人民检察院刑事诉讼规则(试行)》第一百九十六条第二款规定:"因侦查工作需要,需要提押犯罪嫌疑人出所辨认或者追缴犯罪有关财物的,经检察长批准,可以提押犯罪嫌疑人出所,并应当由二名以上司法警察押解。不得以讯问为目的将犯罪嫌疑人提押出所进行讯问。"

《刑事诉讼法(2012)》第一百一十六条第二款规定:"犯罪嫌疑人被送交看守所羁押以后,侦查人员对其进行讯问,应当在看守所内进行。"第一百一十七条第一款规定:"对不需要逮捕、

拘留的犯罪嫌疑人，可以传唤到犯罪嫌疑人所在市、县内的指定地点或者到他的住处进行讯问，但是应当出示人民检察院或者公安机关的证明文件。对在现场发现的犯罪嫌疑人，经出示工作证件，可以口头传唤，但应当在讯问笔录中注明。"

虽然有以上规定，但由于缺乏相应的保障性条款，无法杜绝监所外提讯的非法取证行为。实践中，有相当多的非法取证都是在监所外提讯时发生的。所以，若想杜绝监所外发生的非法取证问题，其实并不复杂，只要明确规定监所外提讯的非法性即可，即凡是违反法律规定在监所外提讯所形成的供述笔录，应当作为非法证据予以排除。

否则，前述刑事诉讼法以及相应的有关规定就形同虚设。

六、严格限定指定居所监视居住的适用条件

《刑事诉讼法（2012）》实施后，指定居所监视居住在很多情况下成为了规避法律的惯用手段，而且愈演愈烈。在此种强制措施下，既无羁押期限，也无看守所的监管，又不让律师会见，往往成为规避监督和非法取证的空白地带，许多非法取证行为就发生在这个时间段。因此，必须严格限定指定居所监视居住的适用条件，在该时段进行提讯的，必须自始至终进行录音录像。同时，应当保证律师随时可以见到当事人，而且争取做到提讯时律师有权在场。凡是违反以上法定条件所制作的提讯笔录，一概应予以排除。

七、应当逐步实行讯问犯罪嫌疑人、被告人时律师在场制度

讯问犯罪嫌疑人、被告人时律师在场制度，是国际上通行的制度。我国在修改刑事诉讼法时也讨论过，鉴于目前非法取证问

题屡禁不止，这个问题有必要再度引起重视。既然讯问时律师在场可以形成对非法取证的有效制约，如果确实有决心遏制非法取证行为，就没有理由拒绝律师在场。

至于律师行使在场权的可行性，并不成为否定这种制度的理由。首先，这种制度可以采用试点形式逐步推行，暂时不必强求全面推行。其次，既然这是当事人和律师的一种权利，那么，只要提出这种要求的就应当予以保证。逐步推广的过程同时也是逐步遏制非法取证行为的过程。

八、应以办案人员身份作为判定办案机关的依据

实践中，排除非法证据的一大难题就是难以区分纪委办案和侦查机关办案的界限。有些案件是侦查机关提前介入办案或者有的称之为联合办案，所以，一些取证行为虽然有侦查机关的办案人员参与，但时间却发生在纪委审查期间。因为纪委办案不在排除非法证据的范围之内，这种状况就成为一些取证行为规避合法性审查的理由。目前解决该问题固然有困难，但至少可以划出一个界限，即可以根据办案人员的身份作为判定办案机关的依据，只要有侦查机关人员参与的讯问，就应当视为该机关的办案活动。因为刑事诉讼法明确规定了对侦查活动的合法性要求，任何侦查人员都不得违反。所以，侦查机关办案人员参与实施的行为，当然应当在合法性审查的范围之内。

九、非法取证后的重复供述应予排除，但法庭上当庭陈述除外

实践中，不少被告人或者证人、被害人被逼供后，出于心理压力或者随时会发生的现实威胁，不得不再次或多次重复此前违

心的供述内容。而有的司法机关则以重复供述时已经不存在非法取证为由，在排除了之前非法取证供述内容的同时，又认定其后来重复供述的内容，这种做法给非法取证行为保留了规避合法性审查的机会。从理论上讲，消除威胁之后的重复性供述不具有非法性，而问题在于对消除威胁的根据如何界定？更重要的是，现实中大部分重复性供述都是在恐惧中形成的。所以，国际社会对重复性供述多采取一概排除原则，即只要有非法取证问题，该陈述当然无效，重复性供述一概不得认定而无例外。

在我国当前条件下，退一步讲，即使对重复性供述不采取一概排除原则而还要留有余地，也应当对是否消除威胁的标准加以明确规定，而这个标准应当以公开审判的法庭陈述为界限。现实中，很多犯罪嫌疑人、被告人在遭受逼供时被告知："你现在不说也不行，配合认罪对你有好处，到了法庭上会有你说话的机会，那时候再说也不迟……"更严重的是，许多人不仅在开庭审判前因一直处于恐惧之中而不敢翻供，有些人虽然改变了说法，办案人员也不做笔录，卷宗里体现的统统是有罪供述。

在这种情况下，许多被告人只得将希望寄托于法庭审理阶段，只求在庭审中有机会陈述实情。然而，这些在法庭上的陈述往往却被斥之为"翻供""态度不好"，被予以从严惩处。处于这种场景下的被告人顿时感到被欺骗而万念俱灰，庭审的作用也会被质疑。

所以，没有理由认为也没有根据可以判断在审判前的何种环节可以消除威胁。唯一认为可能消除威胁的外部环境，只能是公开进行的法庭审判阶段，虽然实际上有人在法庭上仍然会因心有余悸而违心认罪。对于当庭作出的重复供述不予排除已经是退而求其次的折中原则，如果连这个原则都不予坚持，排除非法证据仍然会流于形式。

十、对非法获取的证人证言应当采取有效的排除措施

实践中，对证人取证有两种情况：一种是对具有犯罪嫌疑人身份的证人获取证言，这种情况下依法必须要求提供全程录音录像。如果辩方对该证言的合法性提出质疑而申请排除，进行排除程序时该证人作为证明主体应当到庭参与，否则，排除程序就没有价值，证言应予以排除。另一种是对没有犯罪嫌疑人身份而且未被羁押的普通人获取证言。这种情况下虽然法律没有规定必须录音录像，但如果辩方质疑证言合法性，则应当让证人出庭接受质证，否则，对该证言应当依法予以排除。

十一、非法证据排除内容应当明确写入裁判文书

最高人民法院发布的《最高人民法院关于全面深化人民法院改革的意见》中提到要推动裁判文书说理改革，建立裁判文书说理的评价体系。这是非常重要的，因为只有一份逻辑严密、说理充分的裁判文书，才能体现司法公正，才具有公信力。

但实践中，针对证据合法性的裁判文书却仍然存在说理模糊、理由不充分的问题，没有针对非法证据排除申请或者法庭审查的单独论证，尤其是对于被驳回的情况，在判决书中甚至不加说明、不作解释。

针对这种情况，在裁判文书中，应当进一步要求对证据合法性裁判进行论证说理，此举一方面可使裁判文书更完整、充分，另一方面，也可以增强法官对于证据合法性审查的责任感和谨慎态度。

十二、严格规范排除非法证据的庭审程序，辩方应有抗辩权

虽然刑事诉讼法规定了非法证据排除程序，各种司法解释和司法文件也不断强调非法证据排除程序的重要性，但迄今为止，庭审中排除程序多数仍在走过场。

有些情况下，法庭以被告人、辩护人提出的线索不充分为由而驳回非法证据排除申请；有些情况下，声称进行非法证据排除程序却不允许播放录音录像；有些情况下，进入了非法证据排除程序，即使非法取证嫌疑重大且辩方提出充分证据也硬是不予排除；还有些情况下，对证人证言进行排除非法证据程序时竟然不允许作为证明主体的证人本人在场；甚至有些情况下，法庭将刑事诉讼法明确规定为庭审程序的排除非法证据程序安排在庭前会议中进行……种种现象表明，非法证据排除程序事实上往往会被法庭先予排除，而被告方却毫无救济手段。司法实践中，被告方提出申请进行非法证据排除程序的数量很多，但法庭允许进入排除程序的数量却很少，而进入排除程序后真正能够排除非法证据的案例更是少之又少。

为此，应当对排除非法证据程序的提起和具体操作规则进一步作出明确规定。对于法庭违反规定主持非法证据排除程序的，应当追究相应责任。被告方不服驳回申请的，应有权提请复议，或将之作为上诉或申诉的重要理由。

刑讯逼供、非法取证，是实现司法公正的障碍，是制造冤假错案的根源。能否将非法证据排除制度真正落到实处，是衡量法治社会的标准，也是检验依法治国战略决心的试金石。而落实非法证据排除制度的有效途径，就是设定具有救济措施的保障性条款——由违反者承担不利的法律后果。如果缺乏这种保障性条款，非法证据排除制度就会继续流于形式！

律师应有权向被告人、犯罪嫌疑人核实人证*

2017年5月4日,"律师是否有向被告人(犯罪嫌疑人)核实人证的权利"研讨会在京都律师事务所召开。中国政法大学原副校长、博士生导师张保生教授,中国刑事诉讼法学研究会副会长、中国社科院法学研究所研究员王敏远教授,中国法学会《民主与法制》总编辑刘桂明先生,北京大学国际法学院满运龙教授,中国政法大学证据科学研究院副院长、博士生导师张中教授,最高人民法院刑五庭原庭长高贵君先生,中华全国律师协会刑事专业委员会主任、京都律师事务所名誉主任田文昌律师等专家、学者,以及来自律师界、媒体界的近百人参加了本次研讨会。以下内容根据中华全国律师协会刑事专业委员会主任、京都律师事务所名誉主任田文昌律师的发言整理。

一、问题的由来

关于律师是否有权向被告人(犯罪嫌疑人)核实人证的问题,我首先介绍一下这个问题的历史状况和问题的提出缘由。

---

* 本文根据田文昌律师在2017年5月"律师是否有向被告人(犯罪嫌疑人)核实人证的权利"研讨会上的发言整理。

最开始是没有这个问题的，这是因为，第一，当时律师在审判阶段才能介入案件。第二，那时也不能复制卷宗，只能摘抄，要在有限时间内把它抄出来，摘抄的内容不可能全面。由于审判阶段没有人关注这个问题，律师到看守所是可以让被告人看摘抄的案卷材料的。后来律师可以复印卷宗，也是抱着卷宗跟被告人一起核对的，也没有人管，这是历史的状况。

后来，到了侦查阶段律师可以介入案件后，由于审查起诉阶段可以看卷宗，就出现了一些律师因给被告人看卷宗而被定罪的案例。

接下来，十几年前，刑事诉讼法修改前，法律界先提出了双方证据开示的问题，为此举办了若干次工作会议，争议的焦点是应当进行对等开示证据还是不对等开示证据。我是坚决反对对等开示证据的，为什么民事诉讼中叫证据交换而刑事诉讼中叫证据开示？因为交换是对等的，而开示并不是对等的。这是因为刑事诉讼中控辩双方的举证责任不同。在讨论证据开示问题时，我提出了给犯罪嫌疑人、被告人核对证据的问题，证据开示的目的是节省开庭时间、提高诉讼效率，如果不给犯罪嫌疑人、被告人核对证据，这个目的就达不到了。

对于这个问题的争论非常激烈，最后，由于律师方面坚决不同意对等开示，证据开示问题就被搁置下来了，一直拖到《刑事诉讼法》修改。后来在讨论《刑法修正案（草案）》时还是争执不下，干脆就改成了律师可以在审查起诉期间全面阅卷。

而关于犯罪嫌疑人、被告人如何了解案卷内容的问题，则作出了在审查起诉阶段律师会见时可以向其核对有关证据的规定。虽仍有争论，但终于还是写进了《刑法修正案》。这一点应该说是重大进步。

但是，再后来，在多部委会签的《关于依法保障律师执业权利的规定》中，又曾经改成了列举式的限制性解释的方式，明确地把同案被告人的供述和证人证言排除在核对的内容之外,也就是说,核对证据的范围只剩下实物证据和被告人本人的供述。但是,要知道,包括同案犯以及证人证言在内的言词证据是当前很重要的定罪证据。所以,当时我坚决反对。如果达不成一致,只能回到原点,绝不能做出限制性解释,行政机关也没有这个权力去做这种限制性解释。

在随后的几年中,对于这个问题进行过反反复复的讨论,律师一方继续强烈反对,坚决不同意作出限制性解释。在这个规定最后出台时,终于取消了限制性解释,回归了刑事诉讼法原文。

这个历史背景表明对这个问题的争议十分激烈。当然,这个问题现在还存在争议,实践中有些地方限制律师,有些地方不限制,比较混乱。我们为什么开这个会?就是希望从理论上进一步论证这个问题,进一步把这个问题说清楚,能够讨论出清晰的界限。

二、庭前要给被告人、犯罪嫌疑人充分的时间准备质证

被告人、犯罪嫌疑人到底有没有阅卷权?我有一篇论文就是研究犯罪嫌疑人和被告人对案件的知情权。对于这个问题,我做了大量的比较研究。首先,实际上无论是美国、英国还是德国,都明确地规定,犯罪嫌疑人、被告人有全面阅卷权。被告人、犯罪嫌疑人的阅卷权,由律师来帮他实现。如果没有律师,则由公诉机关负责提供案卷。其次,从我们的现实情况来看,被告人、犯罪嫌疑人有没有质证的权利呢?

我国在立法中明确规定,一切证据都要经过当庭质证,才能作为定案依据。那么,如何落实质证权?有时候一个复杂的案件,阅卷和准备质证,要几个月的时间,少的也要十天八天,要做大量的准备才能有效地质证。如果被告人一点准备时间都没

有，只是让他进行当庭质证，这样一来，质证权既无法实现，也无法落实。

换一个角度来看，如果严格按照法律规定，一个负责任的律师，为了保证被告人充分行使质证权，在法庭出示证据的时候，可以要求被告人对每一份证据都详细查看，可以一页一页纸地看。那么，问题来了，到底是要当庭看还是庭前看？那么多经济犯罪的问题，需要算账和计算公式，人脑不是电脑，不一定算得清楚账，所以必须得看。但如果这样做起来，开庭时间将会被无限期延长。所以，无论从个人权利来讲，还是从节省庭审时间的需要来讲，这个问题都应该得到解决，不这样做，庭审要延长多少时间？所以，从质证权和庭审需求来讲，我认为不让犯罪嫌疑人、被告人在开庭前了解案卷的内容，就相当于剥夺了他们的质证权，这是没有法律依据的。

三、律师辩护权不能行使被告人的质证权

关于律师辩护权的来源和基础问题，至今为止很多人还没有弄清楚，需要认真研究。其中关于律师辩护权的独立性究竟体现在什么地方，观点还存在分歧。现在有一个观点，把律师的辩护权解释为独立于当事人的权利。所以，在法庭上会出现，被告人拒不认罪，律师却以独立行使辩护权为由坚持进行罪轻辩护。我们坚持的观点是，律师行使辩护权必须忠于当事人。律师辩护是有偿服务，律师的辩护权是基于当事人委托而形成的权利。如果把律师辩护权独立性与当事人的意志割裂开来，当事人的权利就无法实现。

还有，现在我们的庭前会议出现了新的动向，很多庭前会变成了变相庭审，很多法庭要求在被告人不到场的情况下，由律师来进行质证，以此排除一些所谓没有异议的证据，到庭审

时就不再次出示了。对此,我是坚决反对的,律师怎么能代替当事人进行质证呢?这种观点就是把律师辩护权与当事人的权利给割裂开了,扭曲了律师的职业道德,忽视了律师制度的根基。

我一直认为,对于审判活动而言,发现真相是手段,不是目的,审判活动的目的是维护司法公正。从证据角度来讲,只要达到法定的证据真实的标准,就起到了维护司法公正的作用。如果查明真相与维护公正能够做到统一,当然最好。不能统一的时候,前者只能是手段,后者才是目的,不能本末倒置。

所以,从这个角度上讲,想要正确地认识被告人阅卷权,首先还是要解决律师辩护权的来源和基础问题。

四、不以担心翻供和串供为由否定核实言词证据的权利

现在反对被告人、犯罪嫌疑人核对同案口供和证人证言,即反对其对言词证据有知情权,一个重要理由就是担心翻供和串供。我认为这个问题并不难解决,证据固定,侦查已经终结。对于究竟是以审判为中心还是以侦查为中心的问题,有些人到现在还没有打开这个结。那么,能不能翻供?翻供是不是一种正常现象?如果翻供就有问题,那么还是没有摆脱侦查中心主义。既然强调要以审判为中心,那么翻供还是问题吗?

还有一种说法,认为案卷材料在庭审之前是秘密,庭审之后才脱密,这种说法是有问题的。现在的核心问题是,给你质证权,但是法院不给你准备时间。现在法院要求必须在庭审前五天把证据交上来,控辩双方不能进行证据突袭。但是,可以给被告人搞证据突袭,而且必须给被告人搞证据突袭。我认为这个逻辑站不住脚,既然允许被告人质证,为什么不能够给其充分的质证准备时间呢?

再者就是串供问题,担心律师帮助被告人串供。这个问题可以这么理解:第一,律师有律师的纪律,串供是要负责任的。第二,侦查人员同样存在串供问题,为什么偏偏只针对律师?不能以不该发生的情况为理由,来剥夺被告人知悉案件材料的权利。

看守所转隶的必要性与必然性*

最近，随着《中华人民共和国看守所法（公开征求意见稿）》（以下简称《看守所法（征求意见稿）》）的公开，看守所的改革问题再次成为法律界乃至全社会关注的热点话题。不可否认，本次《看守所法（征求意见稿）》确有一些亮点，针对社会关注的问题，也有一些回应的措施。但客观地说，这些改进能否从根本上解决长期以来存在的一系列难题，尤其是在操作层面上到底具有多少可行性和保障性？诸如看守所内被羁押人员的各种非正常伤亡现象，侦查权与羁押权的"藕断丝连"，律师会见的种种障碍，尤其是非法取证的屡禁不止，等等。对于这些问题，理论界和实务界都提出了不少疑问。

其中，人们最大的疑问和最普遍的担忧，则是看守所的管理体制问题，即在现有体制下，前述这些问题为什么总是此起彼伏，无法遏制？破解这道难题的出路，究竟是在于管理制度的改进，还是在于体制设计的重建？毋庸置疑，在社会各方面改革开始进入深水区的当下，随着法治的不断完善，对多年以来一直受到颇多诟病的看守所管理体制进行全方位的改革，已十分必要。特别是被视为问题根源的看守所隶属权问题，已成为引起人们高

---

* 本文载于"财新网"，2017 年 7 月 5 日发表。

度重视的不可回避的话题。

看守所的隶属权调整,不仅对于推进以审判为中心的刑事诉讼制度改革具有十分重要的意义,而且也能够消除不少社会矛盾和管理上的弊端,更好地维护社会稳定。

一、看守所转隶的必要性

一直以来,出于管理方便以及受侦查中心主义的传统观念影响,看守所向来被认为是公安机关的"自留地"。但是,也正是由于这种侦查权和羁押权的合一,出现了很多弊端,主要表现在以下几个方面。

第一,看守所既承担着对犯罪嫌疑人、被告人的羁押职能,还行使着对一部分已决犯的刑罚执行权,同时还负有协助侦查机关破案以及"深挖余罪""扩大侦查成果"的使命。这种集羁押、执行、侦查等多种功能于一体的管理体制,必然就决定了其职责的多元与混乱。也正是这种混乱,直接导致了被监管对象中"线人""耳目"或者"特情人员"的存在,滋生"牢头""狱霸",进而造成看守所内各种莫名其妙的"躲猫猫""冲凉死"等被监管人员的非正常伤亡事件。

第二,当前看守所的管理体制,难免导致其在保障诉讼顺利进行的"天平"上过于倾向侦查机关,不符合刑事诉讼的基本原则。侦查、羁押、公诉、审判、辩护等各种权力和权利之间的相互分离和制约,是现代刑事诉讼活动的基本原则,也是实现和保障司法公正的前提和基础。在"侦羁合一"的管理体制下,由于看守所与办案机关隶属于同一上级,二者无法形成具有独立地位的制约关系,就难以从体制上有效杜绝办案人员非法取证的现象,则会在一定程度上维护着"重口供、轻证据"的传统观念,从而导致刑讯逼供、超期羁押等各种乱象屡禁不止,加剧冤假错案的发生。

第三，多年来，看守所一直将犯罪嫌疑人、被告人当成"犯人"来管理，并且形成了"未决犯""已决犯"的观念。正是在这样的理念和思维模式下，对犯罪嫌疑人、被告人进行教育、改造，让其认罪伏法，成了看守所的重要工作内容之一。

这次《看守所法（征求意见稿）》虽然明确将"犯人"修改为"犯罪嫌疑人、被告人"，但还是专门用了一节的篇幅来建立对犯罪嫌疑人、被告人的教育工作制度。实际上，这不仅是对被羁押人基本权利的侵犯，也违背了"未经人民法院依法判决，对任何人都不得确定有罪"的刑事诉讼法基本原则。被羁押人有没有犯罪行为还是未知数，教育改造从何谈起？与此相联系，在"侦羁合一"的管理模式下，被羁押的犯罪嫌疑人、被告人的许多基本权利也无法得到有效保障。通信权、自行辩护权、对案件证据的知情权、亲属会见权、准备开庭的条件、上诉权、申诉控告权都受到一定的限制；住宿、衣物、伙食、医疗条件也缺乏相应的保障，有些还远不如监狱的条件。

深入剖析这些长期以来的难解之题的症结，就无法绕开体制性障碍这个深层原因：在"侦羁合一"的管理体制下，由于侦查机关与看管机关隶属于同一个部门，侦查与看管这两种不同思维方式的相互纠结与渗透，在客观上即具有一定的必然性。只有主体独立，才能有思维方式的独立。

第四，由于"侦羁合一"的管理体制，办案机关与看守所相互配合，以侦查机关提审、需要侦查机关同意等各种理由，直接或者变相地拒绝律师会见的现象仍然时有发生。有的当事人甚至在看守所被羁押八个月后才被允许会见律师，律师要求侦查机关提供全程同步录音录像的要求也经常得不到满足；律师向看守所调取提讯记录和体检记录，有时候障碍重重，甚至于内容失实。更无奈的是，面对这些问题，律师却只能向看守所与侦查机关共同隶属的上级公安机关进行投诉。这种情况下，有效制约从何谈起？

第五，侦查、羁押、起诉、审判相互独立、相互制约，是刑事诉讼活动的基本规律，也是国际社会的通行原则。"侦羁合一"的管理模式，不符合国际惯例，在一定程度上会影响我国的国际形象，成为国际社会批评我国人权状况的把柄。

无论是英美法系国家还是大陆法系国家，对于审前羁押的管理，大多是由司法行政部门负责。也有学者曾指出，英国的审前羁押也是由警察负责的。但是有一个不能忽视的重要前提是，英国的犯罪嫌疑人是享有沉默权和讯问时的律师在场权的。英国是世界上实行沉默权制度最早的国家。

近几年来，公安机关加大力度对看守所的管理进行全面整顿而且卓有成效，在保障犯罪嫌疑人、被告人权利和保障律师会见权等方面确有较大改善。这些效果不可否认。但是，尽管如此，看守所内的各种"负面消息"还是频频出现，一些"顽症"并没有从根本上得到遏制。这正是我们需要进一步反思的问题：对症下药，重在治本，药方不对，病根则永远无法消除。在不消除体制性障碍的前提下，这种舍本求末的治理整顿，无论如何加大力度，都不能从根本上解决问题。

看守所管理中所暴露出的种种弊端和无法破解的难题，已经给我们提出了严峻、迫切且不可回避的课题：看守所转隶已经势在必行，否则就无法消除影响司法改革向纵深发展的体制性障碍。

二、看守所转隶的必然性

将看守所从公安机关分离出来，划归司法行政部门管理，不仅符合诉讼规律，可以消除体制上的各种弊端，节约司法资源，而且也是我国当前刑事政策乃至社会管理模式转型的必然要求，是国际社会羁押体制发展的必然趋势。

（1）侦羁分离可以对侦查与羁押两部门在各自独立的基础上实现有效制约，是限制权力任意性的必然要求。

在看守所与侦查机关各自分属于不同上级机关的情况下，任何一方都只能按照本系统的规则行事，并只能对自己的上级负责和对自己的行为后果负责，不可能由同一个上级机关来协调或约束二者的关系。这种分离的机制，不仅会阻隔二者无原则配合或相互通融的便捷通道，而且还增强了二者相互制约的效力。这会在很大程度上化解当前存在的刑讯逼供、被羁押人员非正常伤亡等一系列屡禁不止的难题，有利于保障犯罪嫌疑人、被告人的合法权利。

（2）侦羁分离可以使看守所回归到纯粹的看管职能，是遵循诉讼规律、科学施策的必然要求。

在我国《刑事诉讼法》的表述中，在不少条文里，看守所是与公安机关并列的。至少在立法原意上，看守所是一个独立于公安机关的特定主体，其基本职能就是保障刑事诉讼程序正当、有序地顺畅进行。因此，它不应该从属于公检法三机关中的任何一方。

让看守所回归独立的审前羁押场所的核心功能，不仅便于提高管理质量，而且在切实保障人权的同时，还便于平等、高效地为侦查、起诉和律师辩护活动营造良好的条件，服务并保障刑事诉讼进程的顺畅。更是有利于化解被诟病多年的"超期羁押""会见难"等各种影响司法公正的问题。

（3）侦羁分离后，看守所与监狱同属于一个主管机构，便于相互衔接，是节约司法资源的必然要求。

看守所与监狱同属于监管机构，除了管理对象身份的差异之外，在管理方式、原则和经验上也具有更多的共性。将二者归于同一个主管部门，使其成为集司法羁押、刑罚执行为一体的统一监管机构，不仅在机构设置、人员配备、管理模式等诸多方面便于统一设计、统一调配，而且还可以因减少重复配置而节省大量资源。

而且，从20世纪80年代，司法行政部门接管监狱工作以来，已经积累了丰富的监管经验，尽管监狱制度仍存在着不少问题，但是与看守所相比较，监狱管理在立法、人权保障、安全管控、运行机制等方面都要成熟很多。看守所转隶后，在两个管理机关相互学习和借鉴的基础上，还可以更好地梳理职责和功能，更有针对性地改善、加强看守所和监狱的羁押监管工作。

（4）看守所转隶是对历史的回归，也是我国刑事政策乃至社会管理模式转型的必然要求。

在中华人民共和国成立初期，看守所即是由司法行政部门管理的。随后为了便于打击反革命、巩固新政权，又调整为由公安机关管理。在20世纪80年代，国家监管机构体制改革时，考虑到司法行政部门刚刚恢复不久以及当时正在进行的"严打"，要"从重从快"打击犯罪，仍然由公安机关管理看守所。

当前，"严打"的刑事政策已经被"宽严相济"刑事政策所取代，社会管控模式也在发生着深刻的变化，而且司法行政部门也积累了丰富的监管机构管理经验。因此，看守所管理权回归司法行政部门属于"正当时"，是顺应我国社会时代发展的明智之举。

（5）从世界范围看，侦查与羁押分离，由专门的机构而不是侦查机关来管理审前羁押场所，是改革的总体趋势，是顺应诉讼规律的必然选择。

在法治发达的国家，审前羁押的决定机关是法院，羁押作用也仅仅是保证刑事诉讼活动的顺利进行，是一种预防性羁押。所以，司法机关决定的羁押由监狱或者其他不由警察、检察官控制的监禁机构负责执行，不受侦查机关的掌控。即便是在由警察负责未决羁押的英国,也是由独立于侦查警察的羁押警察专门负责。而日本从1980年开始,羁押就由侦查部门负责改为由拘留所的监管部门负责。

从世界范围内考察整个羁押体制的历史发展可以看到,负责羁押活动的主管机构越来越独立于侦查机关等其他办案部门,其中立化的地位早已成为世界总体趋势。潮流不可挡,规律不可违,侦羁分离的看守所管理模式应当是我国司法改革体制设计中的不二选择。

三、看守所隶属体制调整的其他"功效"

除了以上直接效果以外,看守所管理体制的调整,从宏观上看,还有不少其他"功效"。

一是为推进以审判为中心的刑事诉讼制度改革提供配套环境。从侦查中心主义向审判中心主义转变,对看守所隶属体制的调整是十分关键的一个环节。不从根本上解决这个问题,以审判为中心的刑事诉讼制度改革就很有可能被"空心化"。因为,刑事诉讼由多个环节形成闭环,任何一个环节出现的问题,最后都会影响到案件结果的公平公正。在我国这种侦查权一家独大的现实状况下,如果能够改变侦羁合一的不合理状况,那么会使我国整个刑事诉讼结构的平衡、刑事诉讼制度的改革产生令人惊喜的"化学反应"。这种效果则是以审判为中心的刑事诉讼制度走向实质化的前提。

二是有利于实现从"重口供、轻证据"向"重证据、轻口供"的现代诉讼理念的转变,从而推进我国刑事侦查模式、理念,甚至是技术上的全面现代化。

"重口供、轻证据"已经被公认为落后的传统司法理念,其铸成冤假错案的严重后果已经被不断地验证。但是,在我国,这种理念至今还有相当大的"市场",甚至仍然根深蒂固地存在于侦查机关的办案过程中。这种状况导致侦查机关在审前羁押阶段向犯罪嫌疑人获取口供的需求强烈。如果看守所能够从公安系统中分离出去,由第三方进行管理,那么侦查人员获取口供的很多便利条件将不复存在。

有一种顾虑认为,这种转变会影响破案率,甚至会影响社会秩序和反腐败力度。这种忧虑并非多余却并不足虑。不可否认,在这种转型的初期,侦查的效率会受到不同程度的影响,但这种影响仅仅是转型过程中的暂时现象,绝不至于达到影响大局的程度。而更重要的是,与减少冤假错案、推进司法公正的长远目标相权衡,这种问题并不能成为因循守旧、阻碍转型的理由。不容置疑而且已经被国外成熟经验所证明的事实是,在转型的新形势下,侦查人员必将在更新理念、提升技能的过程中通过侦查模式、侦查技术等方面的不断更新与进步,从而寻求和创造出更先进、更高效的侦查模式和侦查手段。世界各国刑事诉讼活动的历史都是这样发展过来的。成功的经验已经摆在面前,别人能做到的,我们也一定能做到。

三是客观上也有利于给公安机关"减压",以集中力量维护社会治安。当前,公安机关承担着巨大的工作压力,在社会转型时期,更要面对着空前的各种社会舆论压力。看守所转隶后,不仅可以让公安机关卸下不必要的包袱,集中精力做好治安管控、打击犯罪,维护社会稳定,而且也有利于更好地维护自身形象,平息"公安机关权力太大"的种种社会质疑,提高其执法公信力。

当然,不可否认的是,对看守所管理体制进行全面的改革,会面临一定的困难和阻力,且涉及人、财、物等方面的调整和配置等各种问题。但是现实问题已经不容回避,在司法改革向纵深发展的重要时期,在大势所趋的历史潮流中,不进则退,别无选择。

而且，此前的监狱管理体制改革、劳教部门管理体制改革的实践经验表明，没有解决不了的难题，关键还是在于决心！

正如习近平总书记所强调的："改革面临的矛盾越多、难度越大，越要坚定与时俱进、攻坚克难的信心，越要有进取意识、进取精神、进取毅力，越要有'明知山有虎，偏向虎山行'的勇气。"

作为建设法治国家、法治社会的践行者，我们希望并相信有关管理部门能够以推动深化改革的决心和勇气，为社会发展、民族复兴和国家的长治久安，勇敢地承担起历史的重任，在看守所转变隶属关系问题上迈出重要的一步！

刑事辩护全覆盖的问题与对策[*]

首先我认为刑事辩护全覆盖是改变中国刑事辩护现状的一件大事。作为一个法治国家,据不完全统计,在我国恢复律师制度的近四十年时间里,刑事辩护率低于30%,有些地区甚至低于20%,这是个很严重的问题。我在美国做了多次考察发现,美国刑事辩护主要由社区律师完成。美国的刑事律师有两种,一种是社区律师,另一种是私人律师。私人律师的数量比社区律师少很多,因为90%的案子是由社区律师完成的。社区律师很有意思,有些律所有点像我们的街道办事处,有些律所主任是和蔼可亲的老太太,律所设有值班律师等配套设施,居民有需求也可以打电话请律师帮忙。律所还帮助解决治安案件、当事人交不起律师费的案件和帮助青少年进行社区矫正。

回到今天的主题,我看了最高人民法院、司法部发布的《关于开展刑事案件律师辩护全覆盖试点工作的办法》(以下简称《辩护全覆盖办法》),体现了几个方面:第一,最大、最根本的问题是扩大法律援助的覆盖范围。比如除了第二条的第二款,其他适用普通程序审理的一审、二审、审判监督案件和简易程序、速裁

---

[*] 本文根据田文昌律师在2017年11月中国政法大学第107期"蓟门决策"论坛的演讲整理。

程序的案件都应当通知法律援助律师辩护,基本可以实现全覆盖。第二,资金支持,政府拿出几个亿支持这件事,在全国各地都有实现的可能性。第三,条款更具体。大家知道我们国家立法有一个通病:过于抽象、空泛,缺乏救济条款。而我注意到《刑事辩护全覆盖办法》有一个通知条款,法律援助机构指派律师或者被告人委托律师为被告人提供律师服务前,被告人可以提出法律援助请求,如果没有及时通知和委派,本人家属可以提请求,人民法院应当通知法律援助机构指派律师为其提供辩护。第四,把法律援助设定为一个必要条件,比如第十一条、第十二条就有规定:"二审人民法院发现一审法院未履行通知辩护职责,导致被告人审判期间没有律师辩护的,应当认定符合《刑事诉讼法(2012)》第二百二十七条第三项规定的情形,裁定撤销原判,发回重审。未履行通知辩护职责或者法律援助机构未履行律师指派职责导致没有获得律师辩护的依法追责。这两条连在一起形成了一个"必要条件"。这个"必要条件"的设定接近有效辩护规则的设定,但不完全,相当于设定了类似有效辩护的一个门槛。

以上几个方面说明我们的适用范围和操作规定有了明晰的设计。这样的一种规定,如果真正实现了刑事辩护全覆盖,具体作用体现在以下几个方面:

第一,强化了律师辩护的作用。这么多年来我们律师辩护的作用微乎其微,我从1985年开始做兼职律师,1995年做专职律师,加起来三十多年了,费尽心血。外界传扬我有好多轰轰烈烈的案子、许多好的成果。先不说跟我的投入相比,哪怕跟我办过的案件数量相比都是微乎其微。我没救成的人远远几倍多于我救成的人。这是我的遗憾,更是中国刑事辩护的遗憾,但是这不是我个人的问题。我们国家律师参与刑事辩护的比例很低,这是一方面。在律师参与比例本就低的辩护活动当中律师真正发挥作用的比例更少,这是另一方面。

第二，促进全社会的刑事辩护观念更新。现在通过刑事辩护全覆盖解决刑事辩护数量的同时，会相应地影响到刑事辩护的作用、刑事辩护的质量，但因为整体的辩护数量多了，则会引起要说的第二个问题：全社会的刑事辩护认识观念的改变。过去人们普遍认为刑事辩护没有什么意义，所以对辩护律师的辩护职能没有兴趣。可是刑事辩护难度非常大，中国律师在辩护当中投入的精力和承担的风险要远远高于其他法治发达的国家。本来按照投入的力度来收费应当是理直气壮的，可是中国的现状是，不管律师花费多大力气，最后没起作用，不仅当事人有想法，律师自己也感到很内疚。律师本事再大，却不被允许进行有效发挥，这就很麻烦，律师自己内心也有很多矛盾。所以一旦刑事辩护全覆盖实现，辩护率提高了，律师的作用大了，就会引起人们观念上的更新。

第三，分流律师群体中的业务分配。刑事辩护全覆盖以后，很多年轻律师在法律援助机构里承担60%到80%的案子，另一部分重大疑难案件可能会分流到资深律师中去。过去是一把抓，都混在一起，很难区分，对律师的培养很不利。过去曾提出过要给律师分级，遭到了律师界普遍反对。律师本来就"没大没小"，要依靠市场调节，考核分级标准是什么？不能简单通过考核分级来看待这个问题。而这种自然分流就比较符合市场规律。

第四，扩大青年律师的发展空间。现在很多律师没业务做，就到处去找业务。环境问题导致一些律师正逐渐边缘化、非正规化，如果全覆盖有了出路以后，年轻律师有工资拿了，有案子接了，在做的过程中就会自然成长起来，会形成自然成长的发展空间。

第五，改善控辩关系。美国社区律师的工资和检察官工资差不多，检察官可能明天就去做律师了。心态平衡就没有互相较劲的事。如果我们将来真的这么做，这些问题就也会得到很大程度的缓解。

第六，收费差别正常化。刚才李轩教授谈了指导价的问题，我无法接受这个观点，民商事诉讼、非诉法律工作不设卡，偏偏给刑事案件设卡。这是重大误区，刑事案件涉及人的生命权、自由权，结果对律师收费要设卡。在许多场合，有些律师常常自称自己从事的业务是高端业务，如知识产权业务、涉外业务、与互联网有关的业务，等等。我认为这陷入了对律师定位认识的误区。有些为高端产业服务的律师业务并不意味着其本身就是高端业务，有些新兴的律师业务也不等于是高端业务，新兴业务与高端业务也不是一回事。

我从未说过，也未听过刑辩业务如何高端。而如果一定要讲高端，我倒是认为刑辩业务可以称为高端。这是因为，刑事辩护业务所维护的权益最重要，责任最重大。刑辩业务关系的是人的自由权、生命权，其他权利都不能高过这两种权利。所以，从这个角度来讲，若说刑辩是律师的高端业务，恐怕并不为过。但我并不赞同对律师业务做出高端、低端的定位。把刑事诉讼代理限制得这么严格是有问题的。如果承认它是高端、是重要的，就不能贬低它的价值。一旦实现刑事辩护全覆盖以后可能引起在全国范围内很大轰动，对总体是非常有利的。

目前还有两个突出的问题要解决，得一步一步来。

第一个问题是经费的问题。六七亿人民币在全国一撒就没了，法律援助律师的待遇很低，这是我们面临的问题。试点下来，我认为这个费用应该提高，否则律师没有积极性。我觉得这个问题应当引起重视，同时律师也要呼吁，如果高层看到刑事辩护全覆盖的作用了，律师的待遇提高几倍应该是没有问题的，我认为这对于我们国家来说应该不会有太大的问题。一个律师年收入有个十万、八万的，月收入达到万八千的，这就能说得过去了，很多年轻律师也就比较稳定了。所以我觉得试点有好处，我相信多拿出几个亿的资金问题不大,对于这一点,我们要多呼吁。

第二个问题,实现刑事辩护全覆盖有好处,但要高质量实现,这涉及有效辩护规则的设立问题。我们现在没有有效辩护规则,我们有效辩护的概念跟美国完全是两码事,美国的有效辩护分为形式要求和实质要求。我专门到美国考察过《死刑辩护纲要》,这个纲要是律师公会制定的,制定出来以后,控辩审三方都遵照实施。比如死刑辩护,由四个人组成,其中两名执业律师,一名减刑专家,一名社会调查员,这四个人如果缺少一个,不管怎么辩护都是无效的,这是形式要件。当然还有实质要件,如果发现你的实质要件不齐备,法院可以撤销。我们还差得很远。我们国家还有一个最大的问题,就是我们有效辩护的前提不是辩护要素是否齐备,而是让不让律师充分发挥作用的问题。这个前提就有问题了。实现刑事辩护全覆盖以后,辩护案件数量解决了,究竟如何来保证辩护的效果?我认为,我们保证的辩护效果比美国多了一个条件,就是除了辩护形式要素和实质要素之外,还有辩护权的有效实现。我们接下来要研究的是一旦实现刑事辩护全覆盖,应如何保护辩护权的有效实施问题。所以,要逐步制定有效的辩护规则。

保障诉讼权利方能化解辩审冲突*

2018年1月7日,京都律师事务所刑事辩护研究中心举办"审判中心主义视野下诉权保障原则之落实研讨会",邀请美国四位法律专家与我国十几位知名刑事诉讼法学者、刑事辩护律师一起就该问题进行座谈。

下文根据京都律师事务所创始人、全国律师协会刑事专业委员会主任田文昌的发言整理。

一、关于发生辩审冲突的原因

任何一种现象的发生,都离不开具体的环境背景。那么,为什么中国会发生律师退庭的现象?这种现象发生的原因是什么?

我认为发生这种现象的深层原因在于辩审冲突。中国为什么会出现辩审冲突,而且近几年来还不断升温,这是值得我们深思的问题。

具体来说,我认为主要原因在于法官的自由裁量权过大。毋庸置疑,任何一个国家的法官都应当有相应的自由裁量权。但是,我们国家法官的自由裁量权究竟是不够大,还是过大?我们

---

* 本文载于"法制网",2018年1月16日发表。

的立法和司法解释，采用了一系列模糊性的条款，比如证人出庭问题、鉴定人出庭问题、调取证据的问题、排除非法证据等问题，都以"法庭认为有必要"为前提，都把判断必要性的权力赋予了法官。但是，绝大多数情况下都是法官认为"没有必要"。

我就遇到过很多的类似情况。《刑事诉讼法》明确规定，关键证人要出庭，但是法官认为没有必要；《刑事诉讼法》和司法解释都明确规定要排除非法证据，但法官认为没有必要；《刑事诉讼法》和司法解释明确规定控方没有提交的证据，辩方有权申请法院调取，但是多数情况下，法官都认为没有必要；《刑事诉讼法》规定专家证人可以出庭，可以协助质证，可是法官常常认为没有必要或者认为即使专家证人出庭也不能发言；等等。在我作为辩护律师代理的案件中，证人出庭率几乎连5%都不到。很多时候证人就等在法庭外面，法官不允许其出庭，理由是法庭认为没有必要。还有的时候，法庭甚至剥夺辩护律师最基本的发言权，随意、粗暴打断甚至完全禁止辩护律师发言。这些情况我都经历过，这些都属于一些基本诉讼权利被剥夺的情况。

对于发生辩审冲突的原因，辩审两方应当各自检讨。

一是辩护律师应当加强自律，恪守职业道德。我从来都不认为在辩审冲突中辩护律师完全没有责任，而且在有些时候，有些辩护律师也确实有很大责任，甚至做得过分。对此，律师界自身需要深刻反省和严格规制。但是，对于产生辩审冲突的深层原因更应当深入剖析。

二是法官不中立。有很多冲突是发生在法官不中立的情况下，由于法官失去了基本的中立性，那么就不可能正常、合法地行使其权力。这种情况下，辩护律师又应如何维护当事人的诉讼权利呢？

三是法官不独立。尽管随着司法改革的不断深入，关于独立审判和禁止权力干预的政策频频出台，但现实中法官权力受限的问题并未得到解决。而法官权力受限也是其打压律师的原因之一。有人可能会说，一方面说法官权力受限，另一方面又说法官权力过大，岂不是自相矛盾？其实，这种现象不仅不矛盾，而且恰恰具有一定的内在联系。法官的权力越是不独立，就越容易偏离中立性，而越是偏离中立性，就越容易打压律师，而有些时候正是由于权力被干预才不得已而为之。所以，在不同语境下谈论法官的权力自然会得出不同的结论。作为律师，我们可以理解法官的苦衷，但是，作为辩护人，我们则有义务捍卫当事人的权利。

我认为，从总体上看，造成辩审冲突的主要责任在法官。理由很简单，因为法官是法庭的主宰者。律师只有通过法官的认可，才能发挥辩护作用，所以通常情况下律师是不会主动去找法官闹事的。在这种背景下，保护律师权益，一个非常重要的前提就是首先要规范法官的权力。

二、如何借鉴国外的经验

今天在座有律师、法官、检察官，也有国内和国外的专家。对于如何借鉴国外一些成熟的经验，我想提出一个问题供大家思考。

我们历来都非常尊重国外的经验，但是又不能照搬照抄。我以前在国外考察的时候提了很多问题，国外的专家听了都很不理解，觉得很奇怪，不可思议。这是两种不同的环境和语境所造成的。

我们一直在强调中国特色，之所以称为中国特色，就在于它有特殊的中国环境背景。所以，我觉得我们今天研究的问题，应当注意到如何来分析这些特色和共性之间的区别和联系，这非常重要。国外没有退庭，因为国外没有辩审冲突。所以，要解决好中国的退庭问题，首先要化解辩审冲突。这样才能从根本上解决问题。

三、律师如何恪守职业道德

那么，面临以上种种问题，律师应该如何恪守职业道德？应该如何保障当事人应有的诉讼权利？大家可能会认为我是资深律师，在法庭上会很受到法官的尊重。但实际上，我在法庭上也经常被法官呼来唤去，甚至侮辱来侮辱去，还有的法官教育我说连常识都不懂，不让我发言，甚至一句话都不让我讲。

在这种情况下，我们是无条件地遵从、配合享有无限权威的法官，还是坚持原则、以理抗争？在明知辩护权完全无法行使的时候，我还是坐在法庭上遵从、配合，甚至参与虚假的质证，去帮助控方证明非法证据的合法性，或者自欺欺人地说服被告人去违心地认罪，那么，我们是恪守了律师的职业道德，还是违反了职业道德？是在维护法律还是在亵渎法律？我想，这个问题是值得我们深入思考的。

《律师法》《刑事诉讼法》都有规定律师要遵守职业道德，但是当我们的基本权利被剥夺的时候，我们该怎么做？

在一些法治发达的国家，有完善的救济程序，律师可以启动各种救济措施来维权。更重要的是，它完全公开在媒体舆论的监督之下，任何人都难以肆意妄为，所以我坚持认为审判中心主义的保障前提必须是阳光司法。

但是，目前在我们尚不具备这些条件的情况下，我们恪守职业道德的方式和底线又应当如何定位？

其实诉讼权利不是律师自身的权利，而是被告人的权利，律师可以不说话，可以屈服，可以无条件遵从。但是，倘若如此，律师的职业道德去哪里了？律师还能不能尽到辩护的责任？

如果律师必须服从法庭，法庭有绝对的权威，那么法庭的权威是指法律的权威还是法官的权威？法官能不能完全代表法律？或者说，有什么样的机制可以监督和限制法官违法？这也是需要我们思考的问题。

一方面，对律师的行为必须严格限制，尊重法庭是律师基本的行为规范，这一点毋庸置疑。但另一方面，如果只是单方面地限制律师，要求律师在任何情况下都无条件服从法庭，则会不会由于法官的任性而导致律师的职业道德失守，进而导致侵犯当事人的合法权益？

反过来，如果律师需要抗争，需要充分维护当事人的辩护权，那么要采取什么样的方式来维护？能不能制订一些约束辩审双方的严格保障性措施？能不能引入第三方介入的处置机制？能不能真正实现阳光下司法，从而将司法过程置于全社会的监督之下？我觉得这也是我们今天迫切要研究的问题。

四、结语

对于以上问题，我没有得出结论，我只是提出问题。我认为，如果不解决这些问题，我国以审判为中心的司法改革进程，将受到严重的干扰。

所谓的退庭事件不是一个孤立的事件，它涉及制度改革的问题，也通过个案为我们带来了一个重要启示。这个启示就是要进一步加强对诉讼权利的保障，具体来说就是要进一步加强对辩护权的立法保障并推动理念更新。否则，我们整体的司法环境就会因为辩审冲突的加剧而恶化，这是我们不愿意看到的结果，也是对以审判为中心的司法改革大方向的一种背离。

希望这些问题能引起大家的进一步思考，谢谢！

刑事辩护独立出庭资格制度的由来和设想*

关于设立独立出庭资格制度的设想,京都律师事务所已经酝酿了三四年,但是慎重起见,也由于种种因素,今天才迈出实实在在的第一步,这个过程是漫长的。那么,设立这个制度的目的是什么?其实很简单,就是顺应刑事辩护全覆盖的发展趋势,提高执业水平,保证辩护质量,加快京都律师的专业化发展步伐。

一、为什么要走出这一步

经过了三四年的准备和尝试,我们现在终于迈出了第一步。那么,为什么在这个过程中我们会有如此多的考虑?既然有如此多顾虑为什么还要走出这一步?主要有如下几个理由。

第一,改革开放四十年,律师制度也发展四十年了,四十年来,我们律师的发展速度飞快、成绩显著,与此同时也有不少问题存在。为什么会存在这些问题?因为中国律师制度的历史太短了,我一直说中国律师制度的发展历程在全世界都是很独特的,在世界历史上,很早以前甚至是千年之前就有了律师制度的

---

* 本文根据田文昌律师在 2018 年 8 月"京都刑事律师独立出庭资格授予仪式暨刑事辩护专业化建设研讨会"上的发言整理。

雏形，但在中国历史上就从来没有过。中国律师制度从1912年颁布《律师暂行章程》开始到现在，这一百多年间，真正的连续发展只有这最近的四十年，所以律师制度在中国至今仍然被看成一个新生事物，因为它太缺乏历史了，没有多少可借鉴的东西，所以问题多是很正常的。所以，虽然进步巨大，但我们不能满足和停留于这个状态之中，我们还要继续向前发展，律师制度的发展，特别是刑辩律师的队伍建设和能力提升，已经迫在眉睫。

第二，大家都知道，现在刑辩律师在法庭上、在法庭外的表现，五花八门、无奇不有，确实很乱。在多年的辩护生涯中，我也见过很多奇特的辩护律师的表现，有些甚至到了让人无法容忍的程度。但是我还是这句话，总体来讲，不怨这些律师，律师们都很不容易，因为他们没有经过系统的培训，没有得到有力的制度支持，很艰难地走到了今天。所以，从现实层面来说，刑辩律师水平的总体提升问题，亟待解决、迫在眉睫。

基于这些问题的考虑，我们想在京都律师事务所进行一个大胆的尝试，通过严格的培训、严格的考核，建立一支技术过硬、专业性强、综合素质高，能够真正适合法治社会发展的刑辩律师队伍。

二、我们具体要怎么做

具体怎么做，可以对我们的培训、考核方式做一个简要的概括。

培训主要是深层培训。深层培训包括三个方面的内容，第一个方面是理论上的提升，这个问题大家都知道，这十几年来全国各地都在进行理论培训，包括各个大学和各个机构都在开办律师学院、刑辩学院、律师研究中心、刑辩研究中心，等等，主要是不断地加强理论培训的深度和范围,这也是很有必要的。

但是,仅有这种理论培训仍然不能适应我们培养刑辩律师的需求,因为我们的理论只能是对法律知识的培训,而且我们现在刑事辩护的队伍绝大部分已经都是科班出身,真正需要的是提升操作能力。那么操作能力怎么培训?一个比较容易和惯常的做法是言传身教,就是老律师带新律师,这是深层培训的第二个方面。

这个做法虽然效果不是最理想的,但确实也是一个应长期坚持的方法。不过,这种传帮带式的培训还是不能满足培训刑辩律师的需求,因为它只是个别人经验的积累和传授,而且范围很窄。

除了理论提升、言传身教之外,第三个更重要的深层培训就是有组织的技能培训,而这种培训恰恰是我们律师界非常欠缺的。也就是说,这么多年来我们没有这个先例,不知道怎么培训。

1996年《刑事诉讼法》第一次修改,司法部办了个高级刑辩律师培训班,请我去讲课,当时我就跟段部长提出,咱们得搞技能培训,光现在这个不够用了,段部长随口就说"那你来搞",我当时就说:"那谁给我讲过?谁给我培训过?"没有的!因为我刚才讲了,我们没有这个历史,没有这个经验积累,都是自己摸索着干。

前些年,通过全国律师协会刑委会的合作项目以及学术界的交流,我们在美国、加拿大等国家参加了一些国外的技能培训,现在我们正在把国外诊所式的技能培训方式移植过来,加以改造和深化,形成我们自己的技能培训方式。这种培训方式要求每一个律师,从接触案件的当事人家属开始,刑事诉讼的全过程,每个环节,每一个专题,都要进行演练式的深度培训。这种培训方式已经被证明是非常有效的。

我们最开始的尝试是在西北政法大学，去年西北政法大学成立刑辩高级研究院，请我出任院长主持具体工作。我们整理出几个具体的培训模式，在西北政法大学刑辩高级研究院做了一个尝试，现在证明是非常成功的。第一期我们搞了一个师资研修班，第一期30个人都是当时全国各地有名的律师，包括在座的，还有各个地方省市非常有名的律师，综合来看，大家都觉得效果不错，包括我也觉得非常有价值。两个月前我们又开展了一次关于法庭发问技巧的专题培训，五个整天，还加上了几个晚上，大家都觉得时间不够用，而且没有人逃课。

我把这种培训方式的理念做了一个总结：身份不分主次，虽然有主持者，也有被培训者，但是身份都是一样的，互相换位；答案不设标准，大家充分发挥自己的能力，发挥自己的想象，发挥自己的智慧，充分讨论，没有标准答案；人人高度烧脑，一天下来每个人累得连饭都不想吃了，因为全程都要紧密参与；资源充分共享，这种培训人数不能超过30人，如果一茬一茬地培训下来，一百年也培训不了几十万律师，所以我主张，大家学会了这种培训方式以后，可以广泛传播，培训者再培训培训者，把更多的律师都培训出来。

我想，这种培训方式在中国开创了从理论培训转向到技能培训的先河，真正让律师通过接近实战的训练，具备了实战的能力。

京都律师事务所的每一个刑辩律师首先要经过这样严格的培训以后，再通过严格的考核，才能获得独立出庭的资格。可以说，目前这种技能培训是我们最需要、最缺乏、最实用的，也是最难办的一种培训方式。但是它又是非常重要的，如果不用采取方式，我们很难培养出大量合格的刑辩律师。

前一段时间我在某个论坛上做了一个关于怎样做一个合格刑事辩护律师的演讲，我提出了八个字，"功底、能力、智慧、责任"，深厚的理论功底，较强的辩护能力，高超的临场发挥的智慧，同时还要有强烈的社会责任感，包括对当事人的高度责任感。我们把律师的人格、素质、业务能力都结合起来，从严要求，深层培训，才能达到这样的标准。

其次，我们的考核怎么做？根据我们的初步设想，京都律师事务所刑事业务部有一个五人评审委员会，这个评审委员会不是固定的，因为大家都很忙，比如今天被授予资格的十位，首先是评审委员会的委员，不同时候有不同的五个人参与，就像研究生的答辩委员会一样，五个人组成评审委员会，有笔试、有面试、有模拟法庭，基本上跟论文答辩类似，最后投票表决，严格把关。通过严格的要求，让我们代表京都律师事务所出庭的律师，能够真正体现出京都律师事务所的水平，做到高水准地为当事人服务。

这里，我想谈一个问题，就是这种做法有没有依据，有没有法律障碍。我们也论证、研究过，我们认为这个问题不是问题，因为这是京都内部的一个规则，没有这个资格可以跟别人一起出庭，有这个资格可以自己独立出庭，我们认为这个没有什么障碍，这是一个机构内部的质量标准，主要是为了提高律所的业务质量。

独立出庭资格制度，从今天开始具体实施，今天颁发首批证书。实际上京都律师事务所目前达到这个标准的，绝不仅仅只有这十个人，这十个人是京都律师事务所刑事业务部高级合伙人的十位律师，今天只是一个仪式性的程序。对于已经达到要求的其他律师，我们会陆续颁发资格证书，还没有经过考核的，也要经过严格考核。

在考核方面，我们还要求做到机会均等，不是说考核不通过就没有机会了，我们要形成培训与考核的常态化和制度化，不仅要经常安排这样的培训，而且律师随时都可以提出申请，随时进行考核。考核不通过再给机会，再培训，再考核，每个人机会平等。所以,我们相信,这个制度的推行,会对京都律师事务所刑事辩护业务发展起到重要的推动作用。

当然,我也希望它能够对我们律师界的发展起到一定的参考作用。我们做的这个尝试,如果有可借鉴之处,能够引领和推动律师界的发展,那更是一件大好事,这是我们的希望,也是一种期待。

死刑复核的目的就是要找出不杀的理由[*]

各位来宾，大家下午好！

死刑复核问题是一个大问题，今天我们的主题是《法律援助法》实施背景下的死刑复核案件辩护，这个定位怎么定，在死刑复核案件当中，法律援助是不是硬性规定，或者换一种角度，死刑复核案件当中是否要做到刑事辩护全覆盖，或者再明确说，是不是死刑复核案件辩护中必须有律师，这是最关键、最核心的问题。这个问题直到现在还没有解决。

死刑复核阶段是不是必须有律师？要解答这个问题，我们首先要解决死刑复核的目的问题。最高人民法院收回死刑复核权，也是学者和律师呼吁多年的结果，在2007年终于实现了。当时收回死刑复核权的时候，也有很多的反对意见，抵触比较强烈。但是最终还是收回了，这是一个重大的进步。最高人民法院收回死刑复核的规定明确之后，在几个研讨会上，大家在讨论死刑复核的目的是什么，我当时提出来，死刑复核的目的就是要找出不杀的理由，当时我的观点受到很多人的反对，也包括律师界的同人，认为我说得太"过"了，他们主要认为死刑复核的目的

---

* 本文根据田文昌律师在2021年9月京都刑辩研究中心邀请国内知名法学专家、学者、媒体记者等人士举办的"《法律援助法》实施背景下的死刑复核案件辩护研讨会"上的发言整理。

还是要实事求是，要全面审查杀与不杀的理由，而不应该是只找出不杀的理由。

我说找出不杀的理由，不是不依法，也不是不实事求是，因为一、二审都判了死刑，所有的死刑理由和证据都已经用遍了，为什么还要复核？还需要找出该杀的理由吗？所以，就是要找出不杀的理由。除非找不出不杀的理由，才能杀。这就是我的观点。我相信到今天为止，对这个问题仍然还存在争议，我提出这个问题，供大家思考和研究。我的观点，我还是非常坚持的，只有建立在这个价值目标之上，千方百计找出不杀的理由，才能真正理解和把握死刑复核的目的和意义。

为什么这样讲？我们可以参考一下国外的情况，美国死刑案件无效辩护的一个最基本的标准，就是在形式要件上至少要求参与人属于以下三类人：一类是辩护律师，一类是减刑专家，一类是社会调查员。首先，三类人缺一不可，光有律师都不行。其次，这三类人的作用必须得到淋漓尽致的发挥。比如说社会调查员往往是心理专家，通过调查他的家族，哪怕上几代有什么精神病史，都可以阻止死刑的执行。

美国的死刑案件的认定程序非常严格，一旦有一个方面没有满足有效辩护的标准，这个死刑就不成立。实际上就是要千方百计找出不杀的理由。所以我再次强调，这个问题如果在理念上不解决，死刑复核的意义就难以得到实现。

如果建立在找出不杀的理由这个价值目标的基础上，我的答案就非常明确，死刑复核必须有律师，应当做出硬性的规定，不是说犯罪嫌疑人可以申请，不申请也得给指定。我认为中国只有做到了这一点，才能真正实现死刑复核的目的，但这个问题现在还有争议。这是很令人担忧的！

为什么有争议，据我的认识，有多种原因，包括最高人民法院对这个问题也有不同的认识，当然也不排除还有其他方面。为什么会有这样的问题存在？我很不客气地讲，不一定对，我办理过最高人民法院的死刑复核案件，我认为其中一个原因是不重视律师的作用，认为到了最高人民法院，无所谓有没有律师，更重要的是法官理念的问题。我曾经办过一个雇凶杀人死刑复核案件，我们提出了不止一个关于无罪的重大疑点，尽管没有被排除，还认为可以杀。在交流意见过程中，法官的态度是非常好的，主观上是非常重视的，最后还是认为可以杀。

这个案子给我留下了一个非常大的阴影，我永远无法接受，在这种情况下，为什么一定要杀掉呢？不杀又会怎么样？乙指使丙把人杀了，只有乙一个人咬住说是甲授意的，而甲说根本没有授意，只是在逼供时承认过。关于甲是不是有授意，我们提出了那么多重大疑点，这么典型重大的案子，领导也很重视，但后来还是核准死刑了。我认为很重要的原因就是理念问题。在这种情况下，律师参与的作用就更显得重要了，尽管作用有限。

所以今天的研讨会非常重要，不仅要搞清死刑复核的价值目标，而且要推动有关死刑案件当中强制辩护的法律出台。明确死刑复核的目的，转变对死刑认识的观念。具体来说，在死刑复核当中，必须转变有罪推定、疑罪从有的观念，这是做好死刑复核案件的重中之重，必须引起高度重视。

这就是我的观点，谢谢！

第四章

刑辩与谈

> 办好一个案件,可以避免一个错误,维护一次公正。如果因此能推动立法的改进,可以避免一类错误,维护一片公正,帮助一批人免受不公正的追究。这正是"个案推动立法"的意义所在。因此,一位具有强烈社会责任感的律师,应将"以个案推动立法"视为自己的使命。这也是其他从事法律实务工作的群体即司法人员的共同使命。

刑辩律师是什么

——对话田文昌[*]

"律师既不是'天使'也不是'魔鬼',律师既不代表正义,也不代表邪恶,而是通过参与司法活动的整体过程去实现并体现正义。"作为中国改革开放以来的第一代律师的代表性人物,北京市京都律师事务所主任、合伙人田文昌律师的这段话,曾经引起过广泛的争议。

律师究竟是什么?律师的职责和定位是什么?这些看似最简单的问题,1996年版的《律师法》,与2007年第十届全国人大常委会第三十次会议修订的新版本《律师法》所作的表述也不完全一致。可见,要讲清这些问题,其实并不容易。

田文昌告诉记者,多年前,他受中华全国律师协会和外交部的委派去加拿大参加人权对话会议,他问加拿大的法学专家:"你们加拿大法治建设搞了多少年?我们中国仅仅搞了几十年,从历史的角度看,这个绝对速度究竟是快还是慢呢?"加拿大法学家也不得不承认是很快的。田文昌说,但从相对速度上说,我们还是觉得慢。因为,我们同西方发达国家处在同一个历史时期,我们的法治建设需要得到更快的发展。

---

[*] 本文载于《文汇报》2010年8月2日版,记者:郑蔚。

今天，要实现党中央提出的"依法治国"的目标，就必须加快法治建设，这已成为社会共识。就完善法治环境而言，律师，尤其是刑辩律师对此有哪些期望？

日前，本报记者前往北京市京都律师事务所，与田文昌律师进行了一场对话。

一、关于律师

文汇报：作为中华全国律师协会刑事专业委员会主任，您对"律师"是怎么认识的？律师与司法公正的关系是怎样的？

田文昌：我一直强调：没有律师，就没有法治社会。中国有五千多年的文明，但有律师的年头实在太短暂了，尽管从唐朝开始，就有了专门代人写诉状的"讼师"，但衙门里县太爷断案时，讼师并不能出场，更没有"当庭辩护"的发言权。案子想怎么断，是县太爷一个人的事。这说明在封建社会的司法体系中，讼师并没有辩护人或代理人的权利和地位。而欧洲有着律师的传统，最早从古罗马时就有了古代"辩护士"的雏形。在走出司法专横和罪刑擅断的中世纪以后，欧洲就有了大批世俗律师，至今已有六七百年历史。而我们的近代辩护制度在辛亥革命后才产生，在20世纪20年代至40年代，有过为数不多的一批先行者，但当时社会政治腐败，法制环境很差，律师制度并没有发展成熟。新中国的第一代律师是20世纪50年代初培养的，但他们在那个年代的"生命期"非常短暂，1957年的"反右"扩大化，这几百名律师几乎被一网打尽，从20世纪60年代起中国就没有律师了。直到1979年，我国才重新恢复律师制度。

也正因为如此，公众对律师职责的认识还很模糊。即使在一些影视作品里，也会有律师为捍卫正义"大义灭亲"地出卖当事人利益的事情，但这是对律师制度的误解，是不懂得律师是通过保护当事人的合法权益这个特定的途径来维护法律公正的,这是律师在实现司法公正的途径中与检察官、法官不一样的地方。几年前,我接受中央电视台的专访时,对"律师的职责是什么"这个问题,我的回答是:"就刑事辩护而言,律师的职责就是对被告人作出罪轻或无罪的辩护。"我认为"依法维护委托人的利益对律师来说是第一位的,这是律师的基本行为准则"。这个回答与当时的《律师法》对律师的职责定义并不完全一致,被一些人认为"大逆不道",误以为"律师只要拿钱,就可以为坏人说话"。虽然生活中确有这样的律师,但这样来理解律师的职责是错误的。2007年版的《律师法》在总则第二条明文规定:"律师应当维护当事人合法权益,维护法律正确实施,维护社会公平和正义。"这一规定将律师维护当事人的合法权益摆在了第一位。这一修改的意义非常重大。

在法治比较发达的国家,有三种人有免作证权:神父、医生和律师。神父每天听那么多人的良心忏悔,如果神父有责任去举报,那还会有谁敢向神父忏悔呢?而一个只有"司法畏惧"却没有"良心忏悔"的社会,也许更可怕。同理,如果律师有责任"举报"当事人,哪个当事人会相信律师呢?

所以我说律师不是"天使"也不是"魔鬼",既不代表正义也不代表邪恶。但不代表正义,并不意味着不追求正义。律师是以依法维护委托人合法权益的方式去实现维护正义的目标的。律师辩护制度的设立就是基于以对抗和制约求公正的这样一种原则,只有这样做才能实现和体现司法公正。

二、关于刑辩律师

文汇报:您认为刑辩律师与其他律师的根本区别在哪里?有人认为目前中国刑辩律师的"生存条件"比较恶劣,例如收入低、风险大,您同意这种观点吗?

田文昌:刑辩律师与从事其他业务的律师相比,难度更大,对业务素质和人格素养的要求更高,也应有更强的社会责任感。因为刑辩律师涉及对当事人的生命权和人身自由权的保护,生命权和人身自由权的保护当然高于民事纠纷的财产所有权。

但刑辩律师目前的生存环境不佳,此说法恐怕并不夸张。与经济纠纷的案子相比,刑事案件的收入也确实低。经济纠纷的民事案件律师费是可以由律师与代理人双方协商的;而刑辩律师的费用是不可能协商的。以目前北京的规定,一般的刑事案件律师费是 5 万元,重大疑难案件可以是一般刑事案件的 5 倍。但一个重大疑难案件所投入的时间会很长,甚至会持续几年。有的案件有几十名被告人,案卷达数百本,工作量和难度可以超过一个简单案件的百倍。

"环境恶劣"并不是仅仅指收入低。2007 年新版的《律师法》与 1996 年版相比,有了很大的进步,但现在问题不是没有法,而是存在有法不依的现象。比如,《律师法(2007)》第三十三条规定"律师会见犯罪嫌疑人、被告人,不被监听"。这与 2001 年版的《律师法》相比,无疑是一大进步。但是,迄今为止,"不被监听"的规定在不少地方仍无法落实。

文汇报:在您的刑辩律师生涯中,您是否遇到过被当事人"举报"或您自己发现司法机关刑讯逼供等违法情况的?如果出现此类情况,您如何应对?

田文昌:我没有遇到过被当事人"举报"这种事。但刑辩律师在今天已经成为一个"高风险、低收入"行业,这是不争的事实。这就要求我们律师在会见和取证中更加谨慎,要严格把握分寸,更不能有任何违反法律规定的内容和方式。有两种比较极端的情况值得注意,一是有的律师对当事人的利益麻木不仁,这是错的;另一种是当事人的冤情比较明显,刑辩律师就会特别投入感情,在当事人家属的哀告恳求下,忘记了把握分寸,这种以同情代替法律的做法同样是不可取的。从保护律师的角度出发,在重大案件的调查取证时,应该坚持由两个人进行,尽管法律没有这样的规定,但这么做既是对律师的限制,也是对律师的保护。

我确实遇到过当事人被刑讯逼供的情况。由于当时最高人民法院、最高人民检察院、公安部、国家安全部、司法部还没有出台《关于办理刑事案件排除非法证据若干问题的规定》(以下简称《规定》),所以尽管据理力争,但依然效果有限。两高三部今年公布的该《规定》,是我国法治建设的重大进步。它规定排除刑讯逼供的情况应当举证责任倒置,不是由被刑讯逼供的被告人举证而是必须由控方举证,提供全程的录音录像资料来证明没有发生过刑讯逼供。但现在的问题是,如果控方就是不提供录音录像资料怎么办?显然还需要明确法律救济条款,对拒绝举证的情况作出明确的处罚规定。

三、关于当事人

文汇报:您曾担任一系列大案的辩护律师,有过各种年龄、职业的当事人。作为刑辩律师,您认为怎样的当事人难以代理?您是否有不接受代理或终止代理的经历?

田文昌:不懂法又自作聪明的当事人最难代理。有的人进了看守所,依然摆出一副在自己公司当董事长的架子,指挥律师怎么做,可他又不懂法律。在这种情况下,我只能让他"另请高明"了。

文汇报:在您代理的当事人中有许多是曾经的著名企业家,如杨斌等,还有许多是曾经的政府官员,如原云南省省长李嘉廷等,他们的犯罪有何共性及特点?有人认为他们的犯罪反映了制度的缺失,您怎么看?

田文昌: 从律师的角度,我不评价我的当事人。"好人""坏人",不是法律概念。我只看证据,再"坏"的人,如果没有证据,我也不能说他犯了罪;再"好"的人,如果有确凿的证据证明他犯了罪,那么也只能面对现实。

但是从确实犯了罪的企业家这个群体的角度说,他们有两个共同点:一个是不相信法律,另一个是要钱不要命。有一个企业老总一周之内找了我三次,提出要我"一个星期内搞定证监会",我说这不可能,而他认为没有钱搞不定的事。

中国刑辩的困境与突破[*]

北京市京都律师事务所的大律师田文昌很忙,北京大学著名法学家陈瑞华教授也不例外。可是这么忙的两个人,竟然拿出三天两夜零六个小时,接受北京大学出版社的邀请,只做一件事——聊中国的刑事辩护。这一聊,就聊出了一本书,《刑事辩护的中国经验》。法治周末记者就这本书和书中问题采访了田文昌和陈瑞华。

一、中国刑辩的风雨历程

这次交谈,陈瑞华和田文昌都提到一个词来对记者形容自己进行这次对话的缘起——那就是"早已有之"。

在田文昌眼中,期待很长,历史很短。

中国刑辩历史太短暂,到今年才百年,可以说只处于一个起步阶段,田文昌说。

辛亥革命之后,律师才开始在中国出现。到袁世凯上台之后,才正式颁布了《律师暂行章程》。但随后几十年,中国内忧外患,无暇顾及律师制度的完善,虽然曾经出现了施洋、史良等几

---

[*] 本文载于《法制周末》2012年9月6日版,记者:刘惠生。

位大律师,但放到历史进程中依然为数太少。

中华人民共和国成立后,旧法统全部被废除。1954年重新组建律师制度,却仅仅三年就再度受挫。那个时候提出的"律师为坏人辩护,所以律师不是好人"的理由,至今"余波"犹在。

1979年,中断数十年的律师制度再次恢复。但这一阶段早期,律师职责被理解为协助司法机关办案。田文昌认为,这是对律师的职责定位的错误认识。

田文昌认为,在中国几千年文明史中,律师制度的历史只有大约一百年,而真正得以正常发展的时间却只有三十余年。中国律师历史这么短,所以刑辩业务面临很多困境可想而知。

"律师由刑辩而起,刑事辩护涉及的问题最尖锐,保障的权利也最为重要,早期的律师就是刑辩律师",田文昌说。因此只有这么短的历史,他认为看似百年的中国律师制度并未能算作真正实施起来。虽然现今律师业务已经大规模拓展到民事诉讼和非诉讼领域,但这反而使得这三十余年刑事辩护之难更加突出。田文昌靠在椅背上,面色凝重。

作为刑辩名家,田文昌有许多的感慨和经验。早就有出版社邀他写一部关于刑辩经验的专著,但由于太忙,他一直无法应允。盛情之下,他期待可以有一个机会,用对话、采访的方式来把他的经验和技巧"启发"出来。

基于对刑辩多年来状况的了解,陈瑞华三年前就萌生了想要与知名的刑辩律师谈谈刑辩的问题、交流经验并提炼总结的想法。

作为刑事诉讼法专家,陈瑞华与刑辩律师的联系颇多。陈瑞华告诉法治周末记者,迄今为止,除了西藏、宁夏和青海,他已经给其他省份和自治区的律师协会都讲过课,各地律师界的会议、活动、论坛,更是经常有他的身影。被邀请参加律师协会的研究项目,也是他日常研究的一部分。所以,对于刑辩的困境和现状，他并不感到陌生。

多年来与辩护律师的接触，更让他坚信：没有律师的参与，就没有辩护，被告人和犯罪嫌疑人就处于任人宰割的地位；没有律师的参与，所有的司法改革最终都将流于形式，甚至沦为公权力与公权力的再分配而已。

因此，陈瑞华直言，之所以会有本书中与刑辩大律师田文昌的对话，就是他希望一来借此充分暴露刑事辩护的问题和困境，引起立法者和司法机关的注意；二来，他希望通过一位成功的刑事辩护律师的经历，将中国刑辩三十年的独特的经验和技巧加以总结。

"上升到理论的概括可以将经验一般化、规律化，便于更广泛地传播，帮助更多的人看清在中国，什么样的辩护容易取得成功。把它总结出来，以此帮助年轻律师少走些弯路，激励更多的年轻律师从事刑事辩护。我觉得这是学者责无旁贷的责任！"陈瑞华说。

二、刑辩现状之痛

刑事辩护在中国一直受到广泛的关注，如今却后继乏人。刑辩被反复提及的困难已经严重损及新律师从事刑辩的热情，对于刑辩的发展形成了釜底抽薪之势。

田文昌对法治周末记者说，"风险大、收入少、作用小"，已经成为刑事辩护所面临的严峻问题。而在这其中，赚钱不是最重要的，"风险大"与"作用小"尤其让田文昌感受到切肤之痛。

田文昌毫不讳言，中国的司法事实上总是受到某些不当的权力干预，这种影响甚至涉及社会各个层面。律师形象经常被"妖魔化"。他自己就因为在涉黑案件中担任辩护律师而被一些人称为"四大腐败帮凶"。尽管他可以在给学生讲课时以此当作笑话，但是他认为律师被"妖魔化"其实体现出某种法治环境的扭曲,因为"律师的境遇是法治环境的晴雨表"。

田文昌说,社会上大多数人都在反对司法中的权力干预,可是涉及自己却又往往不相信司法反而去寻求权力干预,形成了一个怪圈。所以,这是整个社会的问题。

陈瑞华在书中也提到,有一年他在伦敦参加中欧人权和司法的一个研讨会,我国《刑法》第三百零六条全部内容赫然被主办方用英文写到了大屏幕上,并被认为是中国律师执业环境恶化的标志。这一问题至今没有得到解决。

在这之外,田文昌说,更可怕的是,刑辩律师的作用因此受到了很大限制,作辩护没有价值感。辛苦奔波、战胜困难之后,却连价值感都没有,自然有很多人不愿做刑辩律师。有人认为律师只认钱,其实,对于律师群体而言,职业的价值感远比金钱更重要。经商比做律师更能赚钱,如果一个律师只认金钱而无视自己的职业价值,他完全可以转行去经商的。实际上也有人已经这样做了。

陈瑞华也坦承,即便新《刑事诉讼法》颁布后,当前刑事辩护制度依然有不尽如人意之处:

首先,大背景下,司法体制改革没有完成。司法体制没有重大变化,导致一系列问题都不是刑事诉讼法单独能够解决的。此次修改反响强烈的法院组织问题、会见问题,背后都涉及更为本质的审判独立的保障、侦查权与羁押权分离等问题,非刑事诉讼法自身可以解决的。

其次,诉讼构造问题没有解决。侦查起诉阶段控辩之间依然缺乏中立第三方的诉讼参与,而只有两方的结构。陈瑞华称之为"行政化构造"而非"诉讼构造"。

接下来,这样的构造导致司法救济未能产生根本变化。大量的侦查起诉阶段的辩护权利一旦受到侵害,实体上难以宣告无效,程序上难以获得法院的审查,沦为了不可救济的权利。

最后,立法中出现了大量授权性条款,却缺乏"控权性"条款。技术侦查权等大量权力交由侦检机关,使得刑事诉讼法沦为了帮助行使国家权力的法律而非控制国家权力的法律。

陈瑞华明确指出,正是因为这四大问题未能解决,使得已有的辩护权受到冲击、流于形式、形同具文。辩护权受到侵犯也无处获得有效的救济。更可怕的是,在这样的前提下,辩护权的扩大反而意味着职业风险的产生。

与此相应的是,现实中刑辩律师的辩护往往更多地借助学者和媒体的力量而非基于法律自身。

对此,田文昌和陈瑞华一致认为,在正常的法治环境下,这是一种不正常的现象。田文昌认为,在不够正常的司法环境下去做正常的诉讼是很困难的,所以,为了实现正当的诉求,有时候这也是不得已而为之,并且认为不应当就此指责媒体。

"媒体不能代表司法和参与审判,但媒体就是看着你,你出错,媒体就要说。你心里没鬼,就不怕媒体。因为媒体不能参与司法,它只是观察。司法机关应当心有定力",田文昌表示,"如果真的让媒体噤声,虽有一定的好处,但那就没人监督了"。田文昌强调:"一个领域自认自己是最正义、最公正的,这是不现实的。"

中国刑辩律师从来没有停止过自救,但是仅靠律师自己,救不了自己,这是一个法治大环境的问题,田文昌说。

但是陈瑞华表示他对此有另一种看法:"律师要走专业主义的辩护道路。无论是政治问题、宗教问题还是社会问题,律师都要把它转化成法律问题,进而找到每个案件的'辩点'。"

"我之所以参与这个对话,就是希望探索在不那么尽如人意的环境下如何开展辩护,或者说,到底有没有正常辩护的空间。我觉得,有空间",陈瑞华对法治周末记者说。

三、靠智慧突出重围

在陈瑞华的心目中,律师应该是最冷静且睿智的人群。所以,他主张律师应该善于观察并运用新刑事诉讼法所提供的机遇:律师介入刑事诉讼的空间大幅度扩大了。

在侦查阶段、审查批捕阶段、审查起诉阶段,律师都可以介入。律师可以提出,甚至强制要求侦检机关听取其意见,乃至载入案卷笔录,为律师进行无罪辩护和程序辩护拓展了广大的空间。考虑到中国国情,辩护的进行宜早不宜迟。有经验的律师都明白。

在新建立的庭前会议制度中,律师可以申请回避、申请证人出庭、确定普通程序和简易程序、申请排除非法证据等,进行诸多程序辩护。

证人、鉴定人、专家证人出庭制度的建立,显然对辩护方有利。陈瑞华指出,中国刑事辩护的一大特点就是"以子之矛,攻子之盾",用公诉方案卷材料中证据的漏洞和不足来论述对方证据体系的不足。据陈瑞华了解,实践中也已经有很多律师依靠专家证人取得了辩护成功。

二审开庭的范围扩大,使得律师获得了更多法庭辩论的机会;而死刑复核程序必须听取律师辩护意见,使得律师们在死刑复核阶段甚至连向谁提出辩护意见都不知道的困境得到根本改变。但陈瑞华同时表示,刑事诉讼法赋予的权利再多,也只是提供了一台"精妙的武器",更重要的,是律师们应该学会去操作它。

他建议律师们要大胆、勇敢运用非法证据排除规则、证人出庭制度等新武器,因为任何新的制度都需要有人在实践中去启用和激活,否则,法律也只是个美丽的承诺。

陈瑞华尤其重点强调的是,勇气之外,律师还要有智慧,善于做法官的对话者和协商者,而不是激怒法官、对抗法官,甚至把法官逼入墙角。

专业主义辩护的一个特点就是说服法官接受你的观点,所以法官应当是律师的对话者,甚至是一定程度上的同盟军。田文昌也表达了一致的观点:律师,应当是法官的助手和朋友。

田文昌在加拿大的一次经历让他印象深刻。田文昌问加拿大大法官,在中国,我们的法官都是分庭的,各有专长。而加拿大九位大法官审理各种类型的案件,九位大法官的专业也各不相同,那对于案件中的各类专业问题如何把握呢?

大法官回答说:"这个问题问得好。我们依靠的是律师,虽然我们不是各类专业问题的专家,但双方律师都是专家,通过他们的举证和论证,我们就可以把案情判断清楚。"这个回答很中肯,法官与律师是相互依存的。

但令田文昌感到非常遗憾的是,国内的律师和法官往往会处于对立关系。这样一种不正常的状态,田文昌认为一方面是由于法官的职责定位不清,容易与律师形成对立;另一方面且更重要的是审判不够独立,存在过多法外因素的干扰。法庭审理前案件已经有了结论,结果律师的辩护自然变成了既定结论的障碍。

田文昌感慨万分地说:"其实,哪个律师也不愿意跟法官过不去,除非他脑子有毛病。但是'剃头挑子一头热'是没有意义的,双方都要摆正自身位置才行。"

陈瑞华也认可国内确实有一些法官由于种种原因而不够公正。但一方面说所有法官都不公正是不符合事实的;另一方面,陈瑞华认为,与法官对立也并非解决之道。

"就像今年的伦敦奥运会,有些裁判不公正,有些中国运动员受到了不公正的对待。面对不公正的境遇,当场对抗裁判恐怕只会招致更严厉的处罚。唯一的救济途径是遵循游戏规则,申请裁判重新考虑,或者向更权威的裁判委员会提出申诉。这与尊重法官的道理不都一样吗?"陈瑞华说。

所以,陈瑞华认为对此可以换一种思路:

首先,在不侮辱、不贬低、不激怒法官这一前提下,要据理力争,也可以向上级法院上诉或申诉。但如果法官不公正,就以牙还牙,你可以泄一时之愤,但你的当事人怎么办呢?陈瑞华问。

另外,律师应该摆正自己的位置,找准、找全、找对案件的"辩点",多与法官采用协商和对话的方式,而不是过度强调对抗。

陈瑞华认为,中国律师在刑事辩护中其实创造出了不少成功的经验。例如,在程序性辩护中,律师既要论证侦查行为的非法性以及被告人权利受到侵犯的事实,也需要论证控方非法证据的虚假性和不可靠性,论证法院采纳此类证据容易导致冤假错案。这样的辩护可能更容易为法官所接受。又如,在鉴定意见几乎被公诉机关完全垄断的背景下,律师既无法委托本方的鉴定人,也难以说服法官重新鉴定或者补充鉴定。但是,律师完全可以借助专家的力量,对控方的鉴定意见发表专家意见,对那些错误的、违法的或者不符合规范的鉴定意见,进行有效的质证。这种借助于专家的智慧来"攻击"控方鉴定意见的辩护方式,不失为一种可以尝试的辩护经验。再如,遇有一些明显不公正的起诉或者裁判结果,律师可以借助于法院的判决书、法官的论著等来发表辩护意见,与法官进行法律人之间的对话。包括最高人民法院作出的裁判文书、最高人民法院公报刊登的案例以及最高人民法院法官对有关法律问题的理论见解等,都可以成为律师援引的辩护依据……对于这些辩护经验,对话录都作出了提炼和总结。

陈瑞华多年来一直认为,刑事辩护的希望在于年轻的律师。他们普遍学历较高,通过了司法考试,拥有较高的法律素养,潜力无穷。刑事辩护本身就是一个为权利而斗争的事业,他希望年轻的律师一定要有正义感和悲天悯人的情怀,走专业主义的辩护道路。

如何审判"落马高官"*

2013年8月22日至26日,被告人薄某涉嫌受贿、贪污、滥用职权案在山东省济南市中级人民法院依法公开开庭审理。

庭审期间,济南市中级人民法院通过新闻发言人,向庭外的新闻记者介绍情况,并通过官方微博及时发布了庭审情况。

此案的审理,刷新了之前公众对审理"落马高官"的认识。

一段时期以来,"落马高官"较多,对于如何审判,也是社会关注的热点问题。

新京报专访时任中华全国律师协会刑事专业委员会主任、北京市京都律师事务所律师、有着"中国刑辩第一人"之称的田文昌律师,他曾先后多次担任落马高官的辩护律师。

一、如何选择律师

不请律师的主要原因是"落马官员"的认识和观念不到位,法治观念相对淡薄以及缺乏对律师制度的了解。

新京报:每逢审判"落马高官",总会引来社会的高度关

---

* 本文载于《新京报》2013年8月31日版,为田文昌律师接受《新京报》专访的内容。

注,"落马高官"这个说法合适吗?

田文昌:"落马高官"被送上法庭,他就是普通的犯罪嫌疑人,已经与"官员"没有什么关系,但因为他落马前的身份,人们还不能完全把他当成普通的犯罪嫌疑人,所以才引起更多的关注。

新京报:据了解,有不少官员落马后不请律师,比如原某省委书记当年被指控后就表示:"我是党的人,怎么能够请律师同党对抗?党要把我怎样我就怎样。"不请律师的原因是什么?

田文昌:这种现象以前相对普遍一些,近几年有所好转,大部分"落马高官"都会选择聘请律师。"落马高官"不请律师的因素很多,比如对指控争议不大,观念上有误区,法律知识匮乏,包括请律师会被认为态度不好,跟司法机关对抗等。

总体来看,主要原因还是"落马高官"的认识和观念不到位,就是法治观念相对淡薄以及缺乏对律师制度的了解,导致不少官员认为不请律师会被认为是认罪态度好,请律师就是认罪态度不好。

新京报:那"落马高官"的代理律师由谁来决定?

田文昌:从目前情况看,既有"落马高官"自己挑选,又有家属出面挑选,既有法院指定,又有律师主动联系,这些情况都有,具体不太好说。不管哪种情况,最终都是要经过当事人同意的,选择权在当事人那里。

新京报:"落马高官"选择律师的标准是什么?更加信任?影响力大?办案水平高?代理费用低?

田文昌:这些因素都会有,但关键问题是这些"落马高官"对律师、律师行业和律师制度普遍缺乏了解。他们认为哪个律师更合适,基本上都是靠听说的。

之前有不少"落马高官"找我做律师,也是听别人说的,然后托关系联系。原因很简单,他们在位时一般是不会主动去了解律师行业的。

二、法院如何审判

直播是对公正审判的一种考验和测试。反过来看,直播也倒逼审判更严谨,更公正,更经受起考验。

新京报:据报道说,2001年之前,大多"落马高官"案件均在犯罪地或犯罪人居住地审判。2001年,辽宁"慕马案"第一次采用了异地办案、异地审判的模式。从"本地"到"异地",在审理上的最大变化是什么?

田文昌:从"本地"到"异地",表示对类似案件的处理越来越慎重。一般来说,小官无所谓"异地"还是"本地"审判。开始"异地办案"和"异地审判"的具体标志事件不太好说,但有一点,因为"落马高官"在当地的影响较大,所以"异地"审理的最大作用就是避嫌,避免当地的不公正审理。

新京报:从目前看,法院审判"落马高官"有哪些特点?

田文昌:主要就是影响大,敏感度高,程序上更为严谨,从趋势上看也在逐步走向透明和公开。同时,也是通过对"落马高官"的公开审理体现出公开的公正,或者叫看得见的公正。

新京报:庭审直播,对于审判"落马高官"带来哪些影响?

田文昌:如果能做到公正,就不会怕直播,直播是对公正审判的一种考验和测试。反过来看,直播也倒逼审判更严谨,更公正,更经得起考验。

我认为,即使是对一些社会影响极其恶劣的"落马高官"的审理,也不应该以其人之道还治其人之身,而应该以法律的公正,还治于对法律的践踏,这才是司法文明的真正体现。反之,则很容易引起公众对涉事"落马高官"的同情和怜悯。

所以说,一些"落马高官"在位时肆意践踏法律,有的甚至闹出"表情犯"之类的笑话，引起法学界和律师界人士的强烈反感，但是，法学界和律师界人士还坚持支持公开审理，就是为了维护法律的公正性和公开性。

三、律师如何辩护

不管出于什么考虑，律师必须介入，即使没有律师代理，有些案件也要有指定，这是保障司法公正的必要环节。

新京报：你曾说，"落马高官案背后常常夹杂着权力的因素，律师若想要认真地办，会面临着一系列的难题和风险"。都有哪些"难题和风险"？

田文昌：当前的法治环境还不尽如人意，作为律师来说，最大的风险就是容易被误解和报复，甚至有人把律师说成是贪腐官员的"帮凶"。其实这种说法犯了一个逻辑上的错误。为"落马高官"辩护的律师，在审判前基本上和"落马高官"都是不认识的，既然是犯罪后认识的，怎么能说是"帮凶"？

当然，不管是出于什么原因，律师为"落马高官"辩护，唯一可以选择的就是尽职尽责。

新京报：你总结了"落马高官"案的五大特点：敏感度高、容易受法外因素的干预——尤其是权力干预、取证难、案情复杂和律师风险大。既然这样，为什么还会有那么多律师要为"落马高官"辩护？

田文昌：律师为"落马高官"辩护，总体来说，有两个层面的因素，于公而言，从责任角度上说是推动法治进程，从职业角度来说也是职业生涯的历练。当然，为"落马高官"辩护也的确容易出名。

不管出于什么考虑，律师必须介入，即使没有律师代理，有些案件也要有指定，这是保障司法公正的必要环节。

新京报：据说陈良宇、陈希同等"落马高官"都曾找你做辩护律师，你都给推了，为什么？

田文昌：作为我个人来说，并不是很愿意接高官的案子，可是找来的又非常多，确实也忙不过来，所以我接得很少。

至于选择案子的主要倾向，我更注重能否体现作为律师的价值和作用。难度大、争议大的案子，更能够发挥律师的作用，也更需要律师。相比之下，我倒是更倾向接这样的案子。

四、法院如何结案

办案中不能再把口供当作"证据之王"，必须重视物证和旁证的作用，这样就会把证据链做实。

新京报：如果在庭审中出现意外，当事官员当庭全部推翻以往供述，怎么办？

田文昌：出现这种情况并不可怕，给我们一个很大的启示就是当下有一个误区——定罪太重口供。目前法律规定的本意是重证据，不轻信口供，但在现实中过于重口供。

办案中不能再把口供当作"证据之王"，必须重视物证和旁证的作用，这样就会把证据链做实，就不怕翻供。

过于侧重口供，必然导致两种结果，一种是通过诱供和刑讯逼供来获得口供，容易导致冤假错案，另一种就是没有口供就不敢定罪。

新京报：据报道，"落马官员"基本都服从一审判决，不再选择上诉，共同的原因是什么？

田文昌：我的印象恰恰相反，大多数"落马高官"都会选择上诉，我经手的官员案件，最后基本都上诉了。

虽然上诉的结果，大多是维持原判，但是根据"上诉不加刑"的原则，上诉也不会加重刑罚。

重视律师是法治社会的显著标志[*]

访谈嘉宾：田文昌，著名律师，中华全国律师协会刑事专业委员会主任、北京市京都律师事务所律师

凤凰时事访谈员：高明勇

凤凰评论：中国共产党第十八届中央委员会第四次全体会议（以下简称"十八届四中全会"）的主要议程是研究全面推进依法治国重大问题。作为法学学者，你认为此次突出强调依法治国的意义是什么？

田文昌：我们国家从三十多年前提出依法治国战略方针以来，取得了很多成绩，但是像这次把依法治国作为全会唯一的一个主题来研究，应当说还是中华人民共和国成立以来头一次。这个举措是个非常大的动作，也是可以提到很高的层面来认识的问题。正因为这样，所以社会舆论，尤其是法律界都给予了极大的关注。而且，大家都抱着很大的期望，期望这次会议对中国整体的法治建设有一个很大的提升，对法治环境有很大的推进。

我注意到，全会召开之前各种声音都在争相表达，这是好事，这种现象本身，一方面说明大家都非常关注这件事情。另

---

[*] 本文载于"凤凰网"，2014 年 10 月 21 日发表。

一方面也说明了,这次会议的议题引起大家的关注,符合了大家的愿望。从这个角度来说,也是对现实问题的一种回应。而从我个人角度来讲,我认为,中国法治建设这么多年取得了很大的成绩,但最近这些年在某些环节出现了倒退的现象。在这种情况下,彻底地研究法治建设的问题,推进司法改革,具有一个转变观念、拨乱反正的历史性的作用。我希望能有这样一种作用。

凤凰评论:在当前全面深化改革的背景下,推进"依法治国"的核心要义之二,就是"依宪治国"和"依宪执政"。那么,你认为法治政府的核心是什么?

田文昌:法治的核心,我认为就是宪制,这是不容置疑的问题。《宪法》是根本大法,宪制都不讲,何谈法治?这个问题我认为是十分明确的。现在有人提出依法治国和实行专政并不冲突,大家都在关注这个问题。我前一段时间发表了一篇文章《田文昌建言中国改革:讲真话、办实事、兴民主、重法治》就是建言中国改革,比较系统地谈到了这些问题。

其中我就讲道:"法治国家的本质特征是以法治理国家,而不是以法治理民众。所以,法律最主要的功能首先应当是规范和制约公权力,而不是仅仅作为公权力的一种工具去约束民众。只有在公权力得以被有效约束的前提下,法律才能树立起自身的权威而受到民众的尊重和服从。在公权力不受法律约束,并且可以影响和左右法律甚至可以取代法律的情况下,法律的权威就无从谈起,法律的公正性就难以实现,更不会被公众所认同。而在一个冤假错案频发的环境下,人们在自身没有安全感的同时,也会由于遭受法律的漠视而转向漠视法律,导致民间犯罪高发。"

凤凰评论:在"依法治国"的语境下,我们又该如何转变政府职能?

田文昌:职能转变这个题目太大。其实,我觉得政府职能最大的问题,应当是与经济关系剥离。政府是一个管理机构,经营上的问题应当与政府职能剥离开来,这也是防止腐败的一个重要手段。

另外就是司法必须去行政化。司法必须与行政权力剥离。只要法律不能摆脱权力的干预,法律就永远是权力的奴仆,只能为权力服务,而为权力服务的后果就容易导致个人权力的滥用。实际上有一个最根本的问题,为什么要法治?我们说法律是政策的定型化、稳定化,强调法治就是要排除个人权力的干扰。而如果没有法治,其结果必然导致权力的腐败,必然导致某些掌握权力的高官,以组织和政府的名义来行个人腐败之实。所以法治与防止腐败是紧紧联系在一起,可以从这个角度来认识。

凤凰评论:其实,党的十八大以来,伴随着司法改革的推进,法治领域取得了较为明显的变化,你如何评价?

田文昌:习近平总书记曾经讲道,让人民群众在每一个司法案件当中都能感受到公平正义。我认为这句话非常重要,为什么呢?过去我们经常用一些抽象的说法,口上喊着司法公正,但却忽视了具体案件的公正。例如,口称司法公正,但是在处理具体案件的时候,又以维稳、顾大局、讲政治为理由牺牲了个案的公正,这种现象实际上就是釜底抽薪,破坏了法律的公正性。习近平总书记作为国家领导人能够讲到重视个案的问题,这是非常有意义的,如果有很多具体案件出差错,还怎么能奢谈司法公正?怎么能够维护社会的稳定?之后,一些具体的司法改革方案提出来了,步子迈得很大,各个司法机关和学术部门都提出了很多意见和建议。这是一种很好的趋势。

党的十八大以来,无论是从国家管理层理念的提升,还是具体措施,确实给人一种很好的期待,感觉到中国的司法改革要向前迈进一大步,这是我们都感到很欣慰的事情。

但是还有一个问题,也是最令人担心的,那就是最后能不能得到落实。因为我们的法治传统并不是很深,法治历史更短,特别是经过了前十年的停滞和倒退,观念、体制当中的一些缺陷和问题还没有解决。在这种情况下,推进的速度和程度能有多大,这是我们所期待的,也是所担忧的。希望此次十八届四中全会能够有比较大的实质性的突破,这一点最重要。

凤凰评论:当依法治国成为政治生活的一个主题词,你有何具体建议?

田文昌:我觉得急切要解决的是独立司法的问题。这个问题必须要解决,否则就不能摆脱行政化、地方化,司法永远难以做到公正。解决独立司法的问题,最关键的就是关于人权、财权的安排,人权、财权的管理应该统一由中央安排,摆脱地方的干预。

除此之外,还有一个特别重要的问题,就是关于律师的问题。必须认识到,没有律师,真正的法治社会是不可能形成的。没有律师就没有市场经济,没有律师就没有司法公正。可以说,没有律师就没有法治。可是这么多年来,律师的地位一直受到质疑,律师被边缘化的问题十分严重。实际上,表面上看是对律师制度的忽视,但从根本上来讲,这是由于缺少了控辩审三方的制衡关系,导致的法律天平的倾斜,从而破坏了整体法治环境的生态平衡,破坏了司法公正。所以,要让律师堂堂正正地在法治社会中立足,才能真正地实现依法治国。长期以来,社会上对律师制度和律师的作用一直存有偏见。不仅是老百姓有这样的认识,有些官员、有些机构也有这样的认识。其实,律师争取职业权利并不是在为自己争权,而是为了能够让全社会重视律师的作用,最终目的是维护法治建设的发展,是维护司法的公正性,这是最关键的问题。如果十八届四中全会以后,中国律师的地位能有明显的提升,能够真正让律师堂堂正正地在法治社会中立足,我认为这可以视为一个标志性的进步。因为,在一个国家中,律师的地位和作用如何,能反映出这个国家民主与法治的程度。

本是同源生，相济匡公正：
化解法官与律师冲突，共筑法律职业共同体*

《中国法律评论》（以下简称《中法评》）特邀北京市京都律师事务所名誉主任、著名刑事辩护律师田文昌，最高人民法院高级法官、司法改革专家蒋惠岭和北京大学法学院教授、著名刑事诉讼法专家陈瑞华，就近期发生的几起法官与辩护律师的冲突事件进行访谈，剖析刑事案件辩护中辩审双方冲突的深层原因，探讨《刑法修正案（九）（草案二次审议稿）》（以下简称《草案》）第三十六条的利弊。提倡辩审相互尊重，提高法律职业素养，提供冲突解决之道，规范职业行为，加强行业管理，完善司法改革体制设计，提升国家责任，为构建良好司法环境，推进法治中国进程献计献策。

《中法评》：最近，《草案》第三十六条中关于蔑视法庭罪的相关规定争议较大，律师界担心此条会被法官滥用，而部分法官则为此条的修改叫好。您三位怎么看待这个问题？法官究竟应该如何对待律师的违规行为？律师又应如何对待法官的不当行为？

田文昌：我也感受到这条规定反响非常强烈，包括律师界和学术界。我认为，反响强烈的原因主要不在于字面上的表述，而

---

* 本文载于《中国法律评论》2015年第3期，本书只摘录田文昌律师观点。

在于整个大环境和大背景，在于立法的指向是什么。从字面上来看，这一条的规定看似没有什么太大的问题，但在我们国家现存环境下，问题就比较大了。

比如，1997年修改《刑法》时增加第三百零六条的背景（编者注：1997年《刑法》第三百零六条规定：在刑事诉讼中，辩护人、诉讼代理人毁灭、伪造证据，帮助当事人毁灭、伪造证据，威胁、引诱证人违背事实改变证言或者作伪证的，处三年以下有期徒刑或者拘役；情节严重的，处三年以上七年以下有期徒刑）。

《刑事诉讼法》修改后将律师介入案件的时间提前到侦查阶段，之前，律师只有在审判阶段才能介入案件。由于一下子律师提前了两个阶段介入案件，为防止律师在办案中妨碍侦查，唆使或者帮助当事人制造伪证，所以提出了一个防范性的条款。

在《刑法》第三百零六条正式通过之前，我就提出，这个条款一旦通过则会发生职业报复行为。因为当时侦查机关和律师的对立很突出，我们的法治环境又很不成熟，所以会导致侦查机关或者公诉机关利用这个条款对律师进行职业报复。直到今天，我都坚持认为这个条款是有问题的。

事实表明，这个条款出台之后所引起的后果是相当严重的，全国有将近几百位律师在侦查和起诉阶段被抓，相关案件的辩护工作受到极大的影响，最主要的后果是从根本上妨碍了被告人（犯罪嫌疑人）的辩护权。针对这个问题，律师界和学术界这么多年一直在呼吁取消《刑法》第三百零六条。现在虽然没有取消，但是做了比较大的修改，不过条款的负面影响仍然存在。

回到现在的问题上，《草案》第三十六条的规定是对律师在法庭上的一种约束，我认为这个条款一旦正式通过，它的作用会与《刑法》第三百零六条一样。为什么这么说？因为目前这个背景下，辩审双方的冲突时有发生，甚至有愈演愈烈的趋势。原来控辩冲突出现过这样的问题，造成很多负面影响；但控辩冲突是有一定必然原因的冲突，因为控方和辩方本身就是对立的两方，通过控辩的对立制衡求得司法公正。

然而，辩审冲突本身就极不正常，任何一个成熟的法治国家都不应当发生辩审冲突，发生辩审冲突的情况说明这个社会处于病态了，法治环境处于病态了。道理很简单：律师只有通过法官的作用才能实现自己的目标，他是依靠、求助于法官的，辩方和审方原本不存在对立关系，所以出现这种问题本身就是一种病态。

在这种情况下，如果对辩方再打压，所产生的副作用会导致律师在法庭上不敢说话；如果律师在法庭上不敢说话，辩护就相当于虚设，无疑是削弱了辩护权，对被告人的权利是一种很大的伤害。我们应当从根本上分析辩审对抗发生的深层原因是什么，而不是简单地通过法律规定去打压律师，这不是解决问题的方法。可以说，这种立法的方向是走偏了。

田文昌：我再补充几句。说到情绪性立法的问题，它产生的原因和背景很重要，如果没有这个背景可能也不会出现目前这种趋势；如果没有这个背景，即使发生了，执行起来也不会那么惨烈；如果在当前这种背景下通过《草案》第三十六条的立法，后面形势就会更严重。现在有律师"闹法庭"，至少其中有一些是由于有的法官素质不高引起的。

我没有亲眼目睹过"闹法庭"的情况，我也没有理由否认它完全不存在，但这其中的因果关系不能忽视。没有无因之果，如果抛开原因只看结果就是片面的。就我切身的体会来说，我曾经感受过很多被法庭训斥的情况，我肯定没有跟法官"闹"，也没有跟法官胡搅蛮缠，这都是有法庭记录的，但我照样被训斥、被打断、被制止、被"训诫"，甚至被赶出法庭，而且不止我一个人遇到过这种情况。这些多数都有录音录像为证,目前的大环境就是这样的。在这种大环境下,如果再给予法官这样的权力,会导致什么样的后果?

还有一个问题就是辩审双方的地位。我们从逻辑关系上来想,辩审冲突的发生深层原因主要在于法官。因为律师是求助于法庭的,律师只能依靠法官来实现自己的诉求。说句难听的话,作为一个思维正常的律师,如果主动找法官"闹事",无异于"耗子找猫闹事",那是逻辑颠倒,这样的律师谁还会请他?

当然,任何事情都不否认有个别现象,但如果把个别现象当作普遍现象来立法,那就有问题了。

《中法评》:第一个问题你谈得特别充分、透彻,谢谢!法官与律师之间的相互不尊重,不仅会损害司法权威,也会损害律师的职业形象。请你就各自的职业,谈谈职业人士获得尊敬的根本。

田文昌:法官对律师尊重和不尊重,确实两种情况都有。就我个人体会而言,多数法官都很尊重我。有的法官就明确要求我多讲,因为兼听则明,他希望多听听我的理由来作为他判断的基础。至于法官不尊重律师的原因,一是有的法官素养不够;二是他已经先入为主,又或许是已经受到上面指示了,他只能那样判,就不愿听律师讲。有的法官就公开讲过,"你说得越充分就越是给我出难题",所以他就不让律师说话。有的法官在法庭上不按法律规定办事,律师一旦提出来,他就训斥律师。

我最近在 F 省开了一个庭,我们有十几个证人要求出庭,但法官却不允许我们的证人出庭,说没必要(这种情况很普遍,在我亲历的案件当中,我申请证人出庭的要求 90% 以上都被拒绝了,不是被检察院拒绝就是被法院拒绝,或者两边一起拒绝)。而且,这么大的案子,被告家属只给 5 个旁听名额,我们一再协调都不行;法院说法庭坐不下,事实上法庭能坐 30 人,但法院只给 2

个被告10个家属旁听名额。为什么？怕闹事。近年来，我们提出那么多排除非法证据的案子连1/10都没有排除，基本上是走过场。对于这一系列问题，如果律师坚持要求就被斥为扰乱法庭秩序，那么，律师就只能乖乖地配合法庭办案了，辩护就会形同虚设！最高人民法院可能并不了解这些情况，最近出台了一系列的司法改革方案很好，但是我觉得可能很难推行下去。

在我们现状没有改善的情况下，分析法官、律师相互不尊重的原因是很重要的，但如果想用这种法律规定来限制律师，恐怕更容易激化双方矛盾。说起来原因比较复杂，我认为根本的原因在于，一方面是理念，也包括各自的心态不平衡；另一方面是体制，如法官职业的不独立，这要在制度上解决。应该说，我们现在司法改革的步子迈得是比较快的，比如会见的问题，公安部监管局这次迈的步子就很大，很坚决，而且跟律师做了约定，发现有阻碍会见的问题随时跟他们沟通，向他们报告，他们来解决。可是直至现在，我仍不断遇到会见受阻的情况。所以，有些问题是体制设计问题。

《中法评》：法官和律师是法律职业共同体中两大重要组成团体。建立法官与律师之间的职业"流动"渠道，即让优秀的律师有机会担任法官，这是否有助于促进法律职业共同体的融合？你对此又有什么建议？

田文昌：律师和法官的这种职业流动，在国外属于一种通行的做法，一般都是做完律师才做法官，这是没问题的；而且它也有助于二者换位思考，有职业训练的作用，但是如果我们认为靠这样的流动、流通就能够解决职业共同体形成的问题，我觉得意义并不是很大。还是体制问题，他们虽然同出一个校门但是放到不同的机构去工作，立场就变了。我们现在也有个别的流通，但流通之后，位置变了，立场也变了。所以关键还是体制的问题。

法律职业共同体的形成和存在，是一个法治社会中诉讼结构的题中应有之义，如果法律职业共同体的良性运转没有形成，可以说这个国家的法治结构是残缺的，这也是现在存在这样的冲突的重要原因之一。为什么我们这么多年来一直在呼吁、研究法律职业共同体，却至今没有形成，这也是体制的原因。有一个最关键的问题，法律职业共同体是应需求而产生的。如果法官想兼听则明，当他不听律师的意见就拿不定主意的时候，他就需要律师，需要辩护。而当法官已经先入为主，或者已经有一种权力的指示了，这时候就不需要律师的参与，肯定会排斥律师。

从整个架构的角度来看，如果没有产生对律师辩护的需求，法律职业共同体的需求就没有出现。这个时候虽然我们在推动、在呼吁、在研究，但是也很难得到正常的发展和运行。说到根本上，法律职业共同体的形成还是得靠一种内在需求的产生，首先能够做到独立司法，由独立司法产生对律师有效辩护的需求；产生有效辩护的需求以后，还要有制度保证，有体制的完善，这些条件都具备了，那么法律职业共同体自然就形成了。这个时候再出现法官和律师的流通，本身就是很正常的状态。所以，从根本上来说，要真正实现法律职业共同体的良性运行，必须先产生需求。

《中法评》：法官与律师之间的冲突，与律师行业管理体制也有密切关系。对于保护律师合法权益和规范律师职业行为两方面，您有何建议？

田文昌：律师执业权利的保护和约束，是个既重要又非常难办的问题，多年来其实没有解决。为什么呢？因为律师的职责定位不清楚，这么多年来律师对于究竟是干什么的，搞不清楚。一个职业群体连定位都不清楚怎么能够发挥作用？我常举一个例子，最简单的职业是擦鞋匠，这么简单的职业，但定位绝对清楚，任何擦鞋匠都绝不会把鞋刷子往客人裤腿上擦，这就是职责定位。而律师作为一个如此重要的行业，究竟应当干什么都不知道,别说别人不知道,连律师自己都不知道。例如,我们很多律师在法庭上,当被告人不认罪,律师却坚持做罪轻辩护,然后还振振有词,我是依法独立行使辩护权;相反的也有,被告人认罪,却坚持作无罪辩护,理由也是依法独立行使辩护权。

律师的辩护权是一种私权利,是因委托而产生的权利,真正的辩护权独立性的含义应当是:独立于当事人意志之外的其他权力和因素的干预、干扰,而要绝对忠实于当事人的意志。可是我们有些律师却理解反了,变成了独立于当事人的意志。这样一来,律师把私权利和公权力的作用和性质全部搞混了,某种意义上其职责成了协助司法机关查明案件真相。直到今天,还有很多人,包括律师界的相当一部分人对这个问题还有争论,这就是问题的关键所在。

还有关于律师的保密义务,我们争论了多年,《律师法》终于明确了,《刑事诉讼法》也明确了,但是有人还是不接受,包括公安机关、检察机关,多次找到律师,查律师的代理费要作为赃款予以没收。我搬出《律师法》和《刑事诉讼法》但没有用,他们说你可以保密,但是你不能拒绝作证,不能对抗侦查权。这种说法完全违背法律规定,却依然有人坚持,而律师却无可奈何。

律师的定位不明确,导致一系列问题的产生,也包括律师的管理。现实中律师协会很难发挥作用,一方面律师协会对律师的约束不够,另一方面律师协会对律师的支持也不够。律师出现了很多问题,律师协会没有发声,也发不出声音来,因为律师协会没有独立性。国外的律师协会都是独立的,而我们的律师协会还是"两结合"的管理体制,是非官、非民的状态。律师协会的地位和作用很尴尬,也很微弱。在这种情况下,律师协会对律师的支持和约束作用同样都不够,这也是律师界有时候出现问题难以解决的原因之一。现在我们正在从律师协会的角度不断地强化对律师行业的规范。如果律师行业内部的规范真正明确了、具体了，可以有效发挥作用，很多问题就可以通过行业的约束来加以解决，而没有必要采取更严厉的方式对待。

田文昌：律师协会对律师的管理面临两个方面的问题：一个是支持律师的工作，维护律师的权利；另一个是约束律师的行为，防止违反规则。按照我们通常的做法，首先，分清哪个是主要矛盾，即我们现在究竟应该以支持维权为主，还是以约束打压为主，这是一个问题。我认为，当前的主要矛盾是需要维护律师的权利，因为中国律师地位太低、作用太弱，需要帮助他们提升地位、维护权利。而现状是约束为主，没有以支持为主。其次，任何一种管理都会产生两种结果：当你支持他，他感到了你支持作用的时候，你的管理约束就更容易发挥作用；相反，当你不支持他，只是侧重约束的时候，他会产生抵触情绪，你的管理就更难发挥作用。所以律师行业组织要加强对律师的管理，要在支持律师、维护权利的前提下加强管理，这是要重视的。

《中法评》：下面请您先从客观方面，比如体制和程序方面，分析一下我国法官和律师发生冲突的深层次原因。

田文昌：我简单地概括一下原因。第一个是独立性。审判没有独立性，法官就没有决定权，所以法官就不需要律师，容易发生冲突。第二个是中立性。最重要的是中立性，很多律师和法官冲突就是因为法官位置左偏了，如果法官可以保持中立的地位，律师是不会和他发生冲突的；法官没有中立性，律师肯定要有意见的。第三个是权责一致性。如果一个法官有独立判案的权利，同时又有被追责的风险，就像我刚才谈到的，他一定要倾听律师的意见以保障他的判决能够经得起检验。现在有些法官既不需要倾听，也做不到倾听。第四个是规则明确。因为现在律师和法官，包括检察官，三方素质都是有限的，在这种情况下，开庭时经常出现千奇百怪的问题。在现实条件下，一个最直接的办法就是明确规则。我们曾经提出要建立庭审规则,并在几年前以中华全国律师协会的名义做了一个"刑事案件庭审规则建议稿",提出了五十条规则,给最高人民法院做参考。最高人民法院当时很感兴趣,但是到现在也没有正式出台。如果能尽快制定一个庭审规则,越明确、越具体越好,至少可以在一定程度上缓解冲突,有了规则,大家就按规则办事。

我想如果独立性解决了,中立性解决了,权责一致性解决了,规则明确了,辩审冲突基本上就不会存在了。即使有,也只是个别问题。如果我们找到深层次原因把根本问题解决了,就什么冲突都没有了,所以不必用一种压制、制裁的办法对待律师,那会适得其反。

《中法评》:下面请您从主观的角度分析一下法官和律师为什么会发生这种冲突。

田文昌:我觉得主观原因从根本上分析,可以概括为两个方面:一个是理念有待提升;另一个是规则意识有待加强。现在有一个很大的问题是理念问题差别大,包括在辩审之间的差别,包括个体之间本身的差别都很大。比如前一段我写了一篇关于走出刑事诉讼理念误区的文章,就提到这个问题。到今天为止,法律圈外先不说,我们法律圈内的人,包括学者,对于这个问题的认识还没有完全统一起来,比如无罪推定原则,没有得到完全正确的理解,甚至没有得到完全的认同;疑罪从无的原则,也没有得到贯彻。我们现在提以实事求是代替无罪推定,以不枉不纵代替疑罪从无。我们讲得冠冕堂皇,既不冤枉一个好人,也不放过一个坏人。这毫无疑问是最理想的原则,但是这个原则能不能完全实现呢?这是我们的一种追求,但是有时候实现不了,当出现疑罪的时候,不能做到既不冤枉,也不放过,怎么办?所以才出现了疑罪从无和疑罪从有的争议。可是当我们停留在不枉不纵这个理念上,那就不可能明确做到疑罪从无,如果一定要强调既不枉也不纵,最后出现疑罪的时候,到底是从无还是从有?就会出现双重标准,出现谁有权谁就可以说了算这样的一种结局。

再如打击犯罪与保障人权的关系,也是这个问题,我们原来的《刑事诉讼法》是以打击犯罪为主,现在《刑事诉讼法》有了很大的进步,强调打击犯罪与保障人权并重。但这同样又是个冲突,能不能并重?我们希望并重,但是当出现冲突的时候怎么办?按照马克思主义哲学得抓主要矛盾,按照"毛泽东思想"也得抓主要矛盾,不能两个方面并重;当保障人权和打击犯罪两种价值目标发生冲突,并重不了的时候怎么办?能不能强调以保障人权为主呢?我们的证据真实与客观真实并重也存在同样的冲突。原来强调客观真实,现在进步了,发展成了客观真实与证据真实并重,但是并重不了的时候又怎么办?最后又会导致以客观真实为理由得出主观随意性的结果。还可以说,虽然证据不足,但是实际上确实有罪,那么就可以给他定罪。所以,一系列的理念上的混乱到现在没有解决。我遇到很多案件,包括在最高人民法院我都遇到这样的冲突。对一个重大死刑案件提出十几个,甚至更多重大疑点的时候,我跟法官讨论能不能排除这些怀疑,而法官却跟我说你能不能肯定犯罪嫌疑人没有干这个事,我说我不否认你的怀疑是有道理的,但是首先你要排除我的怀疑,不能排除怀疑你就不能定罪,特别是要"杀"这个人的时候。然而我们永远说不到一块儿去,他的理念就是我不能肯定犯罪嫌疑人没有干这个事。这是很普遍的问题,是疑罪从无和疑罪从有的问题。

同样地,我刚才说的一系列理念,律师本身也没有完全解决,包括前些年最高人民法院收回死刑复核权的时候,我在研讨会上提出死刑复核的目标就是要千方百计找出不"杀"的理由,因为两审都判死刑了,复核时还有必要研究"杀"还是不"杀"的理由吗?所以,只需要找出不"杀"的理由就可以了,找不出来不"杀"的理由才可以"杀"。当场反对我的人很多,包括我们的律师。

随后我同陈瑞华教授到美国去考察美国律师协会制定《死刑案件辩护律师的指派与职责纲要》,得知他们就是千方百计找出不"杀"的理由,只要能找出一点理由就能不"杀"。可是这个问题直到今天我们的认识还很不一致。所以,理念没有解决,一切问题都很难谈起。

另一个就是规则意识。我们的法律人,包括律师在内,普遍缺乏规则意识,当我们都缺乏规则意识,在争相表达自己的诉求的时候,就容易发生冲突。所以我一再强调,明确规则是一个很迫切的问题。多年前我就提出应尽快制定出明确、具体的庭审规则,有规则,才会有标准。

《中法评》:请用比较简洁的话来描述一下法官和律师之间应该是一种怎样的相处状态才是一种良性的、健康的关系。

田文昌:这个问题很简单,就是要有需求,有了需求就正常化了。有需求才能形成法律职业共同体的良性运行。我去加拿大考察,跟当地法官交流的时候,我永远忘不了他们说的这些话:我们依靠律师,任何一个案件,特别是复杂的案件,当事人的律师都是这方面的专家,我们会充分听取律师的意见,律师会把所有的理由、证据和法律依据都讲清楚。我们总结分析律师的意见之后,就会得出一个正确的判断。我们离不开律师,律师是法官最好的助手和朋友。这些话非常打动我,当这种需求产生了,互相依存的关系就形成了。说到底,控辩审三方发生冲突,不存在谁好谁坏的问题,即使三方互换角色也是这样。所以,根本上还是机制运行的问题要解决。

《中法评》:建立法律职业共同体的理念越来越深入人心,我们呼唤更有力的解决方案。请您谈谈在司法改革视野下如何理顺辩审关系?

田文昌:这些问题是环环相扣的,总结起来说,律师与法官关系的良性运转怎么办？一个是实现法律职业共同体的良性运行。要想实现法律职业共同体的良性运行，不可回避庭审中心主义的问题，所以现在又提出这个改革的方向。我认为这个改革是一个很大的举措。庭审中心主义本来是法庭审判活动的题中应有之义，但是，我们法治建设提出来三十多年了，始终是侦查中心。这是个非常重大的转折，庭审中心就是把幕后的审判活动真正搬到台前来，真正发挥审判的作用，这是重大的改变。如果真正实现了，恐怕一切冲突问题都容易解决了。

实现庭审中心，是当前改革所面临最重大，也是阻力最多的问题，我简单概括一下：首先，庭审中心主义可以说是实现司法公正的必由之路，没有庭审中心就谈不上司法公正。出现这么多的冤假错案，这是一个很重要的原因。其次，阳光司法又是实现庭审中心的必由之路，因为任何一种权力的扩大和提升都会带来另一种倾向，就是权力的滥用。多年以来，法院审判从来没有充分拥有过真正的权力，庭审中心一旦实现，其权力必然扩大。于是很多人都会担心，法官的能力、素质、品质能不能驾驭这种权力？这种担心并非多余，但是不能因噎废食，而是应当加强对权力的制约。庭审中心不仅是法院独立，还必须是法官的真正独立，法官独立的实现则必须以加强制约为前提，而其中最重要的制约就是舆论的监督。但是这又涉及舆论左右司法的问题。这个问题也是很重要的，确实曾多次发生过舆论左右司法、舆论"杀"人的现象。但是，这种现象产生的原因不在舆论，而是在司法。舆论就是要说话的，你不让他说不行，舆论监督的作用就是揭露司法腐败。当然舆论也有底线，评论是你的权利，但是不能造谣诽谤，所以我们要有规则。但是不管怎么说必须做到阳光司法，否则以庭审为中心就会走偏，就会误入歧途。

实现庭审中心还有几个必须解决的问题，这就涉及体制了，比如刚才提到了独立司法是庭审中心实现的前提，没有独立司法怎么实现庭审中心？实现不了。再接下来，有效辩护是庭审中心主义的需求，直接涉及辩审关系问题，如果实现庭审中心，法官的权力和责任统一了，法官就需要律师进行有效的辩护，因为如果没有有效辩护，法官没法做到公正判决也没法承担这个责任，所以自然产生了对有效辩护的需求。

再者，完善规则是庭审中心的基础。根据目前控辩审三方的能力和素质，包括各方面因素的影响，没有一个完善明确的庭审规则，法庭审判也会出乱子。我们要尽快确立明确、完善的规则，让控辩审三方都在规则下运行，所以规则是庭审中心主义实现的基础。

最后一个最重要，也是最难解决、最敏感的问题，那就是侦控审三机关的科学定位，这是庭审中心原则实现的制度保障。这个问题说起来可能比较敏感，但是我认为如果不解决，庭审中心很难得到真正的实现。比如公诉机关对审判的监督权，如果检察机关的监督权可以延伸到法庭上，那么庭审中心不可能实现，法官被控诉方看着，没有独立可言。从诉讼规律来讲，真正的监督权不是延伸，而是应当前移到侦查阶段。在司法审判的真正良性运转中，有效的监督应当是指导侦查、监督侦查。

接下来是检察机关的侦查权力。检察机关的侦查权力理应分离出去，成为独立的机构，而现在侦查权在检察机关，违反了侦控分离的原则。更重要的是，由于检察机关有侦查权，包括对法官犯罪的侦查权。实践中已经出现大量的案件，法官判决如果违背了公诉人或者公诉机关的意志，就会因此而被调查。这种威胁是非常可怕的，这是对司法公正的威胁，是公诉权对审判权的一种冲击。

再接下来是监管权。刚才也提到了看守所，现在公安部监管局费了这么大的力气，下了这么大的决心，确实对解决问题起了很大的作用，但是从根本上还是不行，因为违反了关押和侦查相分离的原则。今天如果我们真正提出庭审中心原则或者庭审中心主义的话,这个问题就应该提到议事日程上。

这些问题真正解决了才能够对庭审中心主义的实现形成一个制度性的保障,它们是实现庭审中心主义无法回避的问题。而如果这些问题解决了,法律职业共同体的问题也就迎刃而解了。法律职业共同体的良性运行解决了,控辩审三方的关系,特别是辩审关系也就自然理顺了。当然这个问题说起来容易,做起来难,但是我觉得愿景首先要提出来,然后再来想办法实现。

关于"扰乱法庭秩序"，
田文昌告诉你如何申诉维权^{*}

法案君：《刑法修正案（九）》第三十七条规定，将《刑法》第三百零九条修改为："有下列扰乱法庭秩序情形之一的，处三年以下有期徒刑、拘役、管制或者罚金：（一）聚众哄闹、冲击法庭的；（二）殴打司法工作人员或者诉讼参与人的；（三）侮辱、诽谤、威胁司法工作人员或者诉讼参与人，不听法庭制止，严重扰乱法庭秩序的；（四）有毁坏法庭设施，抢夺、损毁诉讼文书、证据等扰乱法庭秩序行为，情节严重的。"对于这一修改，您作如何评价？

田文昌：从字面上看，《刑法修正案（九）》三十七条没有太大的问题。在我看来，主要是该条款的立法背景有特殊性，应该说是一种"情绪性立法"，可以说是针对律师和法官的冲突所形成的。

在正式出台前，条文中第（四）项并不是目前列举式的表述，而是用"其他"二字进行了概括性的表述。在大家极力反对下，这一条款做了修改，把"其他"改成了现在这种列举式的表述。

把"其他"这种概括性表述做了一定的限定，这有一定的严谨性，对法官可以随意认定律师法庭行为的权力进行了一定的

---

* 本文载于"法案聚焦"微信公众号，2015年9月23日发表。

限制。

目前大家对这一条款的担心主要是，法官有权认定律师在法庭上扰乱秩序，那么，法官是否会滥用这一权力？从目前的司法实践来看，有些时候法官在庭审过程中并不是严格依照法律来主持庭审，而个别法官的业务素质和人格素质确实比较差，由此，个别法官可能利用掌握的公权力优势打压律师，或者在受到各种权力干预影响的情况下，利用这种权力打压律师。

那么，现在《刑法修正案（九）》已经出来了，总体来讲，律师可以在法庭上正常地表达诉求和观点，可能产生问题的还是个别法官是否会利用《刑法修正案（九）》赋予的这些权力来限制律师，从而造成滥用权力的行为。

对于律师，我的建议是，若遇到法官滥用权力，一定要保持冷静。

法案君：如果律师在法庭上遇到法官滥用权力，律师应当如何申诉？

田文昌：问题就在这里，如果出现这种情况，会比较难办。唯一的办法是要求法庭同步录音录像，这是最重要的监督机制和保护措施，必要时只能通过录音录像来解决这个问题。我也提出过，这种问题出现以后，当事法官不应该利用权力干涉调查，应当通过律师协会来处理问题。单纯由法官去处理是不合适的。

法案君：律师有解决这个问题的先例吗？

田文昌：没有，现在只能提出，必要时可以调取录音录像，看到底是不是扰乱法庭秩序。

我就遭遇过这种情况。应该是在十几年前，我和10位律师在河北省某市法院开庭，在遭遇了严重不公平待遇后，我提出退庭。那次的具体情况是，在法庭上，法官严重限制律师发言。严重到什么程度？律师什么都不能讲，举手就被制止，而且态度极其粗暴。极大地打压了律师，应当说是法官严重限制了律师的辩护权。我三次提出要发言,三次被制止,一句话都不让说。到最后,我忍无可忍,最终提出退庭。结果,法官当庭就要把我带出去,要给我戴手铐。后来,这件事情闹得非常大,最后由最高人民检察院、最高人民法院、司法部三家领导观看录音录像。但是,法院在录音录像上做了手脚,剪辑了录像,把他们一些错误做法剪掉了。问题是,不管如何剪辑也无法制造出律师违反法庭秩序的画面。最后,这件事通过录音录像解决了,涉事法院受到了批评,没有批评处理律师。

虽然出现过这种情况,但是在现实中,如果其他律师遇到这种情况是不是都能做到这一点,能不能像我们这么冷静地处理问题,在法官严重剥夺律师权利的情况下,是不是所有律师都能很冷静地克制,让别人找不到毛病,这是最大的问题。

所以,我认为,在法庭上遇到法官滥用权力的情况,律师一方面要全面调取录音录像,另一方面还是要尽量克制自己。律师应该在条件对自己不利的情况下严格要求自己,理性地、有策略地处理这个问题,要能够尽最大努力,在最大程度上保护自己的权利。

法案君:近十年来,在法庭上,法官压制律师说话权利这种情况多吗?

田文昌:这些年,这种情况可以说是愈演愈烈。所以说,现在这种情况对律师是不利的。

辩审冲突升级,有很多原因。其中一个原因就是法官在审判中失去中立性,审判不中立,剥夺律师的辩护权。造成这种现象的原因是多重的,我认为,其中最重要的原因是权力干预,还有一个就是司法不公开,另外还包括法官素质等原因。

最关键的问题是,个别法官对律师的辩护表现出一种排斥态度。

我们一直在说法律职业共同体,但为什么不能实现?根本的原因是没有需求。当法官独立审判了，责权分明了，既要维护司法公正，还要避免产生错案追究问题，在这种情况下就需要律师了，因为离开律师的辩护就难以作出公正判决。当法官需要倾听律师的声音，需要做到兼听则明，这样法官就希望律师发声。如果不需要律师发声，法官已经先入为主了，或者怕律师发声影响既定的认识，当然会排斥律师。

前些年，法官既不怕被追责，有时候又不把司法公正作为第一位考虑时，尤其在受到很严重的权力干预时，法官是排斥律师的，不仅不需要律师，还害怕律师妨碍法官的活动，有些法官就明确跟我说过："你千万不要再辩了，你说得越有理，越不好判。"在这种情况下，律师说得越多，越有力度，就越妨碍法官的既有判决，法官当然会排斥律师，辩审双方不是互补的关系，不是需求的关系，而是排斥和妨碍的关系。

这就形成了权力干预的恶果。一旦权力干预严重，律师的辩护就没有价值，甚至成了负价值。

法案君：现在，中央在大力整治权力干预司法的现象，对此，您怎么看？

田文昌：现在中央政法委的文件和几次司法改革的力度确实很大，而且特别是在遏制干预司法的问题上提出台了很多具体措施，包括前段时间最高人民法院出台了一个文件，其中明确规定了干预司法的行为应如何上报，如何处理。这些非常有操作性的规定是值得肯定，令人欣慰的。但是，在现实中，这些问题却很难得到落实，这就是积重难返的问题。在落实中央政策时，一些地方没有人敢记录，没有人敢抗拒。难以落实，难以执行。

文件已经下达了，但是在具体的落实上还要加强，一定要从监督机制、保障机制上入手抓落实。

中国的整个立法和司法最大的问题是，缺少保障性机制，或者救济机制，这是最大的问题。落实不了，就等于"纸上谈兵"。

田文昌律师做客央视，谈"刑讯逼供，能否就此打住？"[*]

2017年6月27日，最高人民法院、最高人民检察院、公安部、国家安全部、司法部联合发布《关于办理刑事案件严格排除非法证据若干问题的规定》，当天田文昌律师参加央视"新闻1+1"栏目制作的专题——"刑讯逼供，能否就此打住？"解读该规定，与主持人白岩松展开讨论。

白岩松：为什么加上"严格"两个字？是过去一直执行得不严格，还是呼格案等案件提示我们这样的问题很严重，必须严格？

田文昌：问得非常好，实际上就像你说的这个样子，2010年出台了关于排除非法证据的规定，2012年随着《刑事诉讼法》的再次修改，把它纳入《刑事诉讼法》规定的内容当中去了。但是，这么多年来，可以说，排除非法证据的实现程度非常低。那么，每一个法律人心里头都是有数的。排除的比率是非常低的，在这种基础上，正是因为走不下去，才提出了现在的规定。为什么叫"严格排除非法证据若干问题的规定"？就是因为过去不够严格。可以说，这个规定是法律界千呼万唤始出来的一个

---

[*] 本文来源于2017年6月27日央视《新闻1+1》。

结果。

白岩松：接下来其实大家一定会关注这样一个问题，既然加入了"严格"两个字，请问通过这样一个若干问题的规定，我们怎么看出来严格了？也就是说，它的亮点在哪里？怎么能体现这种严格？

田文昌：这种严格，如果说只是体现在要求严格的话，那往往会流于空谈。那么，这个严格的主要体现在规定本身，对于非法取证的表现形式更加具体、更加明确化了。具体而言，这个规定的主要的亮点，也可以说有价值的几点集中体现在前六条上。

比如，第一条"严禁刑讯逼供和以威胁、引诱、欺骗以及其他非法方法收集证据"，这里要强调的是威胁、引诱和欺骗，这三个问题直到现在还有争论，有些观点认为威胁、引诱、欺骗很难加以排除和界定。这次把它明确认定为了属于非法收集证据的一种手段，这是一个比较突出的问题。

第二条更重要，"采取殴打、违法使用戒具等暴力方法或者变相肉刑的恶劣手段，使犯罪嫌疑人、被告人遭受难以忍受的痛苦而违背意愿作出的供述，应当予以排除"。这点重要之处在于，我们可以看到联合国禁止酷刑公约里面提到了使人难以忍受、遭受痛苦的方式。为什么要这样表述？过去在这个问题上非常模糊。就是得打，就是得折磨，大家都知道的"冻、饿、晒、烤、熬"这个五大方法，还有罚站、罚跪、坐老虎凳，等等，这些都没有打你。现在规定了，只要是遭受了"难以忍受的痛苦"，这可以叫"痛苦原则"，导致"违背意愿作出了供述"，这叫"自白任意性原则"。只要有这两条，就囊括了各种变相非法取证的，变相刑讯逼供的行为。（这）是非常重要的一条。

白岩松：等于根据现实中存在着这种情况，非常对症下药地，你别光说你没打，但是你采用了其他的方式让他遭受了难以忍受的痛苦，在这种基础作出的供述也是非法证据。

田文昌：你把它概括出来了，这样的话，就堵住了一些借口。再接下来，还有一条可以说更为重要。第三条，"采用以暴力或者严重损害本人及其近亲属合法权益等进行威胁的方法"，这招更厉害。在以往发生的刑讯逼供或者非法取证里面，有的时候，有些被告人坚决顶住了刑讯逼供，但是一旦以老婆孩子相威胁，说把你老婆孩子抓了，你老婆孩子有病不给治了，等等，一旦出现这个问题，被告人的心理防线基本全都垮了。（**白岩松**：其实这是另外一种暴力。）这是杀手锏。这个暴力有的时候比直接使用那种暴力作用还强烈。所以这一次能够把这个问题，用专条加以规定，应当是比较重要的。

再接下来比如第四条，"采用非法拘禁等非法限制人身自由的方法收集的犯罪嫌疑人、被告人供述，应当予以排除"也是一个比较明确的规定。

第五条就是你刚才谈到的重复性供述问题，但是重复性供述有一个不足之处，我们这里有两条例外，即侦查期间更换侦查人员的，或者在审查起诉期间告知权利的。

白岩松：我明白您的意思，这意味着既然有这两条例外，就有可能利用它成为一个漏洞。

田文昌：留了一个口子。在研究的时候，我坚持了一个观点。（**白岩松**：因为您参与了这个过程。）这个例外怎么留，我的观点是只能留在法庭审理阶段。因为法庭审理阶段是控辩审三方同时在场，公开进行的，这个时候给你权利，你应当来说。但是在法庭审理之前的几个阶段，很难证明他是不是消除了这个威胁，这是不好说的。

第六条的一个亮点，对证人和被害人的非法取证问题，这次也明确规定下来了，也可以排除。

白岩松：其实就是更细更严，"上有政策下有对策"，针对你的对策形成了新的政策，这样的话，就很难突破了。

田文昌：一定程度上堵住了一些漏洞。

白岩松：要想凭借这样的一个规定让非法取证、刑讯逼供等所有的东西真的从我们生活中消失，光靠一个文件是不够的，它只是一个方向，接下来需要方法。第一个，怎样去更好地维护律师的这种司法权利，让他真正能够帮助他的当事人，能够不被非法采集证据。您怎么看待这一点？

田文昌：其实有一个很重要的原则，我一直在强调：没有律师就没有法治，没有律师就没有司法公正。但是，这些年来我们中国律师的地位和作用，仍然不尽如人意。那么在落实《关于办理刑事案件严格排除非法证据若干问题的规定》的过程中，如果再不加强律师的作用，恐怕还会流于空谈。所以，我一直认为在这个问题上必须充分重视律师的作用，充分发挥律师的作用。

白岩松：当事人有的是不懂，有的是不敢，但是只有律师才能更好地维护他的权利，这需要一个律师能够充分发挥作用的司法环境。接下来第二个问题，针对非法取证包括中间有很多细节，侦查机关有可能出示非法证据，须本人到法庭，检查相关机关是否出具单位证明；另外，检察机关要询问到底有没有非法取证。您觉得这一系列的方法能不能让我们真正地严格，并且彻底地让刑讯逼供从我们的司法环节当中消失。

田文昌：实际上包括两个大的方面。第一个是规定本身还要进一步严格，我们的规定虽然有了很大的进步，但还是不够彻底，有些规定，比如在看守所外讯问的问题，如果做合理解释就可以有效，这都是不彻底的，留有余地的一些规定。比如全程同步录音录像必须完整提供的问题，在规定里还没有得到彻底的落实。

白岩松：可能外行看不懂，在这个规定里，我明确看到了有涉及比如无期徒刑、死刑的案件，所有的审判过程都必须全程录音录像，而且不能够有任何中断。

田文昌： 但是在现实当中，比如他说，我这一次取证是完整的，但如果一百次中有一次没有拿出来，没拿出来的那一次就可能出现刑讯逼供的问题。所以，录音录像必须一秒钟都不少，才能反映真实情况。必须是全过程，一个都不能少。但现实当中，录音录像经常是断章取义。

白岩松： 您觉得这次规定向前迈了很大一步，接下来应该有更严格的一些细则和执行的东西？

田文昌： 应当有。不仅要有，而且在落实的时候，还要有保障措施。在落实过程中，肯定会出现这样那样的问题。那么当事人、律师提出申诉、提出异议的时候，怎么办？应当有专门的机构来解决这个问题。还有一个非常重要的问题，在排除非法证据的时候，非常重要的一点，就是必须在庭审当中进行，在公开审判当中必须有媒体关注。

白岩松： 我明白，必须有媒体监督才行。

聂树斌案复查，从保障律师权利开始[*]

3月18日，央视新闻频道《新闻1+1》节目就聂树斌案复查这一新闻话题连线北京市京都律师事务所名誉主任、中华全国律师协会刑事专业委员会主任（现任顾问）田文昌律师，田文昌律师对此进行了深入解读。

解说：案发二十年之久，纸张已经发黄，部分已经开裂，聂树斌案代理律师首次获准可以完整阅卷！

聂树斌案代理律师李树亭：应该说是超乎我们的预期了。

解说：侦查卷、一审卷、二审卷，加起来不足300页的案卷能不能还原聂树斌案真相？

聂树斌案前申诉代理律师刘博今：我们要仔仔细细阅读全部卷宗，从中梳理出整个案件的来龙去脉。

解说：聂树斌案复查结果即将公布。

主持人董倩：晚上好，欢迎收看正在直播的《新闻1+1》。

今天我们的节目从一张照片说起。这张照片拍摄于3月17日，也就是昨天。拍摄地点，山东省高级人民法院，这个普通的房间是山东省高级人民法院的阅卷室。我们可以看到，背对镜头坐的这一排是山东高级人民法院的工作人员，面对镜头坐的中间

---

[*] 本文来源于2015年3月18日央视《新闻1+1》。

这位是聂树斌的老母亲，旁边是聂树斌案复查期间的两位代理律师。那么他们要做的就是要查阅聂树斌案的卷宗。

昨天的这一幕被很多人认为是值得载入史册的，因为这是自聂树斌案以来，律师第一次能够阅读到关于这个案件的全部的卷宗。

那有人就会说了，律师看卷宗，这本是律师的题中应有之义，为什么还会引起这么多的关注呢？今天，我们就首先来关注一下，昨天在这个山东省高级人民法院的阅卷室里面，到底发生了一些什么？

解说：一张桌子，几把椅子，本是一个普通而平常的法院阅卷室，却因为一份案卷的出现而带来一些特殊意义。昨天，山东省高级人民法院二楼的阅卷室里，聂树斌的母亲张焕枝在会见记录上签字并按下了自己的手印。这一刻，她已经等了十年。

聂树斌母亲张焕枝：我到那办了手续，就直接到那个房间里，我的两个律师都在那工作，我亲眼看到律师手里拿着卷，这一下我放心了。

解说：原本以为只能看到聂树斌案案卷的张焕枝没有想到，山东省高级人民法院还为他们准备了另外的资料。

张焕枝：我去了以后，孟庭长给我谈了一些事情并介绍说"今天都正式让你的律师能看到卷，能拿到卷，这四种卷，一共十七本"。

记者：你们到那去的时候，这些卷已经准备好了？

张焕枝：对，山东省高级人民法院都已经准备好了。

解说：除了聂树斌案三本卷宗之外，昨天，聂树斌案的两位代理律师，还同时被允许查阅王书金案的八本案卷，此外还有河北省高级人民法院复查的案卷三本，以及河北省联合调查组的复查案卷三本。面对这些资料，聂树斌案申诉代理律师陈光武在自己的微博中直言感谢，在他看来，河北省高级人民法院、石家庄中级人民法院以及河北省公安厅提供的六本调查卷，任何机关都可以作内部资料处理不予公开，没想到山东省高级人民法院竟"全盘托出"。而另一位申诉代理律师李树亭，也同样感到意外。

聂树斌案申诉代理律师李树亭：说老实话，之前虽然我们向山东省高级人民法院申请、调取并允许我们查阅、复制王书金的案卷，但从心里说是不抱太大的希望。这次不仅让我们查阅、复制了王书金的这八本卷宗，同时还让我们查阅了其他的六本卷宗，应该说是超乎我们的预期了。

解说：复印、拍照，两天的复制案卷工作，今天下午全部完成。作为聂树斌案的申诉代理律师，李树亭把阅卷权的实现，视为"决定案件走向的关键"。

李树亭：下来之后我们要仔仔细细地阅读全部的卷宗，从中梳理出整个案件的来龙去脉，尽最大限度复原聂树斌案的真相，之后我们会提交一个比较完备的代理意见给山东省高级人民法院，然后我们就等待山东省高级人民法院复查结论。

解说：就在今年全国两会期间，全国人大代表、山东省委政法委书记才利民向记者透露说，聂树斌案已经交由山东省高级人民法院复查两个多月，结果两会后将见分晓。让我们，一起等待。

董倩：从昨天到今天，在山东省高级人民法院的一间普普通通的小的阅卷室里，虽然没有对媒体开放，但是里面发生的一切，都牵动着外面所有人的心。

那么最大的看点，就是因为此次阅卷的范围超出了预期，我们看为什么说是超出了预期。这一次两位律师能够看到的一共是十七本卷宗，那么律师本来以为就只能够看到聂树斌案的三本卷宗，但是没有想到，这回他们同时也看到了王书金案的八本卷宗，最值得一说的是，还看到了复查卷，也就是河北省高级人民法院和河北省联合调查组的复查卷六本，加起来是十七本卷宗。

其实，针对这六本复查卷，对于高级人民法院来说，是可公布，也可完全把它作为内部资料不公布的，但是这一次也把它全盘公布了出来。

很多人说山东省高级人民法院的这次做法值得称赞。但是与此同时，也有人说，律师看卷宗这是题中应有之义。那么接下来，我们就连线一位专家，中华全国律师协会刑事专业委员会田文昌主任。

田主任，首先我想听听您的看法，因为这次两位律师都这样说，说阅卷范围超出预期，您认为就是他们看的这十七本卷宗，有没有超出您的预期？

田文昌：应当这样说，他们说的没错，是对的，是一个客观事实，但是如何认识这个问题，恐怕不这么简单。

首先，申诉代理当中，阅卷问题过去在法律上就比较模糊，没有明确的规定，那么申诉代理当中律师的作用也受到一定的限制。而这次十八届四中全会的决议里面非常清楚、明确地规定了，律师可以代理申诉案件，那么应当说，律师代理申诉案件这种权利本身就意味着他有当然的阅卷权，这一点是十八届四中全会以后明确规定的，是一个进步。

接下来，律师谈到阅卷的范围超出了预期，这也是一个事实。为什么这样讲呢？过去确实有一种内卷、外卷之分，我也遇到过，比如说法院内部的卷律师是看不到的。那么这次能够不分内外都让律师看了，这是一个很重大的进步。但是，严格地说，从诉讼理念和诉讼原则来看，律师阅卷，确实所有的卷宗律师都应当有权利看到，因为它是体现律师充分行使辩护权的一个必要的条件。试想，如果律师不能全面看到卷宗的内容，他怎么可能去全面地行使辩护权呢？

董倩：田主任，有人说，这一次山东省高级人民法院之所以采取这样的一种方式，把所有的卷宗都公开，有没有这样的一种因素在里面，就是因为这件事情是特事特办，有上级的要求，还有舆论给的这种压力，您怎么看？

田文昌：我觉得可以这样理解，确实有一个比较大的突破，但是我非常欣喜地认为，这个突破会给将来的律师阅卷问题开一个好头，因为意味着律师阅卷就应当具有全面阅卷的权利。

董倩：好，谢谢您，田律师。这一次两位律师表达着他们的感受，就是觉得超出了他们的这种预期。那么也有人觉得，这是不是一惊一乍？绝不是这样的。因为聂树斌案的律师，从他们代理申诉开始，十年的时间，就一直要求阅读全部的卷宗，但直到昨天他们的申请才得到满足，那么我们不妨回顾一下，在过去这十年，究竟都发生了一些什么？

解说："刚从山东高院出来，查阅了聂树斌的全部卷宗"这是昨天中午，聂树斌案的代理律师陈光武发布的一条微博，这条名为"为山东高院点赞"的微博，被放在了置顶的位置上。

聂树斌母亲张焕枝：从我请的第一位律师开始一直到现在的律师，每位律师都要求阅卷，但是河北省高级人民法院没有给出明确的答复。每次见到法官，都会说许多理由不让律师阅卷。

解说：聂树斌案，已经过去了二十年。从2005年开始，聂树斌的母亲张焕枝便开始了漫长的申诉之路。十年过去了，聂树斌案的申诉代理律师们，一直在申请能够查阅聂树斌的案卷。

聂树斌案前申诉代理律师刘博今：昨天两位律师终于见到了卷宗，我感到很激动，很高兴。

解说：刘博今是代理过聂树斌申诉案的诸多律师之一，代理的时间是从2010年5月到今年年初。他说，在近五年的时间里，他本人申请阅卷超过五十次，但最终都没能实现。

聂树斌案前申诉代理律师刘博今：比如电话答复的时候，说我们请示一下领导吧，你这个意见的确现在我们也不好作主。我说那明天能给我答复吗？他说过几天吧。接下来，我第二天或第三天还要打电话问领导有没有答复,然后继续追问,每次都会不厌其烦地追问,实际上这些办事人员会把我们的信息反映到院长或者相关部门,我们知道这样无数次去追问,肯定会有结果的。

解说:除了电话申请,刘博今也提交过十几次书面申请。为了提高成功率,他也做了各种各样的尝试,比如在网上公开书面申请,阐明理由,同时还在每一次提交申请时都写上新的内容。

聂树斌案前申诉代理律师刘博今:每次内容都不一样。

记者:都没有得到过任何的回复是吗?

聂树斌案前申诉代理律师刘博今:对,任何部门没有回复过一个电话、一句话。

解说:为了得到答复,刘博今和其他代理律师也曾多次前往河北省高级人民法院,当面提出申请阅卷。

聂树斌案前申诉代理律师刘博今:我们去河北省高级人民法院,河北省高级人民法院的立案庭庭长就给我们专门做了一个解答,我们互相讨论一个多小时,最后不了了之。

记者:他的解答是什么呢?

聂树斌案前申诉代理律师刘博今:他说没有直接规定。想要搪塞我们。

解说:刘博今表示,自己此前在全国各地要求阅卷都基本上很顺利,并没有碰到过像聂树斌案这样多次被拒绝的情况。

聂树斌案前申诉代理律师刘博今:我们申请查阅卷宗是我们的权利,并且是一个很占理的事情。

解说:去年12月12日最高人民法院指令山东省高级人民法院异地复查聂树斌案。在今年的"两会"上,全国人大代表、山东省高级人民法院院长白泉民向媒体表示,山东省高级人民法院会保障律师阅卷权,在该案复查结束前,一定会安排律师阅卷。昨天,聂树斌案的完整卷宗,终于出现在如今代理聂树斌案申诉的两位律师面前。

董倩：二十年了，我们接下来用最粗略的线条，简短地回顾一下这二十年都发生了什么。首先，事故发在1994年，聂树斌因为涉嫌故意杀人、强奸妇女被抓，1995年，他被判处死刑。又过了十年，出现了一个王书金的人，他说聂树斌案的被害人是他杀的，很快河北省高级人民法院就表态，说要对这个案子进行调查。调查了八年半之后，河北省高级人民法院裁定王书金并非聂树斌案的真凶。那么2014年的12月12日，最高人民法院指令山东省高级人民法院对聂树斌案进行复查，昨天聂树斌的代理律师首次获准查阅该案完整的卷宗。

其实我们要关注的是从什么时候开始这个案子真正走入人们的视野？也就是从2005年王书金出现，一案出现了两凶。从2005年到昨天，整整十年还要多一点的时间，律师一再要求要看这个整个案子的卷宗，但是这个事情一直没有被满足。

十年的时间，最终才看到案子的卷宗，这虽然来得有点晚，但是毕竟开启了程序正义的最关键的一步。接下来我们继续连线田主任。田主任，您看十年的时间，律师要阅卷，不让看，这对外界来说，会有一种什么样的猜想和想象？

田文昌：其实从法律规定来讲，确实过去规定比较模糊。但是不管怎么模糊，从司法原理和原则来讲，只要律师代理案件，阅卷权是当然的权利。其实这涉及的根本问题是，独立司法和阳光司法的问题。司法的独立性公开性体现在什么地方，一个是法院有独立的审判权，另一个是如何体现阳光下的司法。这么多年来，我们之所以有很多问题得不到解决，包括阅卷权问题，实际上是因为没有做到阳光下的司法。

事实上，如果能够在充分保障了律师的会见权、阅卷权、调查权，充分发挥律师辩护作用的情况下去进行司法活动，这在很大程度上就体现了阳光下的司法。如果是司法公开性得到了保障，不管结果怎么样，都容易得到全社会接受和认可。相反如果没有阳光下的司法，总是背着阳光暗箱操作，即使判决没有问题，社会公众也会质疑，这是一个很严肃的问题。

董倩： 我们看这十年期间，律师换了一拨又一拨，然而他们所做的工作就是两个字，申诉。但是如果律师，他看不到整个案子的全部卷宗，能不能去申诉？

田文昌： 他根本无法行使他的辩护权。死刑复核问题也一样，一直存在着律师阅卷权、会见权的障碍问题。值得欣慰的是，不久前最高人民法院做出了一个明确的规定，明确了死刑复核案件的律师有阅卷权了。

所以，可以说聂树斌案付出的重大代价背后所带来的一种推进。我相信，通过聂树斌案以后，给律师代理申诉案阅卷权的问题开了一个好头，也会得到进一步的解决，这是我们大家所期待的。

董倩： 田主任，我们简短地比较一下，不管这回山东省高级人民法院对聂树斌案的复查到底是一个什么样的结果，聂树斌案原来的审判到底有没有问题，采用这样的一种方式，和以前原来的那种方式相比，会有什么样的不同？

田文昌： 这是一个很大的改进，很大的进步，我认为我们应该充分认识到这一点，从现在做起，从聂树斌案的阅卷开始，进一步加强司法的公开性，进一步加强律师在辩护当中发挥的作用。

董倩： 好，田律师，稍后我们继续有问题请您解答。聂树斌案的律师们阅卷难，是律师群体所遇到的一个问题的缩影。在现实中，除了阅卷之外，律师还有哪些权利是需要得到保障的？我们继续关注。

解说： 会见难、阅卷难、调查取证难，曾被律师们称作是"三大难题"，也给律师行使自己的辩护权利带来了影响。

去年，在党的十八届四中全会通过的《中共中央关于全面推进依法治国若干重大问题的决定》(以下简称《决定》)中,就强化了诉讼过程中当事人和其他诉讼参与人的知情权、陈述权、辩护权、申请权、申诉权的制度保障。而保障好律师执业权利,也被舆论称为是落实十八届四中全会《决定》的重要内容,是一个国家法治文明的重要标志。

近年来,随着《刑法》《民法》《刑事诉讼法》和《律师法》的先后修改实施,律师在诉讼中的职能定位越来越清晰。特别是刑事诉讼法的修改,其中共有 26 条涉及辩护制度,明确了律师在侦查阶段的辩护人身份,让律师在会见、阅卷和收集证据等方面的权利得到保障。

去年 12 月,最高人民检察院下发了《最高人民检察院关于依法保障律师执业权利的规定》(以下简称《规定》),这是最高人民检察院时隔十年,第三次下发文件,就保障律师执业权利作出部署。这个《规定》对检察机关依法保障律师六项权利作出了明确规定,包括在刑事诉讼中的会见权,阅卷权,申请收集、调取证据权,知情权等,明确检察机关办理直接受理立案侦查案件,除特别重大贿赂犯罪案件外,其他案件依法不需要经许可会见。会见时,检察机关不得派员在场,不得通过任何方式监听律师会见的谈话内容。《规定》强调,检察机关要切实履行对妨碍律师依法执业的法律监督职责。律师认为公安机关、人民检察院、人民法院及其工作人员阻碍其依法行使诉讼权利,向同级或者上一级检察机关申诉或者控告的,检察机关要在受理后十日以内进行审查并答复。

就在今年 2 月 4 日,最高人民法院发布了《最高人民法院关于全面深化人民法院改革的意见——人民法院第四个五年改革纲要(2014—2018)》,这个指导着未来五年法院改革的重要文件,包括 7 个方面、65 项改革举措。其中,十次提及了"律师"一词。包括完善律师执业权利保障机制,强化控辩对等诉讼理念,禁止对律师进行歧视性安检，为律师依法履职提供便利，依法保障律师履行辩护代理职责，落实律师在庭审中发问、质证、辩论等诉讼权利等。

董倩：十八届四中全会明确提出"依法治国"，对于律师权利的保障，我们刚才通过短片看到，出台了很多规定，很多部门也对这个问题重视，但现在的问题就是，田主任，这几个字，怎么落实？

田文昌：这个问题提得非常好，可以说十八届四中全会以来，对保障律师权益，对保障司法公开公正的措施提出了一系列非常有价值的设想和决议，应当说十八届四中全会以来提出的这些问题都是空前的，在中国法治界这三十多年来，从来没有这么集中、这么有力度。

但是问题在于，到目前为止，这些提议执行起来，推动起来，还有相当大的阻力，速度还很慢。那么我认为有两个最直接的问题，一个问题是理念的转变，到目前为止，很多问题在理念上、在认识上仍然没有转变，就是律师究竟是做什么的？

董倩：谁的理念要转变？包括公众吗？还是其他人？

田文昌：包括公众，更重要的包括公检法机关，公检法机关如果把律师当成朋友，如果法官把律师当成助手或者朋友，离了律师就无法作出公正裁判，那么这个时候，律师就是法律职业共同体必要的成员。但是相反，如果把律师当成一种异己的力量，妨碍你进行刑事诉讼活动的一种职业和个体，这就有问题了。所以这个理念不转变，就很难在具体措施上得到落实。

董倩：这是理念的转变，还有呢？

田文昌：另一个问题，也是更重要的问题就是措施的落实。从《刑事诉讼法》修改到现在，我一直提出一个问题，就是救济手段欠缺，或者叫保障性条款不足。就是说我们要求给这样的条件，要求这样的禁止，要求这样的需求，但是如果司法机关或者司法人员违反了这些规定的时候,或者他们剥夺了限制了律师权利的时候,律师投诉无门。没有明确的法律条文来保障,比如律师会见受到阻碍了,律师阅卷受到阻碍了,律师在法庭上辩护权受到阻碍了,律师被逐出法庭了遇到这些情况怎么办,没有相应的法律条文规定。

如果落实这些问题,必须有相应的法规条文或者政策条文,或者有司法解释来加以约束,一旦出现这些问题,那么律师的权利如何得到保障以及相应的法律后果,包括侦查起诉或者审判活动是否有效,要有明确的规定,才能把保障律师权益,进而保证司法公正的问题真正落到实处。

董倩:非常感谢田主任,今天我们关注的是聂树斌案的律师能够正常阅卷了,不仅被告人的权利要得到保障,律师的合法权利也要得到保障。

田文昌律师做客央视：
连刑讯逼供都不能正视，避免新错难[*]

司法案件的纠错在这几年的时间里，已经由最初的特大新闻变成了常态新闻，人们的这种惊奇感已经不像以往这么大了。但是，从吉林省高级人民法院传出的关于刘忠林案的再审宣判还是让人感慨万千。为什么呢？因为这个宣判距离该案再审已经过去了六年，而距离当事人背负故意杀人罪已经过去了二十八年，当他被宣判无罪的时候他已经刑满出来两年多了。

2018年4月20日，中央电视台《新闻1+1》栏目制作专题"案件纠错，也要跑'马拉松'吗？"并邀请了中华全国律师协会刑事专业委员会的主任田文昌作为嘉宾参与节目讨论。

以下内容根据田文昌律师与央视主持人白岩松的节目现场对话整理。

一、对话一

白岩松：田主任您好。

田文昌：您好。

---

[*] 本文来源于2018年4月20日央视《新闻1+1》。

白岩松：关于刑讯逼供，再审宣判的时候并没有被认定，当然也解释了为什么没认定，您接受这个解释吗？您怎么看待这一点。

田文昌：可以这么说，判决书的解释反映了一种难言之隐，因为时过境迁后，要想认定这种刑讯逼供的事实确有难度。但是，任何人都会想，这么一个案子，判刑这么重，申诉了这么多年的一个认罪的案件，当初为什么认罪？别说是法律人，法外人也难以相信他是自愿认罪的，所以可以说这个判决是个不彻底的判决。

白岩松：但是因为时间太长，比如说相关的证人甚至有的都已经离世了，相关的证据已经不见了，您觉得这个时候大家期待能够追责会不会也万分艰难？

田文昌：追责很难，但是毕竟你要查，至少可以去调查，不应当封住这个口，把刑讯逼供否认了，把程序违法也否认了，那既没有非法取证又没有程序违法，这么大个案子凭什么"翻"过来？就根据口供定罪就"翻"过来了吗？不是这么简单。

白岩松：嗯，接下来您觉得这个刘忠林获取国家赔偿会很顺利吗？

田文昌：赔偿我估计不会太难，因为这只是个数量大小的问题。按照赔偿法，他应当获得赔偿，但是这个赔偿对他来讲，实在是太晚了。

二、对话二

今天，从刘忠林入狱到获得无罪判决，二十八年已经过去了。而这场被舆论称为"马拉松"式的再审，能随着这一纸宣判，划上句号吗？

白岩松：继续连线中华全国律师协会刑事专业委员会主任田

文昌。田主任,您看,《刑事诉讼法》上都明确地规定,再审期限最多六个月,但是一下子就拖了六年,那这样的《刑事诉讼法》还有什么用呢?您怎么看?

田文昌: 这种现象充分反映了申诉纠错过程的艰难,这是个很现实的问题。但是,我觉得这还不是真正难的问题,更难的问题是申诉立案的艰难。这么多年来,我们《刑事诉讼法》规定申诉的权利非常广泛,申诉的门槛很低。但是现实当中,申诉立案可以说堪比蜀道之难,难于上青天。这是当前亟待解决的非常重大的问题。

白岩松: 这您谈到了一个难,但从某种角度来说刘忠林应该已经很幸运了。

田文昌: 对,他已经算非常幸运的人了。

白岩松: 您怎么看待在这个过程当中律师讲的"六个月拖成六年很重要的因素是人呢?要向领导请示,要领导研究定时间,等等"。

田文昌: 这应当说我们整个的申诉纠错的程序现在还没有得到有效的落实。我们的立法、我们的司法解释虽然作出了很多比较有意义的规定,但是正如这位律师说的,由于这些立法条文、这些规定缺乏救济性的措施,所以使得许多程序流于一纸空文,得不到落实,这个问题也是我们整个刑法、刑事诉讼法当中普遍存在的问题。

白岩松: 这是我们必须要破的一个局。有一个问题,您可以先简单地给我们一个回答,这几年大家会很"高兴",看到很多冤错的案件被纠错,那我们希望"老账"都被了了,且别出"新账"。您觉得,要想不出"新账",我们现在面临什么样的难题和挑战?

田文昌: 问题就在于,纠错重要,防错更重要。我们不断地纠错,不断地出错,为什么出现这样的问题?就像刚才谈到的，连刑讯逼供、程序违法的问题都不能正面地对待，不能正视它，这就很难避免继续出现新的错误。在当前的司法实践中，虽然进行了这么多深度的司法改革，但是我们现实当中排除非法证据堪比蜀道之难，难于上青天。

白岩松：这也是一个难，排除非法证据。

田文昌：排除非法证据难，不仅如此，还有证人出庭难。

白岩松：证人出庭难到什么程度？

田文昌：难到现在可能连出庭1%都做不到。

白岩松：99%都不出庭？

田文昌：可以这么说，至少我办的案子是这样。包括这个案子，我看了一审判决，对于证人证言的宣读，他没有办法质证。证人不出庭，只靠宣读证人证言，对纸张进行质证，这是违反诉讼规律的。

白岩松：您已经提出了"三难"，一个是立案难……

田文昌：申诉立案难，排除非法证据难，证人出庭难。

白岩松：好，接下来我们就继续关注，如果想要把过去的"账"都结了，把冤假错案都能够纠正了，但是不断出新的冤假错案又该如何？

三、对话三

2014年10月，最高人民检察院公布《人民检察院复查刑事申诉案件规定》，首次明确受理申诉两个月内应决定是否立案复查。2017年12月，最高人民检察院印发了《人民检察院刑事申诉案件异地审查规定》，明确了五类刑事申诉案件可异地审查。面对相关政策的出台，从申诉到再审，难点究竟该如何解决？

白岩松：难点该如何解决呢？继续连线田文昌主任。田主任，再审的申诉立案非常难，原因就是要向作出原审判决的法院来申诉，等于说"我申诉你错了"那它当然要变成一堵墙，怎么破局，能不能有专门的机构？

田文昌：现在这个问题是个很大的难题，就是立法和司法解释上虽然有了相应的规定，但是实际落实不了。那就是说这种机制本身值得我们研究。我觉得最重要的问题，无论是刑事申诉排除非法证据，还是证人出庭，目前的法律都有规定，但是需要加强两个问题：一个是增加刚性条款，我们的条款太抽象；另一个就是要有救济措施。

白岩松：就它一定得是必须的。

田文昌：必须的。

白岩松：同时不能有变通的方式。

田文昌：比如说动不动就是"法庭认为有必要的"，等等，这样的规定，法庭的自由裁量权太大。如果这两个问题不解决——刚性条款的问题不解决、救济措施问题不解决，那么这"三难"问题还会长期地难以解决。在这种情况下，何谈可以让人民群众在每一个具体的司法案件当中感受到公平正义？

白岩松：我这最后还有一个问题，怎么才能做到让证人都出庭，而不是像您说的几乎只有1%的证人能够出庭，这样一个让人感到惊讶的数据。

田文昌：其实非常简单，我早就提出过。对于涉及对定罪量刑有重大关系的证人必须出庭，不出庭证人的证言不得作为定案的依据。如果这样规定的话，完全可以解决问题。国外的法庭是采取直接言词原则，不出庭的证人证言是没有任何价值的。可我们现在主要是靠对证人证言的宣读来认定犯罪，这是有严重后果的。

白岩松：是不是您刚才说的这"三难"要真正破解，法律规定得变成刚性的，也就是"必须的"，没有可以变通的余地，今后要改变这一点。

田文昌：应当是这样。如果不是这样，就刚才说的，会应验一句话"犯了再改，改了再犯"，恶性循环，难以打破。

白岩松：当然，话可能说得重了，但这并不是我们真正期待的，而我们真正期待的是这个问题能够向好的方向改变。

好了，感谢田主任带给我们的解析。

"播种"律师新执业理念*

从老师到律师，从默默无闻到被誉为"中国刑事辩护第一人"，田文昌是我国刑事辩护法律服务的领军人，亦是我国不可多得的在教学、科研、办案各领域均有丰硕成果的"学者律师"，更是传播律师执业新技能、新理念、新使命的"播种者"。

一、在代理案件中发现律师价值

"我这一生的职业都是歪打正着，原来从来没想到自己会做律师，甚至没有想到自己会接触法律。"中华全国律师协会刑事专业委员会主任、北京市京都律师事务所名誉主任田文昌律师在接受记者专访时如是表示。

"最值得回忆的是在我当老师时兼职律师办理了几个比较典型的案件。"田文昌说。20世纪90年代初期，田文昌就已经认识到我国的法律教学理论和实务脱节的问题比较严重。他在代理了一些案件以后，找到了理论和实务结合的路径——把理论研究和实务工作紧密结合能够非常有效地解决一些实际问题。

那时，田文昌受理的几个案件都是难啃的"硬骨头"，例如被

---

* 本文载于《中国商报法治周刊》2021年7月6日版，记者：许睿、李海洋。

指控贪污诈骗行贿的大兴安岭企业家死罪到无罪案、河北承德企业家十八年有期徒刑无罪辩护案、他作为原告之一代理发起的全国首例航空公司误机集体索赔案等。这几个案件花了他三年多时间，但最终都有较为满意的结果，取得了较好的社会效益，更好地弘扬了社会正能量。

选择这些别人做不了、不爱做的案件去研究，田文昌没有任何的功利心。他认为："这些案件有一定代表性，是有价值、有难度的教学素材，能让理论教学与实践很好地结合，通过这些案例能够在授课的过程中为学生讲解得更具体更生动。"

"更有价值也更惊心动魄的案件就是控告大邱庄禹作敏案，这是当时涉及我国第一个最大的黑社会组织的案件。"田文昌告诉记者。田文昌在冒着生命危险让禹作敏最终受到法律的制裁后，越来越多的人知道了他的名字，也让他更直接地感受到了律师对社会正义所发挥的作用。

田文昌通过办理案件声名远扬后，并没有停止脚步，他将更多的时间放在了参与立法、建言司法体制改革和律师行业建设之中。

"这些年我参加过一些立法和司法改革的工作，包括律师法、刑法、刑事诉讼法的修改等。我有理论知识基础，同时又掌握大量的实际案例，因此参加这些立法、修法活动有一定的优势，可以提出更具体的问题来。参与立法和司法改革是我实现律师价值更重要的一部分。"田文昌表示，办好一个案件可以拯救一个人，而通过个案的研究去推动立法、司法的改革，推动律师制度的建设，可以更好地弘扬社会正能量，更好地用法律为社会主义经济建设保驾护航。

田文昌特别强调了个案推动立法的作用。"我国法治社会建设任务重，需要有更多既懂理论又有实践经验的人参与进来，这样才能从整体上起到推动立法和司法改革的进程。"

田文昌表示，律师不能仅仅满足于办好一两个案件，而要善于在办理案件的过程当中归纳、总结、思考、提升,这样才能直接或间接地参与推动行业规范、制度完善等。

二、法治社会建设律师不可或缺

"律师是社会法治建设的重要推力,在防范冤假错案等方面扮演着重要的角色。"田文昌谈及对律师职业的认识时这样说。

谈及防范和纠正冤假错案的话题时,田文昌表示:"纠正冤假错案重要,防范冤假错案更重要。现实中,存在律师的意见被忽视和排斥的现象。"

田文昌表示,我国律师的机遇和挑战是并存的,在面临挑战的同时有着更大的前进空间。田文昌认为,一方面,从自身来讲,律师要对自己提出更高的要求。我国律师队伍刚刚走过一个生成期,还处于初级状态,所以律师自身需要通过不断修炼和提升来适应环境。另一方面,虽然和过去相比,社会对律师职业的认可度有了很大的改善和提升,但离现代法治社会建设的要求还有相当大的距离。这需要国家和社会认识到律师行业的重要性,不断改善律师的生存空间和执业环境。

田文昌举例说:"比如现在刑事辩护律师的活动空间依然受到限制,会见难、调查难、法庭辩论难等问题亟待进一步解决。"

说起律师对于社会的重要性,田文昌提到了自己曾写过的文章——《让律师堂堂正正在法治社会立足》。他在文中写道:"建设法治社会绝不仅仅是一种抽象的概念,而是实实在在的对法治结构的搭建。一个没有律师的法治结构是残缺的,一个排斥律师的法治环境是扭曲的。在一个畸形或变异的法治大环境中,法治建设的发展则会发生停滞、偏离,甚至倒退。其实,保护法治环境与保护人类生存环境的理由并无二致,排斥律师的结果必然是破坏了法治环境的'生态平衡'。"

田文昌为此呼吁:"律师要对自己的定位有正确的认识,同时社会也要理解并善待律师,如此才能促进律师行业规范化、品牌化、可持续发展,有效提升和彰显律师良好的社会形象。"

三、律师执业规范需要新的理念

近年来,我国律师执业权利保障机制不断健全,律师执业权利保障工作不断取得新成效。但受各种因素的影响和制约,律师在执业活动中仍在不同程度上面临会见难、阅卷难、材料提交难等问题。

田文昌在分析其中原因时表示,除了社会对律师的认识仍有偏差之外,也是律师行业理论和实务脱节的根本原因,从而导致一些律师非常欠缺职业技能,加强职业培训对于提升律师职业技能显得很有必要。

"对于这一点,很多人到现在都还没有认识到,以为学了法律,就可以做律师,甚至就可以做法官、做检察官,实际上这还远远不够。"田文昌告诉记者,法律职业资格考试只是一个入门的门槛。其实,职业的基础是专业技能的培训,不是说懂了法律知识就可以做律师。现在的法官、检察官、律师基本上都接受过专业培养,他们缺乏的不是知识而是技能。在他看来,我国的刑辩队伍里不乏佼佼者,但还需要进行更加正规化的严格训练。

为此,田文昌带领团队,以北京市京都律师事务所和西北政法大学刑事辩护高级研究院为平台,针对刑辩律师,以培训职业技能为目的,展开了师资研修班的培训。

"师资研修班的事情说来话长。"田文昌对记者表示。田文昌在借鉴国外的诊所式、面对面的技能培训方法和经验的基础上,结合我国的现状,带领大家梳理总结了一整套的职业技能培训模式。

比如对于一个完整刑事诉讼的过程,田文昌设计了 11 个专题,共计400个学时。教学方式是参与式的,不是讲授式和灌输式的,每个人都以直接参与的方式接受培训。教学的过程就是用大量的实务案例和理论相结合的方式进行充分讨论、充分演示、充分总结。为了保证参与度和培训效率,培训班一期最多不能超过30个人。关于培训的原则,田文昌明确了四句话:"身份不分主次,答案不设标准,人人高度烧脑,资源充分共享。"这四句话基本概括了培训班的特点。

当记者问及"第一期为什么叫师资研修班"时,田文昌解释称:"因为现在这套模式还没有师资力量,我们第一期30个人边学习边总结,把这套模式充分打造完善之后,这些人就是培训者。下一步就要在全国范围内广泛地推广。"

"我希望这30个培训者能够像种子一样发芽、开花、结果,能够不断地培训出新人,再以更快的速度去培训一拨又一拨高水平的律师。"田文昌希望,经过这样系统化的职业技能培训以后,律师行业整体的素质和能力会得到很大提升,对于培养更多优秀的律师人才也是非常有意义的。

"年轻律师是未来中国律师行业的希望,也是中国法治的希望,"田文昌告诉记者,"四十多年来,我国老一辈的律师铺路架桥、披荆斩棘、摸爬滚打、蹒跚前行,说起来很悲壮,但是事实就是如此。如果说要概括一下对年轻律师的希望,我认为也是16个字——'珍惜成果、继往开来、提升素质、担起责任'。"

不仅如此,律师的社会责任同样少不了。律师经常置身于利益漩涡,要有"常在河边走坚决不湿鞋"的自觉,做到洁身自好,涵养职业道德,恪守职业伦理。国家有法律法规,律所、律师也有执业纪律。职业道德和职业伦理不仅是良知、制度层面的要求,更是保护自我、规避职业风险的要求。"律师如果没有社会责任,就不可能成为一个好律师。希望新一代的年轻律师更能够认识到这一点。"田文昌语重心长地说。

刘桂明对话北京市京都律师事务所田文昌律师[*]

刘桂明： 大家下午好。今天是 2022 年 11 月 8 日，11 月 8 日是一个什么日子？是一年一度的记者节，本人是一位执业三十七年的老记者，我们今天特意选了这么一个非常特殊的时间，非常特殊的日子，我们来访问一位非常重要的人物。桂客学院，我们有一个桂客直播间，我们桂客直播间访谈的都是六十岁以上的资深律师，今天我们访谈的就是一位六十岁以上的资深律师，说起来他已经七十五岁了，但看起来他也就五十五岁。最重要的是他曾经是一位学者，现在是一位学者型的律师，所以我们今天这个主题就是叫"记者访学者"。我们在一年一度的记者节访问一位学者和学者型律师，这位学者和学者型律师就是北京市京都律师事务所的创始人田文昌律师，我们现在掌声有请田文昌律师。

田文昌： 大家好。

刘桂明： 我跟田文昌律师交往多年，我们今天要用两个小时的时间探讨四个方面的问题，第一是法学教授转身专职律师，第二是学者型律所的创立初心，第三是刑辩强所转型综合大所。第四是刑事辩护中的核心技能，这是我们今天的对话内容。

---

[*] 本文根据田文昌律师 2022 年 11 月 8 日做客"桂客直播间"的访谈实录整理。

话虽这么说，但其实主要是我问，田文昌老师答，从哪说起，那就从今天这个日子开始说起，所以我们今天大概要分五个环节，第一个先说一个有关我们的日子，那也就是刚才我说的，记者节 11 月 8 日。我跟田老师还有一个缘分，田老师是 1995 年的 2 月 13 日发起成立了京都律师事务所，我是 1995 年的 11 月，应该就是在这个时候，我从法律出版社来到了中华全国律师协会，担任《中国律师》杂志的负责人，所以我们两人都是从 1995 年真正意义上走进了律师界。

今天既然是记者节，我们一定要谈我和田老师有缘的交往。所以我们第二个环节是谈有缘的交往，我跟田老师 1995 年 11 月相识，到今天将近三十年的交往和交流，我跟田文昌老师，我觉得有两件事情值得我们回顾一下，一个是 2004 年 5 月，我当时代表中国律师网访问田老师，我们当时打造了一个栏目叫"者名律师访谈"，实际上是网络语言。其实当时田老师已经是著名律师了，"著"下面是还有一个"者"对吧？我想是学者也好，智者也好，能者也好，反正都是"者名律师"。还有一个更重要的事是 2007 年的 5 月 13 日，在中国政法大学举办了一场讲座，当时适逢田老师的生日，我们策划了一件有趣的礼物送给田老师，是一个刻着"正义之师"的牌匾。我们稍后会在片花当中给大家放出来。

"正义之师"我觉得有那么几个含义，这个"师"既是老师，又是教师，也是律师。更重要的，他是一支大军，也就是中国律师是一种正义之师，我们当时请田老师接受"正义之师"，因为田老师一直是中华全国律师协会刑事专业委员会的主任，最近刚刚卸任。

好吧，我们今天说是五个环节，实际上主要是后面的这三个环节，分别是一段有情的人生，一个有料的职业，还有一家有效的律所。所以请田老师给我们讲讲过去那些事，讲讲他怎么样考上研究生,怎么样做大学老师,然后又从大学任教到律所,发起成立北京市京都律师事务所,然后又成为全国律师协会的刑事专业委员会主任,然后又打造京都的刑辩团队,然后又打造综合的京都大所。作为主持人,我的开场白到这里就告一段落了。

接下来有请田老师给我们讲故事,中间大家有什么问题,随时可以通过我们的互动平台给我们反馈,看看你们还能问出什么问题,最好把田老师"问倒"了,他回答不上来,那我们就成功了。好,现在我们有请田老师闪亮登场。

田文昌:谢谢桂明,谢谢大家,有机会让我来讲讲故事。

刚才桂明说的还忘了一点共同点,你说你是执业三十七年的记者,我也是执业三十七年的律师。真是巧,我是1985年开始做兼职律师,1995年以后又做了二十七年专职律师。律师也是干三十七年,又多了一个共同点。

其实要讲的故事,我倒是有挺多的,有时候不爱讲,这回桂明总编又把我的往事勾起来了。说起来惭愧,我这一辈子,我的奋斗目标,很多都是歪打正着。所以我给年轻人讲,选择你的人生目标的时候,不要看你做多大的官、有多高的职位、有多少的钱,关键是你的人生价值能否实现。也许你开始所追寻的目标和你最后所从事的职业并不一致,但只要你的价值得到了实现,就应当是一种成功。成功的标准就是你的价值能否得到实现。

为什么说这呢?因为我从小到现在,包括我现在所从事的职业,都不是我事先选定的人生目标。说起来我的人生目标是什么?我从小立下的人生目标是搞艺术,是搞音乐。我想成为一个音乐家,小学三年级我就会识谱,没有人教过我。小学四年级我就因过人的听力而受到全市艺术界老师的关注,我听力特别好,一个钢琴键盘弹下去,我立即能说出是什么音,而且一个三和弦、七和弦我都能脱口而出。所以我的听力超好,节奏感也超好,只要一敲节奏,我就能模仿出来。我记得当时有一个报考音乐学院本科的人，在我们学校音乐老师的指导下练习听力。我陪着他练，结果发现我比他的听力还好，所以当时学校的老师全力培养我。我开始学习二胡，后来学小提琴。小学五年级我就在学校里举办小提琴培训班，培训我的同学。小学五年级的时候，我们市里面一个区的五所小学联合成立了"红孩子歌舞团"，我是团长。五年级暑假的时候，沈阳音乐学院附中特招，几个老师到我学校去单独考我，考完了就想把我带走。结果一问我还没毕业，音乐学院没有附小只有附中，就没带走。第二年我小学毕业时在我们城市设立了一个考区，我就正式报考了。一般的人考试考八分钟到十分钟，我考了有二十多分钟。考完以后，我接到一个复试的通知，让我去沈阳音乐学院参加复试。结果到了学院以后告诉我，"你是初试就录取的，不用复试了，让你来是征求意见的"。原来是说我的手形好、指甲好，让我改行去学习弹琵琶。主考老师是中国著名古筝演奏家曹正，他对我说，"十年之内一定让你成为最出色的琵琶演奏家"。我当时一下子就傻了！因为当时我们看小人书，里面有琵琶鬼，长头发、长指甲，特别吓人。我说我坚决不能当琵琶鬼，坚决拒绝，怎么做工作我都不去。后来曹正先生很生气，说我不懂事，不服从分配。因为我太犟了，就将了我一军，说"如果你不弹琵琶就不录取，你来不来"，我说"那我也不来"。回来以后被我的音乐老师骂了一顿，说你怎么那么傻，你进去再说啊，他也不能勉强你改行。这个机会就这样错过了。

　　第三次机会是初中毕业的时候，那时候我已经改拉小提琴了。但是非常不巧，那一年居然全国音乐学院附中都没有招小提琴专业的。只有中央音乐学院民乐系分出来成立的中国音乐学院招生，但由于只有民乐专业，所以不招小提琴专业，只招二胡专业。我为了报考，硬着头皮报了二胡。那一年招生人数很少，整个辽宁省都没设考区，比较近的就是北京考区了。当时家里很困难,我费了很大劲,求着老师、求着家长,到北京考区来参加考试,当时中国音乐学院的校址在什刹海。来了以后人家考试时间都过了,看我这衣衫褴褛、风尘仆仆,给我了个补考机会。在一个教室里,把椅子扒拉扒拉腾出个空间,单独给补考,一看这种架势我就没有自信了,不敢抱任何希望。没想到我考得特别的棒,在学校等了几天,复试通知书就下来了。复试时考得非常严格,除了专业课之外,还有语文、政治、地理、历史、外语。后来我知道考了前5名,特别是在考听力的环节我发挥得特别好。我记得很清楚,连本科带附中一共225个考生,在一个大教室里考听力。主要是对乐谱填空、改错。要求是每首曲子弹三遍,结果人人都叫苦,后来改为每首曲子弹七遍,还是有很多人答不出来,而我都是一遍成功,没有一点错误。后来口试的时候正常就是五分钟谈话,到我这谈了一个小时。最后告诉我别贪玩,赶紧回家,以后有的是机会让我玩的,告诉我我肯定是能过的。我兴高采烈地回到家,但后来接到的却是不录取的通知书,那次的打击是最大的。幸好我高中也考了,没耽误读高中。

第二年1965年的时候,居然在我的家乡抚顺还设了考区,我来到招生办,招生办的老师认出我了,说你是被录取过的人,去年是因为校舍没盖好,招生计划取消了。你报名吧,肯定会录取。我很高兴去找校长,但校长说应届毕业生才能考,我上高一了不能考。后来我一再跟学校商量,他们说如果一定要报考就只能办退学,以社会青年的身份报考。我准备退学,但我父母坚决不同意,我父母是知识分子,说万一考不上怎么办?这不成无业游民了吗?学校必须退学才能考,家长不让办退学。就这样眼睁睁地看着我教的徒弟都考上了。又错过了第四次机会。

然后我就老老实实上高中了,读到高二,就遇上文化大革命了。由于原来我一心就想搞音乐,没想别的,连报考大学的志愿都没想好,如果不是因为文化大革命时期取消了高考,我还真不知道我会报考什么专业。这就是我的音乐梦,就这样破碎了。我四次与音乐学院擦肩而过,注定我这辈子不该搞音乐。

刘桂明: 当时可以叫擦肩而过,现在讲应该是被法律耽误的音乐家。

田文昌: 音乐没搞成,搞成了法律,是我完全没想到的,命运的安排很有意思。我后来走上了法律之路,应当说与文化大革命有关。以前我是一心钻研音乐,对政治毫无兴趣,但是文化大革命的环境把我推向了政治。这里又有故事,这个故意还涉及张思之老先生,我们俩好像有一种特殊的缘分。

文化大革命是从1966年5月16日中共发布"五一六通知"开始的,我们学校6月3日就出事了。有一个不认识的高三同学叫张阿毛,6月3日那天他给学校党支部书记贴了一张大字报。结果这个同学立刻被打成了反革命,全校批斗。那一天成了全市有名的"6·3反革命事件"。因为我们城市没有大学,我们第一高中是省重点中学,就算最高学府了,出了一个"6·3反革命事件",全市轰动!后来在6月20日上政治课的时候,政治老师在课堂继续批判张阿毛,这个时候我就不由自主地为张阿毛鸣不平,跟政治老师辩论起来了。结果,连续两堂政治课辩论下来,又酿成了"6·20反革命事件"。下课后政治老师向学校领导一汇报,立刻我又被打成了反革命。于是,"五一六通知"一下来,也就是文化大革命刚一开始,在我们学校就连续发生了两起反革命事件,而张阿毛和我先后成了事件中的反革命。就这样,后来我跟他就成了同病相怜的朋友,成了难兄难弟。后来他就跟我说,他有一个堂兄在北京是有名的大律师,叫张思之。当时我对律师根本没概念,也没在意,但是这个名字我一直就没忘。没想到几十年以后,我到北京后跟张思之老先生成了同行,还成了好朋友。所以张思之先生虽然整整大我二十岁,但是我叫他大哥,因为他堂弟跟我是朋友。

刘桂明：这个张阿毛他现在还在吗？

田文昌：还在，不久前张思之老先生去世的时候我们俩还联系过，这都是特殊的缘分。

我转向政治的动因也许是因为他被打成反革命的刺激，用当时的话说叫：读马列寻找答案。那时候我就开始思考。所以我从文化大革命开始以后，由狂热走向了理性，开始向各种书籍去寻求答案。可以说从1967年开始，一直到考研之前，十几年时间，我一直读书，主要是政治、历史、经济之类的书籍和资料，我读过的书很多，诸如《政治经济学》《中国通史》《联共（布）党史简明教程》，等等，尤其是当时能见到的各种马列主义原著我几乎都读遍了。我不由自主地对政治产生了兴趣。

刘桂明：后来还当过政治老师。

田文昌：对，我还教过政治。所以，虽然我对法律还没有概念，但是对政治有了一些了解。特别是在恢复考研的时候，我记得很清楚中国社会科学院法学研究所吴大英教授招收法理学研究生，考试的题目竟然是马列著作读后感，如《哥达纲领批判》读后感100分，《国家与革命》读后感50分。我一看，我都读过好几遍。所以，我才有了考研的勇气。

本来我是高中二年级，我们高中高二、高三的学生考大学基础是最好的。所以1977年一恢复高考，我们很多同学都纷纷去参加高考。但是，一个意外却使我错过了参加高考的机会。1976年以前我在中学当教师，1976年费了好大的劲调到工厂，却在挖防空洞的工作中扭伤了腰，而且严重到两年不能自由行动。我在医院的盲人按摩室整整按摩了两年，每天我母亲用小车推着我去治疗，眼睁睁看着我的同学参加高考，我却躺在床上站不起来。我记得我1977年三十岁生日的时候，拄着拐杖，在一个小饭馆买了二两白酒，一个小凉菜，喝着闷酒，写了一首小诗"忆我三旬空怀志，平生道路尽坎坷"。那种心情真是难以言状的。整整两年以后，1978年我居然恢复了健康，但1979年时高考却限制年龄了。1977年和1978年高考时，为了解决历史遗留问题，高考没有年龄限制。但1979年却将高考的年龄限制在30岁以下，我已经超龄了。

我写过一篇文章——《我终生难忘的三位人生导师》，小学一位、中学一位、研究生一位。我小学的音乐老师名字叫李春田，是我学习音乐的启蒙人，对我特别好，我的音乐之路都是他为我铺就的。他的水平不是很高，但是人特别好。当我小提琴学到一定程度的时候，他说我教不了你了，我给你找个专业的老师。而正好在我高考无望的时候，我这个老师调到市招办去了。他太了解我了，他说"你可以尝试直接考研"，我说我怎么能行，他说"你行，要有勇气去考"。我在这位音乐启蒙老师的鼓励和支持下，才有了考研的勇气。

接下来怎么考呢？当时我读了那么多经济、政治和马列著作，我是有基础的。但是还有法律的门槛和外语的门槛，这两关是最难突破的。我们做知青回来的外语都不行，可是我占了一个非常大的优势，回城后专修了一年外语。1971年第一批知青返城，正值当时各个中小学急缺教师，因为那些年全国各地大搞反对师道尊严运动，无数的教师被批判、打倒、打死、打伤，以至于教师队伍全线崩溃，补充教师队伍已成了燃眉之急。所以，我们高中生回城的安排是没有选择的，一律上师范突击培训一年后去当教师。当时给我们的口号是"忠诚党的教育事业"。

就这样，我被迫上了一年师范。上师范学什么专业？我原来就对外语很感兴趣，我曾经下决心要精通两门外语。所以，师范学校有唯一的一个俄语班，我就报了俄语。虽然文化大革命下乡导致原来的基础都荒废了，但这回又专门学习了一年还是很有成效的。而且我的俄语老师唐永胜先生正好是我高中班主任老师，在当年我因"6·20事件"被打成反革命的时候，唐老师也被打成了反革命黑窝的后台。我的俄语老师听说我要考研，他全力地给我辅导。所以我报了俄语班又是一个歪打正着，要不报这个班我外语过不了。唐老师文化大革命初期受我牵连，跟我一块被打成反革命，考研时候又给我辅导俄语，这是我人生的第二位导师。而且我在考研的时候，唐老师就在考场外坐在板凳上陪了我三个小时。

考研之前，我在工厂教育科负责厂里边的工人大学，当时我儿子还不满一岁，家里条件又特别差，备考的时间都是争分夺秒硬挤出来。我已经累病了。虽然当时我还没有感觉到，但在工作和家务的双重负担之下，在考场上出了丑。考研一共是5门课，每门课半天，也即3个小时，第一堂课考的就是外语。当时考研外语50分是底线，外语必须单独达到50分，否则总分够了也没戏。但是，我由于备考劳累过度，已经患上了"甲亢"。结果上了考场一紧张，答了一个小时就虚脱了。当时脸色苍白，浑身大汗，直到吐了一地，非常狼狈！监考的老师把我架出去，在学校办公室的一张床上躺了一小时。舒缓过来以后我一看表，还剩一个小时了。我求着人家又给我架回来，我都坐不住了，两个老师一边一个拎着我肩膀，我又坚持答了一个小时，勉强把俄语卷答完。答完了唐永胜老师就把我带他家里算分，说算算够不够50分，要不够咱就别考了，考也没用了。我们俩怎么算都差一两分才到50分，后来也是我的性格使然，我说咱们算得比较保守，万一我要是够了分呢？豁出去了！考吧！我夫人是医生，后4门每门课考试之前我就在医院推上300mL葡萄糖，我夫人再把我送到考场去考试，就这么坚持下来了。没想到最后分数出来的时候，我俄语分是52.4分，刚刚过，我的刑法专业得分是84.5分。回想起来，报考前刑法是啥我根本都不知道，我一个同学的父亲是中级人民法院的院长，我从他父亲那借了两本政法学校的教材，就是这么准备的。所以说，我考上法学的研究生又是歪打正着。

刘桂明： 因为某种客观原因，把你逼到那条路上去了。

田文昌： 完全是被逼出来的，我完全没想到。说到这里，还得倒叙一下。

其实我1979年就报考了，当时完全是毫无准备，只是因为看到吴大英教授的考试题是马列著作，我就报了中国社会科学院法学研究所的法理专业，但是没考上。正好我第二年出差路过北京，我就去拜访吴大英教授，那时候不像现在，很容易见。吴大英教授跟我说，"你考得不错，但是你报错地方了。为什么呢？我只招两个人，一个是在职的，只有一个是脱产的，但这个人必须名牌大学毕业，你连大学都没上，我肯定不能录取你。但是你考得不错，我建议你以后换个学校，你还有希望"。吴教授的一席话使我受到了鼓励，于是，回家后我就看了不少法理学的书，准备1980年继续报考法理学专业，结果又出了意外。1980年全国除了西南政法学院以外，一律不招法理学研究生，而西南政法学院的考试语种又只有英语和日语而没有俄语，我备考的是法理学专业，可是法理学专业又不招生了，又一个打击突然降临！思来想去，我只好改报宪法专业。因为我没学过法律，基础太差，对部门法一窍不通，除了法理学，只有宪法专业也是比较宏观的，与我读过的政治理论有一些关联。于是，我就报了吉林大学张光博教授的宪法专业。

说来也巧，也是我的运气好。报名之后，刚好我一个工厂的同事出差去长春，我就托他帮我打听一下，别是张光博教授也跟吴大英教授招生的标准一样就麻烦了。结果没想到，他一问果然是一模一样。这下我真的傻了，我一点办法都没有了。直到离报名结束前一天，我想来想去，北京的学校我也不敢报了，那就西北政法学院的刑法吧。当时，我根本就不知道刑法是怎么回事。

刘桂明： 职业和专业都是偶然的。

田文昌： 是的，学法律是偶然，选择刑法也是偶然。考了研究生以后又出事儿了,刚入学不久,身体就出状况了,能吃、怕热、消瘦、心率过速,后来一查,是甲亢。前面说过,因为备考时劳累过度得病了,只是没顾得上检查而已。上学以后继续紧张加熬夜,症状加重了。当时我们西北政法学院是西安医学院附属医院的对口单位,医生告诉我病情很重,需要住院半年,全休两年。我又傻了,这不彻底完了吗!那时候按规定半年之内发现有严重疾病是要退回的。幸好这位医生是个教授,老太太正好也带硕士生。我一说我这个经历,她同情我,就说这样吧,看你的运气,我不让你住院,但每周至少两次来我的专科门诊,给你复查。你要运气好,能挺过来就算了,但挺不过来你还得住院。没想到我非常幸运,仅用一种叫"他巴唑"的药片,就慢慢恢复了。这三年学校一直都不知道我有甲亢。我就是这样在西北政法完成学业的,所以我说西北政法学院是我人生事业的起点。

在西北政法学院读研的时候,又遇到了我的两位难忘的导师,一位是周伯森教授,另一位是解士彬教授,这两位导师对我都特别的好。

刘桂明:两位教授都还在世么?

田文昌:他们现在都不在了。这两位导师都是50年代初期中国人民大学毕业的。解士彬老师比较年轻,对我的指导更是特别到位,是亦师亦友的那种感觉。所以解士彬老师是我终生难忘的第三位人生导师。

我这两位导师都是从人民大学毕业后到了西安。解士彬老师在1957年反右派斗争时是被打成了右倾分子(就是准右派分子),因为受到了他的导师的牵连。解士彬老师的导师是贾潜,贾潜老先生解放前曾担任边区政府法院的院长,中华人民共和国成立后担任最高人民法院特别军事法庭审判长审判日本战犯,1957年被打成了法律界最大的右派分子。解士彬老师是他的学生,受他的影响,也被打成了右倾分子,发配到陕西一所中学去教书，西北政法学院复校以后调到此处任教。读研的时候我到北京，去贾潜老先生家拜访过几次。贾潜是我的师爷，平反后是司法部的顾问，我去看他的时候，已经八十多岁还精力旺盛，侃侃而谈。

说起我的两位导师，还有一件大事我终生难忘，就是三年读研期间我独一无二的游学经历。我的两位导师周伯森教授和解士彬教授虽然都是中国人民大学早期的研究生毕业，但是他们觉得在当时信息不发达的年代因身处西安而学术信息量有限，就鼓励我到校外去拜师求学。所以他们两个人轮流给我写信，让我去各地拜师。在他们两个人的鼓励和支持下，我成为了可以说中国研究生里唯一一个有游学经历的人。三年读研期间，我利用假期拜访了所有当时的五院四系刑法学的专家，一个都没落下。

刘桂明： 你到华东政法学院拜访的谁啊？

田文昌： 华东政法学院，苏惠渔。

刘桂明： 还有朱华荣？

田文昌： 对，还有朱华荣，两位都是我导师的同学，你所有点到名字的，我全去过。不光五院四系，还包括中国人民公安大学、中国社会科学院研究所的教授，有几十位刑法老师，全都拜访了。拜师求学中有很多难忘的场景令我非常感动，就不细说了。

刘桂明： 遍访名师。

田文昌： 高铭暄老师、马克昌老师、曹子丹老师我都不止拜访一次，至少有三四次，王作富老师也是，所以他们对我都特别了解。利用假期，我晚上坐硬板火车，白天去拜师，有时候一天我只吃一顿饭，吃饭时间都没有。这个经历对我特别重要，博采众家之长。

你仔细想想，谁的老师能够这样，写信让你挨个拜访别人去求学？所以说我这两位导师的胸怀特别的宽广，这也是后来我有一定进步的一个重要的基础。我不仅拜访了刑法学界的老师，法理学界的老师，还有哲学、经济学界的，我也拜访过一些专家，这个游学经历为我日后的学术研究打下了比较深的基础。我毕业被分配到中国政法大学也属特例，因为当时中国政法大学是不接受外来研究生的，我是例外。就是由于我在拜师求学的时候感动了中国政法大学的曹子丹教授和余叔通教授并受到他们的关爱，就是他们两位力荐我到中国政法大学任教的。就这样，从对音乐梦的破碎走向了法学之路，到了中国政法大学任教，一路走来都很偶然，几乎都是歪打正着。

刘桂明：这段路非常有价值。对我们现在的年轻人来讲，一般很难有这种经历，因为每个人都是时代的产物，老师您就是。

田文昌：特定时代的特定产物而已。

刘桂明：田老师上小学的时候我才出生对吧？所以每个人都不能脱离他的时代，对于田老师的特定时代，如果他的音乐梦实现了，可能就不是今天的田老师，他可能是一位音乐家是吧？但是他没成为音乐家，丝毫不影响他今天成为一位优秀的法学家，作为法学家的同时还有音乐，他能把音乐当成一种业余爱好。这就说明无论是哪个时代，我们每个人的选择都非常有意义。我们人生到底选择什么？其实无论我们处于什么时代，我们的选择都可能会很重要。如果当年田老师所处的时代，包括我所处的时代，可能是客观形成导致你不选择不行，那么现在我们的年轻人就应完全主动靠自己去选择，这个很重要。刚才田老师介绍了他的音乐梦，也介绍了他在中学教政治，然后再上研究生遍访名师，整个过程其实就是一个选择的过程，最后他成为一位学者，法学学者，后来来到了中国政法大学任教。所以我们说这种经历很有意思。

田文昌：还有一个遗憾。这么多年我一直有个梦想，我想创作一首中国律师之歌，并且亲自指挥演出一场中国律师之歌的大合唱，但这个歌到现在没有写出来。我曾经请过几个人写歌词，也包括写长江之歌的王宏伟，但是写出来之后都不行。为什么呢？不是水平问题，是因为他们不了解律师，找不到感觉。

刘桂明：有一位叫张宏光的作曲家，他说你要写出来，我都可以给你作曲。

田文昌：但是歌词也没有，先得有词才行。

刘桂明：所以看来我得做这件事，有好几个人跟我说，能不能你来写啊？这是今天的题外话，但是题外话也是跟田老师的音乐梦有关的。

田文昌：我跟你讲，如果你要能写，咱俩要能够合作写成了，那简直是太值得纪念的一件事了！

说到作曲，我也曾有过大胆尝试。我在中学当教师的时候，干过一件很令我自豪的事。好像是1974年还是1975年，全市搞职工学生联合文艺汇演，提倡搞大合唱。当时我选了好多歌曲都觉得不合适，居然在离演出前10天的时候决定自己创作，我先试着写歌词，发现自己写不好，我找了我的朋友李松涛，他当时是知青诗人，已经小有名气，现在从沈阳军区空军政治部退休了。我请他给我写了4首歌词，每天晚上交给我一首，我拿到歌词后就谱曲，像着了魔一样，边走路边乘车边吃饭边哼着找旋律，一旦有了主旋律就开始谱曲，第二天我就教唱。就这样连着4天流水作业，他给了我4首词，我谱了4首曲，到了第十天就登台演出。那是一场有4首歌的诗歌大联唱，而且是4个声部的混声合唱，主旋律加和声都是我自己写的。我任教的学校是全市最小、最穷的学校，全校才只有12个班，都是矿工子女，家住在小山沟里，条件很差。那次汇演一共有几十场大合唱，多数都是鲜花簇拥，乐队伴奏，阵容很高大上。而我们学校什么都没有，我只好借了100套旧军装，请我的朋友帮忙，用4台手风琴伴奏，上台演出时我都真的觉得相形见绌。结果在评委讨论的时候,为了争第二名吵了两天,而我们是无争议的第一名。那是我有生以来空前绝后唯一的一次作曲,而且是成功的作曲,现在我肯定写不出来了。

不过现在你要能把歌词写出来,能够打动我,能够诱发出我那种激情来,没准我还能豁出去再尝试一下。

刘桂明: 现在也有几首律师写的歌,比如说广州有一位律师,他自己作词。但是现在要写出一首真正能震撼人心的律师之歌,这个比较难。

田文昌: 对,你得了解律师,得对律师的职业有体会,有感触。当时为什么我的作曲能获得第一名?评委说,"你唱出了时代最强音"。其实就是因为我对当时的环境有体会、有感触。现在你要是对律师有了解、有体会,才有发言权,才能写出打动人心的歌词来。

刘桂明: 讲一个题外话,也是由田老师的音乐梦带出来的,我们试试看看能不能把这件事做成。我们在以后的日子里,我们两个人互相努力一下试试看。现在就到中国政法大学了,我知道您到中国政法大学之后又有了新的发现新的收获。

田文昌: 中国政法大学这一段实际上我也是有些事情想做但没做成的,我1983年到中国政法大学以后,1984年开始讲课。我第一次给本科生讲课就是82级学生,中伦律师事务所张学兵那一届学生就是我亲自教的。他们这一届是跟我关系比较熟的,因为是我第一次上大学讲台,第一次给大学生讲课,我就有几个原则。第一,我让他们先预习。第二,我让他们当堂消化三分之二,消化不了找我。第三,我让他们大胆提问。而且我还有一个做法,我在课堂上经常说错话,故意地犯错误,让学生挑出我的毛病,挑不出来,我反过来批评他。我的意思就是不要搞灌输式的教学,要启发式的教学。而且我还使用大量的案例,在备课的时候我记得我买了二十多本能收集到的案例书,用相应的案例来解释概念。我告诉学生,理解和掌握法学概念,就跟推导数学公式是同一个道理。数学公式你经常会背不出来,但如果你自己推导出来了,就永远不会忘,同理,我给你概念来让你背,你背不出来。如果我用案例来解释,理解之后你再来推导出概念,就不会忘。如果忘了,你想到这个案例就能想起来,这是我的教学方式。同时,我还主张开卷考试,主张由学生选择老师,建议学生给老师打分等,提出一些比较超前的想法。但这些想法不仅行不通,还得罪了很多人。

刘桂明: 对,有些老教授、老教师可能不喜欢。

田文昌: 后来我上课的时候得罪了不少人,为啥?我上课的时候常常会有外班外系的学生来听我的课,我还要把人家动员走,因为座位不够,而且还影响别人上课。记得在中国政法大学讲课的时候曾经发生过两次事故:一次在学术报告厅开讲座,由于人太多,因担心发生共振,保卫处专门来人疏导学生下楼。另一次是在大礼堂讲课,礼堂的门窗都被挤坏了,后勤部门要求赔偿。人们说,当时只有江平校长和我会在大礼堂开讲座。

关于教学改革我有很多感悟,但是有些东西推行不下去。当年我就发表过几篇关于教学改革的论文,但很难发挥作用。前几年我还写过一篇关于批评教育体制的文章,也提关于教学改革的问题。我们的教师老觉得课时量不够,我当过法律系副主任,我知道不够,老师在课堂上去讲课本,课时永远都不够。我的主张是大学老师就不应该讲课本,课本应该让学生自己读,你在课堂上答疑解惑就完了。可是很难做到,因为这需要教师有很大的知识储备。

1986年中国政法大学法律系建系的时候,曹子丹教授出任系主任,就让我当副主任。其实我这个人不爱搞行政,我到中国政法大学以后就一心想教书,可是先被分到教务处去了,后来在我的一再要求下到了教研室。可是后来曹子丹教授让我当法律系副主任，给他当助手，我没法拒绝。因为1983年我毕业来中国政法大学的时候，当时是一律拒绝外来学生的，只接受本校的硕士生。我是曹子丹教授和余叔通教授这两位老先生特殊推荐的，我游学时候就跟他们请教过，他们了解我。曹子丹教授对我有知遇之恩，所以我再不愿意干，也没有办法拒绝。

1986年我当了系副主任以后，我就雄心勃勃地想推动教学改革，但是真推不动。后来曹子丹教授退休了，1990年我也辞掉系副主任职务，就彻底回到教研室了。在我离开中国政法大学的时候，陈卓书记，我们都叫他陈部长，江平校长，后来又是陈光中校长，这三位领导都多次当着我面跟别人说过，说田文昌辞职，不是为了赚钱的，他是有想法想出去干点事。

我出来之前陈光中老师还跟我谈过一次话（当时他接江平老师当校长），他说我跟你商量商量能不能你不走，我给你个自费系让你折腾行不行？我说陈老师不行，因为两种体制混在一起，我干不好不行，干好了也不行。我说要折腾我就只能自己做，办一个纯粹民营的法学院或者律师学院。

我离开中国政法大学确实有很多难言之隐，除了这个以外，再有就是，1990年我辞了系副主任职务以后，就有时间办案子了。那个时候我办案子的目的很明确，根本不是为了赚钱，也不是为了出名，就是为了接触实践。

刘桂明：禹作敏的案子，就是那个时候对吧。

田文昌：是，我办的都是别人啃不动的硬骨头，商禄案、禹作敏的案子，那都是冒着政治风险和生命危险去办的。朱佩金的案子，也是谁都啃不动的骨头，我办这些案子时就没想后果，就是全心全力去办。还有全国首例航空公司误机索赔案，那是我赶上了，都是有故事情节的。办这几个案子我没有任何功利心，初衷是接触实践，办起来之后是出于责任而放不了手。可是碰巧在

1993年、1994年前后这几个案子就接连都有了结果，而且都是好结果。这样一下就把我推到风口上。所以，我关于"天使与魔鬼"这个说法是有感而发的，因为那时候我就被当成了"天使"。大邱庄"庄主"禹作敏后来被告倒了，朱佩金死罪变无罪了，商禄四罪并罚十八年改无罪了，当时《民主与法制》连载8期。

刘桂明：今天我们的记者冯慧知道我们下午要做这个活动，她说一定代她向你问好。冯慧后来是我们的副总编。

田文昌：冯慧是我老朋友。他对商禄案的纠错做出了巨大的努力，当时也是顶着压力的。

刘桂明：对，他说田老师和我们《民主与法制》缘分特别深，渊源特别长。

田文昌：当时冯慧一直跟到底，连载8期，真不简单，硬是把商禄案给"翻"过来了。还有就是航空公司误机索赔案，这4个案件把我推上来了，我立刻成了天使般的人物。我成麻袋地接到各种告状信、求助信，有的信封上写的是中共中央中国政法大学。各处来找我的人特别多，在人们心目当中我就是一个正面的形象。还有的媒体报道中写道，我听到当事人的控诉后，义愤填膺，拍案而起，拿出家里的存折就去替人申冤。其实，那时候我属于"月光族"，家里根本就没有存折。可是后来十年以后，我又变成"魔鬼"了。所以关于"天使与魔鬼"的说法是因切身体会有感而发的，不是随意说出来的。

在这几个事件的推动下，再加上我推动教学改革感到很无奈，总之在多种原因的推动下，我才有了辞职的想法。但我也是犹豫了四年多，1990年我就动心了，到1995年才出来。出来的时候，我跟中国政法大学的学生是洒泪而别的。我可以很自豪地说，我们的师生关系非常好，学生普遍跟我都很好。

刘桂明：佟丽华也是你的学生是吧。

田文昌：佟丽华和蒋勇这两个人是他们在大三、大四的时候我同时带出来的，我在离开中国政法大学之前，他们两个一个大三一个大四，同时跟着我，当时我带他们办了很多案子。

刘桂明：你带的这两位学生都很优秀。

田文昌：这两个人确实都很优秀，都是难得的人才。这不，蒋勇律师两周前还请我做个视频，要搞个蒋勇的纪录片。

请我做这个视频。这里有很多可以回忆的故事。

刘桂明：这些故事里面往往还有事故是吧？有些波折，但最后都成了一个完美的故事，尤其是您讲的律师既不是"天使"也不是"魔鬼"，对吧？所以这段话也是有感而发的。

田文昌：所以说，任何一种总结、一个概括都不是凭空来的，包括一位作家写书，音乐家写作品，都是如此。很多音乐家都是受了挫折以后才出好作品，因为他有体会。

刘桂明：您看您兼职律师十年，从1985年到1995年这十年，前五年可能忙于学校的教学和行政工作，后面这五年就正儿八经做了一些案件。

田文昌：是的，1990年以前我办的案子很少，主要是因为担任行政职务没有时间。但是，我1985年刚办案子就救了一条命，也是我救的第一条命。我从来不爱讲我救了多少命，但是，这条命救得很有意思。我救了一个电脑天才，这个小伙子进监狱不久，就发明了两项排除计算机病毒的专利，轰动全球，国内外各大媒体都报道过。这个孩子叫吕东明，他妈妈是北京邮电大学的一位教授。当时一审判了死刑，二审时找到我，改成死缓了。当时他高中毕业，十八九岁的孩子，被一个盗窃集团给牵扯进去了，他家里有一台丰田轿车，他没事就去拉黑活儿，只是因为这个盗窃团伙租了他的车去盗窃，后来他的车轮胎被别人偷走了，这伙人就又偷了别人的轮胎安在他的车上，他就这样成了盗窃共犯，被判了死刑，因为当时正值严打期间。

刘桂明：所以我觉得田老师的历史到此，您看从音乐梦开始,然后到波折期,然后上研究生,然后到大学校园。从兼职律师到这里的这段历史,相当于您做律师办律所之前的一个迂回也好,波折也好,反正是很长的过程。从1995年2月13日开始,终于有了自己创办的律师事务所,北京市京都律师事务所。所以现在就请我们田老师开始给我们回忆,真正当专职律师和创办专业律所的那些故事。

田文昌: 从教授到律师这个转变不是那么容易,我是实现这个转变的第一个人,当时还引起了一些非议,说是我带了一个坏头。刚才我说犹豫了四年多,因为这个转变的反差比较强烈。别说当时,现在律师地位也是不高的,当时律师地位更低。我记得很清楚,我到各地办案,以兼职律师身份出现的时候还是比较受尊重的,因为第一身份是教授。但是当你以专职律师为第一身份的时候就不一样了,地位的反差很明显,所以这也是我当时下不了决心的原因之一。后来我终于下了决心,当然也是在各种因素的推动之下。

说到这里,我再讲一个额外的话题,为了呼吁提高律师地位,我经常发声。有一次开研讨会的时候,当时是赵秉志教授主持会议,因为都是熟人,我就发了个牢骚。我说你看所有的会议排序,都是官员是第一序列,学者是第二序列,律师总是排在最后,这是不变的规律。我说我曾经是学者,现在我还是,在座的教授有些是我的学生,甚至是我学生的学生,但他依然得排在我前面。这说明什么?赵秉志教授当时没完全理解我的意思,他就说田兄以后把你往前排,我记住了。我说我要是计较这个问题我就不出来做律师了,我既然选择了这个职业,我就正视这个现实。我要说的是律师的整体地位问题。

包括现在我还有一种感觉,有时候开研讨会、开论证会的时候,有些学者就带着一种天然的偏见,开口就说你是从律师的思维来看问题的,从专家角度就不会那样看。这种先入为主的想法也是有问题。我是律师身份，但你怎么断言我现在就是以律师思维看问题呢？在没有代理案件的时候，我就不能以学者思维，我就不能从专业角度来分析问题么？这都是一种偏见，似乎律师就当然要带着偏见去思考问题。实际上，恰恰正是说这种话的学者是带着偏见去看待律师的。

所以当时我出来的时候，这种落差是很大的。但是我这个人就这样，当我深思熟虑之后选择了，我就不会后悔，也不会抱怨。我抱怨的只是对律师群体地位的歧视。我自己选择这条路我就一定会走下去，所以我说做律师等于我的人生又开启了一种新的职业。我到今年做专职律师已经二十七年了，加上兼职律师时期已经三十七年了。虽然律师很难做，但我并不后悔，虽然走出来之前我有过犹豫，但是我从来没后悔过，这是实话。当时我是带着中国政法大学的一些中青年教师出来的，他们都很想出来试一试，并且是他们动员我带他们出来做律师的。所以，当时创建北京市京都律师事务所的时候定调很高，自称为博士教授所，有点狂。但是，两年后因为各种原因他们又都回去了，只剩下我一个人在坚守了。但还是那句话，我不后悔。

刘桂明：我那时候认识的一些著名的中青年法学家，都在里面。

田文昌：是的，很多人都在这里面，当时也很受关注。从这些人的组成就会看到，当时我的目标就是做成综合大所，因为各个专业都有。刑法的、民法的、民诉法的、经济法的、行政法的、国际法的，全都有了。而且都是年轻的学科带头人，顶尖人才，只有我一个是做刑事的。后来由于这些人没坚持下来，我就又找了其他人，就变成一个刑事专业偏强的律所了，实力也没有那么强了。所以这些年我一直在往综合大所上发展，难度很大。而且还有一个问题，从宣传角度来讲有一种规律，就是我们的刑事专业太强了以后，影响了其他专业的发展。

刘桂明：所以现在人家说起北京市京都律师事务所，人家肯定首先说刑辩。

田文昌：所以我们吸引其他专业律师加入的时候就比较难，因为人家一来就被刑事专业压住了，除非能够带很大团队过来才能抗衡。我一直说要让出一半的舞台给非诉业务，给其他的业务，但来了以后就被盖住了，这是影响我们发展的一个重要原因。走了二十多年，现在我们终于走出来了。二十周年的时候就开始了，现在基本上完全走出来了。特别是我选择了由专业管理人管理律所的方式，使律所的管理上升了一个新的高度。

创建了律所以后，我就发现了中国律所的管理是一个很大的难题。中国律师没有传承，中国律所的管理更没有传承。这就是难题产生的根源。

世界律师的历史可以追溯到几千年前，古罗马时期就有。但中国却从来没有，中国律师的历史从1912年开始，一共一百多年。而且中华人民共和国成立之前那几十年内忧外患，也没有成型，后来中华人民共和国成立以后取消律师制度，1954年开始组建律师制度，1957年"反右"又没了。中国律师制度真正健康发展只有1979年到现在，就这四十多年，历史非常短，没有任何传承，所以中国的律所管理更没有任何经验。

我经常讲中国律师出身卑微、处境艰难，为什么这么讲？我是有根据的。因为中国律师生成于个体户时代。改革开放以前没有律师，改革开放初期包产到户，是个体户思维最普遍的时候。中国律所开始是国办，转制为合作制和合伙制的时候正好是个体户时期，所有的律所都是效益工资各干各的，就是顶着一块牌子，联合开业，自己挣钱自己花，整个就是个体思维。到今天为止，中国的绝大部分律所仍然是个体户的方式，不管有多少人，还是各自为政，基本还是处于这么一个状况。中国的律师生成于个体户时期，又一直处于一种松散的状态，所以我说是出身卑微。那么处境艰难又从何说起？主要是因为中国律师的历史太短，人们对律师缺乏了解并且充满偏见，再加上司法环境不尽人意，律师一直在备受质疑的状态中挣扎前行。所以，处境艰难自不待言，而且带有一种必然性。

中国律师的这种现状自然就给律所的管理提出了大难题。所以，寻求一种科学化的管理模式就是一项重大的课题。我把四十年划分为中国律师的生成期，四十年以后走向了发展期。发展期的律所管理更应当有科学化、团队化的管理模式。而律所要想走向团队化，最大的难题又是利益分配问题。

刘桂明： 只要解决这个问题就好办。

田文昌： 要解决这个问题，没有经验，没有传承，难度非常大，所以更需要有专业的管理人才。二十多年前，我就提出了执行合伙人的概念，为什么这样提？这里有个特殊的原因，我创办了北京市京都律师事务所以后，我这个人不想老管行政上的事，我想搞业务，可是大家不同意我撤下来，非得让我当主任。我就提出一个执行合伙人的概念，我说实在让我挂着主任我就挂着，但是我们选一个执行合伙人让他管事，让他做执行总裁。后来我又提出了管理合伙人的概念，这是借鉴国外非律师管理合伙人的成熟经验。为什么这样做？有人说你为啥不找律师来管理？不是不找律师，既懂律师又搞管理的人当然好，但是找不到。因为他律师业务做得很好的，宁可去做律师，就不想做管理了。可能会有，但是极少，比如君合律师事务所的肖微律师，他就是既懂律师又做管理。但这种人很少，或者不到一定年龄，他也不会这样做。再者，不懂律师业务并非不可以做管理，专业的事让专业的人来干就完了。管理本身是一门专业，管理人才无须他样样都精通，懂管理就可以。我记得在2002年，我们在人寿大厦办公的时候，我就说服大家做了一个尝试，请了一位非律师的人担任管理合伙人。那个时候我开始提出这个想法，可是有些合伙人也有想法，说为什么我们创收，要让别人来管？所以这个过程很艰难，我在2002年开始尝试请了一位管理合伙人，但是没能坚持下去。

刘桂明：现在的好多律所都是这种情况，都请非法律业务人员管理。

田文昌：后来几经波折，终于实现了这个目标。到我们律所二十年所庆的时候，已经有了管理合伙人了。现在人们的观念有了很大转变了。

刘桂明：记得请了一个小伙子。

田文昌：第一位是女士，后两位是男士。现在是第三位了，确实很难找。我们都是从猎头公司在外企请来的，但是空降一个人来管理，确实阻力很大、难度很大。而且这些人适应的是公司化的管理，只有一个老板，可是律所的合伙人都是老板，他很难办。所以在律所这种合伙制的机制下，职业管理人又面临新的问题，怎么样把这种关系处理好？我们现在经过多次尝试，已经基本上解决了。比如，管委会委员我们原来是有分工的，即每个委员分管不同部门，现在没有分工了，管委会就是个议事机构、决策机构。由管理合伙人来主持日常工作，相当于执行总裁一样，现在应当是基本走上正轨了。

律所有多种形式，无论是大所还是个人所都需要，我不是说只有大所好，小所就不需要。但是你一个城市总应该有这么几个规模大的律所，这是为市场主体服务的客观需求。

综合大所的团队化管理难度很大，我认为管理合伙人方式是不二选择。现在有一种时髦的说法，叫一体化管理。

刘桂明：一体化是这几年出现的一个新名词，好多律所都探讨这种模式。

田文昌：实际上也就是团队化，因为核心就是团队化，一体化就是上下一体管理，但本质上还是团队化，是指全所的整体大团队,而不是部门的小团队。其实概念本身并不重要,重要的是对于"团队化"或者叫"一体化"的机制如何设定?这个问题目前存在很大争议,核心的问题就是怎么确定分配原则。

北京市京都律师事务所前几年改革也遇到这个问题,曾经还发生了一点震荡。北京市京都律师事务所原来平均主义大锅饭比较多,当初我出来干的时候,我承担得多一点,大家也都比较理解,互相体谅比较多。但时间长了以后,人员多了,坚持下去是很难的。

刘桂明: 往往好多的大所领头人或者创始人,都需要多做点贡献。

田文昌: 但时间长了人多了就不行了,我可以自觉地多做贡献,但我无权要求别人跟我一样。所以,团队化管理的基本条件应当是以基本公平为原则。公平是基础,在这个基础上再互相扶持,这是可以的。这正是个体和集体的差别,但是如果背离了基本公平的原则,贡献度的差别过大,就维持不下去了。

刘桂明: 您刚才讲的团队,有两个团队,一个是既有业务团队、大团队、小团队,不管是叫"一体化",还是叫"团队化"。还有一个是管理团队,您刚才讲的就是北京市京都律师事务所这些年探索的既有管理团队的探索创新,又有业务团队的探索创新。

田文昌: 这两个是连在一起,是密切联系的。没有管理团队的创新,就没法在业务团队上去创新,更没法形成不同专业部门的协作机制。比如说不同的专业部门,当遇到不是自己擅长的业务时,怎么跟其他专业部门去配合?这就需要有一个强大的管理团队来协调,律师只管干活就行。我有业务我可以做,如果有别的业务找到我了,我还可以通过管理团队去协调别的律师。而各方面都能够各得其所,互利共赢。这样大家就可以一心一意做业务,轻装上阵。但是这种配合、协作是有偿的,是要在合理分配机制的基础上进行的。现在有一种现象：一提到团队化模式，就出现了大锅饭意识，如有的部门收入低，就向所里要政策倾斜，要特殊待遇。这里就有一个问题，"所里"是什么概念？律所不是国企，合伙制律所就是所有合伙人的律所，你要所里支持，无非就是你从人家身上割一块肉，补到你的身上。律所不是一个抽象的概念，如果分配机制不合理，就会出现不平衡，就会出现争议。

所以前几年我们请国际知名的咨询公司给我们做了改革方案，我们的改革方案的一个核心问题就是在基本公平的基础上，做到适当的互补、互利和共赢。怎么互补？可以有多种形式，方式之一就是由暗补变明补，利益摆在明处。比如我们律所诉讼偏强，刑事诉讼更强，非诉弱，怎么办？过去是大锅饭比较多，为了发展非诉，大家成本都稀里糊涂摊了。那么现在我们的成本计算比较明确，这样非诉一些比较弱的部门压力就很大。为此，我们把过去的暗补，即看不见的这种补助变成了明补。比如每年从发展基金里边拿出一部分费用，专门支持非诉业务。我们成立了一个非诉发展委员会，每年通过非诉发展委员会来申报项目，某个项目需要所里支持，经过大家的评议，可以从发展基金里出钱进行扶持。去年我们已经拿出350万元专项资金支持非诉项目。

刘桂明： 这些钱可能大多数来自于诉讼部门。

田文昌： 对，大部分来自诉讼部门，也是因为我们的诉讼的合伙人能够理解并认同这一点。这才是真正合理的团队化协作。随着我们业务的发展变化，还会有更多这样的支持。这些我们都是在不断探讨的，没有绝对的标准。但总的一条，我坚持认为，因为我是从大锅饭年代走出来的，我经历过文化大革命，我当过知青，我知道那种没有以公平原则为基础的分配方式，长久不了。所以说，只有在公平原则的基础上进行互通互补，才会有生命力。

过去的经验表明，律所合伙人的创收能力相差不大的，分配机制比较容易设立。如果差别过大，就会有冲突，甚至闹分裂。也就是说，不同合伙人分担律所成本差别的合理限度，是团队协作机制中不能突破的分配原则底线。那么这个合理限度是多少？有关专业人士认为，合伙人分担律所成本的差别应当尽量保持在一倍的限度之内。比如说我贡献了100万，你贡献200万，还是可以接受的，但如果你贡献300万400万，我只贡献100万就太不平衡了，你就可能会选择用"脚"投票。应该说，在分配机制上，平衡点永远是客观存在的，但这个平衡点不好确定，谁能找到它，谁就能成功。

刘桂明：您讲到的是管理团队。关于业务团队方面，您再给我们讲讲十一年前在中国政法大学开会推出来的"京都刑辩八杰"，这是一个诉讼天团的品牌。

田文昌：这是在你的支持下形成的一个品牌，首先要感谢你。应当说这个品牌是很有价值的。我是个书生，我不懂营销，就知道闷头做业务，"京都刑辩八杰"的推出不仅形成了北京市京都律师事务所的品牌，还对整个律师界都产生了很大的影响。

刘桂明：前年我在《民主与法制》还做了一个"京都刑辩八杰"的十年的专题。

田文昌：京都刑辩八杰确实起了很大的作用，北京市京都律师事务所要做百人刑辩队伍，现在已经过百了，但是在质量上还要提升，质量提升比数量提升更重要。将来在"京都刑辩八杰"之后还会涌现出更多的京都优秀刑辩团队。

刘桂明：现在我听说有好多年轻的刑辩律师都已经起来了。

田文昌：现在后起之秀已经很多了。这足以引为京都万分的自豪！还有一个问题，就是队伍扩大了以后怎么样实现共存、共赢、共同发展？为什么很多律师所总是裂变式发展，一变大了就分家？主要就是解决不了"一山容多虎"的问题。我一直在探讨这个问题。一个律所，一个部门，能够做到"一山容多虎"，才能够真正发展起来。比如现在北京市京都律师事务所的刑事业务部就有二三十个高级合伙人，是数量最大的，搞不好将来也可能就会出问题。我凭什么矮你一截？你凭什么压我一头？我跟我们的管理合伙人说，一定要解决"一山容多虎"的问题，这也是管理合伙人的责任。做到这一点也很不容易，但一定要想办法解决。

刘桂明：像您这样，像李大进这样，像肖微这样，都是属于创始人，如何把管理的职能和权力，转移到下一代的合伙人当中去，这个问题怎么解决？现在好多律所的创始人都面临这样的问题。

田文昌：说到创始人，我跟他们比不了，他们开始就是律师起家，我是半路出家，我现在还是一半学者一半律师。现在我还在做培训、在写书、在做研究，其实还没有把精力完全放在律所的管理上。不谦虚地说，我律师业务做得还算可以，但是我不是个管理的专业人士，我不懂管理，我有些想法提出来需要别人来实现。刚才我提出的这些想法，我认为有道理，但是怎么落实我不会，需要别人去落实。

律师从生成期走向发展期，从无序到有序，从不正规到正规，管理是很重要的。要寻求现代化的管理方式，不能再那么稀里糊涂地干下去了。所以，现在年轻一代的律师要在管理上好好地下点功夫了。律所管理的科学化、规范化，可以说是中国律师进入发展期以后所面临的重要课题。

刘桂明：接下来我还想到两件事，一个是您在教学方面，尽管您现在不在大学，但是您现在丝毫不否认这个学者的身份，所以为什么叫学者型律师？作为学者型律师，如何在法学方面做出更大的贡献？作为一位职业律师，又是一位学者型律师，又如何去做出更大的贡献。我就知道十年前，您跟张军同志和姜伟同志你们三人对话，当时一位是法官，一位是检察官，一位是律师，正好是三个职业，三个立场，这样一种对话，也是一种法学研究。我觉得这种法学研究、这种方式，您现在是不是还继续在进行的？

田文昌：这的确是一种很好的方式，可以说这种三人谈的方式是我们几个的创意。其实这个事很有意思，也很偶然。二十多年前当时张军还在最高人民法院担任刑二庭庭长，姜伟是最高人民检察院公诉厅厅长，我是全国律师协会刑事专业委员会主任。有一天我在张军的办公室里头聊事儿，这个想法是张军先提出来的，他说现在理论和实务脱节的问题比较严重，控辩审三方的分歧也比较大，能不能我们出一本书，从控辩审三个角度来搞一个对话。我说当然好，是好事。然后他说找谁好，我说你看找谁，他说找姜伟行不行？我说好啊，因为姜伟和张军他俩是硕士同学，又是最高人民检察院公诉厅厅长，身份正合适。后来他说那书叫什么名字好，我说干脆就叫"控辩审三人谈"怎么样？他说行。张军当即就给姜伟打电话，姜伟也说好。就这样，一拍即合，5分钟，成了。"三人谈"的创意就是这么出笼的。

刘桂明：这个事还有一个人做了贡献，当时是在法律出版社，现在在北京大学出版社的蒋浩对吧？也是我老同事。

田文昌：没错，由于我们三个人都很忙，很难凑齐，蒋浩就不断催促我们，我们只能利用节假日的时间凑在一起，见缝插针地挤时间。这个"三人谈"，既不是写出来的，也没有精心准备，纯属是针对问题的有感而发，即兴发挥。而且，是边说边吵，激烈争论的。我们各自坚持自己的立场和主张，常常争执不休。这本书真正是谈出来、吵出来的。

这么多年来，我们的理论和实务相脱节的现象太严重，始终解决不了。理论与实务脱节，实体法与程序法脱节，相关学科脱节。所以我常说有些搞理论的人谈到具体实务不切题，而有些做实务的人理论高度上不去，这个问题很普遍。我现在在写的《刑事辩护教程》面临这个问题。

刘桂明：咱们二十年前也搞了一个，您当主编，陈瑞华还有我，咱们三个人。

田文昌：对，那个是《刑事辩护学》。现在我主编一部丛书《刑事辩护教程》，一共是三本，100多万字，分为理论篇、实务篇、实训篇。内容包括从接待当事人家属开始，到刑事诉讼全过程。在策划这套书的时候我就发现一个问题，专家写不了，律师不会写。因为专家没有实务经验，而律师有东西表达不出来。这套书已经几易其稿，写了四年了，现在正在收尾，我非常累，每次我都逐字逐句地在改、在编。

现在司法实践中常常会出现一些令人担忧的现象：做民事业务的不懂刑事，做刑事业务的不懂民事。做民事业务的看什么都像侵权；做刑事业务的看什么都像犯罪。就好像两条道上的车，永远跑不到一条线上。为什么？就是相关学科脱节的弊端，你做研究可以细分，但你做实务，刑事与民事完全脱离是不可以的。刑民交叉的案子很多，有人说刑民交叉是伪命题，我是非常不赞同的。

刘桂明：现在还有刑民行交叉的，又加了一个行政。

田文昌：都有这个问题。所以不能只了解一个单一的学科，不能知识面太窄。对于相关学科，你可以不是专家，但你也得有一定的了解，这样你才会建立全方位的思维，否则你的思维就会缺项，就是单线条的。包括实体法与程序法脱节，比如实体法立法时没有充分考虑到程序法上的可操作性等，这些都是我们法治建设初级阶段表现出来的现象。但是我们现在得往前推进，不能老停留在这个水平之上。

刘桂明：所以从这个角度讲，我看见北京市京都律师事务所成立了一个叫"京都刑事辩护研究中心"的机构，其实这也是为了解决理论和实践的问题。

田文昌：我希望把北京市京都律师事务所打造成一个理论与实务相结合的高端平台，要搞各种活动，搞培训，搞研究中心，要著书立说，要和各个大学进行合作。就是为了实现这个目标。

刘桂明：现在你们跟西北政法大学成立了一个刑事辩护高级研究院。

田文昌：这应该是贾宇的功劳，是贾宇当校长期间促成的。我当时还不太积极，在贾宇的"胁迫"下，硬拉着我去搞的，但是这个研究院确实很有价值。

刘桂明：贾宇现在当了检察长之后，最近对我们的《法治时代》给予了极大的帮助。我们这几天还到浙江省人民检察院举办了一个组稿座谈会。

田文昌：他还是挺有情怀的，有些事想得比较远。这个研究院成立以后确实做了不少事。比如，现在最大的成果是刑辩技能培训搞起来了并且很成功，如果不是被疫情耽误，我们早就在全国推广开了。

对于律师技能培训，我的想法由来已久。在1996年《刑事诉讼法》修改后司法部举办刑辩律师高级培训班的时候我就跟段部长讲过，我说咱们的培训还停留在讲理论课的方式，这种知识培训的方式已经远远不够了，要有技能培训才行，因为从法学院毕业以后，当法官、检察官、律师，都要有相应的技能培训。段部长当时说那你就讲吧，我说"谁给我讲过？我也不会讲"。后来我就借鉴国外那种诊所式的培训方式，结合中国刑事诉讼程序的特点，借助西北政法大学刑事辩护高级研究院这个平台，开创了一套技能培训方式。

刘桂明：您讲到这个地方，我要提一件往事。1996年就是在刑辩律师高级培训班上，我觉得培训班的规格很高，当时的司法部部长肖扬同志出席，当时主管律师的副部长张耕同志出席，然后刚才讲的段部长那个时候是副司长对吧？他在1998年当的副部长。培训班由他主持您讲的课，后来是我亲自整理的，在《中国律师》上连载三期。这个时候我要讲到你当年的一个职务，我记得大概是1996年的11月，成立了全国律师协会的诸多专业委员会，其中有一个刑事专业委员会，您自己也讲过您担任了刑事专业委员会主任的时间很长的，对不对？正好您给我们讲讲，您在刑事专业委员会的情况。

田文昌：这个事实际上也是很偶然，原来专业委员会主任都是由官员担任的，比如原来中华全国律师协会刑事专业委员会主任是时任北京市司法局副局长的周纳新。1996年第一次改成由执业律师来担任这个职务，所以那时候是执业律师担任专业委员会主任的第一届。是时任中华全国律师协会秘书长杨金国把我拉上去的。

刘桂明：那个时候到中华全国律师协会才一年。

田文昌：按照律师协会章程规定专业委员会主任三年一届，可以连任两届，最多干六年。结果我一干就是二十多年，不是我赖着不走，是下不来，因各种原因，我多次请辞，一直没下来。从第一届干到现在，刚刚换成了顾问。我一算差不多二十七年。但是有一条，我只要干一天，就要干实事。刑事专业委员会这二十多年做的工作应该是有目共睹的，包括律师协会和司法部都公认刑事专业委员会的工作很出色。

刘桂明：上一届全国律师协会曾经有个想法，想把刑辩律师独立出来成立一个刑事辩护协会。

田文昌：张军当司法部部长时有这想法，是他提出来的。他离开后，因各种原因就没搞成。

田文昌：当时张军、熊选国、王俊峰，韩秀桃他们，都在积极促成这件事。但是因为难度也比较大，后来没搞成。如果真正搞起来的话，对于刑事辩护的整体发展，包括对刑事辩护全覆盖的实现都是很有帮助的。这个想法没实现确实比较遗憾。

刘桂明： 讲到这里，我觉得我们今天差不多要画上一个句号了，正好田老师最后讲了两个字叫"遗憾"。

我们今天对话其实主要是田老师在讲故事，我记得田老师讲过一句话，就是说我们不要老讲我们救了多少人，还应该想想我们没救多少人，或者没救成多少人，也不要想我们做成了什么事，我们更重要的是要想，我们还有哪些事没做成。由此我就想到了中国一句俗话"无巧不成书"。

我刚才捋了一下田老师，出生到现在这七十五年的历程可以分两个段。一段就叫法律人生，还有一段就叫社会人生。社会人生就是你在进西北政法学院之前，这两段人生其实做成功了好多事？

田文昌： 可以说我进到西北政法学院之前，基本上绝大部分时间是处于逆境之中。

刘桂明： 那个时候你33岁，事业的起点。33岁到75岁两段，很有意思。我想来讲这两段刚好用中国的一个成语叫"无巧不成书"概括。这个"巧"在我们中国的词汇就是巧合、巧缘、巧遇是吧？

但是这个里面其实也包括不巧，比如说，田老师您看您第一段从小学到中学4次不巧，没有实现音乐梦。这就是人生当中并不是所有的事情都能成的，成当然是好事，不成有时候也是好事。

如果你当时成了，就没有现在能成为法律专家这段人生了，所以我觉得你从小学到中学的不巧，4次不巧，对吧？从社会到大学，也就是说刚才讲的从知青到上研究生，就是从社会到大学这段也有好多不巧。

然后第三阶段我觉得应该从西北到北京，也是从西北政法学院到中国政法大学，这一阶段我觉得更多的是巧。您看您遇到了两位名师，然后这两位名师又介绍您到五院四系以及中国社会科学院大学、中国人民公安大学遍访名师，这些基本实现了，这是巧。然后第四阶段，您到中国政法大学之后，从行政到教学，这个里面有些实现了，有些没实现，有些是巧，有些是不巧。

第五个阶段，从兼职律师到专职律师，为什么要去做个专职律师？就是因为您兼职律师这十年也有巧和不巧的问题，比如说前五年是不巧，后五年是巧，行政工作也好，教学工作也好，这些巧与不巧最后促使了您干脆就创办一个新的律所，所以才有了1995年的北京市京都律师事务所的诞生。

所以第六个阶段，有了北京市京都律师事务所之后，您就在想到底是做一个专业性的律所，还是综合性的律所，这也是处于巧与不巧之间。

第七个阶段，我觉得是您做刑辩律师最大的体会——从"天使"到"魔鬼"对吧？到底是"天使"还是"魔鬼"，对吧？您最后总结的就是，既不是"天使"也不是"魔鬼"，但这个里面也可以说是作为刑辩律师的巧与不巧。也就是说哪些是成功的，哪些是不成功的，尤其是我们作为刑辩律师来讲，特别希望我们辩护的当事人能够无罪释放，这就是刑辩律师的巧与不巧。

我觉得第八个阶段就是您从北京市京都律师事务所的创始人到顾问这么一个角色的转换，乃至律所管理的转型，这个里面也有巧与不巧，我这里强调的巧与不巧的巧，就是实现了，不巧是没实现的。不见得不巧就不好，不巧可能也促使我们做出了新的选择。

第九个阶段我觉得是对于律所您从业务到管理的转型对吧？其实您一直处在有时候是业务、有时候是管理、有时候是教学，处于一种业务到管理的转型。您作为律所的创始人和中华全国律师协会刑事专业委员会的主任，其实这是一个管理，您是个带头人的角色。

我觉得最后一个阶段是您从中华全国律师协会刑事专业委员会主任卸任,从上任到卸任二十七年,这里面有好多巧与不巧。我们这个工作生涯和职业生涯有好多都是巧与不巧,实际上这些我觉得用两个字概括:选择。我们的工作生涯其实都是选择,你到底选择什么?有的选择是被动型的选择,就是说客观环境促使你做选择,不由自主的,所以您用"歪打正着"这4个字确实是一种最形象的概括。

田文昌:所以我说"正着"了,最后都"正着"了。对,这是我的幸运。

刘桂明:所以我就觉得您没有走上音乐这条路,或许就是命中该做法律人,如果您现在成为音乐家,成为音乐人,也许影响力肯定不如您在法律界的影响力。由此可见,当时没走上音乐道路不是一件坏事。

田文昌:所以有时候这种命运的安排超出了你自己的愿望,我也经常说不一定你的追求就一定是对的,也可能另一种安排会更好。你看学法律我不后悔;我说最不愿意当中学教师,但当了大学教师我不后悔;我没想当律师,但当了律师我也不后悔。

刘桂明:对,所以当时你们那个年代和我们这个年代,可能还有更多的是时代环境下客观环境的变化,导致了我们很多的选择出现了变化。

对现在的年轻人来讲,估计没有这么多客观环境的变化,比如说,现在的年轻人们上大学,毕业后完全靠自己选择。我们那个时候是大学毕业分配工作,有可能把你安排到公安战线,你就成了一个警官;把你安排到检察战线,你成为检察官;把你安排到法院,你成了法官,把你安排到律师事务所,你成了一位律师。像我这样把我安排到了新闻出版单位,我就一辈子做记者做到现在,但是现在的年轻人不一样,他的主动性更强了。

所以今天我们这个对话，其实最终关键词就落实到"选择"。我们现在刚刚走进律师行业的青年律师和即将踏入律师行业的年轻人们，最重要的就是我们如何选择？我们选择什么？我记得我们母校曾经采访过我说你讲讲你为什么做新闻出版，尤其是你在"中国律师"杂志社工作这十一年期间，你对中国律师的判断和看法。

我说我原来最喜欢选择专业，在大学毕业的时候，我选的第一志愿是新闻出版，第二选择是律师，我说你看我多幸运，我把第一和第二志愿都结合起来了，对吧？我说我尽管没做律师，但是我一直在律师这个行业当中。我说我当时的选择我就牢记几点，第一选择自己喜欢的，第二选择自己热爱的，第三选择自己适合的。我觉得田老师今天教给我们的选择就是，他最终选择了他喜欢的，他热爱的，他适合的。刚才田老师讲了，不后悔，有遗憾，这个遗憾就是我们人生当中的不巧，但是这些遗憾是我们人生当中的重要组成部分，我也有。

田文昌：我还有个遗憾可能实现不了。我一直想办一个民办的律师学院，我从中国政法大学出来那天就有这个愿望，但是种种原因这个愿望实现不了了。

刘桂明：这个也未必，为什么？虽然我现在正好把退休手续办完，但我也觉得将来是可以的，就像现在的桂客学院一样，我觉得可以做。

田文昌：因为我是想办一所有学历的正规大学，那种条件成就起来太难了。

刘桂明：反正今天田老师说了他有两大遗憾。一个是办一所最好有学历的律师学院，我想我们桂客学院可以在某种程度上做一些弥补。另一个遗憾是想创作一首跟律师行业改革发展有关的歌，我想这个我可以在田老师的帮助指导下，我们自己把这个事做成。

所以各位老师，各位朋友，各位律师，各位青年朋友们，各位桂客们，我们人生一定会有遗憾，遗憾可能就是我们下一步前进和发展的动力。田老师在他的职业生涯当中有好多遗憾，我们发现这些遗憾促使他做出了更英明的选择。我们每个人的一生中也会有好多遗憾，我们如何把遗憾变成一个更加适合的选择。今天我们牢记一个词，"选择"。如何选择？选择喜欢的，选择热爱的，选择适合的，我们一起走上一条最适合自己发展的道路。

无论你是做律师，还是不做律师，无论你是做记者，还是不做记者，无论是做学者，还是不做学者。不管做什么，选择对路的，只要充分发挥了自身价值，你就能成功。充分发挥你的价值，你就一定是正确的，你就一定是不后悔的，你就一定是完美的。让我们每个人都走上适合自己的发展道路。

好，我们桂客直播间第三期到这里就结束了，感谢田文昌老师，感谢北京市京都律师事务所，感谢我们的小伙伴们，让我们期待第四期桂客直播间。好，各位再见，祝各位记者节日快乐，祝各位律师天天快乐，好，再见。

第五章

刑辩感悟

> 我多年前看过一部美国电影,讲的是一名海上救生员,他刚刚退休的时候,徒弟遇到了一场大的海难,他放弃了退休生活,自告奋勇地帮他徒弟去营救,结果他牺牲了。在临死前师徒俩有一段对话,徒弟对他讲:"您这样有名,您能不能告诉我您这一生救了多少人?"他说:"我从来没想过我救了多少人,我只记得我没有救成的有多少人。"
>
> 我对这句话刻骨铭心!我希望我们每位律师也记住。我们很多律师在吹嘘过关斩将,救了多少人,成功了多少案子时,我觉得我们更应当想一想,我们虽然尽力了,但是我们有多少案子没有成功,有多少人没有救成。这才是一位律师,特别是刑事辩护律师应当有的情怀。所以说,做律师要做到问心无愧,让我们多做力所能及的事,包括立法修法,包括律师制度的推进,我们能做多少就做多少,这是我们应尽的责任。

一起从死罪到无罪案件的思考[*]

自1989年至1995年，历经2095天，朱佩金案件终于得到了终审的公正判决，画上了句号。

朱佩金原系黑龙江省大兴安岭地区林管局林产工业公司销售科副科长，因在公司内部承包经营木材时，被怀疑有经济问题，于1989年8月7日被黑龙江省大兴安岭地区加格达奇区人民检察院拘捕，于8月12日被正式逮捕羁押。1992年2月被以涉嫌贪污罪（总金额人民币386314.74元）、诈骗罪（总金额人民币407784元）、行贿罪（总金额人民币10115元）为由提起公诉。大兴安岭地区中级人民法院于1993年3月11日开庭审理此案。因超期羁押时间过长，于1993年12月28日被取保候审。开庭后又经过1年零8个月，经黑龙江省高级人民法院批准，于1994年11月2日由大兴安岭地区中级人民法院作出一审判决宣告无罪。大兴安岭地区中级人民检察院提起抗诉，经黑龙江省高级人民法院二审于1995年5月12日宣告裁定无罪，驳回抗诉，维持原判。

此案自1989年8月朱佩金被捕至二审裁定书下达，历经七个年头，其历时之长，卷宗之多，起诉与判决差距之大，都是历年来少见的。更重要的是，此案对于在改革开放环境下，如何认识

---

[*] 本文载于《中国律师》1995年第7期。

承包经营中的法律关系,如何确定承包双方的法律地位,如何划分刑事、民事两种法律关系的界限等一系列问题具有重要的借鉴价值,因此,此案具有较突出的典型性。

大兴安岭地区中级人民法院和黑龙江省高级人民法院在长时间反复调查和论证研究的基础上,对此案作出无罪判决,既是严肃认真的,又是公正的。深入总结审理此案的经验,对于司法实践中准确认定经济犯罪案件具有重要的指导意义。

本人在担任朱佩金的辩护人办理此案过程中,除了向法庭呈交辩护词以及大量充分说明被告无罪的理由和根据外,在案件结束后,也总结了此案给人们留下的深刻思考。

一、此案使我们进一步认识到,如何依法保护承包经营者的合法权益,是关系到维护改革开放、正确实现刑法任务的一个大问题

承包经营,这是改革开放以来为了增强企业内部活力、合理调动积极性而建立的一项重大制度。承包关系既然依合同而成立,就应当具有法律效力且受到法律保护,承包方与发包方的地位就应属于平等的权利主体,因而在法律面前也应当是平等的。

然而,直到目前,一些人的思想中还存在两种糊涂的认识:一是认为发包方是上级,承包方是下级,仍习惯于以行政手段来调整二者的关系,以为发包方可以不受法律约束,随意修改或者废止承包合同直至以调职等方式取消承包方的资格,致使承包合同的法律保障名存实亡。二是受计划经济形成的传统观念所支配,视保护公有制或公有财产为己任,视私有制或私有财产为异己,以行政观念代替法律观念,以"国家拿大头,个人拿小头"的原则代替法律原则,在执法中不能平等地保护不同的权利主体。在此两种观念的支配下,许多承包经营者的合法权益难以得

到保障。酿成朱佩金案的深层原因正在于此。承包经营既然是国家政策和法律所认可的一种经营方式，就应当依法受到保护。那些恣意侵害承包者合法权益甚至对其枉加罪名的做法，形式上貌似在维护国家和集体利益，实质上却干扰了改革开放的大方向，也与刑法的任务背道而驰。

此案留给人们的重要启示是，经济体制转型时期，法律观念的转变势在必行，刻不容缓。这种转变，对于执法人员尤为重要。

二、此案使我们进一步认识到经济犯罪案件的复杂性和处理经济犯罪案件的慎重性

经济犯罪案件的复杂性，是由经济体制转型时期的特定环境所决定的。两种经济体制的转换交替过程中，一方面使一些犯罪分子有机可乘，使犯罪的机遇骤增；另一方面也使得一些犯罪的界限变得格外模糊，增加了认定犯罪的难度。目前，一些经济犯罪案件之所以出现大起大落的变化，除了执法人员的工作失误以及其他非正常原因外，经济犯罪案件本身的复杂性也是一个重要因素。朱佩金案涉及承包经营、税收、企业内部因管理混乱而造成的错划账目、三角债等一系列问题，这些问题大都是在经济体制转轨的过程中出现的。而这其中所涉及的此罪与彼罪的界限，确实比一般的经济犯罪更加难以区分。从这一角度可以说，朱佩金案的起伏确有一定的客观原因。然而，这种原因并不应成为酿成错案的当然理由，只能提醒我们在处理经济犯罪案件时应持更加慎重的态度。在这一点上，大兴安岭地区中级人民法院和黑龙江省高级人民法院的严肃态度和负责精神是值得赞许的。他们既对国家和法律负责，又对被告人负责，能够在全面调查案件事实的基础上，客观、冷静地听取和采纳辩护律师的意

见，准确地理解和运用法律排除干扰，严格执法，终于作出了公正的判决，其意义和影响绝不仅止于朱佩金一案。

三、此案深刻反映了刑事辩护的重要性和艰巨性，加重了律师的责任感

在起诉书指控朱佩金的三个罪名中，仅贪污一罪就足以判处死刑，可以说，这是一桩介乎死刑与无罪之间的案件。而在这桩案件中，律师的作用得到了切实的体现。在此案开庭审理中，当我们发表无罪辩护的意见时，全场愕然，人们似乎不敢相信这种辩护能够成功，因为控辩双方的意见差距实在太大了，竟然大到了使人难以置信的程度。然而，这种无罪辩护的理由和结论得来并不容易。

我们到达加格达奇后，从开始工作到开庭审理只有一周的时间。在一周的时间里，要查阅27本长达3860多页的卷宗并多次会见被告人。除在本地进行十几次寻访调查外，还要乘十几个小时的火车去两地监狱取证，共向法院提交了8份有力的证据材料。如此庞杂而繁重的工作，只有我们两名辩护律师承担。在开庭前一天的夜晚，做完了第8份调查笔录时，已经是深夜11时30分，我们才开始起草辩护词。至第二天早晨，我们一气呵成，赶出了8000余字的辩护词，就着咸菜喝了一碗稀粥，便匆匆出庭。完成这种超高强度的工作量，没有一种强烈的责任感和耐受力的确是难以做到的。但仅限于此也还是不够的。记得我们与法院的负责人交换意见时，对方不解地问我是否看完了卷宗，我风趣地回答说："已经看明白了。"这说明我并没有看完，因为这份卷宗不仅数量太多，而且内容太乱，在如此短的时间里（一周中我们用于看卷的时间只有三个昼夜）事实上是不可能看完的。因此，对方的疑惑是有道理的。之所以我们能自信清楚了解案

情，并能提出充分的证据和理由，是由于我们抓住了要点，理清了线索，因而得以从一些无意义的文字堆砌和数字游戏中超脱出来，从更高的层次和角度看清了案件的全貌，找到了问题的主要症结。从这个意义上说，此案使我们得到了一次极好的锻炼。

以贪污罪为例：在指控被告犯贪污罪的两项事实中，一项是贪污公款人民币167273.05元。卷宗以大量证据来说明朱佩金是集体承包而否定个人承包，法庭调查时也对此问题反复查证，均将此视为能否构成贪污罪的关键。而我们却发现，在此案中能否认定犯罪的关键并非承包的性质而在于承包的方式，因为这种按固定数额上缴利润的"死包"方式是盈亏自负的，基本上不具备贪污的条件。进而又发现，后来的公司经理办公会议以"国家拿大头，个人拿小头"的原则作为理由，违反承包合同的约定，又以经理办公会决议的形式硬性否定了原承包合同所约定的条件，在许诺另拨给被告人1000米木材指标作为补偿的前提下，不算细账，重新确定了高于原合同约定的上缴利润的总数额，而被告人也被迫服从了这个决议。至此，又切断了承包方式与贪污罪的联系，因为事实上"决议"已经否定了原承包合同，致使承包合同失去了意义。由此可见，该项事实主要线索的发展过程表现为三个阶段：承包性质——承包方式——经理办公会决议。由于经理办公会决议否定了承包合同，所以，前两个阶段的线索即涉及承包的性质与方式及其他内容的全部材料就已经与此案无关，失去了研究的价值，唯一值得重视的关键问题，就是调查、分析和证明经理办公会的背景和经理办公会决议的内容。而能够说明这些问题的最主要证据，就是已经搜集在卷宗中的经理办公会的会议记录。至此，整个案情已经变得简单而明晰：首先，在经理办公会决议明确规定了被告人上缴利润总数额的前提下，被告人不可能具备实施贪污行为的任何客观条件。其次，后来由于公司领导再次违约，没有兑现另拨给1000米木材指标的许诺，致使被告人因此而拒绝按经理办公会决议规定的数额返利并据理力争,直至因双方争执不下而导致账目迟迟未能结清。这些过程则进一步表明,此案纯属承发包双方的合同纠纷,是一种典型的民事法律关系,被告人只不过是在正当而公开地维护和争取自己的利益。因此,被告的行为与贪污罪毫无联系。

至于另一项所谓贪污税款人民币386314.74元的指控,问题就更简单了。首先,朱佩金作为纳税人根本不具有贪污税款的主体身份。其次,朱佩金在加格达奇区以公司的名义、账号及发票从事经营活动期间并非直接纳税人,他只能在公司统一纳税后向公司分摊应纳税款,最后,经公司主管领导证实,当时曾明确对朱佩金讲过,该部分税款由公司统一缴纳,待结账后再由朱佩金分摊。此三点,不仅证明朱佩金不构成贪污税款罪,而且证明朱佩金也不构成偷税罪,朱佩金只是欠缴税款,且责任又在公司,因此,关于所谓贪污税款的其他材料以及庞杂的统计数字也与此案无关。

四、此案充分体现了在审判工作中律师与司法机关相互配合的积极效果

律师与法官、检察官本应是一种以制约求统一的协调关系,旨在维护法律的公正性。在办案过程中,控辩双方从不同角度各自提出充分的理由和证据,使之成为法官正确认定案件性质的依据或参考。三者殊途同归,统一于事实和法律的基础之上。然而,由于我国律师制度恢复的时间尚短,以至于许多人对律师的地位和作用的认识有失偏颇,似乎律师与司法机关是一种天然的对抗关系,这种认识是不利于案件的正确判决的。

在办理此案过程中,我们与司法机关形成了一种既制约又配合的协调关系,因而能够充分、深入地交换意见、探讨问题,审

判机关也能够深层次、多角度，客观而又慎重地审视和分析案情，达到了以制约求统一的积极效果。可以认为，目前在我国的审判实践中有两个观念是需要转变的：一是司法人员应转变对律师的偏见，充分意识到律师对公正判决的积极作用，客观地分析和采纳律师提出的合理意见。二是律师应当转变对于自我角色的偏见，律师的成功绝不仅仅表现为在法庭上以尖刻的言辞击败对方或者为博得旁听席上的喝彩，更重要的是，他提出的理由不仅应当雄辩有据，而且还应当入情入理并容易被理解和接受，并为坚持自己的理由而负责到底，这更能反映出律师真正的水平和责任感。

田文昌谈个人执业感悟和对刑事辩护的看法*

律师队伍是我国司法队伍的重要组成部分,是促进国家民主与法治建设的重要力量,为了让公众走近中国律师、了解中国律师,中华全国律师协会与法制网(现已更名为"法治网")联合推出了"影响力·中国律师系列访谈"节目,选取法治热点话题,与知名律师面对面。

2011年8月30日,《中华人民共和国刑事诉讼法修正案(草案)》(2011)(以下简称《刑事诉讼法修正案(草案)》)向社会公开征求意见,引起社会高度关注。

中华全国律师协会刑事专业委员会主任田文昌律师是参与《刑事诉讼法修正案(草案)》起草前期讨论的三名律师代表之一。

近期,田文昌律师做客法制网访谈直播间,就《刑事诉讼法修正案(草案)》(2011)相关热点问题、个人执业感悟和对刑事辩护的看法等话题接受了我们的专访。

一、辞去教授当律师我犹豫过但不后悔

主持人:谈完刑事诉讼法修改的相关问题,我们聊聊您个人

---

* 本文载于"中国法制网",2011年10月19日发表。

的一些执业体会。在您近三十年的执业生涯中获得过很多荣誉，您在业界被誉为"中国刑辩第一人"，擅长办理各类刑事疑难案件，您也被誉为"学者型的律师"，教学、科研、办案成果都非常丰硕，而且还被美国刑事辩护律师协会授予"终身荣誉会员"证书。有些人称您为田律师，有些人称您为田老师，也有人称您为田主任，这三种称呼您最喜欢哪一种？

田文昌：其实我最不喜欢的是"主任"，我对职务性的称呼不习惯，在学校我是教授，做律师我是律师。习惯叫我老师的比较多，因为我做教授时间长，学生也多，叫老师习惯一些，叫律师我也习惯。有些律师说我们做了很多年，做成名了，做成功了，就不办案子了，你还办案子？搞搞管理吧！我听了以后很别扭，我觉得我是教授，我就得教书，就得写书；我是律师，我就得办案，我不办案了就不是律师了。当然这只代表我个人的想法。

主持人：得知您今天来法制网做客，有不少网友留言。有位网友留言说，其实我们大家也知道，在中国，律师的地位并不是很高，就连古代社会都把律师叫"讼棍"，你可以想一下，一个人都成了"棍"了还有什么希望？我们知道您在1995年辞掉了中国政法大学教授的工作，当了一名专职律师，您当时是怎么想的，是否犹豫过？

田文昌：我现在大言不惭地说，我在中国政法大学是最受欢迎的老师之一，我离开中国政法大学的时候和我的学生是洒泪而别，我不是不热爱讲台和科研，但是我的时间和精力有冲突，犹豫了几年，才下定决心。其中有一个原因是，我越来越感到律师作用于社会的直接性更为明显一些。我们的理论与实践脱节的问题到今天依然比较严重。当时我注意到在国外绝大多数是律师兼教授；而中国是教授兼律师，可以说我是第一个从教授走向律师的人，我从教授兼律师转向律师兼教授。我有一个明确的感觉,就是我跟实务接近了,我对社会的作用更直接了,体会更深了,我到现在一点也没有后悔。我走出来,而且在这个基础上,我对法学理论的认识更深刻了。

主持人: 可以更好地把您在实务中的实践经验和理论结合起来?

田文昌: 对,原来我是靠案例研究问题,来讲课,是靠书上的案例,现在我是靠个人亲自经历的案例来研究问题和讲课。所以,完全不一样。我记得2007年我60岁生日的时候,我出了四本书,如果现在再给我一些时间,我还可以连续出几本书,这些内容都在我的脑子里装着,这些都是来自于实践当中的体会,而且可以通过个案推动立法。我提了很多立法修法的建议都是来自于实践。这一点很重要。我当时犹豫了几年,还是走出来了,为什么犹豫呢?就是你刚才说的,确实是律师的地位太低了,律师不受尊重。我做教授兼律师的时候,我的第一身份是教授,还比较受尊重,但是我的身份转为律师的时候,我虽然还是教授,但是我第一身份变成了律师,感觉就不一样了。在很多学术会议上,按照界别排名,律师从来都是在最后。第二个次后的就是学者,学者排在我的前面,而学者里面有很多是我的学生,我现在的身份实际上还是教授,只是因为我的第一身份变成了律师,所以我就只能排在曾经是我学生的第一身份是教授的教授后面。

主持人: 您这个时候的心态怎么样?有没有一些不平衡?

田文昌: 我确实有一些不平衡,我在一次会上讲过,我是当成玩笑讲的,我说的意思是律师的地位过低,但我自己既然选择了律师,我就得正视这个现实,所以经过思考之后,我可以找到平衡,我既然选择了这个职位,就要正视它,我不后悔,但是这种现象是不能被忽视的。当时我走出来时,有很多媒体采访我,说为什么这样做?还惹了一个麻烦,我在电视台采访的时候讲过,律师地位太低,有比教授低很多的感觉,我这样说是为律师鸣不平，可是有的律师断章取义声讨我，说我借此机会抬高自己贬低律师，说我是教授就认为我比律师地位高。我实在是哭笑不得，如果是那样的话我就不从校园走出来了，我为什么还要走入律师行业？但是确实到今天为止，律师地位就是这样低，可是我要说一句，律师的地位作用如何，是一个国家法治化程度的标志，律师地位不改善，法治化进程就不能向前推进，没有适当的地位，也就难有成熟、完美的律师。

二、客观冷静对待褒贬不一的评价

主持人：之前很多人都劝您不要"下海"，说"下海"很容易被"呛"，但是这么多年您还勇往直前、乘风破浪。在您印象当中，最困难的是什么时候？您有没有想过放弃？

田文昌：在我出来之前，大邱庄禹作敏的案子刚结束不久，那个时候我面临着政治压力和生命危险。其实禹作敏才是真正的黑社会。后来成功了，我被舆论捧上了天。十年后辩护贪腐分子的案子，舆论又把我打入地狱。我为什么说出"天使"和"魔鬼"的比喻？这是有感而发，任何一个表述都是有来由的，不是凭空来的，因为我被捧为"天使"，又被贬为"魔鬼"，我体会太深了。

主持人：对，有人说你是"律师包青天"是吧？

田文昌：对。

主持人：但是有人说您是腐败分子的帮凶，对这种褒贬不一的评价您现在的心态如何？您如何看待这些评价？

田文昌：这需要客观冷静地分析，我经历过史无前例的"文化大革命"般的考验，经历过这样的波折磨难，我磨出来了，我还是能比较冷静地对待这个问题。

从理念和理论上分析，都不奇怪，人们现在最大的问题，包括刑事诉讼法修改过程中的争议,律师发挥作用的障碍,等等,其实根本上就是观念的问题,中国法治的历史太短,中国律师的历史更短,任何一个新生事物的发展,都应该有一个认识的阶段,任何一个事物的发展都不能超越其必经的历史阶段,律师职业在全世界是一个延续了几百年、上千年的职业,但是在中国还真就是一个新生事物,在这几十年中,发生了各种各样的误解和分歧,这是很正常的、很难免的,重要的是我们应当怎么对待的问题。

三、律师的职责感和个人的喜恶要分开

主持人:像您说的,律师制度经历了很长的过程,美国的林肯也做过辩护律师,他也说过,其实辩护律师是一个让人很讨厌的角色,因为经常为流氓、恶棍辩护,您怎么看刑事辩护律师的定位?

田文昌:我曾经讲过,我被流氓打过,被小偷偷过,被贪官欺压过,但是我给盗窃犯、流氓、黑社会、贪官都辩护过。

主持人:那您心里不会很纠结吗?

田文昌:会有的,不会没有的。但是我认为你应当把你的职业感、职责感和个人感受区别开,律师和医生很像,医生的天职是救死扶伤,如果给当医生的你送来一个病人,你一看是十年前的仇人,你恨不得杀了他,但是按照职责,你要先救了他,然后再去制裁他,律师也是这样的,其职责所在就是这样的。我曾说过,有一个案子,我要是法官的话,我也要判他死刑,真是十恶不赦,有这样的情况,我亲身遇见过,但是如果一遇到让你辩护,你也得给人家辩。说实在的,我有两种感觉,我的切身体会,有的一些案件完全是履行职责,我尽到最大的辩护职责,虽然我知道他有罪,但是我尽职尽责地为他辩护。还有一种我知道

他是冤屈的，我会更尽职，投入更多的心思，不光是一种职业行为，还会投入更多的感情和更多的责任来辩护，这种情况下还是有区别的。

四、做一个案子忘记了风险和功利才能出神入化

主持人：还有人说您是拿了大钱替贪官消灾的，对于这样的看法您怎么看？

田文昌：这也是一种误解，我能够理解，比如腐败帮凶的说法，这种看法本身的逻辑就是错误的。腐败是先有的，被抓了以后才找律师，不能因果倒置，帮凶是共同犯罪，概念就不对。至于收钱，律师本身提供的就是有偿服务，如果律师不赚钱，怎么生活？但是对有些人可以赚钱，对有些人可以去扶助，还可能倒贴钱，这就是律师一个基本的责任。

其实每年都有一些不收钱的案子，有一些是搭钱的案子，有些弱者我倒贴钱给他办案子，还有些当事人本来不是倒贴钱的，做着做着没钱了，我觉得确实冤枉，必须要做，我就往里倒贴钱了。我经常对律师讲，你做一个案子的时候，当你忘记了风险和功利，忘记了一切，只是想把这个案子做到底的时候，就真正做到了出神入化了，就做进去了。当然不能要求每个人都这样，但是你对有条件的可以收钱，没有的话可以帮助他一下。我曾经说过希望每个律师一年办一两个援助的案子，全国二十万律师，一年就可以办几十万个案子，如果办不了也可以，你不办刑事案子，可以支持别的律师去办，这是可以的。当然这只是个人的想法，不是普遍的号召，没有什么理由可以有这样的号召，但是我个人是这样做的。

前些年媒体关注的是我无偿援助的案子，就把我奉为"天使"了，后来虽然我也在做，但是由于更关注我办理的官员的案

子，所以又把我变成"魔鬼"了。但是对我来讲，只要自己问心无愧就可以了。

五、风险大、作用小、收入低影响了刑事辩护率

主持人：很多人说现在中国目前刑事辩护律师生存条件非常恶劣，收入很低，风险很大。也有网友对您说，周围很多刑辩律师都改行了，您要多呼吁下，帮助我们刑事辩护律师提高地位呀！确实像网友所言，我们看到一些数据统计，全国的刑事辩护律师占全国律师的比例已经由原来的30%降到20%。您怎么看？

田文昌：收入低、风险大，这是事实，但我认为收入低还是次要的，最主要的是风险大、作用小，这是最关键的。因为一个是风险大，面临着职业生涯和自由的问题，还有就是任何一些有社会责任感的人，或者有职业感的人，做事都会有价值感。如果辩护没有价值，没有作用的话，对于任何律师都是一个致命的打击。所以有些人可以不计经济代价，但是他不可能不考虑到他职业的价值，他的作用，如果一个、两个、三个都没有意义，那他只好放弃了。所以我说影响律师职业环境的，影响辩护率的问题，最主要的原因是两个，一个是风险大，一个是作用小，收入低还是次要的。

主持人：中国的刑事辩护律师的收入是不是真的很低？据您了解一般能够达到多少，有些人说您代理案子一收就是300万元？

田文昌：如果那样的话我早就成了亿万富翁了，我听说最多的说我收到上亿元，其实在中国就算你想收那么多钱，他有那么多钱吗？他舍得出那么多钱吗？有些人宁可用很多钱去找关系，也不肯付给律师。中国很多老板舍得拿钱行贿，但是绝对舍不得拿钱交律师费。中国律师的平均收入，据北京前几年的一个

统计，可能略高于出租车司机的水平，谁都不相信，但这是事实。有律师收入高的，一年收入几百万元的有，但这是非常少的，没有收入的也有，如果没有业务就没有一分钱的收入。

不是说律师都是西装革履，出入五星级酒店，我怎么样？地下室、农村的炕头，我都住过，遇到没有钱的，怎么办？我照样是入乡随俗。我给大老板办案，给一些港商办案，我当然不会客气。但是，对于没钱的人，给农民、工人办案子，或者我倒贴钱，或者我降低条件。我经常遇到这样的问题，到县城、到农村，年轻人都觉得卫生条件接受不了的，我都可以接受，因为我是从底层出来的，我当过知青，我不在乎，但绝对不是人们想象的那样，以为律师都是那样，狂妄自大、高不可攀。

六、刑事辩护的魅力在于它的价值感和挑战性

主持人：也有人说，虽然刑事辩护风险很大，但是做好了还是容易出名的，像是"刑辩八杰"，但是没有人提到做民事业务有多出名，所以他们觉得做刑事辩护还是挺有魅力的，在您看来刑事辩护的魅力在哪里？

田文昌：在国内外都一样，因为刑案自身的性质，容易引起人们的关注，它涉及的权利也很重要，是生命权、健康权、自由权，所以它容易引起关注。但是，风险和利益也是相关的，不说成正比，也是相关联的。我倒是觉得，更重要的是价值感、挑战性，任何一个案子、一个业务，包括非诉讼与诉讼相比，包括与诉讼当中其他诉讼相比，都没有刑事案子的挑战性强，它要求一个律师的综合水平比较高。

七、刑事辩护律师要独善其身，贵在坚持

主持人：像您说的，在您这么多年的执业过程中承受了很多风险和压力，你认为最值得和现在的年轻刑事辩护律师分享的体会和经验是什么？因为现在很多人都面临这样的困惑。

田文昌：从长远来讲，问题不少，前途光明。原来毛泽东有一首诗叫"牢骚太盛防肠断，风物长宜放眼量"，用这句话来送给年轻人，要看长远，看未来，如果选择了这个职业，那么就要增加自信，贵在坚持。但是，别入歧途，我经常说有些律师现在是"逼良为娼"，做了不该做的事情。所以，一定要独善其身，贵在坚持，我和我们这一代人只是一块铺路石，我想年轻人可以看到很多的希望，所以对于律师界，特别是刑辩律师来说，是年轻人的天下，我祝福他们很快地成长和发展。

八、律师不代表正义绝不等于不追求正义

主持人：您曾经说过"律师不代表正义，委托人的利益才是第一位的"，有不少人对此表示质疑，您为什么说这句话呢？律师究竟如何定位？

田文昌：这也是一个误解，关于律师与正义的关系，曾经很多人跟我争论过，我说律师不代表正义，但绝不等于律师不追求正义，我一直认为代表正义和追求正义是两个概念，律师没有资格和权利代表正义，而且对于律师而言，法治的架构就是要求你以最大限度地维护委托人合法权益的方式去实现和体现正义。如果你能代表正义，还要法官和检察官干什么？你在你的岗位上最大限度地尽职尽责，就是在维护正义。我对与加拿大大法官的一次谈话感悟非常深，我问他一个问题，我说中国法官都是分专

业、分庭的，而你们最高法院九位大法官都平等表决，你们遇到不了解的业务的时候怎么办？他说你说得非常对，比如我们有三个人，我是做刑事的，另一个是做民事的，还有一位是做知识产权的，专业都不一样，但是我们不怕，我们靠的是律师，任何一个大的案子，律师肯定是这方面的专家，他会充分地表达他的理由，我们来分析判断律师的理由就可以了。

对这个回答，我感悟非常深。在国外律师是法官的助手和朋友，法官离不开律师。从这个角度来看问题，律师的责任和价值就很清楚了。所谓职业道德和社会道德的冲突，这个冲突是低层次的，但是从最高层次来说肯定是统一的，最终实现的是司法的公正性。

九、想办个创新型的律师学院培养尖端法律人才

主持人：您认为推动中国律师行业的进一步发展还需要做哪些努力？

田文昌：从整体社会环境来说，应当尽快地、尽量地给律师创造一个宽松的环境，把律师看作一个法治社会结构当中的必要组成部分。

主持人：感谢您，您今年64岁，在很多人看来这是一个应当"含饴弄孙"的年龄，但我们看到您还奋战在法律实务的第一线，并且还不断地为完善刑事辩护制度呐喊。我们很想知道您会坚持下去吗？之前有报道说，您可能两三年之内放弃做律师，再当回老师，这是真的吗？

田文昌：一方面这是一种情结，我是从经历过"文革"的知青经历出来的，所以养成了一种拥有社会责任的情结，我从来不认为我有多高尚，我们这一代人走出来了，有一种对社会充满责任感的情结，尽管遇到一些波折，但是我们经历的波折太多

了，已经走过来了，我们可能还要走下去，就不会被一些简单的波折、挫折所压倒，一种社会责任感吧。有人说我要放弃，其实不是这个意思，如果有条件的话，我还有一种教书的情结，想办一个律师学院，但是我不是做培训性的律师学院，我是要办一个纯民营的一种有学历教育的正规的律师学院。我是教书出身，我对中国的教育制度和方式担忧比较多，所以我想办学院并不是回去教书，应该说是创新，我想对教育体制改革的发展上做一些尝试。当然这样做要有条件，要有资金的支持，要有政策的支持，现在只是我的一个理想或者说是设想，能不能实现不好说，能实现的话，我就往这个方面努力，不能实现的话还做我的律师，同时我还搞一些研究，特别是在法治建设的理论上做一些探讨。

主持人：我们期待田老师的律师学院能够早日建成，为更多期待做刑事辩护的律师提供更好的经验、分享和体会。

田文昌：我想通过一个全新的律师学院培养出一些尖端的法律人才，确实有这样的想法。

主持人：感谢田律师今天给我们分享了这么宝贵的职业感受和人生感悟。您有这么一句话，成为了您的至理名言："律师不是正义的化身，但是可以通过自己的行为来维护正义。"这句话是对律师的一个很好的诠释，也是我们这次访谈很好的结尾。

我们期待这次刑事诉讼法的修改能更广泛征集民意、有效保障人权；也期待更多的仁人志士加入刑事辩护的队伍，通过共同的努力来维护社会公正、助推法治进步，实现"看得见的正义"。

再次感谢田律师做客法制网"影响力·中国律师系列访谈"。本期节目就到这里，感谢您的收看。朋友们，再见。

刑辩才是律师的高端业务*

我重点讲一讲中国律师百年中的最后一个阶段,也是最需要讲的一个阶段,就是1979年以后恢复律师制度这三十几年的状况。

在中国律师制度一百年的历史中,在不同的历史时期,各有不同的历史作用。但是这最后一个阶段,可以说是在中国百年律师制度历史中,最值得研究、最值得反思也是最值得憧憬的一个时期。我想在这个阶段,至今为止,最应当说清楚,同时也是人们最不清楚的一个问题,就是律师的职责定位问题。这么多年来我一直在思考、呼吁、呐喊律师职责定位的问题。在将近二十年前,我接受中央电视台采访时,就曾经呼吁要提出一个公开讨论的题目,研究一下律师究竟是做什么的。可是,到今天为止,律师究竟是做什么的,还没有彻底搞清楚,这是最困扰我们的问题。

从我们中华人民共和国成立初期第一次建立律师制度,从张思之老先生那个时候开始,直到现在,对于究竟律师是做什么的,律师的职责定位问题,我们有没有搞清楚?江平老师说:"律师兴则国家兴。"那么中国律师到现在究竟经历过怎样的状况,很

---

* 本文根据田文昌律师在2012年《律师文摘》年会上的发言整理。

多人还是搞不清楚。当然，可以说对律师基本职责定位的认识经过这三十几年的研究、论证、呼吁、呐喊，比以前有了很大的提升，但是在一些具体问题上仍然搞不清楚。比如说，我曾经多次说过"律师不是'天使'，也不是'魔鬼'"这个观点。有几次会上我就受到过别人的批判，在一次开会发言时，我说我说的观点可能会有人不同意，甚至律师界同行也有人会反对。我话音刚落，就有两位律师站起来义正词严地批判我，说你不代表正义，我们代表正义，你不要低估诬蔑我们律师。我无奈地说了一句话，我说："我只问你一句，代表正义和追求正义是不是一回事？"我从来没有说律师不追求正义，我们的律师为了正义呐喊、呼唤，甚至付出了自由的代价。但是律师能代表正义吗？谁能代表正义？这些问题没有搞清楚。

还有，我在法庭上好几次遇见过这样的场景：在法庭上被告人坚决不认罪，不承认被指控犯罪的基本事实。律师却坚持做有罪的罪轻辩护，两个人吵起来了。律师则振振有词地说："我依法独立行使辩护权。"大家想想，什么叫依法独立行使辩护权？为了这个问题，我到美国、欧洲做了详细的考察，翻阅了大量资料，律师独立行使辩护权的真正含义是什么？是独立于法律之外和当事人意志之外的其他一系列案外因素的干扰，比如行政权力的干预，金钱的诱惑，等等。而我们却把律师独立行使辩护权理解为律师独立于当事人的意志行使辩护权。这些基本问题我们并没有搞清楚。

再比如说关于辩方证据合法性的问题，我是1980年的刑法硕士研究生，从1980年我接触法律开始到今天为止，我们学到的刑事诉讼法理论都是刑事证据有"三性"，客观性、关联性、合法性。我们在法庭上经常遇到公诉方质问，你辩方的这个证据来源说不清楚，来源有问题，不合法，不能采信，法庭也予以支持。到今天为止，没有人把辩方证据与控方证据合法性的问题加以区分。我后来举了一个例子,我说如果律师在迫不得已的情况下,或者在他主观意识的支持下,不管什么情况,他违法收集来的证据确实是真实可信,证明被告人是无罪的,难道一个法官可以仅仅因为他的证据来源非法而仍然判定被告人有罪吗?难道只是因为证明他不是个杀人犯的证据来源不合法、不清楚,而照样把他作为杀人犯杀掉吗?这显然是不可能的。那么,为什么理论上没解决?当我提出这个问题的时候,到今天为止还有很多人是反对的,在刑诉理论界也是有人反对的,他们认为不管控方、辩方证据都得具有合法性,没有合法性的证据就应当排除。遗憾的是我们控方那么多不合法的证据都没有排除,却提出把辩方不合法的证据排除。说到底,这涉及诉讼理念问题。

我查阅了外国的规定,如美国、欧洲国家的有关规定,其实早就很明确地规定,排除非法证据的范围不包括辩方的证据。它是对公权力的一种限制。说到这里,还有一个重要的问题,就是我们对公权力、私权利的区分始终没有搞清楚,把律师的私权利和公权力混为一谈,这也是这么多年来把律师一直当作异己力量加以对待的原因之一。在不久前,我参加一个刑事和解问题的研讨会。第一,参加研讨会的律师只有我一个人;第二,在我之前发言的所有人把刑事和解的责任都放在公检法三机关上,没有一个人提到律师。后来我发言时我说你们犯了一个巨大的错误,刑事和解制度是私权利与公权力的结合。公检法三机关能主动地劝人和解吗?只能支持包容他去和解,可以去主持和解,但不能主动劝他们去和解。在刑事和解制度中,起主导作用的恰恰应当是律师,为什么没有想到律师?因为他们还是把律师当成异己分子,没有把律师当成一种可以利用的正面力量。光说律师到处挑事,律师平事的作用为什么没有看到?其实,律师主要的职能是化解矛盾,是解决矛盾,律师参与诉讼的过程也是在解决矛盾。

上周在全国律师协会开会的时候,全国律师协会有22个专业委员会,在专业委员会主任会上,我又提出了一个有些人不爱听的问题,为什么我们很多律师在很多场合高谈阔论,自称所从事的是高端律师业务。什么叫高端业务?什么证券业务、什么互联网业务、什么非诉业务……弄了半天,刑事业务倒成了低端业务。你要说是个新型业务也可以,你是为高端产业服务的业务也可以,人家高端,你怎么就高端了?远的不说,只说近代几百年的律师业务,应该说真正高端的是刑事业务,因为它涉及的权利价值更重要,难度也更大。但我们做刑事辩护的律师从来也没把自己说成是高端业务。这个事看来不大,但这种现象说明,律师界自身对于律师职责定位的认识也有误区,说明还是没把律师的职责定位弄清楚。

时间关系,我不多讲,但是我想强调一个问题,律师制度本身和法治大环境是密切相联的。现在出现这么多问题,怎么办?我曾经思考过恢复律师制度几十年来的状况,前二十几年律师制度发展得突飞猛进,举世瞩目,我们每个人都为之自豪,为之鼓舞。

我在2011年《律师文摘》年会上发表了一个观点,由于某种特殊的原因,法治的春天可能会提前到来。今天我似乎看到了希望。但是希望有多大?前进的步伐会有多快?我们只能是看发展。但是我要说一句话,不管希望大小,历史必然是向前发展的,任何落后的力量都是阻挡不住的。但是还有一条,历史发展的必然性和偶然性是相结合的。历史必然发展,但如果消极地等待发展,时日就会很漫长。如果我们大家都积极努力去争取,充分利用一些偶然性的因素,就可以加快历史的发展进程。我希望我们大家共同努力来做到这一点,谢谢!

田文昌主任在"刑辩密码与人权保障演讲会"上的讲话[*]

首先,我要跟大家谈一点感触,为什么今天涌现出这样一批优秀的刑辩律师,还要这样大张旗鼓地宣传。我个人认为当前中国的刑辩环境不尽如人意,刑辩业务的占有率不仅一直不能提升,而且处于下降的趋势。在这种环境下,勇于投身刑辩业务,而且能够坚持做刑辩业务的律师越来越少了。在这种情况下,我们推出刑辩律师界的一些优秀分子,应当说是对刑辩业务的一种鼓励。

大家都知道,三十多年来,我们的律师业务有了长足的发展,但是到今天为止,我们的刑辩业务的水平仍然不尽如人意。由于种种原因,在今天既能够有胆有识,又能够动作规范的刑辩律师人数还是比较少的。在这种情况下,我们推出一些刑辩律师中的杰出分子,对整体律师业务素质的提高也是一种引领。

我们说刑辩不仅是一种能力,还是一种技巧。但是,到目前为止,我们刑辩水平确实堪忧。大家都知道刑辩业务是律师最传统的业务,同时也是一种高难度的业务。近现代几百年来,都体

---

[*] 本文根据田文昌律师在 2015 年"刑辩密码与人权保障演讲会"上的发言整理。

现出刑辩业务是律师业务当中最难的一种,对律师素质要求最高的一种。

但是我也不得不跟大家讲一件事,希望我们在座的大部分刑辩律师也予以重视。

最近我经常听到一种流行的说法,动辄提到"高端业务",很多新兴的,刚刚出现的律师业务都被称为"高端业务"。相比之下,刑辩业务就成了"低端业务"。我在一些场合纠正过这种说法,这完全是一种误解,新型业务不等于高端,为高端技术产业服务的律师不等于你的业务就是高端的。我到处听说这个高端,那个高端,难度最高的刑辩业务眼下却变成了低端业务,被人家瞧不起的业务,这或许是环境因素造成的。对这样一个重要的业务类型,居然被很多人,包括律师界的业内人士认为是不值得做的低端业务,这是一个很大的误解,我希望在座的律师们应该利用各种机会反驳和纠正。这不是简单的对业务类型的歧视,大家都知道刑辩业务的重要性应当如何看待,看起来好像是一种不经意的说法,但是反映了持有这种认识的人对法治的认识程度是有偏颇的,是不利于保障人权的。我可能说得有些严重,但我认为这是一个重大的原则性问题。

我们在座的各位有很多都是非常杰出的刑辩律师,我们绝不止八杰、八十杰、八百杰。在北京,在全国范围内有很多这样的律师,需要提升,需要鼓励,需要发展,需要宣传。

三十多年来,我们律师队伍发展迅速,开中华全国律师协会专业委员会主任联席会议的时候,赵部长提出去年我们全国律师突破了二十万大关,数量很可观了。但是由于我们的培训、基本训练太过缺乏,所以我们律师的能力、技巧也比较缺乏。这不怨我们的律师,怨我们的律师历史太短,怨我们的培训过于缺乏。我们的培训到今天为止,还停留在教授讲课的单一方式上,大家都知道,我们的律师现在大部分都是科班出身,至少也是经过专业培训的。理论知识的再教育,提升固然是必要的,但是更缺乏的是对基本技能的培训。

记得在1996年《刑事诉讼法》修改的时候,在司法部举办的刑辩律师高级培训班上讲课时,我就讲过这样的事情,我跟我们司法部的领导提过,我说这种讲课是非常必要的,但是更需要的是技能培训。我们怎么做律师,怎么样履行律师的职责,这一系列的技能技巧我们没有培训。当时领导说你就来培训吧,我非常为难地苦笑了一下:"谁给我培训过呢?"

刘文元律师今天正好也在场,最早我还在中国政法大学的时候,跟刘文元律师合作过案子,当时我们一起都是摸索着干的。做法官没有人教,做律师更没有人教,都是摸索着干的,我说我摸索出来的对不对还不知道,怎么能培训别人呢?

国外的律师制度走过了几千年,资本主义社会的三百多年中,律师业务得到了高度的发展,但我们没有,我们仅仅才三十年出头,所以差别是很明显的。面对这个现实,我们必须要加强培训,这一点非常重要。

这几年来,我们下了很多的功夫,和美国、加拿大等很多国家合作搞培训,我也亲自接受培训,深受启发。这样的培训并不是很难,但是就像业余的运动员和专业的运动员差别一样。我们有一些人的潜质很好,素质非常高,但是由于动作不规范,拿不了金牌,一旦动作纠正好了,就可以拿金牌。有一些专业的运动员动作很规范,但是素质不够,他可以做得很规范,但是不一定可以做得更好。我在与美国的教授商量培训的时候,跟他们讲过,我说我们中国不乏一批素质很好的选手,他们一旦动作规范了,一定会冲到最前端,不是说他们不行,只不过他们需要接受正规的训练而已。

后来的事实证明,我这种说法是对的。在一些基本的培训当中,其实我们在座的每个人可能都参与过,但是我们没有归纳、总结和提升，我们不知道动作规范的要领在什么地方。在培训中一经点拨，恍然大悟。

比如说在法庭询问的时候，我们法庭询问的能力普遍是比较差的，包括我在内。前几年陈瑞华教授搞了一个模拟法庭的项目，一队是中国香港的律师、法官、检察官，一队是内地的律师、法官和检察官。让我去评论，我作出了一个很有感慨的评论：中国香港的法庭是打破砂锅问到底，在交叉询问当中，每一个听众听得非常清楚，最后总结陈词的时候，三言两语就完了。内地的法庭完全不一样，无话可说，问来问去都是自问自答，最后长篇大论，控辩双方各自掏出写好的稿子在念。中国香港的法庭是以问为主，内地是以论为主，人家是交叉询问，内地是自说自话、自问自答，根本就交叉不起来。是内地水平不高吗？不是，是内地没有那个环境，内地法庭有几个机会让你交叉询问的？既没有这个培训，又没有这种锻炼，这是我们非常缺乏的。

在培训当中我们发现很多问题非常简单，比如说一句话只问一个问题，为什么呢？这样回答的人明白，听的人也清楚。我们经常是一大串问题问出来了，问完了以后自己都忘了问的是什么，被问的人更是没有办法回答。训练的过程中，培训者突然拿出一支笔，举了一下，扔在桌子上了，随即针对这个动作提出了二十多个问题，拆分提问。后来我问他为什么拆分提问呢？就是这么一个简单的问题问得不能再细了，凡是你想到的所有的问题都会问到，不能再分了，问完以后，不会再有任何变化，任何细微的空子都钻不了了。在没有影像记录的情况下，通过对你拆得非常仔细的问题进行询问以后，相当于一个现场再现，通过语言的表达，把现场的动作能够再现出来。当你这样技巧性地问完一个问题以后，这个问题就完全固定了，不能再篡改了。其实这个东西并不难，是人家总结了几百年总结出来的，而我们没有。

再比如说，我们律师在法庭上究竟是吵架、演讲、宣传还是发泄？对此经常会出现不同的说法，真的是"百花齐放、百家争鸣"。有的律师坚持认为律师就是应该去演讲，还应该发挥法制宣传教育的作用，这是一种认识的误区。英美法系国家，律师和检察官坐在同一条板凳上，发言就是为了争取法庭接受，要双向沟通对话。再比如说谈话的重点，我们很多律师在法庭上讲话的重点不突出，同样一篇辩护词或者是代理词，不同的人在法庭上说，差别会非常大，因为有人不会突出重点。

美国在培训当中训练表达的语气时，举了一个非常简单的例子："他说他爱你。"怎么说呢？有几种说法呢？有很多种说法。就是交换重音，当每变换一次重音时，这句话的意思就发生了变化。通过类似的培训，我们就知道应该怎么样表达一个问题。这种规范化的培训非常重要，所以我说有胆有识，而且动作规范，这是很重要的。

我们京都律师事务所涌现的这些律师，可以说离不开我们长期培训和历练，形成了自己的风格。

我个人总结，我们国家律师制度恢复三十多年来，控辩双方的关系经历了三个阶段。

刚刚恢复律师制度的时候，律师是协助法官和检察官办案。律师根本没有独立的思考空间和独立的立场。所以，控辩双方的关系是形式上的对抗，实质上的配合，不是真的对抗。这是第一个阶段。

后来随着律师体制的变化，整个庭审方式的改变，控辩双方敌对的情绪越来越强，在法庭上我经历过，甚至眼睛都红了，下了庭还是愤愤不平。我觉得这是矫枉过正，走向了冲突性的对抗，这不是在各自履行职责，而是在怀着一种怨恨和敌视的心情，在法庭上经常是吵得面红耳赤，甚至用语非常低俗。这是第二个阶段。

随着我们律师业务的发展，法治建设的发展，我们整个刑事诉讼活动逐步地规范，到今天为止，开始走向了比较正常的理性化对抗的阶段。这是控辩双方关系发展的第三个阶段。

真正的控辩双方对抗关系应该是理性化的对抗，在各司其职的同时，能够理性地表达自己的观点。我们在这种气氛下各自表达自己的意见，才能给法庭的最后裁决创造一个条件，创造一个兼听则明的基础。

我们京都律师事务所要求律师的法庭辩论风格做到平和、主动、充分。这是在有一定技能基础上形成的一种理性化的法庭辩论风格，这种风格的形成不仅仅有利于法庭辩论的效果，我觉得，对于推动我们法庭庭审气氛的理性化，也非常重要。

在各地，我给律师培训都是这样讲的，我到处呼吁，到处推动，希望我们全国律师的辩论都形成这样一种风格，这样会提升我们整体辩论的水平和辩论的效果，这是很有必要的。

今天我只想借此机会，向各位表达一下我个人的一些想法，我希望我们京都的八位杰出律师能够跟我们在座的、北京的、全国的刑辩律师一起把中国的刑辩业务推动起来，使它能够更健康地发展，能够取得更有效的成绩，这就是我个人的希望，也是我对每一位律师的期望，是我们大家共勉的一种心声。谢谢大家。

中国刑事辩护的"春天"已然来临[*]

见证了中国律师行业发展变革,素被业界称为"中国刑辩第一人",来自北京市京都律师事务所的田文昌律师在接受法制网记者的独家采访时,对2017年律师制度改革措施给予了高度的评价,指出2017年是律师界备受鼓舞的一年,也是充满机遇与挑战的一年,这一年在中国律师发展史上记下浓墨重彩的一笔。

田文昌指出,以张军部长为首的新一届司法部领导班子自就任以来,一改以往司法行政体制改革停滞不前的状态,大刀阔斧、争分夺秒地在短短一年时间内就出台了一系列具有突破性意义的律师制度改革措施,并在社会上产生了强烈的反响。这说明了司法部新一届领导班子励精图治,将司法行政改革进行到底的态度与决心。对于司法部出台这系列改革措施,律师们纷纷表示感到欣慰和温暖。刑辩律师更是感到"春天"来了。

一、将维护律师权益落到实处

律师的维权、律师的惩戒是长期以来社会普遍关注的热点。

---

[*] 本文载于"法制网"(现已更名为"法治网"),2018年1月8日发表,记者:陈虹伟,见习记者:买园园。

所以，在深化律师体制改革行动中，我国新一届司法部领导班子加大了维护律师在执业过程中合法权益的工作力度，出台了《关于建立健全维护律师执业权利快速联动处置机制的通知》（以下简称《律师联动处置机制》）。田文昌表示，该制度在我国律师发展史上具有里程碑式的意义。

田文昌说，虽然从表面上看，当律师执业权利被侵犯后，律师拥有很多可以申诉的权利，但这些权利由于无具体的实施细则予以支撑，导致律师的权益被侵犯后，经常投诉无门。实际上，律师的申诉权益多数被架空。

针对这个问题，《律师联动处置机制》对律师权利的保护规定了具体的落实办法，使得律师权益的保障从此"有的放矢"。

田文昌表示，由于该项制度的条文还面临很多具体问题，还需要逐步细化，充实一些更具有操作性的实施细则，更需要联动各方的支持和配合。

二、刑事案件律师辩护全覆盖，根本上促进了司法公正

田文昌认为，《关于开展刑事案件律师辩护全覆盖试点工作的办法》（以下简称《办法》）为开展刑事案件律师辩护全覆盖试点工作提供了遵循依据。因此，《办法》称得上是我国刑事诉讼制度的一场重要改革，并在我国社会主义法治国家建设进程中具有标杆性意义。

（1）增加律师从业机会。田文昌表示，《办法》是一项非常值得称赞的制度。因为刑事案件律师辩护全覆盖，就意味着我国刑事律师的业务量要增加近五倍。这给青年律师带来了很多学习机会，也使他们得到了提升自己业务能力的更大空间。

以往的司法实践中，很多青年律师没业务做，只能到处去寻找业务，致使一些青年律师被边缘化、非正规化。

田文昌说:"对刑辩律师来说,律师辩护全覆盖的推行将使其业务数量出现爆发式增长,长期困扰刑辩律师的案源焦虑可以减轻了。同时,案件数量的增多,舞台变大,也将使得更多的律师投身到刑事辩护中。"

(2)改变全社会的刑事辩护认识观念。过去不少法官、检察官等办案人员在潜意识里就排斥刑辩律师,认为刑辩律师就是"挑刺儿""找茬的"。

田文昌欣喜地表示,刑事案件律师辩护全覆盖的实现,将使得辩护律师成为刑事案件审判中必备的角色,会让办案人员逐渐适应辩护律师的存在。从此,办案人员将协同刑辩律师共同打造良好的法律生态圈。

(3)增强公民的法律意识。对普通民众来说,律师辩护全覆盖会让他们意识到所有被审判的被告人都应该有律师为其辩护,由此带来法治意识的提升。民众会逐渐认识到,律师的辩护是公正审判的重要保障,律师是保障公正审判的重要力量,而不仅是"只为坏人说话"。所以,"请律师"将成为被告人的自觉选择和民众遇到法律纠纷后的必然流程。

(4)根本上促进司法公正。对被告人来说,刑事案件律师辩护全覆盖将使那些没有能力、没有意识聘请律师的被告人也能享受到刑辩律师的服务,更加明白无误地接受审判,从而更有利于司法正义的实现。田文昌指出,该项制度是实现"审判为中心"的重要基础。

三、律师调解试点的建立,发挥律师在整个国计民生中的广泛作用

律师调解是由律师、依法成立的律师调解工作室或者律师调解中心作为中立第三方主持调解,协助纠纷各方当事人通过自愿

协商达成协议解决争议的活动。

田文昌说，开展律师调解是完善我国诉讼制度的创新性举措，可有效增加律师的业务量，扩大律师的执业空间，更重要的是凸显了律师在整个国计民生中更广泛的作用。该项制度的实施，对我国律师制度发展起到了重要的推动作用。

（1）转变律师在人们心中的固有形象。原来人们对律师存在较多的误解，认为律师的职业性质与我国一贯奉行的"以和为贵"的优良传统相违背。田文昌认为，人们对律师的普遍误解，使得律师所应起到的作用被大大降低。所以，律师调解试点的建立，化解了人们对于律师的误解，民众心中的律师形象也会随之转变。

（2）律师可获得更多执业尊荣感。律师调解试点制度的建立，使得律师参与调解所得出的结果从此有了法律保障，即律师调解的结果具有法律效果，律师也因此可获得更多的执业尊荣感。这项制度，可以一改以往由于民间调解不具备法律效力，出现当事人经常出尔反尔的尴尬局面。

（3）可使得律师调解职能社会化。田文昌认为，律师调解工作实际上具备很多司法调解所不具备的优势。"因为律师调解是民间行为，是私权利解决法律纠纷的体现。它可有效缓解人们心中对于司法调解所存的顾虑"，田文昌解释道。

四、律师制度改革未来新展望

虽然2017年出台的这一系列律师制度改革举措得到了社会的高度肯定，但是田文昌指出，从这些制度出台以来的实施效果来看，要想达到改革的初衷还需要各方努力。所以，在2018年，为了让这些制度更好地落地实施，我们仍有许多工作亟待完成。

（1）加强律师业务能力培训。田文昌指出，虽然刑事案件律师辩护全覆盖制度提升了刑事辩护的律师数量，但是为了保证刑事辩护的效果，律师需要努力提升业务能力。在律师加强自身对辩护代理技能理解、掌握的同时，田文昌强调，各地律师协会还应在律师队伍中大范围地开展系列培训。

（2）应出台相关文件具体落实制度实施问题。虽然刑事辩护律师全覆盖制度在条文中，将法律援助设定为其有效行使的必要条件。但在该项制度的具体条文中，却没有对法律援助机构的相关细节作出明确规定。

所以，当事人即便是想要获得律师援助，但由于不知法律援助机构设置于何处，以及如何申请等细节问题，导致这项制度在司法实践中无法得到有效落实。

虽然《律师联动处置机制》对律师权利的保护规定了具体的落实办法，但由于缺乏相应配套的实施细节予以支持，导致目前律师权益被侵犯的事件仍然时有发生。

所以，田文昌认为，有关机关应及时制定并出台系列律师改革制度的配套实施细则，对法律援助机构如何设置、人员如何配备、设置于何处、刑事案件当事人如何申请、律师权益被侵犯的具体维权程序等细节作出明确的规定。

（3）切实解决经费问题。《关于开展刑事案件律师辩护全覆盖试点工作的办法》（现已失效）和《关于开展法律援助值班律师工作的意见》（现已失效）都对经费问题进行了明确，即规定无论是刑事辩护律师，还是值班律师，根据所提供的法律服务获得的报酬是由各级政府财政拨付的。

目前，我国政府已经拿出一定经费支持这两项工作，使得这两项工作在全国的推广成为可能。但是田文昌表示，由于我国律师基数大，法律援助律师实际拿到手的经费很少，恐怕还不足以充分调动律师参与这两项工作的积极性。

所以他呼吁，政府应该加大经费投入，以免经费问题成为这两项重要制度在我国成功落地实施的绊脚石。

蓄志养技，做合格的专业型律师[*]

中国的律师制度有一种非常独特的现象，就是中国律师制度形成的历史过于短暂，以至于直到今天，律师在中国甚至还形同一种新生事物，没有得到社会公众的普遍理解和认同。而且，律师自身的职业规范和业务能力还处于不断修正和提升的过程之中。可以说，这也正是我们中国律师地位卑微的一种历史性原因。在世界历史上，律师制度发展了上千年，最早的雏形可追溯到古罗马时期。到了资本主义社会，达到了发展的高峰，律师和律师制度成了人类文明史上不可缺少的一个重要部分。而在中国的历史上，非常遗憾，律师制度却只有一百年出头的历史，这是非常独特的现象。

古希腊时期和春秋战国时期都出现了律师的雏形，但是发展走向却大不相同。

公元 3 世纪，罗马皇帝就以诏令形式确认法学家从事"以供平民咨询法律事项"的职业，同时诏令允许委托代理人参加诉讼。到了罗马帝国时期，"代言人""代理人"制度逐渐规范和完善，开始有了律师的名称和概念。律师的法律服务活动受法律保

---

[*] 本文根据田文昌律师在 2018 年京都联合广东省法学会刑法学研究会、广州市律师协会共同举办"京都刑辩论坛广州站——刑事辩护实务研讨会"上的发言整理。

护。罗马皇帝列奥曾经说过:"那些消解诉讼中产生的疑问,并以其常在公共和私人事务中进行辩护,帮助他人避免错误、帮助疲惫者恢复精力的律师,为人民提供的帮助不亚于那些以战斗和负伤拯救祖国和父母的人。因此,对于我们的帝国来说,我们不仅把身披盔甲、手持剑盾奋战的人视为战士,同样认为律师也是战士。因为那些受托捍卫荣耀之声,保护忧虑者的希望、生活和后代的诉讼辩护人是在战斗!"

在春秋战国时期,卫国大臣士荣和郑国大臣邓析可以算是中国辩护士的代表人物。公元前632年,卫国国君卫成公(卫侯)与卫国大臣元咺发生诉讼,士荣担任卫成公的辩护士。结果卫成公的官司打输了,便杀了士荣。郑国的大臣邓析,是子产执政时期统治集团的重要成员。邓析乐于助讼和传播诉讼法律知识,并帮助别人打官司。后来郑国执掌国政的大臣子产认为,邓析的行为是"王公好之则乱法,百姓好之则乱事",于是便杀了邓析,以期"服民心,定是非,行法律"。

可见,中国古代统治者不允许辩护活动的存在。这与西方国家通过法律赋予律师辩护权利、规范律师辩护行为的做法大相径庭。所以,纵观中国几千年的古代史,其实只是在很短暂的时期出现过律师的雏形,很快就被扼杀了,并没有出现真正意义上的律师。现在仍有人称律师为"大状",其实这个说法并不准确。"大状"是指过去的讼师,而讼师没有正当的地位,不能在法庭上发言,只能在街头支张桌子,铺几张纸,帮人代写诉状,俗称"刀笔吏"。用现在的话来说是"非法经营",没有任何官方认可的身份。所以,中国几千年的历史上从来没有真正的律师。

直到"辛亥革命"以后,孙中山任临时大总统的时候,起草了"中华民国律师暂行章程",这个章程还没来得及发布,袁世凯就篡权了。袁世凯在1912年颁布了孙中山主持起草的"暂行章程",也就是说在中国历史上,直到1912年才有了政府认可的律师制度。然而，1912年以后，由于内忧外患、军阀混战，中国的律师制度并没有得到健康的发展。虽然出现了施洋、史良、章士钊等一些著名的大律师，但是人数很少，时间很短，到了1949年民国时期的律师制度就随着旧的法统一道被废除了。

从1949年到1954年，中国是没有律师的，直到1954年才开始筹划学习苏联模式建立中国的律师制度。大家都知道，我们的前辈张思之老先生就是1954年在北京受命组建第一个法律顾问处的奠基人之一。到1957年，据不完全统计，当时全国范围内已经有了2000名左右的律师。但是1957年一个"反右"风暴，让律师制度又被破坏了。又过了二十多年，一直到1979年，国家恢复法制建设（当时是"法制"而不是"法治"），才开始提出恢复组建律师队伍。从1979年到现在已经走过了约四十年，在中国的历史长河当中，这四十年的分量很重，这是中国历史上律师制度得到正常发展的最长的时间。

如果说1979年到现在的前四十年是中国律师的生成期，那么，从今往后应该说进入了中国律师的发展期。发展期的律师应该怎么做？这正是我们所要面对和思考的课题。

生成期的律师各领风骚、各显其能，虽然不知道怎么干，只能摸着石头过河，但是，他们做出了不可磨灭的贡献，他们步履蹒跚、披荆斩棘，为中国律师制度的发展铺垫了道路。

那么，发展期的律师应当怎么做呢？

我们过去有一种误解，以为大学毕业了，法律课程学完了，就可以做律师、做法官、做检察官了。实际上，那只是基础理论的学习，远不能适应实际工作的需要，无论是做律师，还是做法官、检察官，都需要进行相应的职业培训。但是，直到今天这个问题我们都没有解决。所以，直到今天，还经常在我们的法庭上出现五花八门的各种乱象。这不怨我们的律师，是因为没有这种历史、没有这种经验、没有系统训练，不是律师个人的责任,是历史的原因。

但是,下一步怎么走?怎样才能做一个合格的专业型律师呢?经过几十年的体验和思考,根据我个人的体会,有八个字与大家分享,这就是:功底、能力、智慧、责任。我想,只要做好这八个字,我们就可以成为一个合格的专业型律师,特别是对刑辩律师而言,这八个字犹为重要。

一、功底

什么叫功底?"功底"就是基本功。我前几年写过几篇文章,批评现在的大学教育。学生们在学校读本科、读硕士、读博士,学了什么?学习法律要掌握的是它的精髓、本质,或者说原理和原则,这才是最关键的。绝不能停留在一些皮毛的认识上,只是机械地熟练掌握法条,那是没有用的,但这个问题至今并没有解决。

实践证明,到今天为止,我们很多控辩审三方面的专业人士,在最基本的原理、原则上还是经常犯错误。比如说举证责任是最基本的原则,谁主张谁举证,这个道理谁都懂,这个概念谁都会说,但是在许多具体案件当中还是会经常出现低级错误。

比如,法律人都知道的彭宇案,就是举证责任倒置的典型案例。在彭宇案出现的十年前,南京也出现了一个与彭宇案类似的案件。案情是,一个中年妇女是案件的原告,起诉的理由是,她在一个闹市区看到了一个摔倒在地的老太太,她做好事用自行车把老太太驮到医院,帮她挂号,还办理了住院手续,预付了2000元。手续办好以后老太太的子女来了,结果老太太和子女都一口咬定是她撞倒了老太太。经过了半年多的争执,老太太病也好了,花了2万多元的治疗费。其间,她向老太太子女要求返还垫付的2000元住院费,而老太太则要她赔付2万元的治疗费。后来，这个妇女把老太太告上法庭，要求退还垫付的2000元。法庭根据"谁主张谁举证"原则，让原告举证没有撞倒老太太，原告找了三个证人也没说清楚到底撞没撞倒，然后再让老太太举证证明她被这个妇女撞倒，老太太也找了三个证人也说不清楚，最后以原告证据不足为由驳回原告起诉。

这是典型的举证责任倒置。错在什么地方？这个法官只知道谁主张谁举证，却不知道主张什么举什么证。后来这个低级错误十多年以后在彭宇案中又犯了。在彭宇案正在讨论得如火如荼的时候，在最高人民法院审判理论研究会的年会上，一些法官还在为彭宇案的法官叫屈。然而，这一个错误的判决导致了全国公众道德的沦丧，"雷锋"没有了，做好事的人也没有了，人摔倒了都不敢扶了。经过全国激烈讨论以后，深圳市率先立法，明确规定凡是发生这种情况时由被救助方举证。应该说这是一个重大的进步。

但是，可悲的是，不久后，江西又发生了一起同类案件。三个小学生扶一个老太太，又被老太太给赖上了，结果法院判决三个小学生不负法律责任。这个判决没有错，但是，反过来，却把老太太的儿子抓起来拘留了，说他与老太太一起敲诈勒索。这又犯了另一个错误：认定这三个小孩撞倒老太太证据不足，不能承担民事责任，这是没有问题的。可是认定这个老太太和她儿子讹诈，证据就足了吗？前几年春晚有一个很有名的节目，演的是一个骑自行车的人和倒地的老太太发生纠纷，这个节目设计得非常好，整个场景描绘到最后没有一个坏人。老太太先是咬定骑车人撞倒了自己，后来明白过来就认错了。这说明，有的时候人是会产生某种幻觉的，老太太未必就是坏人，她受到猛烈刺激后可能会误认为你把她怎么着了，明白过来以后有可能就好了。那么，这就不能排除老太太对小孩产生误解而并非成心讹诈的可能性。在这种情况下有什么理由在证据不充分的情况下又把老人的儿子抓起来？一定要非此即彼吗？

同理,现在排除非法证据为什么这么难?正是因为要排除非法证据,侦查机关的办案人员就有可能面临着承担刑讯逼供的责任。但是实际上,排除非法证据的原则是认为有非法取证的可能性就要排除吗?那么可能性能等于必然性吗?能否依据可能性就给办案人员定罪呢?如果只有可能性,即使排除了非法证据,也不应给办案人员定罪。因为追究刑讯逼供罪的责任也同样要遵循无罪推定、疑罪从无的原则。在排除非法证据时,举证责任是倒置的,是由控方承担没有非法取证的证明责任,只要控方不能排除非法取证的可能性,就具备了排除的条件。而在追究刑讯逼供的责任时,却需要证据的确定性。"非法取证的可能性"并不能成为追责的必然理由。如果认识到这一点,是不是就能消除很多排除非法证据的障碍呢?

这些都是常识性的问题,是基本的原理、原则。但是很多人,很多时候却并不明白。法律条文谁都会背,现在信息这么发达,现查阅也来得及,但是法律原理必须搞清楚,这就是功底。没有这种功底,读了多少本书都没有意义。

所以,要做好律师,首先要把法理学好,要把原理、原则学好,如果只是照葫芦画瓢、照猫画虎,那么永远都画不像,甚至会越描越黑。很多冤假错案的出现都与对法律原则的错误理解有很大的关系。做律师也同样不能犯这种错误,而且我们还要善于帮助其他人纠正这种错误。

二、能力

能力是什么?是做律师的技能。学了法律不等于就能当好律师、法官、检察官,还要经过专门的培训。现在中国律师最缺少的就是技能培训,有几个人真正会开庭?法庭交叉询问、质证有几个人会?这个责任并不完全在律师,因为证人出庭机会太少，巧妇难为无米之炊。

前些年在一个合作项目中，由美国、中国香港、内地分别组成了三个模拟法庭，都是由法官、检察官和律师参与的，对一个很简单的案件进行交叉询问。美国和中国香港的法庭上都问了两个多小时，问得不厌其烦，但是总是有话可说，问完了之后基本不用辩论，因为会说的不如会听的，大家都听明白了，所以总结陈词也很简练。而内地的法庭却是没话找话，问了半个小时，就实在没得问了。然后控辩双方各拿出一沓纸，都是事先写好的辩论意见，各执一词，开始打口水仗。人家是以问为主，以论为辅，我们是以论为主，以问为辅。我们对法庭发问的技术和规则都比较陌生，可以说，我们不会发问。

在我们的法庭上，问题指向不明、自问自答、答非所问的现象十分普遍。有时候问题一大串，自己都忘了什么内容却让人家回答，这些情况经常发生，主要原因就是缺乏训练。

拆分提问是交叉询问的基础能力。例如，训练者从上衣口袋里掏出一支黑色的签字笔，看了一眼扔在桌子上，要参与者用最细微的观察针对这个动作提问，问题越具体越好，具体到不能再分拆的程度。在大家共同思考反复斟酌之下，竟然提出了20多个问题。那么，为什么要将这个简单的动作，拆分到不能再细的程度来提问？第一，固定了证据，使他人没有产生歧义的余地；第二，再现了当时的行动轨迹，相当于录像回放，通过问话把这个行为过程再现。这就是询问的技巧和它的作用。与此类似，阅卷、调查、会见当事人、法庭辩论等一系列实务问题，都需要经过这种精细化、技术化的训练。

随着刑事诉讼制度的进步和发展，形式化庭审模式将被摒弃。根据以审判为中心的刑事诉讼制度改革要求，庭审实质化将是未来刑事辩护的发展方向。随着证人、鉴定人、侦查人员、专家辅助人出庭率的提高，刑事辩护律师在法庭调查过程中的发问技巧将变得极为重要。很难想象，如果没有训练有素，技能全面的辩护律师，那么庭审实质化将如何实现？在不久的未来，通过公开、公平、富有实效的庭审活动来发现问题、提出问题将成为主流方式，充分发挥出庭应诉的技能，将成为衡量一个成熟专业刑辩律师的标准。

三、智慧

所谓"智慧"，就是严密的推理、审慎的表达、机敏的应变，更是在法庭上斗智斗勇的综合能力。对刑辩律师来讲，智慧太重要了。非诉律师业务上有点小毛病还有修正的机会，刑辩律师在法庭上说出去的话就像泼出去的水，是无法修正的。

《三国演义》里有一句话，孔明说张昭没有应变能力，说他"坐谈立议，无人可及，临机应变，百无一能"。也就是说像他这种能力的人只能做谋士，不能做律师。

刑辩律师的智慧，主要体现在法庭应变能力上。有的人法律功底很深厚，也很敬业，但如果缺乏应变能力，不能驾驭多变的庭审形势，也无法成为优秀的刑辩律师。因为法庭既不同于课堂，也不同于演讲，更不同于学术研讨，而是每时每刻都处于控辩双方的较量之中。律师在法庭上，随时都处于高度戒备的竞技状态之中，准备及时应对各种状况，如果不具备快速反应的应变能力，随时都可能陷入被动。尤其值得注意的是，法庭上的特殊环境，不会容许律师像讲课和开研讨会那样从容不迫地辨法析理，而是需要用智慧的方法去反驳对方和说服法庭。

"私生子不是假孩子"的例子充分体现了智慧的重要性。在一个指控重大贪污和诈骗案件开庭的时候，控方抓住"两个假文件"的事紧追不放。具体情况是，被告人曾经安排公司办公室印发了两份文件，说是按照公司总经理要求起草的。但是，档案室找不到总经理的批示，而总经理又去世了，死无对证。据此，控方就咬定是被告人冒用总经理的名义伪造假文件实施诈骗。事实上，虽然有无总经理的批示已经死无对证了，可文件的内容却是真实的，并不存在造假的事实。辩方一再强调两个文件内容的真实性，力图说明程序上的瑕疵并不等同于文件内容的虚假。可是经过多次交锋仍无法说服对方，甚至法官也参与进来，坚持认为假文件的性质不容否定。无奈之下，辩方绞尽脑汁，急中生智，提出一个"私生子不是假孩子"的比喻："私生子虽然出生时程序不合法，但不能说他是个假孩子，除非是狸猫换太子。只要孩子是真的，就不能以程序不合法来否定孩子本身的真实性。"故此，在本案中即使被告人无法证明是否受命于总经理起草了这两份文件，或者即使他假借总经理的名义起草了这两份文件，但只要文件的内容是真实的，就不能认为他制造了假文件。

出人意料的是，这个辩论了半天争执不下的难题，通过这个比喻一下子就解决了，公诉人和法官竟然当场都表示接受了这个观点。这个例子很生动地说明了应变能力的重要性。在法庭辩论中，控辩双方在各执己见的思维定式中有时候会陷入僵局，以至于很难跳出既定的观点和思维方式。此时如果能适时地灵活机动，变换一种更易于接受的表达方式，或许会产生奇效。无论是对方对你的观点真心地认同，还是由于猝不及防而无言以对，对于辩方而言都是成功的庭审应对。

换一个角度，如果律师只有能力和智慧行不行？当然不行。在我们律师制度发展的初期，曾涌现出一批著名的律师，他们富有智慧、言辞犀利、思维敏捷、逻辑严谨，经常在法庭上叱咤风云。但是非常遗憾的是，他们中有些人由于不是学法律出身，时常会在法理上犯低级错误，犯原则性错误。在中国律师发展的初级阶段，在人们对律师还缺乏了解的时候，这些人一度在法庭上占据了优势，受到很多当事人的追捧。以后，随着法治建设的发展,随着人们对律师要求的不断提升,人们对刑事辩护律师的专业能力和综合素质要求越来越高,很多新生代律师已经对某些"大腕"们提出了质疑。这很正常,因为他们生长在那个时代,他们没有经过系统的理论培训。他们用能力和智慧赢得了一些人的认可,他们的贡献也是不可否认的,但是却无法长久地适应时代的变迁。所以,没有功底,再有能力、再有智慧也不行,功底是第一位的。

因此,做合格的律师并不容易,既要有理论功底,又要有能力、有智慧。

四、责任

做律师必须要有责任心,律师绝不是简单的熟练工,更不是挣钱混饭吃的人。并非要求所有人都"高大上",都是"活雷锋",但是律师一定要有责任心,这是律师基本的职业道德。一个负责任的律师,应当全身心地投入案件,而不是简单地例行公事。简言之,在你承办一个案件的过程中,如果已经忘记了功利,忘记了辛苦,甚至忘记了风险,而只是一心一意地想把它做到最好,就像在精心打造一个完美的作品一样专心致志,精益求精,那你就真正达到了一种出神入化的境界,就会把案子做到极致。真正成功的案例,都是在这种境界中完成的。所以,高度的责任心,是对委托人的义务,也是律师事业成功的前提。

责任心还包括律师的立场性和原则性。律师的首要责任是依法维护委托人的利益,这也是律师的行为准则。所以,律师必须始终坚持为委托人负责的原则。在任何情况下,律师都不能出卖委托人的利益,即使与委托人发生意见分歧而又无法取得共识,也不能违背委托人的意愿而提出不利于委托人的辩护意见。现实中,有的律师在被告人坚持不承认有罪的情况下,却以律师可以独立行使辩护权为由而坚持为其做罪轻辩护，以至于在法庭上与被告人发生冲突。这种做法是对律师辩护权独立性内涵的误解。律师独立行使辩护权的含义是独立于法律之外的其他各种因素的影响和干预，而不是独立于委托人的意志之外。相反，律师的行为必须与委托人的意志保持一致，因为律师的权利来自于当事人的委托，而不是国家的授权。

那么，如果委托人的要求超出了法律的范围怎么办？例如，如果在有罪证据确凿的情况下，坚持要求律师作无罪辩护，甚至公然要求律师帮助其伪造证据或者诬陷他人，律师应当如何应对？在这种情况下，律师首先应当以法律人的专业能力去影响和说服对方，力求与对方达成共识。在最终无法取得共识的情况下，律师则应当遵守三个原则：

一是可以与其解除委托关系放弃辩护，但不可以违背其意愿提出对其不利的辩护意见。

二是律师不能提出不利于被告人的证据，因为律师负有对委托人隐私保密的义务，这种义务也是免作证权。

三是在任何情况下，律师都不得帮助委托人伪造证据，这是律师职业道德的底线。

广义地说，律师的责任不仅包括对委托人的责任，还包括对社会的责任，因为律师执业所面对的各种权利义务关系涉及全社会政治生活和经济生活的各个方面。律师的执业活动不仅仅关系委托人的权利和义务，也关系相对人的权利和义务。同时，律师的执业活动又与全社会的法治大环境紧密相关。可以说，与某些单纯的技术性工作不同，律师的每一项执业活动乃至律师的自身权利都与社会生活中的各种权利义务关系相关联。正是由于律师职业的这种特殊的社会属性，决定了律师所承载的社会责任更重要、更广泛。所以，律师的职业责任与社会责任具有十分密切的内在联系。一个缺乏社会责任感的人，是不可能对自己的当事人高度负责的。一个对当事人没有责任心的人，更不可能有社会责任感。而一个没有责任感的人，能力再强、本事再大，也不是一个合格的好律师。美国总统有一半左右都是律师出身，为什么？如果他缺乏社会责任感，能当选总统吗？所以，"律师是政治家的摇篮"，因为律师面对的事务最复杂、面对的群体最广泛，承担的责任很重大。有一句名言说"不想当将军的士兵不是好士兵"，也可以说"不想当总统的律师不是好律师"。

但是强调说明律师的社会责任感，并不是鼓励律师们都要从政，而从政也并非律师履行社会责任的唯一途径。律师履行社会责任的最普遍方式，就是将职业责任与社会责任结合起来，在做好本职业务的同时，密切关注国家的法治建设，为改善国家的法治大环境建言献策，做出自己力所能及的贡献。

当然，律师还应该有相当的尊严和地位，这是律师履行社会责任的前提和基础。而这一点却是我们所缺乏和需要不断争取的。但是，即便如此，我们也要时刻坚守自己的职业理念。任何时候都不能为了苟且偷生而趋炎附势、放弃原则。律师永远要做法治社会的脊梁，这不仅仅是委托人的托付，更是时代赋予的使命！

功底、能力、智慧、责任是一名专业型律师必备的基本素质，四者相辅相成，缺一不可。随着国家法治化进程的继续推进和司法专业化、精细化程度的不断提升，在中国律师走向发展期的重要历史时段，能否成为一名合格的专业型律师，将是每一位律师所面临的"不进则退"的巨大考验。也是评价每一位律师成功与否的重要标志。

打造理论和实务相结合的制高点[*]

大家下午好!

京都律师事务所设立刑辩大讲堂的设想由来已久,前几年我们成立了京都刑辩研究中心,目的就是侧重于刑辩理论的研究。成立以后,办了若干次活动,包括在各地举办的刑辩论坛,收到了比较好的效果。

现在为什么还要设立这个讲堂,这跟大环境是相联系的。随着刑事辩护全覆盖的提出,全国律师界在刑事辩护方面,都有了一系列的动作。比如,各地律所和高校都纷纷成立了刑辩学院、刑辩培训中心等,可以说是风起云涌、群雄四起,搞得确实有声有色。这是一个大的趋势,这是一件好事,说明我们全国各地无论是律所本身,还是高校的法律院系,都开始对刑事辩护的研究和培训高度重视,反映出一种普遍的重视。

但是,在这种大好形势下,我们也发现了这样一个问题:由于历史原因,中国刑事辩护业务到今天整整四十年,前无古人。可能有人会说不对,原来解放前就有律师,但是实际上中国这个律师制度确实在世界史上是一朵奇葩。世界律师制度的历史长达

---

[*] 本文根据田文昌律师 2019 年 9 月 24 日在"京都刑辩讲堂成立仪式"上的发言整理。

几千年,古罗马时期就有。中世纪的时候,西方的律师制度就比较发达,连律师学院都有了。

到了资本主义时期,高度发达的律师制度至今已经走过了几百年。但在中国几千年的封建专制历史中却从来没有过律师制度,也没有过律师的称谓。有人把古代社会的状师和律师比较,可状师只是写状子,在法庭上没有发言权,没有真正的律师身份。再说具体一点,他就是在街头支一个桌子,和代写书信混在一起,代写诉状,那是非法经营,根本就没有合法地位和身份。

所以中国历史几千年根本没有律师的概念,直到1912年首次出现了《中华民国律师暂行章程》,到现在也只有一百年左右。解放前的二十多年,军阀混战,内忧外患,出了几个有名的大律师,仅此而已。

解放以后,废除了旧法统,律师制度都没有了。直到1954年,我们学习模仿苏联的模式,建立了律师制度。那个时候张思之老先生,就是在北京受命成立法律顾问处的创始人之一。1954年到1957年全国凑了两千多个律师,但是到了1957年"反右"运动,律师,特别是刑事辩护律师在社会中的地位又大大降低了。

从1957年到1979年又经历了二十多年,1979年改革开放以后,我们提出要建设法治国家,才开始恢复律师制度,实际上是重建律师制度。所以说中国律师制度真正得到发展的,仅仅是这四十年,基本上是从无到有。中国历史上没有律师、没有传承、没有经验,也没有培训,所以,虽然现在大家都很重视律师,高校也很重视,搞了很多律师培训学院,但是效果并不尽如人意,没有找到培训律师真正有效的方式。

1996年《刑事诉讼法》修改的时候,司法部办了几期高级律师培训班,我在讲课的时候,就跟当时主管律师工作的段部长讲,我说这么培训不行,光讲理论,光讲课本,已经不能适应实际需求了。我们需要教学员怎么做律师,技能培训很重要。段部长说那就你讲吧，我说："谁给我讲过？谁也没有接受过这种培训。"所以律师技能培训的这个问题是非常严峻的。在这种情况下，我们觉得以京都律师事务所刑事辩护业务的实力，应当有所作为。这就是京都刑辩讲堂设立的一个动因，这是形势所需，我们应当有所作为。

刑辩讲堂要做什么？任务是什么？我想主要是三个方面。

第一个方面是业内交流互动，这个讲台要发挥出整个律师界业内互相交流的作用，重在刑辩业务的探讨。所以，我们这个讲堂要超出京都所内部的范围，要与业内更多的刑辩律师共同交流，这样才能真正起到整体提升和培训的作用。我们一个小小的律所，不要叫什么学院，叫讲堂就行了，讲堂有大有小，不在于名称大小，在于内容和水平如何。

第二个方面，是我们要请专家来授业解惑，我们要请业内和高校的权威专家来给我们做讲座。我们的律师实务做得太多了，理论上有所忽略，甚至都忘了。我们不仅仅要做某一项专业的培训，我们还要从根基上做起。我常常号召京都所的律师要读读法理，要把法理搞清楚，再把部门法的原理原则搞清楚。这些基本的原理原则搞清楚了，才能融会贯通、触类旁通。现在恰恰是本末倒置，从高校开始，我们忽略了法理的学习和理解，只专注于对法条的解读。法理吃不透，做起案子来常常会出现错误，甚至是常识性的错误。

去年，我们专门邀请了中国法理学界的权威专家，社科院教授李步云老先生来京都律师事务所，就在这个屋子里给我们讲了半天的法理课。法理课其实太重要了，好多问题比如南京彭宇案，最基本的法理问题都搞不清楚。

还有大学生掏鸟窝案，判了十年有期徒刑。当时媒体采访我，我说了两个观点，第一个是人权和"鸟权"谁大，法官按照法律规定判十年，没有错。但是，十只小鸟就可以把一个人判十年刑吗？合理性何在？第二，法官是不是人？我这么说不是贬义，是说如果这个小孩子是法官的儿子，法官能不能这么判他呢？因为刑法有特殊减刑条款，如果这个案子是法官的儿子，他恐怕首先要想到是否适用那个特殊减刑条款，都说法律是无情的，我说法律无情亦有情，这个问题要深入研究。这些问题搞透了，我们才能真正了解法律。

还有于欢防卫案，为什么出现这么大的争议？这都涉及基本的法理问题，基本的法律原则问题，所以我们要搞清楚。我们请专家来授业解惑，就是要从理论层面加以提升。

第三个方面是要做刑辩实务的培训，刑辩实务的培训重在实战训练。现在西北政法大学刑事辩护高级研究院一直在进行刑辩实务的培训，这个培训就是把美国、加拿大和欧洲国家的一些培训方式借鉴过来，通过跟他们的合作、学习，把他们的培训方式加以改造、细化，摸索一套中国律师的实务培训方式。

针对刑事辩护的整个过程，从接谈案件开始到结束，我设计了约四百个学时。法庭质证、物证的质证、鉴定的质证、法庭发问，每个专题都要三到五天的时间，完全是实战训练，包括怎么样会见，怎么样阅卷，怎么样写辩护词，所有的都要搞实战训练。而且这个培训班最多不超过三十人，每个人都是处于充分参与的状态。

一位律师，只有经过这样的培训，才能够真正在技能上得到提高。刑辩是一种技能，不是光研究好刑法就行了。一些教授，对刑法很精通，论证案子也是头头是道，可出庭未必行。国外有一些教授，是很精通律师业务的，我几年前在美国参加一个培训，有几个教授在讲理论的时候，滔滔不绝、头头是道，一看就是教授。过一会在演示律师技能的时候，一看又是个律师，这说明他把理论与实务结合得非常好。可我们就是缺少这样的人。刑辩是一种技能，没有专门的实务培训，是不行的。所以，刑辩讲堂的第三个任务，就是一定要搞刑辩实务的培训，重在实践。

所以，三个任务，第一，业内的交流互动，第二，专家的授业解惑，第三，刑辩实务的培训。我希望我们的刑辩讲堂把这三项任务都做起来，注重实效，面向未来。

为什么面向未来？因为现在我们做得太差了，说句实在话，中国现阶段就不可能产生真正的名律师，因为那个时代还没有到来。时势造英雄，这个时代还没有来，我们的律师制度只有四十年，我们怎么能成为那么高水平的律师？我们现在的律师是铺路石，只是给后人打基础。我们这个讲堂，我们所做的一切都是为了未来，为了后一辈人，为了年轻一代能打好基础。所以，我们既要注重实效，也要面向未来。

刑辩讲堂的目标是什么？全国上下都存在一个严重的问题，就是在法学界和法律界理论和实务相脱节的现象非常严重，严重到已成为障碍的程度。现在我们到处呼吁这个问题，但是怎么解决，最好的解决办法就是有一个平台能够让实务界和理论界经常在一起交流探讨，这样才能产生一种互补的作用。中国的法学界和法律界亟须摆脱这种脱节的现状，我考察过很多国家，在其他的法治发达国家，我们脱节的状态是不可思议的，这是很严峻的一件事，必须要解决。

所以，我非常希望我们这个刑辩讲堂能够成为一个理论和实务相结合的高端培训平台。讲堂成立以后，希望能高朋满座、精英荟萃、百家争鸣、各显神通。通过吸引、欢迎和借助律师界和学术界各方面的力量，我们希望能够使这个平台成为一个实现理论实践高度结合的制高点，我们的研究重在理论上的研讨，我们这个讲堂重在培训。而对于中国律师来说，眼下最急迫的、最重要的、最有实效的就是实战培训，我们有这样一个良好的愿望，愿望如何实现，要靠大家的支持！

谢谢大家！

律师既不是"天使",也不是"魔鬼",既不代表正义,也不代表邪恶

——读《一辩到底:我的法律人生》*

读了一遍美国著名刑辩律师德肖维茨先生的巨著《一辩到底:我的法律人生》,发现:这部《一辩到底:我的法律人生》所蕴含的更深层意义应该是"深思到底"。

德肖维茨先生从一些具体案件出发,以案说法,对涉及法律和法治的一系列问题进行了深入而广泛的思考和论证,发出了一个律师的心声,更是一个法律人的心声。他的一切思考,都是由他亲历的案例所引发,进而又上升到理论的层面和法治文化的高度。这些思考,已经远远超出了一个律师的辩护活动本身。也许,正是他律师兼教授的双重身份才形成了他如此深入思考的动力和源泉。

《一辩到底:我的法律人生》一书中所涉及的内容十分广泛,从实体法到程序法,从实务操作到理论争鸣,直到法治理念、法治文化和法学教育,等等。德肖维茨先生以案说法,有感而发地提出了一系列卓有见地、发人深省的观点。这些观点对于

---

* 本文载于"燕大元照"微信公众号,2021年4月2日发表。

每一位律师和法律人都会有所启迪，并能引起共鸣。

例如，关于律师职业的职责定位和职业道德，是每一个律师所面临的最基本也是最重要的问题。同时，这个问题也是历史上一直争论不休的话题。即使在欧美那些律师制度历史悠久的法治发达国家，也同样存在对律师职责定位的困惑和误解。更何况，由于中国律师制度的历史过于短暂，这个问题在我国更是一个极具争议和亟待解决的问题。如果我们认真体味一下德肖维茨先生对这个问题的感受和见解，或许会有所感悟。

在谈到对律师职业的理解时，他在书中写道：

"当我考虑成为一名律师时，我幻想着自己只为无辜者辩护，帮他们争取应得的自由。我不认识任何罪犯，所以这件事在我看来很抽象，解决方法也很简单——事实上是我头脑简单——有罪的应当被定罪惩罚，无辜的都应该无罪释放，非黑即白，不存在什么情理纠葛或是道德上的灰色地带。"

"我从未设想过自己某一天也会帮有罪者开脱。我对这种情形并不熟悉——毕竟在现实生活中、电影里或电视上，被宣告无罪者总是清白之人，被定罪者也总是罪有应得。"

"这才是我梦想成为的那种刑事律师。"

"但我很快发现，……尽管有些人自称只代理无辜的人，但现实中没有哪个律师真的如此。之后我又进一步发现，没有哪个刑事辩护律师能打赢所有官司。最后，我明白有罪和无罪并非像'非黑即白'那样简单极端，而仅仅是个程度问题。"（第219—220页）

我想，绝大多数律师都会有过与德肖维茨先生同样的感受。只有亲身进入律师行业并且深入角色之后才能真正体味到律师职责的价值定位。

当谈到律师为什么要为有罪者辩护时,德肖维茨先生写道:

"我怀疑我的某些当事人其实是有罪的,包括那些我胜诉的案件。我也知道有的是无辜的。至于哪种占多数,我也不确定。有种理论认为刑事辩护律师总能知道他们的当事人是否有罪,因为有罪的当事人总会私下坦白。起码就我的经历来说不是这样。在我处理的三十多起谋杀案中,只有一个当事人向我坦白了他的罪行。因为宪法的原因,那个案件胜诉了。"(第249页)

而当他被学生、朋友、家人和陌生人问道:"你为什么?你怎么能,在明知或者怀疑他们犯下了可怖的罪行,尤其是谋杀时,为这些坏人辩护?"他写道:"我最初的回答——这个答案并不特别令人满意——是'这是我的工作'。所有的刑事律师都会代理一些有罪的被告,因为显然大部分的刑事被告都有罪。这其实是好事。会有人想住在一个大多数刑事被告都无辜的国家吗?"

所以,"就算是为被告中最为人唾弃的罪犯辩护,律师们也应竭尽所能。"(第250页)

当谈到律师辩护的作用时,他说:

"一位出色的律师能扭转乾坤,倒不是因为杰出的律师更可能为无罪的被告辩护,而是因为如果得到一位优秀律师的帮助,意味着无论当事人有罪还是无辜,打赢官司的概率都会大大增加。热心的辩护律师一有机会就会质疑检方,比糟糕的律师更可能打赢困难的案子。这样的律师给检方施加了巨大的压力,迫使他们只对可能被定罪的被告提起公诉,即使这样的被告也获得了积极的辩护。如果刑事辩护律师只愿意代理明显无辜的被告,这种制约检方的力量便会削弱。保护可能无辜的人不被诬告,这便是我积极为潜在的罪犯辩护的一个重要原因。"

律师既不是『天使』,也不是『魔鬼』,既不代表正义,也不代表邪恶请注意,他说的是"保护'可能'无辜的人不被诬告",这一点很重要!

"尽职的律师愿意一视同仁地为有罪者、无辜者以及处于两者之间灰色地带的人辩护,就肯定会出现一些有罪的被告人和坏人被宣告无罪的情况,这是自然的结果。我也曾为坏人的无罪释放出过力,所以我对此心知肚明。但我同时也在几乎所有人都坚信无辜者有罪时,帮助这些无辜者重获自由。"(第251—252页)

关于律师的责任心和职业道德,德肖维茨先生更加明确地写道:

"律师绝不能做的一件事,就是接了一个案子,对待它却既缺热情又欠准备。"

"看看德克萨斯州几个死刑案件中律师的表现吧!好几个在庭审中居然睡着了。在一个我上诉了的死刑案件中,律师在审理过程中睡着了,这还算他好的表现——此人一醒,就告诉陪审团他不相信自己当事人的证词!这可把当事人害惨了。"

"许多法官,相比积极得过分的律师,更喜欢那些漠不关心者……对某些法官来说,那些热情似火的律师则是个大麻烦。我知道,我就是其中一个。我给法官的工作设置重重障碍,就每一个问题争论不休,要求每一项权利,辩驳每一项检方指控,只要这么做能给当事人带来好处。这么做并不是为了感觉良好或站上道德制高点,而是为了帮助当事人——无论有罪或无辜——运用每一种道德或法律手段打赢官司(或者说,取得最好的结果)。"(第253页)

"作为一名刑辩律师与公权力正面对抗,不顾人们是无辜还是可能有罪而为他们辩护,我很自豪,尽管有时为作恶多端的罪人打赢官司也令我痛苦。我不会庆祝这样的胜利,尽管从理智角度我明白,为了坚守'宁可错放不可错判'原则,偶尔错放有罪之人是我们必须付出的代价。而偶尔错判无辜之人,是因为我们的司法系统永远无法十全十美,系统中的人也不会永不出错,这也是代价之一,但这代价过于高昂,因此我们应当尽量避免或至少使错误最小化。"(第254页)请注意:"但这种代价过于高昂,因此我们应当尽量避免或至少使错误最小化。"这才是关键所在!

律师能不能完全相信自己的当事人?这是让很多律师感到困惑的问题。德肖维茨先生对此回答则直接而明确:"你不问问你的当事人是否有罪吗?这是另一个常见的问题。我不问,至少不会直接问。因为犯了罪的肯定会撒谎,而我又没有足够的信息去相信那些真正无辜的人。"(第254页)

"有罪的甚至杀了人的当事人会向他们信任的律师坦白罪行,这样的谬论在文学作品中广为流传,也反映在倡导律师和当事人建立信任关系的法定保密规则上。现实很骨感,有罪的(有些无辜的)当事人不会将心底最阴暗的秘密说给律师听。大部分人觉得他们的律师为无辜的当事人工作会比为有罪的工作更卖力,所以他们声称自己完全是司法不公的无辜受害者。他们什么都不会承认。"(第323—324页)

"我处理有罪与否这个问题的方式通常是问我的当事人,询问他的死敌会怎么说他,或是对他最不利的证据是什么。这种方式很有效,当事人在不承认自己罪行的前提下会告诉我可能发生的事。被告人对自己的律师说谎的一大原因是,他们认为律师对觉得无辜的当事人会比对知道有罪的人更上心。"

"本着小心为上的原则,我会在一开始假定所有当事人都可能有罪。我知道这违反了'无罪推定'原则,但这对保护当事人的权益至关重要。如果律师过早地推断当事人无罪,他就更可能犯错。……就跟一名谨慎的医生应当以病人有病为前提一样。"(第254—255页)

对于德肖维茨先生的这些观点,我很有同感且深有体会。我在给律师讲课时也曾一再强调过,律师办理案件靠的是证据而绝不是当事人的陈述,也不是指控和判决。我们必须认真听取当事人的陈述,认真研究指控的理由和二审案件中原审判决的理由,但并不能相信这所有的一切。我只注重证据。而且,对每一个接手的案件,首先要从最坏处着眼。实践中,有些律师总是盲目轻信,盲目乐观,满脑子都是无罪的理由而容不下对不利因素的考量,而且还用这种心态去影响当事人,甚至以此去赢得当事人的信任。这种认识不仅蒙蔽了自己也蒙蔽了当事人,结果往往会适得其反。无论面对什么样的案件,从最坏处着想,向最好处努力,都是律师应当恪守的一个不变原则。

关于刑辩律师的职业道德,许多人都会遇到一个同样的难题:当你为一个明知有罪的被告辩护成功而使其逍遥法外时,你会面临怎样的内心冲突?德肖维茨先生以自己的切身经历表达了他的感受:他在为一个参与谋杀的被告谢尔登·西格尔辩护时,使上诉法院裁定谢尔登不能成为证人,结果所有的被告都被无罪释放了。对于这起辩护成功的案件,他在书中写道:"在我处理过的三十多起谋杀案中,只有一个当事人向我坦白了他的罪行。因为宪法的原因,那个案件胜诉了。"(第249页)

"我用这个案例想让学生们体验一下,为一个明知有罪的当事人'打赢'官司是什么感受。这个人是谋杀罪的共犯,杀害了一名无辜的年轻女性——她同他们一般年纪,正值青春年华。我让他们读主审法官的原话,他被要求驳回对犹太人保卫联盟那些凶手的起诉:'你知道今天谁没能上庭吗?是艾利斯·孔尼斯(被害人)。有人犯下了卑鄙恶毒、无法宽恕、也无法忘记的罪行;我认为这是起谋杀案,但有人却阻碍了正义的伸张。尽管有人真的逍遥法外了,那些故意这么做的人也终将受到法律的制裁。'当鲍曼(Banman)法官一字一句地念出这最后一段话时,他把目光从被告席转向了我这里,眼神仿佛在说:'还有你,德肖维茨,你也要对挫败了司法，释放了这些杀人犯负责。'"

"他的眼神揪心剖肝，因为我知道他是对的。某种意义上我确实要为此负责。如果我没有使用新颖的法律论证和锋芒毕露的交叉询问法——如果我和我的团队没有日以继夜，想方设法地为西格尔辩护——可能上诉法官就会判他和其他犹太人保卫联盟被告有罪了。"

"我时常想到艾利斯·孔尼斯，以及其他那些我当事人的受害者，因为我的法律论证和调查工作，凶手获得了自由。"（第328—329页）

正是基于这种强烈的内心冲突，德肖维茨先生表示："我从未帮助一个之后再次犯下谋杀罪行的有罪当事人重获自由。我告诉我的当事人，我绝不会再次代理他们的案件。"（第249页）

可以说，这种纠结，是一个刑辩律师无法回避的感受。但这却正是律师应当固守的职业道德的底线，也是律师以忠于职守的方式去维护普遍正义的价值所在。

他不无感慨地说："我代理的当事人有我钟爱之人，也有我憎恨之人，还有些我完全看不上眼的人——好人、坏人、不好不坏的人。"（第107页）

"我自己曾经遭受不实无端诋毁之害，也曾经错误地遭人指控污蔑。曾有人非正式地控告我煽动战争，以及正式控告我诋毁法官而我自己均选择无罪辩护！我甚至还为对手散布关于我的不实谎言，发起诘难，抵制甚至试图使我失业的做法进行辩护。在捍卫对方无所不言权利的同时，我也会坚持我自己享有的对他们所选择的错误言论提出批评、指责的权利。表达自由应包括接受他人的误解，但并不包括免受言词反击的权利。"（第111—112页）

这一段内心独白深刻披露了一个刑辩律师心灵的创伤和品格的坚强。一定会与我们每一个刑辩律师产生强烈的共鸣！

接下来，他又说道："我发现我永远无法接近'真理'，没人能做到。我能做的就是提出理由,不断挑战、质疑,不断学习新知识,掌握新信息,确保我和其他人都有权改变自己的观点。对我而言,真理不是一个含义确定的名词,而是一个活跃的动词,应理解为'永不停歇对真理的追求(或了解、学习、体验)'"。(第112页)

这一段话非常精彩!深刻而简明地提出了一个律师应当为之追求的价值目标。

我在自己做律师的切身感受中,得出了"律师既不是'天使',也不是'魔鬼',既不代表正义,也不代表邪恶"的认识,提出了律师不代表正义,但却应当追求正义的观点,很荣幸地能够与德肖维茨先生不谋而合!希望每个律师都能认同,我们律师所能做和该做的就是:"不断挑战、质疑,不断学习新知识,掌握新信息""永不停歇"地去追求真理。

关于对言论自由的理解,不仅涉及司法问题,而且涉及立法问题,更是个全社会普遍关注和争议不断的问题。德肖维茨先生以自己办理过的涉及言论自由的案件为例,以案释法,深入剖析了关于言论自由的司法界限。他提出:"一切言论都应当得到宪法保护,主张对言论进行审查的人应负有完全责任证明涉事言论如不经审查将会立即导致无可补救的严重伤害。"(第163页)

"挑起暴力的言论至少可以分为两类。第一类为反应型,即发言者让听众极为不满或出语不恭,导致听众以暴力手段回应发言者的言论。法律上将其归为'挑衅性言论',即导致听众进行暴力反击的言论。第二类为鼓动型,即发言者怂恿听众实施暴力,听众因此对第三人或机构造成伤害。法律上将其归为'明确且现实的危险'。"(第167页)

他认为,对于具有明确现实危险的鼓动型言论,应当加以限制,而对"挑衅型"言论不应加以限制。因为宪法第一修正案与所保护的言论内容无关,不会倾向于正确的言论,而禁止不当的错误言论。是非对错由公众决定，但政府应当不加干涉地让公众了解各方观点。这也是各种观点想法在民主国家应有的存在状态。政府必须保护不当、错误和冒犯性言论者免遭暴力对待。

"如果对言论的暴力回应被视为可以进行审查的合理理由，那么行使暴力行为的威胁就赋予挑衅性言论的'受害者'作为审查者的权利。因此，此举会激发人们对不良言论采取暴力回应。法律不应鼓励此种'暴力否决权'"。（第168页）

"对不良言论的最佳回应就是正确言论，而非一禁了之。我们捍卫发表不良言论权利的同时，必须主动发出正面言论。"（第181页）

他引证法国哲学家伏尔泰的名言"我不赞同你所说的言论，但我会誓死捍卫你发言的权利。"以此来支持自己的观点。并指出："这些年来出现了一种对被视为冒犯伊斯兰和其他宗教的材料进行审查的国际化趋势。""提出这些建议的背后动机是限制亵渎伊斯兰或先知的权利，同时使那些仍坚持将此类亵渎行为入罪的政府合法化。"

"然而，对宗教和宗教行为进行批评，不管是批评伊斯兰教、犹太教还是基督教，恰恰是表达自由的核心要义所在。"（第200—201页）

关于如何理解和处理舆论和司法的关系，也是每个国家在司法活动中都会面对并为之困惑的问题。对此，德肖维茨先生表达了一种现实而客观的见解："无论是民事案件还是刑事案件的当事人，他们不仅要在身穿长袍的法官和地位相当的陪审团面前受审，也要在'舆论法庭'上受审。每一个公民都有权在'舆论法庭'上就案件的法律和道德方面投上自己的一票。对一些身为公众人物的当事人来说，'舆论法庭'作出的'裁决'可能和陪审团作出的裁决一样重要。"在承认舆论对司法具有不可避免的影响力,甚至会干扰司法公正性的同时,他又说道:"尽管媒体报道常常会扭曲司法系统的作用,媒体却可以作为制衡法官、检察官和刑辩律师的有力武器。宪法第一修正案保障了新闻出版的自由,但有时也会和保障公平审判的其他宪法修正案发生冲突。尽管两者间很难达到适度平衡,这一平衡却对民主治理至关重要。"(第420页)

德肖维茨先生在此客观地指出了舆论对司法活动影响的两重性,即虽然舆论具有干扰司法公正的一面,但也有制约和保障司法公正的另一面。所以,应当正确处理舆论与司法的关系,而不能因噎废食,扼杀和限制舆论对司法的监督作用。

尤其值得一提的是,关于法学教育理念,德肖维茨先生的见解更有独到之处。

德肖维茨先生的特殊经历是既做教师又做律师,而且是先做教师后做律师。他很自豪地表示:"我是主要法学院中第一批一直代理刑事被告的专职法学教授之一。我一直认为,法律实务让我成为一名更有经验的教师,因为我可以把我的出庭经历带到课堂;我也认为讲授法律使我成为一名更成功的律师,因为我可以把我的学识带上法庭。"(第337页)

德肖维茨先生的这个经历与我很相似,因此在教学问题上我与他有很多同感。他是25岁到哈佛大学任教,而我是36岁才到中国政法大学任教。这期间,恰好是被"文化大革命"整整耽误了10年。当然我也有比他幸运的时候,比如,他开始任教时,想向两位"最棒"的老师提出要听听他们的课却被拒绝了。而我在开始任教时,不仅有幸在中国政法大学、北京大学和中国人民大学旁听了好几位老师的课,而且居然还有前辈老教师把他的备课笔记借给我作参考。德肖维茨先生"从第一天讲课开始,就喜欢上跟学生进行苏格拉底式的论辩",这恰恰也是我的风格。他还说:"我想让他们放松,因此想了一个办法。大概是开始上课一周后,我有意在讲述某个案例时犯了个小错误,然后问学生们,法官会怎样给陪审团指示?一位学生怯生生地举手说:'老师,此案没有陪审团指示,由法官直接审理。'我说:'噢!是我的错,你对了。'然后继续上课。这次'错误'以后,学生们放松了许多,愿意大胆回答问题了。"(第87页)

教师敢于在学生面前认错,是一种与学生平等相待的表现,而且这种行为并不降低自己的威信,反而会与学生拉近距离。我非常深刻地拥有这种体会。我也常常在课堂上故意出错,这样做还可以调动学生的主动性,使他们更加集中注意力。但遗憾的是,有些教师并不认同这种做法。我既做过中学教师,又做过大学教师,从做中学教师的时候我就是这样对待学生的,而事实证明这样做的效果是成功的。直至今日,无论是几十年前我在中学任教时教过的学生,还是中国政法大学的学生,都与我保持着非常友好的师生关系。我一直为此引以为豪。

德肖维茨先生特别强调案例教学,这一点我也很有同感。从第一次上课开始我就尽可能地用案例教学,直到今天,我还在呼吁要加强案例教学。但遗憾的是,现在我们做的仍然远远不够。

德肖维茨先生担忧:"今天多数法学院在教学生成为'昨天'的律师,而非'明天'的律师。他们在使用19世纪中叶发展出的教学方法,教育即将在21世纪中叶进行法律执业活动的学生们。"(第540页)

"要使学生未来能有效代理当事人,教授们就需要有实践经验,不与时代脱节。……法学院的教师选聘和教学环节必须在理论和实践之间求得平衡。"(第541页)

对于德肖维茨先生的担忧和建议,我早已感同身受(可能具有从教授转为律师经历的人才会感受更深)。出于对当前法学教育中三脱节(理论与实务脱节,相关学科脱节,实体法与程序法脱节)现象的担忧,我曾几次专门撰文提出与此相关的教学改革建议。但，成效甚微。

《一辩到底：我的法律人生》的作者德肖维茨先生从自身的辩护活动谈起，通过对个案的深入分析和雄辩的论证，将读者引向了对国家法治结构和法治理念的关注和思考。书中涉及的内容丰富，领域广泛，其意义远远超出了辩护活动本身。前面的引述和点评只是本人蜻蜓点水式的有感而发，远不能涵盖书中的丰富内涵。

希望每一位法律人都能抽时间读一读这本书，或许能从中受到一些启发并引发出一些思考。

我和我的律师人生 *

谈到律师的人生，其实我很惭愧，看到这么多律师，可能多数人不知道我的职业第一选择并不是律师，我也并没想到我今天能站在这儿讲律师的人生。我这一生，绝大多数选择都是歪打正着，真有点宿命的感觉。

回忆一下，我的第一个志愿是做一个音乐人，很遗憾四次与音乐学院擦肩而过，就是不让我搞音乐。然后我下定决心，我要精通两门外语，可是到现在一门都不通。后来经历过"文化大革命"，经历过血与火的洗礼。于是我从艺术转向政治。我发奋读书，我读的马列著作可以说没有多少人能跟我比。当时在国内所有翻译过的马列著作，包括《资本论》，包括俄文版的《联共（布）党史简明教程》，哲学书、历史书、经济学的书我都读了很多。由此，我产生了一种政治抱负，想跟"四人帮"对着干，差点出事。后来"四人帮"倒台了，我觉得没有这个历史需求了，而且恢复高考了，我应当参加高考、读书，做点学问了。我想读哲学、经济学，可又一个意外出现了：我当时得了腰间盘突出，很严重，两年动不了，眼看着1977年、1978年两年高考的

---

* 本文根据田文昌律师在"2021年第五届中国律师发展论坛暨2021年度'桂客年会'"上的发言整理。

黄金时代过去了，看着我们高中老同学都考了大学，我考不了。这条路又堵死了，我想死的心都有。1978年腰好了，1979年就限制年龄了，限制30岁以下报考。被逼无奈，我一咬牙一跺脚，考研吧！

考研，本来想考哲学经济学，但哲学经济学都考高等数学，我学都没学过。结果只有"华山一条路"，只有法学我可以尝试。我就这么走上法学的道路。所以说是阴差阳错，歪打正着，学了法学。我在此之前，曾经当过几年中学教师，我曾经说过，我一生最大的不愿就是当教师。可是研究生毕业以后，我又要到中国政法大学当了教师。但是后来发现大学教师不错，中学教师是重复劳动，大学教师有研究、有发展，我还挺乐意干的，干得很来劲，我在中国政法大学干得非常好，我在中国政法大学口碑还是不错的。我在中国政法大学的讲课和讲座出现过两次重大"事故"，一次是在学术报告厅，因为人太多差点发生共振，一次是在大礼堂，门窗都被挤坏了。就在这种春风得意的时候，我后来又在各种因素的推动下出来做了律师，1995年，我出来创业创建了北京市京都律师事务所。

所以我从年轻一直走到现在，走到律师这步，完全是被一种无形的力量推着走。我自己也不知道怎么回事。但是我想说的是，当我被推上了律师这条路的时候，我热爱这个职业，在这个职业中我找到了自己的存在感，也找到了自己的价值。正像我对学生讲，我说当一个年轻人选择自己的职业的时候，确定自己的目标的时候，不在于你当多大的官、挣多少钱、有多出名，在于你能否实现你的人生价值，或者说能更好地、最大限度地实现人生价值，这样你就成功了。那么现在我感到我基本上找到了自己实现价值的这样一个方向，所以我很满意，我一点也不后悔，虽然我放弃了教师，放弃了官场。中国政法大学的学生们跟我洒泪而别，我是很留恋的。但是我在中国走出了从教授兼律师而转向律师兼教授的这样一条路。我觉得我走出了这样一条路，还是有一定的成就感。

那么说做律师，我们回到谈做律师的感觉。这么多年有太多感受了，因为时间关系不多讲。简言之，我讲一点感受，我曾经两次做好了以身殉职的准备：一次是来自体制外的黑恶势力迫害，一次是来自体制内个别势力的压力，我两次差点被害被抓。但是我仍然不后悔，如果真的出现了那样的结果，我问心无愧，也值了。

由此我产生了另一个感触，我多年前看过一部美国电影，讲的是一名海上救生员，他刚刚退休的时候，徒弟遇到了一场大的海难，他放弃了退休生活，自告奋勇地帮他徒弟去营救，结果他牺牲了。在临死前师徒俩有一段对话，徒弟对他讲："您这样有名，您能不能告诉我您这一生救了多少人？"他说："我从来没想过我救了多少人，我只记得我没有救成的有多少人。"

我对这句话刻骨铭心！我希望我们每位律师也记住。我们很多律师在吹嘘过关斩将，救了多少人，成功了多少案子时，我觉得我们更应当想一想，我们虽然尽力了，但是我们有多少案子没有成功，有多少人没有救成。这才是一位律师，特别是刑事辩护律师应当有的情怀。所以说，做律师要做到问心无愧，让我们做些力所能及的事，包括立法修法，包括律师制度的推进，我们能做多少就做多少，这是我们应尽的责任。

谈到退休，我也想退休，在律所我早就退休了，我们北京市京都律师事务所有一个非常完备的管理机制，有主任、管委会和管理合伙人。但遗憾的是，中华全国律师协会刑事专业委员会主任的位置我还没退下来。在这个位置我从第一届到现在盘踞了二十六年，我都觉得惭愧。我多次要求退下来，但是由于各种原因到现在还没有退下来。我希望赶紧退下来，让年轻的人顶起来，把我们的刑委会的工作做得更好，把刑事律师带动起来。

现在还有一个眼前的工作我特别重视，希望大家也重视。我们律师的培训，实务技能的培训非常重要。我们中国律师走过四十年了，我一直说四十年来我们中国律师是走过了一个生成期。四十年后，我们应该进入发展期了。我们在生成期的初级阶段，很多东西做得不到位，包括培训，我们还停留在知识传播的讲授层面。实际上我们律师包括法官、检察官一样，技能的培训都是空白。现在我在西北政法大学刑事辩护研究院这个岗位上，开展了一个刑事辩护技能培训，我认为这点非常重要。我今年内争取把《刑事辩护教程》这部书出版，这部教程分为理论篇、实务篇、实训篇，三本书系统地把刑事辩护技能实务培训形成一个完整的教材。我希望这部教材能对推动律师的培训，能对提升律师的实务技能起到较大的作用。这也是我的一个心愿。

总之，我该退休了，我要退休了。看着年轻人成长起来，我希望年轻人成长得更快，希望在我有生之年能做一些力所能及的事情，能对推动中国法治化发展，推动中国律师队伍的发展，律师队伍的建设、律师水平的提升，尽力而为，我心足矣，谢谢。

第六章

刑辩寄语

当前,律师业务的范围越来越广,专业分工更为细化,法律服务市场对律师的专业化水准的要求在不断提高。所以笔者认为,律师不要一味说大话,应在业务总结研究上多下功夫。通过理论的提升,再来指导自己的技能,在每一项业务中以自己过硬的业务实力来发挥作用。这样做的律师多了,能充分发挥律师作用的案件也就多了,法治就会得到更多的体现。希望有更多的律师重视学习,不断总结。

下一个历史篇章,是你们的,希望你们做好自己,为中国刑辩律师界做出更多的贡献!

《中国名律师辩护词代理词精选：田文昌专辑》*引言

中华全国律师协会和法律出版社向我约稿，要我出版一本辩护词与代理词专辑。并且，还要陆续出版一批这样的专辑。我想，出版的目的在于推动律师的工作，加强律师的责任感，也是为了使人们进一步了解律师的作用和意义。所以，我挑选的内容并不是以取得胜诉的结果为标准，而是更多地考虑到案件的典型性和代表性。我一向认为，律师不是单纯以成败论英雄，因为影响胜负的因素实在太多。律师办案子，赢，要赢得光彩，输，要输得潇洒。重要的是你是否真正尽到了律师的职责，发挥出真正的水平。

在诉讼业务中，辩护词与代理词是律师水平与成果的结晶，应当由律师花费心血来完成。当一个律师将自己的辩护词与代理词公之于众的时候，他必须有勇气迎接众多的批评与挑战，进而在批评中检讨和提高自己，以求得到不断进取。

每一次出庭后，我都会发现自己有不同程度的失误或遗憾，总会感到遗漏了一些内容或者换一种说法会更好，即使再精

---

* 本文节选自田文昌：《中国名律师辩护词代理词精选：田文昌专辑》，法律出版社1998年版。

彩的辩论之后也不无这种感觉，完美无缺的情况几乎没有过。所以，尽善尽美的辩护词与代理词并不存在。

正因为如此，我愿呈此拙作，以求在公众和同行面前得到批评与指教。

田文昌
1997年6月25日

《中国大律师辩护词精选：田文昌专辑》*前言

1998年，我整理出版了我的《中国名律师辩护词代理词精选：田文昌专辑》第一辑，2007年又整理出版了第二辑，因为很多读者反映前两辑由于出版时间的问题，虽经再版，但市面上也已经不好买到。因此，在2013年，经出版社和我商量，将我的《辩护词代理词专辑》第一、二辑做成了合辑再出版。很感激该书受到读者们的肯定，也让我看到法律同行之间的这种交流是必要且必需的。

随着我国法治建设的发展和完善，律师行业分工也越来越专业化、精细化。以我所在的京都律师事务所为例，随着综合化律师事务所的建立，我们已经将业务团队细分到包括刑事诉讼、民商诉讼、企业风险防控、金融、证券、房地产与基础设施、公司、破产重整、知识产权、能源与环保、信息技术、国际、海商海事等13个业务领域，各个部门的律师都力求在本领域内精耕细作，成为专家型律师。我本人也在近些年更加专注于刑事案件和相关的法律研究，代理其他领域的案件相对少了。

此次我将近些年来办理的具有典型意义的部分刑事案件辩护

---

* 本文节选自田文昌：《中国大律师辩护词精选：田文昌专辑》，法律出版社2013年版。

词整理出来，希望能够给年轻同行一些启发。每个律师都有自己的辩护风格，我的辩护词一定不是最好的，但我一直认为，我们老一代的律师，有责任也有义务将我们的经验和体会毫无保留地展示出来，和大家分享，无论案件结果如何，律师本不是以个案成败论英雄的职业，重要的是对法律的理解以及对个案的逻辑思维方式。

需要指出的是，本书收录的近十年的案件判决结果很好的很少，无罪判决只有一个：广东省佛山市南海区人民法院对程某某职务侵占罪一审判决无罪，检察院抗诉，广东省佛山市中级人民法院二审维持原判。有些明显无罪的案件仍然被判有罪甚至被科以重刑，这在一定程度上也反映出近十年来我国由于众所周知的原因所导致的法治环境的倒退。

庆幸的是，2014年，党的十八届四中全会通过了《中共中央关于全面推进依法治国若干重大问题的决定》，确定了以审判为中心的诉讼制度改革方向，可以预见，随着规则的逐步完善，将来的法庭审理将越来越具有实质意义，律师的有效辩护也将越来越发挥实质性的作用。新的机遇也向律师行业提出了新的挑战，如何完善知识结构，加强技能培训，迎接挑战，是我们每一个法律人，尤其是从事刑事辩护的律师应该思考的问题。希望借由此书的出版，抛砖引玉，引起同行们的共同交流思考，共同迎接新挑战，抓住新机遇。

《中国大律师辩护词精选：田文昌专辑（第三辑）》*再版前言

我的《中国大律师辩护词精选：田文昌专辑》第一、二两辑出版以来，受到社会各界尤其是律师界同行的广泛关注，曾经加印过几次。目前，由于书店里又脱销，出版社准备再次加印，并同我商议，为方便读者，希望于此次加印时将一、二两辑合在一起作为合订本发行。我欣然同意。感谢出版社，更感谢读者的厚爱，同时，也为我的书能够具有一定的参考价值而自感欣慰。

由于律师制度在我国历史上出现的时间很晚，经验很少，成果亦不多，至今为止，律师的法庭活动仍处在不断探索，逐渐成熟的过程之中。所以，同行之间沟通与交流的作用则显得更为重要。我认为，辩护词、代理词的作用不仅仅关系到某一件个案的成败，而且也是一种理论和能力的提升。同时，还会起到推动立法与司法改革的作用。一篇有水平，有见地的辩护词、代理词，同时也是一篇有价值的学术论文，或者会成为具有创见性的立法建议，甚至会成为引领司法制度变革的号角。

因此，一定不要忽视辩护词、代理词的作用和价值，而且还

---

* 本文节选自田文昌：《中国大律师辩护词精选：田文昌专辑（第三辑）》，法律出版社 2015 年版。

要善于发现和利用它的价值。

值得强调的是，在法学理论界和实务界，理论与实务相脱节和相关学科之间相脱节的现象目前已经十分严重。在此情况下，以辩护词、代理词形式出现的律师论证观点更容易弥补这种缺憾。因为律师的辩护词、代理词形成于错综复杂的真实案例和控辩双方激烈交锋的基础之上，这种不断面对新问题的有的放矢的思考和论证，更具有提升理论和指导实务的综合价值。所以，每一位律师都应当重视这种价值，并意识到自己在实现这种价值过程中的历史责任。

正因如此，我希望每一位律师都能够高度重视并认真对待自己的每一篇辩护词和代理词，并通过与同行和对手的相互切磋使自己的能力得到提升。为此，我也愿意将自己的拙作与大家分享，供大家参考并希望得到指正。

我一直认为，辩护词、代理词的水平虽有高低，但是，世上没有完美无瑕的辩护词与代理词。能够在一篇堪称精彩的辩护词、代理词中发现不足和提出高见者，才更有机会提升自己和接近完美。

我希望自己的辩护词、代理词专辑继续发挥抛砖引玉之功能，也希望有更多的砖和更多的玉不断地出版面世。

田文昌
2012 年 7 月 1 日于北京

《诉讼律师的 25 大心法》*序

在中国，关于律师的书籍很少，这是因为律师制度在中国起步太晚。在西方社会，很早就出现了律师的雏形，而自资本主义社会以来，律师制度更是进入高度发展时期，律师已经成为法治社会须臾不能离开的组成部分。

与西方社会相比，中国律师制度的历史实在太短，在中国漫长的封建社会中，从未出现过律师制度。中国古代的"讼师"只能代写诉状而并没有出庭权，所以"讼师"与律师不能同日而语。算起来，中国自清末才引进律师制度，至今只有百余年，但就在这百余年里，律师制度也少有正常发展的机会。

辛亥革命推翻了封建王朝，引进了西方的法治理念，但接下来便是军阀混战、外敌侵略和国内战争。自 1911 年至 1949 年三十多年间，中国虽然有过现代律师制度，也涌现过一批知名的律师，然而，在这内忧外患从未停止的特殊历史时期，律师制度是不可能得到正常发展的。

1949 年新中国成立以后，废除了旧中国的法律体系，在学习苏联法律体系的过程中，又开始重建律师制度。然而，仅仅几年之后新中国的律师制度便在 1957 年的反"右派"斗争中被彻底砸

---

* 本文节选自张冀明：《诉讼律师的 25 大心法》，北京大学出版社 2008 年版。

烂了。自此，在中国几乎再无人提及"律师"二字，在年轻人的心目中基本上已不知道律师为何，有些人只是在电影中看到过律师的形象。

直至 1979 年改革开放以来，与中国的法治建设同步，律师制度才得以恢复和发展，至今尚不足三十年。可见，中国律师制度的百余年历史，实际上是断断续续，支离破碎的，真正得到连续正常发展的时间，还不足三十年。虽然，这近三十年发展速度举世瞩目，但相比之下，在历史的长河中这近三十年的时光实在是太短暂了。

在这样的历史背景下，至今为止，律师制度在中国还只能算是一种新生事物，以至于人们对于律师还十分缺乏了解。可以说，很多人只知道律师这个概念，却并不知道律师的功能与作用如何，对于律师的职责定位及其运作规则的认识，甚至在法律界内乃至律师界自身还存在着种种争议与误区。这种状况与现代法治社会的治理结构及国际社会的大环境是不相协调的。

没有律师就没有法治。宣传律师，弘扬律师制度，让社会公众认识律师，了解律师，让法律界同人及律师界自身准确把握律师的功能与职责定位，迅速提高律师自身的素质和操作技能，是推进中国社会法治化进程的当务之急。

近几年来，关于律师的书籍和文献开始增多，人们对于律师的关注程度也在逐步提高。但由于中国律师制度历史过于短暂，深入研究律师尤其是阐述律师操作技能的著作仍十分缺乏。例如，至今为止还没有一本关于律师诉讼技巧的专著问世，这实在是一件憾事。记得十多年前，在司法部举办的全国高级律师培训班上我曾经做过一个关于法庭辩论技巧的讲座，内容主要是结合一些实际体会稍加归纳整理后形成的，缺乏系统性与理论性。但是，据我所知，至今为止关于法庭辩论技巧的总结仍然停留在这篇几万字的演讲稿上，还没有系统的教材问世。我在讲座中声明，法庭辩论技巧是一个大题目，我的演讲只能是抛砖引玉，这个题目需要全国律师共同来完成。不久前北京大学出版社又向我约稿，希望我能写一本关于法庭辩论技巧的专著，其实这也是我早就有的愿望，但我至今尚未允诺，既是精力不够，也是信心不足。

不仅是辩论技巧问题，在律师职责定位和操作技能等方面也还有许多问题需要研究、探讨和阐述，而这一点目前在中国恰恰是非常欠缺的。中国律师制度发展至今，急需有更多一些这一类的成果问世。

台湾地区张冀明律师撰写的《诉讼律师的25大心法》一书，可以说正是这一类成果的一篇杰作。它凝聚了作者自身的感悟，并提升到理论的高度，既谈到诉讼的本质，又谈到律师的作用，进而集中阐述律师的诉讼技巧。正像作者所言："心法，是所有诉讼技巧的总和"，其所体悟到的25大心法包含了"诉讼准备""诉讼主体""诉讼程序""诉讼策略"及"安度诉讼"五个层面。该书的一个突出特点是：作者是结合典型案例去剖析诉讼技巧，并将诉讼技巧与律师的职能与作用紧密结合起来，可谓有木有本，有水有源。如作者将律师与医生相比较，反映出其对律师职能及作用的体味之深。律师与医生确有诸多共同之处，比如律师对案情的分析判断，犹如医生对病情的诊断，常常需要由表及里，由此及彼地对案情进行综合梳理，最终才能找出解决问题的有效途径。又如律师对于当事人的体谅也应如医生对患者的体谅一样，当事人既不懂得法律，又因身陷诉讼而六神无主、心情焦躁，有些当事人将律师当成唯一的精神支柱，极度依赖，有时候又毫无缘由地向律师发泄怨气，就像患者或其亲属因救治无效而怨恨医生一样。所以，一位有水平且有责任心的律师，应当像一位高明而有爱心的医生对待病人一样对待自己的当事人，既能为之解难，又能体谅其心境。

作者在执业生涯中能够感悟到律师与医生的相通，反映出其对律师境界的体味之深；能够将诉讼技巧提炼成书，反映出其对执业活动的精益求精。可以看出，这部著作是作者用"心"来完成的。

希望律师界同人们能够读到这本书并能从中获得一些启发，更希望能够多有此类著作问世。诉讼技巧是一个大题目，在中国还是一个新题目，这个题目需要许多人的共同努力来完成，并且这个题目必须要有人来完成！

张冀明律师的这部著作在内地出版，这是一个很好的开端。我衷心祝贺张冀明律师！同时，也期待有更多的同类作品问世！

田文昌
2008 年 7 月 7 日

《刑事辩护实务操作指南——尚权刑辩经验与风险提示》*序言二

在中国，律师制度是舶来的。

西方社会律师制度的萌芽出现于古罗马时期，可以追溯历史几千年，至资本主义社会时已经高度发达，成为社会生活和社会秩序中不可缺少的组成部分。而中国历史上却没有出现过律师制度，中国古代的"讼师"的作用只是替人写诉状，并没有在法庭上代理诉讼的权利，所以，不能称之为律师。

直至清朝末年，中国才开始自西方引进律师制度。然而，随着清政府的垮台和辛亥革命后的战乱，律师制度无法得到正常发展。1949年新中国成立后，废除了国民党时期旧法统，也包括律师制度。至20世纪50年代初期借鉴苏联的法律体系开始重建律师制度。然而，仅仅几年时间，在1957年反"右派"斗争中刚刚建立起来的律师制度又被彻底取消，直至1979年改革开放以后，才再一次恢复建立律师制度。由此可见，在中国社会几千年的历史长河中，引进律师制度的时间才有百余年，而律师制度真正得到正常发展的时间却只有三十余年。因此，在这个意义上又可以

---

* 本文节选自门金玲主编：《刑事辩护实务操作指南——尚权刑辩经验与风险提示》，法律出版社2011年版。

说，律师制度在中国也是一种新生事物。

律师制度的历史过于短暂，这是中国社会区别于其他法治国家的特有现象，也是中国律师界所面临的一大难题。在律师制度高度发达的时代大潮中，中国律师却经历了一个几乎是从无到有的创建、发展过程。在此情况下，从律师基本概念的确立，到律师操作技能与规范的总结；从社会公众对律师的开始认知到全社会对律师的接受与认同，几乎一切都是从零开始。于是，本属于律师业务中一项最古老的传统业务的刑事辩护业务，在中国也需要从头做起，从头学起。

三十余年来，中国的律师业务尤其是刑辩业务得到了长足发展，但遗憾的是，刑辩技能的总结与培训还显得十分薄弱，刑辩律师基本上是在各显其能，摸索前进，这种现状，严重限制了刑辩业务的进一步发展。

近年来，我一直在倡导和呼吁律师们多总结一些经验，多搞一些研究，多写一些文章，多出一些著作。但至今为止，可以说是重视不够，成果甚微。

《刑事辩护实务操作指南——尚权刑辩经验与风险提示》的问世，是一种大胆的尝试，更是一种率先的尝试。我一直认为并且也一直在呼吁，律师刑辩技巧这一篇大文章，要由全国刑辩律师共同来完成。《刑事辩护实务操作指南——尚权刑辩经验与风险提示》就是这篇文章的一部分，也可以说是奠定基础的一部分。无论将来人们作何评价，其贵就贵在"率先"二字，因为在从无到有的过程中"先"字最为重要！

希望在《刑事辩护实务操作指南——尚权刑辩经验与风险提示》面世后，会有更多的同类作品陆续出台，共同谱写出一篇引领与指导中国刑辩业务发展的大文章！

田文昌

2010年10月12日于北京

《刑事辩护实务操作技能与执业风险防范》[*]序

——从实务到指引：资深律师应有的担当

徐宗新律师拿着他的新书《刑事辩护实务操作技能与执业风险防范》找到我，请我为之作序，我欣然接受。我与徐律师的初识，是2011年10月在青岛召开的全国律师论坛刑事专业委员会分论坛上，论坛主要关注的是刑事诉讼法再修改的问题。在会上，徐律师思维活跃，发表了很有激情和见地的想法，给与会人员包括我留下了深刻的印象——这是一位勤于思考、善于总结并有抱负、有社会担当的年轻律师。果然，会后不久，我便得以看到他的书稿。

通读本书，以下几点给我留下深刻印象：一是观点明确，高度提炼，让读者可以一目了然；二是徐律师对律师工作基本原则的归纳概括，这是对律师职业深层次的思考和对原则问题的总结，需要长期实践工作的经验积累和总结，对指导实践甚至对律师制度的理论研究都具有重要意义；三是用大量的案例支持观点，每一个观点都有解析和具体案例的支持，深入浅出，有助于读者的理解，具有较强的实践操作指导作用；四是书中也涉及了

---

[*] 本文节选自徐宗新：《刑事辩护实务操作技能与执业风险防范》，法律出版社2012年版。

一些理论前沿问题的思考和探讨，比如律师的保密义务等。对这些理论前沿问题，理论界和实务界尚存争议，作者敢于将自己的思考和观点提出来，与同行们共同探讨，这种治学的态度值得肯定和鼓励。

可以看出，这本书的确是作者的心血之作，离不开徐律师多年刑事辩护办案经验的积累，他从业十几年，主攻刑事案件，办理了六百余件案子，这个办案数量足以为其累积大量极为宝贵的经验；同时，也离不开他勤于思考、善于总结的治学精神，要成为一名优秀的律师，在打好法学理论基础的前提之下，必须要有长期的实践积累，要不辞辛苦，认真、投入地办理好每一个案件，同时还要善于总结和归纳，将经验升华为理论。徐律师将自己的经验和体会毫无保留地贡献出来，这是一种胸怀，也是一种社会责任感。

年轻律师阅读此类书籍，可以借鉴老律师的经验指导实践，少走弯路，已经具有一定办案经验的律师也可以阅读此类书籍，彼此学习借鉴。同时，我更希望每一位读者都带着思考来读这本书，不仅仅是学习、吸收和借鉴，更是要带着一种与作者共同研究、探讨的心态来读，甚至可以提出不同的观点和意见，广泛交流，百家争鸣。

今年找我写序的律师同行非常多，以前几年才一位，现在一年近十位。我在欣然接受之余，更感到十分高兴，一方面是因为我非常赞赏这些律师同行善于思考、勤于总结的工作态度；另一方面我也欣赏并支持和鼓励他们这种敢于将自己的经验总结提炼，著书立说，传承给年轻一代的律师们，并与同行共同探讨的行为。在我国律师制度的短暂发展过程中，老一辈律师都是摸着石头过河，既无传统可以沿袭，又无系统的经验总结可以借鉴，在此情况下勇敢地将自己的经验、学术成果拿出来与大家共享，有助于促进律师制度的发展，这也是律师的责任和使命。更重要的是，越来越多的律师同行们开始著书立说，让我体会到了"百家争鸣"的激情，说明我们的律师同行越来越重视理论知识的充实和学术上的探讨、研究。而我认为，这正是推进律师制度、提升律师素质的重要方式之一。有这样的激情在，律师制度的繁荣发展近在眼前。

希望这样的著作越来越多地面世，呈现"百花齐放、百家争鸣"的繁荣态势。

田文昌

2011 年 12 月 19 日于北京

《刑事辩护的中国经验
——田文昌、陈瑞华对话录(增订本)》[*]序言

经过近半年的准备、对话、整理和编辑工作,《刑事辩护的中国经验——田文昌、陈瑞华对话录》终于面世了。

本书记录的是一名资深律师与一名法学教授就刑事辩护问题所进行的对话。对话的目的主要是对刑事辩护的中国经验进行一次系统地总结和整理。所谓"刑事辩护的中国经验",既包括律师在中国现行体制下进行有效辩护的经验总结,又包括法学研究者对中国刑事辩护制度所做的理论思考。当然,任何律师都不能说自己的辩护经验就等于"中国律师的经验",任何学者也不能说自己的研究就"完全总结了中国刑事辩护的经验",我们所说的"中国经验"主要是针对中国现阶段的特定历史条件即"中国特色"而言。我们两人通过对话希望尽量展示中国刑事辩护的一般经验,并使这些经验上升为概念和理论。我们力图证明,即使是在今天中国法律制度还存在一些不尽如人意之处的背景下,律师的刑事辩护仍然有相当大的空间。在刑事辩护中,律师与其怨天尤人,倒不如认真研究刑事辩护的经验和技巧,力求挖掘出每个

---

[*] 本文节选自田文昌、陈瑞华:《刑事辩护的中国经验——田文昌、陈瑞华对话录(增订本)》,北京大学出版社 2013 年版。

案件的"辩点",争取在辩护工作中做到不留遗憾。与此同时,在法学研究中,法学家们与其"临渊羡鱼",简单引进西方国家的概念和理论,倒不如"退而结网",认真听取中国辩护律师述说其成功的经验和失败的教训,踏踏实实地进行理论的提炼和总结,由此推动刑事辩护理论的研究。

目前,在理论与实务相脱节的问题已经令人担忧的状况下,我们希望,这种"互动"能够起到一些弥补的作用;更希望能引起更多互动的思考。

作为本书的两位作者,我们两人在草拟出对话大纲的基础上,在北京郊外一处环境幽静的避暑山庄里,进行了连续三天两夜的长谈。谈论的话题涉及刑事辩护的性质、刑事辩护制度的发展脉络、无罪辩护、量刑辩护、证据辩护、程序辩护、辩护思路的形成、审判前程序中的辩护、审判程序中的辩护、律师的职业风险与防范等十余个重要题目。在长达数十小时的讨论中,我们既有观点的交锋和争执,又有对诸多问题所形成的共鸣。尽管我们对不少问题都有各自的角度,但都尽力遵从一种专业主义的精神,扬长避短,淋漓尽致地表达了对多个问题的看法。当然,由于所从事的职业不同,我们两人的谈话也具有一定的互补性。律师更擅长从个案的辩护经历中总结辩护经验,谈论自己"过五关、斩六将"的经历,以及"走麦城"的教训,这些经验和教训对于律师界同行(特别是年轻律师)会有参考价值,对于一般读者了解刑事律师的辩护经历也是重要的资料;法学教授则更注重对辩护问题的理论总结,这些理论观点对于深入研究中国刑事辩护制度,推动中国刑事诉讼理论的发展,将是富有启发意义的。

通过集中的对话,我们可以发现,经过几代中国律师的努力和探索,中国律师在刑事辩护中逐步形成了一些特有的风格和模式。这些风格和模式不是某一个或某一些律师所具有的,而是中国刑事律师在一种"集体无意识"中所共同形成的。例如,在中国现行司法制度下，律师辩护逐渐形成了无罪辩护、量刑辩护、证据辩护和程序辩护等多种辩护形态并存的格局；律师辩护有了法庭辩护与审判前辩护的区分，审判前辩护的空间随着《刑事诉讼法》的修改而呈逐渐扩大之势；法庭上的辩护较为侧重法庭辩论阶段的集中辩护，而法庭调查环节的辩护则有很大的拓展空间；在证据调查方面，面对困难与风险并存的境况，既要注意自保，又要勇于尽职，更要善于研究和运用公诉方的案卷材料，"以子之矛，攻子之盾"，用公诉方案卷中记载的证据材料中的冲突和漏洞来论证公诉方证据体系的不足；辩护从方向和策略上看，有积极辩护和消极辩护之分，前者是通过调查收集新证据、论证新观点而进行的辩护活动；后者则属于以公诉方的证据来论证公诉方诉讼主张不成立的辩护活动……

受中国法律制度改革进程的影响，律师在刑事辩护中经常会受到诸多方面的限制，遇到一些无可奈何的尴尬局面。在此困境中，中国律师们也创造了一些独特的辩护经验。例如，在程序性辩护中，与其单纯论证侦查行为存在违法情况，或者论证被告人的权利受到侵害，倒不如多多论证非法取得的证据的虚假性和不可靠性，甚至有可能会酿成冤假错案。在现存的司法理念下，这种论证有可能达到更好的辩护效果。又如，在鉴定意见几乎为刑事追诉机构垄断的制度背景下，辩护律师要对鉴定意见进行有效的质证，经常面临困难：律师既无权自行委托鉴定人，又很难申请重新鉴定或者补充鉴定，甚至连申请鉴定人出庭作证都很难成功。但有些律师另辟蹊径，委托一些资深专家出具专家意见，对公诉方的鉴定意见提出专业上的质疑，以达到协助质证的目的，并因此取得了较好的辩护效果。再如，律师在刑事辩护中经常面临无法与司法官员进行有效对话的问题，辩护意见很难为法官所采纳。为解决这一问题，律师在辩护意见中尝试着援引最高人民法院大法官的著述观点，或者直接援引最高人民法院公布的判决书或典型案例,并将这些作为辩护的法理依据,取得了较好的辩护效果。对于这些独特的辩护经验,本书都给予了全面的总结和反映。

2012年3月,全国人大通过了《刑事诉讼法修正案》,对中国刑事诉讼法作出了重大修改。《刑事诉讼法修正案》对刑事辩护制度进行了引人注目的改革,扩大了法律援助的范围,确立了律师在侦查阶段辩护人的身份,加强了对律师会见权、阅卷权的保护,确立了律师参与侦查、批准逮捕、审查起诉、庭前准备、死刑复核程序的制度。此外,《刑事诉讼法修正案》确立了证人、鉴定人乃至专家证人出庭作证的制度,建立了非法证据排除规则,扩大了二审法院开庭审理的范围……这些改革对于律师的刑事辩护工作将会产生积极而深远的影响。为了使读者全面认识刑事诉讼法修正案对律师辩护产生的影响,我们在本书出版前夕,又专门补录了一次长达六个多小时的对话,重点对与律师辩护有关的八个问题进行了讨论,既对相关的法律条文进行了学理上的分析,又讨论了这些改革对律师辩护带来的影响。这些与最新立法发展密切相关的部分,也被置于本书之中。

本书是多人集体智慧和共同合作的产物。我们作为作者,尽管通过谈话贡献了思想和智慧,但对话录的整理工作主要是由两位重要人士完成的,他们分别是中南民族大学法学院的陈虎博士和北京市京都律师事务所的徐莹律师。他们不仅亲自参与了整个对话过程,还进行了逐字逐句的文字整理和编辑加工。同时,北京大学出版社的蒋浩副总编辑,独具慧眼,亲自策划了这一重要选题,积极促成了我们两人的对话,并投入成本,推动了本书的编辑和出版工作。北京大学出版社的资深编辑曾健先生,作为本书的策划编辑和责任编辑,为本书的孕育、编辑和出版,付出了非常多的精力。不仅如此,我们就刑事诉讼法修正案对律师辩护的影响所做的对话录,也是由曾健先生亲自执笔加工完成的。没有上述各位人士的参与和努力,本书是不可能如此顺利地完成和面世的。在此,向他们表达最诚挚的感谢。

田文昌　陈瑞华
2012 年 4 月 22 日

《新刑事诉讼法热点问题及辩护应对策略》*后记

历时近一年,《新刑事诉讼法热点问题及辩护应对策略》一书终于要与读者见面了。出版此书的本意,是出于培养高层次法律人才的考虑。在国外,对律所排行的参考要素中,律所对律师的培养程度,已经作为一项重要评价指标。而在中国,很多有条件的律所,却难以将培养律师作为律所的一项重点工作,其中重要的原因就是律所间人员流动问题。英国霍金路伟国际律师事务所北京办事处负责人 Aldrich 在中国进行调研后,曾不无遗憾地说:"与英国不同,中国绝大多数律所不培训律师,所以那些少数培养律师的律所,难免为他人作嫁衣裳。"尽管如此,京都律师事务所多年来一直把培养优秀律师作为律所建设的一个宗旨,也为全国输送了不少优秀的法律人才。而且,在京都律师事务所成长起来的优秀律师,又将培养后来者视为已任,这种理念和责任已经成为京都律师事务所的传统。

"京都刑辩八杰",是京都律师事务所众多优秀刑辩律师中的八位,媒体给他们冠予了这个称谓。他们既是我的学生,也是我的同事,在我看来,他们称得上是国内顶尖的刑辩高手。但是,在京

---

* 本文节选自田文昌主编:《新刑事诉讼法热点问题及辩护应对策略》,中国法制出版社 2013 年版。

都律师事务所,没有最好,只有更好。在刑事诉讼法修正案出台之际,"京都刑辩八杰"根据自己的切身体会,针对修法后律师刑辩业务中面临的新问题,共同写出了这本书,这是一种奉献,也是一种经验的积淀和总结。

刑辩业务是一项传统业务,是最古老的律师业务,同时也是最重要的、经久不衰的律师业务,因为它关系到委托人的自由与生命这两项最重要的权利,而且也与社会的安定局面息息相关。无论现在还是未来,只要有犯罪发生,就有刑辩活动。所以,刑辩业务是一项既古老而又不会衰老的业务,它伴随着社会法治与文明的发展而不断提升并且永葆青春。

近年来,由于法治环境的不尽如人意,刑辩业务受挫严重,致使刑辩业务在律师界备受冷落,这是一个不容回避且可以理解的现实问题。然而,也正是在这种境况下仍然能够在苦苦挣扎中坚守刑辩业务的人,更加难能可贵。而更值得赞许的是,"京都刑辩八杰"在坚守中还能不断进行自我提升,并以授课、指导和撰文、著书等方式培养新人。

《新刑事诉讼法热点问题及辩护应对策略》一书的内容,既有我的传承,也有"八杰"们各自的经验和创见,是集体智慧的结晶,对于刑辩业务来说,当然也是一本颇有价值的参考书。

当然,相对于实际需求而言,有这八位已经颇具影响力的大牌律师所写的这一本书还实在太少。我期望国内更多的优秀律师不仅要自己做得好,还要带动别人也做得好,而像"八杰"这样著书立说,无疑是传播经验、分享成果的一种方式。

长江后浪推前浪,弟子不必不如师。我所期待的,不仅仅是"京都刑辩八杰"对我的超越,而是超越"京都刑辩八杰"的更多的刑辩新秀!

田文昌
2013 年 8 月

《新控辩审三人谈》*序

《刑事诉讼：控·辩·审三人谈》自 2001 年面世以来，受到法律界同行的广泛关注，这使我们深感欣慰！我以为，这本书突出的特点，就在于作者角度的多重性和理论与实务的交融性。当时，张军是最高人民法院刑二庭庭长，姜伟是最高人民检察院公诉厅厅长，我是中华全国律师协会刑事专业委员会主任。我们三人各自从不同的角度出发，对刑事诉讼理论与实务的问题进行评价、提出建议，有共识，也有争议，在一定程度上反映了对刑事诉讼制度的全方位思考。尤其是在对话中因观点的碰撞而闪现出的思路和观点，是闭门思考的时候难以捕捉的。另外，我们三人研究的是同一个专业，又在各自的实务领域亲力亲为，在理论与实务的结合点上都有较深的体会和思考。所以，正是这些，使"三人谈"具备了较强的可读性。

今天，张军与姜伟的工作都已有所变动，但法律人的身份仍然没有改变。出于求真与探索的共同愿望，以《刑事诉讼法》的修改为契机，我们又进行一次新的对话，这是我们三人之间的讨论，也是与广大同行的讨论。希望我们的对话成为一块引玉之

---

* 本文节选自张军、姜伟、田文昌：《新控辩审三人谈》，北京大学出版社 2014 年版。

砖，能够激发起更加闪亮的火花。

十几年过去了，我们的法治进步了，理论和实务的水平提升了，但与此同时，暴露的问题和引发的思考也更多了。所以，讨论中所遇到的困惑也比以前更多了，而其中最突出的就是法治理念的问题。如果说，前一次"三人谈"的内容主要是侧重于具体的刑事诉讼制度，这次"三人谈"的内容则更加侧重于理念问题。前后两次对话在内容上可以体现出一个由浅入深的过程。正因为如此，在讨论问题的同时，甚至在激烈争论的同时，我们自己也有许多困惑。所以，我们对话的本身也是一种求教的方式，希望通过本书的问世，求教于更多的同行，引发出更多的思考。

由于我国法治建设的历史太短，我们的刑事诉讼制度和理念还相对落后，但是，任何事物的发展都是需要争取和推动的，对于诉讼制度改革的深化不可能一蹴而就。历史的车轮必然会向前行进，这是不以人的意志为转移的，但是，历史前进的速度却与人们的努力推动密切相关。所以，希望有更多的人成为历史发展的积极推动者。

在探索中前进，在前进中探索；在争论中发展，在发展中争论；在探索和争论中共同提升。这正是我们对话的初衷和目标。

《中国大律师辩护词精选：王九川专辑》*序

辩护词是表达辩护理由最主要的方式，也是展现律师能力和风采的亮点。在我国现阶段，由于证人不出庭而形成的交叉质证还几乎是一种摆设的境况下，辩护词的作用就更加重要。

然而，由于法治环境的总体状况不佳和律师水平的参差不齐，我国刑辩律师撰写辩护词的普遍水平还有待提高。今天，法治建设在中国已经走过了三十多年，总结经验，发现问题，将是我们向下一步迈进的重要基础。

由于律师制度发展尚处于初期阶段的现状使然，我国的辩护方式乃至庭审方式都缺乏规范性，辩护词的体例和风格当然也是五花八门。概括起来，主要表现为以下几种：说理、煽情、抠法条、抠程序。在我看来，这几种方式都不可缺少，问题在于应当以哪一个方式为重点。我认为，以说理为主，应当是辩护内容的核心，其他几个方面都是为增强辩护理由和力度服务的。只有达到说理充分，才能使辩护理由经得起推敲和检验，而且，法治环境越成熟，说理的作用越重要。无论是现在还是将来，只有说理充分才使辩护立于不败之地。

---

* 本文节选自王九川：《中国大律师辩护词精选：王九川专辑》，法律出版社 2015 年版。

但是，在我国当前法治环境不成熟甚至不健康的情况下，往往由于说理难以奏效而导致了辩护重心的偏移。例如，在有些法庭上，煽情式的公诉和煽情式的辩护成为控辩双方争取舆论和自我表现的首选，而且这种方式还常常会受到舆论的欢迎和当事人的认同。然而，这些缺乏证据支撑和法理依据的煽情过后，说理的内容却显得苍白无力。有些人在法庭上慷慨陈词甚至博得阵阵掌声的高谈阔论之后，其整理成文的书面辩护词不仅逻辑混乱，甚至连语句都不通。这种只图一时之快的辩论风格迟早是要摒弃的。

又如，抠法条、抠程序，本来就是辩护内容的一部分，是为支持辩护理由服务的。但是，如果只是停留在抠法条、抠程序的层面，而轻视了说理，就会顾此失彼，因小失大。在偏重抠法条、抠程序的辩论方式中，有些人是走偏了方向，也有些人是出于理论功底不足的无奈之举。但无论如何，这都不是应当提倡的辩护方式。

任何情况下，说理都应当是律师辩护的主要内容。一篇好的辩护词也应当是一篇好的论文，而一篇好的论文则未必是一篇好的辩护词，因为二者的功能不同。论文可以自行立论，而辩护词则必须有力地反驳对方。所以，辩护词不仅仅是说理，而且还要充分说理。否则，就会喧宾夺主，偏离了辩护的主要方向。所以，评价辩护词的水平和分量，最重要的依据应当是其说理的充分程度。

遗憾的是，总体上讲，我国律师辩护词的水平在总体上亟待提高，否则，将难以适应法治社会发展的需求。欣慰的是，在已经成长起来的新一代律师之中，已经涌现出一批佼佼者，他们不仅到达了辩护水平的新高度，还愿意并且勇于将自己的体会与大家分享。王九川律师就是其中的一位。他是我二十年前创办北京市京都律师事务所后最早带出来的律师，他发展全面，业绩突出,在刑事辩护上其风格体现出北京市京都律师事务所倡导的"主动、平和、充分"而又不失激情的特点。

王九川律师的辩护词平和、朴实,少有华丽的辞藻和煽情的语言,却重在以逻辑的力量来加强说理的分量。而且,在说理的同时也并不忽略对法条和程序的精细分析。这样的辩护词乍看起来似乎不够激昂,但细读之后却会感受到其分量的厚重。同任何人的任何辩护词一样,王九川的辩护词也有可圈可点之处,但是,其内容和风格却引领了一种正确的方向,这正是他出版本书的真正价值所在。

当然,该书也是一部优秀的案例选集,所收录的案件都具有一定的典型意义或独特之处,也表明作者具有丰富的刑事辩护阅历。通读这些辩护词,我们可以看到一位优秀辩护律师运用法律的智慧、高度的责任感和执着于法治理想的情怀。我相信王九川律师会走得更远更高。

希望有更多的人读到这本辩护词专辑,更希望有更多的辩护词专辑陆续问世。在法治建设向纵深发展的今天,辩护水平的总体提升已经迫在眉睫。在切磋中发展,在争论中提高,是中国律师向新高度迈进的必由之路。但是,愿意将自己的辩护词与大家分享的首要前提,是要有足够的勇气和认真的态度。试想,有多少律师能够以公开发表的标准去撰写辩护词?又有多少律师愿意将自己的辩护词以公开发表的方式公之于众?再试想,如果以公开发表为前提去撰写辩护词,有多少律师在撰写辩护词时会更加努力和认真?又有多少律师的理论功底和文字水平能够经得住检验和推敲?

当然,有一个非常现实的问题降低了律师对辩护词的重视程度,那就是,辩护词究竟有多大作用?对于律师来说,解决问题多多少少会受外部环境的影响,而发现和提出问题是不应受外界制约的,所以是否发现并提出好的问题是衡量一个律师水平的重要标准。在本书中,王九川律师提出了许多高质量的问题,这些是其辩护胆略的真实表现。所以,我更想对大家说的是,首先要能够发现并勇于提出问题,再尽力去解决问题,如果人们都在现状的束缚中不思进取,社会将无法进步。而安于现状,绝不是律师的选择!

田文昌

2015年5月7日

《京都刑事辩护词选集》*序

了解律师的人都知道,要做好这个行业,需要不断地学习和总结。从执业需求来讲,学习是不得已的事,比如手头上正在办理的业务,遇到相关的法律修改,或有新的判例出现,必须拿来学习一番,否则就可能出错,无法向委托人交代。有时,律师还要参加相应的法律知识或技能培训甚至去攻读学位。

但就总结来说,却不是每位律师都愿意去做的。这里说的总结,是指用心思考自己的执业得失,做些研究,并能整理成系统的文字。一方面,这样的总结费时又费力,很难产生立竿见影的效益,导致不少律师不愿在这上面花费时间;另一方面,这样的总结的确需要掌握一些基本的研究方法,也需要有较好的文字表达能力。

从我和一些同人创办京都律师事务所开始,我们就要求全体律师重视业务学习和总结。在京都律师事务所内部,我们坚持进行内部自我培训,鼓励撰写论文、著作,同时也经常举办专题研讨会或请人来作讲座。在招聘方面,也强调多引进既有实务操作能力,又有研究能力的专家型律师。所以,这些年来,京都律师事务所律师的学习研究能力持续得到提升。这对律所业务的发展

---

* 本文节选自田文昌主编:《京都刑事辩护词选集》,法律出版社 2015 年版。

也起到不小的推动作用,不少客户把京都律师事务所称为"学院派"律师事务所。

在律师个人研究蔚然成风之际,京都律师事务所也开始进行团队式的"总结"工作,即由律所组织制定系列业务专题研究计划。这样既可以加强学术资源的整合,又能提高研究的效率。这一批"诉讼流程与技巧"丛书,正是业务专题研究的部分成果。

就诉讼业务研究来看,探讨实体方面的著作不少,但系统总结诉讼流程与技巧的专著少见,而以律师角度分专题解析诉讼实务的丛书,似乎还没有见过。这是本丛书的一个特点。在这些书中,作者先对诉讼的基本操作规范进行介绍,然后集中对一些重点问题进行讲解,给出律师应对的实务技巧,力求做到深入浅出,接地气,这可以说是丛书的又一个特色。

这套丛书可以给初做律师者以指引,可以供老律师学习交流,也可以给其他法律工作者以参考。当然,在实务操作技巧方面,本丛书的讲解也是一家之言,有经验的律师会有自己的心得,其他律师事务所也可能会有自己的特色,希望能就此进行交流,共同提高。

当前,律师业务的范围越来越广,专业分工更为细化,法律服务市场对律师的专业化水准的要求在不断提高。所以我认为,律师不要一味说大话,应在业务总结研究上多下功夫。通过这样的理论提升,再来指导自己的实务技能,在每一项业务中以自己过硬的业务实力来发挥作用。做的律师多了,能充分发挥律师作用的案件也多了,法治就会得到更多的体现。希望有更多的律师重视学习,不断总结。

今年,适逢京都律师事务所成立二十周年,我们推出一批个人专著和这套丛书,我想这些是对京都律师事务所最有价值的礼物。今后,京都人还会把这批丛书继续做下去,并展开其他研究工作，为律师业务发展做出贡献，为法治建设尽绵薄之力。

我愿与每一位京都人共勉。

田文昌

2015年6月8日

《有效辩护三步法——法官视角的成功辩护之道》*序

——乐见法官为律师支招

作为一名从事刑事法学研究和刑事辩护的律师，我一直注重对辩护方法的思考。当前，律师和学者研究、介绍辩护技巧、辩护经验的书籍已经日见增多，为刑事辩护律师提高辩护技能提供了学习素材。但是，辩护的最终目的在于影响审判，从而最大限度地维护刑事被告人的权益。如果法官能够从审判角度对律师如何开展刑事辩护、如何掌握辩护方法进行解读，则对律师会有更大的启发，也更为实用。所以，我一直希望能有这样一本书出现。

北京市朝阳区人民法院刑事审判第一庭庭长臧德胜法官，在从事审判工作过程中，总结分析律师辩护的得失，从审判的角度研究论证律师针对具体案件应该如何辩护，写出了《有效辩护三步法——法官视角的成功辩护之道》一书。德胜法官毕业于中国政法大学研究生院刑法学专业，我早年在中国政法大学从事刑法学的教学工作，虽然没有给其授过课，但在其后来的工作

---

* 本文节选自臧德胜：《有效辩护三步法——法官视角的成功辩护之道》，法律出版社2016年版。

中，因研讨业务及参加学术活动，有过几次交流。他所在的法院堪称全国案件最多的法院之一，重大、疑难、新类型案件多，对法官的学术水平和业务能力都提出了很高的要求。在德胜法官的新书交由法律出版社出版之际，他请我作序，一名法官能够从律师的角度思考问题，并为律师有效辩护支招，作为一名关注刑辩事业发展的老律师，我欣然应允。

随着刑事立法的不断完善、司法体制改革的深入推进，尤其是保障辩护律师权利的一系列司法解释的出台，刑辩律师的执业环境逐步改善，刑辩事业也蓬勃发展，刑辩律师在推动依法治国方面将发挥越来越大的作用。但是，直面现实，我们清醒地看到，律师与法官之间的冲突时有发生，法官漠视律师辩护意见的现象仍然大量存在，法官与律师之间的人为鸿沟仍未消除。也就是说，当前在刑辩领域，法律职业共同体的形成还处于探索之阶段。

建立法律职业共同体，固然需要从改善司法环境、捋顺职业关系、调整职业心态、完善司法制度等多方面入手。但是，其中最根本的一点在于，树立共同的司法理念、形成趋同的法律思维、培养一致的法律观点、确立公认的法律规则。控辩审三方在诉讼过程中，尤其是在庭审中，精力应当放在案件本身，关注事实、定罪和量刑中的分歧。辩护律师应当在客观分析案件的基础上，寻找指控中的问题，从事实和法律的角度提出有利于被告人的处理意见，并采用有效的辩护方法，说服法官。如果，公诉人能够尊重事实和法律，客观地指控犯罪；律师能够注重辩护技术，确立专业的辩护思路并恰当地表达；法官能够认真聆听控辩双方的意见，理性对待分歧观点，公正裁判，我想，法律职业共同体的形成也就顺理成章了。

面对一个具体的刑事案件，辩护律师如何形成正确可行的辩护思路，需要专业知识、执业经验等多方面的积淀。德胜法官把多年的知识储备和经验积累凝聚在这本书中，并对辩护方法做了系统的梳理。在读了这本书稿后，我以为，可以从四个方面概括本书的特点。

一是体系完整。本书首先从整个刑事业务入手，带领读者思考如何站在不同诉讼立场，确立辩护思路。然后作为全书的核心内容，分三步从事实之辩、定罪之辩、量刑之辩分别论述每一步中具体的辩护方法。最后从方法论的角度探讨有效辩护的实现路径。不论是何种层次的读者，均能通过本书快速了解刑事辩护的基本问题，提升对刑事辩护的认识。

二是思路清晰。法律职业人需要具有缜密的思维和严谨的逻辑，德胜法官通过这本书展示了法律人的思维方式。针对事实、定罪、量刑的每一环节都找到一条刑事法律原则作为指引，然后针对案件的不同情形提出不同的辩护方法，将辩护方法的解读、辩护要点的提示与具体案例的分析相结合，完整展现辩护思路的形成过程。

三是视角独特。一些律师所写的辩护方法的书籍，往往都是站在辩护人的角度看待问题，稍显一厢情愿。本书立足于换位思考，从审判的视角考量辩护思路的确立和辩护方法的选择。辩护人的主要任务在于说服审判者。律师吃透了法官的所思所想，更容易成功实现辩护目的。

四是方法实用。全书立足司法实务，注重问题导向，目光聚焦于如何在法律规范、案件事实与法官思维三者之间寻求一个最佳的契合点。虽然这是一部关于辩护方法的书，但其中穿插了大量司法实践中形成的裁判规则和要点，针对性强，对于辩护律师具有实用价值。全书归纳出大量的具体辩护方法，观点明确，可操作性强。对于书中观点，大家见仁见智，但比起能够引发讨论价值，更重要的是，本书开拓了一个全新的视角。

在阅读书稿的过程中，我同样感受到德胜法官对刑辩工作和刑辩律师的认同和情谊。其将自己长期从事审判工作积累的一些认识和了解的一些规则，毫无保留地呈现给律师朋友；毫无掩饰地揭示法官的"软肋"和"泪点"，为律师有效辩护指明了方向。没有对刑辩律师的认同和对法律职业共同体的热爱，很难站在另一立场写出这样一部专业书。法官从专业层面为律师出谋划策，不仅有利于律师辩护技能的提升、法律职业共同体的形成，更重要的是，德胜法官率先以换位思考的角度为律师支招，还有利于从根本上实现司法公正。我作为律师深感欣慰，为其点赞!我也希望有更多这样的作品问世。

是为序!

田文昌

2016年6月于北京

《法槌下的正义——审判中心视野下两大法系辩审关系探析》*序

印波博士是北京师范大学刑事法律科学研究院的教师，近来又加盟成为京都律师事务所的一名兼职律师。从这些选择上来判断，他是颇有"想法"的，即希望在刑事法领域行走于理论与实务之间，以丰富的实务经验给养学术研究，以学术钻研的态度对待实务案件。

我曾经也是一名法学教授，我们京都律师事务所也一度号称"博士教授律所"，创业团队中不乏高校法学教师。兼职律师在不同的行为模式之间来回切换确实颇为不易。在专业分工极为精细的法律市场里，任何一个细小的领域想做到极致都需要投入大量的精力。当然，兼职律师在理论功底、专业素养、生存环境上有其自身的优势，运用得当更能显示出其能量和效用。

印波博士向我提出作序的请求，我非常高兴并应允。他的选题的前半部分探讨当前司法改革的中心议题——审判中心主义，后半部分则探讨法官与辩护律师的关系。经过其解释，我了解到这个议题的来龙去脉。审判中心主义的概念，在西方法治国

---

* 本文节选自印波：《法槌下的正义——审判中心视野下两大法系辩审关系探析》，人民法院出版社 2018 年版。

家的法律语言中无处可寻，英文表述中也没有关于审判中心的专门术语；只能说，它是中国法治化进程中的特殊产物。然而，这种改革导向与西方目前的司法现状具有很大程度的一致性——在诉讼构造上，确立等腰三角形结构，强调审判的中心地位和实质意义。因此，本书系统介绍的西方法域经验弥足珍贵。

在逐渐确立以一审庭审为中心以及审判实质化格局的过程中，从法庭的立场出发，有几组关系需要处理：一是法官与被告人的关系，二是法官与检察官的关系，三是法官与警察的关系，四是法官与辩护律师的关系。在这几组关系中，印波博士挑选了外国法资料最为稀缺，也是相对来说理论界不那么重视的一组——法官与辩护律师的关系进行外国法上的研究。

关于审判中心主义视野下的法官与辩护律师之间的关系，我谨从个人经验和感知上提出一些个人看法，有些与本书一致，有些需要与作者商榷。尽管我是一名为辩护权奔走呐喊的刑辩律师，但是我也毫不犹豫地支持审判应当是以法官为核心，辩护律师需要与控诉方平等对抗，各司其职。律师的职责应该通过有效的、实质性的辩护，与公诉权抗衡，通过质疑控方证据，提出无罪或罪轻的证据和观点，帮助法官兼听则明、辨明是非，维护司法公正。在成熟的法治社会中，律师是法官的朋友和助手，两者都是法律职业共同体不可或缺的组成部分。这里我需要强调，从关系的相对方看，法官要做出经得起检验、不被追责的判决结果，需要充分听取辩护律师的意见。律师辩护的目标与审判中心主义的目标是一致的。

近些年来，我国频频发生的辩审冲突的怪状，实际上是审判虚无主义的产物，是转型时期权力干预导致司法不独立所致。领导批示、政府发函、红头文件等案外权力因素干预司法，在我国司法实践中长期存在。与此同时，包括辩护律师在内的人们在反对权力干预司法的同时，又不得不去寻求一些不妥当的途径，从而形成了"以干预反干预"的恶性循环。

他山之石,可以攻玉。在本书的外国法资料梳理中,印波博士着重展示了西方法治发达国家如何处理辩审关系失范问题。我相信法治发达国家处理辩审关系的经验有助于我们思考如何解决我们自己的问题,化解原本不应有的辩审冲突。

当然,我认为国外经验不能生搬硬套到我们国家。譬如说在很多法治发达国家都有类似《刑法修正案(九)(草案二次审议稿)》第三十六条的规定,然而在我们国家现存环境下,问题就比较大。律师确实不能动辄以退庭相威胁,但是在法官过度不尊重法庭规则和辩护人作用的情况下,律师应有权退庭。

我认为,印波博士对于国外经验的引荐有一些方面是可取的,尤其是要在制度上确保法官职业的独立、中立和责权一致。审判中心主义的突出特征,是审判活动至高无上的权威性。法官不能先入为主,上行下效;法官如果接受权力指示,则法庭审理中律师的参与必然只是配合、表演和走过场,发表意见往往成为一种形式上的点缀,法官审理案件也会排斥律师的实质性辩护。律师说得越好,对事实和理由阐述得越清楚,辩论得越精彩,就越会增加审判的难度,使先入为主的判决陷入被动。因此,在权力干预导致司法不独立的法治环境下,审判排斥律师,将律师视为审判的绊脚石具有一定的必然性。

为了实现两者之间的良性互动,保证审判中心主义的有效落实,我个人认为有必要尽快确立明确的庭审规则,需要从一审开始,直到死刑复核阶段,逐步制定出一系列具有操作价值的具体规则。以具体规则的形式,将包括控辩审三方的行为规范化,则可以有效避免因缺乏指引而导致的不必要的争执和混乱。明显的例子是律师过安检和被告人上庭穿囚服问题。多年来,这两个问题一直长期困扰着辩审双方,以至于时常成为引起双方争执的爆发点。虽然其根本原因是理念问题,但最终通过确立规则解决了。

此外，我认为没有媒体和舆论监督，法官和辩护律师之间就无法实现良性互动。在信息时代，法庭直播经常出现，自媒体如此发达，如果能运用好新媒体、新方式实现对司法的有效监督，独立司法就没那么可怕。当然，无论我们的学术观点是否一致，我都认为本书是值得推荐的一本好书。尽管学界探讨审判中心主义的文章很多，然而成型的专著寥寥，且缺少对域外状况的全面展示。本书所援引的外国法资料翔实，系统归纳了英、美、德、法等法治发达国家在践行审判中心主义、处理法官与辩护律师之间的关系，构建和谐的法律职业共同体方面的经验。当前，我国在推行以审判为中心的诉讼制度改革中，虽然不能脱离本土的实际状况，要使用自身的话语体系，但域外的法律及实践无疑是值得借鉴的，它们能让我们在实现法治的进程上少走弯路，甚至实现弯道超车。

我诚挚期待印波博士能在刑事辩护领域多着力，为刑事辩护的基础理论研究做出更大的贡献！

《刑事辩护实务操作技巧》*序

不经意间才发现，立伟已经执业三十余年了，期间他在高校还任教了二十五年，也与我有师生和共事的经历。因此，在其《刑事辩护实务操作技巧》一书即将付梓之际，他请我为此书作序，我欣然应允。

我国法治建设不断推进的三十余年来，法学理论研究、立法和司法改革的进步都十分显著，但不容忽视的是：由于历史、理念等各方面的原因，法治发展过程中理论与实务相脱节的问题也日益突出。

虽然我国现行法律制度仍存有不尽如人意之处，但是，对于律师的刑事辩护工作来说，我们还是有很多工作可以做。也正是基于立伟个人的丰富经历，本书突出的一个特点即是理论与实务相结合：一方面注重对辩护问题的理论归纳总结，对于深入研究刑事辩护、推动刑事诉讼理论的发展，具有启发意义；另一方面也汇集了丰富的刑事案例，并对其进行系统分析，归纳总结出了多种辩护技巧。

一次成功的刑事辩护，离不开正确的辩护理念指导。本书从刑事辩护的宗旨出发，提出要摆正律师在刑事诉讼中的地位，明确强调律师为谁而辩护：要从宏观上把握整个案件，从微观上发

---

* 本文节选自吴立伟编著：《刑事辩护实务操作技巧》，法律出版社2020年版。

现辩点。本书介绍的刑事辩护实务操作技巧，不仅对于律师同行提升辩护能力有一定的参考价值，而且对于一般读者了解刑事律师的辩护思路也是一份重要的学习资料。

经过几代中国律师的努力和探索，中国律师在刑事辩护中逐步形成了一些特有的风格和模式。这些风格和模式不是某一个或某一些律师事务所具有的，而是中国刑事律师在一种"集体无意识"中所共同形成的。

在当前的刑事辩护工作中，"无罪辩护""罪轻辩护""量刑辩护"等辩护策略的划分也越来越明显。无罪辩护的参照系是有罪辩护，也就是通常所说的罪轻辩护以及量刑辩护。无罪辩护应该说是最复杂、最重要，也是目前困难最大的一种辩护形态。罪轻辩护实际上包括了罪名上的"轻罪辩护"和各自量刑情节上的"罪轻辩护"。中国目前正在推动相对独立的量刑程序改革，因此，对量刑辩护这种辩护形态的探讨就显得极为紧迫和必要。一名专业的刑事辩护律师，必须能结合各种情况，十分清楚地判断哪种策略才是对当事人最好的策略。

当然，我认为一名优秀的、用心的、成功的律师应当不仅着眼于具体的辩护活动，还要关注立法和司法的整体环境，只有整体环境改善和进步了，律师辩护的环境才能更进一步地改善。与此同时，一名优秀的律师不仅要总结自己的辩护经验，还要进一步总结立法和司法的经验。律师要把自己的辩护活动与整个立法和司法环境结合起来，融为一体，才能在大环境中更充分地展示自己，同时又进一步发挥个案推动立法和司法的作用，促进法治大环境的整体改善。

总而言之，希望类似本书这样融合理论与实践价值于一体的作品，能够越来越多；希望有更多的刑事辩护律师，在执业过程中尽职尽责的同时，能够有所思考、有所创新、有所传承，共同为中国律师队伍的专业化和法治建设的推进贡献力量。

是为序！

《辩护的力量——一名北京律师的年度"刑辩手记"》*序

北京市京都律师事务所的合伙人彭吉岳律师以"办案手记"的形式写了一本书:《辩护的力量——一名北京律师的年度"刑辩手记"》,请我为之写序。

看到书后,有感而发,引出以下一段文字:

在中国社会现阶段,曾几何时,"辩护的力量"几乎是一种奢谈!

自法治建设四十年以来,中国律师从无到有,从少到多,经历了一个迅速却又艰难的发展历程。而刑辩律师则更是在"痛并快乐"的荆棘路上亦步亦趋地蹒跚前行。个中甘苦,不堪回首。

然而,四十年过去,一代代、一批批勇敢、坚毅的中国刑辩律师们在隐忍、坚持、探索和抗争中,经过几代人的不懈努力,终于茁壮地成长起来,已经成为世人皆知且不可小视的一股具有标志性意义的群体力量。如今,不仅"刑辩律师"已经为社会大众所熟知,更重要的是,"辩护的力量"也已经在律师的辩护活动中逐渐得以显现,而且也赢得了社会大众的普遍认可。这种

---

* 本文节选自彭吉岳:《辩护的力量——一名北京律师的年度"刑辩手记"》,中国民主法制出版社 2021 年版。

现象，既可以反映出刑辩律师的地位和作用有所提升，又可以体现出刑辩律师水平的高度。

在中国法治建设的进程中，刑事辩护的作用经历了从无到有、从小到大的缓慢发展过程。刑事辩护的"无力感"是长期笼罩在刑辩律师头上的一道阴影。这道阴影曾迫使一些刑辩律师因自感"黯然失色"而改弦更张，退出刑辩行业。但与此同时，又正是在一批批刑辩律师的坚守和努力之下，使得"辩护的力量"终于得到了由弱到强的发展，并且通过一个个鲜活的具体案例展现了这种力量的魅力。

可以说，"辩护的力量"，是一个社会法治化水平的重要标志。

彭吉岳律师以个人"办案手记"的形式，向社会大众汇报了他刑辩活动的成果、感受和思考，不仅向全社会展示了"辩护的力量"的真实存在和重要意义，还体现出中国新一代青年律师的敬业、水平和情怀。"辩护的力量"离不开社会法治大环境的支撑，更离不开律师个人的努力和能力。彭吉岳律师正是通过其不懈的努力和不断提升的能力，才能在一桩桩亲历案件的实际效果中不断地展现出"辩护的力量"。

这种成果，既是律师个人的价值所在，又是刑事辩护的整体价值所在。

希望在法治建设四十年后的今天和未来，会有更多的刑辩律师能够在刑辩过程中切身感受到"辩护的力量"；更希望随着中国法治化进程的发展，"辩护的力量"日益强大，且日益深入人心。

《刑辩三人谈：刑辩业务核心技能》[*]序

以"三人谈"形式成稿的《刑辩三人谈：刑辩业务核心技能》一书即将问世，这使我想起了二十年前我与张军检察长和姜伟副院长一起"吵"出来的《刑事诉讼：控辩审三人谈》。记得当年我们在一起策划和对谈《刑事诉讼：控辩审三人谈》的时候，只是偶发灵感，还没有意识到"三人谈"这种形式的魅力。在对谈过程中我们更是随性而谈，既无顾忌，也无牵强，连个完整的提纲都没有，而是边谈边修正边完善，事后再把有些过于发散的话题拉回来归纳整理。后来我们发现，正是这种随性而谈的气氛会使我们在无所顾忌的发挥和争论中相互启发，从而碰撞出一些火花来，赋予这种谈话以更有价值的内容和更强的生命力。

多年来，这种"三人谈"的形式已经得到很多人的认同并被推广，对此我深感欣慰。同时，我认为，在形式之下更重要的还是内容。近年来，一些对谈形式的著作陆续问世但效果各异，原因即在于内容有所不同。

《刑辩三人谈：刑辩业务核心技能》一书生成于疫情时期的特定环境中，是一拨不甘寂寞、胸怀责任感的年轻律师有感而发的心声，更重要的是对中国刑辩律师蹒跚前行四十年来所积累的

---

[*] 本文节选自《刑辩三人谈》编写组编著：《刑辩三人谈：刑辩业务核心技能》，法律出版社 2021 年版。

一系列问题的归纳、梳理和应对。无论人们对其中的观点如何评价，其可读性和使用价值不可忽视。该书的一些参与者也就是对谈者，虽然被我视为年轻的一辈，但他们都是在刑辩沙场上骁勇驰骋的律业精英，其学识、经验和切身感受的铭心经历，足以使人们进入一种感同身受的境界之中，进而从中受益。

希望大家在读这本书的时候，不必过多在意其表达方式和文学价值，而要在正视法治环境现状的语境中去体察和品味刑辩律师的作为和心态，去辨析各种问题的深层原因并寻求有效答案。

刑辩技能是刑辩律师的基本功，但是，由于中国律师的历史过于短暂的特殊原因，作为一种因经验而形成的刑辩技能在中国律师面前却是一个新课题。曾几何时，甚至时至今日，仍有不少人并不认为刑辩是一种专门技能，以至于认为凡是学习过法律的人都可以从事法律实务中的各项工作。所以，刑辩技能长期处于被很多人忽视和轻视的状态，甚至有人轻蔑地声称刑辩业务人人都能做，将刑辩业务视为低端业务。这种认识误区的真正悲哀，并不限于对刑辩业务的贬损，更在于对被刑事追诉者人权的践踏。从深层次意义上看，这是一种法治的悲哀！

时至今日，中国律师已经走过了四十年的生成期，四十年后的中国律师应当进入一个新的时期——发展期。相应之下，刑辩律师也应当从无经验可循的摸索前进中走向规范化发展的新征程。为此，研究、探讨并在实践中迅速提升刑辩技能，应当是中国刑辩律师当前面临众多课题中的重中之重。

我相信，这本《刑辩三人谈：刑辩业务核心技能》的问世会引发律师界对刑辩技能的进一步重视，进而引发全社会对刑辩律师的重视。

我更希望，有更多这样的作品陆续问世，在众多刑辩律师更广泛的互动中，促进刑辩律师整体素质的共同提升。

田文昌
2021年2月4日

《说服法庭：讼辩高手进阶指南》*序

"诉讼不是一门科学，它是一门艺术。讼辩技能，不是把我们的个性隐没在冷冰冰的发问提纲和精心准备的辩护词下。向证人提出措辞准确的问题时，如果发问的方式既无聊又单调，通常不会产生预期的效果。因此，你是否以平常人的方式去沟通，远比你所讲的内容更为重要：人们关注的是你的讲话方式，语气，表情和肢体语言。"

这是《说服法庭：讼辩高手进阶指南》一书中对诉讼艺术的一段经典概括。我想，很多律师对此都会有同感。近年来，已经有许多关于律师诉讼技能的作品相继问世，其中观点见仁见智，反映出中国律师队伍的不断成熟和律师水平的迅速提升。但是，对于域外经验的吸收和引进还远远不够丰富。在中国，律师制度毕竟还是舶来品，相对于国际社会漫长悠久的发展过程而言，广泛借鉴和吸收域外律师的成熟经验，无疑是加速提升中国律师水平的捷径。而伊恩大法官和王馨仝律师的作品《说服法庭：讼辩高手进阶指南》，正是填补了这一项空白的倾心之作。

该书的英文版原作者伊恩大法官以其独特的视角和生动的语

---

* 本文节选自〔英〕伊恩·莫利、〔中〕王馨仝：《说服法庭：讼辩高手进阶指南》，法律出版社 2022 年版。

言，对于律师的诉讼技巧做出了经验加方法的全面论证，其内容涵盖律师参与诉讼全程中所应当具备的素质、能力、技巧和理论功底等各个方面，大有一种令人耳目一新之感！

比如，关于法庭语言的运用，作者认为，法庭上的语言一定要简明扼要——"简单的句子都是短句，很快就能被理解。法庭只有理解你了，才能被说服。最复杂的案子，或者是最学术的观点，一般都可以归纳为简单的句子，字斟句酌便可""有一个很好的建议，就是把你的听众想象成是一群在学校表现优异的15岁智力水平的人，针对这一水平的听众去讲，而不是针对教授水平的听众，你自然就会简化自己的语言。这意味着，你的话会更容易理解。如果你的话很容易理解，你可能就更有说服力"。这个比喻本身就非常浅显通俗而又有说服力。对此我很有同感，我所倡导的法庭语言风格是："律师的法庭语言，要让既不懂法也不知情的人能够听明白其中含义，才是真正成功的表达。"但遗憾的是，这种风格和能力正是我们的许多律师所欠缺的。

又如，在书中第二十四章读到"大律师精神"时，作者提出了律师在对抗的诉讼中寻求胜利的三条规则："1. 不要误导法庭；2. 不要以尖锐的方式对待同行； 3. 试着像法官一样思考。"这些观点，是经验的总结，也是衷心的告诫。

诉讼技能，是经过多年积累和精心总结提炼而成的一门独特艺术，是对于刑事律师不可或缺的专门技能。《说服法庭：讼辩高手进阶指南》一书对这门艺术进行了独到而精辟的总结，而王馨仝律师在潜心研读后将其翻译成中文并进行改编呈现给中国读者，还加上了个人感悟的分享。不失为奉献给中国律师的一份辛劳加智慧的重礼。

希望这份礼物能博得律师界的厚爱，也期待有更多的同类佳作继续问世。

田文昌
2021年9月9日

《刑事辩护教程(理论篇)》* 前言

自1979年律师制度恢复以来,中国律师已经走过了四十多年的历程。四十余年来,经过几代律师的共同努力,中国律师群体展现了从无到有、从弱到强的迅猛发展态势。不仅在数量上从零起步形成了人数多达六十余万的庞大律师队伍,还在行动上迎难而上营造了被社会公众接纳和重视的生存环境,宣示了律师对于法治社会不可或缺的重要作用。这四十余年,可谓中国律师的生成期。

然而,由于中国律师制度的历史过于短暂和律师执业环境的艰辛,中国律师队伍虽然发展迅速,却不够健壮。四十余年的征程中,中国律师披荆斩棘、蹒跚前行,完成了艰苦卓绝的拓荒之旅,虽竭尽全力但也留下了力所不及的诸多遗憾。律师专业技能的实务培训,就是这些遗憾中的重要一环。

四十余年后的今天,中国律师已经进入走向成熟的发展期。这种转型,意味着律师的执业技能应当从探索前行的初级阶段转向正规化操作的成熟阶段。而实现这种提升的主要途径,就是加强对律师专业技能的实务培训。

---

* 本文节选自田文昌主编、门金玲副主编:《刑事辩护教程(理论篇)》,北京大学出版社2023年版。

由于中国律师历史过于短暂，中国律师的专业技能缺乏传承。过去四十余年中，对律师的业务培训一直停留在知识讲授的单一层面，实务培训长期处于空白状态。以至于在人们的认识中形成一种普遍性的误解，似乎只要学习了法律知识，通过了国家统一法律职业资格考试，就可以做执业律师了，甚至误以为就此便可以符合法官、检察官和律师共同的入职标准。正是这种误解，造成很多法律界人士对自己职责定位认识不清的尴尬局面，以至于在控辩审三方各自不同的岗位上，有很多人仍然停留在只懂法律知识而缺乏专业技能的初级水平。

当然，导致这种局面的责任不在于这些法律人士自身，而是我们缺乏和忽视了这种专业技能的实务培训，或者说，我们缺乏这种培训的经验和能力。

实践证明，法学院的知识教育和国家统一法律职业资格考试只是设定了法官、检察官和律师等法律实务工作者的入职门槛，而对于这些职业，专业技能的实务培训才是提升其执业能力的必经之路。

"刑事辩护教程"丛书是对律师刑事辩护技能进行系统性培训的专用教材，共分为三册：《刑事辩护教程（理论篇）》《刑事辩护教程（实务篇）》和《刑事辩护教程（实训篇）》。

《刑事辩护教程（理论篇）》旨在全面、系统地阐述刑事辩护制度的历史演变过程，介绍和解析刑事辩护的原理和理念，明确在刑事诉讼不同阶段和环节中辩护活动的目的和任务，以及相关的理论和法律依据。

《刑事辩护教程（实务篇）》旨在用以案释法的方式，结合各位作者亲历的案件，明确、具体、细致、生动地深入分析和讲解在刑事诉讼不同阶段和环节中刑事辩护活动的技能和技巧，使读者可以深刻、直观地体察到刑事诉讼过程中的千姿百态，品味刑事辩护活动中的苦辣酸甜，在开阔眼界和总结经验的基础上提升自己的实操能力。

《刑事辩护教程（实训篇）》是对培训模式、程序和具体方法的详解和指引。书中设计的培训模式是针对《刑事辩护教程（实务篇）》中包含的各个专题的具体内容，以学员全员全程参与的方式展开。培训的基本原则是"身份不分主次，答案不设标准，人人高度烧脑，资源充分共享"。旨在以理论研讨与实战演习相结合的方式，使学员在头脑风暴式高度参与中，快速提升实操能力。

"刑事辩护教程"丛书的理论篇、实务篇和实训篇涵盖了刑事辩护从理论到实务再到实训的完整内容。三个部分相互衔接，既是统一的整体，又各自独立成篇，是一套对律师进行刑事辩护技能培训的专用教材。其宗旨是从实际案例和律师办案经验出发，以理论释义与实务解析相结合的方式，论证、阐述和剖析刑事辩护的基本原理、规律、规则，以及律师在刑事辩护过程中各个环节的操作技能，使学员通过学习实现刑事辩护理论水平与实务技能的全面提升。

下一个历史篇章，是你们的*

2017年3月9日，"新格局下刑事辩护业务的趋势与挑战"巅峰论坛暨首期抱柱导师营开营典礼上，时任中华全国律师协会刑事专业委员会主任、被誉为"中国刑辩第一人"的田文昌大律师，莫少平、钱列阳、杨照东、张青松、毛立新、邹佳铭等法学大咖，美籍律师、北京大学国际法学院（深圳）教授满运龙，法律出版社副社长杨大康等，分别为大家带来干货满满的分享。

田文昌老师首先为大家发表了题为"新常态新格局下刑事辩护业务的新思考"的演讲。田文昌老师表示，律师的职责就是偏颇，律师不代表正义，并不意味着不追求正义。新常态下，中国刑辩律师应着重提升技能、更新观念。

以下为演讲全文：

主持人给我这么个题目"新常态新格局下刑事辩护业务的新思考"，这个题目其实很大，由于时间关系我只能简单地谈一点看法。看到下边咱们这些律师，第一感受"气不打一处来"（笑），你们太年轻了，用周立波的话说就是接我下班的人，后浪推前浪，后浪把前浪拍到沙滩上，但同时我又看到了中国律师界

---

* 本文根据田文昌律师在2017年"新格局下刑事辩护业务的趋势与挑战"巅峰论坛暨首期抱柱导师营开营典礼上的发言整理。

的希望,希望就在你们这些人的身上。

一、法治现状:历史原因致诸多概念有待厘清

谈到常态,我想给大家先讲一点历史,中国的律师业在全世界的历史上都是非常独特的,这是很奇怪的一件事情。在世界范围内,古罗马时期就有律师。可是在浩瀚的历史长河中,中国社会唯独这么特殊,律师连历史的雏形都没有过。大家知道历史上的讼师,但讼师不是律师,是在街上弄个桌子给人家代写文书的,是被称为"刀笔吏"的非法经营者,他没有合法经营的权利,更没有在法庭上发言的席位。

在中国历史上,律师的出现虽距今仅仅一百零几年。1911年,孙中山担任中华民国临时大总统的时候,起草了一份《中华民国律师暂行章程》,但还没有公布就被袁世凯篡权了。1912年,袁世凯宣誓就职后,颁行了孙中山起草的这份《中华民国律师暂行章程》。也就是在1912年,中国历史上第一次有了政府承认的律师制度。接下来从1912年开始到1949年,外敌入侵,战乱不停,军阀混战,律师制度根本就没有得到正常的发展。中间也出现过几位出色的律师,但是为数很少。这是中国历史上第一个阶段的律师制度。

第二个阶段,1949年后一直到1954年,搬过来苏联的经验,完全按照苏联的模式组建中国的律师队伍。大家都熟悉的张思之老先生,就是北京受命组建律师队伍的最早先驱者。据统计,从1954年到1957年,三年左右的时间,全中国一共有2000个左右律师。到1957年反右派斗争一开始,全军覆没,一个都没剩,律师界一概是"右派"。

当时的律师,都是刑辩律师,没有民事律师,非诉律师根本谈不到。所以,刑辩律师最重要的标志,就是为坏人辩护,他们

也是坏人。法律界的"右派"很多,刚才主持人谈到师爷,我也有个师爷,是当时中国法律界第一号大"右派"贾潜。老先生在边区政府当过法院院长,新中国成立后,担任最高人民法院特别军事法庭审判长审判日本战犯,结果1957年他成了法律界第一号的大"右派"。他的学生,也就是我的导师,西北政法大学谢世军教授,谢老师是人民大学第一批硕士研究生,但受贾老先生的影响,被发配到西安中学教外语。

1982年我读研的时候,到北京专程拜访过我这个师爷。当时他八十好几了,跟我谈了两三个小时,思维敏捷,非常健谈。其中一件事,我到今天记忆犹新,太厉害了,现在咱们都没有想到的一个问题,或者说不重视的一个问题。

他说我们有很多混乱的概念,比如,什么叫刑事犯罪?犯罪还有不是刑事的吗?我们本来把治安犯罪、经济犯罪进行分类还有一定道理。现在把杀人放火的治安犯罪当成刑事犯罪,难道经济犯罪就不叫刑事犯罪吗?这个概念是混乱的。大家想一想,对不对?老先生几十年前就提出来了,这个概念是乱的。我们很多概念都是需要厘清的。

那么接下来说,1957年以后中国律师制度中断了。接着在文革时期又提出"砸烂公检法",法治建设也被打断。直到1979年改革开放以后,提出了依法治国的基本方略,恢复律师制度。说是恢复,其实完全是重建。1979年到现在三十几年,这是中国历史上从古至今律师制度发展最迅速的一个阶段,到2017年底全国共有执业律师三十多万人。所以从这一点上来讲,我们是很幸运的一代人,我们可以说是新中国律师制度的开拓者。

二、律师新常态:提升技能、更新观念

简单的历史回顾完了以后,我跟大家想说,新的形势下刑辩

律师的新常态应该是什么样子的？

简单说有两个方面：一方面要提升技能；另一方面要更新观念。

为什么这样讲？三十多年过去了，中国律师制度虽然成绩斐然，举世瞩目，但是我个人认为，我们还是停留在一个非常初级的，很不成熟的，非常稚嫩的，在摸索中磕磕绊绊、蹒跚前行的艰难发展阶段。

在短暂的律师制度发展历史当中，我们学到了很多东西，创造了很多东西，但是因为我们没有历史，没有前车之鉴，律师行业的发展受到种种限制。我们走到现在，一个最明显的进步，是我们过去由没有学过法律的人去做律师、做法官，走向了现在绝大部分是专业出身的。我们的知识层面，我们的理论功底，都得到了很大的提升，但是我们的操作技能很差。

我经历过很多案件，接触过很多律师，别的不说，就说我们刑辩律师，真是百花齐放、百家争鸣，什么样的方式方法都有。但是怨谁呢？不怨这些人，怨我们没有人去教，没有人去带。我们停留在一个仅仅有知识而没有技能培训的这样一个阶段上。

我们的技能培训都是空的，反正你大学学了法律干什么都行，万能了，没有培训，这是一个重大的问题。在座的这四位导师，莫少平是资历最老的，你问问他们几个，谁给他们培训过？我都没人给我培训过，更别说他们了。不说我，就说张思之老先生，九十岁了，谁给他培训过？

因为这段历史是空的，没有人讲。所以这个问题就非常严峻了。在庭审中，在座的各位都已经是不错的律师，我们这几位导师更都是中国律师界叱咤风云的人物，但是我跟你们说，毫不夸张，将来真的证人出庭，交叉质证了，他们谁都不会"玩"，我也不会，没练过。

我参加过两次陈瑞华教授搞的模拟法庭，一个是排除非法证据的，一个是交叉质证的。美国的、中国香港的、内地的，三拨人马，都是法官、检察官、律师。同样的一个案例，美国的模拟法庭和中国香港的模拟法庭问的问题，我都觉得怎么能那么厉害，"没话找话"找了那么多话来，问了两个多小时，打破砂锅问到底，问完了，我们在座听的也都听明白了。

内地的这个模拟法庭"没话找不着话"，半个小时都问不出来，实在是不会问了，控辩双方拿出一沓写好的辩论词来，我念我的，你念你的，好像是两股道跑的车永远达不到一条线上。

人家是以问为主，我们是以辩为主。说白了我们根本就不会问，就像是变成辩论赛了，吵架去了。这怎么能行，这种辩护是没有意义的。所以在这个问题上，我们的差别非常大。

我一再讲，真正有一天，像我刚才讲的证人出庭问题解决了，交叉询问的问题成为必要了，我们会"玩"吗？就现在我们的法庭上，我们的控辩双方在这么简单的问话当中，我们知道什么叫"诱导式发问"吗？我们有些律师也一样，自己在诱导式发问还振振有词，人家提抗议提反对，还不服气。相反，我们该有点诱导式的策略的时候我们就不会，控辩双方都存在这样的问题。

所以我说中国律师界的发展，三十多年，一个回合差不多过去，该翻篇了。从我开始，马上就要翻篇，你们这几位导师还能"苟延残喘"个十年八年的，完了也该翻过去了（笑），所以，未来就是你们在座的。

我这话是很沉重的话题，也是很严肃的话题，为什么？这不光是年龄问题，更是理念更新和能力更新的问题。我们要正视这个现实，要尊重这个历史，不服是不行的，包括法学界也是一样。

我马上要出版一本论文集，王馨全在抱柱导师营跟我探讨这个模式的时候，我也在思考，为什么它有价值呢？就是重在实务的培训，要讲课就不用参与这种方式了，对吧？实务的培训要一步一步走出来，要耳濡目染，言传身教，这样实务才有明显大幅度的提升。

所以，我希望第一期培训营能够把刑辩律师的正规打法开起一个头，希望国外的朋友也要参加，结合起来，真正做到名副其实，让学员真正学点真东西。真正把我们的能力提升起来，这才是我们的一个新阶段、新篇章。

另外，如何更新观念？如果不能改变公检法思维，至少要改变自己。

这一点更重要。三十多年的法治建设，我们的观念虽然已经更新了几轮了，但是现在还远远不够。感到最悲哀的一个问题是无罪推定仍然存在重大分歧。

大家想一想，曾几何时，我们还不能谈疑罪从无，还不能谈宁可错放不能错判，甚至还不能谈无罪推定。到今天为止，刑事诉讼法还没有堂而皇之地写上无罪推定原则，现在叫得欢的无罪推定都是学者们纸上谈兵，包括我在内，一直在喊，刑事诉讼法有这四个字吗？没有，四中全会以后才有，所以很不简单。

但在很多人的思想深处，"疑罪从有"根本没有转变，这就是转变观念的重要性。

我们现实当中有很多需要解决的问题——观念的冲突，无罪推定是一个问题。再比如，这么多年来我们一直在讲"既不冤枉一个好人，也不放过一个坏人"，我们是不枉不纵。但是当你难以达到这个目标的时候，当你的证据出现问题的时候，当你无法解决到底是不是能不枉不纵的时候？我究竟是枉还是纵呢？没人说了。结果是什么？结果是权力决定，随心所欲，谁嘴大谁说了算，没有确定性的标准。我们这边喊绝不冤枉一个好人，那边又绝不放过一个坏人，那么当一个法官面临着追责的时候，我要放过一个坏人怎么办？不敢了。所以我们从来不敢提出疑罪从无的问题。不提疑罪从无就是疑罪从有。

再比如说，刑事诉讼法的价值目标是什么？过去是讲打击犯罪，保护人民。大家仔细想过没有，这个提法的问题在哪里？表面上看，打击犯罪，保护人民绝对正确，一方面打击犯罪，一方面保护人民错了吗？其实这是个偷换概念的说法，刑事诉讼法的立法目的是保护人民的吗？还是保护犯罪嫌疑人、被告人？

刑事诉讼法的出现和发展历程，就体现不断地加强对犯罪嫌疑人、被告人人权保障的作用，是沿着这条路发展下来的，所以它的目标是为了保障诉讼程序的正当性，从而保障不要冤枉犯罪嫌疑人、被告人，尽量减少冤假错案。所以它跟保护人民有关系吗？

保护人民应该从另外的角度来强调，不是用刑事诉讼法来保护人民的。经过这么多年的争论，终于在第二次修改《刑事诉讼法》的时候改了，打击犯罪，同时要保护犯罪嫌疑人、被告人的人权。这是一个非常重大的进步。

所以，理念问题是刑事辩护的深层次的问题，根本的问题。刚才我说第一个是提升技能，这是操作层面的；第二个是更新观念，这是根本性的问题。

我们做律师，我们没有权利，没有能力迫使法官、检察官、学者都把理念问题解决了，但首先我们自己得解决，别被别人忽悠了。很多律师在跟我讨论问题时，我发现他自己都没搞清楚，他还站在另外一个角度上思考，你怎么能为辩护发挥更大的作用？

有一位国外的律师讲了一句话，很有意义，他说你作为一个辩护律师，你从你的理念上，要能够确信，或者能够相信你的当事人，你才能进入状态；你都不相信你的当事人说的话，怎么能帮他辩护好？相信当事人可能会偏颇，但是我们的责任就是要偏颇。

有人批评我说你太偏颇了,你不公正,所以我说律师既不是"天使",也不是"魔鬼",既不代表正义,也不代表邪恶,我不偏颇,司法能公正吗?通过我最大限度最极致的维护,我的当事人的合法权益,才能在天平的砝码加重我这一方的分量,从而才能使审判者做到兼听则明,才能求得公正。所以我说,律师虽然不代表正义,但是不等于他不追求正义。

理念问题太多,比实务问题还重要,所以新的常态下,提升技能、更新观念,是当务之急,是必须要做的。

最后,请大家记住我这句话:下一个历史篇章,是你们的,希望你们做好自己,为中国刑辩律师界做出更多的贡献。

刑辩是实现法治的一道光，需要追
（代编后记）

1993年秋天，我在京郊昌平中国政法大学（以下简称"法大"）的校园里"认识"了卢梭、孟德斯鸠、耶林、克莱伦斯·丹诺、艾伦·德肖维茨。也是在那个秋天，我在法大的课堂上，认识了江平老师、陈光中老师、樊崇义老师和田文昌老师。那年的校园里，课堂内外的法大学子都在热议天津大邱庄禹作敏案、黑龙江企业家朱佩金死刑辩为无罪案。也是在那个秋天，我在田文昌老师的家中第一次听他谈刑事辩护，至今整整三十年。

2017年，为庆祝田文昌老师七十岁生日，我特意编辑出版了《田文昌谈律师》一书，该书是田文昌老师亲历中国律师发展三十年的所思所感所言。之后不久，我就产生编辑《田文昌谈刑辩》的想法，这一编就是五年。《田文昌谈刑辩》与《田文昌谈律师》互为姊妹篇。

2023年，当我编辑完这本沉甸甸的《田文昌谈刑辩》时，有一种时空穿越的感觉。三十年弹指一挥间。三十年来，田文昌老师为了刑辩梦想，砥砺前行、默默耕耘。可以说《田文昌谈刑辩》这本书，田老师写了整整三十年。呈现出来的是文字，是刑辩理念，是刑辩方法，是刑辩技巧，是理论指导实践，又从实践上升为理论的刑事辩护经验，是对刑事辩护事业的专注和对法治信仰的坚持。

人的生命只有一次，刑事辩护，关乎人的生命与自由。生命与自由是人被称之为"人"的重要因素。只有个体生命的权益得到了保障，整个社会才会更加健康、更加有序。人类解决纠纷的方式从战争走向诉讼，标志着从野蛮走向文明。法律，是人类进步与自我约束的产物。在刑事诉讼中，法律规定辩护人为被告人辩护，既是科学的制度设计，又是国家尊重和保障人权的具体体现，更是对弱者个体的保护和对国家公权力的制约，彰显着文明与理性的价值之光。

中国的刑事辩护事业是随着我国刑事诉讼制度的设立和变革而徐徐展开的，经历了从无到有、从有到简单、从简单到系统的发展过程。

本书收录的文章和观点均是田文昌老师在中国刑事辩护发展过程中和律师执业中的所思所想、所行所悟。因为时间跨度近三十年，在编辑文章时，必须考虑排列的逻辑，所以，除第一篇《辩护律师的历史、定位与使命》和最后一篇《下一个历史篇章，是你们的》没有按文章发表时间排序，其他文章均按照发表时间的先后顺序排列。一方面，是尊重历史和事实；另一方面，也真实地反映出刑事辩护事业的发展和田文昌老师对刑事辩护问题的思考和认识亦是一个逐渐向成熟递进的过程。另外，本书部分文章在收录时略有删改。

中国律师的历史过于短暂，关于刑事辩护的很多基础性问题都没有理清。由于田文昌老师是刑法学教授出身，从教授兼律师到律师兼教授，他一直都在关注这些基础性问题，总是站在被告人和辩护人的立场，以学者的思维和法学家的视角不断地思考和总结。

在编辑这本书的过程中，我思考过这样一个问题：如果田文昌老师不去做刑辩律师，不去连续二十七年担任中华全国律师协会刑事专业委员会主任，不去创建北京市京都律师事务所。简言之，如果中国律师界没有一位名叫田文昌的刑辩律师，那么中国刑事辩护事业发展过程遇到的这些问题，又会有谁来思考和总结呢？

正如著名法学家樊崇义教授在序文中所言："很庆幸，在今天，在这个伟大的时代，在我国刑事辩护事业从无到有的发展过程中，我们遇到了田文昌律师，他辩护了很多案件，思考了很多问题，撰写了很多文章，提出了很多非常有见地有创新的观点。无论是现在或将来，这些都会对中国的刑事辩护事业产生积极的影响。""文章中提出的观点和建议对刑事辩护事业的发展具有开拓性和前瞻性。尤其对中国刑事辩护的一些基础理论问题，有很多原创性的思考和总结，它的价值和意义已经远远超出个案代理的胜负，对中国刑事辩护事业具有现实的指导意义。"

从1993年我第一次听田文昌老师谈刑事辩护，到2023年我为田老师编辑这本《田文昌谈刑辩》，已经过去了整整三十年。

与田文昌老师相识的这三十年，我很庆幸成为他的学生，在他身边学习、工作，和田文昌老师一起开会，一起研究案件，一起出庭辩护；倾听田文昌老师讲述各种各样的刑辩故事和人生感悟；见证田文昌老师为了刑辩梦想殚精竭虑，鞠躬尽瘁。

我更加有幸，将田文昌老师实现刑辩梦想的言与行编辑成《田文昌谈刑辩》一书，呈现给热爱刑辩、热爱法治并追求法治的广大读者。让田文昌老师的这些文字，启发更多的人去思考刑事辩护，去关心刑事辩护，去抚慰那些需要帮助的失去自由的人们。

感谢九十三岁的民法学泰斗江平教授为本书题写书名；感谢九十五岁的刑法学泰斗高铭暄教授、九十三岁的刑事诉讼法学泰斗陈光中教授、八十三岁的刑事诉讼法学泰斗樊崇义教授为本书撰写序文。四位法学泰斗，德高望重，仁者寿昌，耄耋之年，仍然在为中国的刑事辩护事业呐喊助威。

感谢在我大学毕业之际，带我进入律师行业的启蒙老师陈庆云律师、贾贵宾律师和杨振全律师。感谢孙国栋、万蓉、张凯、阿儒汗、蔡道通、贾晓强、陈宝成、胡洪彪、王晓华、白帆、崔学哲、曹礼跃、云中霞、于军、赵力、阿古达木、赵莫辉、张志杰、郑桥、于程水、石岩强、杨杰、贾锐、高致庸诸位师友多年来的不离不弃和相伴相知，让我的律师之路不再孤独。

感谢中国社会科学院大学法学院门金玲教授，西北政法大学刑事辩护高级研究院执行院长刘仁琦教授，北京市京都律师事务所的同事朱勇辉主任、管理合伙人褚长志、徐莹律师、梁雅丽律师、华洋律师、王众律师、侯志纯律师、陈枝辉律师、彭吉岳律师、温艳秋律师、马煊宇律师、王强律师、朱赫律师、相愫晶律师、刘洋律师、翁小平律师、关却律师、王思宇律师、段泽宇律师、周赛律师以及优秀的法科学生邢禹、李欣毅、赵韦仪为本书的出版所做的努力和付出。

感谢北京印痕楼首席篆刻家魏景岳先生为本书专门创作"田文昌谈刑辩"印章。我想，这是一个美好的祝福，其寓意是让中国刑事辩护律师的思想与实践在法治建设的漫长岁月里留下跋涉的足迹。

感谢北京大学出版社蒋浩副总编辑和陆建华编辑、陆飞雁编辑的慧眼和付出，让本书诞生于未名湖畔，如《新青年》般去影响更多的人追求进步与自由，沐浴法治与阳光。

杨大民
2023 年 2 月 21 日写于北京
2023 年 10 月 9 日修改于南京